The Chaebol of Korea

한국의 재벌 2

재벌의 **재무구조**와 **자금조달**

나남출판

나남신서 1102
한국의 재벌 ②
재벌의 재무구조와 자금조달

2005년 7월 18일 발행
2005년 7월 18일 1쇄

저자_ 이윤호
발행자_ 趙相浩
편집_ 방순영·김지환
디자인_ 이필숙
발행처_ (주) 나남출판
주소_ 413-756 경기도 파주시 교하읍
        출판도시 518-4
전화_ (031) 955-4600 (代)
FAX_ (031) 955-4555
등록_ 제 1-71호(79. 5. 12)
홈페이지_ www.nanam.net
전자우편_ post@nanam.net

ISBN 89-300-8102-9
ISBN 89-300-8100-2 (세트)
책값은 뒤표지에 있습니다.

참여사회연구소 · 인하대 산업경제연구소 공동기획 | 한국의 재벌 ②

재벌의 재무구조와 자금조달

이윤호

NANAM
나남출판

The Capital Structure and Financing of Korean Chaebols

Yun-Ho Lee

NANAM

NANAM Publishing House

〈한국의 재벌〉을 발간하면서

경제위기 이후 재벌에 관한 논의가 더욱 무성해졌다. 재벌개혁의 방향과 방법을 제시하는 논의뿐만 아니라 재벌정책의 모순과 부당성을 역설하는 논의도 많아졌다. 그러나 논의는 종종 논리보다 수사(修辭)에 치우쳤고, 실증보다 예단에 의존했다. 과학성을 내세우는 연구도 그런 경우가 많았다.

이러한 과학성의 결핍은 방법론적 선택에 따른 것일 수도 있고, 신념의 과잉이 가져온 것일 수도 있다. 그러나 자료와 통계의 부족도 중요한 원인이었다고 생각된다. 추상적 이론과 일상적 관찰에만 의존한 분석에서 과학성을 기대하기는 어렵다. 부적절한 통계로부터 무리하게 도출된 결론은 더욱 의심스럽다.

그래서 우리는 재벌관련 자료들을 최대한 수집해서 정리했고, 그렇게 정리된 자료를 사용해서 기초적 분석을 시도했다. 과학적 재벌연구의 토대를 마련하고, 하나의 모범을 제시하려 한 것이다. 그리고 이제 그 성과를 내놓게 되었다.

이 책은 1999년에 출간된 《한국 5대재벌백서》의 후속이기도 하다. 《한국 5대재벌백서》는 참여사회연구소가 기획했는데, 당시 재벌문제의 심각성과 재벌개혁의 시급함이 발간을 서두르게 했다. 그래서 분석기간도 1995년부터 1997년까지로 한정해야 했다.

그 후 참여사회연구소는 후속발간을 계획했으나 실행하지 못하다가 2002년 8월에 한국학술진흥재단의 기초학문육성지원사업 지원과제로 선정된 '한국의 재벌: 기초자료 수집, 분석 및 평가'의 일부로 추진하게 되었다. 7명의 전임연구원과 15명의 공동연구원이 참여한 이 연구사업은 《한국 5대재벌백서》의 대표필자였던 김균 교수가 제안하고 이끌었으며, 참여사회연구소와 인하대학교 산업경제연구소가 공동 주관했다.

연구사업단은 조사와 분석의 대상을 자산총액 기준 30대 재벌로 정했다. 구체적으로는 공정거래위원회가 상호출자제한대상으로 지정한 기업집단들 중 공기업집단을 제외했고, 사기업집단이더라도 지배주주가 개인이 아닌 법인이라면 제외했다. 분석대상 기간은 1987년부터 2002년으로 하되 가능하면 2003년도 포함하기로 했다. 1987년은 공정거래법의 대규모기업집단지정제도가 실시되기 시작한 해이다.

재벌관련 자료를 수집하여 정리하고 분석하는 작업이 진행되면서 발간계획이 수정되었다. 분석의 비중을 늘리면서 다섯 권으로 나눠 발간하고, 재벌연구에 필요한 기본자료들을 부표로 만들어서 부록 CD에 모아 수록하기로 했다. 그리고 책명은 《한국의 재벌》로 하되 다섯 권의 부제를 각각 "재벌의 사업구조와 경제력 집중", "재벌의 재무구조와 자금조달", "재벌의 소유구조", "재벌의 경영지배구조와 인맥 혼맥", "재벌의 노사관계와 사회적 쟁점"으로 정했다.

《한국의 재벌》은 필자 16인뿐만 아니라 연구사업단 전원이 함께 이루어낸 결과이며, 긴밀한 협조와 협의의 산물이다. 자료의 일관성과 체계성을 위해 수집단계에서부터 통합자료관리팀이 운용되었고, 각 연구팀에 의한 자료의 정리와 분석은 거듭된 연구회의와 워크숍에서 검토와 조정을 거쳤다. 그리고 2003년 5월과 2004년 5월에 서울에서 발표회를 개최하고, 2005년 1월에 동경에서 발표회를 개최하여 여러 전문가의 평가와 조언을 들었다. 이처럼 장기간의 대규모 공동작업으로 학문의 토대를 마련하는 사업은 한국학술진흥재단의 지원이 없었더라면 불가능했을 것이다.

자료조사와 분석 그리고 집필이 마무리되어 갈 무렵 《한국5대재벌백서》의 출판을 맡았던 나남출판을 찾았다. 이번에도 조상호 사장은 흔쾌히 출판을 승낙했고, 방순영 부장과 편집부 여러분이 정성을 다했다. 16인이 쓴 들쭉날쭉한 원고는 5권으로 정리된 《한국의 재벌》이 되었고, 그 많은 표와 그림도 가지런히 배열되었다. 그러는 동안 강대일 씨는 부록 CD를 깔끔하게 만들어 주었다. 감사드린다.

2005년 6월
연구책임자 김 진 방

머 리 말

'자료가 스스로 말하게 하라.' IMF 환란 속에서 한국 경제가 휘청이고 있던 1998년 봄, 참여사회연구소 경제분과의 연구원들이 재벌에 대한 연구작업을 시작할 때 누군 가의 입에서 나온 말이다. 중요한 사회적 문제일수록 사람들은 선입관과 예단을 가지 고 접근하는 경향이 있다. 우리 사회에서 재벌문제에 대해서야말로 이런 경향이 지배 하고 있다고 나는 생각한다. 친재벌이거나 반재벌로 편가르기가 이루어지고, 거기에 맞추어 누군가의 이야기가 전개되고 해석된다. 이는 비과학적인 태도이다. 과학적 연 구자라면 당연히 이런 태도를 경계해야 한다. 참여사회연구소 경제분과의 작업은 《한 국 5대재벌백서: 1995~1997》라는 책으로 1999년 여름에 발간되었다. 그것은 자료집 에 가까운 책이었다.

이 책이 나온 후, 나를 포함하여 몇몇 연구자들은 경제위기 이후 2~3년 기간에 대 하여 다시 후속작업을 하였다. 그리고 그 연구자들이 중심이 되어 제출한 "한국의 재 벌: 기초자료 수집, 분석 및 평가"라는 연구안이 2002년 한국학술진흥재단의 '기초학 문육성지원 인문사회분야 지원사업'에 선정되었다. 나는 이 연구팀에서 재벌의 재무구 조와 자금조달 부문을 맡아서 연구해 왔다. 이 책은 2002년 여름부터 2년여에 걸쳐 이루어진 연구의 결과물이다. 《한국 5대재벌백서》의 작업기간까지 포함한다면 더 긴 세월이 이 책에 녹아 있다.

자료는 스스로 말하지 않는다. 어떤 시각이나 사고의 틀을 갖고 자료를 바라볼 때 비로소 자료는 입을 열고 말하기 시작한다. 30대 재벌의 자금조달과 재무구조 등 재 무적 행태에 대한 자료를 종합적으로 정리하여 제시하는 것이 원래 나에게 주문된 과 업이었다. 그렇지만 나는 작업이 거기서 머물러서는 안 된다고 생각하였다. 기업의 감사보고서와 사업보고서를 통해서, 재무 DB를 통해서 누구나 재무자료를 손쉽게 얻을 수 있다. 그런 만큼 재벌의 재무행동에 관한 자료를 단순히 취합·정리하는 데 머문다면 너무 소극적이고 사회적 기여가 적은 일이 될 것이다. 나는 자료의 단순한 제시가 아니라, 자료들을 통일적으로 볼 수 있는 사고틀을 생각하고 그 틀에 맞추어 자료들을 분석하고 분석결과에 비추어 자료들에 해석의 일관성을 부여해야 한다는 생각으로 작업을 하였다. 이것은 무슨 특별한 것이 아니고 전형적인 과학적 연구절차를 적용하여 재벌의 재무행태를 설명하려는 것일 뿐이다.

사회주의권 경제가 대거 체제전환에 들어간 이후로 관련학계의 관심은 경제체제간 비교에서 이제 자본주의 내에서의 차이라 할 수 있는 금융시장체제와 기업지배구조의 비교로 중심이 이동되었다. 우리나라의 정부주도적 경제성장에서 정부는 금융자원의 배분을 주요한 경제정책의 수단으로 삼았다. 발전금융체제 또는 성장금융체제라 부를 수 있는 이 체제의 특징은 많은 연구들을 통해 이미 잘 정리되어 있다. 그렇지만 성장금융정책과 금융체제가 기업의 재무적 행동과 특성으로 어떻게 연결되었는가 하는 부분에 대한 연구는 충분하지 않다. 또한 고도 성장기에 재벌을 위시한 우리나라 기업들의 전형적인 지배구조를 조망하고, 이를 기업의 재무적 행동과 연계지어 설명하는 일이 이 분야 학문의 최근의 전개경향과 더불어 새로운 연구과제로 제기되고 있다.

이와 같은 주제의식을 갖고 나는 재무적 활동이 일어나고 있는 사회적 환경, 즉 재무환경으로서 우리나라의 법체계와 금융체계, 자본시장의 — 특히 정보적인 — 불완전성, 정부의 경제정책이 재벌의 재무행동에 미친 영향을 가급적 종합적인 시각에서 바라보고자 하였다. 그리고 주어진 재무환경하에서 재벌들의 최적화 재무행동을 순서적 자금조달론, 통제이론 및 내부자본시장이론의 틀 속에서 설명하려 하였다. 이런 틀 속에서 방대한 자료들을 정리하려 하였다.

의욕은 앞섰지만 책을 마무리해 놓고 보니 적지 않은 아쉬움과 모자람을 느낀다. 이론적인 틀과 자료들이 서로 꼭 맞물리지 못한 곳들이 적지 않다. 특히 재벌의 투자 및 수익성과와 자금조달이나 재무구조 등 재무적 요인들과의 관계, 소유지배구조 관련요인들과 재무적 요인들과의 관계에 대한 이론적 및 실증적 분석이 보완되었더라면 하는 아쉬움이 있다. 이런 작업들이 재벌 프로젝트 3차년도의 연구과제이다. 이 연구작업이 마저 진행되면 아쉬운 부분들이 좀더 보완될 수 있을 것으로 기대한다.

30대 재벌의 방대한 재무자료를 처음 대하면서 마치 자료의 망망대해에 홀로 떠 있는 듯하던 당시의 느낌이 지금도 생생하게 떠올려진다. 자료의 망망대해를 지나 막막해 보이던 항해가 일단락되었다. 다른 동승 항해자들의 도움이 없었다면 나의 항해는 마무리되지 못했을 것이다. 인하대학교 경제학과의 김진방 교수님에게 감사의 말씀을 가장 먼저 드려야 할 것 같다. 김 교수님은 대형 연구 프로젝트의 연구책임자로서, 자신의 연구에 솔선하면서 모든 연구팀원들이 서로 격려하고 협조하면서 차질 없이 연구를 진행시켜 나갈 수 있도록 필요한 조직과 뒷바라지를 해주었다. 지루한 자료작업에 지쳐 있을 때, 고려대학교 경제학과의 김균 교수님은 이 작업의 의의를 일깨워주고 격려해 주셨다. 한국신용평가주식회사의 조민식 상무는 기업회계에 관한 질문에 대하여 언제나 이 분야 최고전문가로서의 답변을 해주어 이와 관련된 오류 없이 작업을 해 나갈 수 있도록 큰 도움을 주었다. BC카드사의 강대일 씨는 각 재벌의 재무자료들을 합산하고 필요한 재무비율을 계산하는 전산작업을 해주었다. 우리 재벌연구팀의 연구위원인 정동진 박사는 통계분석작업에 도움이 되는 프로그램을 제공해 주었다. 필요한 방대한 자료를 입력하고 정리하는 일을 주변의 학생들이 도와주었다. 순천대학교 교육대학원 석사과정의 정진아, 김선화, 김혜영 양은 반복적이며 인내를 요하는 일을 차분히 수행해 주었다. 연구에 도움을 준 모든 분들에게 진심으로 고마움을 표한다. 방대한 자료의 처리, 오랜 연구기간을 요하는 이런 연구작업은 한국학술진흥재단의 재정지원 없이는 불가능했을 것이다. 한국학술진흥재단의 재정지원에 고마움을 표한다. 수많은 표와 그림이 들어가 있는 원고를 꼼꼼히 확인하고 편집해 주신 나남출판의 방순영 부장과 김지환 씨에게 감사드린다.

우리 연구팀은 연구가 진행되는 동안 주기적으로 워크샵과 발표회를 가졌는데, 거기서 동료 연구원들의 비판과 조언은 나의 작업에 지속적인 도움과 긴장을 주었다. 작업 막바지에는 동경대학 대학원의 하토리 다미오 교수가 우리 재벌연구팀을 초청하여 세미나를 개최하였다. 일본의 연구자들과 함께 한국 재벌문제에 대해 두루 조망해 보고 내 작업을 점검할 수 있는 기회를 가진 것은 작은 행운이었다.

책 쓰기를 끝내고 오랜 만에 여유로운 마음을 갖고 가족과 함께 시간을 보내게 되니, 이 책을 쓰는 데 가장 큰 조력자는 바로 가족이었다는 것을 새삼 알게 되었다. 언제나 연구에 전념할 수 있는 여건을 마련해 주는 아내 해정, 아빠의 부족한 관심 속에서도 어느덧 건장한 청년이 되어 있는 상우와 귀염둥이 꼬마 예준, 고맙다 사랑한다.

　작은 연구성과를 책으로 내면서 연구자로서 오늘이 있게 해준 은사님들을 생각하게 된다. 서울대학교 학부와 대학원에서 화폐금융론을 중심으로 경제학을 공부하는 동안 끊임없는 지적 자극을 주고 지도해주신 정운찬 선생님, 대학원시절 수업에서의 강한 지적 충격을 통해 경제학에 임하는 나의 마음자세를 가다듬게 해주신 이성휘 선생님, 부족한 점이 한둘이 아니었던 박사과정의 나를 연구자의 길로 들어서도록 지도해 주신 오성환 선생님, 나의 연구에 관심을 갖고 격려해 주시는 정병휴 선생님. 배움의 고마움은 학생 때보다 지금 더 크게 느껴진다.

2005년 5월 27일
순천의 약동하는 봄 속에서
이 윤 호

한국의 재벌 ②

재벌의 재무구조와 자금조달

차 례

표 차 례

그림 차례

부표차례

제 **1** 장 서 론

이 책의 목적은 30대 재벌의 자금조달과 재무구조 등 재무적 행태에 대한 자료를 종합적으로 제시하고, 기초적인 통계적 분석을 행하며, 재벌부문과 국민경제 전체 또는 비재벌기업 부문과의 비교를 통해 재벌부문의 재무적 특징이 자료를 통해 드러나도록 하려는 것이다. IMF 외환경제위기 직전까지 우리나라 기업들의 평균 부채비율은 다른 나라와 비교해 볼 때 눈에 띄게 높았으며, 그 가운데서도 재벌소속 기업들의 부채비율은 더 높았다. 재벌기업들의 높은 부채비율을 비롯하여 재무구조 및 자금조달과 관련된 특징적 양태들에 대한 자료들을 종합적으로 제시하고 분석할 것이다.

이 책의 1차적인 목적은 재벌의 재무구조와 자금조달 자료를 체계적으로 수집·정리해 제시하는 것이다. 기초적인 사실자료 자체가 아직껏 제대로 정리되어 있지 않은 재벌의 소유구조 및 지배경영구조, 경영진의 인적 구성 등에 관해서는 사실자료의 수집과 정리가 그 자체로 큰 의의를 지닌다. 그러나 재무자료와 관련해서 보자면, 기업의 감사보고서와 사업보고서를 통해서 자료가 공시되고 있는 마당에, 재벌에 관한 재무자료를 단순히 취합·정리하는 데 그친다면 연구작업의 의미를 찾기 어려울 것이다. 그런 만큼, 이 책에서 30대 재벌의 재무자료의 제시뿐만 아니라 자료에 대한 분석에도 적지 않은 노력을 기울였다.

　재벌은 우리나라의 특유한 기업결합 유형으로서, 특정한 소수의 민간대기업에 국한되지 않고 대부분의 대규모 민간기업에서 관찰되는 기업조직 현상이다. 이는 재벌의 재무적 특징에 대한 분석이 단지 개개 재벌의 매출, 수익, 규모 등 개별재벌의 특수한 요인들에 근거해서 이루어지기보다는 1차적으로 우리나라 기업과 재벌들에게 공통적으로 작용하는 제도적 및 정부정책적인 측면에 초점을 두고 이루어져야 할 필요성을 말해준다. 한편, 우리나라 경제가 짧은 기간 동안 빠른 속도로 압축성장을 해오는 과정에서 제도적 및 정부정책상의 변화도 급속하게 이루어졌다. 기업들의 재무활동도 이와 같은 제도의 변모와 정부정책의 변화에 의해 1차적으로 규정되고 영향을 받아 왔을 것이다. 사정이 그러할진대, 장기시계열 자료에 대한 분석이 제도와 정책변화를 무시하고 기계적으로 이루어진다면, 그런 분석은 실상과는 거리가 먼 왜곡되고 무의미한 결과로 연결될 위험성이 있다. 다음으로, 제도적 및 정부정책적인 면에서 국내 재벌기업과 비재벌기업의 차이에 대한 분석을 통해 재벌 전체가 비재벌기업들과 차별적인 어떤 공통적인 재무적 특징을 지니게 된 이유에 대한 설명을 보강할 수 있을 것이다. 물론 이에 앞서서 재벌기업과 비재벌기업 간에 재무적 차이가 있는지를 밝히는 작업이 수행되어야 한다. 또한 재벌 내에서도 상위 거대재벌과 하위재벌 간의 재무적 차이가 있는지에 대한 확인도 이루어져야 할 것이다.

　재벌문제는 1980년대 들어서 우리 사회의 중요한 문제로 대두되고 그에 대한 사회적 규제가 도입되기 시작하였다. 재벌에 대한 재무자료의 종합적인 이용은 1987년부터 이용가능하다. 자료의 가용성제약에 따라 이 책에서도 재벌에 대한 본격적인 분석은 이 시기부터 이루어진다. 그러나 재벌의 재무행동 및 특성의 규정은 이미 그 이전 시기의 제반제도와 정부정책에 의해 규정된 만큼, 자료의 이용이 가능하다면, 분석기간은 내용에 따라서 부분적으로는 1950년대까지 확장될 것이다.

　분석기간이 1950년대부터 2000년대 초반까지 긴 기간에 걸치다 보니 시기를 구분해야 하는 문제가 자연스럽게 발생한다. 오늘날의 한국경제와 재벌의 모습은 박정희 군사정권하에서 정부 주도로 추진된 경제성장정책과 궤를 같이하며 형성되어 왔다. 적어도 1980년대 초반까지는, 정부 주도로 공업화전략이 수립되고 금융자원이 경제개발계획에 맞추어 직접적으로 배분되었다. 1980년대 초반에 은행민영화 등 부분적인 자유화조치가 시행되었음에도 불구하고 1980년대 중반에도 정책금융의 비율은 70%를 넘고 있었다. 1980년대의 산업합리화 조치에서 보듯이 부실기업 처리 및 그와 관련된 금융지원 등에서도 정부가 거의 직접적으로 관여하는 형태로 금융자원 배분이 이루어졌다. 1970년대 중반의 중화학공업화의 정책적 추진과정에서 그리고 그 후유증을 치료하기 위한 1980년대의 산업합리화 과정에서조차도 재벌은 집중적인 수혜자였으며, 그로 인해 경제력집중은 심화되어 갔다.

그에 따라 1980년대에 들어 경제력집중에 대한 우려가 커지기 시작하고 여신규제 등 정부의 재벌규제가 나타나기 시작했지만, 그것은 초기에는 비체계적 형태로 이루어졌다. 적어도 금융 측면에서 재벌에 대한 본격적이고 체계적인 규제는 여신한도관리제가 정식으로 도입된 1988년부터 시작되었다고 보아야 할 것이다. 재벌관련 금융규제 측면에서 볼 때, 또 하나의 주요한 전기가 되는 사건은 1987년에 은행차입금 규모가 큰 재벌계열사들에 대해 직접금융을 통해 조달한 자금으로 은행차입금을 상환하도록 한 정부조치이다. 그 이후로 1990년대 중반까지 은행의 재벌여신에 대한 한도규제가 강화되었다. 결국, 적어도 1987년 또는 1988년경까지의 우리나라 금융체제는 정부의 확고한 지배 아래서 정부 주도의 고도성장정책을 뒷받침하기 위한 성장금융자원을 동원하고 배분하던 체계이며 그 혜택을 재벌이 집중적으로 누리던 시기로 규정할 수 있을 것이다. 이 시기를 이 책에서는 '성장금융체제'의 시기로 부르겠다.

1970~1980년대 공업화과정에서 재벌 중심의 경제력집중 현상이 심화되고 이에 대해 정부가 체계적으로 규제를 가하기 시작한 1988년부터 IMF 외환경제위기의 영향이 경제 전반에 파급되기 직전 해인 1997년까지를 이 책에서는 그 다음의 시기로 구분한다. 이 시기 동안 1995년경까지 여신규제나 업종전문화 등 재벌의 경제력집중과 확장에 대한 실효성 있는 규제가 이루어졌다. 김영삼 정부의 중기 무렵에 경쟁력강화라는 명분 아래 대재벌규제가 빠른 속도로 완화되다가 우리 경제는 1997년 말에 IMF 외환경제위기라는 일찍이 경험해보지 못한 강한 충격을 경험하게 된다. 이 충격을 계기로 1998년 이후로 정부 주도로 강도 높은 구조조정 작업이 진행되었다. 기업의 재무적위험을 낮추기 위해 강제적인 목표 부채비율 기준이 설정되었으며, 기업지배구조 개선을 위한 개혁적 조치들이 이루어졌다. 따라서 1998년부터 그 이후 시기를 나머지한 시기로 구분할 수 있을 것이다. 정리하자면, 이 책에서는 분석대상이 되는 기간을 1987년까지의 성장금융체제 시기, 1998년 이후에 외환경제위기의 충격에 대해 구조개혁이 이루어진 시기, 그리고 그 사이의 중간시기로서 재벌에 대한 유효한 규제가 상당기간 취해졌던 1988년부터 1997년까지 세 시기로 구분한다.

자금조달이나 재무구조 등 기업의 재무는 단지 기업의 생산, 판매, 투자 등 실물적경제활동을 반영하는 그림자에 불과한가 아니면 실물적 경제활동에 독립적인 영향을 미치는 것일까? 개발도상국을 염두에 둔다면 이에 대한 답은 명확한 것 같다. 자본시장의 불완전성이 심할수록 기업의 재무는 기업의 실물활동에 더 큰 영향을 미친다. 성장을 추구하는 개발도상국에서 자본은 일반적으로 부족이 심한 생산요소이다. 자본이 부족하면 투자를 의도하는 대로 실행할 수 없을 뿐 아니라, 부족 정도가 심하면 경상적 생산활동까지도 제약받을 수 있다.

또한, 자본시장에서 정보의 비대칭성이 심하게 되면 개별기업들은 자신이 겪는 정보 비대칭성의 정도에 따라 주로 의존하는 자금조달원이 달라질 수 있다. 주식이나 채권의 공모 등에 의한 자금조달은 자금조달자인 기업과 투자자 간에 상당한 정도의 정보 대칭성을 전제한다. 자본시장에서 잘 알려져 있지 않은, 정보 비대칭성이 심한 기업들이 공개 자본시장에서 자금을 조달하려면, 자금조달 기업은 정보 비대칭에 따르는 투자자의 불안을 보상해 줄 수 있는 상당한 정도의 프리미엄을 제공해야 한다. 이는 자금조달 기업에게는 물론 높은 자본비용을 의미한다. 따라서 그런 기업은 공모 자본시장이 아니라 고객관계의 형성을 통해서 정보 비대칭성 문제를 완화할 수 있는 은행차입에 주로 의존하게 된다. 은행차입시 정보 비대칭적 중소기업들은 흔히 신용할당을 경험하게 되고 결국 자금제약에 처한다. 그 결과 정보 비대칭적 기업일수록 내부자금에 많이 의존하고 이런 기업들에게서는 그렇지 않은 기업에 비해서 상대적으로 높은 자기자본 비율의 재무구조가 관찰될 것이다.

최적 자본구조의 존재에 대한 잘 알려진 여전히 진행중인 논쟁이 있다. 기업재무론 분야의 재무구조 결정에 관한 전통적인 절충이론에 따르면, 최적 자본구조가 존재한다면 그것은 기업들이 절세의 이익과 파산의 비용 간의 상충관계를 잘 활용하여 기업의 가치가 극대화되도록 부채의 크기를 조절하는 결과이다. 나는 이 이론이 우리나라 기업들의 자금조달과 자본구조 결정을 이해하는 데 있어서 부차적인 설명력을 지닌다고 본다. 많은 경우 기업들은 투자세액공제 등 비부채성 절세수단, 감가상각충당금의 조정 등을 통한 이익규모의 조정과 같은 방법을 활용하여 절세할 수 있는 만큼, 부채규모의 적절한 조절을 통한 기업가치 증대의 한계적 이익은 그 중요성이 크지 않을 것이다. 그보다는, 유리한 투자기회는 산재해 있고 자본시장은 불완전하여 자금부족이 일반화되어 있는 경제에서, 기업에게는 절세의 이익이 아니라 부족한 자금의 조달이 한결 중요할 것이다.

자본시장의 인프라 미비로 정보 비대칭성이 지배적인 시장상황에서 기업들에게는 자금원별로 자본비용에 체계적인 차이가 존재한다. 그것은 내부자금, 차입자금, 주식자금의 순서로 상당한 격차를 두고 자본비용이 높아지는 것이다. 이런 현상은 정보 비대칭성이 심한 기업일수록 더욱 현저하게 나타날 것이다. 기업은 내부자금이 부족하면 차입자금의 조달로 옮겨가고, 차입자금으로도 소요자금이 부족한데 유리한 투자기회를 지니고 있다면 높은 레몬 프리미엄을 부담하고서라도 주식발행을 통한 자금조달까지도 불사하게 될 것이다. 이런 순서로 자금조달이 진행될 경우 기업의 최적 자본구조는 규정될 수 없다. 자금조달의 처음과 끝에 자기자금이 위치하기 때문이다. 사실이 그러하다면, 부채비율의 변화는 최적 자본구조를 달성하려는 노력 때문이 아니라 외부자금에 대한 필요에 따라서 변화한다. 이런 생각은 기업재무론 분야에서 자금조달순서론이라고 불린다. 이 책이 우리나라 기업들의 재무구조 결정 및 자금조달 행태에 대한 실증적 검정을 목표로 하고 있는 것은 아니지만, 이런 생각이 바탕에 깔려서 우리나라 기업 및 재벌의 재무에 대한 전체적인 서술이 전개되어 나갈 것이다.

기업들이 한 기업집단 내에서 계열관계를 형성하게 되면 자금의 조달과 관련하여 어떤 일이 생기게 되는 것일까? 다(多)사업체기업 안에서 사업체들간에 또는 재벌과 같은 기업집단 내부에서 계열사들간에 자본이 거래되는 시장을 내부자본시장이라고 한다. 우리나라 재벌에서 모든 계열사들은 총수의 1인지배하에 있고 자금은 계열사간에 총수의 판단에 따라 상당히 자유롭게 이동한다. 적어도 외환경제위기 이전까지는 우리나라 재벌에서 외부의 간섭을 거의 받지 않는 매우 활성화된 내부자본시장이 작동해 왔다. 계열사간 자금이동을 통해 개별 계열사의 파산위험을 경감시킬 수 있으며, 계열사간 상호지급보증을 통해 재벌 전체적으로 차입의 조건을 유리하게 하고 차입의 규모를 늘릴 수 있다. 또 계열사간 출자를 통해 자기자본을 손쉽게 확충할 수 있다. 그 결과 먼저 장부상 재무구조를 차입에 유리하게 꾸밀 수 있다. 더 중요하게는, 총수가 계열사 외부주주들의 돈을 자기 돈 쓰듯 하면서 작은 자기지분만으로도 확고한 소유지배구조를 확립할 수 있게 된다.

소수지분으로 확고한 지배가 보장되어 있는 소유지배구조하에서 총수는 자신에게 유리하게 재벌 내의 소득과 부를 전유(轉有)·착취하고 싶은 강한 유혹 아래 놓이게 된다. 재벌의 재무구조와 자금조달은 이 강한 유혹의 영향을 받지 않을 수 없다. 따라서 재벌의 내부자본시장에 대한 고려 없이 이루어지는 재벌의 재무적 행동과 특성에 대한 이해는 절름발이가 될 수밖에 없다. 그럼에도 불구하고 이 책에서는 소유지배구조와 재무구조 및 자금조달과의 관계에 대한 자료의 제시와 실증적인 분석은 제한적으로 이루어질 것이다. 이 주제와 관련해서 이 책에서는 한 장을 할당하여 우리나라 재벌의 재무적 행동과 특성에 대한 자료를 내부자본시장이라는 관점에서 이해하는 이론 중심의 설명으로 그치려고 한다.

이 책의 주된 목적 중의 하나는 재벌의 재무자료를 종합적이고 체계적으로 제시하는 것이다. 본문 중의 내용과 직접 관련되는 자료들은 부록에 싣기보다는 가급적 본문

속에 넣으려 하였다. 그것이 독자가 책을 읽어나갈 때의 번거로움을 덜 수 있는 방법
이라 여겨서이다. 그리고 자료가 장기시계열일 경우 추이를 쉽게 볼 수 있도록 수치자
료와 함께 그래프자료를 같이 제시하였다. 본문중의 설명과 직접 관련되는 중요한 자
료임에도 불구하고 한 페이지에 들어가기 힘들거나 분량이 큰 자료들은 부득이 책의
말미에 부록으로 처리하였다. 원래의 공시된 재무자료에 가까운 가공성이 낮은 자료
들은 책과 함께 제공되는 CD에 수록하는 것을 원칙으로 하였다.

　이 책은 다음과 같이 구성된다. 2장에서는 분석대상이 되는 30대 재벌들의 선정기
준이 논의되고 분석대상 재벌의 명단을 정한다. 그리고 이 책에서 주되게 사용되고 분
석될 자료들의 원천 및 그 특징과 한계점들에 대한 소개와 검토가 이루어진다. 3장에
서는 기업의 자금조달과 재무구조 결정에 관한 기업재무론 분야의 이론을 개관한다.
기업의 지배적인 재무행태에 대한 주장의 차이에 초점을 두어 기업재무이론들을 절충
이론, 순서적 자금조달론, 통제이론과 대리인비용이론으로 나누어 개관한다. 4장에서
는 우리나라 재벌의 형성과정을 내부자본시장이라는 시각에서 분석한다. 1997년 외환
경제위기 이전 우리나라 기업지배구조상의 특징을 파악하고, 이런 특징들이 재벌의
재무구조와 자금조달에 미쳤을 영향에 대해 알아본다. 이어서, 소수지분으로 확고한
지배가 보장되어 있는 재벌의 소유지배구조하에서 대리인문제 발생의 개연성과 그 형
태에 대해서 이론적인 수준에서 파악한 후, 재벌의 내부자본시장과 관련된 국내외의
실증적 연구결과를 개관한다. 이런 것들은 모두 주어진 재무환경에 대해 재벌이 어떻
게 능동적인 적응행동을 펼쳐왔는가를 재벌의 내부자본시장이라는 틀 속에서 이해하
려는 것이다. 재벌의 내부자본시장에 대한 고려 없이 이루어지는 재벌의 재무적 행동
과 특성에 대한 이해는 반쪽이 될 수밖에 없다. 3장과 4장의 내용들은 이후의 장들에
서 제시될 재벌관련 재무자료 및 행태들을 이해하는 이론적인 틀로서의 의미를 갖는
다.

　5장에서는 재벌의 재무환경, 즉 재벌의 재무적 행동을 규정하는 환경에 대한 논의
와 자료의 제시가 이루어진다. 먼저 우리나라 기업의 재무환경으로서 법체계 및 금융
체계의 특징, 그리고 우리나라 기업의 자금조달 구조를 다른 나라들과 비교하여 살펴
본다. 이어서, 우리나라의 고도 경제성장 기간 동안의 자금의 동원과 배분체계, 그리
고 저이자율 정책과 이중 금리구조의 특징을 살피고, 끝으로 성장금융체제하에서 우
리나라 은행신용의 할당체계를 실증적으로 구명한다. 이는 우리나라 기업과 재벌의
자금조달과 자본구조 결정에 작용해온 주된 재무환경을 밝히는 작업에 다름 아니다.
6장에서는 재벌에 대한 재무자료의 체계적인 입수가 가능한 1987년부터 외환경제위기

가 발생한 1997년까지의 기간 동안 상위재벌의 자본구조와 자금조달 관련자료들이 제시되고, 재벌자료와 비재벌자료 간, 상위재벌과 하위재벌 간의 차이점과 행태에 대한 분석이 이루어진다. 7장에서는 1998년부터 2002년 기간에 대하여 앞장과 같은 분석이 이루어진다. 시기를 1997년을 기준으로 하여 장을 달리해서 분석하는 이유는 1997년 말 외환경제위기를 전후하여 재무환경 및 재벌의 자금조달행태와 재무구조가 급격한 변화를 겪었기 때문이다.

8장에서는 재벌계열사간 부당자금 내부거래에 대한 자료분석이 이루어진다. 이 책에서 다루는 재벌의 재무자료는 개별 재벌단위의 합산재무자료이거나 또는 10대 재벌, 30대 재벌 등 개별 재벌의 합산재무자료를 재차 합산한 집계 합산자료이다. 합산재무제표는 금융계열사를 포함하고 있지 않다. 금융회사의 재무제표 구조는 비금융회사와 같지 않아 합산이 가능하지 않기 때문이다. 그로 인해 이 책에서 다루는 자료는 재벌의 비금융계열사 자료에 한정된다. 출자내역을 제외하고는 계열사들간에 대차 및 지급보증 등 자금거래 내역은 파악이 어렵다. 총액만 제시되고 개별 거래내역은 공시되지 않기 때문이다. 공정거래위원회가 1998년부터 실시하고 있는 재벌 부당자금 내부거래에 대한 조사의 결과는 재벌계열사들간의 자금거래의 주요 면모를 확인할 수 있는 좋은 자료원이다. 이 자료를 통해 재벌 내에서 계열사간 자금거래의 면모의 일단을 파악해볼 수 있다. 9장에서는 성장성, 수익성, 안정성, 생산성, 국민경제 내에서 재벌의 비중 등에서 재벌의 성과를 측정하는 자료들이 제시되고 평가가 이루어진다.

제 **2** 장 　연구방법 및 이용자료

이 장에서는 재벌의 재무행태를 분석하는 데 주로 이용될 자료원, 그리고 각 자료원의 특징과 한계점에 대해서 살펴본다. 30대 재벌의 지정 및 기초적인 재무자료가 1987년부터 공정거래위원회(이하, 공정위)에 의해 공식적으로 발표되기 시작하였다. 그렇지만, 공정위가 발표한 자료들은 기업집단에 대한 규제와 관련되는, 법적 근거를 확보하고 있는 일부 범주에 머무르고 있다. 이 책에서는 공정위의 공식발표 자료는 단지 참고자료 정도로 이용한다. 그 1차적인 이유는 재벌의 자본구조와 자금조달 등 재무행태, 그리고 재벌의 회계적 성과에 대한 종합적인 자료를 공정위의 공식발표 자료로부터 모두를 얻을 수 없기 때문이다. 1987년 이래로 최근까지 30대 재벌에 대한 일관성 있고 종합적인 재무자료가 필요한데, 이는 한국신용평가정보주식회사(이하, 한신평정보 또는 KIS)의 재무 데이터베이스로부터 구하였다.

공정위가 발표한 각 연도의 30대 재벌명단과, 이 책에서 자료작업을 위해 구성한 30대 재벌의 명단은 부분적으로 불일치하기도 한다. 불일치가 발생하는 몇 가지 이유가 있다. 첫째로, 공정위는 매년 4월 초를 기준으로 그 해의 30대 재벌을 발표하는데, 예를 들어 30대 재벌명단에 들어 있던 어떤 기업집단이 4월 발표 이후 그 해에 해체되는 일이 있을 수 있고, 그렇게 되면 그 기업집단의 당해년의 재무제표가 작성·공표되지 않아 결과적으로 그 기업집단의 그 해의 재무자료를 이용할 수 없다. 둘째로, 공정위 지정 기업집단이 국영이거나 또는 비자연인이 지배하는 기업집단일 경우에는 분석대상에서 제외하고 그 자리를 자연인 총수가 지배하는 다른 기업집단으로 자산순위에 따라 대체해 넣었다. 공정위는 2001년부터는 30대 대규모기업집단에 공기업그룹을 포함시켜 발표하기 시작하였으며, 2002년부터는 30대 대규모기업집단 지정방식을 버리고 출자총액제한기업집단, 그리고 상호출자제한기업집단·채무보증제한기업집단으로 이원화하여 지정하기 시작하였다. 2002년도 출자총액제한기업집단으로는 직전년도 대차대조표상 자산총액 합계액이 5조 원 이상인 19개가 지정되었는데, 그 가운데 한국전력공사 등 7개가 공기업집단이다. 이와 같은 제도의 변화에도 불구하고, 이 책에서 관심을 갖고 분석하고자 하는 기업집단은 자연인 총수가 지배하는 기업집단이기 때문에 분석 전기간에 걸쳐서 자산순위에 따라 자연인 총수가 지배하는 30대 기업집단을 확보하였다. 끝으로, 드물기는 하지만 단순히 한신평정보의 재무 데이터베이스로부터 공정위 지정 30대 기업집단의 재무자료를 입수할 수 없는 경우도 있었다. 예를 들어, 삼미, 한양, 극동정유 등 1996년 이전에 망한 그룹의 합산재무자료가 KIS 재무 데이터에 누락되어 있는 경우가 대표적이다.

이럴 경우에 택할 수 있는 방법으로, 먼저 회계년도말의 재무자료 입수가 가능하지 않은 기업집단을 제외한 나머지 기업집단만으로—예를 들어, 어떤 해에 2개 기업집단이 유고일 경우 나머지 28개 기업집단만으로—대규모 기업집단 분석대상군을 구성하거나, 아니면 유고 기업집단 자리에 다른 기업집단을 넣어 30대 기업집단을 구성한 후 그 30대 기업집단을 대상으로 자료분석을 행하는 방법의 두 가지를 생각해 볼 수 있다. 이 책은 다음과 같은 이유로 후자의 방법을 택한다. 일반적으로, 30대 기업집단에 대해 이야기할 때 관심의 초점은, 특정 거대재벌이 30대에 속해 있는가 그렇지 않은가에 있다기보다는 30대 재벌의 명단구성이 어떻게 되는가에 상관없이 상위 거대재벌들의 집합체로서의 30대 재벌의 집계적 크기, 대사회적 영향력이나 지배력에 있는 것이라고 할 수 있다. 한편, 공정위는 공정위 자체의 기준—공정자산 기준—으로 30대 기업집단을 선정하고, 한신평정보는 총자산 기준으로 기업집단의 규모 순위를 정한다. 어떤 기준이든 어차피 다소는 작위적이다. 어떤 기준을 채택하는가에 따라 30대 재벌에 속하는 재벌의 명단이 영향을 받는데, 그런 경우란 대부분이 30대 대규모 기업집단의 하위순번에서 발생한다. 그런데 하위재벌의 규모는 상위재벌에 비해서 상대적으로 미소하기 때문에, 하위순번에 어떤 재벌이 속하는가가 30대 재벌 전체의 속성에 미치는 영향은 한계적이다.

이런 점들을 종합적으로 고려하여, 매년 상위 30대 기업집단을 구성하여 '상위 30대' 기업집단에 대한 시계열을 고수하기로 하였다. 그리고 유고 기업집단에 대한 대체는 한신평정보가 자체적으로 선정한 30대 기업집단에 속하는 기업집단 가운데, 공정위의 30대 기업집단 명단에 들어 있지 않은 기업집단 중에서 총자산 규모 순위가 큰 순서로 대체해 넣었다. 예를 들어, 1987년의 경우 공정위 지정 30대 기업집단에 속하는 한보, 대한조선공사, 라이프 대신에 한신평정보의 자산순위에 따라 우성건설, 통일, 태광산업으로 그 자리를 메워 넣는 식이다.

한신평정보는 수천 개 기업집단[1]에 대한 정보를 구축하고 있는데, 그 자료 안에는 1995년 이전에 이런저런 유고로 재무제표 작성이 중단된 주요 기업집단에 대한 재무자료가 미비되어 있는 경우들이 있다. 공정위 지정 30대 기업집단 자료와의 일치성을 최대로 확보하기 위해 가급적 이들 유고 기업집단들의 재무자료를 한신평정보의 데이터베이스의 재무자료를 이용하여 복구하려 하였다. 그렇게 해서, 기업집단 삼미, 한양, 극동정유의 합산재무자료들을 작성·확보하였다.

이런 작업을 통해 1987년부터 2002년까지 16년 동안 30대 기업집단의 명단을 확정하였다. 〈표 2-1〉은 1987년부터 2002년까지 분석기간 동안 각 연도의 최종 확정된 30대 재벌명단이다.

〈표 2-2〉는 각 연도에서 공정위 지정 30대 기업집단의 구성과 작업대상 30대 기업집단의 구성간의 차이를 보여주고 있다.

기업집단을 비기업집단과 비교하기 위한 자료로는 국민경제 전체에 대해 작성되는 자료를 이용하는 것이 바람직하다. 이런 자료가 있다면, 국민경제 자료로부터 재벌자료를 차감함으로써 비재벌부문의 자료를 확보하는 것이 가능해진다. 그러나 대부분의 경우 이런 자료들을 구하기 어렵다. 따라서 자료분석 작업은 특정한 성격의 한정된 기업들만을 대상으로 해서 작성된 자료원에 많이 의존하게 된다. 특히, 중소기업청에서 매년 발간하는 《중소기업실태조사보고》 및 한국은행에서 매년 발간하는 《기업경영분석》상의 기업 재무자료를 필요에 따라 많이 이용하게 될 것이다.

《기업경영분석》의 재무자료는 1978년까지는 유의표본 조사방식으로 얻어지다가 1979년부터 모집단에 대한 표본설계 조사방식으로 전환되었다. 《기업경영분석》은 주

---

1) 원칙적으로 보자면, 2개 이상의 기업이 계열관계를 구성하고 있으면, 이들 기업은 기업집단을 형성하게 된다. 이런 기준으로 따질 때, 한신평정보 관계자의 말에 의하면, 한신평정보의 기업 DB 안에는 7천여 개의 기업집단이 있다고 한다.

<표 2-1> 작업대상 30대 재벌명단

순위	1987	1988	1989	1990	1991	1992	1993	1994
1	현 대	현 대	현 대	현 대	현 대	현 대	현 대	현 대
2	대 우	대 우	대 우	럭키금성	삼 성	삼 성	삼 성	대 우
3	럭키금성	럭키금성	럭키금성	대 우	대 우	대 우	대 우	삼 성
4	삼 성	삼 성	삼 성	삼 성	럭키금성	럭키금성	럭키금성	럭키금성
5	쌍 용	한 진	한 진	한 진	선 경	선 경	선 경	선 경
6	한 진	선 경	선 경	선 경	한 진	한 진	한 진	한 진
7	선 경	쌍 용	쌍 용	쌍 용	쌍 용	쌍 용	쌍 용	쌍 용
8	한국화약	롯 데 .	롯 데	한국화약	기 아	기 아	기 아	기 아
9	롯 데	한국화약	기 아	기 아	한국화약	한 화	한 화	한 화
10	기 아	기 아	한국화약	롯 데	롯 데	롯 데	롯 데	롯 데
11	대 림	대 림	대 림	대 림	금 호	금 호	금 호	금 호
12	동아건설	한 일	한 일	금 호	대 림	대 림	대 림	대 림
13	한 일	동아건설	동아건설	동아건설	두 산	두 산	두 산	두 산
14	효 성	두 산	두 산	두 산	동아건설	동아건설	동아건설	동아건설
15	두 산	효 성	효 성	한 일	한 일	한 일	한 일	효 성
16	동국제강	금 호	금 호	효 성	효 성	효 성	효 성	한 일
17	범양상선	동국제강	동국제강	동국제강	동국제강	삼 미	동국제강	한 라
18	코오롱	코오롱	코오롱	극동건설	한 라	동국제강	삼 미	동국제강
19	금 호	범양상선	극동건설	동 양	코오롱	한 라	한 라	삼 미
20	극동건설	동 부	동 부	코오롱	동 양	코오롱	한 양	동 양
21	동 부	극동건설	한 라	한 라	동 부	동 양	동 양	코오롱
22	우 성	통 일	우성건설	동 부	극동건설	극동정유	코오롱	진 로
23	고려합섬	해 태	통 일	우 성	우 성	동 부	진 로	고 합
24	해 태	우 성	범양상선	통 일	고려합섬	극동건설	동 부	우 성
25	통 일	고려합섬	고려합섬	고려합섬	진 로	우 성	고 합	동 부
26	미 원	미 원	미 원	해 태	해 태	한 양	극동건설	해 태
27	태광산업	한 라	해 태	동 원	미 원	고려합섬	우 성	극동건설
28	강원산업	삼 양	삼 양	벽 산	벽 산	진 로	해 태	미 원
29	삼 환	삼 환	동 양	범양상선	삼 양	해 태	벽 산	벽 산
30	신동아	태광산업	삼 환	미 원	아 남	벽 산	미 원	한 솔

〈표 2-1〉 계속

순위	1995	1996	1997	1998	1999	2000	2001	2002
1	현 대	현 대	현 대	현 대	현 대	삼 성	삼 성	삼 성
2	삼 성	삼 성	삼 성	삼 성	대 우	현 대	LG	LG
3	대 우	LG	LG	대 우	삼 성	LG	SK	SK
4	LG	대 우	대 우	LG	LG	SK	현대자동차	현대자동차
5	선 경	선 경	선 경	SK	SK	현대자동차	한 진	한 진
6	쌍 용	쌍 용	쌍 용	한 진	한 진	한 진	롯 데	롯 데
7	한 진	한 진	한 진	쌍 용	쌍 용	롯 데	현 대	현 대
8	기 아	기 아	기 아	한 화	한 화	금 호	금 호	금 호
9	한 화	한 화	한 화	금 호	금 호	한 화	현대중공업	현대중공업
10	롯 데	롯 데	롯 데	동 아	롯 데	두 산	한 화	한 화
11	금 호	금 호	금 호	롯 데	동 아	쌍 용	두 산	두 산
12	두 산	한 라	한 라	한 라	한 솔	현대정유	쌍 용	동 부
13	대 림	동아건설	동 아	대 림	두 산	한 솔	현대오일뱅크	쌍 용
14	동아건설	두 산	두 산	두 산	대 림	동 부	동 부	효 성
15	한 라	대 림	대 림	한 솔	동국제강	대 림	대 림	대 림
16	동국제강	한 솔	한 솔	효 성	동 부	동 양	효 성	코오롱
17	효 성	효 성	효 성	고 합	한 라	효 성	코오롱	하나로통신
18	동 양	동국제강	동국제강	코오롱	고 합	제일제당	제일제당	제일제당
19	한 일	진 로	진 로	동국제강	효 성	코오롱	동국제강	동국제강
20	코오롱	코오롱	코오롱	동 부	코오롱	동국제강	하나로통신	현대오일뱅크
21	고 합	고 합	고 합	아 남	동 양	현대산업개발	한 솔	한 솔
22	진 로	동 부	동 부	진 로	진 로	하나로통신	신세계	신세계
23	해 태	동 양	동 양	동 양	아 남	신세계	동 양	동 양
24	삼 미	해 태	해 태	해 태	해 태	영 풍	현대백화점	현대백화점
25	동 부	뉴코아	뉴코아	신 호	새 한	현대백화점	현대산업개발	현대산업개발
26	한 솔	아 남	아 남	대 상	강원산업	동양화학	영 풍	영 풍
27	극동건설	한 일	한 일	뉴코아	대 상	대우전자	대 상	대 상
28	뉴코아	거 평	거 평	거 평	제일제당	태광산업	동 원	동 원
29	벽 산	대 상	대 상	강원산업	신 호	고 합	태광산업	태광산업
30	미 원	신 호	신 호	새 한	삼양사	에스-오일	KCC	KCC

요 기업에 대해서는 전수조사를 하며, 나머지 부(副)모집단에 대해 층화표본 추출조사를 한 후 이를 사전에 정해 놓은 비율에 따라 확대하여 모집단 전체의 자료를 추정한다. 조사대상 기업은 매출액이 일정규모 이상(1996년의 경우 10억 원 미만의 영세업체 제외)인 영리법인 기업에 국한된다. 또 농업, 수렵, 임업, 수도업, 금융보험업과 일부 서비스업은 조사대상에서 제외되고 있다. 1996년의 경우 모집단이 전체 법인기업에서 차지하는 비중은 매출액 기준 91.1%이다. 《기업경영분석》 책자에 전체 대분류 산업에 대한 총계 재무자료가 나타나지 않은 경우에는 광업, 제조업, 건설업, 도소매업 등 대분류 산업의 재무제표들을 합하여 전체 기업의 재무제표를 작성한 후 이를 전체 기업의 합산재무제표로 이용하였다.

〈표 2-2〉 공정위 지정 30대 기업집단과 작업대상 30대 기업집단 간의 명단 차이

연 도	공정위 지정 30대 기업집단 중 분석에서 누락된 기업집단	KIS 총자산 순위를 따라 대체 투입된 기업집단	비 고(누락 사유)
1987	한보(25), 대한조선공사(28), 라이프(29)	우성, 통일, 태광산업	대한조선공사 감사 거절, 한보, 라이프 KIS 자료 없음
1988	-	-	-
1989	포항제철(5)	삼양	공기업 제외
1990	태평양화학(29)	동양	KIS 자료 없음
1991	통일(27), 동원(30)	진로, 미원	KIS 자료 없음
1992	-	-	-
1993	-	-	-
1994	한보	한솔	KIS 자료 없음
1995	한보	뉴코아	KIS 자료 없음
1996	한보(14), 삼미(26), 극동건설(28), 벽산(30)	아남, 거평, 대상, 신호	한보, 삼미, 벽산 1996년중 해체, 극동건설 KIS 자료 없음
1997	기아(8)	강원산업	기아 1997년중 해체
1998	-	-	-
1999	-	-	-
2000	포항제철(7)	에스-오일	비자연인 대주주 지배 기업집단 제외
2001	한국전력공사(1), KT(6), 한국도로공사(7), 포항제철(9), 한국토지공사(11), 대한주택공사(12), 현대중공업(15), 한국수자원공사(17), 한국가스공사(18), 농업기반공사(29), 담배인삼공사(30)	쌍용, 신세계, 동양, 현대백화점, 현대산업개발, 영풍, 대상, 동원, 태광산업, 진로, 대우전자	비자연인 대주주 지배 기업집단 및 공기업 기업집단 제외
2002	30대 지정 중단		

주 : ( )안의 숫자는 공정위 지정 순위.

　대차대조표, 손익계산서, 제조원가명세서는 한신평정보 데이터베이스와 한국은행 《기업경영분석》상의 자료를 사용하였다. 기업의 자금흐름에 관한 정보는 1974년부터 자금운용표 형식으로 기록되기 시작하다가 1981년부터 재무상태변동표로 바뀌어 작성·공시되었다. 그러다가 1994년 기업회계 기준개정시 외부감사 대상법인에 대하여 1995년부터 기존의 재무상태변동표 대신에 현금흐름표 작성이 의무화되었다. 한국은행 《기업경영분석》은 각급의 분류산업에 대해 자금의 운용과 조달에 관한 정보를 자금운용표로 제공해 왔다. 자금운용표 정보는 1977년부터 금액 기준으로 발표되기 시작하였다. 한국은행 《기업경영분석》은 1995년부터 제조업, 건설업, 도소매업의 3대 대분류 산업에 대한 현금흐름표를 조사, 제공하기 시작하였다. 그러나 전 산업이 조사되고 있지 않으며, 자료는 업체당 평균 형태로 제시되고 있어 전체 기업의 현금흐름 면모를 파악할 수 있는 자료로서 한계가 크다. 따라서 이 자료는 제한적으로만 이용될 것이다. 1998년까지 자금운용표가 작성·발표되고 있었으므로, 1998년까지 현금흐름에 대한 전체 기업의 자료로는 《기업경영분석》의 자금운용표 자료를 이용한다.

　한편, 한신평정보는 현금흐름표가 작성되고 있지 않던 시기에 기업의 채무상환 능력에 대한 평가를 위해 내부에서 '현금흐름분석표'를 개발·작성하여 사용해 왔다. 이는 기본적으로 기업의 현금흐름을 분석하고 있는 재무제표로서, 분석 전기간에 걸쳐 일관되게 자료의 입수가 가능하다. 그런 이유로, 기업집단의 현금흐름에 대한 분석은 이 표를 이용하여 작업을 행하였다.

제3장 기업의 자금조달과 재무구조 결정에 관한 이론

1. 시작하는 글

기업은 자금을 조달하여 자산을 마련하고, 자산을 이용한 생산활동을 통해 수익을 창출하려는 조직체이다. 기업이 조달하는 자금은 크게 자기자금과 타인자금으로 구분된다. 자기자금은 주식발행, 즉 증자를 통해 기업 외부로부터 유입되기도 하며, 기업활동의 결과로서 내부적으로 창출되기도 한다. 내부 유보되는 이익과 현금지출이 따르지 않는 비용항목인 감가상각비 등이 내부창출 자금이다. 타인자금은 상환의 의무가 따르는 자금으로서 이자발생부채, 그리고 매입채무와 같이 이자를 지불하지 않고 사용하는 부채로 구성된다. 이자발생부채는 장단기 차입금, 사채 등의 다양한 형태를 띤다. 기업의 자금조달 활동이 이루어지고 그 누적적인 결과로서 특정 시점에서 스톡으로서의 자본의 구성이 있게 된다. 플로로서의 자금조달이 스톡으로서의 자본의 구성을 변화시킨다.

총자본은 자기자본과 타인자본(부채)으로 구성된다. 주어진 자산에 대하여 기업의 가치를 최대로 하는 자본의 구성이 있다면 이것이 바로 최적 자본구조이다. 기업의 가치가 자본의 구성과 독립적인가 아닌가, 기업가치가 자본구성에 의해서 영향을 받는 다면 최적의 자본구조는 어떤 요인들에 의해 결정되는가가 기업재무론의 중심적인 관심사가 되어왔다.

기업의 자본구조는 기업의 특수적인 요소 및 기업 외적인 요소의 영향을 동시에 받는다. 후자는 기업이 자본구조를 결정하는 데 있어서 주어진 환경으로서 작용하며, 보통 재무환경이라고 불린다. 재무환경은 크게 세율, 이자율, 인플레이션율 등 거시경제적 차원, 그리고 기업의 자금조달 및 거시경제정책이 행해지는 제도적 틀로서의 금융체계적 차원으로 구분해 볼 수 있다. 금융체계의 이념형으로서 통상 은행중심체계와 시장중심체계가 언급되고 있다. 한발 더 나아가서, 한 나라의 지배적인 금융체계를 규정하는 요소에 대해서 생각해 볼 수도 있다. 예컨대, 미국은 다른 어느 나라에 비해 소유의 분산과 더불어 소유와 경영의 분리가 전개되어 온 반면에, 독일이나 일본과 같은 국가는 산업화단계부터 은행을 중심으로 한 기업의 대규모 지분보유가 일반화되어온 이유를 설명하려는 것이다. Roe(1994)는 한 나라의 지배적인 금융방식은 그 나라의 정치적 정서 및 그것을 반영하는 정부정책에 의해 기초가 조건지어지며, 일단 형성된 제도로서의 금융체계는 이를테면 효율성이라는 경제적 논리만을 따라서가 아니라 그 사회의 정치·사회·문화적인 요인들과 상호작용하며 경로의존적으로 변천되어 나간다고 설명하고 있다.[1] 그러므로 기업의 자본구조의 결정에 대하여 다음과 같이 함수형태의 표현을 생각해 볼 수 있다.

자본구조 = f (기업 특수적 요인; 거시경제적 변수; 금융체계, 법체계)

개별기업의 최적 자본구조가 어떻게 결정되는가 또는 최적 자본구조가 존재하는 것인가에 대한 일반이론은 아직 없다. 완전한 자본시장에서 자본구조와 기업의 가치는 무관하다는 모딜리아니와 밀러의 무관성명제(Modigliani and Miller, 1958)에서 시작된 현대 기업재무이론은 기업의 자본구조를 설명하려는 몇 가지 이론들로 발전하였다. 그러나 이런 이론들 각각은 보편적이라기보다는 특정상황에 더 적합하게 적용되

---

1) 예를 들어 미국의 경우, Roe(2003)의 설명에 따르면, 미국국민들은 역사적으로 대규모 금융기관에 의한 경제력의 독점에 대해 강한 불신과 반감을 가지고 있었으며, 이것이 19세기 말부터 대규모 금융기관에 대한 강력한 규제로 표현되었다. 대규모 금융기관에 대한 규제로 인해 은행 등의 기관투자가에 의한 대지분의 보유, 즉 기업자금의 공급은 원천적으로 봉쇄되었고, 결과적으로 개인투자자를 중심으로 하는 자본시장의 발전과 그 귀결로서 법인기업 지분의 광범위한 분산 및 소유-경영의 분리라는 지배구조가 형성되었다. 이철희(2003) : 154~155 및 최연혜(1997) Ⅲ장 참조.

며, 실증적인 분석결과들도 일관적이지 않다. 2)

　기업의 자본구조 결정 및 자금조달 행동에 대한 다양한 연구들은, Harris and Raviv(1991)에서처럼 기업의 재무행태를 결정하는 지배적인 요인들을 무엇으로 보는가 하는 기준에 따라 분류해 볼 수 있을 것이다. Harris and Raviv(1991)는 그런 요인들을 조세, 대리인비용, 비대칭 정보, 제품 및 요소시장 요인의 상호작용, 기업통제 등으로 분류한 후, 기업재무에 관한 연구들을 이 기준에 따라 개관하고 있다. 그러나 여기서는 기업의 지배적 재무행태에 대한 주장의 차이에 초점을 두어 기업재무이론들을 절충이론, 순서적 자금조달론, 통제 및 대리인비용 이론으로 나누어 개관하려 한다. 기업재무론 분야의 이론적인 대립은 기업재무 행태의 차이를 가져오는 요인들을 중심으로 전개되고 있다기보다는 전형적이라고 여겨지는 기업의 재무행태에 대한 견해 차이를 중심으로 해서 전개되고 있는 것으로 보이기 때문이다.

2. 절충이론

정태적 절충이론(static tradeoff theory)은 기업의 투자정책이 주어져 있다는 전제하에서 부채사용의 한계적 편익과 비용이 일치하는 수준에서 최적 부채비율이 결정된다고 본다(Miller and Modigliani, 1966; Taggart, 1977; Haugen and Senbet, 1978; DeAngelo and Masulis, 1980; Bradley et al., 1984). 전통적 절충이론에서 부채사용의 전형적 편익은 지급이자에 대한 손비인정으로 얻게 되는 감세효과이다. 차입에 따르는 비용이 발생하지 않는다면 기업은 가급적 많은 부채를 사용하여 감세의 효과를 극대화하려 할 것이다. 그러나 부채의 사용에는 비용이 따른다. 부채의 사용이 늘어날수록 기업은 재무적 곤경을 겪고 채무를 불이행하게 되어 파산할 가능성이 높아진다. 파산시 기업은 회사청산이나 재건 등의 절차에서 직접적인 비용을 부담하게 된다. 아울러, 기업은 파산 이전에라도 재무적 곤경으로 인해 각종 기회비용적 손실 — 파산할 경우의 감세이익의 상실, 자금경색에 따르는 차입비용의 상승, 주요 공급자와의 거래중단이나 영업의 약화 등으로 인한 기업가치의 하락, 자금제약으로 인한 투자기회의 상실 등 — 의 간접적인 비용을 부담하게 된다(Baxter, 1967; Warner, 1977; Altman, 1984; Andrade and Kaplan, 1998). 3) 파산비용이 클수록 그리고 파산위험이

2) 기업의 재무구조와 자금조달에 대한 실증 및 이론에 대한 최근의 서베이 논문들로 Fama and French(2002), Myers(2001), Raghuram and Zingales(1995), Harris and Raviv(1991)를 들 수 있다.

높을수록 기업들은 낮은 부채비율을 유지하려 할 것이다.

기업이 차입하는 데에는 감세유인이 있다는 점이 상식처럼 여겨지고 있다. 한계세율이 높을수록 기업이 부채를 사용하려는 유인은 강해질 것이다(Graham, 1996). 그러나 실증적 연구들은 조세적 요인이 기업의 재무구조와 자금조달과 관련해 영향을 미친다는 주장을 일관되게 지지하고 있지는 않다(Miller and Scholes, 1978 ; Myers, 1984; Mayer, 1990 : 321 ; Raghuram and Zingales, 1995 : 1441~1443 ; Myers, 2001 : 90). Graham(2000)의 연구에 따르면, 미국기업들의 절세의 현재가치는 기업가치의 10% 정도이다. 그런데 기업들은 매우 보수적으로 부채를 사용하고 있다. 기업들이 부채를 추가로 발행해서 절세의 이득을 누리면 평균적으로 7.5%만큼(개인 이자소득세를 고려하지 않을 경우에는 15%만큼) 기업가치를 증대시킬 수 있음에도 불구하고 그렇게 하지 않고 있다. 이처럼 7.5%의 절세이익을 기업들이 사용하지 않는 이유가 절충이론의 틀 안에서 설명될 수 있어야 할 것이다.[4]

절충이론에 따르면, 각 기업은 나름의 목표 부채비율을 가지며 실제 부채비율이 여기서 벗어나면 목표 부채비율로 조정하는 행동을 한다. 실제 부채비율이 목표 부채비율보다 높다면 기업은, 예를 들어 주식을 발행하고 부채를 상환하며, 실제 부채비율이 목표치보다 낮다면 그 반대로 행동하여 목표 부채비율로 나아갈 것이다. 자본구조를 조정하는 비용이 사소하다면, 기업은 실제 부채비율을 신속하게 목표 부채비율로 조정할 것이다. 조정비용이 사소하지 않다면 실제 부채비율은 느린 속도로 목표 부채비율을 향해 조정되어 나갈 것이다. 실증분석 결과 부채비율의 조정속도 계수가 상당한 정도에 이르고, 이는 기업들이 실제 부채비율을 목표 부채비율로 조정하는 행동을 잘 설명하고 있는 것이라고 일부 연구자들은 주장한다(Taggart, 1977 ; Jalivand and Harris, 1984 ; Auerbach, 1985 ; Opler and Titman, 1994).

현실에서 기업들의 부채비율은 횡단면적인 분산을 보이고 있다. 동태적 절충이론에 따르면, 조정비용의 존재로 기업들은 외부충격을 즉각적으로 상쇄시킬 수 없기 때문에 실제 부채비율은 목표 부채비율에서 벗어난다. 절충이론이 기업의 자본구조를 설명하는 완전한 이론이 될 수 있으려면, 횡단면 자료상 기업의 부채비율이 다른 것은 기업들 각각이 다른 목표 부채비율을 갖고 있어서 그런 것인지 아니면 실제 부채비율

---

3) Andrade and Kaplan(1998)의 분석에 따르면, 재무적 곤경의 직간접비용은 기업가치의 10~23% 범위에 있다.

4) 우리나라에 대한 최근의 한 연구에서도 조세요인은 기업의 재무구조 결정에 대한 설명력이 없는 것으로 나타나고 있다. 위정범(1998)과 김해진·이해영(1995) 참조. 부채성 절세수단과 비부채성 절세수단 간에 대체성이 높다는, 따라서 조세와 부채 사용 간에는 유의한 관계가 나타나기 어려울 것임을 함의하고 있는 연구로 김희영(2001) 참조.

이 목표 부채비율에서 이탈해 있는 정도가 달라서인지를 구분해 낼 수 있어야 할 것이다. 또한 기업에 따라 조정속도가 다르다면, 조정속도의 차이를 가져오는 요인이 무엇인지에 대한 분석이 있어야 할 것이다. 이처럼 절충이론에서 재무구조 조정비용의 존재와 크기가 갖는 이론적 중요성이 매우 큼에도 불구하고 이에 대한 연구가 제대로 이루어지고 있지는 않다(Myers, 1984 ; Fama and French, 2002).

3. 자금조달순서론

절충이론과 대립적이고 경쟁적인 관계에 있는 대표적인 재무이론이 자금조달순서론(*pecking-order financing theory*)이다. Myers(1984)에 의해서 새롭게 제시된 자금조달순서론은 내부자금 - 무위험부채 - 위험부채 - 주식자금 순으로 자금조달 비용이 커지며, 기업은 비용이 낮은 조달원 순서로 자금을 순차적으로 조달해 나간다고 주장한다. 즉, 가용 내부자금이 기업의 자금소요액에 못 미칠 때 기업은 우선 무위험부채로 자금을 조달·보충하고 무위험부채로도 소요액이 충족되지 못하면 위험부채, 위험부채로도 충당이 안 되면 마지막으로 주식자금 순으로 차례차례로 자금을 조달한다는 것이다.

내부자본비용과 외부자본비용 간의 차이는 외부자본 조달시 부담하게 되는 자금조달비용(*flotation costs*), 내부자본에 대한 세율과 외부자본에 대한 세율의 차이, 또는 정보의 비대칭성에 의해 설명되고 있다. 자금조달순서이론은 내외부 자금간의 비용 차이가 절충이론에서 고려되는 어떤 요소들보다도 지배적이라고 보고 있다. 이하에서는 자본시장의 정보 비대칭성에 초점을 맞추어 내부자본비용과 외부자본비용의 차이에 대해 살펴본다.[5]

자본시장이 원활히 기능하기 위해서는 자금의 수요자이자 투자의 대상인 기업에 대한 정보가 원활히 생산되고 유통되어야만 한다. 자본시장은 기업외부 회계감사 및 공

---

5) 자금거래에 들어가는 비용(또는 동일하게, 자금조달비용)의 차이에 따른 순서적 자금조달에 대해서는 Baumol et al. (1970), Brealey et al. (1976) 참고. 미국에서 신주 발행기업이 부담하게 되는 조달비용의 구성 및 실제의 크기에 대해서는 Brealey and Myers(2000) 제 15장 참조. Oliner and Rudebusch(1992)는 자금조달비용이 기업 고정투자 및 자금조달에 미치는 영향을 실증적 분석을 통해 기각하고 있다. 한편, 배당소득세율이 자본이득세율보다 높은 상황에서 주주들은 사내유보로 인한 주가상승으로부터 자본이득을 취하는 것이 배당을 통해 현금소득을 얻는 것보다 세제상 유리하게 된다. 그 결과 기존 주주의 입장에서는 내부유보의 자본비용이 외부자금보다 저렴하게 되며, 여기에서 자본비용에 순서구조가 성립하게 된다. 세제적 자금조달순서 모형들로는 Auerbach(1984), Hayashi(1985), McDonald and Soderstrom(1986), Bond and Meghir(1994) 참조.

시제도, 기관투자가와 기업분석 전문가를 통한 기업정보의 생산과 유통 등의 제도적 장치를 통해서 정보의 생산과 유통을 촉진하고 기업의 내부자(즉, 경영자)와 외부투자자 간에 정보의 비대칭성을 완화시킨다. 자본시장의 하부구조가 취약할수록 자금수요자와 공급자 간의 정보 비대칭성은 심화된다.

기존 주주의 부를 극대화하려는 경영자는 좋은 투자기회가 있어 자금을 조달하려 할 때, 시장주가가 내재적 주가보다 낮다면 부채로 자금을 조달하고 시장가치가 기업의 내재적 가치보다 크다면 주식발행을 통해서 자금을 조달하려고 할 것이다. 이를 알고 있는 정보적으로 불리한 외부투자자들은 따라서 기업의 주식발행을 나쁜 신호로 해석한다. 그 결과 주식발행 사실 자체로 인해 시장에서 기업의 주가는 떨어진다 (Myers and Majluf, 1984).[6] 즉, 시장은 나쁜 주식을 살 위험성에 대한 보상으로서 높은 수익률을 요구하게 된다. 일정한 자금을 조달하는 데 있어 주가하락으로 인해 기업은 더 많은 수의 주식을 발행해야 하고, 그로 인해 기존 주주들의 지분은 더 많이 희석되고 그들의 지분율은 더 줄어들게 된다. 이처럼 주가의 하락은 기존 주주에게는 주식자본 사용의 높은 비용을 의미한다.

정보의 입수가 어렵고 정보의 신뢰성이 낮은 기업에 대해서 이런 현상은 더욱 심하게 일어날 것이다. 그 영향은 정보 비대칭성이 심한 중소기업이나 벤처기업의 자금조달을 어렵게 하며 주식의 자본비용을 상승시키는 데 머무르지 않고, 자본시장 전체의 불확실성 및 신뢰성을 저하시켜 우량한 기업들조차도 높은 주식자본 비용을 부담하게 만든다. 자본시장에서 불완전 정보의 외부불경제적 효과가 작용하는 것이다. 자본시장의 정보적 불완전성으로 기업의 질을 구분하기 어려울 경우 기업에 대한 자본시장의 평가는 평균적인 질 또는 최하의 질을 반영하는 쪽으로 형성되기 때문이다 (Akerlof, 1970 ; Myers and Majluf, 1984).

이렇게 해서 외부자금과 내부자금의 기회비용은 차이를 나타낸다. 즉, 기업은 외부자금조달시 자본시장의 정보의 비대칭성으로 인해 그렇지 않을 경우에 비해 프리미엄 ―이를 레몬 프리미엄이라 부른다― 을 지불해야만 한다(Fazzari, Hubbard, and

---

6) 증자공시 후 주가하락을 보고하고 있는 대표적인 실증적 분석으로 Masulis and Korwar(1986), Asquith and Mullins(1986)가 있다. 같은 내용을 보고하고 있는 그밖의 연구결과에 대해서는 Harris and Raviv(1991) : 337의 Table V 참조. 특정 기업에 대한 분석이 빈번히 행해질수록 그 기업 및 주가에 대한 불확실성은 줄어들게 될 것이다. D'Mello and Ferris(2000)는 기업이 신주발행시 그에 대한 기업분석가들의 평가가 많이 이루어질수록 또 기업분석가간의 의견편차가 작을수록 신주발행 공시 후 기업의 주가하락이 작음을 보고하고 있다. Dierkins(1991)는 기업의 정보 비대칭성 정도를 몇 가지 대용변수로 측정한 후 정보 비대칭성이 심할수록 신주발행시 주가하락의 정도가 큼을 실증적으로 보여주고 있다.

Petersen, 1988 ; 이윤호, 2002a ; 이윤호·차은영, 2002). 그 정보가 시장에 잘 알려져 있지 않은 기업(이하, 정보 비대칭적 기업)일수록 더 높은 레몬 프리미엄을 지불한다. 자본시장이 불완전할수록 정보 비대칭적 기업들은 높은 자본비용을 감수하고 주식을 발행하든지, 또는 주식발행이 레몬 프리미엄으로 인해 기존 주주의 부를 잠식할 경우 기업은 유리한 투자기회가 있음에도 불구하고 주식발행을 통한 자금조달을 포기하게 된다. 또한 정보 비대칭적 기업들은 흔히 신용시장으로부터도 할당배제 당하여(Jaffee and Russell, 1976 ; Keeton, 1979 ; Stiglitz and Weiss, 1981) 자금제약에 처하고, 그 결과 유리한 투자계획을 갖고 있을지라도 그 투자계획을 실행에 옮기지 못한다. 따라서 정보 비대칭적 기업일수록 내부자금의 유용성은 더 높아진다. 반대로, 정보가 대부분 시장에 공지되며 아울러 대규모의 기존자산, 높은 사회적 인지도 및 성가를 누리고 있는 기업들은 기업어음 시장이나 회사채 시장 등 정보의 대칭성을 전제로 하는 공개차입시장에서는 물론이고 유상증자시에도 상대적으로 낮은 레몬 프리미엄을 부담하며 자본을 조달할 수 있다(Blinder and Stiglitz, 1983 ; Calomiris and Hubbard, 1990 ; 이윤호, 2002a).

주식이 자산과 수익에 대한 잔여 청구권을 갖는 반면 부채는 우선적 청구권을 갖는다. 따라서 정보적으로 불리한 상태에 놓여 있어 기업의 내부사정을 잘 모르는 외부투자자로서는 주식에 비해 채권의 경우 기업의 가치평가에 대한 위험이 더 적다.[7] 부채의 발행이 가능한 상황에서의 주식발행은 높은 시장가격의 기회를 틈타 주식을 발행하려 한다는 외부투자자들의 의심을 사고 거부된다. 기업의 부채비율이 높아서 기업이 재무적 곤경을 줄이려는 것이 이해되는 상황에서만 기업은 주가의 하락 없이 주식을 발행할 수 있다. 이런 경우에는 낙관적인 경영자라도 주식으로 자금을 조달하게 된다.

결국, 기업은 정보 비대칭성의 문제로부터 자유로운 내부자금을 우선적으로 사용하고, 내부자금 가용액이 자금소요액에 미치지 못할 때 부채자금을 조달한다. 그에 따라 부채비율은 높아지고 재무적 곤경의 기회비용이 커져 부채의 자본비용이 주식의 자본비용보다 높아지거나 또는 차입한계에 부딪히면 기업은 마지막으로 주식을 발행한다.

절충이론이 부채냐 주식이냐는 기업의 자금조달 형태를 문제 삼는 데 비해, 지금까지 살펴본 바와 같이, 순서적 자금조달론은 자금조달 형태가 아니라 자금조달원, 즉 기업이 누구로부터 자금을 조달하려 하는가가 중요하다고 본다. 즉, 기업의 자금조달

---

7) 이는 비대칭적 정보하에서의 상태확인 비용(*costly state verification*)의 맥락에서 이해할 수도 있다. 즉, 정보 비대칭성하에서 외부주주는 필요할 경우 기업의 모든 상태에 대해서 실사를 해야 하지만, 채권자는 기업이 채무불이행일 때만 실사를 할 필요가 발생한다는 점에서 실사비용이 적게 들고, 부채가 주식보다 정보 비대칭성으로부터의 위험에 적게 노출된다고 할 수 있다. Townsend(1979), Williamson(1987) 참조.

이 기업 자신(내부 창출 현금), 부채자금 제공자(채권자) 혹은 주식자금 제공자(외부 주주) 어디로부터 오는가를 문제 삼는 이론이라고 할 수 있다. 그리고 순서적 자금조달론은 각 자금제공자들이 구별되는 근본적 이유가 그들의 가용정보량 또는 정보 비대칭성의 정도가 상이함에서 비롯됨을 강조한다.

자금조달순서론은 재무적 신호모형에 의해서도 설명된다. Ross(1977)는 파산시 경영자가 그로 인해 개인적인 부담을 져야 되는 조건하에서 기업이 부채를 통해 자금을 조달하는 것은 시장에 의해 기업가치에 대한 좋은 신호로 받아들여짐을 보이고 있다. Leland and Pyle(1977)은 기업의 지분율이 투자계획 수행자인 경영자 자신의 투자계획에 대한 평가를 반영하는 것으로 시장이 받아들이고 있는 상황에서 경영자는 높은 지분율을 갖게 됨을 보이고 있다. 이는 정보 비대칭성이 심한 기업일수록 기업은 우선 부채를 통해 자금을 조달하는 재무행동을 하게 된다는 것을 의미한다.

따라서 자금조달순서론에 따르면, 기업의 창출현금과 자금수요의 차이, 즉 순현금흐름(=내부 창출현금-투자지출액과 배당액) 크기의 역사적 누적에 의해서 어떤 시점에서 한 기업의 자본구조는 결정된다. 예를 들어, 투자기회가 적고 수익성이 높은 기업은 내부자금으로 충분히 투자소요액을 충당할 수 있으므로 부채자금을 조달할 필요가 없고 부채비율은 낮게 된다.

자금조달순서론에서 기업의 최적 자본구조는 잘 정의되지 않는다. 왜냐하면 조달순서의 처음과 끝에 내부자금과 주식자금이라는 자기자금이 위치하기 때문이다. 순서적 자금조달이론에서 기업은 목표 부채비율을 갖지 않는다. 자금조달순서론에서 부채비율의 변화는 최적 자본구조를 달성하려는 노력 때문이 아니라 외부자금에 대한 필요에 따라서 변화한다. 부채비율이 과다하게 높아질 때 파산에 따르는 비용을 피하기 위해 기업이 부채비율을 낮추려 하는 행동을 보일 수는 있으나,[8] 부채비율이 낮을 경우 기업이 그것을 목표하는 어떤 부채비율로 끌어올리려는 행동을 할 유인은 없다.

절충이론과 자금조달순서론은 기업 자본구조 및 자금조달에 대한 예측에 있어 몇 가지 중요한 점에서 대립하고 있다. 절충이론에 따르면, 기업은 목표 부채비율을 가지며 현실의 부채비율이 거기서 벗어나면 목표를 향한 조정행동을 한다. 따라서 수익이 크고 주가가 높을 때 기업은 목표 부채비율을 유지하기 위해 부채를 더 많이 조달하는 행동을 보일 것으로 예측된다. 자금조달순서론에서 이에 대한 예측은 정반대이다. 자금조달순서론에 따르면, 다른 조건이 동일하다면 수익성이 낮은 기업일수록 외부자금 조달의 필요는 증대하며, 외부자금 조달시 부채자금에 먼저 의존하기 때문에

---

8) 재무적 곤경에 처한 기업의 자금조달 행동에 대한 설명은 절충이론과 자금조달순서론 간에 차이가 없다.

부채비율은 높아질 것으로 기대된다. 자금조달순서론에 따르면, 주가가 고평가되어 있을 때 기업은 부채를 발행하여 목표 부채비율을 유지하려는 것이 아니라 반대로 주식을 발행하려고 한다. 9)

　자금조달순서론에 따르면, 투자기회 혹은 성장기회가 클수록 기업의 자금소요는 커지며 차입자금 조달이 증가하게 되므로 기업의 부채비율은 높아질 것으로 기대된다. 지속적으로 빠르게 성장하는 기업은 부채자금을 넘어서 주식자금까지 조달할 수도 있다. 그러나 시장에 알려지지 않고 정보 비대칭성이 심해 주식자금 조달비용이 높은 기업―특히 비상장 소규모기업들이 그러기 쉽다―의 경우에는 주식자금 조달을 포기하고 동시에 차입제약에 처하면서 유리한 투자기회의 실행을 포기하게 될 수도 있다 (Fazzari, Hubbard, and Petersen, 1988 ; 이윤호, 2002a). 절충이론에 따르면, 이와는 달리, 투자기회가 큰 기업일수록 부채비율이 낮아질 것으로 기대된다. 투자기회는 무형적 자산으로서 기업파산시 그 가치를 유지·보전하기가 어렵다. 따라서 좋은 투자기회를 많이 지니고 있는 기업일수록 파산의 위험을 피하기 위해 낮은 부채비율을 가지려 한다.

　끝으로, 기업의 자금조달 및 재무구조 결정에 대한 절충이론 및 순서적 자금조달론의 실증적 분석과 관련해 주목할 만한 점에 대해 살펴보자. 한 기업의 목표 부채비율을 직접 관찰할 수는 없으므로, 절충이론에서 통상 그 기업의 장기간의 평균 부채비율이 목표 부채비율로 대용된다. 절충이론에 따르면, 충격에 의해 기업들의 실제 부채비율이 목표 부채비율에서 벗어나면 기업들은 목표 부채비율을 향해 실제 부채비율을 조정해 나간다. 따라서 기업의 실제 부채비율은 평균 부채비율을 중심으로 움직이는 모습을 보이게 될 것이다. 그런데, 기업이 순서적 자금조달론이 주장하는 대로 실제의 자금조달 행동을 하더라도 역시 기업의 부채비율은 평균 부채비율을 향해 움직이는 것처럼, 따라서 절충이론이 주장하는 바처럼 움직이는 것으로 관찰될 수 있다. 일반적으로 기업들의 자본적 지출은 양의 시계열 상관을 보이며―즉, 기업들은 수 년간 연속해서 투자지출을 행한 후 후속하는 수 년간 투자를 쉰다―수익은 경기변동적이다. 그 결과 기업들은 수년간 자금부족이 심한 기간을 경험하다가 수년간은 자금이

---

9) 수익이 크거나 주가가 높을 때 기업은 부채를 추가조달하여 최적 부채비율을 달성하는 것이 아니라 오히려 주식을 발행하는 쪽으로 행동한다는 것, 그리고 수익성이 높은 기업이 부채비율이 낮다는 경험적 사실은 수많은 실증분석을 통해 거의 확증되었다. 이 확증적 사실은 절충이론에 대해서 눈엣가시와 같다고 할 수 있다. 자금조달 순서이론을 지지하거나 또는 절충이론에 비판적인 실증분석 결과에 대해서는 McDonald and Soderstrom(1986), Taggart(1986), Baskin(1989), Shyam-Sunder and Myers(1999), Wald(1999), Fama and French(2002) 참조.

상대적으로 여유로운 기간을 경험하게 된다. 그런데 기업이 순서적 자금조달론의 주장처럼 자금조달 행동을 한다면, 자금부족 시기에 기업의 부채 자금조달은 증가하고 자금여유 시기에 부채조달은 줄어들거나 상환이 이루어질 것이다. 그로 인해 기업의 부채비율은 자금부족이 심한 기간 동안에 증대하다가 자금이 여유로운 기간 동안에는 낮아지는 모습을 보이며, 결과적으로 기업의 부채비율은 평균을 중심으로 해서 움직이는 모습을 보이게 될 것이다. 즉, 기업이 실제로 순서적 자금조달 행동을 하더라도 그 기업은 절충이론을 따라 행동하는 것처럼 관찰될 수 있다는 것이다. 따라서 단순히 절충이론이나 순서적 자금조달 가설을 통상적인 귀무가설 — 관련 설명변수의 회귀계수값을 0으로 설정하는 — 에 대해 검정하는 것은 기업의 진정한 자금조달 행동이 무엇인가를 밝히는 데 실패할 수 있다. 그런데 기업의 부채비율의 결정을 검정하는 거의 모든 실증분석들은 이런 식으로 이루어져 왔다.[10]

4. 통제이론과 대리인이론

절충이론이나 자금조달순서론은 관심의 직접적인 대상이 기업의 재무적 활동에 국한되어 있다. 이에 비해 지금 살펴보려고 하는 통제이론 및 대리인이론은 기업경영에 대한 통제와 그에 수반되는 비용이라는 보다 넓은 시각에서 기업의 재무적 의사결정을 조망함으로써 기업의 재무적 활동과 재무구조에 대한 이해의 폭을 크게 넓히고 있다. 또 부채사용에 따르는 비용과 편익에 대한 논의를 확장시킴으로써 절충이론을 정치화하는 데 기여하였다. 아울러, 기업통제와 관련된 법제도, 금융체계 및 지배적인 소유구조가 나라에 따라 차이를 보일 것이고, 이런 요소들을 이용해 나라별 재무구조의 차이를 설명할 수 있기 때문에, 통제이론은 법체계나 금융체계의 비교 등을 통한 재무구조의 나라별 비교연구에 적합한 연구시각을 제공한다.

---

10) 이와 관련한 자세한 논의 및 실증적 분석에 대해서는 Shyam-Sunder and Myers(1999) 참조. Shyam-Sunder and Myers(1999)의 시뮬레이션 분석결과에 따르면, 기업이 순서적 자금조달 행동을 따르도록 시뮬레이션하였을 때 절충이론은 기각되지 않으나, 기업이 절충이론을 따르도록 시뮬레이션하였을 때 순서적 자금조달론은 기각된다. 즉, 순서적 자금조달론의 검정력이 절충이론의 검정력보다 높다.

4.1. 기업통제 문제와 재무구조

기업은 경영자가 통제한다. 그러면 경영자는 누가 통제하는가? 이것이 기업통제 (*corporate control*) 또는 기업지배(*corporate governance*)의 문제이다. 경영자를 통제한다는 것은 경영자를 평가하고 임면하는 것이다. [11]

왜 기업지배를 문제 삼는가? 기업에 자금을 제공한 외부주주나 채권자 등 투자자들은 자신의 투자에 대한 수익을 보장받기 위해 경영자의 의사결정을 감시하고 통제하는 행동을 한다. [12] 기업지배는 투자자 개인의 입장에서 보자면 자신의 투자수익을 실현하기 위한 행동이다. 자본주의 시장경제에서 이는 아울러 희소한 자원의 효율적 배분과 이용을 위한 사회적 기능과 직결된다. 자원은 기회비용의 우선순위에 따라서 배분·투자되어야 하고, 투자된 자원은 낭비되지 않고 사용되어야 하며, 또한 잘못된 투자는 적은 비용으로 신속히 바로잡아져야 한다. 이런 사회적 목표들은 자본주의 시장경제에서 결국은 기업에 대한 통제를 통해서 실현되는 것이다.

기업통제와 관련한 전체적인 그림을 정보의 불완전성과 계약의 불완전성에 근거하여 다음과 같이 설명할 수 있다. 자금이 기업으로 제공될 때 투자자들은 근본적으로 정보의 불완전성과 계약의 불완전성에 직면한다. 모든 발생 가능한 기업상태에 대한 파악과 그에 대한 조건적 통제를 일일이 계약에 반영하는 것은 가능하지 않거나 또는 많은 비용이 든다. 따라서 계약에 명기할 수 없는 상황들에 대한 잔여적 통제권 부분을 누가 행사하게 되느냐가 중요한 계약사항이 된다. 이 잔여적 통제의 최종적 행사권이야말로 소유권의 핵심적 내용을 구성한다. 사실, 미래의 '모든' 행동과 상태에 대해 사전적으로 규정이 가능하다면, 규정에 따르는 이행만이 있게 될 뿐 통제는 알맹이 없는 빈 껍데기가 될 것이다.

잔여적 통제권을 넘겨주는 투자자 쪽에서는 적절한 감시 및 유인장치를 통해서 잔여적 통제권을 행사하는 측의 행동을 제어하려 할 것이다. 한편, 기업에 자금을 제공하는 투자자들은 정보의 부족이나 능력의 부족 등을 이유로 그들이 행사할 수 있는 통

---

11) Fama and Jensen(1983)은 기업의 의사결정의 과정 또는 시스템을 ① 투자 및 계약의 발의, ② 발의된 내용의 승인, ③ 승인된 내용의 집행, ④ 의사결정의 성과에 대한 평가와 보상의 네 단계로 나누고, 이 가운데 ①과 ③을 경영적 의사결정, 나머지 ②와 ④를 통제적 의사결정으로 보고 있다. 기업통제권의 의미는 넓게는 ①, ②, ③, ④의 전 과정을, 좁게는 ②와 ④의 통제적 의사결정 과정만을 가리킬 수 있다. 이 글에서도 기업통제의 두 가지 의미를 문맥에 따라 섞어 쓰고 있다.

12) 기업경영에 직접적 관련이 있는 이해당사자들의 범위를 종업원, 거래업체, 지역사회 등 더 넓혀 생각할 수도 있다. 여기서는 기업통제의 직접적인 이해당사자를 투자자로 국한하여 논의를 전개하겠다.

제권의 상당부분을 특정대리인(경영자)에게 위임한다. 정보 비대칭하에서 대리인은 주주나 채권자로부터 위임받은 권한을 행사하는 과정에서 자신의 이익을 추구하는 대리인문제를 일으킨다. 경영자가 야기하는 대리인문제를 막고 완화하기 위해 외부투자자는 그를 감시하고 유인해야 한다. 즉, 불완전한 정보와 계약의 불완전성이 잔여적 통제권의 인정 및 그 통제권의 위임을 낳고, 이것이 다시 대리인문제를 야기하며, 대리인문제는 외부투자자에 의한 감시·통제의 필요를 불러일으킨다(Jensen and Meckling, 1976; Myers, 1977; Grossman and Hart, 1982, 1986; Fama and Jensen, 1983a, 1983b; Aghion and Bolton, 1992; Hart, 1995). 잔여적 청구권과 경영적 의사결정권을 분리, 즉 소유와 경영을 분리하는 데 따르는 이득과 그를 위해 부담하게 되는 비용의 상대적 크기에 따라 생산조직으로서의 기업의 형태 — 공개법인, 비공개법인, 합작회사, 개인사업 등 — 가 결정된다(Alchian and Demsetz, 1972; Williamson, 1979; Fama and Jensen, 1983a, 1983b; 박세일, 1994: 제7편).

전통적인 소유이론에서 소유자는 잔여적 통제권이 아니라 잔여적 소득청구권을 갖는 것으로 이해되어 왔다. 기업의 경우를 볼 때, 전통적인 소유이론에서는 왜 소유권이 주주의 권리가 되어야 하는지가 설명되지 않고 다만 기득적인 것으로 '전제되어 왔다'(Hart, 1995: 2장; Berglöf, 1990: 239~240). 이에 비해 불완전 계약이론은 소유권을 전제하지 않고 소유권이 왜 어떤 모습을 갖고 있는가에 대해 설명하고 있다.

기업이 처하는 여러 상황에서 당사자들은 먼저 누가 기업을 통제하는 것이 가장 적합한가에 대해서 결정하고, 다음으로는 기업의 성과를 위해 노력을 기울이게 하도록 하는 적절한 유인구조로서 수익흐름의 배분을 설계한다. 그것은 규정된 어떤 상황에서의 잔여적 통제권을 행사하는 투자자가 의사결정에 따르는 위험을 떠안게 함으로써 이루어질 수 있다. 이때 도입되는 유인장치로서의 수익흐름의 배분방법, 금융적 수단이 지분과 채권이다. 기업이 정상적인 상태에서는 잔여적 청구권자인 지분소유자, 즉 주주가 잔여적 통제권을 행사한다. 그런데, 기업의 성과에 상관없이 통제권을 주주가 일방적으로 행사하도록 설계하는 것보다는 기업의 상태가 나쁠 때는 기업에 대한 통제권이 채권자에게 넘어가도록 설계하는 것이 더 파레토 효율적이 될 수 있다. 왜냐하면 주주는 기업이 계속기업의 상태에 있을 때만 이익을 얻을 수 있고, 기업의 가치가 채무에 미달하는 부실상태에 처할 때는 기업의 성과에 무관심해지며 따라서 적절한 경영자가 될 수 없기 때문이다. 즉, 통제권이 주주 또는 채권자 누구에게 속하게 되는가가 기업의 조건적 상황 — 채무상환 의무의 이행 여부 — 에 의해 결정되는 것이 더 효율적이라는 것이다(Aghion and Bolton, 1992; Berglöf and Von Thadden, 1994;

Hart, 1995 : 5장). 이와 같은 논의는 기업의 소유권, 즉 정상적 기업경영 상태에서의 잔여적 통제권을 지분보유자가 행사하는 이유에 대한 경제적 타당성을 논증하고, 아울러 잔여적 통제권의 조건적 이전장치로서의 채무계약의 성격을 뚜렷하게 조명하고 있다.

채무불이행시 채권자는 통제권을 넘겨받아 행사할 수 있는데, 채무불이행 상태의 발생가능성은 그 기업의 재무구조에 의해 결정된다. 부채비율이 높을수록 기업이 채무를 불이행하게 될 가능성은 높아지며, 이는 채권자가 기업의 통제권을 행사하게 될 미래 상황의 범위가 넓어짐을 의미한다. 이처럼 기업이 재무적 곤경에 처하게 되는 일은 기업의 가치 자체에 의해 결정되는 것이 아니라 재무구조에 의해 내생적으로 결정되는 것이다. 기업의 부채계약 또는 기업의 재무구조는 기업통제권 이전에 관한 주주와 채권자 간의 사전적인 옵션설계라고 할 수 있다. 효율적인 지배구조를 선택하는 문제는 따라서 기업에 적합한 적절한 재무구조를 선택하는 문제와 매우 밀접하게 연관되어 있다(Aghion and Bolton, 1992 : 490 ; Harris and Raviv, 1990 ; Hart, 1995 : 5장).

현실 기업에서 통상 채권자는 하나가 아니라 다수이다. 대부분의 경우에 채무계약의 조건들은 이자율, 만기, 담보조건 등에서 다양하기 때문에 기업의 채무불이행시 다수채권자의 이해를 조직하여 채권자집단이 기업의 통제권을 인수하기가 단일채권자일 경우에 비해 더 어려워진다. 또한 지분이 분산소유되어 있을수록 주주집단과의 통제권이전 논의가 어려워진다. 따라서 소유분산 기업일수록 채무자들은 채무의 제공에 더 신중을 기하게 될 것이다. 결과적으로, 다른 조건이 일정하다면, 채무자집단의 구성이 복잡할수록 그리고 소유경영자 기업에 비해 소유분산 기업에서 부채비율은 더 낮은 모습을 보이게 될 것이다(Berglöf, 1990 : 242~243 ; Hart, 1995 : 6장).

통제의 문제는 주주와 경영자 사이에도 있다. 주주들이 자신들의 통제권을 경영자에게 위임하는 경우 주주에 의한 경영자통제의 문제가 발생한다. 채권자의 입장과 유사하게 외부주주와 경영자의 이해가 불일치하지 않을수록, 외부주주들이 경영자에 대한 통제를 조직하는 비용이 낮을수록 분산적 지분구조가 발달하게 될 것이다. 그렇지 않을수록 경제 내에서 주식시장을 통한 주식자금의 조달은 덜 활성화되고, 집중적 지분소유 구조를 가지며 비공개된 기업들이 많게 될 것이다.

4.2.   소유-경영의 분리와 대리인문제

Jensen and Meckling(1976)은 대리인비용의 개념을 구체적으로 정의하며 대리인이론을 기업의 재무구조 결정 및 자금조달 행동의 설명에 전면적으로 적용했다. 그들은 외부투자자(주주, 채권자)와 경영자 간의 이해상충과 그에 따르는 비용의 부담이라는 시각에서 기업의 자금조달과 재무구조 결정을 설명하고 있다. 대리인문제는 소유·통제에 관한 문제를 대리인비용이라는 시각에서 조망하는 것으로 이해할 수 있다. 대리인비용 개념을 이용해서 소유·통제에 대한 논의를 진전시켜 보자.

먼저, 외부지분의 사용 또는 소유와 경영의 분리에 따르는 대리인문제를 살펴보자. 외부주주의 지분율이 높아지고 경영자가 보유하는 내부지분율이 낮아질수록 (소유)경영자는 자신의 사적 편익을 누리는 데 드는 비용의 일부만을 자신이 부담하면서 사적 편익은 전유하게 된다. 반면에 기업의 가치를 증진시키기 위한 자신의 활동에 대한 대가는 자신의 지분율만큼으로 국한된다. 결과적으로, 경영자는 사적 이익은 과다하게 추구하고 기업가치 증진활동에는 소홀하게 될 것이다(Jensen, 1976). 또 경영자는 자신의 부의 큰 부분을 기업에 고유한 인적 자본의 형태로 갖고 있으며, 이럴 경우 자기 자신의 지식이나 기술에 잘 들어맞는 쪽으로 기업의 투자를 집중하여 자신의 기업내 입지를 강화하려는 안주적 행동을 보일 수도 있고(Shleifer and Vishney, 1989), 자신의 고용관련 위험을 분산시키고 회사 내에서의 자신의 가치 및 지위의 안정성을 높이려는 다각화추구 및 과투자유인을 갖게 된다(Amihud and Lev, 1981 ; Jensen, 1986). 이런 것들이 소유와 경영의 분리에 따르는, 또는 외부지분 사용에 따르는 대리인 비용이다.

외부지분의 대리인비용을 생각하면, 소유가 분산되고 소유와 경영이 분리될수록 기업의 가치는 하락할 것으로 예상된다. 이는 Berle and Means(1933) 이래로, 자본주의 기업들이 소유경영자 기업에서 전문경영자 기업으로 변해감에 따라 전개되어 나갈 일반적인 현상으로서 우려되었다. 소유의 분산으로 전문경영자의 행동은 주주의 통제를 벗어나고 그로 인해 기업의 경영성과와 기업가치는 저하될 것이라는 전망이다. 이는 경영자 보유의 내부지분율이 높아질수록 외부지분 사용에 따르는 대리인비용은 줄어들고 경영자와 기업의 이해는 일치하게 된다고 보는 것으로서, 이런 견해는 통상 이해일치가설(*convergence-of-interest hypothesis*)로 불린다. 이에 비해 경영자가 기업에 대한 효과적인 통제권을 지니면 개인적 이해를 우선시하게 되며, 기업의 성과는 부정적인 영향을 받게 된다는 주장, 경영자지분율과 기업의 성과나 가치가 비례적이지 않을 수 있다는 주장은 경영자안주가설(*managerial entrenchment hypothesis*)이라고 불린다(Morck et al., 1988).

한편 Fama and Jensen(1983b)과 Demsetz(1983)는 기업의 성과가 경영자의 능력의 영향을 받으며 경영자의 능력에 대한 평가가 이루어질 수 있고 경쟁적인 경영자 노동시장이 존재하여 경영자들의 이력이 장차 그들의 금전적 및 비금전적 보수에 반영된다면 성과가 나쁜 경영자와 기업은 시장에서 그에 합당한 대우를 받게 될 것이고, 이를 의식하여 경영자들은 자신의 지분율과 상관없이 스스로를 통제하게 되리라고 주장한다. 즉, 경영자들은 경영자 노동시장(Fama, 1980)이나 기업지배권 시장(Jensen and Ruback, 1983 ; Sharfstein, 1989), [13] 나아가서 상품시장 등에서의 시장규율의 힘으로 인해(Hart, 1983) 자신의 이해를 결국 주주의 이해와 일치시킬 것이라는 주장이다. 소유와 경영의 분리에 따르는 문제는 시장기능을 통해 통제된다는 주장을 이해일치가설이나 경영안주가설에 대해 '시장통제가설'이라고 이름붙일 수 있을 것이다.

Stigler and Friedland(1983)는 대공황 전후 시기의 미국 대기업에 대한 실증적 분석을 통해 기업지배 형태와 경영자의 보수 및 기업의 성과는 통계적으로 유의미한 관계를 갖지 않음을 살핀 후, Berle and Means(1933)의 가설은 실증적인 근거와 무관하게 이루어진 단순한 주장에 불과한 것이라고 평가하고 있다. Demsetz(1983)와 Demsetz and Lehn(1985)은 미국 상장기업 자료에 대한 분석을 통해 기업규모가 클수록 소유가 더 분산되어 있는 한편, 기업의 경영성과는 기업의 규모와는 무관함을, 즉 소유의 분산 정도와는 상관없이 기업의 경영성과는 기업규모와는 무관함을 실증하고 있다. Holderness and Sheehan(1988)은 미국의 뉴욕 증권거래소(NYSE) 및 미국 증권거래소(AMEX)에 상장되어 있는 기업들 가운데 대주주지분율이 50%를 넘는 기업들의 경영성과(투자지출, 수익성, 토빈 Q 등)가 소유분산 기업[14]과 통계적으로 유의한 차이가 나지 않음을 보고하고 있다. 이런 분석결과들은 이해일치가설이나 경영안주가설에 대한 불리한 증거이며 시장통제가설을 지지하는 증거라고 볼 수 있다.

---

13) 기업지배권을 다투는 시장도 경영자 노동시장의 중요한 구성요소라고 할 수 있다. 기업의 경영권을 놓고 다른 경영진들이 다투는 것은 곧 현 경영진 및 매수를 시도하는 새로운 경영진 간의 능력이 시장에 의해 평가되는 것으로 이해할 수 있다. 기업(지배권)의 인수(*corporate takeovers*)는 합병(*merger*), 공개매수(*tender offer*), 위임장경쟁(*proxy contest*)의 세 가지 방법에 의해 이루어진다. Jensen and Ruback(1983), Jensen(1988) 참조. Jensen and Ruback(1983)에는 기업인수에 대한 그 당시까지의 실증적 연구에 대한 개관이 제시되고 있다. 어떤 방법에 의한 기업인수도 인수기업과 피인수기업의 주주들에게 이득은 주었지만 손해를 주지는 않았다. 그리고 이런 이득은 시장지배력의 증대에 따른 재분배적 이익이 아니라 사회적으로 새롭게 얻어진 순이익임을 밝히고 있다.

14) 지분율이 20%가 넘는 주주가 없는 기업. Holderness and Sheehan(1988) : 333 참조.

경영자에 의한 외부주주 착취의 우려와 위험에도 불구하고 오늘날 주식회사 형태는 지배적인 기업조직 형태이다. 주주들은 흔히 소액을 투자하고 작은 지분을 보유한다. 투자기업의 경영에 대한 소액투자자의 직접적인 감시비용은 그로부터 돌아오는 개인적 이득에 비해 너무 작기 때문에 경영감시에 대한 무임승차 현상이 지배적이 된다. 그럼에도 불구하고 주식회사가 지배적인 것은 그 존재를 가능하게 하는 어떤 장치나 기제들이 사회적으로 작동하고 있기 때문이라고 생각할 수 있다.

아마도 가장 중요한 사회적 장치는 경영자의 불법행위에 대한 법적 제재일 것이다. 소액투자자를 위한 법적 보호장치(법내용 및 구속력)가 잘 되어 있는 나라들일수록 기업내부자에 의한 외부투자자 착취가 어려워지고, 따라서 외부투자자들은 기업에게 보다 유리한 조건으로 자금을 제공하고자 할 것이다. 결과적으로, 자본시장에서 증권의 가격이 제대로 평가되고 자본시장을 통한 기업의 자금조달이 활발하게 이루어지며 그에 따라 그만큼 지분은 분산되는 모습을 보이게 될 것이다(La Porta et al., 1997 : 496 ~497).

몇 퍼센트에 달하는 소수지분을 가진 투자자들(minority shareholders) 또는 외부대주주15)는 감시·통제의 이익이 그 비용을 능가할 정도가 되므로 경영자를 직접 감시·통제하게 되며, 따라서 지분의 분산으로 인한 무임승차 문제가 해소될 수 있다. 그러나 여전히 소수주주가 지배대주주나 경영자에 대항하여 그들의 주권을 제대로 행사하기는 쉽지 않으므로, 주주를 보호하는 법적 제도가 잘 정비되어 있지 않을수록 소수주주의 존재와 활동을 관찰하기는 어려울 것이다.

La Porta et al. (1997)의 연구에 따르면, 한 나라의 법체계가 영국의 커먼 로(common law) 체계를 따르고 있는가 아니면 대륙법체계를 따르고 있는가가 그 나라의 지배적인 자금조달 방식을 결정하는 주요 요인이다.16) 외부투자자의 권익에 대한 보

---

15) 지배주주란 회사를 통제할 수 있는 지분을 보유하고 있는 주주이다. 이에 비해, 외부대주주란 상당한 지분율을 지니고 있지만 현재의 경영진과 관계가 없는, 즉 경영권을 행사하고 있지 않은 주주이다. 이들은 유효한 외부감시자의 역할을 할 것으로 기대되고, 이런 외부대주주의 존재 여부는 지배주주의 지배지분율의 크기나 행태에 영향을 미치게 될 것이다. 물론 몇 퍼센트의 지분을 가져야 외부대주주이냐에 대한 명확한 사전적 기준이란 있을 수 없다. Value Line에서(McConnell and Servaes, 1990) 그리고 Denis et al. (1997)에서는 그 수치를 5% 이상으로 설정하고 있다. 우리나라에서는 1998년 증권거래법 개정 이전에는 5%의 지분보유를 소수주주권 ― 대표소송의 제기, 위법행위 유지 청구 등 ― 행사의 요건으로 규정하다가 법개정 이후로는 그 비율이 크게 낮아져 있다. 한편, 소수지분주주(minority shareholders)는 다수지분주주(majority shareholders)에 대비되어 사용되기도 한다. 다수지분주주란 지분율이 50%를 초과하는 주주를 뜻하며, 이에 대비되는 소수지분주주란 다수지분주주 이외의 모든 주주를 뜻한다. 이런 의미에서의 소수지분주주는 몇 퍼센트의 지분율만 가지고도 경우에 따라 지배주주(controlling shareholders)가 될 수 있다.

16) 영국 커먼로 체계의 특징에 대해서는 Cooter and Ulen(2000) : 81~82 참조.

호가 상대적으로 허술하게 이루어지는 대륙법체계를 가진 나라들에서는 내부경영자의 착취에 대한 일반투자자들의 우려 때문에 자본시장을 통한 자금조달이 잘 이루어지지 않는 반면에 커먼 로 체계를 가진 나라들에서는 자본시장에서의 주식자금 조달과 지분분산이 상대적으로 잘 이루어지고 있다(La Porta et al., 1997 ; Johnson et al., 2000).

영미권을 제외한 나라들에서의 보편적인 소유지배구조는 소유와 경영의 분리가 아니라 지배주주(*controlling shareholders*)의 직접지배이다. 직접적 지분소유를 통해서든 아니면 피라미드 소유방식을 통해서 간접적으로든 경영권을 안정적으로 행사할 수 있는 지배적 지분에 근거하여[17] 지배주주가 직접 경영권을 행사하거나 경영자를 통제한다(La Porta et al., 1999 : 491~498 ; Shleifer and Vishney, 1997 : 754~755).

지배주주의 직접지배는 전문경영인에 의한 대리인문제를 없애줄 것이다. 반면에 지배주주에 의한 새로운 대리인문제가 발생하게 된다. 먼저, 지분율이 높을수록 대주주의 부는 분산되지 못하고 한 기업에 집중되어 특수위험이 커지는 문제가 있다. 그럴수록 소유경영자는 파산위험을 피하려 하고 부채비율을 낮추려는 경향을 보이게 될 것이다. 그렇지만, 많은 나라들에서 지배주주에 의한 기업통제가 보편적임을 보면, 기업 특수위험의 과도한 부담에 따르는 위험의 비용이 기업지배의 가치를 능가할 정도로 큰 것은 아니라고 판단할 수 있다(Shleifer and Vishny, 1997, 737).

대주주지배의 보다 근본적인 문제는 지배주주 또는 소유경영자의 이해가 외부주주나 채권자, 거래업체, 기업종업원 등 다른 이해 당사자들과 일치하지 않고 이들에 대한 지배주주의 착취(*exploitation*)가 발생할 수 있다는 데 있다. 이해당사자들의 기업에 대한 금전적 및 비금전적 투자가 기업 특수적일수록 착취에 대한 우려는 이들의 투자에 영향을 미치고 왜곡을 불러일으키게 될 것이다. 즉, 지배주주에 의한 통제가 야기하는 문제들은 1차적으로 외부투자자나 이해당사자들에 대한 지배주주의 직접적인 착취, 지배주주가 이윤극대화가 아닌 다른 사적인 목적을 추구하는 데 따른 비효율성의 발생과 기업가치의 하락, 착취의 가능성이 외부투자자 등에 미치는 부정적인 유인

---

17) 지배주주가 되기 위한 지분율이 몇 퍼센트가 되어야 한다고 사전적으로 규정하기는 어려울 것이다. Berle and Means(1932)가 소유자지배와 경영자지배의 경계치를 20%로 규정한 이래로 대체로 이 수치가 많이 적용되고 있는 것으로 보인다. Weston(1979)은 내부지분율이 20~30%이면 적대적 매수가 성공하기 힘들다고 보고 있다(Morck et al., 1988 : 299). La Porta et al.(1999)도 지배주주가 되기 위한 지분율의 하한을 20% 또는 10%로 설정하여 분석하고 있다. 이 수치들은 직접소유 지분뿐만 아니라 실질적으로 통제할 수 있는 지분을 포함한다. 지배주주는 보통주에 비해 우월적 투표권을 갖는 지분의 보유, 피라미드 소유구조, 교차적 지분 소유의 방법 등으로 소유지분율을 넘어서는 지배권을 행사할 수 있다.

효과이다(Shleifer and Vishny, 1997 : 758~759). 소수지분 보유자가 지배주주가 될 경우 일반적으로 착취의 유인은 더욱 강해질 것이다(Bebchuck et al., 1999).

이상의 논의에서 보듯이, 내부지분율이 높아짐에 따라 두 가지 상반된 효과가 작용할 수 있다. 첫째로, 내부지분율이 높아지면 경영자가 자신의 이해를 기업의 성과와 일치시키는 유인효과를 기대할 수 있다. 즉, 좋은 기업성과는 높은 배당이나 주가상 승을 통해 경영자의 소득과 부의 증대로 연결될 것이므로 경영자는 기업의 수익을 높이기 위해 노력할 것이다. 반대로, 기업경영에 대한 통제권을 확보하고 있는 지배대주주 또는 소유경영자는 기업의 이윤극대화가 아닌 다른 사적 이익극대화를 목표로 설정할 수 있게 되고, 그 경우 내부지분율과 기업의 성과는 역의 관계를 나타내게 될 것이다.

내부지분율 증가에 따른 이런 두 가지 효과 중에서 어떤 것이 더 지배적이 될 것인 가와 또한 지배적인 요소가 모든 내부지분율 구간에서 동일할 것인가 하는 문제를 생각할 수 있다. 내부지분율이 높아지면 그에 비례하여 소유-경영 분리의 대리인문제는 약해진다고 보는 이해일치가설의 주장과는 달리, 경영자안주가설은 내부지분율의 어떤 구간인가에서 내부지분율과 기업성과는 정의 관계가 아닌 역의 관계를 갖게 될 것을 예측하고 있다.

Stulz(1988)는 매수대상 기업의 매수 프리미엄을 극대화하는 경영자지분율에 대한 이론적 분석을 통해 경영자지분율과 기업가치 간에는 증가하다가 감소하는 비선형관계가 성립할 것이라고 주장하였다. 경영자지분율이 낮으면 낮은 프리미엄으로 기업매수가 가능해지기 때문에 주주들은 손해를 보게 된다. 반면에, 경영자지분율이 높으면 매수 프리미엄은 높아지지만 매수의 가능성은 줄어들게 될 터인데, 경영자지분율이 충분히 커져 어떤 기업매수에도 현 경영진이 대항할 수 있게 되면 매수청구가 발생하지 않게 되고 결국 기업의 가치는 낮아지게 될 것이다. 결국 기업의 가치를 극대화하는 어떤 중간 수준에서의 경영자지분율이 존재하게 된다는 것이다.

일반적으로, 경영자의 지분율이 높아지는 초기 국면에서는 경영자가 기업의 성과와 자신의 이익을 일치시키게 되면서 대리인비용이 줄어들 것이라고 생각할 수 있다. 그러나 지분율이 어떤 수준 이상을 넘어 경영자가 충분한 통제권을 행사할 수 있는 경우, 부유한 경영자는 이윤 극대화가 아닌 다른 사적인 목적을 추구하게 되고 그로 인해 기업의 성과는 저하될 수 있다. 그렇지만, 기업의 이해와 불일치하는 경영자의 안주적 행동이 어떤 구간에서 나타날지에 대한 사전적인 예측은 가능하지 않으며, 또 그 구간이 단순히 내부지분율만에 의해 영향을 받지는 않을 것이다. 소유지분율과 통제가능 지분율의 차이, 적대적 매수에 대한 방어장치의 유무, 보장되어 있는 경영자 임기기간, 창업자인지의 여부, 외부대주주의 존재 여부, 이사회의 구성과 이사회 내에서의 지분분포, 하다못해 경영자 개인의 성격 등이 경영자의 행동에 영향을 미칠 것이다.[18] 따라서 이런 변수들이 통제된 가운데서의 내부지분율과 기업성과 간의 관계에 대한 실증적 분석이 요구된다. 여하튼, 경영자안주가설이 적용되는 지분율구간을 사전적으로 규정하기란 어려운 일이다.

미국 상장기업을 대상으로 한 McConnell and Servaes(1990)의 연구결과는 경영자지분율의 증가에 따라 토빈 Q값이 초기에는 증가하다가 37%에서 46% 사이에 최대변곡점을 가진 후 하락하는 모습을 보여주고 있다. Morck et al.(1988)은 1980년 미국《포춘》지 상위 500대 기업을 대상으로 한 조사에서 토빈 Q로 측정한 기업의 가치는 경영진의 내부지분율이 높아짐에 따라 처음에는(0~5% 구간) 가파르게 높아지다가 서서히 낮아지는 국면(5~25%)을 거친 후 다시 서서히 높아지는, 누운 N자 모습을 보인다고 보고하고 있다.[19] Hermalin and Weisbach(1987)는 Q와 최고경영자 지분율 간에 지분율이 1%가 될 때까지는 Q값이 증가하다가, 1%에서 5% 구간에서는 감소하며, 5%에서 20% 구간에서는 다시 증가하다가 그 이후로는 감소하는 M자 모습의 비선형관계가 나타남을 보고하고 있다.

우리나라에서의 실증연구들도 기업가치와 경영자지분율 간에 비선형관계가 있음을 보고하고 있다. 김주현(1992)은 1986년부터 1990년간의 267개 상장기업 자료를 이용하여 토빈 Q와 대주주지분 간의 관계를 회귀분석하였다. 연구결과에 따르면, 지분율 40%까지는 지분율 증가에 따라 토빈 Q값이 감소하며 40%를 넘어서면 토빈 Q값이 높아지는 U자 모습을 보이는데, 상승구간의 통계적 유의성은 낮다. 김우택·장대

---

18) 지배대주주 1인이 자신의 기업지배권을 계속 유지하기 위해 어느 만큼의 지분율을 필요로 하는가는 그 회사 주식이 지배대주주를 제외하고 다른 주주들 사이에 어떻게 분산되어 있는가, 주주들이 지배대주주에게 찬성표를 던져줄 확률이 얼마인가의 영향을 받을 것이라는 확률적 의사결정권 모형에 대해서는 임웅기(1988) : 제 4 장에 정리되어 있는 내용을 참조.

19) Morck et al.(1988)은 내부지분율과 기업성과 간의 이런 비선형관계가 인과적인가 아니면 단순한 상관관계에 불과한가에 대해서 매우 조심스런 입장을 취하고 있다. 예를 들어, 내부지분율이 0~5%인 구간에서 내부지분율이 1% 포인트 높아짐에 따라 Q 값이 0.3만큼씩 매우 빠르게 높아지고 있는데, 이를 단지 이해일치의 영향으로 해석하기는 힘들다고 이들은 보고 있다. 기업의 성과가 좋은 기업에서는 그에 대한 보상으로서 경영자들이 지분을 얻게 되거나 또는 스톡옵션을 행사한 결과 Q와 지분율 간에 양의 관계가 성립하게 되고, 그렇다면 유인효과 없이도 양자간에 양의 관계가 성립할 수 있다. 사정이 그러하다면, 높은 지분율이 높은 성과를 가져온 것이 아니라 높은 성과가 높은 지분율을 가져온 것이 된다. 또는, 좋은 성과가 기대되는 기업에서는 경영자가 높은 지분율을 갖고 있으려 하고 이는 시장에 신호로서 작용하고, 그 결과 주가가 높아지게 될 수도 있다. Morck et al.(1988) : 312~313 참조.

홍·김경수(1993)는 1988년 상장기업 181개를 대상으로 연구를 행하였다. 연구자들은 대주주가 직접 경영을 하는 기업에서 대주주지분율 20%를 정점으로 하여 토빈 Q값이 상승하다가 하락하며 25% 수준에서 다시 높아지는 N자 모습을 보이며, 재상승하는 구간에서는 통계적 유의성이 낮다고 보고하고 있다. 그리고 대주주가 직접 경영하지 않는 기업에서는 대주주지분율 증가에 따라 토빈 Q값이 단조적으로 낮아진다고 보고하고 있다. 이해영·이재춘(1999)은 1987년부터 1996년까지 연속 상장되어 있는 168개 기업을 대상으로 한 분석에서 대주주지분율과 기업가치 대용변수 간에 대주주지분율 25%를 전환점으로 하는 U자 모양의 관계를 보고하고 있다. 연구자들은 이를 낮은 지분율구간에서는 경영자안주가설이, 높은 지분율에서는 이해일치가설이 성립한다고 해석하고 있다. 박경서·백재승(2001)은 1993~1998년 동안 계속 상장된 346개 비금융 상장기업을 대상으로 내부지분 및 개인 대주주지분과 기업가치 대용변수 간의 관계에 대해서 회귀분석하였다. 구간 회귀분석 결과, 내부지분 및 개인대주주 지분율이 10%가 될 때까지는 지분율증가에 따라 기업가치가 비교적 빠른 속도로 증대하다가 10%를 넘어 40%가 될 때까지는 상대적으로 완만한 속도로 하락하는 것을 관찰하였다. 그 이후로는 다시 상승하는 모습이지만 통계적 유의성은 없음을 보고하고 있다. 기존 연구결과들을 종합해 볼 때 우리나라 기업에 있어서 경영자지분율과 기업가치 간에 어떤 뚜렷한 결론을 이끌어내는 것은 무리이다.

4.3.   부채의 사용과 대리인문제

외부지분의 대리인비용에 대한 지금까지의 논의에서 이제는 부채사용의 대리인비용으로 관심을 돌려보자. 부채사용에 따라 입게 되는 기업가치의 하락 그리고 대리인문제를 막기 위해 기업이 부담하게 되는 비용이 부채사용의 대리인비용이다. 기업은 유리한 투자기회의 실행에 필요한 자금이 부족할 때에 부채를 사용할 수 있다. 부채를 사용하면, 위험한 투자를 추구함으로써 기대수익은 높고 위험은 채권자에게 전가하는 식으로 채권자의 부를 주주로 전환시키거나(Stiglitz, 1981, 1985),[20] 또는 기업의 가치를 증대시키지만 주주의 부까지는 증대시키지 못하는 — 즉, 기존의 채권자에게만

---

20) 주주는 투자프로젝트 실행 결과 성과가 나쁠 때 최대로 지분만큼의 손해만을 보게 되는 반면에(하방으로 유한책임을 갖는다) 성과가 좋을 때는 채권자에 대해 지급하는 원리금을 초과하는 모든 잔여수익을 취하게 된다. 기대수익은 동일하고 기대수익의 분산(즉, 위험)만 다른 두 투자 프로젝트가 있다고 할 때, 주주는 위험이 큰 투자안을 택함으로써 하방 유한책임성으로 인해 위험의 일부를 채권자에게 떠넘기면서 그의 실질적인 기대수익을 향상시킬 수 있다.

이익이 되는— 새로운 투자안을 기각해 버리는 비효율적인 투자행동을 보일 유인을
갖는다(Myers, 1977). 21) 22) 이와 관련한 채권자의 감시가 있게 되고, 추가차입이나
배당의 제한, 추가차입시 즉시 상환조항의 설치 등 경영자의 행동을 구속하는 조치들
이 취해진다(Smith and Warner, 1979). 위험부채의 규모가 커질수록, 즉 부채비율이
높을수록 경영자의 부의 이전과 과소투자 행동의 유인이 강해진다. 기업이 부채를 사
용하게 되면, 단기적으로는 경영자와 주주의 이런 행동을 막기 위한 채권자의 감시비
용이 커지게 된다. 그리고 장기적으로는 감시비용과 비최적 투자행동의 위험성을 반
영하여 기업의 주식가치는 사전적으로 하락하게 된다. 이것이 부채사용에 따르는 대
리인비용이다.

한편, 부채의 사용은 원리금상환 의무라는 경성 예산제약과 파산의 위험을 경영자
에게 부과함으로써 경영자의 사적 소비추구와 여유현금을 방만하게 투자하려는 비효
율적 행동을 규율하는 역할을 할 수 있다(Grossman and Hart, 1982 ; Jensen, 1986).
또 다른 한편, 경영자의 사적 이익추구를 위한 과다투자 성향을 아는 주주들은 경영자
가 자금이 부족하여 유리한 투자기회를 실행할 수 없다는 주장에 대해서 의심을 하게
되고, 추가적 자금조달을 막는 결정을 내릴 수 있다. 그로 인해 내부창출 현금흐름이
부족한 기업에서는 여유현금 기업의 과다투자 문제와는 반대로 자금부족으로 인한 과
소투자 문제가 발생할 수 있다(Stulz, 1990).

부의 이전 및 과소투자 문제는 내부자금이 부족하고 부채를 과다하게 사용하는 기
업의 대리인문제라면 여유현금의 비효율적 사용문제는 부채는 과소하고 여유현금은
풍부한 기업의 대리인문제로서, 양자가 동일기업에서 동시에 발생하는 성격의 것은
아니다.

기업의 자금수요가 주어져 있을 때 부채를 통한 자금조달액이 증가할수록 경영자의

---

21) 기존 자산으로부터의 수익이 저조하여 원리금상환에 못 미치고 있는 기업이 있다. 이제, 이 기업이 그 자체로
는 양의 순현재가치를 갖는 투자안을 갖고 있다고 하자. 기업이 이 투자안을 집행하면 기업의 가치는 증대할
것이다. 그런데 이 투자안으로부터의 수익이 기존 채권자의 원리금상환에만 보탬이 되고 주주의 몫이 되는 부
분은 없다면, 기업의 지분가치만을 고려하는 경영자라면 그는 이 투자안을 집행할 이유가 없게 된다. 유리한
투자기회의 이러한 포기 가능성은, 다른 조건이 일정하다면, 기존 부채의 규모가 클수록 그리고 기존 자산의
수익성이 낮을수록 발생할 개연성이 높아질 것이다.
22) 이러한 논의들은 경영자가 주주의 이익을 위해서 행동하고 있다는 것을 전제하고 있다. 만약에 경영자가 자신
의 경영자로서의 이력관리에 주안점을 두고 있다면, 그는 투자안 선택시 높은 기대수익을 추구하는 것이 아니
라 높은 성공확률(즉, 투자안이 실패하지 않을 확률)과 성공에 따르는 자신의 평판 향상을 추구할 수 있다.
경영자의 유인구조가 이렇다면, 이는 채권자의 이해와 일치하게 되며 따라서 부채사용의 대리인비용은 작아지
게 되고 기업의 부채비율은 높아지게 될 것이다. Hirshleifer and Thakor(1989) 참조.

지분율은 증가하고, 그에 따라 외부지분 사용의 대리인비용이 줄어든다. 이처럼 부채의 사용은 경영자에 대한 부채의 경성 예산제약 규율의 강화와 경영자의 사적 이익추구 동기를 줄여줌으로써 경영자와 주주 간의 갈등을 완화시켜 주는 작용을 한다. 따라서 기업은 외부지분의 한계 대리인비용과 부채의 한계 대리인비용이 불일치할 경우 부채의 사용량과 외부지분의 사용량을 조절함으로써 기업의 가치를 증대시킬 수 있다. 예를 들어, 부채의 한계 대리인비용이 외부지분의 그것보다 작다면 부채의 사용을 늘리고 외부지분의 사용을 줄임으로써 기업의 가치는 증대한다. 결국, 기업은 양자가 일치하는 수준에서 최적의 자본구조를 구성한다.

지분구조와 채권자의 수가 많고 채권구조가 복잡할수록 기업파산시 주주집단과 채권자집단 간 또 채권자집단 내에서 파산과 관련한 합치된 의사결정을 이끌어내고 소유권을 주주들로부터 채권자집단으로 이전하기가 어려워지게 될 것이다. 이는 파산비용이 커진다는 것을 의미한다. 따라서 경영자의 지분율이 높을수록 또 채권자집단의 구조가 단순할수록 파산비용은 작아지고, 결과적으로 부채의 사용은 증대될 것이다.

위험부채 사용에 따라 야기되는 유리한 투자기회의 포기 및 고위험사업에 대한 투자유인 등 부채의 대리인비용 문제(Jensen and Meckling, 1976 ; Myers, 1977 ; Smith and Warner, 1979)에 비추어 볼 때, 기업이 유리한 성장기회를 가질수록 채권자에게 불리한 투자결정이 이루어질 가능성이 높아지며 이에 대한 인식은 부채사용의 비용을 증대시키고, 따라서 기업은 부채의 사용을 줄이게 된다. 여유현금이론(Jensen, 1986)에 비추어 볼 때, 좋은 투자기회를 가져 자금소요가 큰 기업일수록 부채의 사용을 통한 경영자 규율의 필요성이 감소하며, 따라서 다른 조건이 동일하다면 투자기회와 부채비율은 역시 역의 관계를 가질 것으로 기대된다.

유형고정자산을 많이 갖는 기업일수록 부채비율이 높아짐은 정형화되어 있는 사실이다. 이에 대한 대리인비용적 설명은 다음과 같이 이루어진다. 즉, 유형고정자산일수록 차입시 담보제공이 용이하고, 담보의 확보는 채권자의 권리가 희석되는 것을 막아준다. 그에 따라 채권자의 요구수익률, 즉 기업의 차입비용이 저하된다. 차입비용이 낮을수록 주주에게 유리한 자산전용이나 과소투자의 유인이 약해진다. 그리고 유형자산에 대한 투자나 처분 등에 대한 감시는 무형자산이나 성장기회 같은 자산에 비해 관찰·감시가 용이하기 때문에 부채의 대리인비용이 줄어들고, 그에 따라 부채사용을 늘리는 쪽으로 작용한다.

경영자지분율은 다각적인 경로를 통해 기업의 부채사용에 영향을 미칠 수 있다. 경영자지분율이 높지 않은 상태일 때, 부채비율을 높이는 기업의 재무적 조정(예를 들어, 부채를 발행하여 자사 주를 매입하는 경우)은 경영자의 지분율을 높이게 되고, 이로 인해 기업의 (매수 프리미엄) 가치는 증대하게 된다(Stulz, 1988). 즉, 경영자지분율이 높지 않은 상황이라면 경영자지분율을 증대시키는 효과를 낳게 되는 부채비율의 상승은 바람직하다. 부채비율을 높이는 기업의 재무적 조정에 따른 경영자지분율의 증대는 외부지분의 대리인비용을 낮추거나(Jensen and Meckling, 1976), 또는 여유현금의 가용량을 줄이고 부채의 규율효과를 강화시킴으로써(Jensen, 1986) 기업의 가치를 증대시킨다. 부채의 발행과 경영자지분율의 증대는 자본시장에 기업가치에 대한 긍정적인 신호로 받아들여질 수 있다(Ross, 1977 ; Leland and Pyle, 1977). 경영자지분율이 높을수록 채권보호 조항(*bond covenants*)의 준수와 관련한 경영자에 대한 집중적인 감시와 이행이 용이해지고, 결과적으로 부채의 제공과 이용이 증대될 것이다. 즉, 경영자지분율의 증대는 부채사용의 대리인비용을 낮춤으로써 부채사용을 증대시키게 된다는 것이다(Kim and Sorenson, 1986). 이상의 논의들은 경영자지분율과 부채비율 간의 정의 관계를 주장하고 있다. 반면에, 경영자지분율이 높은 경우에는 경영자는 자신의 포트폴리오의 집중에 따르는 위험에 대비하기 위해 부채비율을 낮추어 파산위험에 대비하려는 필요가 강해지리라는 주장도 있다(Demsetz and Lehn, 1985 ; Lang, 1987).

제 **4** 장   재벌과 내부자본시장

적어도 외환경제위기 이전 시기까지는 재벌기업과 비재벌기업 간에 재무구조와 자금조달에서 현저한 차이가 있다. 그 차이는 정부정책을 포함하는 경제적 및 금융적 환경과 제도, 그리고 주어진 환경과 제도 아래서 재벌의 적응행동이 동시적으로 작용하면서 이루어진 결과라고 할 수 있다. 이 장에서, 주어진 재무환경하에서 우리나라 재벌이 어떻게 능동적으로 대응행동을 펼쳐왔는가 라는 시각에서 먼저 논의를 전개하려 한다. 이 장에서는 재벌의 재무행동에 대해 재벌 내부자본시장이라는 틀을 이용하여 주로 이론적인 수준에서 논의를 펼쳐나갈 것이다. 이러한 논의는 앞의 3장과 더불어, 이후에 이루어질 재벌의 재무적 특징 및 행태와 관련된 자료들을 이해하는 시각을 제공하는 의미를 지닌다고 하겠다. 재무환경의 규정과 재벌의 그에 대한 대응이라는 두 가지 측면에서의 조명이 종합적으로 이루어질 때야 비로소 재벌의 재무적 특성과 행태에 대한 보다 완성된 상이 나타나게 될 것이다.

먼저, 1절에서는 다각화 기업집단의 형성이유와 동기에 대한 이론적인 설명들을 정리·소개하며, 우리나라 재벌이 형성되는 과정에서 내부자본시장이 소유경영자에 의해 어떻게 활용되어 왔는가를 살핀다. 이어서 2절에서는 기업의 재무구조 결정을 설명하는 순서적 자금조달이론과 통제이론, 그리고 내부자본시장에 대한 이론을 원용하여 우리나라 재벌의 재무구조 및 자금조달 구조상의 특징을 설명하려고 한다. 3절에서는 내부자본시장과 관련한 국내외의 실증적 연구결과들을 소개한다.

1. 우리나라 재벌의 형성과 내부자본시장의 역할

1.1. 기업집단 형성과 그 성과에 대한 이론

1.1.1. 기업의 다각화요인과 동태적 상호작용

기업의 비관련 다각화 또는 기업집단 형성동기에 대한 설명은 크게 시장지배력 관점, 대리인비용 관점, 불완전 요소시장 관점으로 나눌 수 있다(Montgomery, 1994). 시장지배력 관점은 기업이 다각화에 따른 시장지배력(conglomerate power)을 갖게 됨으로써 비다각화기업의 희생 아래 이득을 얻기 위해 다각화를 추구한다는 데 주목한다. 다수의 시장에서 제품을 생산하는 기업은 기업정책을 결정하는 데 있어 개개 시장을 독립적인 것으로 간주하지 않고, 한 특정시장에서의 위치뿐만 아니라 다른 시장에서 차지하는 특징에 의거해서 한 특정시장에서의 지배력을 가질 수 있다. 그런 기업은 전략적으로 그런 힘을 이용하고 확대하고 방어하려 할 것이다. 다각화기업은 교차보조, 상호구매, 복합기업들 상호간의 경쟁의 자제와 같은 다양한 행위를 통해 시장경쟁을 저해하고 지배력 향상을 도모한다.

이런 논리를 따르면, 기업은 다각화를 통한 기업가치 증대를 누리게 될 것이다. 반대로, 비관련 다각화가 기업가치를 저하시킨다는 주장이 흔히 대리인문제에 근거해서 이루어지고 있다. 지배적 주주가 없을 경우 경영자는 주주의 이익을 저해하면서 사적 이익을 추구하는 유인을 갖게 되는데(Jensen and Meckling, 1976), 이때 경영자가 비관련 다각화를 사적 이익을 실현하는 한 방편으로 이용할 수 있다. Jensen(1986)은 경영자들이 자신의 통제범위 또는 권한을 확대하기 위해 여유현금을 수익성이 낮은 비관련사업에 과다투자하는 동기를 갖는다는 여유현금가설을 제시하였다. 여유현금 과다에 따르는 대리인문제는 성숙단계에 들어선 기업에서 일어날 가능성이 높다. 그 밖에도, 경영자는 회사가 경영자 자신의 특수한 능력을 필요로 하는 정도를 증대시키고(Shleifer and Vishney, 1989) 자신의 고용관련 위험을 분산시켜(Amihud and Lev, 1981) 회사 내에서의 자신의 가치 및 지위의 안정성을 높이려는 다각화추구 및 과투

자유인을 갖게 된다.[1)]

한편, 기업들은 보유하고 있거나 또는 필요로 하는 생산요소의 과부족에 대처하기 위한 방편으로 다각화를 추구할 수 있다. 요소시장이 완전하다면 기업은 과부족인 생산요소를 시장거래를 통해 처분 또는 보충함으로써 문제를 해소할 수 있을 것이다. 요소시장과 관련해 기업의 다각화를 설명하려는 시도는 근본적으로 불완전한 요소시장을 전제한다.

기업이 보유하는 생산요소는 기업이 시장에서 구매한 것뿐만 아니라 그 생산요소들로부터 창조되는 새로운 서비스, 기업활동 과정에서 기업 내에 축적되는 무형적 자산 등으로 포괄적으로 규정된다. 생산요소의 불가분성, 동일한 자원이 다양한 용도로 쓰일 수 있는 가능성, 기업활동 과정 속에서의 새로운 생산요소들의 계속적인 창출과 축적 등으로 인해 기업은 통상적으로 불충분하게 사용되는 잉여자원을 보유한다. 이런 상황에서 기업이 확장을 통해 잉여자원을 이익이 되게 활용할 수 있는 방도를 갖는다면 기업은 확장할 유인을 갖게 될 것이다. 특히 기업의 자원과 기술 및 지식 가운데 기업 속에 녹아들어 있어 기업과 분리되기 어려운 성질의 것들이 있다. 이런 결착적인 생산요소들은 기업과 더불어 거래되거나 또는 기존 경영조직의 통제하에서 전용이 이루어질 때 자신의 가치를 제대로 유지할 수 있다(Teece, 1990, 1992). 그런데 이런 성격의 생산요소 시장이나 기업매매 시장은 무형자산에 대한 가치평가의 어려움 때문에 성립하기가 어렵다. 따라서 요소시장이 불완전할수록 이런 생산요소를 가진 기업들이 잉여능력을 활용할 수 있는 용이한 방편으로서 다각화의 의의는 커진다.

보유하고 있는 생산요소의 특수성이 높고 범용성이 낮은 기업일수록 관련다각화를 추구하게 될 것이며, 그 반대의 경우에는 상대적으로 다각화의 범위가 넓어지리라고 예상할 수 있다. 즉, 특수한 생산기술을 가진 기업은 관련다각화를 추구할 것이다. 기업에 대한 높은 성가, 잘 조직된 유통망, 우수한 경영능력 등의 생산요소를 지닌 기업들은 상대적으로 넓은 범위에 걸친 다각화를 추구하게 될 것이다.

다른 한편, 필요로 하는 생산요소를 요소시장의 미발달로 인해 원활히 공급받지 못할 때 기업은 그 요소의 공급을 기업 내부에서 해결하려 할 수 있다. 즉, 다각화를 통한 기업 내부시장의 형성이 그 문제에 대한 해결방법이 된다. 요소시장의 불완전성, 보다 일반적으로 시장과 제도의 불완전성 및 불비(不備)는 특히 개발도상국에서 흔히

---

1) 따라서 대리인문제 관점에 따르면 다각화와 기업가치는 부정적인 관계를 갖는다. 대리인문제 관점에서 다각화의 성과를 실증적으로 분석한 근자의 연구로 Scharfstein(1998), Denis, Denis, and Sarin(1997), Servaes(1996)가 있다.

〈그림 4-1〉 다각화의 요인과 다각화 간의 동태적 전개과정

시장지배 동기
↓
요소의 부족 ↔ 다각화 ↔ 요소의 과잉

주 : 화살표는 작용방향을 나타냄.

경험되는 현상이다. 사회가 경영인력의 양성·공급을 제대로 행하지 못하는 상황에서 개발도상국의 기업들은 많은 경우에 내부 경영훈련을 통해 필요로 하는 경영인력을 자체 조달한다. 기업 내에서 경영인력의 자체적인 훈련과 양성능력의 확보는 그 기업에게 잉여 인적 자원의 활용이라는 면에서 다각화동기를 제공한다.

또한, 기업이 시장의 불완전성에 대응하여 그 요소의 조달을 성공적으로 내부화하면, 그 기업은 그 요소에 대해서 잉여공급 능력을 갖게 되고, 이것이 그 기업에게 다각화 유인을 제공한다. 성장하는 경제에서는 이처럼 요소의 부족과 과잉, 다각화는 동태적으로 상호영향을 주면서 전개되기 쉽다.

개발도상국에서는 규제가 과다하고 불명료하여 흔히 시장의 기능을 저해하게 되는데, 기업은 요소거래의 내부화를 통해 이런 규제를 피할 수 있다. 예를 들어, 해고가 법적으로 규제되고 있는 상황에서 다각화기업은 사업부간에 잉여노동력의 재배치를 통해 규제를 피하면서 기업 전체적인 수준에서 노동생산성을 향상시킬 수 있다. 또 개발도상국에서는 전반적으로 정보의 유통 및 생산이 원활하지 않다. 계약의 이행을 보장하고 그럼으로써 경제주체간의 거래를 촉진시켜 주는 사법체계 등의 사회적 장치들이 제대로 구축되어 있지 않다. 그로 인해 전반적으로 재화나 생산요소의 거래와 관련한 불확실성과 거래비용이 크다. 그런 상황에서 기업은 거래를 기업 내부로 끌어들여 위험과 비용을 피하려 할 수 있는데, 기업의 이런 행동이 곧 사업의 다각화 또는 기업집단 형성으로 나타난다(Khanna and Palepu, 1997 ; Chang and Choi, 1988 ; Alchian and Demsetz, 1972 ; Williamson, 1979). 시장이 발달하고 기업집단 외부, 즉 시장과의 거래비용이 낮아질수록 내부시장으로서의 기업집단의 가치는 점차로 줄어들게 될 것이다.

빠르게 성장하고 있는 개발도상국에서 기업이 잉여자본을 가질 때 기업은 이를 금융적 자산에 대한 투자로 운용하기보다는 신규사업 진출에 활용하기가 쉬울 것이다. 개발도상에 올라 있는 경제에서 사업의 기회는 계속해서 확대되고 있으며, 주식시장에서의 기존 시장 포트폴리오는 협소하다. 더구나 그 기업이 경영자 공급능력을 확보

하고 있다면, 자신의 잉여자본을 단지 시장 포트폴리오에 투자함으로써 소극적으로 시장수익률과 위험분산을 추구하기보다는 전망 있는 신규사업에 투자함으로써 스스로 포트폴리오의 범위를 확대하여 기대수익률을 높이고 동시에 위험을 분산시키는 적극적 투자행위를 펼치려 할 것이다.

생산요소의 과부족에 대응하여 기업이 다각화확장을 할 때 다각화기업(집단)의 회계상 수익성은 저하되는 것으로 나타날 수도 있다. 그럼에도 불구하고 잠재적 성장성에 대한 평가 및 다각화에 따른 위험분산의 기대효과로 인해 그 확장에 대해 자본시장에서의 평가는 긍정적으로 나타날 수도 있을 것이다.

1.1.2. 내부자본시장 이론

기업의 사업내용이 다각화되거나 또는 기업집단을 형성하게 되고 사업부간에 또는 소속기업들간에 실물적 생산요소나 재화, 자금의 내부거래가 발생하게 된다. 사업부들간에나 기업집단 소속기업들간에 자금이 내부거래되는 시장이 내부자본시장이다. 다각화기업 또는 기업집단에서의 전략적 의사결정 및 그에 따른 자본배분은 경영본부의 지배 아래 놓이게 된다. 경영본부는 전체적인 통제권을 행사하며 적극적인 감시의 유인을 갖는다. 사업부별 또는 소속기업별 재무와 투자가 경영본부에 의해 통합적으로 운영될수록 내부자본시장의 역할과 기능이 중요하게 된다.

자본시장이 불완전하고 자금제약에 처하는 사업부 또는 소속기업들이 많을수록 내부자본시장의 기능은 더욱 가치를 발할 것이다. 반면에 자본시장이 발전하고 경영의 투명성이 높아져 내부자본비용과 외부자본비용의 차이가 작아지며 자금제약 정도가 완화될수록 내부자본시장의 기능과 역할은 줄어들게 될 것이다.[2]

기업이 다각화를 통해 내부자본시장을 형성함으로써 얻는 효과를 크게 2가지로 나누어 볼 수 있다. 첫째로는 일정한 규모의 내부자금을 사업부 또는 소속기업간에 효율적으로 재배분하는 데 따르는 효과, 둘째로는 다각화기업 또는 기업집단 전체의 자금제약을 완화하는 효과이다. 그런데, 자금의 배분권을 쥐고 있는 경영본부가 누구에 의해 통제되며 어떤 동기에 의해 움직이는가가 내부자본시장이 작동하는 방식 및 성과에 영향을 미칠 수 있다.

---

2) Hubbard and Palia(1998)는 1960년대 미국의 자본시장은 오늘날의 자본시장에 비해 기업 관련 정보를 제대로 생산해내지 못했다는 점에서 발달이 미진하다고 보고, 1960년대의 기업인수를 통한 다각화를 내부자본시장 형성 동기에서 해석하고 실증분석하였다. 이들은 다각화인수·합병이 일반적으로 양의 초과수익을 올리고 있음을 보고하고 있다. 자금제약에 처하지 않는 기업이 제약에 처하는 기업을 인수할 때 특히 높은 초과수익을 실현했다는 점을 이들은 강조한다.

먼저, 소유경영자에 의해 통제되는 내부자본시장의 경우에 대해 살펴보자. 잔여적 청구권자 및 지배주주로서 소유경영자는 기업경영에 대해 외부주주나 채권자 등의 외부투자자보다 더 큰 감시유인을 갖는다. 소유경영자는 기업가치 극대화를 목표로 자금배분에 대한 통제권을 행사할 것이다. 이때 다각화기업이 기업 전체적으로 자금제약에 처하고 있어 개개 사업부가 희소한 자금을 놓고 경쟁을 벌이는 상황이라면, 각 사업부는 자체의 수익성만이 문제가 되는 것이 아니라 기업 내부의 사업 포트폴리오 내에서 상대적 경쟁의 관문을 통과해야 하는 더욱 엄격한 자본배분 과정 아래 놓이게 될 것이다. 또한 내부자본시장에서는 기존 자산의 효율적 전용(轉用) 혹은 재배치가 용이하다는 추가적 이점을 갖는다. 중고 자산시장 및 기업매매 시장이 발달되어 있지 않을수록 그 이점은 더욱 커질 것이다. 청산시 외부자금제공자의 경우에는 자산을 중고시장에서 헐값에 처분해야 하나 다각화기업은 최적의 내부전용을 강구할 수 있는 기회를 가짐으로써 청산비용을 크게 낮출 수 있기 때문이다(Stein, 1997 ; Gertner, Scharfstein, and Stein, 1994).

내부자본시장을 통한 자본의 효율적 배분 못지않게 중요한 내부자본시장의 다른 기능은 그것이 다각화기업의 자금제약 완화에 기여할 수 있다는 점이다. 다각화기업 또는 기업집단은 사회적 평판이 높은 정보대칭적 사업부나 소속기업의 이름으로 자본을 조달하여 이를 내부의 중소·벤처부문에 재배분함으로써 개개 사업부나 소속기업 각각이 외부자금을 조달하는 경우에 비해 외부자금 조달시 부담하게 될 레몬 프리미엄을 기업집단 전체적으로 낮출 수 있다. 또 소속기업간 상호담보나 지급보증을 통해 혹은 현금흐름의 상관성이 낮은 사업구성이 주는 위험분산 효과에 대한 금융기관의 평가에 힘입어(Lewellen, 1970 ; 이윤호, 1994, 26~30), 기업집단이나 다각화기업은 보다 유리한 차입조건으로 보다 큰 규모의 차입을 행함으로써 자금제약을 완화할 수 있다. 자본시장이 불완전하고 자금제약에 처하는 사업부 또는 소속기업들이 많을수록 내부자본시장의 기능은 더욱 가치를 발하게 될 것이다.

이와는 달리, 비록 내부자본시장의 자원배분에서 대리인문제가 발생하지 않는다고 하더라도 내부자본시장이 효율적 자원배분에 더 실패할 수도 있다. 예를 들어, 내부자본시장에서 최종적 의사결정권을 갖는 소유경영자는 내부감시를 효과적으로 행할 수 있지만 이는 곧 사업부 경영자와의 잦은 접촉을 의미한다. 이 과정에서 사업부 경영자가 소유경영자에게 영향을 미칠 수 있는 가능성 또한 커진다. 즉, 양자간의 인간적 유착관계의 심화와 그에 따른 내부규율의 약화로 오히려 내부자본시장을 통한 자본의 효율적 배분이 방해받을 수 있다(Gertner, Scharfstein, and Stein, 1994).

경영본부가 소유경영자가 아닌 전문경영자에 의해 통제될 경우 또는 경영자의 지분율이 낮을 때, 내부자본시장의 형성이 기업가치에 미치는 영향에 대한 논의는 긍정적 시각과 부정적 시각의 두 갈래로 나뉘어 있다. 다각화기업 또는 기업집단의 경영본부는 개별사업부의 경영진에 비해 경영능력이 더 우수하기 때문에(Stulz, 1990), 나아가서 사적 이익을 추구하는 전문경영자일지라도 그의 사적 이익은 결국 기업의 가치크기에 비례할 것이며, 따라서 경영본부가 전문경영인에 의해 통제되더라도 일정하게 주어진 자본규모에 대해서 효율적 배분이 추구될 것이라고 주장된다(Stein, 1997).

이에 반해, 내부자본시장에 대한 부정적인 시각은 경영자의 사적 이익의 추구로 인한 대리인문제의 발생으로 오히려 내부자본시장을 통한 자본의 효율적 배분이 저해되고 기업가치가 파괴될 수 있음에 주목한다. 먼저, 다각화로 인해 경영자가 더 많은 가용 여유현금을 갖게 됨으로써 이를 사용한 과투자가 더 확대되고 피해가 늘어날 수 있다(Jensen, 1986). 또 사업부간 및 계열사간 자본의 재배분에 있어 수익성과 사업전망이 나쁜 사업부나 계열사의 경영자가 자기관리하의 자금이 효율적 사업부나 계열사로 옮겨가는 것을 막기 위한 행동을 벌이며, 이는 사중적인 비용의 발생과 비효율적인 자본배분으로 귀결될 수 있다(Rajan et al., 2000). 이와 같은 행위들로 인해 다각화기업에서의 사업부간 자본배분은 사업부들이 단독기업이라면 행했을 규모에 비해 평준화되는 현상, 즉 투자효율성이 오히려 떨어지는 기업으로 자본이 더 배분되고 그 결과 기업가치는 저해될 것이다(Scharfstein and Stein, 1997).

1.2. 우리나라 재벌의 내부자본시장

우리나라 경제가 성장궤도에 진입하면서 새로운 투자기회가 속속 출현하는 경제환경 아래서, 성공적인 혁신적 기업가들은 신규산업 분야로 계속적으로 진출하였다. 성공적인 기업활동과 신규분야로의 진출결과로서 기업집단, 재벌이 형성되었다. 기업집단의 형성은 1차적으로는 창업자 재벌총수라는 희소한 경영능력의 공유 필요성으로부터 자연스럽게 비롯되었을 것이다.

그런데 기업집단은 단순히 성장의 결과물로 머물지 않았다. 기업집단 내의 계열사들은 과부족한 생산요소—인력, 기술, 자본을 포함하여—를 상호 제공하거나 상품을 거래하는 내부시장을 형성하여 시장의 불완전성을 대체하면서 성장을 더욱 촉진시킬 수 있었다. 내부자본시장은 기업집단 계열사간에 자본이 거래되는 시장이다. 속속 출현하는 신규사업 진출과 새로운 기업의 설립을 위해서는 막대한 자본이 필요하였다. 기업집단의 총수는 성장에 결정적인 제약요소로 작용하는 부족한 자본을 내부적으로 배분하며 외부로부터 조달하는 데 기업집단, 기업집단의 내부자본시장을 적극 활용하였다. 재벌 내부에서 부족한 자기자본을 효율적으로 이용하기 위해 사용된 전형적인 방법이 계열사간 출자이다. 그리고 담보와 보증에 근거한 은행의 대출관행하에서 재벌이 타인자본을 조달하는 데 이용한 수단이 계열사간 상호지급보증이다. 계열사의 확장, 재벌의 형성은 따라서 혁신적인 기업(가)의 성장결과이자 동시에 성장을 위한 중요한 수단이었다.

1.2.1. 계열사간 출자

고속성장에 소요되는 막대한 자금의 많은 부분을 가급적 유리한 조건의 차입을 통하여 조달하는 한편, 재벌들은 성장과 신규사업 진출에 소요되는 자기자본의 많은 부분을 계열사자금의 출자라는 방식을 통해 조달하였다. 이를 통해 재벌총수는 외형상 부채비율을 일정수준 이하로 유지하여 금융기관대출시 요구되는 장부상의 재무적 안정성을 충족시킬 수 있었다. 아울러, 빠른 성장에 요구되는 자본규모의 급격한 확대를 따라가지 못하는 데 따른 총수 및 가족의 자기지분율 저하에도 불구하고 재벌총수는 높은 계열사지분율에 근거하여 내부지분율을 안정되게 유지함으로써 계열사들에 대한 지배를 계속적으로 유지시켜 나갈 수 있었다.

〈표 4-1〉과 〈그림 4-2〉는 총수 및 가족의 지분율의 지속적인 하락에도 불구하고 계열사지분율의 증가로 내부지분율이 일정한 수준에서 유지되는 뚜렷한 추이를 보여주고 있다. 총수 및 가족지분율은 1983년 17.2%에서 추세적으로 낮아져 2002년에는 5.1%로 떨어지고 있다. 반면에 계열사지분율이 추세적으로 증가하면서 내부지분율은 기간 동안에 40% 이상의 수준을 지속적으로 유지하고 있다.

30대 재벌의 자본금 합계는 1987년의 13조 2,830억 원에서 2001년에는 61조 9,840억 원으로 기간중 48조 7,010억 원이 늘어났다. 이 가운데 총수 및 가족은 단지 1조 3,724억 원을 추가로 부담하였을 뿐이다. 28조 2,732억 원이 외부주주로부터 조달되었고, 19조 554억 원이 계열사의 자금으로부터 조달되었다. 그럼으로써 총수가 지배하는 내부지분율은 기간중에 56.2%에서 45.0%로 단지 11.2% 포인트만이 줄어들 수 있었다.

기업들은 "창업 → 성장 → 유상증자 및 또는 기업공개 → 지분분산"이라는 과정을 일반적으로 거치며, 소유분산이 이루어진다. 그러나 우리나라 재벌들은 "가족창업 → 성장 → 〔기업집단 형성 ↔ 계열사간 출자, 차입에 의한 자금조달〕 → 내부지분율 유지 → 총수·가족 지배체제 유지"라는 경로를 밟아 오늘에 이르고 있다. 3)

<표 4-1> 상위재벌의 내부지분율 추이

(단위 : %)

		1983	1988	1989	1990	1991	1992	1993	1994	1995	1996	1997	1998	1999	2000	2001	2002	2003
5대 재벌	내부지분율	n.a.	60.3	49.5	49.6	51.6	51.9	49.0	47.5	47.6	47.8	45.3	47.2	53.5	46.2	46.1	46.9	47.5
	총수	n.a.	15.6	13.7	13.3	13.2	13.3	11.8	12.5	8.6	9.4	7.6	7.0	4.6	5.0	3.0	3.9	4.5
	계열사	n.a.	44.7	35.7	36.3	38.4	38.6	37.2	35.0	39.0	38.4	37.7	40.2	48.9	41.2	43.1	43.0	43.0
30대 재벌	내부지분율	57.2	56.2	46.4	45.7	47.1	46.4	43.4	42.7	43.3	44.1	43.0	44.5	50.5	43.4	45.0	44.9	47.5
	총수	17.2	15.8	14.7	13.8	13.9	12.9	10.3	9.6	10.6	10.3	8.5	7.9	5.4	4.5	5.6	5.1	6.5
	계열사	40.0	40.4	31.7	31.8	33.2	33.5	33.1	33.1	32.8	33.8	34.5	36.6	45.1	38.9	39.4	39.8	41.0

주: 1) 총수지분율은 총수 및 특수관계인 지분율의 합, 계열사지분율은 계열사 및 자기주식 지분율의 합.
   2) 2002년과 2003년의 30대 재벌수치는 총수지배 35개 출자총액 제한 및 상호출자 제한 기업집단의 평균
      수치임.
자료: 공정거래위원회, "대규모 기업집단 주식소유 현황", "대규모 기업집단 채무보증 현황", 각 연도. 각년 4월
      1일자 기준. 1983년 자료는 OECD(1998)의 <표 16>에서 인용.

<그림 4-2> 30대 재벌의 소유구조 추이

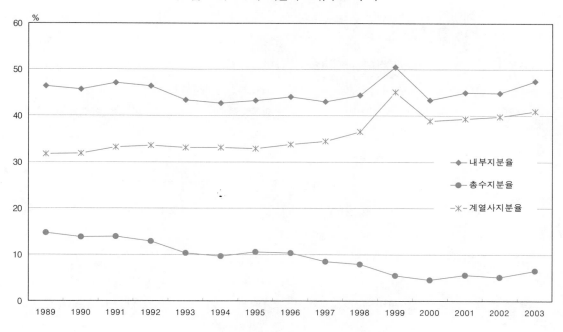

---

3) Alfred J. Chandler는 자본주의국가의 기업들이 가족자본주의에서 금융자본주의로, 또 경영자자본주의로 발전
   해 나간다는 기업발전의 일반적인 경로를 주장하였다(임웅기, 1988 : 제 2 장 참조).

〈표 4-2〉 대규모 기업집단의 연도별 출자총액 및 순자산 변동 추이

(단위 : 조 원, %)

	1987	1988	1989	1990	1991	1992	1993	1994	1995
	30대	30대	30대	30대	30대	30대	30대	30대	30대
출자총액(A)	3.26	3.57	4.40	5.89	6.75	7.44	8.16	9.68	11.29
순자산(B)	7.45	9.43	13.46	18.33	21.25	25.82	29.15	36.10	42.88
출자비율(A/B)	43.6	43.6	32.7	32.1	31.8	28.8	28.0	26.8	26.3

	1996	1997	1998	1999	2000	2001		2002	
	30대	30대	30대	30대	30대	30대	11개 기업집단	12대	기존 11개 기업집단
출자총액(A)	13.57	16.9	17.7	29.9	45.9	50.8	39.0	31.4	29.6
순자산(B)	54.83	61.3	59.2	92.0	139.6	142.8	103.0	102.5	99.4
출자비율(A/B)	24.8	27.5	29.8	32.5	32.9	35.6	37.9	30.6	29.7

주: 1) 출자총액과 순자산에는 금융보험계열사가 포함되어 있지 않음.
   2) 2002년부터 출자총액 제한 기업집단 지정방식이 종전의 상위 30대 기업집단에서 자산규모 5조 원 이상인 기업집단으로 변경됨. 2002년 출자총액 제한대상인 민간 기업집단의 수는 12개임.
자료: 공정거래위원회, 《공정거래백서》, 각 연도.

계열사출자를 통한 재벌총수의 내부지분율 확보는, 기업에 대한 허술한 사회적 감시통제장치하에서, 단순히 총수의 경영권 유지 차원의 의도에서 머무르지 않는다. 기업에 대한 자본시장의 시장규율이 약한 나라들일수록 기업통제권의 가치는 커지는데, 총수는 계열사출자를 통해 자기지분 1원당의 통제권의 가치를 극대화할 수 있기 때문이다. 재벌총수는 계열사지분율을 통해 높은 내부지분율을 확보함으로써 통제권을 얻고 그 통제권을 활용하여 자신의 사적 편익을 추구한다. 허술한 시장규율하에서 이런 행위는 지속될 수 있다.

재벌들의 과도한 계열사출자를 이용한 확장을 막기 위해 정부는 1987년에 출자총액을 제한하는 규제를 도입하기에 이르렀다. 30대 재벌소유 순자산액에 대한 타회사 출자액의 비율은 출자총액 규제가 도입된 첫해인 1987년 4월의 경우 무려 43.6%나 되었다. 그리고 제도 도입시점인 1987년부터 1998년 폐지시점까지 순자산액 대비 타회사 출자액 평균비율은 기간동안 지속된 규제에도 불구하고 31.5%에 이르렀다. 타회사출자는 동일 재벌계열사에 대한 출자뿐만 아니라 비계열사에 대한 출자도 포함하는데, 1990년의 경우 타회사 출자총액 중에서 계열사간 출자액이 차지하는 비중은 5대 재벌의 경우 92.9%, 29대 재벌의 경우 89.0%로서 타회사출자액의 거의 대부분이 동일재벌 내 계열사에 대한 출자이며, 상위재벌일수록 계열사에 대한 출자비율이 더 높다(정병휴·양영욱, 1992, 〈표 3-9〉 참조).

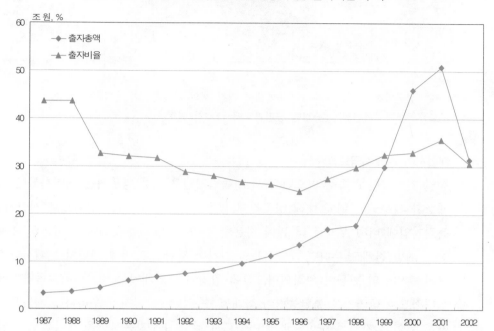

〈그림 4-3〉 대규모 기업집단의 출자총액 및 출자비율 추이[4]

1998년 2월 24일자로 폐지되었던 출자총액제한제도가 2001년 4월 1일자로 다시 도입·시행되어, 대규모기업집단에 속하는 회사는 2001년 4월 1일부터 순자산의 25%의 출자한도를 초과하는 부분을 해소하도록 하는 규제가 새로 도입되었다. 다만, 2001년 4월 1일자 초과분에 대해서는 2002년 3월 말까지 해소하도록 유예기간이 주어졌다.[5] 2000년 4월 1일 현재 30대 대규모 기업집단의 순자산은 139.6조 원, 출자총액은 45.9조 원으로 이는 순자산의 32.9%로서 한도초과액은 19.8조 원에 이르고 있었다(〈표 4-2〉 참조). 그러나 출자총액제한제도의 도입에도 불구하고, 공정거래위원회의 자료에 따르면, 2001년중 30대 기업집단의 출자총액(출자에 의한 내부자본의 증가)은 〈표 4-3〉과 같은 내역으로 4.9조 원 늘어났다. 기존계열사에 대한 증자참여 2.1조 원, 비계열사에 대한 주식의 취득 1.3조 원 등이다. 2002년부터 출자총액의 제한을 받는 기업집단 지정방식이 종전의 상위 30대 기업집단에서 자산규모 5조 원 이상인 기업집단으로 변경되었다.

---

4) 2001년까지는 30대 대규모 기업집단, 2002년은 출자총액 제한 12개 민간 기업집단에 대한 자료임.
5) 미해소시 해당 대규모기업집단에 대해 초과분에 대한 의결권행사가 제한되고 그 대상주식이 공시되는 제재가 따를 뿐, 해소의 강제는 없다. 공정거래위원회(2002) : 226.

〈표 4-3〉 2001년중 30대 기업집단의 출자총액 증감 내역

(단위: 조 원)

유상증자	주식 취득	회사 설립	신규 지정·지정 제외(12개 집단)*	기 타	계
2.1	1.3	1.1	0.6	-0.2	4.9

주: 신규지정 기업집단의 출자총액에서 지정 제외 기업집단의 출자총액 차감.
자료: 공정거래위원회, 《2002년 공정거래백서》, 각 연도.

1.2.2. 계열사간 상호지급보증

동일 기업집단에 속해 있으면서 서로 독립적인 사업을 영위하는 계열사들은 각자의 부채상환 의무의 이행에 대해 상호간에 공동보험을 들고 있는 셈이므로 개별계열사들은 독립기업에 비해 부채를 더 많이 사용할 수 있다(Lewellen, 1971 ; 이윤호, 1994 : 25~30). 재벌 전체로 본다면 계열사들의 다각적 결합으로 인해 재벌의 전체사업 포트폴리오의 수익성의 변동이 완화되며, 그에 힘입어 재벌계열사 및 재벌은 독립기업에 비해 상대적으로 타인자본 조달능력이 확대될 수 있다. 그렇지만 우리나라 재벌은 다각화에 따른 위험의 자연적 분산효과에 머무르지 않고 내부자본시장을 적극적으로 활용했다.

은행자금의 많은 부분이 정부에 의해 정책적·지시적으로 이루어져 온 성장금융체계하에서, 대출심사를 제대로 행할 권한과 의지, 유인과 능력도 약한 은행으로서는 대출에 대해 담보와 보증을 요구하였다. 이에 대해 계열을 이루지 않고 있는 독립기업들은 담보에 주로 의존할 수밖에 없었다. 반면에 기업집단에 속해 있는 기업들은 계열사간 상호지급보증으로 이 문제를 손쉽게 해결할 수 있었다. 〈표 4-4〉에서 1980년대 후반기 동안, 대기업에 대한 대출을 포함하고 있는 총대출의 경우 담보대출의 비율은

〈표 4-4〉 담보별 예금은행 대출금

(단위: %)

연 도	총대출			중소기업 대출	
	담보대출		신용대출	담보대출	신용대출
		부동산담보			
1987	54.1	40.7	45.9	80.5	18.0
1988	55.3	43.4	44.7	75.4	22.0
1989	56.2	38.3	43.8	78.7	19.5
1990	49.9	36.2	50.1	76.3	21.7

주: 각 수치는 연도 말 기준. 신용대출은 법인지급보증, 연대보증, 순수신용 등에 의한 대출.
자료: 한국은행, 《경제통계연보》; 상공부·중소기업협동중앙회, 《중소기업실태조사보고》, 각 연도 자료를 취합하여 정리.

<表 4-5> 담보별 은행대출금 현황

(단위 : 구성비 %)

	대출금	신용대출	담보대출	보증대출
5대 재벌	100.0	79.9	17.8	2.3
30대 재벌	100.0	68.8	28.1	3.1
중소기업	100.0	11.8	74.1	12.8

주: 1) 재벌은 1998. 9. 30 현재자료, 중소기업은 1997년 자료.
  2) 재벌의 은행대출금＝원화 및 외화대출금＋내국수입유산스＋지급보증대지급금＋신탁대출금.
   단, 산업은행, 수출입은행, 기업은행, 외은지점 및 퇴출은행은 제외.
  3) 신용대출은 법인지급보증, 연대보증, 순수신용 등에 의한 대출.
  4) 보증대출은 보증보험, 정부, 금융기관, 신용보증기금 등의 보증에 의한 대출.
자료: 재정경제원 제출, 《국회 국정감사 요구자료》; 중소기업진흥공단(1998), 《중소기업 경제·경
   영지표》.

50~60%에 불과하나 중소기업만을 놓고 보면 그 값이 75~80%로 크게 높아져 대기
업과 재벌들이 보증대출 등의 신용대출에 더 크게 의존하고 있음을 확인할 수 있다.
<표 4-5>에는 1997년, 1998년의 중소기업과 재벌에 대한 담보별 은행대출 조건자료
가 비교되어 있다. 5대 재벌에 대한 은행대출금 중에서 79.9%가 지급보증대출 등의
신용대출인 반면, 중소기업의 경우에는 신용대출의 비중은 11.8%로 작고 담보대출의
비중이 74.1%로 대부분을 차지한다.
  <표 4-6>에는 1988년과 1992년 재벌의 채무보증 관련자료가 제시되고 있다. 1988년
의 경우 30대 재벌의 채무보증액은 은행차입금 대비 235.8%, 자기자본 대비 239.8%
에 이른다. 5대 재벌은 각각 273.0%와 314.8%로 30대 재벌보다 더 높아 덩치가 큰
상위재벌일수록 은행대출시 계열사 지급보증에 의존하는 정도가 더 심하다. <표 4-
7>에서 보더라도, 1998년 4월 1일 현재 공정거래위원회 지정 대규모기업집단의 제한
대상 기준 총여신금액 25.2조 원에 대한 계열사간 채무보증 규모는 여신의 106.8%에
달하는 26.9조 원이다. 채무보증액이 차입금이나 여신규모를 초과하는 것은 중복 및
과다보증에 따른 결과인데(정병휴·양영식, 1992 : 107), 여하튼 재벌들이 은행여신을
제공받을 때 계열사간 지급보증에 의존해온 것이 매우 일반적 관행임을 알 수 있다.
  한편, 1996년부터 1998년 기간 동안에 5대 재벌의 제한대상 상호채무보증액 가운데
75% 정도가 채무보증 제공 상위 3사에 의해 제공되고 있는데, 이들 대규모 채무보증
제공회사들은 모두가 각 재벌의 주력업체들이다. 예를 들어, 삼성그룹의 경우 삼성물
산과 삼성전자 두 회사가 계열 전체 채무보증액의 85.7%, 대우그룹의 경우 대우

〈표 4-6〉 은행여신에 대한 재벌계열사간 채무보증액 및 관련비율

(단위: 10억 원, %)

	1988년 말			1992년 3월 말		
	채무보증액	은행차입금 대비 비율	자기자본 대비 비율	채무보증액	은행여신 대비 비율	자기자본 대비 비율
5대 재벌	28,098	273.0	314.8	72,500	232.6	444.2
30대 재벌	44,129	235.8	239.3	113,400	199.8	361.1

주: 1) 은행차입금의 범위는 국내 모든 은행의 원화 및 외화 대출금, 신탁계정 대출금 및 국내은행
해외점포의 대출금을 포함.
   2) 은행여신은 여신관리대상에서 제외되는 은행대출 및 지급보증을 포함한 전체 은행여신임.
자료: 정병휴·양영욱(1992): 108.

〈표 4-7〉 대규모기업집단의 계열사간 채무보증 비율

(단위: 조 원, %)

	여신금액	보증금액	비율
전 체	25.2	26.9	106.8
은 행	n.a.	n.a.	116.6
제2금융권	n.a.	n.a.	98.6

주: 1998.4.1 현재, 여신관리 제한대상 기준 여신에 대한 자료임.
자료: 공정거래위원회(1998.9.1).

중공업과 ㈜대우가 91.3%, SK그룹의 경우 SK상사와 ㈜SK가 91.9%를 제공하고 있
다(정중호, 1998). 이처럼 재벌 주력기업들은 우량한 신용력을 계열사의 외부차입에
대한 지급보증의 형태로 여타 계열사에게 제공하였다. 이를 통해 재벌 전체적으로 타
인자금의 조달비용을 낮추고 조달규모 확대를 통해 자금부족을 완화시킬 수 있었다.
  특정 재벌소속 계열사들은 법적 측면에서 보면 독립적이지만, 계열사들의 총체로서
의 재벌은 실질적으로는 총수라는 동일인의 소유·지배 아래 놓여 있는 동일체이다.
따라서 계열사 지급보증에 의한 대출은 타인 지급보증이라기보다는 자기신용에 의한
대출의 성격을 갖는다. 결과적으로, 재벌에 대해서는 자기신용에 근거한 대출이 과도
하게 이루어졌다.[6] 계열사간 지급보증의 강한 자기신용성에도 불구하고 은행들이 재

---

6) 여기서 필자의 개인적 경험을 이야기하는 것도 의미 있을 듯하다. 나는 1988년부터 1996년까지 한국신용평가
   ㈜에 근무하면서, 기업에 대한 신용평가 업무를 담당했다. 재벌계열사의 신용도는 그 계열사가 속한 기업집단
   전체의 신용도와 밀접한 관계를 가질 수밖에 없다. 그럼에도 당시에는 특정 계열사의 채무상환능력을 평가할
   때, 기업집단의 신용상태는 제대로 반영되지 않았다. 단지 그에 대한 고려의 필요성이 소수에 의해서 인식·
   언급되고 있을 뿐이었다. 신용평가를 받는 계열사가 기업집단에 속해 있고 그 기업집단이 현재 부실상태에 놓
   여 있지 않다면 유사시 다른 계열사의 지원을 받을 수 있는 점이 긍정적인 신용평가 요인으로 고려되었다. 반

벌에 대해 계열사 지급보증에 근거해 대규모 대출을 해준 것은 거대재벌 대출에 대한 정부의 암묵적 보험에 따른 것이라고 볼 수 있다. 보다 근본적으로는 은행의 이런 대출행태는 사실상 은행의 주인이며 규제자인 정부가 그것을 인정하고 받아들이지 않았다면 불가능한 것으로 보아야 할 것이다.

계열사간의 상호지급보증과 상호출자 등 자금내부거래는 또한 청산위협을 통한 퇴출 메커니즘으로부터 재벌계열사들을 보호해 주는 강력한 장치로서 작용하였다. 특정 계열사에 대한 은행의 대출은 계열사 신용보다는 그 계열사가 속한 기업집단에 대한 신용에 근거해서 이루어졌다고 할 수 있다. 즉, 은행은 그 계열사가 채무불이행 상황에 빠져도 기업집단의 내부자본시장에 의해 채무이행을 지원받을 수 있다. 한편 내부자본시장이 감당할 수 없는 계열사의 부실화는 해당재벌 전체의 부실화로 확산되고 재벌의 퇴출은 채권자인 은행이 결정할 수 있는 문제가 아니었다. 재벌계열사에 대한 청산위협과 퇴출은 작동하기가 매우 어려웠다(조영철, 2001 ; 186~187). [7] 이는 기업집단 소속계열사에게는 파산의 기대 확률 및 기대 파산비용이 낮아지는 것을 의미하게 되며, 이는 재벌계열사들의 부채비율을 높이는 한 요인으로 작용해왔다.

2. 재벌의 지배구조와 대리인문제

2.1. 우리나라의 기업지배구조: 외환경제위기 이전을 중심으로

2.1.1. 사전적 감시통제 구조

기업지배(*corporate governance*) 또는 감시·통제(*monitoring and control*)란 기업에 자금을 제공한 투자자들이 자신의 투자에 대한 수익을 보장받기 위해 경영진의 의사결정을 감시하고 통제하는 행위이다. 기업지배는 투자자 개인의 입장에서 보자면 자신의 투자수익을 실현하기 위한 행동이지만, 자본주의 시장경제에서 이는 동시에 희소한 자

대로, 동일 기업집단 내 다른 계열사들의 부실이 해당 피평가회사의 신용도에 미칠 수 있는 잠재적 위험에 대해서는 비대칭적으로 무시되었다. 당시 은행에서도 대출심사에 있어 소속 기업집단의 부실에 대해서는 이런 관행은 마찬가지였던 것으로 보인다. 외환경제위기를 전후하여 기아 등 대규모 기업집단의 도산이 줄줄이 발생하면서 이런 인식과 관행의 문제점이 여실히 드러났다.

7) 외환위기를 겪는 과정에서 거대재벌들의 퇴출이 가시화되자 퇴출의 위험을 느끼게 된 상위 거대재벌들에서는 다른 건전한 계열사에 손해를 끼치면서 취약한 계열사들을 보호하고자 리스크를 이전시키는, 그럼으로써 재벌 전체가 퇴출되는 위험을 줄이고 피하려 하였다(조성욱, 2002).

원의 효율적 배분과 이용을 위한 사회적 기능과 직결된다. 자원은 기회비용의 우선순위에 따라서 배분·투자되어야 하고, 투자된 자원은 낭비되지 않고 사용되어야 하며, 잘못된 투자는 적은 비용으로 신속히 바로잡아야 한다. 정상적 상태에 있는 기업의 생산 및 투자에 대해 판단하고 감시·통제하는 투자자의 행위를 통해 자원배분의 사전적 효율성이 추구·달성되며, 부실기업에 대한 처리가 사후적 효율성을 결정한다.

산업화기간 동안 그리고 IMF 외환위기 이전까지 우리나라에서의 기업지배구조를 개략적으로 정형화하여 말한다면, 기업이 정상적인 상태에서는 소유경영자의 전권적 지배하에 놓이고, 부실화되어 채무불이행 상태에 처하게 되면 주채권자인 은행의 지배 아래 놓이는 체계로 규정할 수 있다. 정상적인 경영상태의 기업에 대한 소유경영자의 지배를 견제할 수 있는 전형적인 경영통제장치 ― 기업의 이사회제도, 내부 및 외부감사제도, 소수의결권 행사, 자본시장 규율 등 ― 는 제대로 기능하지 못하였다. 분식 등 방어적 회계관행이 묵인되는 가운데 기업회계정보는 공시자료로서의 유용성이 미흡했다. 소액투자자들의 권리를 보호해 줄 법제도 및 기업경영을 감시하고 제어할 기업 내외부적 장치는 거의 전무하다시피 하였다. 주식의 대량소유 제한, 공개매수의 제한, 위임장권유의 제한, 외국인의 주식취득 제한, 금융기관 보유주식에 대한 중립적 의결권행사(*shadow voting*) 규정,[8] 방어적 회계관행의 묵인 등 기존 소유경영자의 경영권보호를 통한 경영활동의 안정적인 보장에 오히려 제도적 초점이 맞추어져 있었다(임웅기·윤봉한, 1989 : 197~202).

은행을 위시한 금융중개기관은 기업에 자금을 공급할 때 예금자들을 대신하여 투자의 위험성에 대해 심사를 하고, 대출이 이루어진 기업에 대해 감시하며, 대출축소 및 중단의 형태로 제재를 가한다. 은행은 거래기업과 장기적 고객관계를 형성하게 되고 지속적 거래관계 속에서 기업에 대한 정보를 입수·축적해 나가게 됨으로써 거래기업에 대한 정보 비대칭성의 문제를 완화할 수 있다(Diamond, 1984 ; Fama 1985 ; Williamson, 1986 ; Haubrich, 1989 ; Sharpe, 1990). 정보적 불완전성과 미흡한 투자자보호로 인해 자본시장에서 기업활동에 대한 평가·감시기능, 시장규율이 제대로 작동하지 못하고 은행중심으로 자금이 공급되어온 우리 경제에서 은행의 이러한 기능의 중요성은 더욱 크다.

대표적인 은행중심 국가이며 기업집단을 중심으로 산업이 편재되어 온 일본의 경우

---

8) 기관투자가가 보유한 주식의 주권을 행사할 때, 주주총회의 성립에만 참여하며 그 결의 내용에는 영향을 미치지 않는 식으로 행동하는 것이 중립적 의결권행사(*shadow voting*)이다. 우리나라 금융기관의 중립적 의결권 행사에 대해서는 정윤모·손영락(1998) : Ⅵ장 참조.

를 보면, 1980년대까지는 기업집단 내에서 계열회사간 경영자 상호감시가 행해지고 최종적 규율을 기업집단 내부의 주거래은행이 맡아 수행하였다. 주거래은행은 산업기업에 대해서 경영자를 직접 파견하는 한편, 높은 부채비율에 따른 원리금 상환의무 부담은 계열회사간, 경영자 상호간 봐주기를 막는 기능을 한다. 그리고 계열사간 거래신용에 대한 주거래은행의 지급보증 관행을 통해 부실화에 대한 주거래은행의 상시감시와 조기수습을 유인함으로써 부실화의 확대를 막는다(아오키·오쿠노-후지와라, 1998 : 제9장 ; Berglöf and Perotti, 1994 ; Canals, 1997 : 7장 ; Morck and Nakamura, 1999). 독일에서는 대부분의 대규모 상장기업의 경우 은행이 자체 보유지분 및 고객이 신탁예치한 주식에 대한 주권행사에 기초하여 대주주로서 경영에 참여하고 통제한다(Canals, 1997, 6장 ; Krummel, 1980).

우리나라의 경우, 성장금융체제하에서 기본적으로 정부의 정책적 판단이 기업에 대한 은행의 사전적 통제기능을 대체하고 있었다. 정상적 영업상태에 있는 대기업 또는 기업집단에 대해서 정부는 경제개발계획 또는 산업정책의 구도에 따라 신규투자에 대한 인허가와 자금의 우대적 지원을 결정하였다. 정부가 결정하는 정책금융에 대해서 은행은 단순히 이를 집행하는 역할을 수행하였다. 정부는 주거래은행제도와 여신관리제도를 통하여 은행제도를 정부의 산업정책 수행에 조직적으로 포섭하였다.

대출기업에 대한 관리는 주거래은행제도를 통해 특정은행으로 집중되었다. 주거래은행의 주요 임무는 대상기업에 대한 운전자금의 대출상한의 결정, 설비자금의 공급, 다른 금융기관과의 협조금융 주선, 기업경영지도, 대출계약 이후 자금관리에 대한 조언 등이었다(최진배, 1995 : 157~176 ; 송정환, 1994). 한편, 1974년에 '주거래은행에 대한 여신관리협정'을 도입하면서 정부는 계열기업군에 대한 여신을 재무상태에 따라 차등지원하는 등 사전에 기업경영에 개입함으로써 기업부실화를 예방하고 재무구조 건전화를 유도하고자 하였다. 여신잔액 기준에 의거하여 각 계열기업군의 모기업에 대하여 주거래은행이 지정되고, 주거래은행은 계열기업군과 모기업에 대한 종합적 여신관리의 책임이 주어졌다. 주거래은행을 중심으로 협조융자를 제공하도록 한 것은 기업이나 기업집단에게 여신을 집중적으로 지원하기 위한 지원체제의 구축으로서의 성격을 갖는다. 이후에 기업집단에 대한 여신편중을 규제하는 성격이 여신관리제도에 더해지기는 했지만, 정부는 ― 은행이 아니라 ― 자신의 의도에 따라 자금을 정책적으로 배분하고, 주거래은행제도와 여신관리제도라는 장치를 마련해 놓고 은행을 통해 그것을 원활하게 관리하고 감시하였다. 한편, 중립적 의결권행사 규정으로 인해 우리나라 은행은 보유주식에 대해 주주로서 의결권을 행사할 수 없었다. 따라서 은행은 은행대출금을 사용한 기업이 채무불이행 상태에 임해서만 주채권자의 자격으로서 해당 기업의 경영에 개입할 수 있었다.

이외에도 정부는 대규모 기업집단에 대해 직접적인 계열사조정 및 업종제한 또는 업종전문화 시책,[9] 출자규제, 상호지급보증 규제 등 각종 규제를 가했다. 이런 규제들은 자본시장이나 은행의 대출심사 과정에서 제대로 작동하지 못하고 있는 기업집단에 대한 감시통제 기능을 정책적 판단 및 규제 형태로 정부가 대체 수행한 것으로 볼 수 있다.

2.1.2. 부실기업에 대한 은행과 정부의 통제

사회적 관점에서 볼 때 기업지배구조의 원활한 작동의 핵은 필요시 기존 경영진의 기업통제권을 박탈하고 대체할 수 있는 효율적이고 유효한 메커니즘을 어떤 형태로든 사회가 지니고 있어야 한다는 점이다(Shleifer and Vishney, 1997). 시장중심 금융체계에서 그 역할은 자본시장의 규율이며, 자본시장 규율의 핵심은 적대적 인수합병(의 잠재적 위협)이다. 은행중심체계에서 그 역할은 은행에 의해 중추적으로 수행된다.[10]

부실화기업 또는 부실기업에 대한 처리가 얼마나 잘 이루어지느냐에 의해 자원이용의 사후적 효율성이 결정된다. 기업이 채무를 불이행하게 되면 채권자는 주주 및 경영진으로부터 경영권회수 옵션을 행사할 수 있다. 채무불이행의 부실기업에 대한 처리는 청산이 될 수도 있고, 채무조정, 즉 채무유예 및 탕감이나 출자전환 등을 통한 기업회생이 될 수도 있다. 좋은 파산절차란 파산시켜야 할 기업을 잘 식별해내고, 파산 후의 기업가치를 극대화하며 — 이것이 좁은 의미에서의 사후적 효율성의 평가기준이다 — 채무이행 약속을 지키지 않은 것에 대해 주주 및 경영자에게 책임을 물으며, 주주의 말기적 행동을 막기 위해 파산시 주주의 몫에 대해 일정하게 배려하는 요소들을 갖추어야 한다(Hart, 1995 ; 전성훈, 1997 : 71~74).[11]

은행은 고객관계의 형성을 통해 평소에 채무기업에 대해 경기동향과 현금흐름 등을

---

9) 업종전문화 시책의 자세한 내용에 대해서는 최진배(1995) : 118~123 참조.

10) Shleifer and Vishney(1988)는 경영자에 대한 기업의 내부통제 실패시 적대적 매수가 그것을 바로잡게 하는 규율장치임을 강조하며 아울러 적대적 매수의 여러 가지 문제점에 대해 언급하고 있다. Stiglitz(1985)는 규율 장치로서의 적대적 매수합병의 문제점을 지적하면서, 채권자(은행)에 의한 기업통제의 바람직성을 강조하고, 양자가 상호보완적이라고 주장한다.

11) 대주주 또는 경영자에게 회사정리를 적절한 시점에서 신청하려는 유인체계 — 대주주지분의 완전감자가 아닌 부분감자, 정리절차 신청 후 경영권의 부분적 보장 등 — 가 제공되는 것이 필요하다. Hart(1995, 1999)는 이 점을 특히 강조하고 있다. 우리나라 파산절차 및 그 문제점에 대해서는 전성훈(1997), 각국의 파산절차에 대한 비교는 Rajan and Zingales(1995) : 1444~1447, 특히 Table VII 참조.

지속적으로 파악하고 있으면서 기업이 자금경색 상태에 놓이게 되면 그것이 일시적인 유동성 부족인지 아니면 구조적인 지급불능 상태인지에 대한 판단을 내리고 기존채무에 대한 조정을 시도하게 된다. 기업들의 높은 부채비율로 재무위험이 높은 우리나라에서 은행의 이런 판단능력은 사후적 효율성 확보를 위해서 매우 중요하다.

우리나라에서 대기업 또는 재벌의 차입의 주된 원천, 즉 주채권자는 통상 은행이다. 우리나라 은행산업은 진입에 대한 엄격한 정부규제로 인해 과점적 구조를 유지해 왔다. 그에 따라 기업의 채무가 소수 은행에 집중되어 시장중심 금융체계에 비해 상대적으로 채권자집단의 구조가 단순하고 동질적이며, 따라서 채권자집단으로의 기업통제권 전환이 용이하고 비용이 덜 드는 특징을 지니고 있다. 한편, 우리나라 은행의 대출은 거의 대부분이 보증이나 담보대출로서 형식적으로 보자면 선순위채권이다. 그러나 기업이 지급불능 상태로 들어가기에 앞서 단자회사가 대출자금을 먼저 회수하기 때문에 실질적으로는 은행채권의 많은 부분이 후순위채권의 성격을 갖는다. 그러므로 실질적 후순위채권자이자 최대채권자인 은행이 부실징후기업 및 부실기업을 통제하는 것은 합리적이다. 은행채권의 후순위성으로 인해 은행들은 부실화기업 또는 부실기업을 조기에 수습·정리하고 기업재건시 중심적인 역할을 수행하려는 유인을 갖게 될 것이다.

그러나 우리나라에서 대기업 또는 재벌계열사가 자금핍박을 받고 채무불이행 상태에 빠질 때 대규모 채권자인 주거래은행이 직접 부실기업을 관리하는 경우는 드물었다.[12] 은행은 공익성이라는 판단기준에 따라 부실대기업에 대해서는 우선 구제금융을 제공하는 것이 일반적이었다. 그런데 공익성에 대한 판단몫은 정부의 것이었다. 부실기업 처리와 관련된 은행의 지원은 은행 자체의 판단이 아니라 정부의 정책적 결정을 구체적으로 이행하는 과정이었다. 경제개발 과정에서 정부 주도로 간헐적으로 행해져 온 부실기업 정리나 산업합리화 조치 등은 바로 정부가 해당기업들에 대해 은행을 통해 채권자로서 권리를 행사한 것이라고 할 수 있다.

일단 구제금융이 제공되기 시작하면 그것은 단발로 그치기보다는 연이어 이루어졌다. 구제금융의 조건으로 일정한 자구노력이 요구되기도 했지만 기존의 경영권은 그

---

12) 우리나라에서 부실기업의 갱생을 위한 은행관리 사례와 일본의 경험은 좋은 대조를 보인다. 우리나라에서는 은행관리 사례가 많지 않고, 은행의 부실기업 관리는 자발적·주도적이지 않은 경우가 대부분이며, 회생률 또한 낮다(전성훈, 1997 : 76의 〈표 III-2〉 참조). 일본의 경우에는 주거래은행이 중심이 되어 부실기업 회생률이 70% 정도로 상당히 높았다(Hoshi and Kashyap, 2001 : 〈Table 5-2〉 참조). 일본 은행제도의 역사는 1800년대 후반으로 거슬러 올라가며, 전시기간을 제외하고는 기본적으로 자율적 은행경영이 이루어져 왔다(Hoshi and Kashyap, 2001 : 특히 2, 3장 참조). 한편, 1980년대 후반 이후 일본에서 경제의 대외개방이 급속하게 전개되면서 주거래은행의 계열기업에 대한 통제력약화 현상이 현저해졌다. 이에 대해서는 손열(1998), 홍영기(1998a), Weinstein and Yafeh(1998) 참조.

대로 인정되고 유지되었다. 자금 핍박상태에 놓인 부실화기업에 대해 은행의 추가대출, 나아가서 은행의 지급보증하에 단자자금의 추가적 제공이나 회사채 추가발행이 이루어지기도 하였다. 부실기업이 다른 기업에 인수되는 경우에는 인수기업이나 피인수기업의 기존 대출금을 은행대출로 대환하거나 기존의 채무조건을 완화해주고 추가적으로 은행자금을 제공하기도 하였다.[13]

대기업에 대한 구제금융의 제공은 부실경영에 대해 기존 대주주와 경영자의 책임을 묻지 않는 문제뿐만 아니라 부실규모를 더욱 확대시키는 문제를 갖는다. 이런 정책적 고려는 회사정리법상의 구조적 결함과 결합되어 문제를 더욱 심화시켰다. 그간의 회사정리법은 채무기업이 법정관리를 신청하면 대주주지분 전액을 무상소각하도록 규정하고 있다. 따라서 경영권을 계속 유지하고자 하는 대주주 또는 소유경영자로서는 계속적인 차입을 통해 마지막까지 버티기를 시도하고, 결과적으로 기업은 부실규모가 더 확대된 후에 가서야 부도를 맞게 되기 때문이다(고동수, 1998 : 123~126).

은행자금의 많은 부분이 정부에 의해 정책적·지시적으로 이루어짐에 따라 은행의 경영자율성은 크게 제약받았다. 은행은 단지 정부의 의사결정에 따라 금융자금을 배급하는 수동적 역할에 머물렀으며, 은행의 경영성과는 주로 수신규모, 즉 자금동원 실적에 의해서 평가될 뿐이었다. 정부의 지시에 따른 대출과 특히 기업회생 과정에서 은행은 무수익채권의 증대나 대출금의 장기고정화에 따라 경영이 악화될 수밖에 없었다. 정부는 부실기업 지원에 따라 은행의 경영상태가 급속히 악화되는 비상시에는 발권에 의한 한은특융을 제공하였다(정운찬, 1995 : 270~281). 또한 지불준비금에 대한 이자지급이나 수익이 보장되는 관제적(官製的) 예대금리 구조로 은행에게 기업으로서의 안정성을 보장해 주었다(원승연, 1996). 그렇기 때문에 은행들로서는 자신이 경영성과를 위해 기업을 적극적으로 감시·통제할 유인을 거의 갖지 않았다. 정부보조하에서 어떤 은행도 부실로 인해 망하지 않았기 때문에 은행은 망하지 않는다는 인식이 사회에 뿌리내렸다.

그렇지만 우리나라 은행이 성장금융체제하에서 정부지시를 따르는 수동적인 존재이며 일방적인 피해자로만 이해되어서는 안 된다. 저금리 정책자금일수록 해당재원은 정부가 조달하여 은행에게 공급하였으며, 정책금융의 예대마진이 일반자금의 예대마진에 비해서 낮지도 않았다.[14]

---

13) 구체적 사례들에 대해서는 최진배(1995) : 156~183 참조.
14) 1981~1993년 기간 동안에, 국민투자기금의 경우 예대마진이 평균 0.72% 포인트로 매우 낮은데, 그 재원 거의 전부인 97.5%를 정부가 은행에 공급해주고 있다. 재정자금의 경우도 예대마진이 1.3% 포인트로 낮은데,

은행제도에 대한 정부의 확고한 보호는 기업으로서 은행의 안정성에 대한 보장이었다. 특히, 대규모 대출부실화에 대한 정부의 지원은 대기업과 대규모 기업집단에 대해 이루어지므로 은행으로서는 채무불이행의 위험이 사실상 없는 대기업 또는 대규모 기업집단에 대한 대출을 수동적으로 행했다기보다는 오히려 선호했다고 보아야 할 것이다. 은행-대기업·기업집단 사이에 암묵적 고객관계 또는 유착이 호상간의 이해를 따라 형성·작동해 왔다.

대기업이나 기업집단의 대출부실에 대한 정부보전을 암묵적으로 보장받고 있는 은행들로서는 타인자금에 의존한 대기업의 무리한 사업확장, 위험성이 높은 사업에 대한 투자를 견제하려는 노력을 적극적으로 기울일 유인이 없다. 대기업이나 기업집단에 대한 대출심사를 비용을 투입하여 엄격하게 행할 이유가 없게 된다. 은행들은 담보와 보증에 근거한 대출이라는 저비용의 형식적인 대출심사를 행하였다.

2.1.3. 대기업 투자위험의 사회화

차관기업의 부실화가 나타난 1960년대 말부터 1980년대까지 간헐적으로 부실기업 정리와 산업합리화 조치가 이루어졌다. 이 과정에서 정부는 인수기업에 대해 은행대출금 상환의 면제 및 유예 등의 조치를 취해주었다. 부실기업을 인수·경영할 수 있는 재정 및 인적 자원상의 능력은 기존의 대기업이나 기업집단이 우월하였기 때문에 결국 이런 조치들로 인해 상위재벌들의 경제력은 더욱 팽창하였다.

1960년대 후반 은행 지급보증하에 대량 도입한 차관자금을 재원으로 기업들은 적극적인 투자를 행했다. 1960년대 후반 세계경제의 불황, 국내의 금융긴축과 고금리정책으로 기업들이 자금난을 겪으며 대거 부도사태에 직면하게 되었다. 1960년대 후반에 외국차관도입 허가를 받은 업체 가운데 200여 개가 부실화되자 정부는 이 중에서 1969년에 30개, 1971년에 추가로 56개의 부실기업을 정리하여 소유권 및 경영권 변경을 명령했다. 부실기업 인수와 관련해 2,317억 원의 여신이 제공되었는데, 이는 1969~1971년 기간 동안의 국내 총고정투자의 11.7%에 달하는 규모였다. 이 과정에서 부실 공기업을 인수한 신진과 한진은 곧 10대 재벌로 부상하였다(소병희, 1995 : 81~82).

수출감소로 인한 국내경기의 위축과 1971년 환율의 대폭적인 평가절하에 따른 외채 상환 부담이 증대하고, 금융긴축하에서 기업들의 자금조달난이 심화되고 재무구조가

은행취급액의 144.0%를 정부가 은행에게 공급해주고 있다. 즉, 재정금융 취급에 대해 보너스로 자금을 추가로 제공해주었다. 또, 1981년부터 1994년까지 기간 동안 정책금융의 평균 예대마진은 3.85% 포인트로 총금융의 평균 예대마진 3.75% 포인트보다 높다. 원승연(1996) : 83~90.

〈표 4-8〉 1986~1988년의 부실기업 정리에 대한 지원

(단위: 억 원, %)

부실기업 은행차입금	금융 지원				조세감면
	이자유예 감면대상 원금	대출원금 상환 면제	손실보상 신규대출	원금상환 유예	
68,001 (100.0)	41,947 (61.7)	9,863 (14.5)	4,608 (6.8)	3,803 (5.6)	20,962 (30.8)

주: ( ) 안의 수치는 부실기업의 은행차입금 총액에 대한 비율.
자료: 재무부, 국정감사 보고자료. 강철규 외(1991) : 149에서 인용.

급격하게 악화되는 등 경제위기가 확산되었다. 이에 정부는 1972년에 기업들의 사채 동결, 은행금리의 대폭인하, 은행차입금의 장기저리로의 전환조치를 내용으로 하는 이른바 '8·3 조치'를 통해 기업들을 일괄적으로 구제해 주었다. 1972년 6월 말 현재 기업들의 은행 단기대출금 잔액의 30% ― 예금은행 금융자금의 12.4% ― 에 해당하는 금액이 연리 8%의 장기 저리대출로 대환되었다.[15] 1972년 현재 10대 재벌의 부채비율은 473%로 제조업 평균 333%보다 크게 높아 그 조치의 집중적인 혜택을 대기업 및 재벌이 누렸다(최진배, 1995 : 77~78).

1970년대 중후반의 중화학공업에 대한 집중적 투자가 이루어지는 기간 동안에 재벌들에 의한 부실기업 인수가 조세 및 금융지원 아래 이루어졌다(강철규 외, 1991 : 143). 또한 1979~1981년 사이에 네 차례에 걸쳐 중화학부문에 대한 중복·과잉투자를 조정하는 과정에서, 정부는 대출금을 회수하기보다는 은행출자로 전환하고 신규 운영자금 지원과 원리금상환의 유예를 허용했다. 1983년부터 1985년 사이에 해운업계 및 해외건설업계 통폐합과정에서 3조 원 규모의 대출원리금의 상환이 20년 만기 10년 거치 3%의 장기저리로 경감·유예되었다.

1986년부터 1988년까지 다섯 차례에 걸친 부실기업 정리와 업종별 합리화조치가 실시되면서 9,863억 원에 달하는 대출원금의 탕감을 비롯하여 이자감면 등 금융지원 총액이 6조 221억 원, 조세감면액이 2조여 원에 달하였다. 대출원금의 탕감은 부실기업 총대출금의 14.5%에 달하는 규모였다(〈표 4-8〉 참조). 그리고 이 기간중 제3자 인수된 50개 부실기업 중 39개사가 당시의 30대 대규모 기업집단에 의해서 인수되었다.[16]

---

15) 최진배(1995) : 76~78 ; 정운찬(1995) : 272~274 참조. "8.3조치"의 자세한 내용에 대해서는 콜·박영철 (1984) : 158~166 참조.

16) 1980년대의 부실기업정리 및 산업합리화 조치에 대해서는 강철규 외(1991) : 140~152 ; 한국경제연구원

정부는 부실기업 처리에 따르는 손실을 은행들이 떠안게 하고, 그로 인해 은행이 입게 되는 손실에 대해서는 한국은행의 발권에 의한 특별 저리융자금 지원, 이른바 한은특융을 통해 보전해 주었다.[17) 한은특융은 인플레이션 조세를 통해 국민 전체의 부담으로 귀결되었다. 경제성장 추진에 따른 위험을 이런 구조로 국민 모두가 분담하였다.

기업들이 높은 부채비율의 위험한 재무구조를 가진 은행중심 경제에서 대규모로 기업부실이 발생하는 경우, 금융제도와 국민경제가 전반적으로 타격을 입게 되는 부정적인 외부효과를 막기 위해 금융시스템과 국민경제의 안정을 위한 정부의 적극적인 개입이 요구된다. 더구나 정권의 실질적인 정당성을 경제성장에서 구하고 있던 박정희 독재정권으로서는 도산의 덩치가 클수록 그것을 막아야 할 현실적 필요가 한층 강했을 것이다. 정부는 대규모 기업집단의 위기를 국가(경제)의 위기와 동일시하여 그 위기를 국가위기 차원에서 관리하였다(강철규 외 : 제 2 장 ; 한상진, 1988 : 143~144 ; Kornai, 1986).

경제위기가 닥칠 때마다 위기에 처한 기업들을 살리기 위한 특혜가 대규모 기업집단들에게 직접적으로 또는 부실기업의 인수에 대한 지원형태로 반복적으로 제공되었다. 기업들은 덩치를 키울수록 사적 기업활동의 결과에 대해 국가로부터 보호와 지원을 제공받을 개연성이 높았다. 이런 개연성은 경제의 성장과정에서 현실로 입증되었으며, 대마불사(大馬不死)의 신화가 자리잡게 되었다. 정부의 경제발전 계획과 관련된 대규모 투자에 소요되는 자금이 은행에 의해서 공급되고 투자가 부실화되면 그 부실은 정부에 의해서 통화증발과 국민세금으로 메워졌다. 성장금융체제하에서 이와 같이 기업-은행-정부-국민으로 연결되는 대규모 기업투자에 대한 사회의 암묵적 보험장치가 작동하였다. 성장금융체제하에서 정부의 역할은 자본의 조달과 배분에 그친 것이 아니라 은행부실에 대한 지원이라는 형태로 민간부문의 사업위험을 같이 떠안아주는 위험분담 수준으로까지 나아갔다.

이런 구조 속에서 대기업과 기업집단은 정부로부터 저금리자금, 세제혜택 등 종합적인 지원을 받으며 위험이 따르는 신규분야의 투자에 뛰어들었다. 성공한 투자수익은 전유(專有)되고, 실패한 투자위험은 사회화되었다. 은행들은 부실대출에 대한 책임을 정부에게 돌리고 그에 대한 보전을 받으며 대출기업에 대한 감시통제라는 금융

(1995) : 259~263 ; 원승연(1996) : 91~99 참조. 인수와 관련한 구체적 지원사례들에 대한 상술은 최진배(1995) : 156~183 참조.

17) 한은특융의 구체적 역사 및 그에 대한 평가와 관련해서는 정운찬(1995) : 270~281 ; 원승연(1996) : 97~98 참조.

본연의 기능을 소홀히 하였다. 역동적인 경제성장 과정중에 적지 않은 재벌들이 명멸하였지만 은행들은 결코 망하지 않았다. 불사(不死)의 신화는 실제로는 기업과 실물부문이 아니라 은행부문에 적용되어야 할 말이다. 그렇지만 은행부문의 이런 구조와 행태는 결국 정부의 작품이었다.

2.1.4. 소결

기업지배구조라는 시각에서 평가할 때, 우리나라 기업이나 기업집단에 대한 내외부적 감시통제 기능은 기업내부, 외부주주 및 채권자로서의 금융기관 그 어느 것에 의해서도 만족스럽게 이루어지지 않았다. 기업과 기업집단의 경영을 감시하고 통제할 장치를 우리 사회는 제대로 갖추고 있지 못했다. 특히 사전적 감시장치는 매우 취약했다. 자금을 효율적으로 배분하며, 배분된 자금의 이용을 감시하고, 필요시 경영자의 책임을 물어야 하는 사회적 기능이 산업정책과 정책금융이라는 이름의 정부판단과 소유경영자에 의한 기업지배에 거의 전적으로 맡겨져 왔다.

성장금융체계하에서 기본적으로 정부의 정책적 판단이 기업에 대한 은행의 사전적 통제기능을 대체하고 있었다. 정부는 산업정책의 구도에 따라 신규투자에 대한 인허가와 자금의 우대적 지원을 결정하였고, 은행은 단순히 이를 집행하는 역할을 수행하였다. 정부는 자금을 정책적으로 배분하고 주거래은행제도와 여신관리제도를 통해 그것을 관리하고 감시하였다. 기업이 부실화되고 나서야 은행의 소유자이거나 실질적 경영자인 정부는 주채권자로서 또 국민경제 운영의 정책적 책임자로서 부실기업 처리에 나섰다.

은행중심의 금융체계에서 기업의 대규모 부실은 곧 은행의 부실을 의미하였고, 국민경제의 위기로 받아들여졌다. 대기업이나 기업집단이 자금핍박을 받고 채무불이행 상태에 빠지려 하면 정부는 구제금융을 제공하여 도산을 막고 도산에 대한 대책을 주도하였다. 자금 핍박상태에 놓인 부실화기업에 대해 은행은 추가자금을 제공할 뿐 아니라, 은행의 지급보증하에 단자자금의 추가적 제공이나 회사채 추가발행을 주선하였다. 또 부실기업이 다른 기업에 인수되는 경우에는 인수기업이나 피인수기업의 기존 대출금을 은행대출로 대환하거나 기존의 채무조건을 완화해주고 추가적으로 은행자금을 제공하기도 하였다.

유리한 조건의 정책금융의 집중적인 수혜자로서 대기업 및 기업집단에게 정책금융의 존재는 국민경제에 의한 금리보조이고 낮은 비용의 타인자본 이용기회에 다름 아니다. 기업의 대규모 부실에 대한 정부의 우호적인 구제금융 조처는 이들 기업에게는 파산위험의 저하와 잠재적 파산비용의 경감을 의미한다. 부실기업의 사후적 처리에서 부실기업 인수에 대한 정부 주도의 유리한 조세 및 금융적 지원은 부채를 이용한 인수에 대한 정책적 지원이었다. 이들 요인들이 결합적으로 작용하여 대기업 및 기업집단의 타인자본 의존적인 행태가 부추겨졌다.

2.2. 재벌의 지배구조와 대리인문제

재벌 경영지배구조의 핵심적인 특징은 각 계열사가 이사회 중심의 독립적인 경영체제를 갖추지 않고, 계열사의 경영자임면 및 주요 투자의사결정 등 핵심적인 경영사항에 대해 재벌총수의 일괄적인 지배 아래 놓여 있다는 점이다.

재벌총수 및 특수관계인의 지분율은 높지 않으나 계열사 상호보유 지분율이 높고, 총수는 피라미드 및 순환적 출자구조를 통해 계열사 상호보유 지분율에 대한 완전한 지배권을 행사한다(정병휴·양영식, 1992 : 22~27 ; 김진방, 1999 ; 김동운, 1999). 결과적으로, 총수의 소유지분율과 지배지분율 간에 현저한 괴리가 있게 된다. 또 총수 지배에 대한 내외부 감시통제장치가 전무하다시피 하여 경영권에 대한 잠재적 위협이 사실상 없다. 이런 지배구조하에서는 총수가 경영전권을 이용하여 채권자 및 외부주주의 소득과 부를 자신에게 빼돌리는 대리인문제가 발생할 개연성이 높을 수밖에 없다(Rajan et al., 2000 ; La Porta et al., 1997).

기업조직 측면에서 보자면, 재벌은 계열사들의 인적 자원 및 자본을 집중하고, 계열사에 대한 내부평가에 근거하여 집중된 자원을 전 계열사를 대상으로 배분하는 사실상의 단일한 의사결정 조직으로서, 다수의 준독립적 사업부로 구성되는 M형 기업조직의 변형된 형태라고 할 수 있다.[18] 재벌총수는 경영본부를 통해 다수의 계열사를 지배한다. 종합기획실이나 회장비서실과 같은 조직이 재벌 내에서 경영본부의 역할을 수행한다.[19] 경영본부에서는 계열사의 경영실적에 대한 감시와 평가, 계열기업의 사업조정이나 인수·투자 등 전략적 사업계획의 수립, 인력 및 자금수요에 대한 파악과 재벌 전체적 입장에서의 인력 및 재무자원의 배분조정과 조달계획의 수립 등 "정보집약, 내부통제, 전략적 의사결정"이라는 중추적 기능들을 총수의 지배 아래 수행한다.

---

18) 사업부형 조직(M형 조직)의 기업에서는 ① 기업 내의 경제활동을 수개의 단위로 확연하게 구별하여, ② 각 경제활동에 대하여 별개의 사업부를 확립하고, ③ 영업상의 책임을 각 사업부로 분권화하는 한편, ④ 전략적 기능 및 개개 사업부에 대한 평가기능, 전반적인 재무관리 기능은 기업본부로 집중시킨다는 구조적 특징을 갖는다(이규억·박병형, 1993 : 131~132 ; Williamson, 1985 : 283~284).

19) 각 재벌그룹에서의 경영본부 조직에 대해서는 한국경제연구원(1995) : 197~206 및 김동운(2005) 참조.

자본의 배분이라는 측면에서 보자면, 재벌은 재벌 내외부의 다양한 원천으로부터 현금흐름을 집중시키고, 집중된 현금흐름과 내부의 기존 실물자산의 용도를 내부평가에 따라 기업집단 내부에서 배분하고 전용하는 내부자본시장을 위한 조직(Williamson, 1985 : 281, 286~289)이다. 내부자본시장이 효율적으로 작동한다면 각 계열사 투자의 한계기대 수익성이 같아지도록 자금은 비효율적 계열사에서 효율적 계열사로 재배분될 것이다.

내부자본시장으로서의 재벌은 동일한 경영지배하에서 각 계열사의 사업성과 및 투자기회에 대해 외부인보다 더 정확하고 신속하게 정보를 입수하고 평가할 수 있다. 내부자본시장으로부터 필요자금을 조달함으로써 투자계획의 가치를 외부의 투자자들에게 알리는 데 드는 비용 또는 자본시장에서의 정보적 불완전성으로 인해 입게 되는 자본조달비용의 상승, 사업정보의 외부유출에 따르는 잠재적 피해 등의 손실을 피할 수 있다. 또한 계열사간 출자나 지급보증 등 상호간의 재정적 지원을 통해 계열사들은 재무적 곤경이 주는 피해와 채무불이행의 위험을 피할 수 있다. 재벌 내부자본시장은 단지 재벌 내의 자금을 재배분하는 것에 머무르지 않는다. 우리나라 재벌의 특징은 각 사업부에 해당하는 조직이 필요에 따라 별도의 회사법인으로 외형상 독립되어 있고, 외형상 독립적인 우량계열사들은 유리한 조건으로 외부에서 자금을 조달하여 이를 다른 계열사들에게 제공해준다. 재벌의 내부자본시장은 그럼으로써 기업집단 전체의 자금부족을 완화하고 자본비용을 저하시키는 기능을 한다.

그러나 재벌총수가 내부자본시장의 그런 장점을 활용하여 기업집단 전체를 더 잘 경영하고 더 좋은 경영성과를 낼 수 있는가는 별도의 문제이다. 총수지위의 세습에 따른 최고경영자 선발대상의 제한성과 경영능력 검증의 미비, 총수의 독단적 의사결정과 그를 통제할 수 있는 장치의 부재 및 대리인문제와 착취는 내부자본시장의 효율적 작동을 저해할 수 있다. 총수와 계열사 경영자들 간의 인간적 유착관계의 심화와 그에 따른 내부규율의 약화, 재벌 내부에서 자금의 효율적 재배치에 저항하는 계열사들의 방어적 행동과 그에 따른 사중손실(Rajan et al., 2000) 등으로 인한 부작용이 내부자본시장의 순기능을 능가할 수도 있을 것이다. 특히 내부자본시장 안롸의 규율장치가 미약한 환경에서 내부자본시장의 비효율성은 내부자본시장이 붕괴될 때까지 그대로 방치되고 지속될 위험성이 있다.

1987년부터 2002년의 15년간의 평균치로 볼 때, 30대 재벌의 경우 총수 및 특수관계인의 장부상 지분율은 9.90%, 계열사지분율은 35.87%, 양자를 합한 내분지분율은 45.77%이다. 총수와 특수관계인의 실질지분율은 13.53%로서,[20] 총수는 계열사

〈그림 4-4〉 30대 재벌의 총수 지분율과 지배/소유 비율 추이

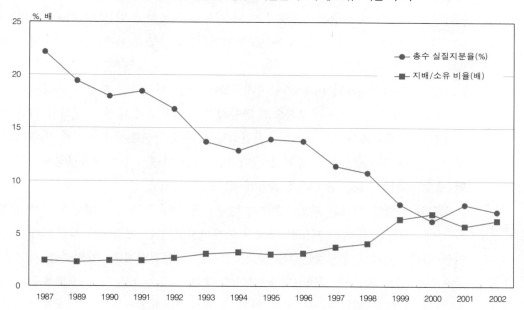

의 투자지분 중 외부주주 몫인 32. 32%(=35. 87% - 3. 55%)의 지분을 외부주주의 의사와는 무관하게 완전히 자기지배하에 두고 있다.[21] 따라서 총수는 자기지분 1%로 내부지분 3. 38%를 지배한다. 즉, 30대 재벌의 총수는 소유권 대비 평균 3. 4배의 지배권을 행사한다. 그만큼의 소유와 통제의 괴리가 발생하고, 총수는 그 괴리만큼 현금흐름에 대한 권리 이상의 지배권을 행사할 수 있다. 더구나 〈그림 4-4〉에서 보듯이 최근으로 올수록 총수의 실질지분율은 급속히 낮아지면서, 소유와 지배의 괴리는 더욱 심해지고 있다.

5, 829개 외부감사기업을 대상으로 한 1993년부터 1997년까지 5개년간의 기업소유구조를 조사한 한 연구에 따르면, 70대 상위 기업집단 소속기업 지배주주의 소유지분율의 단순평균은 17. 12%로 독립기업의 51. 19%의 3분의 1에 불과하다. 그런데 독립기업의 경우 지배주주는 19. 23% 포인트만큼 지배권을 더 행사할 수 있는 데 비해, 기

---

20) 실질지분율 13. 53% = 직접 소유지분율(9. 90%) + 계열사지분율(35. 87%)에 대한 9. 90%의 지분권(35. 87% * 9. 90%/100=3. 63%).

21) 한 계열사가 계열사자금으로 다른 계열사에 출자하게 되면, 투자계열사의 외부주주는 출자액에 대해 형식적으로는 자기 지분만큼의 주권을 가지나, 외부주주가 피투자계열사에서 자신의 주권을 행사하는 것은 불가능에 가깝다. 자신의 돈이 투자되었음에도 그 출자금의 주주는 투자계열사로 되어 있고, 이 투자계열사는 총수의 지배 아래 놓여 있기 때문이다. 더 자세한 설명에 대해서는 이윤호(1998a) : 364~365 참조.

업집단 소속기업의 경우에는 그 크기가 43.52% 포인트로 훨씬 높다. 즉, 독립기업 지배주주는 51%의 소유지분으로 79%의 지분을 지배하고 있는 데 비해, 기업집단 소속기업의 지배주주는 17%의 소유지분으로 61%의 지분을 지배하고 있는 것이다(Joh, 2003 : Table1 참조).

1997년 외환경제위기 이후 기업지배구조에 대한 전면적인 수정이 가해지기 전까지만 해도 우리나라에서는 실질적으로 작동해온 기업경영에 대한 전형적인 기업 내외부 통제장치가 전무하다시피 하였다. 기업경영에 대한 감시통제가 아니라 반대로 경영권 보호를 통한 경영활동의 안정적 보장이라는 관념 아래, 기존 소유경영자의 소유경영권 보호를 위한 각종 장치들이 작동해 왔다.

소유와 지배의 현저한 괴리, 총수의 경영전권 행사와 경영에 대한 내외부 규율장치의 부재, 경영권에 대한 제도적 보호가 이루어지고 있는 환경에서 재벌 내에서 총수에 의한 대리인문제의 발생개연성은 높다. 오히려 역설적이게도, 경영권을 확고하게 보장해주는 법적 제도와 경영권의 안정성에 대한 믿음을 바탕으로 재벌총수는 자신의 계열사들에 대한 강한 사유의식을 가질 수 있었고, 계열사들을 단기적으로 착취하는 것을 자제하고 장기적 성장을 도모하는 행동을 취할 수 있었을 것이다. 그럼에도 불구하고, 경영권의 세습이나 계열사의 도산 등 결정적인 시기에는 기업집단 전체의 이익이 아니라 총수 개인의 사적 이익을 우선적으로 추구하는 행태를 보이게 될 것이다.

또한, 우리나라에서는 재벌의 소유경영자가 자신이 지배하는 재벌의 울타리를 넘어서 다른 비계열기업의 경영자가 되는 사례는 매우 드물다. 총수 또는 그 가족이 다른 비계열사의 경영자가 되는 일은 거의 없고, 필요한 기업을 설립하거나 인수하여 재벌 계열사로 만든 다음 경영해 버리는 것이 매우 일반적인 모습이다. 따라서 재벌총수는 경쟁적인 경영자시장에서의 평가(Demsetz, 1983 ; Fama, 1980)를 의식하지 않게 되고, 결과적으로 경영자시장을 통한 재벌총수의 대리인문제의 해결·완화 기능 또한 거의 기대할 수 없다.

우리나라 재벌에서 대리인문제의 구조적 특징은 '채권자와 외부주주에 대한 총수의 이중적 착취'라고 명명할 수 있을 것이다(이윤호, 2001). 먼저, 총수는 은행 등 채권자의 부를 주주로 이전시켜 재벌의 주식가치를 키우려고 할 것이다. 이는 성장금융체계하에서 정책금융의 할당을 통한 금리지대의 추구, 부실기업에 대한 구제금융이나 부실기업 인수과정에서의 금융지원과 특혜의 수혜, 위험한 투자안에 대한 투자를 통한 기대수익률의 제고 등을 통해서 실현되어 왔다.[22]

---

22) 30대 재벌이 누린 정책금융 지대 크기의 구체적인 계산 시도에 대해서는 강철규(1999) : 161~177 참조.

다음으로, 총수는 계열사들의 소득과 부를 자신의 개인적 소득과 부로 이전시키고 자 할 것이다. 전문경영인 체제의 주식회사에서 주주와 관련된 통상적인 대리인문제 는 전문경영자가 주인으로서의 주주의 이해에 반하여 자신의 사적 이익을 추구하는 형태로 발생한다. 그러나 재벌의 경우에는 총수가 높은 지배지분율로 계열사 경영자 에 대해 신속하게 감시통제권을 행할 수 있기 때문에, 우리나라 재벌에서 주주의 대리 인문제는 전문경영자와 주주 간의 문제가 아니라 경영자 및 지배주주로서의 총수와 외부주주 간에 집중적으로 발생한다. 즉, 소유경영자 총수가 외부주주의 부와 소득을 자신에게 이전시키고 비금전적 편익을 추구하는 식으로 대리인문제가 발생한다.

계열사간 내부거래를 통해 총수는 개인지분율이 낮은 계열사들로부터 자신의 지분 율이 높은 계열사로 또는 더 직접적으로는 자신이나 특수관계인으로 소득과 부를 손 쉽게 이전시킬 수 있다. 이는 총수 자신 및 친인척 소유의 비공개 및 신설기업에 대한 집중적 지원을 통해 당해 기업의 가치 및 성장을 증대·촉진시키는 행위, 계열사간에 또는 계열사와 지배주주 간에 유가증권을 저가발행해 인수하거나 고가발행해 매각하 는 행위, 공개계열사와 비공개계열사 합병시 합병비율을 대주주에게 유리하게 책정하 는 행위, 계열사자금을 통해 신규계열사를 설립한 후 그 계열사의 사업이 본궤도에 오 른 다음에 특수관계자의 위치를 이용해 지분 참여함으로써 초기투자에 따른 위험을 회피하고 과실을 향유하는 행위 등 다양한 형태로 이루어질 수 있다.[23] 이때 총수는 피라미드 소유구조를 이용해 착취를 효율적으로 행할 수 있다.

재벌의 소유 및 지배구조가 이와 같을 때, 총수는 재벌 내부의 현금흐름을 배당 등 의 형태로 외부로 가급적 유출하지 않고 내부유보하거나 계열사출자 등의 방법으로 재벌의 규모를 팽창시키는 것이 자신에게 유리할 것이다. 착취대상의 규모가 커지고 범위가 넓어져, 자신의 소득과 부를 증대시킬 수 있는 여지가 커지기 때문이다. 소유 와 통제의 괴리가 클수록, 유리한 투자와 성장기회가 줄어들수록 총수에 의한 대리인 문제의 폐해와 심각도는 더 커지게 될 것이다. 다른 조건이 동일하다면, 소유와 통제 의 괴리가 클수록 착취의 유인이 강해질 것이기 때문이다. 유리한 투자기회가 줄어들 수록 비효율적 투자가 집행되기 쉬워지는데, 대리인으로서의 총수는 그로부터 개인적 편익을 취할 수 있지만 외부투자자는 비효율적 투자와 착취로부터 이중적 피해를 입 게 될 것이기 때문이다(이윤호, 2001 ; 조영철, 2001).

이상의 논의를 정리해 보자. 주식시장 및 은행으로부터의 감시통제가 취약한 상황

---

23) 재벌의 부당내부거래에 대한 공정거래위원회의 조사자료(1998, 1999, 2000, 2003)에 풍부한 사례들이 보고
   되어 있다.

96

하에서 대규모 기업집단의 지배주주 및 최고경영자로서 재벌총수는 기업집단을 구성하는 개별기업들의 가치극대화 또는 기업집단 전체의 가치극대화가 아니라 자신의 효용을 극대화하려는 강한 유인을 가진다. 총수는 개인적 효용의 극대화를 추구하는 과정에서 기업집단의 내부시장(내부상품시장 및 내부자본시장)을 적극 활용할 수 있다. 총수는 계열사간 자본 및 자금거래를 이용하여 계열사의 부나 소득을 자신에게 빼돌리는 착취행위를 할 수 있고, 이는 관련되는 계열사들 및 기업집단의 가치를 저하시키게 될 것이다. 한편, 계열사들은 상호간에 다양한 자금적 지원관계를 통해 자본비용을 저하시키고 채무불이행과 파산의 위협에 대해 상호협력할 수 있다. 이렇듯이 재벌의 내부자본시장이 계열사와 기업집단의 가치에 미치는 영향은 복합적으로 나타날 수 있다. 따라서 내부자본시장의 현실적 모습에 대한 관찰, 내부자본시장의 기능에 영향을 미치는 요소들에 대한 파악이 중요하다.

2.3. 재벌에 대한 대체적 감시통제 장치로서의 정부규제

1997년 말의 외환경제위기 발생 이전까지 우리나라에서 재벌총수의 경영활동에 대해 주식시장의 규율이나 채권자인 은행의 감시통제는 지극히 허술하였다. 주식시장에서의 적대적 인수합병은 제도적으로 막혀 있었고, 은행은 특히 재벌에 대해서 무성의한 대출심사를 행하고 있었다. 상호지급보증으로 인한 우발채무 위험의 경시, 계열사출자 가공자본으로 인한 외형상 좋아보이는 재무적 안정성을 그대로 받아들이는 등 재벌에 대한 재무적 위험의 체계적인 과소평가의 관행하에서 대출을 행하였다.

재벌총수 1인에 의한 전권적 경영 및 급속한 외형확대에 따른 경제력집중이 심각한 사회문제로 대두되자 정부는 재벌의 정치경제적 영향력 행사에 대한 견제와 그 폐해를 줄이기 위해 신규투자에 대한 인허가, 출자총액 제한, 여신관리제도, 상호지급보증 규제 등을 통해 재벌에 대한 각종 규제를 가하게 된다. 재벌에 대한 이와 같은 규제들은 우리 경제현실에서 외환경제위기 이전까지 제대로 작동하지 못했던 외부투자자에 의한 기업통제의 사회적 기능을 정부가 직접적인 형태의 규제를 통해서 대체 수행한 것으로 볼 수 있다.[24]

---

24) 경제력집중 억제를 위한 공정거래법 운용의 성과와 문제점에 대해서는 성소미·신광식(2001), 대재벌정책의 각 수단 전반에 대한 평가에 대해서는 조성욱(2001) 참조. 여신관리제도에 대한 평가에 대해서는 김병주(1995) : 211~216 ; 한국경제연구원(1995) : 279~284 ; 최진배(1996) : 제3장 및 제4장 ; 이윤호(2003) : 210~213 참조. 출자총액제한제도에 대해서는 김선구 외(2003), 이재희(2003) 참조. 채무보증제한제도에 대해서는 이병기(1998) 참조.

1997년말 외환경제위기를 수습하기 위해 IMF 긴급자금지원을 받는 조건으로 우리나라 정부는 기업지배구조의 전반적인 개편을 약속하였다(재정경제원 경제정책국, 1997. 12). 그리고 대내적으로는 1998년 1월 대통령당선자와 재계총수 간에 합의된 '기업구조조정 5대 기본과제'에서 기업지배구조 개선 관련내용들이 재천명되었다(금융감독위원회 구조개혁기획단, 1998. 12). 기업지배구조 관행의 개선은 크게 소수주주의 권리강화, 기업지배권 시장의 개방, 외부감사 강화와 공시규칙의 개선 등 기업정보 투명성 강화, 사외이사제 도입 등 기업 내부의 감시·견제제도 강화와 경영구조 개선 등으로 대별될 수 있다. 또한, 재벌의 상호지급보증이 금지되고 출자총액제한이 폐지되었다. 25)

소수주주권 행사요건은 1997년 이후 몇 차례 완화되었으며, 2005년부터 집단소송제가 시행된다. 이런 것들은 모두 소액주주를 보호하는 법적 장치의 강화로서 의미를 지닌다. 투명성 강화의 영향으로 기업들의 분식회계 적발비율은 빠르게 낮아지고 있다. 26) 의무공개 매수제도가 폐지되었으며, 외국인을 포함하여 적대적 M&A가 가능해졌다. SK㈜의 경영권에 대한 외국자본 소버린의 도전, 현대그룹의 현대상선과 KCC그룹 간 지분경쟁에 의한 경영권 다툼이 발생하였다. 경영권에 대한 시장위협을 핵으로 하는 자본시장 규율이 작동하기 시작하였다. 이와 같은 변화를 외환경제위기 이전 정부에 의해 수행되어 오던 재벌에 대한 사회적 감시통제의 역할이 시장규율과 사법적 감시통제로 대체되어 가고 있는 것으로 이해할 수 있다.

여기서는 외환경제위기 이후 기업지배구조 관련 주요 정책의 내용과 그 평가에 대해서는 자세한 논의를 약하고자 한다. 이 책의 7장에서 관련정책들이 서술내용과 관련해서 부분부분 언급될 것이다. 외환경제위기 이후 정부의 지배구조 개선정책에 대한 자세한 목록과 내용에 대해서는 강병구(2003), 허재승·유혜미(2002)를, 그 평가에 대해서는 조성욱(2003), 강동수 외(2004), Park(2004) 등을 참조하기 바란다.

---

25) 외환경제위기 이후 정부의 지배구조 개선정책에 대한 자세한 목록과 내용에 대해서는 강병구(2003, 2005), 허재승·유혜미(2002) 참조.

26) 기업감사보고서에 대한 금융감독원의 감리결과, 분식회계 적발비율은 2001년 53.7%에서, 2002년 47.7%, 2003년 30.9%로 낮아져오고 있다(《한겨레》 2004. 1. 24).

3. 재벌 내부자본시장 관련 실증분석 개관

재벌의 내부자본시장이 효율적으로 작동할 것인가는 여러 요소들의 복합적인 영향을 받을 것이다. 다각화를 통한 동일인의 지배 아래 있는 기업집단과 내부자본시장의 형성은 기업집단의 가치에 긍정적으로 영향을 미칠 수도 있고 부정적으로 영향을 미칠 수도 있다. 계열사간 위험의 공유와 상호지원의 가능성은 긍정적인 영향을 미치는 반면에, 최고경영자인 총수의 사적 이익 추구로 인한 대리인문제의 위험, 특히 착취(expropriation) 또는 빼돌리기(tunneling)의 위험은 부정적인 영향을 미칠 것이다. 따라서 재벌 내부자본시장이 얼마나 그리고 어떤 조건하에서 효율적으로 작동하는가는 중요한 실증적 분석의 대상이 된다.

Lamont(1997)은 미국 석유산업의 다각화기업들에서 내부자본시장의 교차보조 현상을 밝혔다. Shin and Stulz(1998)는 다각화기업의 각 사업부의 투자는 자신의 내부자금의 영향을 크게 받지만 또한 기업 전체 내부자금에 의해서도 영향을 받는데, 소규모 사업부일수록 또 다각화가 많이 이루어진 기업일수록 그런 경향이 더 큼을 보여주고 있다. Hubbard and Palia(1998)는 1960년대 미국 인수합병 자료에 대한 분석을 통해 내부자본시장의 형성이 정보비대칭성으로 인해 야기되는 문제를 완화시켜 줌으로써 기업가치를 증대시켰음을 시사하고 있다고 주장한다. 반면에, Berger and Ofek(1995)는 과투자와 교차보조로 다각화기업이 가치손실을 겪고 있음을, Scharfstein(1998)은 다각화기업에서 경영자지분율이 낮고 사업부 규모가 작을수록 투자균등화 경향이 더 현저히 나타남을 밝혔다.

미국과는 달리 우리나라 재벌에서 내부자본시장의 존재는 그에 대한 입증이 필요 없고 정부의 주요한 규제대상이 될 정도로 뚜렷하기 때문에 오히려 내부자본시장의 효율성 및 그에 영향을 미치는 요인에 대한 분석이 의미를 갖는다고 하겠다. 재벌 내부자본시장과 관련한 분석은 객관적인 재무자료를 이용하여 기업집단 소속기업들의 투자행태나 수익성을 분석하는 유형, 재벌소속 계열사의 특성이나 행동이 기업가치에 대한 시장평가에 미치는 영향을 분석하는 유형의 두 가지로 크게 나누어볼 수 있다.

Shin and Park(1999)는 1994~1995년의 제조 상장기업을 대상으로 재벌기업과 비재벌기업 투자의 현금흐름에 대한 민감도를 분석하였다. 분석결과, 재벌기업의 현금흐름에 대한 투자의 민감도는 낮으며 비유의적이나, 비재벌기업은 높고 유의하며, 재벌기업의 투자는 기업이 성장기회와 밀접한 관계가 있었으나 비재벌기업에서는 그렇지 않았다. 또 재벌기업의 투자는 다른 계열사의 현금흐름에 의해서 유의한 영향을 받는 것으로 나타났다. 이로부터 연구자들은 재벌 내부자본시장이 작동하며, 내부자본시장은 자금제약을 완화하는 기능을 수행하고 있다고 해석하고 있다. 재벌기업의 성장기회는 비재벌기업에 비해서 낮으나 재벌기업들이 더 많이 투자하고 있는 점과 결부하여, 연구자들은 내부자본시장이 부족한 자금의 효율적 배분에 기여하고 있지는 않다고 결론짓고 있다. 이건범(2000)은 1984~1996년 기간의 우리나라 상장기업을 분석대상으로 하여 재벌계열사들이 기업가치에서 다각화(즉, 재벌소속) 프리미엄을 얻고 있지만 독립기업에 비해서 수익성은 낮음을 살핀 후, 이를 재벌의 내부자본시장이 효율적 자본배분에는 실패하나 자금제약의 완화를 통해서 기업가치를 증대시키는 데 따른 결과라고 해석하고 있다. 이종화 외(2001)는 1988~1997년 기간의 상장 제조 대기업을 대상으로 한 분석에서 상위 5대 재벌에서는 독립기업에 비해 투자가 효율적으로 이루어졌으나, 6대~30대 재벌군에서는 Tobin Q값이 낮은 계열사에서 투자가 더 많이 그리고 더 비효율적으로 이루어졌으며, 이런 현상은 특히 지배주주의 지분율이 낮은 기업집단에서 뚜렷하게 나타나 대리인문제의 작용을 시사한다고 보고 있다.

Joh(2003)는 1993~1997년 사이에 외부감사를 받은 5,829개 비금융 민간기업에 대해 분석하였다. 수익성에 대한 회귀분석 결과 70대 재벌소속 더미는 일관되게 유의하며 큰 음의 계수값을 나타냈다. 지배주주의 소유지분이 클수록, 소유-지배 괴리가 높을수록 수익성이 낮았다. 계열사에 대한 출자가 클수록, 특히 상장기업에 의한 계열사 투자일수록 기업의 수익성이 저해받는 것으로 나타났다. 연구자는 이런 결과를 종합하여 대규모 재벌계열사, 특히 상장계열사에서 외부주주의 희생하에 사적인 이익을 추구하는 데에 지배주주가 내부자본시장을 이용하고 있다고 결론짓고 있다.

진태홍(2000)은 1994~1996년 기간 동안 5대 재벌의 계열사를 대상으로 하여 계열사간 채무보증을 분석하였다. 지배주주 지분율이 낮고 계열사지분율이 낮은 계열사 및 상장된 계열사가 보증을 서주며, 반대로 지배주주 지분율이 낮고 계열사지분율은 높은 기업이 보증을 받는 유의한 통계적 결과가 분석에서 나타났다. 연구자는 이를 지배주주의 지분율이 낮고 상장되어 지분이 분산되어 있을수록 무료 지급보증의 제공에 따르는 부담을 외부주주에게 떠넘기는 비중이 커지는, 지배주주와 외부주주 간의 대리인문제가 나타난 것으로 해석하고 있다.

강준구·백재승(2002)은 한국증권거래소에 상장된 기업들 가운데 1987년부터 1999년 기간 동안 구주주 배정 및 주주우선 공모증자를 행한 기업들을 재벌계열사와 독립기업으로 구분하고 재벌에서의 대리인문제를 추론하고 있다. 연구결과에 따르면, 재벌계열사의 증자 공시일 전후 누적초과수익률이 독립기업의 그것보다 유의하게 낮게 나타나, 재벌구조가 소속기업의 주주의 부에 긍정적인 영향을 미치지 않음을 시사하고 있다. 그렇지만 대개의 경우 계열사의 주식발행에 의한 자금조달은 다른 계열사들의 주가에 긍정적인 영향을 미쳐 계열사간 위험의 공유와 상호지원이 보다 일반적인 것으로 나타났다. 다만, 증자기업이 불량한 기업일 경우 다른 계열사의 주가가 부정적인 영향을 받고 있는바, 이는 우량기업으로부터 불량기업으로의 부의 이전이 발생할 수 있다는 것을 의미한다고 연구자들은 해석하고 있다. 진태홍·송홍선(2003)은 2001년 동안 거래소 상장기업들의 타기업에 대한 출자가 출자기업 주가의 출자공시일 전후의 누적초과수익률에 미치는 영향을 30대 재벌계열사 및 독립기업으로 나누어 살펴보고 있다. 선형회귀 분석결과에서 출자기업의 지배주주의 지분율이 높을수록, 그리고 재벌에 속한 기업일수록 출자기업의 주가는 부정적인 영향을 받는 것으로 통계적으로 유의하게 나타나고 있다. 이는 지배주주 지분율이 높은 재벌기업의 출자는 수익성 기준에 따른 투자이기보다는 지배주주의 지배권 강화를 위한 목적의 투자로서 시장이 부정적으로 평가하는 결과라고 연구자들은 해석하고 있다.[27]

배기홍·임찬우(2003)는 대리인문제에도 불구하고 재벌은 계열기업간에 위험의 공유와 상호지원을 통해 소속계열사들에게 순기능을 제공할 수 있을 것이라고 보고, 1990년부터 2000년간의 거래소상장 제조업체를 대상으로 누적수익률의 조건부 왜도를 분석하여 재벌계열사간의 상호지원 가설에 대해 검정하였다. 분석결과는 기업집단에 속한 기업이 재무적 곤경에 처할 때 소속기업집단으로부터 지원받을 가능성이 높은 것으로 시장이 평가하고 있음을 보여주고 있다. 아울러 관계회사 지분율이 높을수록 다른 계열사에 대한 지원 가능성과 그에 따르는 대리인비용의 크기가 커지는 것으로 동시에 시장이 평가하고 있으며, 따라서 종합적으로 볼 때 기업집단은 상호지원과 부의 이전을 동시에 행하고 있다고 연구자들은 결론짓고 있다.

Bae et al. (2002)는 1981년부터 1997년 사이 거래소시장에 상장된 비금융기업들의 107개 인수합병 사례에 대한 분석을 통해 30대 재벌소속 기업의 공시일 전후 누적초과수익률이 50대 재벌소속 이외 기업들의 값보다 유의하게 낮으며, 회귀분석에서 30대 재벌소속 더미변수의 계수값도 유의하게 음으로 나타남을 보이고 있다. 또 30대 재벌에서 현금흐름이 좋은 기업이 인수할 경우 인수기업의 시장평가가치는 떨어지나 상호지분 관계가 있는 계열사들의 가치는 높아지며, 양자의 합(즉, 해당재벌 전체의

---

27) 그렇지만 이들의 분석에서 재벌기업의 주가변화 폭과 비재벌기업의 출자에 따른 주가변화 폭의 차이는 사건일 기준 분석기간에 따라 다르며 대부분의 경우 통계적으로 유의하지 않다. 또 설명변수들의 결합설명력은 2% 안팎으로 낮다. 모형에서 설명되지 않고 있는 총자산으로 측정되고 있는 기업규모의 높은 설명력을 제외할 경우 모형 전체의 유의성 자체가 의심된다.

가치변화)은 양의 값으로 나타나고 있다. 이는 인수기업의 외부주주들은 그로 인해 손해를 보는 반면에 재벌의 지배주주는 이익을 보며, 외부주주의 부가 지배주주에게로 빼돌려진다는 것을 보여주는 것이라고 연구자들은 해석하고 있다.

이윤호(2002b)는 1994년부터 1997년까지 5대 재벌의 재벌수준의 자금내부거래 자료를 이용하여 재벌 내부자본시장에서의 금융계열사의 역할에 대해 분석하였다. 분석결과는 금융계열사가 내부자본시장에서 계열사간 자금의 이동에 있어 중심적인 역할을 하며, 그런 역할은 금융계열사의 규모를 불문하고 이루어짐을, 즉 모든 금융계열사들이 자금내부거래에 관여하고 있음을 밝히고 있다.

종합하자면, 실증적 분석들은 우리나라 재벌의 내부자본시장이 효율성을 증진시키지는 않으나 계열사간 상호지원/위험공유 기능을 행하며, 내부자본시장에서 총수에 의한 착취 또는 빼돌리기가 일어나고 있음을 전반적으로 확인시켜 주고 있다.

제 5 장   성장금융체제하에서 기업의 자금조달과 재무구조

이 장의 1절에서는 먼저 우리나라 기업의 재무환경으로서 법체계 및 금융체계의 특징에 대해서 살펴본다. 각 나라의 자금조달 구조와 금융체계의 차이점에 대해서 논하며, 우리나라 금융체계의 특징을 다른 나라들과 비교한다. 2절에서는 우리나라 고도경제성장 기간 동안의 자금의 동원과 배분체계, 그리고 저이자율정책과 이중금리구조의 특징을 살피고, 3절에서 성장금융체제하에서 우리나라 은행신용의 할당체계를 실증적으로 구명한다. 이는 우리나라 기업들의 자금조달과 자본구조 결정의 주된 재무환경을 밝히는 작업에 다름 아니다.

1. 우리나라 기업의 재무환경

기업 재무구조의 결정은 개인세제 및 법인세제, 투자세액 공제 등의 비부채성 절세요인, 제품의 전문성, 자산의 담보가치, 파산비용, 기업의 성장성, 수익성, 수익의 변동성, 기업규모, 업종 등 기업적 및 산업적 차원의 개별기업의 특성들에 의해 설명되

는 부분들이 있다.[1] 그렇지만 오히려 나라별 기업의 '평균적인' 재무구조와 자금조달 상의 차이는 거시경제적, 금융제도적 및 법제도적 환경의 차이 등 기업 외적인 환경요 인들에 의해 설명될 수 있는 부분이 적지 않다. 경제 내의 다양한 기업들의 재무구조 를 '평균' 하게 되면, 기업특수적 및 산업특수적 요인들은 평균과정에서 상쇄되어 사라 지고, 국민경제 내의 기업들의 재무구조가 공통으로 영향을 받게 되는 재무환경적 특 징들만이 남게 될 것이다. 이하에서 기업의 재무환경으로서 법체계와 금융체계, 그리 고 우리나라의 금융체계의 은행중심성에 대해 차례로 살펴본다.

1.1. 법체계와 기업의 소유지배구조 및 재무구조적 특징

La Porta et al. (1997)의 연구에 따르면, 한 나라의 법체계가 영국의 보통법(*common law*) 체계를 따르고 있는가, 아니면 대륙법체계를 따르고 있는가가 그 나라의 지배적 인 자금조달 방식을 결정하는 주요 요인이다.[2] 외부투자자의 권익에 대한 보호가 상 대적으로 허술하게 이루어지는 대륙법체계를 가진 나라들에서는 내부경영자의 착취에 대한 일반투자자들의 우려 때문에 자본시장을 통한 자금조달이 잘 이루어지지 않는 반면에 보통법체계를 가진 나라들에서는 자본시장에서의 주식자금 조달과 지분분산이 상대적으로 잘 이루어지고 있다(La Porta et al., 1997 ; Johnson et al., 2000).

대륙법 전통의 국가에서는 외부주주의 권리에 대한 법적 보호가 영미법 전통의 국 가에 비해 허술하다. 대륙법체계를 지닌 국가에서는, 예를 들어 프랑스처럼 법제도가 잘 정비·집행되고 있는 선진국도 지배주주가 외부주주의 부를 빼돌려도 처벌을 받지 않는 일들이 일어난다. 이는 신의성실의 의무와 주의의 의무에 대한 해석과 적용이 대 륙법체계와 영미법체계에서 상당히 다른 데서 연유한다. 대륙법체계는 신의성실과 주

---

1) 동일산업 내의 기업들간에 재무구조가 유사하다는 것은 잘 알려진 사실이다. 전통적으로 약품, 전기, 음식료 산업 등에 속한 기업들은 낮은 부채비율을, 제지, 섬유, 철강, 항공, 시멘트산업에 속한 기업들은 높은 부채 비율을 갖는 것으로 관찰된다. 한편, 기업의 부채비율은 고정자산 비율, 기업규모, 성장기회와는 비례적인 관 계를, 반대로 수익의 변동성, 연구개발 지출, 파산위험, 수익성, 제품의 특이성과 같은 기업 특수적 요소들과 는 역의 관계를 갖는 것으로 흔히 나타난다. Harris and Raviv(1991) : 333~336 참조.

2) 영미계통의 보통법사회에서는 법의 창조가 사람들의 일반적 관행(*common practices*)에서 유래된다. 그리고 법 이 적용될 때 판사는 단지 중립적 중재자의 역할에 머물며 사건의 진실이 양 분쟁 당사자간의 격렬한 논쟁으로부 터 도출된다는 사고방식을 기본으로 한다. 이에 비해, 대륙법국가에서는 법은 제정되며 판사는 제정된 법전에 대해 직접적인 해석을 부여함으로써 자신의 법창조를 정당화한다. 대륙법국가에서 판사는 심문주의 원칙에 따 라 진실을 탐색하며 당사자들은 판사의 행동에 대응하게 된다. Cooter and Ulen(2000) : 81~84 참조.

의의무와 관련해 이익의 다툼이 발생할 경우 입증의 책임이 원고(이를테면, 외부주주)
에게 있는 반면, 보통법체계에서는 경영자(회사) 측에 있다(Johnson et al., 2000). 피
라미드 지배종속관계의 기업집단을 형성하면 경영자의 행동이 외부주주에게 시비의
대상이 될 가능성이 높아지고 그것의 입증부담이 회사에 있기 때문에 영미법 법체계
국가는 피라미드 형태의 기업집단 조직이 드물다(Johnson et al., 2000).

La Porta et al. (1997)의 실증자료는 이런 차이를 잘 보여주고 있다. 〈표 5-1〉에서
볼 때, 주주 및 채권자 보호가 잘 이루어지고 있는 보통법체계 국가가 프랑스나 독일의
대륙법체계 국가들에 비해 주식분산이 잘 되어 있고 주식자금 조달이 활발하게 이루어
지고 있다. 보통법체계를 채택하고 있는 나라들의 각 항목치와 대륙법체계를 따르고

〈표 5-1〉 보통법과 대륙법 법체계 국가의 자본시장 관련 지표 비교

(단위: %, 척도)

	지분분산 지표	상장기업 비율	최초 주식공모 기업 비율	주주권리 보호척도	채권자권리 보호척도
보통법 법체계 국가	0.60	35.45	2.23	3.39	3.11
영국	1.00	35.68	2.01	4	4
미국	0.58	30.11	3.11	5	1
캐나다	0.39	40.86	4.92	4	1
오스트레일리아	0.49	63.55	-	4	1
프랑스 시민법체계 국가	0.21	10.00	0.19	1.76	1.58
프랑스	0.23	8.05	0.17	2	0
이탈리아	0.08	3.91	0.31	0	2
스페인	0.17	9.71	0.07	2	2
독일법체계 국가	0.46	16.79	0.12	2.00	2.33
독일	0.13	5.14	0.08	1	3
일본	0.62	17.78	0.26	2	2
한국	0.44	15.88	0.02	2	3
보통법 국가 vs 대륙법 국가 평균 차이에 대한 검정(t값)	3.12	3.16	3.97	5.24	3.61

주: 1) 대부분의 표본자료는 1994년 자료임.
　　2) 지분분산 지표는 상위 10대 비금융 기업의 3대 대주주들의 지분율을 제외한 나머지 지분율
　　　에 총상장 주식가치를 곱한 값을 GNP로 나눈 수치. 상장기업 및 최초 주식공모 기업 비율
　　　은 상장기업 및 최초 주식공모 기업수를 전체 기업수로 나누어준 비율. 주주 및 채권자 권
　　　리보호 척도는 0점에서부터 5점까지의 구간척도로서, 점수가 높을수록 주주 및 채권자보호
　　　가 잘 되어 있음을 의미. 각 지표에 대한 자세한 설명에 대해서는 La Porta et al(1997):
　　　1134~1135의 Table I 참조.
자료: La Porta et al. (1997): 1138~1139의 Table II.

〈표 5-2〉 상장 대기업의 나라별 소유지배 형태

	합 계	분산소유	가족소유	국가소유	금융기관 분산소유	법인 분산소유	기 타
일 본	1.00	0.50	0.10	0.05	0.00	0.00	0.00
영 국	1.00	0.90	0.05	0.00	0.05	0.00	0.00
미 국	1.00	0.80	0.20	0.00	0.00	0.00	0.00
프랑스	1.00	0.30	0.20	0.20	0.20	0.10	0.00
독 일	1.00	0.35	0.10	0.30	0.25	0.00	0.00
이탈리아	1.00	0.15	0.20	0.50	0.00	0.00	0.15
한 국	1.00	0.40	0.35	0.15	0.00	0.05	0.05

주: 1995년 각 나라의 20대 상장 대기업을 표본으로 하고 있다. 지분율 10%가 분산소유 지배와 지배주주소유 지배의 경계이다. 금융기관 분산소유 및 법인 분산소유란 각각 다수의 금융기관 및 법인이 공동으로 10% 이상의 지분을 보유하고 있는 경우를 가리킨다. 기타는 협동조합, 투자신탁 등이다.

자료: La Porta et al. (1999) : 492의 Table II.

있는 나라들의 각 항목치의 평균 차이에 대한 t검정은 모두 통계적으로 유의하다.

우리나라의 근대적 법체계는 일제 식민지시기에 본격적으로 도입되었으며, 독일법계통의 대륙법체계를 채택한 일본의 법체계를 따라 만들어졌고 해방 후에도 같은 법체계가 지속되어 오고 있다.[3] La Porta et al. (1997)도 우리나라를 독일법체계 국가로 분류하고 있으며, 〈표 5-1〉의 각 부문별 지표가 보통법체계 국가보다는 독일법체계 국가의 평균치에 가까운 값들을 지니고 있음을 확인할 수 있다.

영미권을 제외한 나라들에서의 보편적인 소유지배구조는 소유와 경영의 분리가 아니라 지배주주(controlling shareholders)의 직접지배이다. 직접적 지분소유를 통해서든 아니면 피라미드 소유방식을 통해서 간접적으로든 경영권을 안정적으로 행사할 수 있는 지배적 지분에 근거하여 지배주주가 직접 경영권을 행사하거나 경영자를 통제한다(La Porta et al., 1999 : 491~498 ; Shleifer and Vishney, 1997 : 754~755). La Porta et al. (1999)의 연구에 따르면, 영국과 미국의 경우, 지분율 10% 이상을 보유하고 있는 대주주가 없는, 지분이 분산소유되고 있는 기업의 비율은 각각 0.90과 0.80으로 유난히 높다(〈표 5-2〉 참조). 그 밖의 나라들에서는 분산소유 기업의 비중은 0.3~

3) 우리나라의 상법은 1963년 1월 1일자에 제정·시행되어 오늘에 이르고 있다. 그 이전까지는 일본 상법을 그대로 적용해 왔다. 또 상법을 연구하는 학자나 실무에 종사하던 법관·변호사 등이 예외 없이 모두 일본의 학제에 따라 일본법을 공부한 사람들이었다. 우리나라가 의용(依用)한 일본상법은 1899년에 공포된 일본의 신상법전(新商法典)인데, 일본의 신상법은 독일 구(舊)상법(Allgemeine Deutsche Handelsgesetzbuch)을 기초로 하고 있다. 정동윤(1991), 이기수(1991), 정긍규(2001) 참조.

0.5 수준이다. 국가소유를 제외한 상태에서 분산소유 대비 가족소유 기업의 비중은 프랑스, 이탈리아, 한국에서 특히 높다.

일국의 법체계는 기업의 소유지배구조에 영향을 미칠 뿐 아니라 자금조달과 자본구성에도 영향을 미친다. 그리고 소유지배구조와 자본구조 및 자금조달은 서로 유기적으로 연결되어 있다. 따라서 한 나라의 자본구조와 자금조달은 그 나라의 법체계로부터 영향을 받는다.

1.2.　우리나라 기업의 자금조달 구조와 나라간 비교

〈표 5-3〉은 1970년에서 1985년 동안 주요 선진국과 우리나라에서 비금융 기업부문의 자금조달 구조를 보여주고 있다. 먼저, 눈에 띄는 점이 우리나라 기업들의 내부자금 조달비중은 전체 조달자금의 25.2%로서 선진국의 경우에 비해 현저히 낮다는 것이다. 경제발전 단계적으로 볼 때 기업의 역사가 오래되고 경제가 안정적인 단계에 들어서 있는 선진국 경제일수록 성숙기업이 차지하는 비중이 높아지게 된다. 성숙기업들은 안정적인 수익실현, 대규모 감가상각 등을 통해 내부자금을 창출하는 능력이 높으므로 외부자금에 의존하는 정도가 작아지고, 그 결과 기업의 평균 부채비율이 낮아지는 경향을 갖는다. 경제가 왕성하게 성장하고 있는 경제일수록 기업의 투자활동이 활발하고 그에 따라 외부자금 소요가 커진다.

〈표 5-3〉에서 각 나라 비금융기업들의 자금조달과 관련하여 몇 가지 특징들을 추가로 언급할 가치가 있다. 먼저, 대부분의 나라에서 내부자금이 기업의 지배적인 자금원이다. 기업부문의 총자금소요액 대비 내부자금의 충당률은 위의 표에서 나라들의 단순평균치가 50.2%로 절반을 넘고 있으며, 영국, 미국, 독일 등 공업화의 역사가 긴 나라들일수록 내부자금의 충당비율이 높다. 우리나라의 경우 내부자금 조달비율이 25.2%로서 다른 나라들에 비해 그 값이 크게 낮다. 다음으로, 외부자금의 조달에 있어 어떤 나라도 증권시장을 통해 자금을 조달하는 비율이 높지 않으며, 은행을 포함한 금융기관 대출금이 외부자금조달의 가장 주된 원천이다. 일본, 프랑스, 이탈리아의 은행 의존비중이 특히 높으나, 대표적인 은행중심체계 국가로 알려져 있는 독일은 영국이나 미국과 비슷한 수준이다. 끝으로, 〈표 5-4〉처럼 우리나라를 포함하여 모든 나라에서 총자금조달(순증 기준) 중의 내부자금 비율과 상거래신용 및 대출금 비율 간에는 강한 음의 상관관계가 관찰된다. 이는 내부자금 부족시 기업들이 우선적으로 매입채무 등의 상거래신용 확대와 은행차입을 통해 자금을 조달하고 있음을 의미한다.

〈표 5-3〉 비금융기업 부문의 자금조달 구조의 나라간 비교(1970~1985년 평균, 순증 기준)

(단위: %)

	한국	일본	프랑스	독일	영국	미국	캐나다
자금조달 계	100.0	100.0	100.0	100.0	100.0	100.0	100.0
내부자금	25.2	33.7	44.1	55.2	72.0	66.9	54.2
외부자금	74.8	66.3	55.9	44.8	28.0	33.1	45.8
단기증권	2.6	n.a.	0.0	0.0	2.9	1.4	1.4
대출금	44.5	40.7	41.5	21.1	21.4	23.1	12.8
상거래신용	n.a.	18.3	4.7	2.2	2.8	8.4	8.6
사 채	7.2	3.1	2.3	0.7	0.8	9.7	6.1
주 식	11.1	3.5	10.6	2.1	4.9	0.8	11.9
기 타	9.4	0.7	-4.7	11.9	-7.2	-10.2	4.9 ·

주: 1) 기간중 각 연도의 구성비수치를 단순 합산 평균하여 얻은 값들이다.
    2) 내부자금은 내부유보 + 고정자본소모 + 순자본이전의 합이다.
    3) 우리나라를 제외한 외국의 기타항목에는 여타 자금조달 항목 및 나라간 통계적 조정값이
       포함되어 있다.
    4) 한국의 경우 기타항목에는 상거래신용을 포함해 여타 항목의 자금조달이 포함되어 있다.
    5) 1984~1991년 기간동안 G7 국가들의 자금조달에 대해서는 Raghuram and Zingales(1995)
       참조.
자료: 우리나라 통계수치는 한국은행, 《경제통계연보》의 자금거래표의 각 연도자료로부터 산출; 외
      국의 통계수치는 OECD 통계, Mayer(1990) : 312에서 인용.

〈표 5-4〉 내부자금 비율과 여타 조달자금 비율 간의 상관관계(1970~1985년)

	한국	캐나다	프랑스	독일	이탈리아	영국	미국
단기증권	n.a.	0.05	0.00	0.02	0.34	-0.11	-0.31
대출금	-0.66	-0.78	-0.37	-0.59	-0.74	-0.73	-0.45
상거래신용	-0.56	-0.40	-0.37	-0.36	n.a.	-0.69	-0.84
채 권	0.38	0.16	0.43	-0.55	-0.32	-0.34	0.42
주 식	-0.06	-0.01	-0.25	0.05	-0.12	0.45	-0.20

주: 한국의 경우, 대출금과 채권자료가 분리된 것이 1976년부터이므로 내부자금과 채권과의 상관
     계수는 1976~1985년 기간에 대해 구한 값임.
자료: 한국의 자료는 한국은행, 《기업경영분석》, 각 연도의 전산업의 자금운용표 자료로부터 계산 ;
      외국의 자료는 Mayer(1990) : 317에서 인용.

한 국민경제의 기업들 평균 자본구조에 영향을 미치는 중요한 요인의 하나로서 금융체계가 주목받았다. 금융체계의 이념형은 기업의 투자자금 조달이 자본시장 중심으로 이루어지는 시장중심 금융체계와 은행중심으로 이루어지는 은행중심 금융체계로 대별되며, 이 두 체계에서 기업의 재무구조는 각 경제의 지배적인 금융방식을 반영하여 차이를 나타내는 것으로 흔히 설명된다.

이런 전형적인 설명에 따르면, 우리나라나 일본과 같이 은행중심의 금융체계를 형성하고 있는 나라는 부채비율이 높은 반면, 자본시장 중심으로 금융제도가 발전한 미국이나 영국과 같은 나라는 부채비율이 낮다. 한 나라의 금융제도가 직접금융 중심으로 짜여 있다는 것은 기업들이 직접금융을 통해 자본을 많이 조달했다는 의미이자 동시에 직접금융을 통해 자본을 많이 조달할 수밖에 없는 금융환경에 처했다는 것을 뜻한다. 따라서 그 나라 기업들의 평균 부채비율은 낮은 값을 보이게 된다고 주장된다. 은행중심 체계에서는 기업의 주된 자금조달이 은행차입 형태로 이루어지고 그 결과 기업의 부채비율이 시장중심 체계의 경우에 비해서 높게 된다고 주장된다. 〈표 5-6〉에서 1990~1995년간의 평균치로 볼 때 한국과 일본의 제조기업 평균 부채비율은 300% 이상으로, 시장중심체계인 미국과 영국의 103.2%, 80.0%에 비해 뚜렷하게 높은 것으로 나타나고 있다.

그러나 Raghuram and Zingales(1995)는 금융체계는 국가간 부채비율의 차이를 설명하는 여러 가지 요인들 가운데 하나에 불과할 뿐이며, 나라별 회계관행의 차이를 조정하고 비교해 보면 은행중심 금융체계 여부와 레버리지 비율 간에는 어떤 체계적인 차이를 찾아보기 어렵다는 연구결과를 제시하고 있다. 예를 들어, 독일의 경우에는 기업의 연금액 전체가 부채로 계상되나 미국의 경우에는 연금액의 부족분만이 부채로 계상된다. 또 독일기업의 경우에는 잉여금상의 준비금이 자본계정으로 잡히지 않기 때문에 자기자본이 상대적으로 과소계상되는 반면, 미국에서는 준비금이 자본계정에 잡히기 때문에 자기자본이 상대적으로 과대계상된다.

〈표 5-7〉에서 보면, 나라간의 회계관행 차이를 조정하기 전에는 일본의 장부가 기준 부채비율(장부가 부채/장부가 총자산)은 다른 어느 나라보다 높은 53%이지만 조정후에는 37%로 크게 낮아지며, 또 시장가 기준으로는 미국의 23%보다도 낮은 17%에 불과하다. 독일의 경우에는 조정 전 장부가 기준 38%에서 조정 후에는 무려 18%로 낮아지며 시장가 기준으로도 23%에서 15%로 크게 낮아져 미국의 해당수치와 비교해 크게 작다. 종합적으로 보자면, 독일과 영국의 부채비율은 상대적으로 낮은데, 독일은 은행중심이고 영국은 시장중심이다. 미국, 일본, 프랑스, 이탈리아, 캐나다의 부채비율은

〈표 5-5〉 금융체계와 자본구조 및 기업지배구조

금융시장과 금융기관의 일반적인 특징	금융체계의 유형	
	은행중심체계	시장중심체계
금융시장의 발달 수준(금융시장 다변화)	낮음	높음
총금융자산 중 은행 금융자산의 비율	높음	낮음
기업의 재무구조		
내부금융 의존도	낮음	높음
부채비율	높음	낮음
채권자 구조		
총부채중 은행신용의 비중	높음	낮음
사채 자금조달의 비중	낮음	높음
채권자 집중도	높음	낮음
대부 회전율	낮음	높음
주주 구조		
지분 집중률	높음	낮음
은행의 지분 보유	중요함	중요하지 않음
기업간 지분 보유	일반적임	드묾
지배 주주의 바뀜	느림	빠름

자료: Berglöf(1990) : 250의 표의 인용.

〈표 5-6〉 금융체계와 부채비율(1990∼1995년 평균)

(단위: %)

중심 금융체계	해당 국가	부채비율
자본시장 중심 체계	미국	103.2
	영국	80.0
	캐나다	106.7
직·간접금융 혼합 체계	독일	154.4
	오스트리아	125.2
	스페인	143.2
간접금융 중심체계	일본	396.1
	한국	314.0

자료: 한국은행 조사부 통화금융실(1999. 4. 23).

앞의 두 나라보다 높으며 이들 5개국간에는 차이가 없다. 그런데, 미국과 캐나다는 시장중심인 반면, 일본, 프랑스, 이탈리아는 은행중심으로 분류되는 나라들이다. [4)]

결국 Rajan and Zingales는 금융체계와 부채비율 간에는 상관성이 없으며 금융체계의 은행중심성 여부가 한 나라의 자본구조를 설명하는 데 있어 의미 있는 구분인가를 묻고 있다. 두 연구자는 기업 재무구조와 은행중심 여부와의 관계는 모호하며, 단지 은행중심인 경우에는 차입이 은행으로부터 이루어지며 시장중심인 경우에는 상대적으로 사채발행을 통해 이루어지는 차이가 있을 뿐이라고 설명하고 있다(〈표 5-8〉 참조).

〈표 5-7〉 회계 관행 조정 전후의 나라간 부채비율의 비교 (미디언 값, 1991년)

(단위: %)

	부채/총자본 비율			
	장부가 기준	조정된 장부가 기준	시장가	조정된 시장가 기준
캐나다	39	37	35	32
프랑스	48	34	41	28
독 일	38	18	23	15
이탈리아	47	39	46	36
일 본	53	37	29	17
영 국	28	16	19	11
미 국	37	33	28	23

자료: Rajan and Zingales(1995) : 1430~1432.

〈표 5-8〉 G-7국가와 한국의 은행신용과 채권상장액 규모 비교 (1986년)

(단위: %)

	은행의 대민간신용 / GDP	채권시장 상장액 / GDP
한 국	90. 2	9. 1
미 국	70. 9	23. 3
일 본	104. 2	4. 7
독 일	86. 6	0. 1
프랑스	80. 0	5. 6
이탈리아	33. 0	0. 7
영 국	53. 9	2. 5
캐나다	44. 2	7. 4

자료: G7 국가의 자료는 Rajan and Zingales(1995) : 1448의 Table Ⅷ ; 한국의 자료는 한국은행, 《경제통계연보》의 관련자료를 이용하여 계산.

---

4) 미국, 일본, 영국, 독일, 프랑스 5개국의 기업 재무비율을 국제비교하고 있는 Wald(1999)도 Rajan and Zingales(1995)처럼 나라간 부채비율의 차이가 종래에 여겨지던 것처럼 큰 차이가 없다는 것을 확인하고 있다. Wald(1999) : 164, 174 참조.

1.3.　우리나라의 은행중심 금융체계와 기업의 자금조달

우리나라의 금융체계는 전형적인 은행중심 금융체계이다. 일제 식민지시대부터 은행 중심이었던 금융체계는 1960년대 이래 정부주도의 경제발전 전략하에서 은행중심적 특성을 더욱 강하게 갖게 되었다. 해방 직전 금융기관들의 영업활동 자료를 통해서 볼 때, 기업들의 주된 자금조달 형태는 은행차입임을 알 수 있다(정운찬, 1995 : 227의 표 참조).[5]

　해방 후에도 직접금융의 자본시장이 기능하지 못하는 가운데 은행체계를 통해서 기 업활동에 필요한 자금이 공급되었다. 1950년대 동안 은행자금의 대부분이 재정자금과 중앙은행차입금에 의해 조성되었으며, 기업 시설자금의 대부분이 한국산업은행에 의해 독점적으로 공급되다시피 하였다(최진배, 1995 : 제1장). 1960년대부터 정부 주도의 공업화전략 추진에서 공업화에 요구되는 자금의 동원과 배분의 중심기구로서 역할이 은행들에게 부여되면서, 우리나라 금융구조는 한층 은행중심적 체계를 띠게 되었다.

　금융자원을 정부가 의도대로 배분하고자 할 때, 개별 경제주체들간에 시장을 통해 분산적으로 자금거래가 이루어지는 직접금융을 통해서 그것을 달성하기란 구조적으로 쉽지 않다. 은행예금이 주된 자금운용 수단으로 경제주체들에게 제공됨으로써 경제 내의 잉여자금이 정부의 지배하에 있는 소수의 은행들로 집중되고 또한 은행신용을 정부의 산업화정책의 추진에 맞추어 배분하고 통제하는 은행중심의 성장금융체계가 우리나라에서는 1960년대 초반에 수립되었다. 1962년에 한국은행법이 개정되며 중앙 은행이 행정부에 종속되고, 성장통화의 원활한 공급이 한국은행의 1차적인 역할로서 설정되었다(정운찬, 1995 : 246~250). 정부는 또한 민간소유의 시중은행을 1961년에 국유화하여 은행경영권을 확보하였으며, 1960년대 초반에 각종 특수은행을 설립함으 로써 은행자금의 동원과 배분에 있어서 정부주도의 기본체계를 형성하였다(조윤제, 1995 : 24~29 ; 김상조, 1993 : 110~112).

　기업의 자금조달에서 은행중심성은 기업부문의 자금거래표에서도 잘 드러난다. 1997년 말의 외환경제위기 이전까지 주식발행을 통한 기업의 매년의 자금조달의 평균

---

5) 1930년대 들어 일본경제는 통제체제로 옮겨 가면서 금융시장에서도 직접금융의 비중이 크게 줄어들고 은행 중 심으로 재편되어 나간다. 1935~1936년간 일본의 산업기업들의 주식을 통한 조달비중은 전체 순자금조달액의 60~75%였던 것이 1937년부터 급감하기 시작하여 1944~1945년에는 20% 이하로 떨어진다. 1937~1945년 사이에 회사채 조달비중은 15%를 넘지 못하고 있다. 1938년 3월 '총동원법'이 통과되면서 일본경제는 본격적 으로 통제경제체제로 전환되며, 은행신용의 배분도 정부의 직접적인 통제 아래 놓인다(Hoshi and Kashyap, 2001 : 5장 참조). 일제 식민지 후기 한반도의 금융체계도 기본적으로 전시적 통제체제를 벗어나지 않았다.

〈표 5-9〉 우리나라 기업부문의 외부자금조달 구조(순증 기준)

(단위: 구성비 %)

구 분	1963~1969	1970~1974	1975~1979	1980~1984	1985~1989	1990~1997	1998~2001
외부자금	100.0	100.0	100.0	100.0	100.0	100.0	100.0
금융기관차입	39.8	46.8	44.8	42.5	37.0	36.1	-5.9
은행차입	29.4	33.6	28.4	21.0	21.7	15.8	14.2
비은행차입	10.4	13.2	16.4	21.4	15.4	17.6	-7.3
유가증권	17.2	19.3	24.0	31.0	38.4	44.1	86.2
기업어음	0.0	0.7	2.3	5.2	5.2	8.0	-2.4
회사채	0.7	1.9	4.5	10.3	9.7	17.9	45.0
주식·출자금	16.5	16.6	17.2	14.6	21.6	14.8	3.0
대외채권·채무	26.3	22.4	20.9	6.3	2.1	4.6	55.1
기 타	16.7	11.5	10.2	7.5	0.3	0.3	22.9

주: 1) 기타에는 정부융자와 기업간신용이 포함되어 있다.
　　2) 기간중 각 연도의 구성비 수치를 단순 합산 평균한 수치이다.
자료: 한국은행, 《경제통계연보》, 각 연도 전체 산업의 자금거래표 자료로부터 계산.

〈그림 5-1〉 기업부문의 자금조달(순증 기준) 구성비 추이

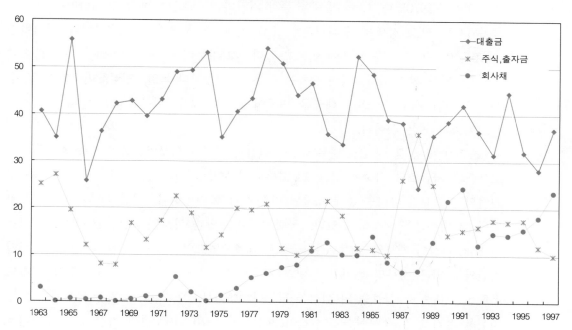

〈표 5-10〉 기간별 외자도입 실적

(단위: 도착 기준, 백만 달러, 구성비 %)

	1945~1966	1967~1971	1972~1976	1977~1981	1982~1986	합 계
상업차관	181 (87.0)	1,514 (81.8)	3,048 (72.1)	5,748 (51.1)	6,690 (32.0)	17,163 (44.6)
금융기관차입	-	185 (10.0)	618 (14.6)	4,786 (42.5)	11,903 (56.9)	17,492 (45.5)
외국인직접투자	27 (13.0)	152 (8.2)	562 (13.3)	681 (6.0)	1,156 (5.5)	2,578 (6.7)
기업 외화채권	-	-	-	43 (0.4)	1,180 (5.6)	1223 (3.2)
합 계	208 (100.0)	1,851 (100.0)	4,228 (100.0)	11,258 (100.0)	20,929 (100.0)	38,456 (100.0)

주: ( )안의 수치는 합계에 대한 구성비 %값.
자료: 재무부·한국산업은행(1993), 《한국외자도입 30년사》.

비율은, 정부가 대기업들의 주식발행을 통한 자금조달과 차입금상환을 강제한 1980년
대 후반기를 제외하면, 줄곧 20% 미만의 낮은 수준을 유지하고 있다(〈표 5-9〉참
조). 1960~1970년대 회사채발행을 통한 기업의 자금조달은 매우 미미하며 1980년대
들어와서도 10% 정도에 불과하다. 이에 비해, 금융중개기관으로부터의 차입비중
(1970~1984년 평균)은 45%에 이르고 있다. 그 가운데 물론 은행차입이 가장 중요한
자금조달원이 되고 있다. 이런 수치는 같은 기간 동안의 독일, 영국, 미국의 20% 수
준에 비하면 매우 높으며, 대출금 비중이 높은 나라인 일본의 40.7%나 프랑스의
41.5%보다 높은 것이다.
　〈표 5-9〉에서 볼 때 1963년부터 1979년까지 기업의 외부자금조달액 중 해외부문으
로부터의 자금조달 비중은 평균 23.6%에 이른다. 외자 가운데 외국인 직접투자 및
기업의 외화채권 발행을 통해 조달된 비중은 매우 미미하며, 상업차관과 금융기관 차
입이 그 대부분을 구성하고 있다. 국내은행이 조달한 외자는 1970, 1980년대 기간동
안 80% 이상이 제조업 설비투자자금으로 대출되었으며(김상조, 1993 : 92~94), 상업
차관의 도입은 정부의 허가와 은행의 지급보증을 통해서 이루어졌기 때문에 이것도
은행신용(대출＋지급보증)의 성격을 갖는다. 대외부문으로부터의 자금조달 가운데 은
행신용 성격을 갖는 부분을 포함하여 계산하면 1970, 1980년대 기간 동안 우리나라
기업들이 외부자금 조달시 간접금융에 의존하는 정도는 45%에 이른다.

2. 성장금융체계에서 자금의 동원과 배분

금리, 환율 등 금융 가격변수들에 대해 정책적으로 개입·왜곡하는 금융억압은 개발
도상국가에서 통상 전략적인 목표를 달성하기 위해 금융부문에서의 수단으로 채택된
다.[6] 그 결과 금융억압하에서 금융자원의 배분, 특히 은행신용의 할당은 정부가 의도
하는 정책목표에 부합하는 어떤 특정한 체계를 띠게 된다. 정부가 신용배분에 적극적
으로 개입한 우리나라의 경우에도 기업들의 자금조달 양태와 자본구조상의 특징을 제
대로 파악하려면 우리나라 은행신용의 할당이 어떠한 체계하에 이루어졌는가가 반드
시 고려되어야만 한다. 경제성장 과정에서 금융자원의 대부분이 은행신용의 형태로
제공되었기 때문에, 은행신용의 할당체계를 이해하는 것이 우리나라 기업들의 자금조
달 양태를 파악하는 데 필수적이다.

경제성장의 초기 단계에서 소요자금의 원활한 조달은 우리나라 기업들이 신규투자
를 추진할 때에 당면하는 가장 주된 과제의 하나였다. 국민경제의 낮은 소득과 낮은
저축은 가용재원의 크기를 근본적으로 제약하였으며, 금융중개기관의 미발달은 제한
된 가용재원을 효율적으로 배분하는 데 제약요인으로 작용하였다. 특히, 대규모 투자
사업에 소요되는 장기 설비금융의 공급체계는 거의 없었다. 투자자 보호를 위한 법제
도나 정보 인프라가 허약하여 주식이나 사채발행 등 자본시장을 통한 자금조달이 어려
웠으며, 민간기업이 독자적인 신용으로 국제금융시장에서 차입하는 것은 불가능하였
다. 따라서 정부가 금융자금을 조성하고 그 배분에 개입하는 것은 거의 불가피하였다.

---

6) 억압경제의 전반적인 경제운영 방식에 대해서는 McKinnon and Mathieson(1981) 참조. McKinnon-Shaw 학
파는 금융억압이 금융산업의 발전을 저해하고 경제성장을 저하시킨다고 주장한다. 금리규제의 철폐에 따른 시
장균형 수준으로의 금리인상은, 저축을 증대시키며 저수익성 사업에 대한 투자를 막아 자원배분의 효율성을
증대시켜 경제성장을 촉진시키므로, 금융억압은 철폐되고 금리자유화가 이루어져야 한다고 주장한다. Shaw
(1973), Galbis(1977), Fry(1978, 1982, 1997) 참조. 이에 반해, Stiglitz는 정보적으로 불완전한 자본시장하
에서 금리의 규제와 정부에 의한 금융자원 배분개입이 자원배분의 정태적 및 동태적 효율성을 제고시켜 경제
성장을 촉진시키는 것이 가능한 반면, 정보적 불완전성이 지배적인 상황에서 금리자유화는 오히려 균형고금리
로 인한 역선택과 유인효과로 자원배분의 효율성을 저하시키며, 정보생산과 투자에서 무임승차 행태 및 떼거
리행동(*herd behavior*)으로 인해 금융제도의 효율성과 안정성을 저해한다고 보고 있다. Stiglitz는 현명하게 자
금배분을 행하는, 규율을 지닌 정부의 중요성을 역설하고 있다. Stiglitz and Weiss(1981), Stiglitz(1994) 참
조. 동아시아 개발도상국의 경제발전에서 국가의 긍정적인 역할에 대해서는 Johnson(1987)의 발전국가 개념
을 참조. 금융발전 또는 금융억압과 경제발전과의 관계에 대한 실증분석의 개관에 대해서는 Arestis and
Demitriades(1997) 참조. 이 논문에서의 실증분석 결과에 따르면, 한국의 경우 금융억압과 금리규제는 각각
금융발전과 경제성장에 긍정적으로 작용한 것으로 나타나고 있다. 금융억압하에서 한국의 성공적인 경제성장
경험은 Stiglitz의 주장을 뒷받침하는 대표적인 현실적 사례라 할 수 있다.

이러한 상황하에서 정부는 투자재원의 동원을 극대화하고 이를 의도하는 투자 우선부문에 집중적으로 배분하는 목적에 적합하게 금융중개체제를 구축하고 저이자율 정책을 통하여 설비투자의 촉진을 도모하였다. 정부는 규제금리하에서 발생하는 초과자금수요에 대해 정부가 수립한 경제개발계획과 산업정책에 따라 자금을 정책적으로 우선부문에 할당하였다. 은행은 성장자금의 동원 및 배분기구로서 사실상 정부에 직속된 기구로 자리매김되었고, 고유의 대출심사 기능은 발휘될 수 없었다. 수출주도적 압축성장 전략하에서 정책적인 자금의 배분과 지원은 정부의 경제개발계획의 큰 틀 안에서 주로 중화학 및 수출산업 분야에, 그리고 신규산업의 개척과 수출경쟁력 확보라는 논리 아래 대기업에게 집중되었다(이경태, 1991 : 126 ; 정운찬, 1995 : 261).

2.1. 자금의 동원 및 배분체계

정부 주도의 경제개발 기간 동안 성장에 필요한 재원의 조달은 재정보다는 주로 금융에 의존하여 이루어졌다. 개발도상국 경제에서 낮은 소득수준으로 인한 담세능력의 한계와 조세행정의 미발달로 산업지원에 필요한 재원을 재정으로 조달하는 데는 한계가 있다. 개발도상국 정부는 그렇기 때문에 국내 금융기관 저축을 통해서 자금을 최대로 동원하려 한다. 그래도 부족한 자금을 위해 대외적으로는 외자를 도입하여 투자재원을 마련하고, 아울러 직접금융의 자본시장이 부재하기 때문에 은행부문을 통해서 본원통화 발행에 의해 성장 통화를 공급하고 정부부채를 금융부문에 전가하는 것이 현실적으로 손쉽게 선택할 수 있는 방향이 된다(McKinnon and Mathieson, 1981 ; 이영세 외, 1987 : 2장 1절 참조).

1950년 5월부터 1960년 12월 기간 동안 일반은행의 예금자금 조성액은 정부 화폐발행액의 75.3%에 그치고, 1954년부터 1960년까지 전국 금융기관의 총대출금액 가운데 예금을 통해 금융기관들이 자체 조성한 자금의 비중은 41.4%에 그치는 등 우리나라 금융부문은 산업화를 위한 자금동원 능력에 한계를 보였다(〈표 5-11〉 참조). 이 기간 동안 정부는 본원통화의 발행 및 원조물자의 판매대금인 대충자금을 재원으로 하여 수입대체 제조기업에게 자금을 집중 배분하는 등 자금의 조성과 공급에서 주도적인 위치에 서 있었으며, 기업들은 정치권력 및 은행과의 관계를 통해 유리한 조건의 제도권자금을 확보하기 위해 노력하였다. 1957년에 적산(敵産) 은행주식이 민영화되었으며, 은행의 소유권을 획득한 기업들은 허술한 은행규제하에서 은행자금을 자신에게 편중배분하였다.

　　정부는 1961년 "부정축재처리법"에 의거하여 대기업 소유의 시중은행들을 국유화하고 소유 및 인사권의 행사를 통해 시중은행에 대한 지배력을 확보하였다. 그리고 1961년 중소기업은행, 1963년 국민은행, 1967년 한국외환은행, 1969년 한국주택은행 등의 특수은행들을 연이어 설립하고, 기존 한국산업은행의 조직과 기능을 산업설비금융의 공급에 적합하도록 확대·개편하였다. 1966년에 정부는 외자도입법을 개정, 은행이 민간기업의 차관을 지급보증할 수 있도록 하여 외자의 도입을 촉진하고, 도입에 대한 승인권을 행사함으로써 외자의 배분도 정부가 직접 통제하였다. 1974년에는 예금은행들의 자금으로 조성되는 국민투자기금을 설치하는 등 위에서와 같은 일련의 조치를 통하여 정부는 산업기업들로의 자금공급에 대한 실질적 의사결정권을 행사할 수 있는 광범위한 정책금융체계를 구축하였다(조윤제, 1995 : 24~30).

　　외자의 도입과 배분은 이 기간 동안 전적으로 정부 통제하에 놓여 있었으며, 선별금

〈표 5-11〉 1950년대 금융기관 총대출금의 재원 구성

(단위: 구성비 %)

구 분	합 계	자체 조성자금	재정자금	한은차입금
1954	100. 0	40. 2	24. 3	35. 5
1955	100. 0	24. 7	35. 4	39. 9
1956	100. 0	36. 8	35. 6	27. 6
1957	100. 0	30. 6	44. 5	24. 9
1958	100. 0	43. 9	38. 6	17. 5
1959	100. 0	48. 7	41. 0	10. 3
1960	100. 0	43. 6	34. 1	22. 3

자료: 한국산업은행, 《한국산업은행 10년사》, 최진배(1995) : 21에서 인용.

〈표 5-12〉 설비투자자금 중 외자의 비중 및 외자형태의 구성

(단위: %)

	1964~1971	1973~1979	1980~1991
외자설비투자액/설비투자액	28. 1	41. 6	21. 8
구성비 합	100. 0	100. 0	100. 0
직접투자	n. a.	3. 6	1. 6
상업차관	n. a.	63. 4	26. 9
간접차입	n. a.	33. 0	71. 5
국내은행외화대출/간접차입 (제조업)	n. a.	64. 0 (80. 5)	69. 9 (83. 1)

자료: 한국은행, 《국민계정》, 《한국의 국민소득》 ; 김상조(1993) : 93에서 인용.

<표 5-13> 차관자금의 이자율

(단위: %, %포인트)

	상업차관 평균 이자율(A)	일반은행 대출금리(B)	B-A
1966	5.68	24.0	18.32
1967	5.87	26.0	20.13
1968	5.68	24.0	18.32
1969	7.14	24.5	17.36
1970	7.29	24.0	16.71
	산업은행 차관자금 대출금리	산업은행 일반시설자금 대출금리	
1978.1	7.5	18.5	11.0
1980.1	7.5	21.5	14.0
1982.1	7.5	10.0	2.5

주: 일반은행 대출금리는 상업어음할인 금리임.
자료: 최진배(1995), <표 5-23>, <표 5-24> ; 한국은행, 《경제통계연보》 각 호.

융이 행해지는 주요 통로의 하나였다.[7] <표 5-13>에서 보듯이, 1980년대 초반까지도 차관자금 대출금리와 국내자금 대출금리 간의 차이가 10~20% 포인트로 매우 컸다.

<표 5-14>에서 보듯이, 한국산업은행과 수출입은행 등 개발기관이 취급하는 자금의 전액이 정책금융이며, 특수은행의 경우에는 그 비율이 60~70% 수준에 이르고 있다. 상업금융의 취급을 주업무로 하는 일반은행의 경우에도 1970년대 중반에 오게 되면 정책금융의 비중이 전체 취급금액의 절반을 넘어서는 등 예금은행(일반은행과 특수은행)의 개발기관으로서의 성격이 강화되었다. 정책금융 총액 가운데 일반은행의 취급 규모가 차지하는 비중은 거의 절반에 가깝다. 그 결과, 전체적으로 예금은행과 개발기관의 총대출금 가운데 정책금융이 차지하는 비중은 1960년대 후반기의 일시적인 금리자유화 시기를 제외하면 줄곧 50% 이상의 높은 수준이었다.

특히 중화학공업화 정책이 정부주도로 본격적으로 추진되기 시작한 1970년대 초반부터, 과도한 중화학공업 육성정책의 부작용을 역시 정부주도하에 교정하려는 산업합리화 정책이 행해진 1980년대 중후반 시기까지, 정책금융의 비중은 줄곧 60%를 넘어서 유지되었다. 1970년대 초반부터 1980년대 중후반기까지의 이 시기가 성장금융체제의 극성기라고 할 수 있다.

정책금융의 재원 가운데 금융자금이 차지하는 비중은 <표 5-16>에서 보듯이 40%이

---

7) 외화자금의 공급과 배분에 대한 상세자료에 대해서는 김상조(1993) : 90~98 ; 재벌에 대한 차관특혜에 대해서는 소병회(1995) : 76~78 참조.

〈표 5-14〉 정책금융의 금융기관별 취급비율 및 구성비

(단위: 억 원, %)

	1975			1978			1980			1982			1984		
	금 액	비 율	구성비	금 액	비 율	구성비	금 액	비 율	구성비	금 액	비 율	구성비	금 액	비 율	구성비
일반 은행	8,278	26.1	42.3	31,093	54.2	51.3	60,701	55.9	48.3	73,576	44.6	40.1	123,162	58.0	44.5
특수 은행	5,224	62.4	26.7	13,453	68.3	22.2	28,698	72.6	22.9	47,769	69.5	26.0	68,779	69.6	24.8
개발 기관	6,077	100.0	31.0	16,081	100.0	26.5	36,167	100.0	28.8	62,339	100.0	33.9	84,898	100.0	30.7
합 계	19,579	52.4	100.0	60,627	65.1	100.0	125,566	68.2	100.0	183,684	62.0	100.0	276,839	69.9	100.0

주: 비율은 각 은행의 총대출금에 대한 정책금융의 비율.

자료: 한국은행, 《경제통계연보》 및 《조사통계월보》; 이영세 외(1987): 〈표 V-2〉에서 인용.

〈그림 5-2〉 정책금융의 비중 추이[8]

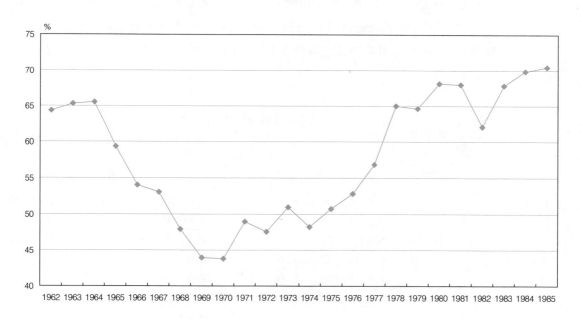

〈표 5-15〉 예금은행 대출 대비 한은차입금의 비율

(단위: %)

	1962~1969	1970~1979	1980~1989	1990~1994
한은차입/예금은행 총대출금	7.7	17.9	22.0	13.8

자료: 조윤제(1995): 〈표 V-1〉의 인용.

---

8) 자료: 한국은행 자금부, 김중웅(1986): 54에서 인용.

상이다. 이와 비교해, 재정자금의 비중은 5% 안팎에 그치고 있는 등, 정책금융자금의 거의 대부분이 금융부문에서 조성되었다. 특히, 예금은행 총대출액 가운데 한은 차입금으로부터의 조달비중은 1960년대에 7.7%이던 것이 1970, 1980년대에 20% 안팎에 이르는 등 은행의 대출재원이 본원통화의 증발에 크게 의존하였다(〈표 5-15〉와 〈표 5-16〉 참조).

정책금융은 금융기관이 조성한 자금의 배분에 대한 통제, 그리고 특정부문에 대한 자금공급시 그에 소요되는 자금을 한국은행의 발권을 통해서 직접지원하는 방식으로 이루어졌다. 그 밖에도, 비정책적 은행신용의 할당에 있어서도 정부의 개입과 지시가 이루어졌다. 예금은행 대출금 중에서 그 자금이 한국은행이나 정부로부터 지원되지 않고 은행 자신의 중개로부터 조성된 일반자금의 대출에서도 정부는 필요시 취급지침의 제정이나 협조공문 형식을 취하여 융자대상에 특별한 제한을 가하는 등, 전체 은행체계의 신용배분에 대해 정부가 깊숙이 관여하였다(김중웅, 1986 ; 정운찬, 1995: 246~ 249). 지시금융의 비율은 1975년에는 정책금융의 1%에 불과하였으나 시간이 흐르면서 계속 비중이 높아져 1980년대에는 15% 안팎에 이르고 있다(〈표 5-16〉 참조).

〈표 5-16〉 정책금융의 재원별 지원실적 추이

(단위: 억 원, %)

	1975		1978		1981		1983		1985	
	잔 액	구성비	잔 액	구성비	잔 액	구성비	잔 액	구성비	잔 액	구성비
총대출금	38,568	100.0	93,160	100.0	240,294	100.0	346,663	100.0	464,007	100.0
일반금융	18,989	49.2	32,533	34.9	76,793	31.9	115,677	33.4	165,049	35.6
정책금융	19,579	50.8	60,627	65.1	163,501	68.1	230,086	66.6	298,958	64.4
재원별 정책금융	19,579	100.0	60,627	100.0	163,501	100.0	230,086	100.0	298,958	100.0
금융자금	8,148	41.6	27,658	45.6	76,712	46.9	106,430	46.1	139,845	46.8
한은 재할인	3,735	19.1	11,854	19.6	27,324	16.7	30,516	13.3	35,795	12.0
재정이차보전	1,753	9.0	4,845	8.0	12,998	8.0	49	0.0	38	0.0
특수은행자금	2,463	12.6	6,340	10.5	20,825	12.7	41,860	18.2	56,574	18.9
지시금융	197	1.0	4,619	7.6	15,564	9.5	34,005	14.8	47,438	15.9
국민투자기금	534	2.7	2,849	4.7	4,871	3.0	8,811	3.6	9,352	3.1
재정자금	1,384	7.1	3,021	5.0	6,439	3.9	11,085	4.8	15,590	5.2
외화신용	3,436	17.5	10,989	18.2	27,750	17.0	31,338	13.6	34,232	11.5
산업은행, 수은자금	6,077	31.0	16,081	26.5	47,729	29.2	73,822	31.9	99,931	33.4

자료: 원자료는 한국은행 작성. 이영세 외(1987) : 〈표 V-3〉에서 인용.

2.2.   저이자율 정책과 이중 금리구조

성장금융체계 대부분의 기간 동안 투자촉진을 위한 저금리정책으로 인해 금융시장은 낮은 규제금리가 적용되는 공금융시장과 시장금리가 적용되는 사금융시장이라는 이중 금리 구조 아래 놓여 있었다.[9] 1960년대와 1970년대 은행 일반대출금리와 사채시장 금리 간의 기간중 평균격차는 각각 34.93% 포인트와 23.01% 포인트에 달하였다. 1970년대 동안에는 은행대출의 실질금리는 0에 가깝거나 종종 음의 수치를 나타내기도 하였다(〈그림 5-3〉 참조). 비제도권 사채시장 금리와 제도권금리를 비교해보면, 1970년대까지는 후자 중에서도 비교적 시장실세를 반영한다고 여겨지는 회사채 수익률과 비교하여도 사채시장 금리가 거의 2배 정도 높은 수준이며, 1980년대 동안에도 현저한 차이를 보인다(〈표 5-17〉 참조).

〈표 5-17〉 기간별 각종 금리의 평균치 및 격차

(단위: %, % 포인트)

	1963~1969	1970~1979	1980~1989	전기간
수출어음금리 〈A〉	6.88	7.50	11.00	8.63
은행일반대출금리 〈B〉	21.50	18.65	12.85	17.24
회사채수익률 〈C〉	34.01	22.92	16.93	23.58
사채금리 〈D〉	56.43	41.66	27.73	40.33
은행일반금리·정책금융금리차(A-B)	14.62	11.15	1.85	8.61
시장금리·규제금리차(C-B)	12.52	4.27	4.08	6.34
공사금리차(D-C)	22.42	18.74	10.80	16.75
사채금리·정책금융금리차(D-B)	34.93	23.01	14.88	23.09
은행 실질 대출금리	5.9	3.4	4.4	4.5

주: 1) 은행일반대출금리는 상업어음할인금리. 회사채수익률은 보증부 3년물 사채의 수익률. 단, 회사채수익률 중 1975년 이전의 수치는 국공채 평균수익률. 은행실질대출금리는 은행일반 대출금리에서 소비자물가상승률을 빼서 얻음.
　　 2) 은행의 상업어음할인금리 및 무역어음할인금리는 1988년 말에 자유화됨.
자료: 한국은행, 《경제통계연보》, 각 연도 ; 사채금리는 홍완표(1992) : 부록C의 분기별자료를 참조.

---

9) 1962년에 경제개발계획이 집행되어 수년간 고도성장이 지속되자, 정부는 경제안정 및 사채자금의 은행예금으로의 흡수를 통한 산업자금화를 위해 1965년 9.30 금리현실화 조치를 취한다. 예금은행의 1년만기 정기예금 금리가 종전의 15%에서 30%로, 일반대출금리가 16%에서 26%로 대폭 인상, 현실화되었다. 이후 예금은행의 GNP 대비 총예금은 1964년 말의 6%에서 1969년에는 무려 29%로 급증하였다. 그러나 1972년의 8·3 긴급경제조치를 계기로 정부는 1960년대 후반 동안 시도한 금리자유화 정책을 포기하고 은행 일반대출금리를 낮은 이자율 수준으로 재차 규제하기 시작하였다. 1970년대 동안 실질금리는 음이거나 0에 가까운 수준에서 지속되었다. 전국경제인연합회(1987) : 38~41 참조.

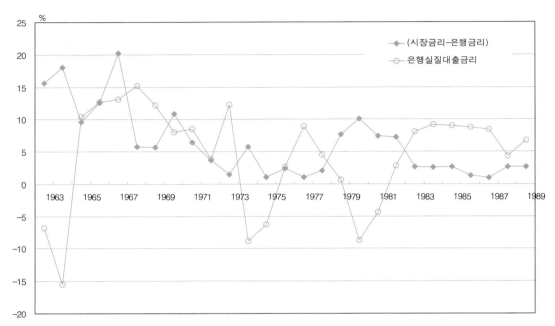

〈그림 5-3〉 시장·규제금리차 및 실질금리 추이[10]

또한 정부주도에 의한 중화학공업화가 적극적으로 추진되던 1970년대 중에는 제도권 금리 내에서도 일반자금의 대출금리와 정책자금의 대출금리 간에 큰 격차가 있었다. 1960, 1970년대 동안 은행의 일반대출금리는 한은 자동재할인 대상 정책금융인 수출어음금리와 비교할 때 2배 이상의 높은 수준이었다. 무역금융은 정책금융의 가장 큰 비중을 차지하고 있었는데, 1980년대에 들어와서 일반대출금리는 인하되고 수출어음금리는 상승하면서 비로소 그 격차가 줄어들었다. [11]

제조업 부문별 차입금 평균 조달금리의 차이에서 신용할당 구조의 특색이 드러난다. 〈표 5-18〉에서 보듯이, 1970, 1980년대 동안 수출기업의 차입비용이 내수기업보다, 또 중화학공업 기업의 차입비용이 경공업기업보다 적게는 1.4% 포인트에서 많게는 2.8% 포인트나 낮았다. 기업규모별로 볼 때 1970년대의 경우 대기업의 차입비용이 중소기업의 차입비용보다 근 2% 포인트 낮았다.

10) 시장·규제금리차에서 시장금리는 회사채수익률, 규제금리는 은행일반대출금리임. 은행실질대출금리는 은행 일반대출금리에서 소비자물가상승률을 뺀 것임.
11) 1986년 이후 3저호황이 시작되면서 무역수지가 흑자를 보이게 되자 융자단가가 축소되고 대기업에 대한 무역 금융 조치가 축소되면서 무역금융의 규모가 현저하게 줄어들었다.

〈표 5-18〉 제조업 부문별 평균 차입비용의 차이

(단위 : %, % 포인트)

	1973~1981	1982~1986	1987~1990	1991~1994	1995~1997
대기업(A)	13.0	14.0	12.6	14.0	10.9
중소기업(B)	14.9	14.2	14.3	16.1	12.1
A-B	-1.9	-0.2	-1.7	-2.1	-1.2
수출기업(C)	12.6	12.7	12.6	14.0	10.8
내수기업(D)	14.0	14.8	13.2	14.6	11.3
C-D	-1.4 ·	-2.1	-0.6	-0.6	-0.5
중화학공업(E)	12.1	13.5	12.7	14.0	10.8
경공업(F)	14 9	14.9	13.5	15.4	12.4
E-F	-2.8	-1.4	-0.8	-1.4	-1.6

자료: 한국은행, 《기업경영분석》, 각 호의 자료를 이용하여 작성.

3. 은행신용의 할당체계와 기업규모별 재무구조 및 자금조달 구조

3.1.   기업규모별 재무구조

〈표 5-19〉는 1976년부터 1997년까지 기간 동안 제조업종에서 대규모기업, 중규모기업, 소규모기업의 기간중 평균 자본구성을 보여주고 있다. 총자본에 대한 부채의 비율로 정의되는 부채비율은 대기업 76.8%, 중기업 73.9%, 소기업 51.4%로 기업규모가 클수록 부채의 비중이 크다. 총자본 중 이자발생부채의 비중도 기업규모에 따라 대기업 46.7%, 중기업 36.9%, 소기업 24.3%로 기업규모가 클수록 이자발생부채를 사용하는 비중이 높다.

자본의 구성을 보면, 기업규모가 작을수록 자본금의 비중이 훨씬 크다. 소기업의 경우 자기자본이 총자본(부채와 자본의 합계) 대비 48.6%인데 그 대부분인 41.5%가 자본금이다. 이에 비해 대기업의 자본은 23.2%이며 자본금은 11.0%로, 자본금이 자본에서 차지하는 비중이 반에 못 미친다. 이하에서 부채비율, 차입금의존도 등 기업의 자본구성을 파악하는 대표적 재무비율을 이용하여 우리나라 기업들의 재무구조의 특성에 대해서 살펴본다.

<표 5-19> 제조업종 기업규모별 자본구성 (1976~1997년 기간 평균)

(단위 : 구성비 %, 조 원)

	대기업	중기업	소기업
매입채무	11.7	16.7	11.0
단기차입금	20.8	19.6	12.4
사 채	8.5	1.1	0.3
장기차입금	17.5	16.2	11.7
이자발생부채	46.7	36.9	24.3
부채총계	76.8	73.9	51.4
자본금	11.0	18.2	41.5
자본잉여금	6.9	2.4	1.1
이익잉여금	5.3	5.6	6.0
자본총계	23.2	26.1	48.6
부채및자본총계	100.0	100.0	100.0
부채및자본총계 (조 원)	113.3	37.2	10.7

주: 1) 기업의 규모 분류는 종업원 수 기준에 따라 5~20인 미만을 소기업, 20~299인까지를 중기
　　　업, 300인 이상을 대기업으로 구분하였다.
　　2) 각 규모별 기업의 연도별 시계열자료는 책 말미의 부록에 수록.
자료: 대기업 자료는 한국은행,《기업경영분석》, 소기업 및 중기업 자료는 중소기업청,《중소기업실
　　　태조사보고》각 연도 자료들로부터 계산. 수치는 각 연도의 구성비 수치를 산술 평균하여 얻어
　　　진 값이다.

3.1.1.　기업규모별 부채비율

우리나라의 경우 성장금융체제의 시기 동안 기업규모와 부채비율이 강한 비례적 관계
를 보이고 있다. <표 5-20>은 자료의 입수가 가능한 1976년부터 시작하여 1997년까
지 기업규모별로 부채비율의 차이를 보여주고 있다. <표 5-20>과 <그림 5-4>에서 볼
때, 제조업부문에서 기업규모에 대해 부채비율이 비례적으로 증가하는 뚜렷한 모습을
확인할 수 있다. 1976년부터 외환경제위기가 발생한 해인 1997년 기간 동안에 걸쳐,
종업원 수 5~19인의 소규모기업의 기간중 평균 부채비율은 105.9%로 낮은 데 반하
여, 종업원 수 20~299인인 중규모기업의 부채비율은 282.7%, 종업원 수 300인 이
상인 대기업의 부채비율은 351.2%로 기업규모에 따라 현저한 차이가 나고 있다. 기
업규모가 커질수록 부채비율이 비례적으로 커지는 모습이 분명하다.[12]

---

12) 1985년부터 1997년까지 한국증권거래소에 상장된 기업들을 대상으로 한 연구에서도 기업규모와 부채비율이
　　비례하는 모습이 나타나고 있다. 박순식(1998)은 1985년부터 1997년까지 13년간 계속 상장된 424개 기업을
　　자본금규모에 따라 3등분하였는데, 대기업의 기간 평균 부채비율(=총부채/총자산)은 0.7470, 중기업은
　　0.6826, 소기업은 0.6183으로 나타났다. 박순식(1998) : 74의 <표 4-2> 참조.

　　중규모기업의 부채비율이 대기업의 부채비율보다 처음으로 커지는 1988년을 기준으로 하여 기간을 나누어 살펴보자. 1976~1987년 기간 동안 소규모기업의 부채비율은 84.3%에 불과한 반면에 중규모기업의 부채비율은 267.4%, 대기업의 부채비율은 379.4%로 현격한 차이가 난다. 1988년부터 1997년까지 동 비율은 각각 152.2%, 315.4%, 290.8%로서, 중규모와 소규모기업의 부채비율은 이전 시기에 비해 높아진 반면에 대기업의 부채비율은 낮아져 기업규모간의 부채비율의 차이가 상당히 축소되고 역전되었다(〈표 5-21〉 참조).

〈표 5-20〉 제조업종 기업규모별 부채비율의 요약 통계(1976~1997년)

(단위: %)

	평 균	중앙값	최 대	최 소	표준편차
소규모 제조기업	105.9	110.4	232.0	42.1	49.131
중규모 제조기업	282.7	294.7	356.9	184.1	46.676
대규모 제조기업	351.2	342.5	504.7	239.9	63.188

주: 기업의 규모 분류는 종업원 수 기준에 따라 5~20인 미만을 소기업, 20~299인까지를 중기업, 300인 이상을 대기업으로 구분하였다.
자료: 소기업 및 중기업자료는 중소기업청, 《중소기업실태조사보고》; 대기업자료는 한국은행, 《기업경영분석》의 자료들로부터 계산.

〈그림 5-4〉 제조업종 기업규모별 부채비율 추이

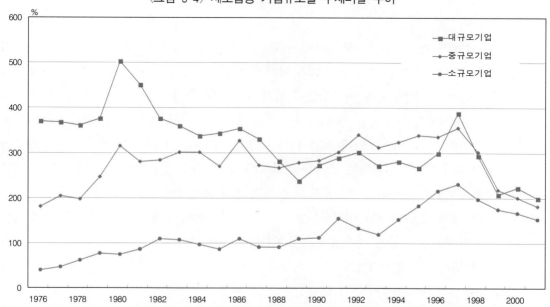

126

〈표 5-21〉 제조업종 기업규모별 기간별 부채비율의 비교

(단위: %)

	1976~1987	1988~1997	1976~1997	1998~2002	1976~2002 전기간
소기업	84.3	152.2	105.9	175.9	126.4
중기업	267.4	315.4	282.7	216.1	275.7
대기업	379.4	290.8	351.2	211.9	315.6

주: 1) 기업의 규모 분류는 종업원 수 기준에 따라 5~19인을 소기업, 20~299인을 중기업, 300인
이상을 대기업으로 구분하였다.
2) 수치는 기간중 각 연도의 수치를 단순 합산 평균한 값들이다.
자료: 소기업 및 중기업자료는 중소기업청, 《중소기업실태조사보고》; 대기업자료는 한국은행, 《기
업경영분석》의 자료들로부터 계산.

〈표 5-22〉 1980년대 후반기 직접금융을 통한 은행대출금 의무상환 실적

(단위: 10억 원, %)

		1987	1988	1989
자기자본 조달	의무액	747.2	588.4	-
	실적	1021.0	1771.6	-
차입금 상환	의무액	687.6	588.4	1244.4
	실적	691.0	620.6	1262.1

자료: 최진배(1995): 144의 〈표 4-16〉; 한국은행, 《경제통계연보》, 각 호; 통계청, 《한국 주요경제지
표》, 각 호.

1980년대 후반에 관찰되는 이와 같은 기업규모별 부채비율의 구조변화는 주로 재벌
과 대기업에 대한 정부의 정책적 규제의 영향으로 인한 것이다. 1980년대 후반에 3저
호황으로 대기업들의 자금상황이 크게 좋아지고 증시가 활황을 보이자, 또한 재벌로
의 경제력집중에 대한 거센 사회적 비판과 우려하에서, 〈표 5-22〉에서 보듯이, 정부
는 1987~1989년 동안에 계열기업군에 대해 증자의 시행과 증자대금만큼 은행대출금
을 의무적으로 상환하는 조치를 취하였다. 이와 동시에 1988년부터 여신한도관리제가
체계적으로 시행되고 기준한도가 강화된 것도 재벌계열사들의 부채비율을 떨어뜨리는
데 크게 작용하였다. 여신한도관리제의 강화로 1987년 26.3%에 이르던 30대 재벌의
은행대출금 비중은 지속적으로 줄어들어 1995년에는 13.9%까지 낮아졌다. 또한 이
와 병행하여 중소기업에 대한 의무대출이 강화되었다.[13]

13) 시중은행의 중소기업 대출의무비율은 종전의 30%에서 1980년 35%로 높아지고 1992년에 45%로 재차 높아졌다.
지방은행의 동 비율은 1976년 40%, 1980년 10월 55%, 1986년 4월 80%로 높아졌다. 중소기업 대출의무비율

이론적으로 볼 때, 기업규모와 부채비율 간에는 정의 관계가 기대된다. 여러 나라의 자료를 이용한 실증적인 분석결과들도 대체로 기업규모와 부채비율 간에는 정의 관계가 있음을 보여주고 있다(Harris and Raviv, 1991 ; Rajan and Zingales, 1995 : 1451~1453, 특히 Table IX ; Wald, 1999 : 174 참조). 14) 기업규모가 클수록 사업이 다각화되고 기업의 수익과 현금흐름의 변동성이 작아지는 경향이 있다. 이 변동성이 작을수록 기업은 높은 수준에서 레버리지를 감당할 능력이 향상된다. 또 기업규모가 클수록 직접 파산비용의 상대적 크기가 작아지므로(Warner, 1977), 기업규모와 부채비율 간에는 정의 관계가 성립할 것으로 기대된다. 다른 한편, 대기업일수록 자본시장에서 잘 알려져 있고 그에 따라 정보 비대칭성이 줄어들어 주식자금의 조달비용이 낮아져 중소기업에 비해서 상대적으로 주식발행을 통한 자금조달을 꺼리지 않을 수 있다. 그러나 낮은 채무불이행 위험 때문에 저금리자금을 충분히 조달할 수 있으며 타인조달비용이 주식조달비용보다 낮기 때문에 차입자본을 우선적으로 조달하려 하게 되고, 결과로서 부채비율은 높아지게 될 것으로 기대된다(이윤호, 2002).

우리나라의 경우 기업의 재무비율이 기업규모와 비례적인 관계를 강하게 갖는 것은, 다른 무엇보다도 우리나라 성장금융체제에서 대기업 및 재벌에 대한 은행신용의 우대적 할당이라는 신용할당의 구조적 특징을 반영하는 결과로 보아야 할 것이다. 제도권 금융자금은 정부의 경제개발계획에 맞추어 배분되었고, 정책적 자금배분 구조상의 1차적인 특징은 대기업 또는 재벌에 대해 유리한 금리조건으로 우선적인 할당이 이루어졌다는 것이다. 대기업들일수록 외부자금 조달시 우대금리가 적용되는 은행차입금을 우선적으로 또한 최대로 확보하려 했고 그럴 수 있었다. 집중적 수혜자인 대기업들은 우대금리가 적용되는 은행자금 의존적 자금조달 행태를 보이게 되고, 그 결과로서 대기업들의 부채비율이 높아지게 되었다. 15) 이러한 주장은 아래에서 기업규모별 차입금의존도 및 차입금규모의 비교를 통해서 확인할 수 있다.

3.1.2. 기업규모별 차입금의존도와 차입금의 구성

〈표 5-23〉은 1976년부터 외환경제위기가 발생한 1997년까지의 기간 동안에 제조업종

제도의 변경 추이에 대해서는 최진배(1995) : 134의 〈표 4-10〉 및 재정경제원 금융정책과(1997.7.4) 참조.
14) 우리나라 기업을 대상으로 한 기존의 실증분석들에서도 기업규모와 부채비율 간에 양의 유의한 관계가 성립한다고 보고되고 있다. 김홍식(1988), 신동영(1993), 김해진·이해영(1995), 박순식·이순목(1996), 박순식(1998) 참조.
15) 1980년대 초반까지의 자료를 사용하여 우리나라 이중 금융구조하에서의 기업 재무구조 결정에 초점을 맞추어 연구한 논문으로 남상우(1984) 참조.

기업규모별로 부채비율, 차입금의존도 및 차입금의 구성을 보여주고 있다. 부채비율과 차입금의존도가 기업규모에 강한 비례관계를 갖는 것이 먼저 눈에 띈다. 소1규모기업의 부채비율은 88.8%이다. 부채비율은 단조적인 모습으로 증가하여 대기업에 이르면 355.2%로 높아진다. 차입금의존도도 소1규모기업의 20.1%에서 중규모기업 36.8%, 대기업에 이르면 48.3%로 높아진다. 〈그림 5-5〉에서 보듯이, 기업규모에 비례하여 차입금의존도가 높은 구조는 분석 전기간 동안에 일관된 모습이다. 이렇듯이 기업규모가 클수록 차입금의존도가 일관되게 높은 중요한 요인은 기업규모가 클수록 부채비율이 높을 뿐 아니라 동시에 부채 가운데 차입금이 차지하는 비중이 크기 때문이다. 1976~1997 기간 동안 소규모기업의 경우 차입금/총부채 비율은 평균 47.9%, 중규모기업은 49.9%, 대기업은 60.8%로서 중소기업과 대기업 간에 뚜렷한 차이가 있다.

차입금의 구성에 대해서 살펴보자. 먼저, 소규모기업에서는 사채(私債)에 의존하는 비중이 10% 정도로 높으며, 중규모기업으로 오면 사채의존도는 4%대로 떨어진다. 회

〈표 5-23〉 제조업종 기업규모별 차입금의 구성 (1976~1997년 평균, 연말잔액 기준)

(단위: %)

	부채비율	차입금 의존도	차입금 구성	금융기관 차입금	차관	회사채	사채	기타
소1규모	80.0	19.0	100.0	84.6	n.a.	2.7	11.9	1.3
소2규모	128.1	26.3	100.0	90.6	n.a.	0.8	7.3	1.6
소규모	105.9	23.5	100.0	88.5	n.a.	1.0	8.7	2.2
중1규모	197.4	32.2	100.0	92.5	n.a.	1.6	4.7	1.5
중2규모	273.0	35.2	100.0	91.4	n.a.	2.7	3.7	2.3
중3규모	341.7	37.8	100.0	86.8	n.a.	5.9	4.7	2.8
중4규모	337.1	38.6	100.0	85.5	n.a.	7.2	4.6	2.9
중규모	282.7	36.2	100.0	90.4	n.a.	3.1	4.5	2.4
대규모	351.2	47.2	100.0	69.8	12.8	18.1	n.a.	12.1

주: 1) 기업의 규모는 종업원 수 기준에 따라 5~19인을 소기업, 20~299인까지를 중기업, 300인 이상을 대기업으로 구분.
　　2) 중소규모 기업에서 차관은 은행차입금에 포함되어 있다. 중소규모 기업의 기타항목은 관계회사차입금과 장기성지급어음의 합이다. 대규모기업의 기타항목은 관계사차입금 및 주주종업원차입금의 합이다.
　　3) 각 규모 기업의 시계열자료에 대해서는 책 말미의 부록 참조.
자료: 중소기업은행·중소기업협동조합중앙회,《중소기업실태조사보고》; 한국은행,《기업경영분석》 각 연도의 자료로부터 산출. 각 연도의 수치를 기간 동안 단순 합산하여 평균함. 단, 소규모와 중규모의 수치는 각 규모에 속하는 기업들의 당해 수치를 합산하여 계산한 가중평균치임.

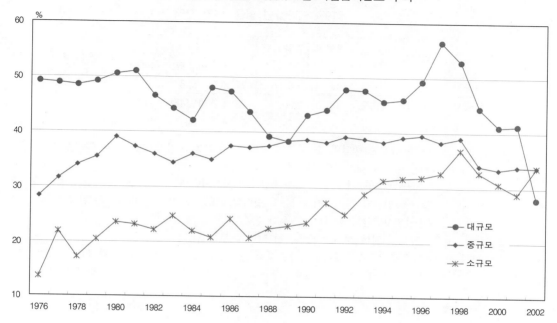

〈그림 5-5〉 제조업종 기업규모별 차입금의존도 추이

사채에 대한 의존도는 중2규모기업까지는 3% 미만으로 미미하다가 기업규모에 따라 점
점 커져 대기업에 오면 비중이 18.1%까지 높아진다. 금융기관차입금의 비중은 중소기
업의 경우에 전체차입금의 90% 정도로 차입금의 대부분을 차지한다. 대기업의 경우에
는 오히려 은행차입금의 비중이 55.2%로 낮은 편이다. 그러나 은행의 지급보증하에서
조달되는 차관의 비중 12.8%까지 합하면 대기업에서도 우대금리의 적용을 받는 자금
의 비중은 69.8%에 이른다. 대기업의 경우에는 중소기업에 비해 관계회사로부터의 차
입금 비중이 훨씬 높아 내부자본시장으로부터의 자금조달이 활발하게 이루어지고 있다.
 〈표 5-24〉와 〈표-25〉는 위의 자료를 1976~1987년 기간과 1988~1997년의 두 기
간으로 나누어 본 것들이다. 중소규모기업의 차입금구조에는 큰 변화가 없으나, 대기
업의 경우 적지 않은 차입금구조의 변화가 보인다. 중소기업의 경우 후기로 오면서 차
입금의존도가 다소 높아지면서, 차입금의 구성에서는 사채에 의존하는 비중이 다소
줄어들고 대신 은행에 의존하는 정도가 소폭 증가하는 모습이다. 반면에 대기업의 경
우에는 차입금의존도가 다소 낮아지면서 동시에 금융기관차입금 비중이 전기의
74.1%에서 후기에는 64.7%로 약 10% 포인트 정도 상당 폭 낮아지고 있다. 반면에
회사채의 비중은 10.5%에서 27.3%로 대폭 확대된다. 은행차입금 가운데 차관자금
의 비중이 19.5%에서 4.4%로 크게 위축되고 그 자리를 직접금융이 대신 메우는 식

〈표 5-24〉 제조업종 기업규모별 차입금의존도와 차입금의 구성

(1976~1987년 평균, 연말 잔액 기준)

(단위: %)

	부채비율	차입금 의존도	차입금 구성	금융기관 차입금	은 행	비은행	차 관	회사채	사 채	기 타
소규모	84.3	21.5	100.0	86.5	77.8	8.8	na	0.2	11.1	2.1
중규모	267.4	35.2	100.0	90.9	78.5	12.4	na	1.8	5.2	2.6
대규모	379.4	47.5	100.0	74.1	54.9	na	19.2	10.5	na	15.4

주: 1) 기업의 규모는 종업원 수 기준에 따라 5~19인을 소기업, 20인부터 299인까지를 중기업, 300인 이상을 대기업으로 구분.
2) 중소규모 기업에서 차관은 은행차입금에 포함되어 있다. 중소규모 기업의 기타 항목은 관계회사차입금과 장기성지급어음의 합이다. 대규모기업의 기타항목은 관계사차입금 및 주주종업원차입금의 합이다.
3) 각 규모 기업의 시계열자료는 책 말미의 부록 참조.
자료: 중소기업은행·중소기업협동조합중앙회, 《중소기업실태조사보고》; 한국은행, 《기업경영분석》, 각 연도의 자료로부터 산출. 각 연도의 수치를 기간 동안 단순 합산하여 평균함.

〈표 5-25〉 제조업종 기업규모별 차입금의존도와 차입금의 구성

(1988~1997년 평균, 연말 잔액 기준)

(단위: %)

	부채비율	차입금 의존도	차입금 구성	금융기관 차입금	은 행	비은행	차 관	회사채	사 채	기 타
소규모	152.2	27.8	100.0	90.8	81.4	8.7	n.a.	1.9	5.5	2.3
중규모	315.4	38.7	100.0	89.9	78.8	10.5	n.a.	4.7	3.5	2.2
대규모	290.8	45.8	100.0	64.7	n.a.	n.a.	4.4	27.3	n.a.	8.0

주: 1) 기업의 규모는 종업원 수 기준에 따라 5~19인을 소기업, 20~299인을 중기업, 300인 이상을 대기업으로 구분하였다.
2) 중소기업에서 차관은 은행차입금에 포함되어 있다. 기타항목은 관계회사차입금이나 장기성지급어음 등이 다. 대규모기업의 기타항목은 관계사차입금 및 주주종업원차입금의 합이다.
3) 중소기업의 경우 1996년까지 은행차입금과 비은행차입금이 분리되어 계정되다가 1997년부터는 금융기관차입금으로 통합계정되고 있다. 따라서 표의 은행차입금의 수치는 1976년부터 1996년까지의 평균치이다. 대기업의 경우에는 1989년까지 은행차입금 계정이 기록되다가 1990년부터 금융기관차입금으로 통합 기록되고 있다.
4) 각 규모 기업들의 연간 시계열자료는 책 말미의 부록 참조.
자료: 중소기업은행·중소기업협동조합중앙회, 《중소기업실태조사보고》; 한국은행, 《기업경영분석》 각 연도의 자료를 취합하여 정리. 각 연도의 수치를 기간 동안 단순 합산하여 평균함. 단, 소규모와 중규모의 수치는 각 규모에 속하는 기업들의 당해 수치를 합산하여 계산한 가중평균치이다.

의 구조변화가 발생하였다.

　　또한 1988년 이후로 대기업의 부채비율 및 차입금의존도는 시계열상으로도 큰 변동을 보였다. 1987년에 43. 7%였던 대기업의 차입금의존도는 다음 해인 1988년에 39. 3%, 1989년 38. 4%로 크게 낮아진다. 그 이후에는 대체로 45% 안팎에서 유지되다가 1994년부터 다시 상승하기 시작한다. 이 같은 변화의 대부분은 이 기간 동안의 대기업의 부채비율 변동에 의해 설명되는 것으로 보인다. 대기업의 부채비율은 1987년 333. 1%에서 1988년 283. 9%, 1989년 239. 9%로 낮아진 후 200% 후반대 수준을 유지하다가 대기업 및 재벌에 대한 여신규제가 본격적으로 느슨해지기 시작하는 1996년에 300%를 넘어서고 1997년에는 390. 0%로 치솟는다. 또한 대기업의 경우 기간 동안에 은행여신에 대한 규제로 은행자금의 조달에 제한을 받자 대체조달원으로서 회사채에 의존하게 되면서, 차입금 구성중 회사채가 차지하는 비중이 전반기의 10. 5%에서 후반기에는 27. 3%로 크게 높아진다.

3.1.3.　기업규모별 금융기관차입금 규모

〈표 5-23〉에서 보면, 1976~1997년 기간 동안 차입금 가운데 은행(차관 포함) 차입금의 비중은 기업규모별로 큰 차이를 보이지 않으나 기업규모가 커질수록 부채비율 및 차입금의존도가 점점 높아지고 있다. 그 결과, 매출액 1원당 은행차입금의 크기는 기업 규모가 커질수록 더욱 커지는 뚜렷한 특징이 나타나게 된다. 즉, 은행 및 비은행 금융기관 자금의 공급이 대규모기업을 중심으로 하여 이루어진 것이다. 〈표 5-26〉에서, 1976~1996년 기간 동안 대규모기업의 은행차입금의 평균 크기는 매출액 1원당 0. 323원으로, 중규모기업의 0. 217, 소규모기업의 0. 151원에 비해 월등하게 크다. 1976~1987년 기간 동안의 동 수치는 대기업 0. 334, 중기업 0. 191, 소기업 0. 129로, 1976~1996년 기간 동안의 수치보다 기업규모간 편차가 더 크다. 따라서 1976~1987년 기간 동안에 기업규모간 대출금 할당에 있어서 더욱 대기업 중심적인 구조가 유지되었음을 알 수 있다.

　　제도권자금에 대한 기업규모별 접근도의 차이를 모든 규모 기업들의 평균차입금으로부터의 괴리도로 계량화하여 〈표 5-27〉에서처럼 비교해 보면, 은행자금이 기업규모별로 얼마나 차별적으로 배분되었는지가 잘 대비되어 드러난다. 기업규모별 비교가 가능한 기간인 1976~1989년 동안에, 가장 규모가 작은 소1규모기업은, 전체 기업의 평균매출액 1원당 은행대출금 0. 190원에 비해 46. 0% 적은, 0. 103원의 은행자금을 사용하였다. 이 수치는 기업규모별로 단조적으로 증가하여 대규모기업의 경우에는 평균보다 70.3%만큼 더 많은 매출액 1원당 0.323원의 은행자금을 사용하고 있다. 이는 소기업의 3배를 웃도는 크기이다.

은행뿐 아니라 비은행 금융기관으로부터의 차입금을 포함하여 매출액 1원당 차입금 규모를 기업규모별로 비교해보자. 대기업은 1990년부터 자료가 이용가능하다. 〈표 5-28〉에서 1976년부터 1997년 기간 동안 소규모기업의 경우 은행과 비은행 모든 금

〈표 5-26〉 제조업종 기업규모별 매출액 1원당 은행차입금액의 요약 통계(1976~1996년 평균)

(단위: 원)

	평균	최대	최소	표준편차
소규모 제조기업	0.151	0.256	0.095	0.047
중규모 제조기업	0.217	0.302	0.155	0.045
대규모 제조기업	0.323	0.402	0.250	0.053

주: 1) 기업의 규모 분류는 종업원 수 기준에 따라 5~20인 미만을 소기업, 20~299인까지를 중기업, 300인 이상을 대기업으로 구분하였다.
2) 대기업은 1976년부터 1989년까지의 자료에 대한 수치이다.
3) 각 규모 기업의 시계열자료는 책 말미의 부록 참조.
자료: 소기업 및 중기업자료는 중소기업청,《중소기업실태조사보고》; 대기업자료는 한국은행,《기업경영분석》의 자료들로부터 계산.

〈그림 5-6〉 제조업종 기업규모별 매출액 1원당 은행차입금 추이

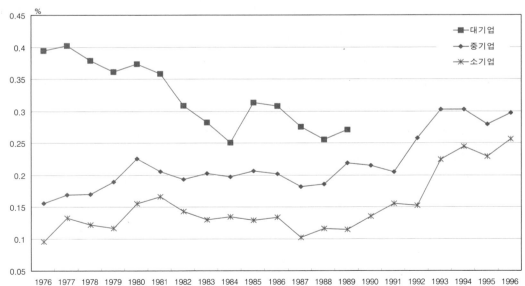

융기관으로부터의 매출액 1원당 차입금 크기는 평균 0.175원, 중규모기업은 0.252원이다. 1976~1997년 기간을 1976~1987년과 1988~1997년 기간으로 나누어 살펴보면, 전반부 기간 동안 소기업의 동 수치는 0.144원, 중기업은 0.222원이던 것이, 1988~1997년 기간 동안에는 소기업 0.212원와 중기업 0.288로 상당히 커져 있다. 후반부 시기에 대기업의 해당수치는 0.381원이다.

〈표 5-27〉 제조업종 기업규모별 은행자금에 대한 접근도 (1976~1989년 평균)

	은행차입금/매출액	은행접근도
소1규모	0.103	-46.0
소2규모	0.142	-25.2
중1규모	0.178	-8.2
중2규모	0.184	-4.4
중3규모	0.204	7.6
중4규모	0.202	6.0
대규모	0.323	70.3
평 균	0.190	0.0

주: 1) 기업의 규모 분류는 종업원 수 기준에 따라 다음과 같이 이루어졌다. 소1규모(5~9인), 소2규모(10~19인), 중1규모(20~49인), 중2규모(50~99인), 중3규모(10~199인), 중4규모(200~299인), 대규모 (300인 이상). 단, 대규모기업의 경우는 업종에 따라 상시종업원 100인 또는 200인 이상의 표본업체들로부터 얻어진 경우도 있다.
  2) 은행차입금에는 차관이 포함되어 있다.
  3) 은행 및 금융기관 접근도 = 100×(규모별 차입금-평균)/평균.
자료: 중소기업은행·중소기업협동조합중앙회, 《중소기업실태조사보고》; 한국은행, 《기업경영분석》, 각 연도의 자료로부터 산출. 각 연도의 수치를 기간 동안 단순 합산하여 평균함.

〈표 5-28〉 제조업종 기업규모별 매출액 1원당 금융기관차입금

	1976~1997	1976~1987	1988~1997
소기업	0.175	0.144	0.212
중기업	0.252	0.222	0.288
대기업	n.a.	n.a.	0.381

주: 1) 기업의 규모 분류는 종업원 수 기준에 따라 5~20인 미만을 소기업, 20~299인까지를 중기업, 300인 이상을 대기업으로 구분하였다.
  2) 대기업은 1990년부터 1997년까지의 자료에 대한 수치이다.
자료: 소기업 및 중기업자료는 중소기업청, 《중소기업실태조사보고》; 대기업자료는 한국은행, 《기업경영분석》의 자료들로부터 계산.

3.2.   기업의 자금조달 구조

3.2.1.   기업규모별 자금조달 구조

지금까지는 연말 시점의 스톡 재무자료를 이용하여 기업의 재무구조적 특성에 대해서 살펴보았다. 지금부터는 한국은행의 《기업경영분석》의 자금운용표상에 나타나는 기업의 매년의 자금조달(순증 기준) 자료에 대한 분석을 통해 우리나라 기업들의 자금조달의 특징에 대해 살펴본다. 금액자료는 1977년부터 이용 가능하며, 그 이전 기간에는 구성비 자료만 이용 가능하다.

우리나라 전체 기업들은 1977년부터 1997년까지 21년의 기간 동안 조달한 자금 가운데 40.1%를 자기자금으로, 나머지 59.9%를 타인자금으로 조달하였다(〈표 5-29〉참조). 자기자금 가운데 기업 내부에서 창출한 자금의 비중이 전체 조달자금 대비 34.2%이며, 그 가운데 내부유보 이익의 비중이 10.6% 포인트, 감가상각비가 23.6% 포인트이다. 주식발행을 통한 조달비중은 기간중 평균 5.9%로 낮다. 타인자금 조달비중 59.9% 가운데 차입금과 사채의 합인 이자발생부채의 비중은 총자금조달 대비 36.4%이다. 이자발생부채는 총조달자금에 대비하여 금융기관차입금(차관 포함) 22.4%, 회사채 6.6%, 기타차입금 7.4%로 구성되어 있다.

조달원 구성비의 전체적인 흐름을 〈표 5-30〉과 〈그림 5-7〉에서 보면, 1980년대 후반 3저호황기에 내부자금의 비중이 높았고 장기 및 단기차입금의 비중이 낮았다. 주식발행과 회사채발행을 통한 자금조달의 비중은 전체적으로 낮으며, 주식발행과 내부자금 간에 동행하는 모습이 있는 것을 제외하고는 어떤 추세를 발견하기 어렵다. 자금조달원간의 관계에 대해서는 상관관계 및 회귀분석을 이용해 아래에서 보다 자세하게 다루어질 것이다.

제조업종 대기업과 중소기업의 자금조달 구조를 비교해 보자. 먼저, 자기자금 조달에서는 중소기업의 자기자금 조달비중이 37.7%로 대기업의 42.4%에 비해서 낮다(〈표 5-29〉 참조). 중소기업의 내부자금 비율은 30.5%로 대기업의 36.2%에 비해 낮은데, 중소기업의 내부유보이익 비율과 감가상각비 모두 대기업에 비해서 조금씩 낮다. 증자를 통한 자금조달 비중은 대기업 6.1%, 중소기업 7.2%로 대기업이 조금 낮다. 총 조달자금중 이자발생부채의 비중은 대기업과 중소기업 모두가 36% 수준이다. 그러나 대기업은 차입금 28.3%, 사채 8.5%인 반면, 중소기업은 차입금 34.1%, 사채 2.0%로 그 구성은 차이가 있다. 기업간신용인 매입채무에 의존하는 정도는 중소기업이 전체 자금조달액의 15.5%로 대기업의 2배 이상이며, 이것이 대기업과 중소기업의 타인자금 조달구조의 차이를 결정적으로 규정짓고 있다.

〈표 5-31〉은 1977~1997년 동안 제조 대기업과 중소기업의 자금조달 자료를 1977
~1987년 전기 기간과 1988~1997년 후기 기간의 둘로 나누어 다시 보여주고 있다.
먼저, 대기업과 중소기업 모두 자기자금 조달비중이 후기로 오면서 더 커져 있다. 대
기업과 중소기업 모두 증자의 비중은 다소 줄어들었음에도 불구하고 내부자금의 비중
이 각각 31.2%에서 41.8%, 30.5%에서 34.2%로 커짐에 따라 자기자금 조달비중이
커졌다. 타인자금 조달비중은 후기로 오면서 그만큼 줄어들었다. 이자발생부채의 조
달비중은 시간적으로 안정적이며, 중소기업이나 대기업이나 차입금의 만기구조는 비
슷하고 시간적으로도 안정적이다. 대기업의 경우 회사채를 통한 자금조달의 비중이
전반기의 6.5%에서 후반기에는 10.7%로 크게 높아진 반면에 매입채무와 기타항목
의 비중이 줄어들었다.

〈표 5-29〉 자금조달(순증 기준) 구조 (1977~1997년)

(단위: 구성비 %)

	전산업	제조 대기업	제조 중소기업
자금조달(순증) 합계	100.0	100.0	100.0
자기자금	40.1	42.4	37.7
증자	5.9	6.1	7.2
내부자금	34.2	36.2	30.5
내부유보	10.6	10.1	8.6
타인자금	59.9	57.6	62.3
이자발생부채	36.4	36.8	36.1
장단기차입금	29.8	28.3	34.1
장기차입금	18.4	18.7	14.4
금융기관차입금	8.6	7.8	10.9
단기차입금	18.1	18.1	21.7
금융기관차입금	11.6	11.8	11.3
회사채	6.6	8.5	2.0
매입채무	9.6	7.9	15.5
기타	13.9	12.9	10.8

주: 유동성장기부채 계정과목은 1990년부터 기록되기 시작하였다. 유동성장기부채는 유동성사채
와 유동성차입금으로 구성되는데, 기업경영분석에서는 이런 상세구분이 되어 있지 않다. 이
표에서는 유동성장기부채를 모두 금융기관차입금으로 처리하고 있다. 따라서 타인자금 중 회
사채의 비중이 유동성사채분만큼 과소평가되고 있다.
자료: 한국은행, 《기업경영분석》. 각 연도의 구성비를 항목별로 산술 평균하여 산출.

<표 5-30> 전체 기업의 자금조달(순증) 구성비의 추이

(단위: 조 원, %)

연도	1977	1978	1979	1980	1981	1982	1983	1984	1985	1986	1987	1988	1989	1990	1991	1992	1993	1994	1995	1996	1997
자금조달액(조 원)	4.3	6.6	9.2	11.7	12.5	18.3	13.7	21.0	23.0	26.0	32.0	36.4	52.2	66.9	79.3	77.0	92.8	122.5	137.1	153.4	162.0
자금조달액(%)	100.0	100.0	100.0	100.0	100.0	100.0	100.0	100.0	100.0	100.0	100.0	100.0	100.0	100.0	100.0	100.0	100.0	100.0	100.0	100.0	100.0
자기자금	34.7	30.1	29.4	20.4	32.6	34.8	43.8	44.2	38.0	50.5	51.7	68.6	52.4	34.0	35.5	44.6	52.3	42.7	41.7	36.2	23.2
증자	8.7	7.2	4.4	5.9	8.7	5.7	6.3	6.3	4.5	7.1	10.5	9.1	6.7	4.7	4.2	4.8	5.8	4.3	3.4	3.6	1.6
내부자금	25.9	22.9	25.0	14.5	24.0	29.2	37.4	37.9	33.5	43.4	41.2	59.5	45.7	29.4	31.3	39.8	46.5	38.4	38.3	32.7	21.5
내부유보	11.0	9.6	8.0	1.7	4.7	6.0	11.7	10.4	7.4	13.9	12.3	24.2	19.2	7.5	9.5	11.1	13.7	15.8	15.4	5.4	4.8
감가상각비	12.8	11.6	14.4	11.4	16.4	20.5	22.2	24.4	23.2	25.9	24.4	29.3	22.3	18.9	18.1	24.5	28.7	18.6	19.7	22.9	15.7
타인자금	65.3	69.9	70.6	79.6	67.4	65.2	56.2	55.8	62.0	49.5	48.3	31.4	47.6	66.0	64.5	55.4	47.7	57.3	58.3	63.8	76.8
이자발생부채	38.2	38.2	42.1	50.4	37.0	41.5	28.8	39.3	51.9	29.9	17.2	5.3	26.1	37.0	37.8	40.2	32.9	29.3	35.4	47.4	59.0
차입금	35.0	35.0	37.7	46.3	36.0	28.1	23.0	34.6	39.5	24.1	16.6	1.2	20.0	29.0	30.2	34.5	21.2	22.1	29.0	35.1	48.7
장기차입금	19.9	17.2	17.9	24.0	15.3	11.2	6.0	8.5	21.6	17.7	11.8	1.5	4.3	7.2	9.0	4.3	6.0	5.5	6.9	11.7	20.0
단기차입금	15.1	17.7	19.8	22.3	20.6	17.0	17.1	26.1	17.9	6.3	4.9	-0.3	15.7	21.8	21.2	30.2	15.2	16.6	22.1	23.4	28.7
회사채	3.2	3.2	4.4	4.1	1.0	13.4	5.7	4.7	12.4	5.8	0.6	4.1	6.1	8.0	7.7	5.7	11.7	7.2	6.4	12.4	10.2
매입채무	10.4	6.3	12.9	15.7	8.2	12.2	11.5	5.7	5.2	6.1	12.3	12.1	8.3	11.7	12.7	7.9	3.9	12.8	9.7	8.6	8.1
기타	16.7	25.4	15.6	13.4	22.2	11.5	16.0	10.8	5.0	13.6	18.8	14.1	13.1	17.3	13.9	7.3	10.9	15.3	13.3	7.7	9.8

주: 유동성장기부채 계정 과목은 1990년부터 기록되기 시작하였다. 유동성장기부채는 유동성사채와 유동성차입금으로 구성되는데, 기업경영분석에서는 이런 상세 구분이 되어 있지 않다. 이 표에서는 유동성장기부채를 모두 금융기관차입금으로 처리하고 있다. 따라서 유동성사채분만큼 타인자금중 회사채의 비중이 과소평가 되고 있다.

자료: 한국은행, 《기업경영분석》 각 연도 대분류 산업의 자금운용표를 합산한 자료로부터 계산.

〈그림 5-7〉 전체 기업의 자금조달 구성비의 추이

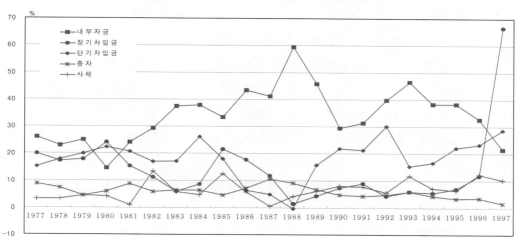

〈표 5-31〉 제조 대기업과 중소기업의 기간별 자금조달(순증 기준) 구조

(단위: 구성비 %)

	1977~1987년 기간		1988~1997년 기간	
	대기업	중소기업	대기업	중소기업
자금조달(순증) 총액	100.0	100.0	100.0	100.0
자기자금	38.7	37.7	46.4	40.5
증자	7.6	7.2	4.6	6.3
내부자금	31.2	30.5	41.8	34.2
내부유보	6.7	8.6	13.8	8.2
타인자금	61.7	62.3	53.6	59.5
총차입금(회사채+장단기차입금)	36.7	34.3	36.9	35.4
장기차입금	19.2	14.4	18.2	13.1
금융기관차입금	8.9	10.6	6.6	10.6
단기차입금	17.5	21.7	18.8	22.3
금융기관차입금	11.5	6.9	12.1	16.0
회사채	6.5	2.0	10.7	1.1
매입채무	9.2	15.5	6.3	13.4
기타	15.2	10.8	10.4	10.7

주: 유동성장기부채 계정과목은 1990년부터 기록되기 시작하였다. 유동성장기부채는 유동성사채와
   유동성차입금으로 구성되는데, 기업경영분석에서는 이런 상세구분이 되어 있지 않다. 이 표는
   유동성장기부채를 모두 금융기관차입금으로 처리하고 있다. 따라서 유동성사채분만큼 타인자금
   중 회사채의 비중이 과소평가되고 있다.
자료: 한국은행, 《기업경영분석》, 각 연도의 구성비를 산술 평균하여 산출.

3.2.2. 자금조달원간의 상관성

〈표 5-32〉는 1977년에서 1997년 기간 동안에 전체 기업의 총자금조달액 대비 각 자금조달원의 비중들 사이의 상관계수를 보여주고 있다. 먼저, 내부자금은 차입금과 높은 음의 상관관계를 갖고 있는 점이 가장 눈에 띈다. 내부자금과 장단기차입금과의 상관계수는 -0.8675에 이르며, 장기차입금과 단기차입금 각각에 대해서는 -0.5713과 -0.5770의 상관계수값을 보이고 있다. 사채발행은 내부자금과는 독립적으로 이루어지고 있다. 이는 우리나라 기업들이 분석기간 동안 내부자금의 변동을 주로 장단기차입금을 통해 조절하고 있음을 뜻한다. 기업들은 내부자금의 조달이 원활하면 차입금에 대한 의존을 줄이고, 반대로 내부자금 조달이 줄어들면 차입금의 조달을 늘리는 식으로 행동한다.

내부자금과 유상증자 사이에는 0.2865의 약한 양의 상관성이 나타나고 있다. 즉, 내부자금 사정이 좋을 때 증자가 이루어지며 내부자금 조달이 원활하지 않을 때는 증

〈표 5-32〉 자금조달원간의 상관관계표 (1977~1997년)

	내부자금	유상증자	장단기차입금	장기차입금	사 채	단기차입금	매입채무
내부자금	1.0000	0.2865	-0.8675	-0.5713	0.0277	-0.5770	-0.2386
유상증자	0.2865	1.0000	-0.5139	-0.3531	-0.6664	-0.7017	0.0496
장단기차입금	-0.8675	-0.5139	1.0000	0.6565	0.1531	0.7853	-0.0952
장기차입금	-0.5713	-0.3531	0.6565	1.0000	0.1449	0.3138	-0.0928
사 채	0.0277	-0.6664	0.1531	0.1449	1.0000	0.2675	-0.2492
단기차입금	-0.5770	-0.7017	0.7853	0.3138	0.2675	1.0000	-0.1218
매입채무	-0.2386	0.0496	-0.0952	-0.0928	-0.2492	-0.1218	1.0000

자료: 한국은행, 《기업경영분석》의 대분류 산업의 자금운용표들을 합산한 자료를 이용하여 계산.

〈표 5-33〉 전체 기업 자금조달원간의 상관관계표 (1977~1987년)

	내부자금	유상증자	장단기차입금	장기차입금	사 채	단기차입금	매입채무
내부자금	1.0000	0.2041	-0.7923	-0.5706	0.1156	-0.5639	-0.4250
유상증자	0.2041	1.0000	-0.5113	-0.1800	-0.6803	-0.5313	0.0183
장단기차입금	-0.7923	-0.5113	1.0000	0.6733	0.0953	0.7534	0.0344
장기차입금	-0.5706	-0.1800	0.6733	1.0000	-0.6803	-0.5313	0.0183
사 채	0.1156	-0.6803	0.0953	-0.6803	1.0000	0.1177	-0.1402
단기차입금	-0.5639	-0.5313	0.7534	-0.5313	0.1177	1.0000	-0.0046
매입채무	-0.4250	0.0183	0.0344	0.0183	-0.1402	-0.0046	1.0000

자료: 한국은행, 《기업경영분석》의 대분류 산업의 자금운용표들을 합산한 자료를 이용하여 계산.

〈표 5-34〉 전체 기업 자금조달원간의 상관관계표 (1988~1997년)

	내부자금	유상증자	장단기차입금	장기차입금	사 채	단기차입금	매입채무
내부자금	1.0000	0.9196	-0.9157	-0.6465	-0.5046	-0.8239	-0.0563
유상증자	0.9196	1.0000	-0.9316	-0.6375	-0.5233	-0.8556	0.0877
장단기차입금	-0.9157	-0.9316	1.0000	0.6918	0.5272	0.9433	-0.2468
장기차입금	-0.6465	-0.6375	0.6918	1.0000	0.4006	0.4509	-0.1918
사 채	-0.5046	-0.5233	0.5272	0.4006	1.0000	0.3777	-0.5274
단기차입금	-0.8239	-0.8556	0.9433	0.4509	0.3777	1.0000	-0.2522
매입채무	-0.0563	0.0877	-0.2468	-0.1918	-0.5274	-0.2522	1.0000

자료: 한국은행, 《기업경영분석》의 대분류 산업의 자금운용표들을 합산한 자료를 이용하여 계산.

자가 이루어지지 않는 경향이 약하게 있다. 유상증자와 차입금 사이에, 또 유상증자와 사채 사이에 각각 -0.5139와 -0.6664라는 음의 상관성이 관찰되는바, 증자와 타인자금 간의 관계는 기본적으로 대체적이라고 할 수 있다.

내부자금과 사채는 독립적인 움직임을 보이고 있다. 나아가서, 사채는 유상증자를 제외한 다른 여타 조달원간에도 상관성이 거의 없다. 사채와 유상증자 사이에는 -0.6664라는 음의 상관관계가 관찰되는바, 양자 사이에는 대체성이 있다. 기업이 자금조달을 위해 자본시장에 가기로 결정할 때 사채나 주식 중에 어떤 하나를 선택하는 경향이 있다고 생각할 수 있다. 그런데 주식의 발행은 자기 회사의 경영실적이 좋고 주식시장 상황이 좋아 높은 가격으로 발행할 수 있을 때 선택하게 되는 약한 경향이 있는 것으로 보이나 — 내부자금과 유상증자 사이에는 0.2865의 양의 상관성이 있다 — 발행 당시의 주가와 금리조건, 기업의 부채비율 등 여러 가지 요인들이 종합적으로 고려되면서 주식발행과 사채발행에 대한 선택이 이루어질 것이다. 기업간 신용을 대표하는 매입채무는 다른 자금조달원들과 독립적이다. 내부자금과 사채에 대해서 크기 0.2를 다소 웃도는 음의 상관성이 관찰되고 있을 뿐이다.

〈표 5-33〉과 〈표 5-34〉는 분석기간을 1977~1987년과 1988~1997년의 두 기간으로 나누어 각 기간에서의 자금조달원간의 상관성을 보고 있다. 장기차입금과 사채 및 단기차입금과의 관계를 제외하면, 전기와 후기에서 자금조달원간의 상관관계 구조는 전체기간에서의 상관관계 구조와 질적인 면에서 전반적으로 동일하다. 즉, 자금조달원 비중간의 상관성이 시계열적으로 안정적이라고 할 수 있다. 그리고 전기와 후기를 비교해 보면, 전기에 비해서 후기에서 자금조달원간의 상관성이 전반적으로 더 강하게 나타나고 있다.

먼저, 내부자금에 대해서 살펴보자. 내부자금과 증자와의 양의 상관성은 전기에는

0.2865로 약하지만 후기에는 0.9196으로 매우 강하다. 후기로 올수록 기업들은 기업의 내부자금 사정이 좋을 때 증자하는 경향을 강하게 보이고 있다. 내부자금과 사채는 전기에는 0.1156으로 독립적이지만 후기에는 -0.5046의 비교적 높은 음의 상관관계를 보여준다. 증자와 차입금 간의 음의 상관성은 전기에 비해서 후기에 훨씬 강해져 있다. 증자와 장단기차입금의 상관성은 전기에 -0.5113이던 것이 후기에는 -0.9316이다. 이 같은 현상은 1980년대 후반 재벌계열사 및 상장대기업에 대한 증자를 통한 은행차입금 상환정책의 영향이 일정하게 작용한 탓으로 보인다. 장기차입금과 사채 및 단기차입금간의 상관성이 전기와 후기에서 크게 변화한 것이 눈에 띈다. 1977~1987년 동안에 장기차입금은 사채 및 단기차입금과 각각 -0.6803과 -0.5313의 음의 상관성을 보였는데, 후기에는 그 관계가 0.4006과 0.4509로 질적인 전환이 이루어졌다. 이와 같은 성격변화는 재벌규제와 관련한 정부의 은행대출금 시장에 대한 개입 및 기업의 자금수요의 변화와 밀접한 관계가 있는 것으로 보인다. 1980년대 후반과 1990년대 초반에 걸쳐 재벌기업들에 대해 차입금상환 조치가 취해지면서 장기차입금과 사채, 단기차입금이 순상환되는 일이 벌어지는데, 후기에서 차입수단간의 양의 상관성은 이로 말미암는 부분이 큰 것으로 보인다.

먼저, 1987~1989년 기간은 3저호황으로 기업들의 내부자금 조달비중이 급격히 높아진 시기이다. 1986년부터 1989년 4년 동안 총자금조달 중 내부자금의 비중은 각각 43.4%, 41.2%, 59.5%, 45.7%였는데, 전무후무하게 내부자금 비중이 연속적으로 높은 기간이다(〈표 5-30〉 참조). 1988, 1989년 양년 사이에 장기차입금의 비율은 1.5%와 4.3%에 불과하였고, 그 이후로도 1995년까지 비중이 5% 안팎에 머무르고 있다. 반면에 단기차입금은 3저호황기 동안에는 그 비중이 급격하게 낮아졌다가 1989년 이후로는 다시 20% 안팎의 수준으로 회복되고 있다.

3저호황기가 끝나가는 시기부터 재벌에 대한 여신규제가 체계적으로 이루어지기 시작한다. 여신규제는 1994년경까지는 강화되다가 그 이후로는 완화되며, 이는 재벌들의 자금조달 구조에 큰 영향을 미친다. 1984년부터 창구지도 형식을 통해 단편적이고 비체계적으로 이루어지던 계열기업군에 대한 여신한도관리제는 1988년부터 총액한도 기준율(이른바, 바스켓)을 설정하고 계열기업군에 대한 여신총액을 그 이하로 규제하기 시작함으로써 관리의 체계성 및 유효성을 갖추었다. 1996년까지 30대 재벌에 대한 여신한도기준비율은 수치상으로는 계속 낮아지고, 그에 따라 1991년 19.5%에 이르던 30대 재벌의 은행대출금 비중은 1990년대 전반기 동안 지속적으로 축소되어 1995년에는 13.9%까지 낮아졌다. 그러나 김영삼 정부의 후반부로 오면서 여신관리제도는 기업경쟁력 강화라는 정책슬로건 아래서 실질적인 규제내용이 완화되는 쪽으로 움직여 나갔다. 1994년 1월에는 '주력업체제도'가 '주력업종제도'로 바뀌면서 여신이 바스켓에서 제외되는 혜택을 누리는 주력업체의 수를 늘려주는 조치가 취해졌다. 1996년 5월에는 여신한도관리 대상계열이 종전의 30대에서 10대로 축소되었다. 게다가, '주력업종제도' 및 '주식분산우량기업체제도'로 인해 10대 계열 대출금 가운데 한도관리대상은 불과 36.5%에 불과했을 뿐 아니라 은행들은 대출한도를 초과하여 대출하는 것이 관례화되어 있어[16] 바스켓제도는 사실상 유명무실하게 되었다. 급기야 정부는 그동안 외형적으로 축소시켜 오던 바스켓비율을 1997년부터 크게 높임으로써, 5대 재벌의 경우 여신한도가 1996년의 4.88%에서 1997년에는 8.86%로 거의 배가 되었다.

여신관리제도의 이와 같은 운영상의 변화에 따라 30대 재벌의 은행대출금 점유비중은 1986년의 28.6%에서 1995년 13.9%까지 줄곧 낮아졌으며, 또한 은행대출금의 총규모도 상대적으로 안정적이었다. 그 영향으로 1990년대 초반 기간 동안 기업들의 장기차입금 조달비중은 낮은 수준을 유지하였으며 그 부족분이 부분적으로 단기차입금의 증가로 보충되는 일이 일어났다. 단기차입금에 대한 수요 증대는 이 기간 동안 제2금융권의 급속한 양적 팽창과 맞물려 있다(〈표 5-35〉, 〈그림 5-8〉 참조).

그러나 1990년대 중반에서 여신관리 규제가 사실상 완화되면서 은행대출금 규모가 빠르게 확대되었으며 30대 재벌의 은행대출금 점유비중도 1996년에는 17.5%, 1997년에는 20.3%로 높아졌다.[17] 1994년부터 기업의 자금조달액이 급격히 증가하는 가운데 자기자금 조달비중은 1993년의 52.3%에서 1994년 42.7%, 1995년 41.7%, 1996년 36.2%, 1997년 23.2%로 빠르게 줄어들었다(〈표 5-30〉 참조). 반대로 타인자금의 비중은 그만큼 높아졌는데, 특히 장기차입금 조달비중이 빠르게 높아졌으며 단기차입금도 동조적인 움직임을 보였다. 재벌을 위시하여 기업들은 이 시기에 자금수요를 크게 증대시키면서 자기자금 조달이 어려운 가운데 주로 장기 및 단기차입금의 조달에 의존하였고, 이는 제도적으로 볼 때 이 시기의 은행여신 규제완화와 밀접히 관련되어 있다.

---

16) 1997년 하반기에 30대 재벌에 대한 은행 여신잔액은 20조 1,645억 원이었는데, 그 가운데 거의 절반에 가까운 9조 6,201억 원이 한도를 초과한 액수였다. 금융감독위원회·금융감독원(1997.9), 대한민국 국회, 《208회 정무위원 국감 요구자료집(I)》.

17) 여신관리제도의 변천에 대해서는 이윤호(1999b) : 438~439 참조.

142

〈표 5-35〉 30대 재벌에 대한 은행여신 규제와 30대 재벌의 대출금 점유율

(단위: 연말 잔액, 10억 원, %)

	1986	1987	1988	1989	1990	1991	1992	1993	1994	1995	1996	1997
여신한도기준비율	n. a.	n. a.	n. a.	n. a.	11. 11	10. 98	10. 65	10. 93	10. 59	9. 88	9. 63	12. 16
은행 총대출금	64329	71337	76448	91695	107952	137407	159786	180019	218699	253572	300912	363231
제2금융권 총대출금	20454	25505	30319	40080	51172	55496	73803	85934	102354	137210	159391	182235
은행대출금 점유율	28. 6	26. 3	24. 2	20. 7	19. 4	19. 5	19. 0	16. 6	14. 9	13. 9	17. 5	20. 3
제2금융권대출금 점유율	n. a.	n. a.	n. a.	n. a.	n. a.	36. 61	35. 97	37. 15	37. 25	38. 53	35. 70	32. 90

주: 1997년의 여신한도기준비율은 10대 재벌에 대한 규제비율 수치임.
자료: 여신한도기준 비율과 30대 재벌의 은행대출금 점유율 자료는《국회 국정감사 요구자료》; 은행감독원, 《감독업무정보》각 호; 재정경제원 금융정책과(1997. 7. 11), "여신관리제도 개편" 참조. 은행총대출금 및 제2금융권 총대출금 자료는《국회 국정감사 요구자료》; 한국은행, 《경제통계연보》각 호 참조.

〈그림 5-8〉 30대 재벌에 대한 은행여신 규제와 30대 재벌의 대출금 점유율

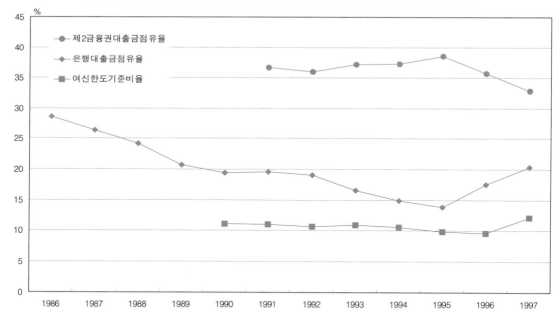

3.2.3. 주식자금 조달에 대한 분석

총자금조달액은 내부자금, 유상증자, 이자부부채(차입금), 비이자부부채(매입채무 및 기타부채)로 구성된다. 유보이익과 감가상각충당금 등으로 구성되는 내부자금은 경영활동의 결과로서 주어지는 것으로서 자금의 조달이라는 점에서 볼 때 기업이 결정할 수 있는 대상이 아니다. 따라서 분석의 초점은 기업이 자금의 부족분을 외부자금원에 어떻게 배분하는가에 두게 된다. 차입금은 장기 및 단기 금융기관차입금, 회사채 등으로 복합적으로 구성된다. 따라서 외부자금원 가운데 차입금보다는 주식자금조달을 회귀분석모형의 피설명변수로 택하는 것이 편리하다. 설명변수들로는 고정투자율, 내부자금 조달비중, 주가수익비율, 주가상승률, 금리변수를 포함한다.

회귀분석에 앞서 먼저 변수들의 요약통계 및 상관관계에 대해서 살펴보자. 주식자금 조달비중의 전체기간 산술평균치는 5.88%, 내부자금 조달비중은 34.19%로 후자가 전자의 약 6배에 달한다. 평균기업은 나머지 59.93%를 부채자금으로 조달하고 있다. 주주 요구수익률로 해석할 수 있는 주가-수익비율의 역수의 평균치는 15.36%, 평균 주가상승률은 15.04%이다. 이자부부채의 평균차입금리는 7.56%이다. 거기서 소비자물가상승률을 차감한 실질평균차입금리는 -0.82로 음수값을 나타내고 있으

〈표 5-36〉 전체 기업의 고정투자율과 자금조달 비중간의 시기별 상관관계

연 도	내부자금	유상증자	장단기차입금	장기차입금	사 채	단기차입금	매입채무
1987~1997	-0.6222	0.0558	0.4342	0.3864	-0.3283	-0.6222	0.2260
1977~1987	-0.7168	0.0852	0.4982	0.0852	-0.3474	0.1070	0.2047
1988~1997	-0.5972	-0.4996	0.4705	0.6237	0.0415	0.2753	0.3740

〈표 5-37〉 변수들의 요약통계

(단위: %)

	평 균	표준편차	왜 도	최소값	최대값
주식자금 조달비중	5.88	2.170	0.301	1.641	10.542
고정투자율	23.50	4.859	0.898	16.120	34.359
내부자금 조달비중	34.19	10.344	0.332	14.512	59.485
PER의 역수	15.36	10.137	0.804	5.155	38.462
주가상승률	15.04	38.112	0.766	-37.953	98.670
평균차입금리	7.56	2.562	1.695	5.214	15.064
실질평균차입금리	-0.82	5.644	-1.871	-18.727	4.965
회사채수익률	16.81	5.047	1.296	11.870	30.100
실질회사채수익률	8.43	2.572	-1.210	1.402	11.827

〈표 5-38〉 변수들간의 상관관계

	주식자금	고정 투자율	내부자금	주가 상승률	차입금리	실질 차입금리	회사채 수익률	실질회사 채수익률
주식자금 조달비중	1.0000	-	-	-	-	-	-	-
고정투자율	-0.4273	1.0000	-	-	-	-	-	-
내부자금 조달비중	0.7366	-0.3765	1.0000	-	-	-	-	-
주가상승률	0.8592	-0.2286	0.7350	1.0000	-	-	-	-
평균차입금리	-0.1665	0.1673	-0.1844	-0.4224	1.0000	-	-	-
실질평균차입금리	0.0735	-0.3826	-0.1886	-0.1268	0.2280	1.0000	-	-
회사채수익률	0.0630	-0.2264	0.0511	-0.2826	0.5762	0.2334	1.0000	-
실질회사채수익률	0.2200	-0.5006	0.0263	0.2140	-0.5840	0.6381	-0.1100	1.0000

며, 왜도는 -1.871로 큰 음의 관찰치가 평균에 영향을 미치고 있다. 1980년과 1981년에 실질평균차입금리는 각각 -18.73%와 -12.26%였다. 평균차입금리에 비해 회사채수익률의 평균치가 훨씬 높은 것을 볼 수 있으며, 회사채실질수익률은 기간중 0 이하로 떨어진 적이 없다.

회귀분석에서 종속변수가 될 주식자금 조달비중은 내부자금 조달비중과는 0.7366, 주가상승률과는 0.8592의 높은 양의 상관성을 보이고 있다. 자금소요에 비해 내부자금조달이 원활할 때, 그리고 주가가 상승할 때 주식자금조달이 활발하게 이루어지는 경향이 있다. 고정투자율과는 -0.4273의 음의 상관성이 나타나고 있다. 내부자금 조달비중과 주가상승률 간의 상관계수는 0.7350로서 기업의 수익성이 좋아 내부자금 조달이 원활한 시기에 주가는 상승하는 경향을 보이고 있다. 실질금리변수들간에 그리고 명목금리변수들간에는 양의 상관성이 나타나고 있다. 명목차입금리와 실질회사채수익률간에는 -0.5840의 음의 상관성이 나타나고 있다. 주가가 낮고 기업의 수익이 높아 PER의 역수값이 높을 때 실질평균차입금리도 높은 관계가 관찰되고 있다. 〈그림 5-9〉는 1977년부터 1997년까지 고정투자율과 유상증자, 장단기차입금 등 주요 자금조달원 비중의 시계열을 보여주고 있다.

1977~1997년의 21개년 전체 기업의 연간자료를 이용하여, 증자를 통한 자금조달에 대한 선형 회귀분석을 행한 결과가 〈표 5-39〉에 제시되어 있다. 먼저, 설명변수와 피설명변수 간의 이론적 관계에 대해서 살펴보자. 기업의 고정투자 규모는 기업의 자금소요의 크기를 결정하는 주된 요소이다. 기초 고정자산 스톡에 대한 기중 고정자산 변화분의 비율로서 고정투자율을 정의할 수 있다. 고정투자율이 높을수록 기업의 자금소요는 커지고 자금조달 규모는 늘어나게 될 것이다. 자금조달 규모가 주식자금조

〈그림 5-9〉 전체 기업의 고정투자율과 장단기차입금 및 유상증자 비중의 추이

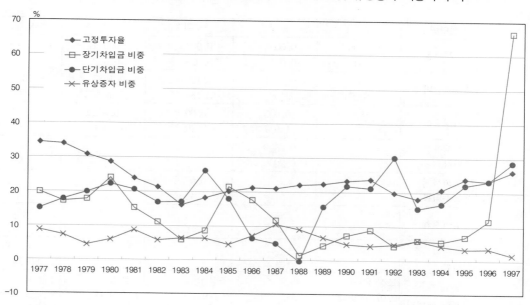

달 비중에 미치는 영향은 이론적으로 불분명하다. 절충이론에 따르면 기업은 최적 자본구조를 달성·유지하려는 비율로 자금조달을 구성하려 할 것이다. 순서적 자금조달이론에 따르면 가용 내부자금과 가용 차입규모에 따라 기업의 주식자금 조달비중이 결정된다. 가용 내부자금과 차입선이 자금소요에 비해 충분할 경우 기업은 주식을 발행하려 하지 않을 것이다. 그러나 주가가 시장에서 과대평가되어 있어 차입보다도 유리한 조건이라고 판단되면 기업은 위험 부채의 발행이 아니라 주식을 발행하여 자금을 조달하려 할 것이다. 결론적으로, 고정투자율과 주식자금 조달비중과의 관계는 이론적으로 볼 때 명료하지 않다.

만약 기업이 절충이론의 설명을 따라 재무적 행위를 한다면, 기업의 수익성이 높아 내부자금 규모가 커질수록 기업의 자기자본은 증대하고 따라서, 다른 조건이 일정하다면, 기업은 최적 자본구조를 유지하기 위해 부채자금 조달을 늘리려 할 것이다. 만약 기업이 순서적 자금조달이론에 따라 행동하고 있다면 가용 내부자금이 클수록 1차적으로는 주식자금을 포함하여 외부자금 조달의 필요성은 줄어들 것이다. 한편, 주가가 상승할수록 기업의 자기자본의 시장가치는 증대한다. 만약 기업들이 절충이론에 따르는 행동을 하고 있다면, 최적 자본구조를 유지하려는 기업들로서는 부채의 조달을 늘리는 행동을 하게 될 것이다. 그 경우 주가상승률의 회귀계수는 음의 부호를 나

<표 5-39> 전체 기업의 주식발행 자금조달 비중에 대한 회귀분석 결과

설명변수	모형 1	모형 2	모형 3	모형 4	모형 5
고정투자율	0.1706 (1.394)	0.0039 (0.031)	0.0035 (0.028)	-0.0547 (-0.352)	0.0085 (0.068)
내부자금비중	0.1099 (1.912*)	0.1821 (3.100***)	0.1813 (3.182***)	0.1684 (2.855***)	0.1821 (3.085***)
주가상승률	-	-0.0035 (-1.957*)	-0.0036 (-2.493**)	-0.0029 (-1.556)	-0.0036 (-2.425**)
회사채유통 수익률	-	0.0309 (0.2000)	-	-	-
실질회사채 유통수익률	-	-	-0.0766 (-0.426)	-	-
차입이자율	-	-	-	0.2357 (0.633)	-
실질차입 이자율	-	-	-	-	-0.0168 (-0.182)
모형의 설명력 및 적합도	조정 R^2 = 0.0794; F[2, 18] = 1.86, p = 0.1840; D. W. = 0.9339	조정 R^2 = 0.2832; F[4, 16] = 2.98, p = 0.0516; D. W. = 1.7203	조정 R^2 = 0.2895; F[4, 16] = 3.04, p = 0.0485; D. W. = 1.6010	조정 R^2 = 0.2990; F[4, 16] = 3.13, p = 0.0442; D. W. = 1.7350	조정 R^2 = 0.2829; F[4, 16] = 2.97, p = 0.0517; D. W. = 1.6930

1978년부터 1997년의 20년간의 연간자료를 이용하여, 총자금조달액 가운데 주식자금조달의 비중을 고정투자율, 내부자금 조달비중, 주가상승률, 명목 및 실질 회사채유통수익률이나 차입이자율에 대해서 보통최소자승 회귀를 실시. 고정투자율은 기초 고정자산에 대한 기중 고정자산 증가분의 비율. 전체 기업의 재무자료는 한국은행, 《경제통계연보》의 산업 대분류별 재무자료를 전 산업에 대해 합산한 자료를 이용. 주가상승률은 한국증권거래소 연평균 종합주가지수의 전년 대비 상승률로 정의. 종합주가지수와 회사채유통수익률은 한국은행, 《경제통계연보》의 자료를 이용. 차입이자율은 기중 평균 이자발생부채에 대한 지급이자의 비율. 이자율에서 소비자물가상승률을 차감하여 실질화시킴. 모든 변수들의 단위는 %. 상수항은 모두 1% 또는 5% 수준에서 유의하나, 보고하지 않고 있음.

주: ( )안의 수치는 해당 회귀계수가 0이라는 가설에 대한 t값임.

　　*, **, ***은 각각 10%, 5%, 1% 수준에서 유의함을 의미.

타내게 될 것이다. 반대로 기업들이 순서적 자금조달론에 따르는 행동을 하고 있다면, 기업들은 주가가 상승할수록 주식의 발행을 늘릴 것이며, 주가상승률의 회귀계수는 양으로 나타나게 될 것이다.

전체 기업의 재무비율은 일정 규모 이상의 개별 기업의 재무자료를 항목별로 합산하여 얻은 자료로부터 구해지는 것이기 때문에, 전체 기업은 국민경제 내의 모든 기업을 가중평균한 기업이라고 할 수 있다. 모형1에서는 고정투자율과 내부자금 조달비중만을 설명변수로 하는 회귀분석이 이루어지고, 이어서 모형2에서 모형5까지 주가상승률, 명목 및 실질 회사채유통수익률이나 이자발생부채의 평균차입이자율 등의 금리변수를 추가한 회귀분석이 이루어지고 있다. 모형1에서 보면, 전체 기업의 주식자금 조달비중은 내부자금 비중에 의해 10% 유의수준에서 설명되고 있다. 그러나 더빈 왓슨 통계량의 값이 0.9로서 잔차항에서 양의 자기상관성이 나타나고 있다. 모형2부터 설명변수를 추가하면서 이런 자기상관 문제는 사라진다.

어떤 모형에서 보더라도 주식자금 조달비중은 고정투자 자금소요와는 무관하며, 내부자금 조달비중과는 유의성이 높고 동 회귀계수값은 0.18 정도로 안정적이다. 전체 기업은 내부자금 조달이 원활할수록 소요자금을 주식발행을 통해서 더 높은 비율로 조달하고 있다. 주가상승률은 통계적으로 유의하지만 0에 가까운 음의 계수값을 보이고 있다. 전체 기업의 주식발행 자금조달은 어떤 명목 및 실질금리와도 통계적으로 유의한 관계를 갖고 있지 않다.

3.3. 기업규모별 설비투자자금 조달

위에서의 분석은 기업의 설비투자자금뿐만 아니라 운영자금의 조달, 그리고 매입채무와 같은 비이자 발생부채의 이용 등 기업의 모든 자금원천에 대해서 이루어졌다. 여기서는 1969년부터 1997년 기간 동안 기업규모별로 시설투자를 위한 자금조달이 어떻게 이루어졌는가에 대해 살펴본다.

〈표 5-40〉은 제조업종 기업들의 설비투자자금의 조달이 대기업, 중기업, 소기업 등 기업규모별로 어떻게 이루어졌는가를 나타내고 있다. 무엇보다도 눈에 띄는 특징은 규모가 작은 기업일수록 시설투자자금 조달액 가운데 자기자금이 차지하는 비중이 높으며, 또한 자기자금 가운데 내부자금이 차지하는 비중이 현저히 높은 경향이 뚜렷하다는 점이다. 소규모기업은 시설투자자금의 61.9%를, 중규모기업은 47.2%를, 대기업의 경우에는 37.3%를 자기자금으로 충당하고 있다. 자기자금의 대부분은 내부자금이다.

기업규모가 작을수록 자기자금중 내부자금이 차지하는 비중이 높다. 소기업의 시설투자자금조달액 중 자기자금 비중은 61.9%, 내부자금 비중은 무려 58.3%로, 소규모 기업에 있어서 시설투자가 내부자금에 절대적으로 의존적임을 볼 수 있다. 이는 소규모기업에서 내부자금이 부족할 때 시설투자가 자금제약에 처하기 쉬울 것임을 시사한다. 중규모기업의 경우에는 동 수치가 47.2%, 42.0%이며, 대기업의 경우에는 37.3%, 30.4%로서, 기업규모가 커질수록 시설투자를 위한 자금을 외부자금에 의존하는 비율이 높아지는 뚜렷한 구조적 특징이 나타나고 있다.

〈표 5-40〉에서 보듯이, 기업규모가 작을수록 신주발행에 의한 외부 시설투자자금조달비중은 작다. 소기업의 경우 그 비중은 0.5%, 중기업은 2.1%로 대기업의 5.6%에 비해서 상당히 낮은 수치이다.[18] 전체적으로 볼 때, 기업들이 증자를 통해 시설투자자금을 확보하는 비율은 매우 낮다. 회사채자금의 조달은 중소규모의 기업에서는 그 비중이 무시할 만하다. 이는 작은 규모의 기업이 자본시장에 접근하기 어려운 사정을 단적으로 나타내는 것으로 보인다. 반면에 대기업의 경우에는 주식 및 회사채 발행을 통한 조달비중이 각각 5.6%, 9.4%로 중소규모기업에 비해 훨씬 높다. 외자는 대기업들이 거의 독차지하였다. 대기업의 시설투자 자금에서 차지하는 외자의 비중은 1969~1997년 기간 동안 평균 14.4%이며, 1969~1990년 기간에는 20%를 넘고 있다.

기업규모가 작을수록 시설투자자금의 자기자금 조달비중이 크며 특히 내부자금 의존도가 높은 구조는, 시기를 1987년 이전과 1988년부터 외환경제위기 전까지로 나누어 보더라도 일관된 특징으로서 관찰된다. 다만, 후기로 오면서 중소규모기업들의 설비투자자금의 자기자금 의존도가 이전 시기에 비해 어느 정도 낮아져 있다. 반면에 중소규모기업들의 은행 및 비은행금융기관으로부터의 차입금비중은 소규모기업의 경우에 27.1%에서 48.3%로, 중규모기업의 경우 45.7%에서 59.1%로 크게 높아져 있다.

대기업의 경우에는 자기자금과 타인자금의 비중은 별다른 변화가 없으나 이자부부채의 구성에서는 현저한 구조변화가 있었다. 금융기관차입금 비중이 1987년 이전의

---

18) 중소규모 기업에서 증자의 비중이 낮게 나타나는 점에 대해서는 다음과 같은 요소에 대한 고려가 필요하다. 중소기업청의 《중소기업실태조사보고》에서 소규모기업의 경우 조사대상기업의 약 90% 정도, 중규모기업의 경우 50% 정도가 비법인 개인사업체이다. 비법인기업에서는 증자개념이 성립하지 않는다. 개인사업체에서의 자기자금 조달의 대부분이 내부자금으로 나타나는 중요한 이유가 여기에 있는 것으로 여겨진다. 이에 비해, 한국은행의 《기업경영분석》에서의 조사대상기업은 법인기업체에 한정되고 있다. 앞에서의 〈표 5-29〉에서 제조 중소기업의 총자금조달 가운데 증자가 차지하는 평균비중은 7.2%로 제조대기업의 6.1%보다 높다. 그런데, 법인형식의 중소기업에서의 증자는 많은 경우에 기존 소유경영자의 출자에 의해서 이루어질 것으로 짐작된다. 그렇다면, 중소기업에서 자기자금이란 그 대부분이 자기사업체에서 번 돈이나 자기 소유의 부를 증자형태로 회사에 추가투입하는 '자가금융'의 성격을 강하게 가질 것으로 짐작된다.

57.4%에서 46.9%로 낮아졌다. 특히 설비투자의 외자의존도가 21.9%에서 3.2%로 대폭 줄어든 가운데 비은행금융기관으로부터의 조달비중이 3.4%에서 13.0%, 회사채 조달비중이 4.6%에서 16.7%로 크게 늘었다. 중소규모기업의 경우에는 비은행금융기관이나 회사채 의존도가 계속해서 낮아, 이 기간 동안 제2금융권 및 회사채시장이 대기업을 상대로 한 금융시장으로 성장해갔음을 볼 수 있다.

〈표 5-40〉 제조업종 기업규모별 시설투자자금 조달 구성 (1969~1997년 평균)

(단위: %)

기업규모	총 액	자기자금	내부자금	신주발행	이자부부채	금융기관차입금	외 자	회사채	사 채
소기업	100.0	61.9	58.3	0.5	38.1	34.4	0.1	0.1	3.6
중기업	100.0	47.2	42.0	2.1	52.8	50.3	0.3	0.9	1.6
대기업	100.0	37.3	30.4	5.6	62.7	53.2	14.4	9.4	0.0

주: 1) 《중소기업실태조사보고》에서 중소기업의 규모를 종업원 수 기준에 따라 소규모(5~19인), 중규모(20~299인)로 구분하여 산출하였다. 대규모(종업원 수 300인 이상) 기업의 자료는 한국산업은행에서 매년 조사・발표하는 《설비투자계획조사》의 자료를 이용하였다. 단, 대규모 기업의 경우는 업종에 따라 상시종업원 100인 또는 200인 이상의 표본업체들로부터 얻어진 경우도 있다. 제조업의 경우 1975년까지 200인 미만을 중소기업, 200인 이상을 대기업으로 분류하다가 1976년부터 300인 이상으로 대기업의 기준이 상향조정되었다.

2) 《중소기업실태조사보고》 자료는 1969년부터, 《설비투자계획조사》 자료는 1973년부터 작성되고 있다. 자기자금을 구성하는 내부자금 및 신주발행 자료는 중소기업의 경우 1982년부터 1992년까지만 발표되었다. 따라서 제시되는 내부자금 및 신주발행 자료는 동 기간 동안만의 평균 수치이다. 이에 비해 외부자금 자료는 1969년부터 2001년 전 기간에 걸쳐 이용 가능하다. 그 결과, 자료산출 기간의 차이로 외부자금의 수치와 내부자금 및 신주발행 수치의 합이 일치하지 않을 수도 있다.

3) 총액=자기자금+이자부부채; 자기자금=내부자금+신주발행+외국인합작투자; 이자부부채=금융기관차입금+회사채+사채; 금융기관차입금=은행차입금(원화+외화)+비은행금융기관차입금(원화)+외자; 외자=상업차관+공공차관 전대자금+외은 국내지점 및 종금사로부터의 외화차입금.

자료: 중소규모 기업자료는 중소기업은행・중소기업협동조합중앙회, 《중소기업실태조사보고》; 대기업자료는 한국산업은행, 《설비투자계획조사(1973~1990)》, 《한국의 설비투자》.

〈그림 5-10〉 제조업종 기업규모별 설비투자자금조달 중 자기자금 비율 추이

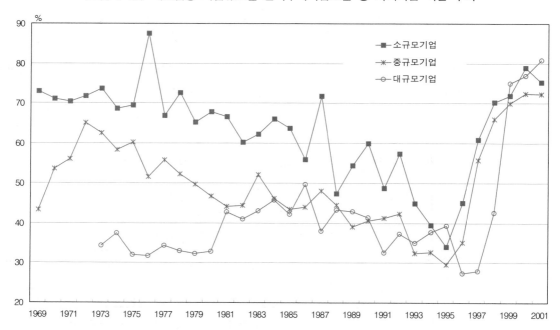

〈그림 5-11〉 제조업종 기업규모별 설비투자자금조달 중 내부자금 비율 추이

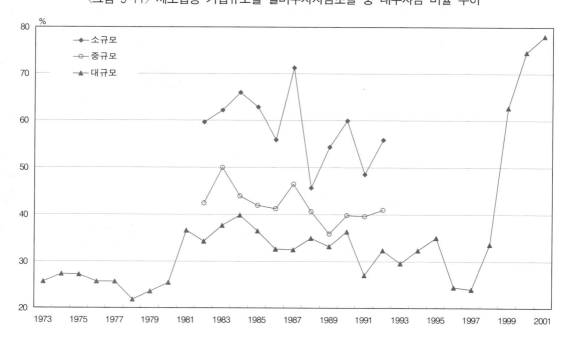

〈그림 5-12〉 제조업 기업규모별 설비투자자금조달 중 신주발행 비율 추이

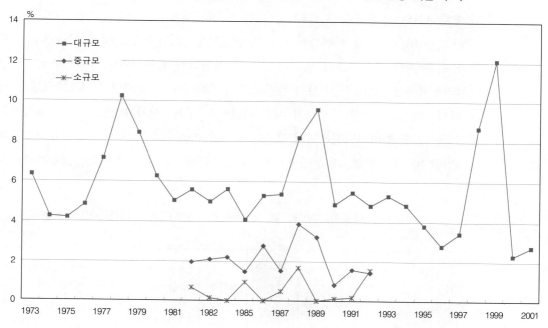

〈그림 5-13〉 제조업 기업규모별 설비투자자금조달 중 금융기관차입금 비율

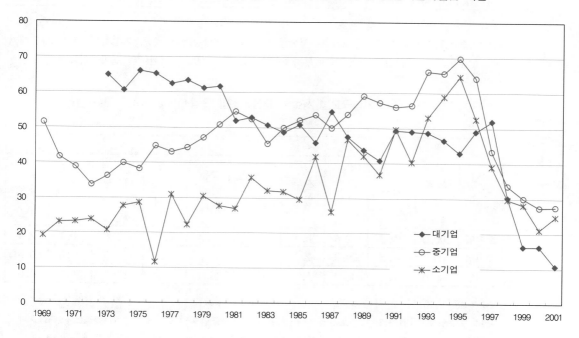

이미 살펴보았듯이, 1988년부터 재벌 및 대기업에 대한 여신규제와 중소기업에 대한 은행여신의 정책적 확대, 대기업의 직접금융시장에서의 자금조달을 유도하는 정부정책이 1990년대 중반 이전까지 비교적 일관성을 갖고 추진된 것이 기업규모에 따라 위와 같은 자금조달 구조의 변화를 초래한 직접적인 원인이었다.

설비투자자금 조달항목이 보다 충실하게 구분되어 있는 대기업의 자료가 〈표 5-44〉에 제시되어 있다. 외환경제위기 이전 기간까지 보면, 자기자금의 구성이 상대적으로 안정적인 반면에 이자발생부채의 구조는 시간에 따라 구조적인 변화를 겪는다. 금융기관차입금 비중은 1970년대 동안 63.2%에 달하는데, 그 가운데 비은행금융기관으로부

〈표 5-41〉 제조업종 기업규모별 시설투자자금 조달 구성 (1969~1987년 평균)

(단위: %)

기업규모	총액	자기자금	내부자금	신주발행	이자부부채	금융기관차입금	외자	비은행금융기관차입금	회사채	사채
소기업	100.0	68.6	62.9	0.4	31.4	27.1	0.1	0.8	0.1	4.2
중기업	100.0	51.4	44.2	2.0	48.6	45.7	0.2	1.3	0.8	2.1
대기업	100.0	37.9	30.1	5.8	62.0	57.4	21.9	3.4	4.6	0.0

주: 〈표 5-40〉의 주 사항 참조.
자료: 중소규모 기업자료는 중소기업은행·중소기업협동조합중앙회, 《중소기업실태조사보고》; 대기업자료는 한국 산업은행, 《설비투자계획조사(1973~1990)》, 《한국의 설비투자》.

〈표 5-42〉 기업규모별 시설투자자금 조달 구성 (1988~1997, 제조업)

(단위: %)

기업규모	총액	자기자금	내부자금	신주발행	이자부부채	금융기관차입금	외자	비은행금융기관차입금	회사채	사채
소기업	100.0	49.2	52.8	0.7	50.8	48.3	0.0	2.4	0.1	2.4
중기업	100.0	39.3	39.3	2.2	60.7	59.1	0.3	2.2	1.0	0.5
대기업	100.0	36.4	30.9	5.3	63.6	46.9	3.2	13.0	16.7	0.0

주: 〈표 5-40〉의 주 사항 참조.
자료: 중소규모 기업자료는 중소기업은행·중소기업협동조합중앙회, 《중소기업실태조사보고》; 대기업자료는 한국산업은행, 《설비투자계획조사(1973~1990)》, 《한국의 설비투자》.

〈표 5-43〉 기업규모별 시설투자자금 조달 구성 (1998~2001, 제조업)

(단위: %)

기업 규모	총 액	자기 자금	내부 자금	신주 발행	이자발생 부채	금융 기관 차입금	외 자	비은행 금융기관 차입금	회사채	사 채
소기업	100.0	74.0	n. a.	n. a.	26.0	26.0	0.0	3.4	0.0	n. a.
중기업	100.0	70.1	n. a.	n. a.	29.9	27.7	0.3	2.0	0.2	n. a.
대기업	100.0	68.8	62.2	6.4	31.2	15.7	1.9	3.4	12.9	n. a.

주: 〈표 5-40〉의 주 사항 참조.
자료: 중소규모 기업자료는 중소기업은행 · 중소기업협동조합중앙회, 《중소기업실태조사보고》 ; 대기업자료는 한국산업은행, 《설비투자계획조사(1973~1990)》, 《한국의 설비투자》의 자료들로부터 작성.

〈표 5-44〉 제조업종 대규모기업의 시설투자자금 조달구성

(단위: %)

	1973~1980년	1981~1987년	1988~1997년	1998~2002년
총 액	100.0	100.0	100.0	100.0
자기자금	33.4	43.1	33.8	71.1
내부자금	25.2	35.6	29.2	65.9
신주발행	6.5	5.1	4.3	5.2
외국인합작투자	1.8	2.0	0.3	0.1
이자발생부채	66.5	56.9	66.2	28.9
금융기관차입금	63.2	50.8	48.2	17.8
은행차입금	61.0	46.1	32.9	n. a.
은 행(원 화)	21.9	25.6	19.0	n. a.
은 행(외 화)	5.3	12.1	11.4	n. a.
외 자	33.8	8.4	2.5	1.8
비은행금융기관차입금	2.2	4.7	15.3	n. a.
회사채	3.3	8.4	18.0	11.1

주: 〈표 5-40〉의 주 사항 참조.
자료: 한국산업은행, 《설비투자계획조사(1973~1990)》, 《한국의 설비투자》의 자료로부터 작성.

터의 차입금비중은 2.2% 포인트로 매우 낮다. 금융기관차입금의 비중 63.2% 가운데 은행차입금(원화 및 외화)이 27.2% 포인트이며, 은행의 지급보증을 받는 외자의 비중이 33.8% 포인트로 은행차입금을 능가하고 있다. 1980년대 들어 1987년까지 기간에 외자의 비중은 급격히 낮아지면서 외자를 포함하는 은행차입금의 비중이 46.1%로 급락하고 있다. 재벌과 대기업에 대한 여신규제가 작용한 1990년대 초중반에 동 비율은 32.9%로 더욱 낮아진다. 한편 제2금융권 금융기관으로부터의 차입금은 1970년대의 2.2%에서 시작하여, 1981~1987년 기간에는 4.7%, 1988~1997년 15.3%로 급속하게 높아지고 있다. 1981~1987년 시기와 1988~1997년 시기를 비교해 보면, 은행차입금의 비중이 46.1%에서 32.9%로 현저히 낮아지나 제2금융권 차입금의 비중이 높아지면서 금융기관차입금 비중 전체로는 50.8%에서 48.2%로 별다른 변화가 없다. 1990년대 들어 재벌에 대한 은행여신규제가 강화되자, 은행으로부터의 조달액 감소를 재벌 및 대기업들이 제2금융권으로부터 대체적으로 조달하는 행동을 펼친 것으로 보인다.

3.4. 소 결

저금리정책에 따른 만성적인 초과자금 수요, 대기업 중심의 신용할당체계하에서 중소기업들은 흔히 제도권 금융기관의 신용할당에서 배제당한다.[19] 그 결과로서 중소기업들은 영업활동을 통해 창출되는 순이익이나 감가상각충당금 등의 내부자금에 의존하는 정도가 높아질 수밖에 없다. 그런데 내부자금의 크기는 기업의 자금수요와는 무관하게 영업성과에 따라 비신축적으로 결정되는 한계를 지닌다. 중소기업들은 자본시장의 불완전성으로 인해 외부증자를 통한 자금조달이 어렵고, 부족한 자금은 차입이나 내부자금 또는 기존 소유경영자의 자금력 한도 내에서의 자기증자를 통해 조달한다.

제도권차입이나 자본시장을 이용할 수 없는 중소기업은 최종적으로 사채시장에 의존하게 되는데, 소규모기업의 경우는 그 비중이 분석기간중 평균 5% 정도에 이르고 있다.[20] 그렇지만 사채시장은 매우 분할되어 있어서 중개기능의 효율성이 낮고 그로 인

[19] 기업이 금융기관으로부터 할당배제당하는 데는 두 가지 유형이 있다. 하나는 정보 비대칭성으로 인한 균형 신용할당 현상으로서, 높은 금리에서의 대출시 역선택 및 도덕적 해이로 인한 손실을 피하기 위해 금융기관이 시장청산금리 이하 수준에서 대출을 행하며 일부 기업들을 할당 배제하는 것이다. 다른 하나는 불균형 신용할당 현상으로서, 금리가 기존의 균형에서 새로운 균형으로 옮겨가는 과정에서의 지체와 이에 따른 동태적 신용할당, 그리고 규제 저금리하에서의 신용할당이다. 우리나라 중소기업들에 대한 금융기관들의 할당배제는 균형신용할당과 규제적 신용할당 모두가 적용되고 있다고 볼 수 있다. 균형신용할당에 대해서는 Stiglitz and Weiss(1981), Keeton(1979), Jaffee and Russell(1976) 참조. 동태적 신용할당에 대해서는 Baltensperger (1978) 참조.
[20] 기업이 사채(私債)로 차입한 자금은 대부분이 운전자금으로 원자재구입에 사용되며, 차입의 10%에 다소 미

해 높은 수준에서 금리가 형성되기 때문에, 기업으로서는 사채자금을 대부분 단기 운영자금 조달이라는 제한된 목적으로 이용하게 된다. 결과적으로, 중소기업들은 유리한 투자계획이 있어도 자금제약으로 인해 실행에 옮기지 못하는 경험을 갖게 되기 쉽다.

높은 내부자금 또는 자기금융 의존과 외부 자금조달의 어려움, 그로 인한 자금제약과 투자계획의 미집행이라는 요인들이 복합적으로 작용하여, 우리나라 중소기업들은 성장금융체제하에서 대기업에 비해 상대적으로 낮은 부채비율을 갖게 되었다고 할 수 있다. 이에 비해 유리한 조건의 제도권자금의 공급이 대기업들에게 초점이 맞추어져 이루어지는 신용할당 구조가 성장금융체제에서 지속되었다. 또한 대기업들은 사회적 평판과 상대적으로 낮은 정보 비대칭성에 힘입어 회사채나 주식시장 등 공개 자본시장에서의 자금조달 기회도 쉽게 이용할 수 있었다. 1980년대 후반부터 재벌 및 대기업에 대한 여신관리가 강화되어 재벌계열사와 대기업들의 은행차입이 종전에 비해 어려워지면서 그 영향으로 대기업들의 부채비율은 그 이전 시기에 비해 낮아지는 모습을 보이고, 대기업들은 회사채 및 제 2금융권 시장으로 자금조달원을 다양화하였다.

달하는 정도만이 고정자산에 투자된 것으로 조사되었다(남상우, 1979 : 36). 따라서 운전자금 용도의 사채 조달까지 고려하면 중소기업의 사채시장 의존도는 〈표 5-40〉보다 높아진다고 보아야 할 것이다.

제 **6** 장

재벌의 재무구조와 자금조달 :
1997년 외환경제위기 이전 시기를 중심으로

이 장에서는 1997년의 외환경제위기 이전 시기를 중심으로 하여 재벌의 재무구조 및 자금조달 행태에 관한 자료를 제시하고 그 특성을 분석한다. 재벌의 재무적 특징은 재벌 자체에 대한 분석보다는 비재벌기업과의 비교를 통해서 잘 드러날 것이므로, 재벌기업과 비재벌기업의 재무자료에 대한 비교분석이 주로 행해질 것이다. 아울러 30대 재벌 내에서도 상위재벌과 하위재벌 간의 차이점을 확인하는 작업이 같이 수행될 것이다. 규모 면에서 상위재벌과 하위재벌 간에 현격한 차이가 있음은 잘 알려져 있으나 재무적 특성이 동질적인지 아니면 이질적인지에 대한 비교작업은 제대로 이루어져 오지 않았다. 동질적이라면 30대 재벌의 집계자료를 통해 재벌을 하나로 묶어 분석하고 평가하는 것이 의미를 지닐 수 있지만, 이질적이라면 집계자료에 근거한 30대 재벌에 대한 평가나 정책적 대응은 현실과 괴리되며 의도하지 않은 부작용들을 낳을 위험성을 갖게 될 것이다.

먼저 1절에서 부채비율이나 차입금의존도 등 대표적인 재무비율을 통해 재벌과 비재벌기업 간의 재무구조상의 차이를 파악하고, 그런 차이를 유발시킨 경제 및 금융 환경과 정부정책에 대해서 살펴본다. 아울러 10대 재벌과 11~30대 재벌 및 5대 재벌에 대한 분석이 이루어진다. 2절에서는 먼저 30대 재벌의 자금조달 구조를 살펴보고, 이어서 원천별 자금조달 비중간의 상관성 분석을 통해 30대 재벌에게 있어 자금조달원 간의 대체성 및 보완성을 확인한다. 그리고 30대 재벌의 주식자금 조달에 대한 회귀 분석을 실시한다. 30대 재벌과 공통집합을 갖지 않을 제조업종 중소기업의 자금조달 행태에 대한 상관성 및 회귀분석을 통해 재벌의 자금조달의 특징을 비교분석한다. 5 대 재벌과 6~30대 재벌에 대해서도 같은 내용의 분석이 이어진다.

1. 재무구조적 특징

1.1. 자본의 구성

〈표 6-1〉에는 1987년부터 외환경제위기가 발발한 1997년까지 비금융기업만을 대상으 로 한 전체산업, 제조업종 중소기업 및 대기업, 30대 재벌의 자본구성이 비교 제시되 어 있다. 1987~1997년의 분석기간 동안 총자본 대비 부채의 평균비율은 30대 재벌이 79.1%로 전체산업의 76.1%에 비해 다소 높으며, 중소기업의 58.2%에 비해서는 훨 씬 높다. 차입금의존도(=이자발생부채 / 부채자본총계)는 30대 재벌이 전체산업보다 8% 포인트 정도 높다. 재벌의 장단기차입금 비중도 전체산업에 비해 다소 높으며, 특 히 사채의 비중은 30대 재벌의 경우 13.3%로 전체산업의 8.3%에 비해 상당한 차이 를 보인다. [1] 재벌과 제조업종 중소기업 간에는 더욱 현저한 차이가 있다. 중소기업의 자본비중이 재벌에 비해 현저히 높은 반면에 차입금의존도는 현저하게 낮다.

30대 재벌의 자본의 구성요소들의 비중의 시계열을 보면, 우선 1997년을 경계로 하 여 그 구조가 급격히 변동하고 있는 것을 알 수 있다. 1997년까지 사채의 비중은 증가 추세를, 장기차입금은 하락추세를 보이며, 단기차입금은 대체로 안정적인 비중을 유지 하고 있다. 매입채무의 비중은 미약하게나마 하락하는 추세를 보이고 있다(〈표 6-2〉 참조). 이하에서는 부채비율, 차입금의존도 등 주요 재무비율 각각에 대해 살펴본다.

---

1) 한국은행의 《기업경영분석》의 전체 산업에는 이미 재벌소속 기업들이 포함되어 있기 때문에 재벌기업과 비재 벌기업 간의 자본구성상의 차이는 지금 분석된 것보다 더 크다고 보아야 한다.

〈표 6-1〉 30대 재벌과 다른 기업군들의 자본구성 비교(1987~1997년 기간 산술평균)

(단위: 구성비 %)

	30대 재벌	전체 기업	제조업종 중규모 기업	제조업종 소규모 기업
매입채무	11.7	12.3	18.2	12.8
단기차입금	22.4	20.2	19.7	12.9
장기차입금	14.2	13.8	17.0	13.7
사 채	13.3	8.3	1.9	0.5
이자발생부채	49.9	42.2	38.5	27.1
부채총계	79.1	76.1	75.6	58.2
자본총계	20.9	23.9	24.4	41.8
부채및자본총계	100.0	100.0	100.0	100.0

주: 각 규모별 기업의 연도별 시계열자료에 대해서는 부록 참조.
자료: 재벌자료는 KIS-Line 재무자료, 전산업(금융보험 산업 제외) 기업자료는 한국은행, 《기업경영분석》, 제조업종 중소규모 기업자료는 중소기업청, 《중소기업실태조사보고》 자료를 이용하여 계산. 수치는 각 연도의 구성비수치를 산술 평균하여 얻어진 값이다.

〈표 6-2〉 30대 재벌의 자본구성 추이

(단위: %, 조 원)

	1987	1988	1989	1990	1991	1992	1993	1994
매입채무	11.5	12.7	11.0	12.1	12.5	12.4	11.3	11.4
단기차입금	23.6	19.5	18.2	19.9	21.0	24.0	23.7	23.1
장기차입금	21.1	20.1	17.1	15.3	13.2	12.6	11.7	11.1
사채	8.8	8.8	9.8	13.4	15.1	14.7	14.3	14.6
이자발생부채	53.5	48.4	45.1	48.6	49.3	51.3	49.7	48.8
부채총계	81.2	78.6	73.7	78.4	79.1	79.9	78.1	78.4
자본총계	18.8	21.4	26.3	21.6	20.9	20.1	21.9	21.6
부채자본총계(%)	100.0	100.0	100.0	100.0	100.0	100.0	100.0	100.0
부채자본총계(조 원)	63.5	73.0	98.9	115.5	146.0	168.8	189.6	223.8
	1995	1996	1997	1998	1999	2000	2001	2002
매입채무	11.1	11.8	10.9	9.0	8.2	9.3	9.5	10.3
단기차입금	23.5	23.6	26.1	20.3	11.0	11.9	9.7	8.6
장기차입금	9.9	11.3	13.0	9.8	9.0	6.2	4.2	3.9
사채	14.9	15.8	16.4	23.6	20.2	17.7	18.1	15.6
이자발생부채	48.2	50.7	55.5	53.8	40.2	35.8	32.1	28.2
부채총계	78.4	80.5	84.3	79.0	66.2	63.1	59.6	57.6
자본총계	21.6	19.5	15.7	21.0	33.8	36.9	40.4	42.4
부채자본총계(%)	100.0	100.0	100.0	100.0	100.0	100.0	100.0	100.0
부채자본총계(조 원)	275.1	339.9	436.3	452.1	421.6	418.6	361.1	375.4

주: 사채에는 유동성사채가 포함되어 있음.
자료: KIS-Line의 30대 재벌 재무제표 자료로부터 계산.

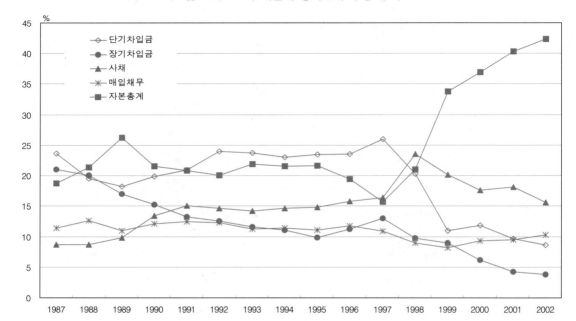

〈그림 6-1〉 30대 재벌의 총자본의 구성 추이

1.2. 부채비율

1.2.1. 30대 재벌과 비재벌기업의 부채비율 비교

재벌의 재무자료는 공정거래위원회에 의해 1987년부터 공표되기 시작하였다. 그 이전 시기에 대해서는 단편적으로만 자료를 구할 수 있다. 예를 들어, Kim (1987) 은 1979, 1980, 1985년 각 연도의 10대 재벌의 부채비율(= 총부채 / 자기자본) 을 377.8%, 557.7%, 463.9%로 보고하고 있는데, 그 산술평균치 466.5%는 1976~1986년 동안의 제조업종 소규모기업의 평균 부채비율 83.5%, 중규모기업의 266.7%, 대기업의 383.6%, 전업종 합산 부채비율 259.0%보다도 월등하게 높다(〈표 6-3〉 참조). 1987 ~1997년 기간 동안에도 30대 재벌기업의 평균 부채비율은 362.0%로 전체 기업과 제조업종 기업의 부채비율보다도 크게 높다.

재벌에 대한 연간 재무자료의 이용이 가능한 1987년 이후 외환경제위기가 발생한 연도인 1997년까지의 기간에 대해 재벌의 부채비율과 전체 기업 및 제조업기업들의 부채비율에 대한 요약 통계치들이 〈표 6-4〉에 제시되어 있다. 30대 재벌계열사의 부채비율의 평균값은 386.1%로 전체 기업이나 어떤 규모의 제조업기업의 부채비율에 비해서도 한결 높다.

1987~1997년의 기간중 30대 재벌의 부채비율은 386.1%로 전체 기업의 부채비율 322.1%보다 약 60% 포인트 정도 높다. 1987년 이후 1993년까지 30대 재벌의 부채비율은 기간중 다소의 기복은 있지만 전체적으로 하락하는 추세로서, 1987년 432.9%에 달하던 30대 재벌의 부채비율은 1993년에는 356.1%로 낮아져 있다. 같은 기간 동안 제조 중소기업들의 부채비율은 높아졌으며 대규모 제조기업이나 전체 기업의 부채

〈표 6-3〉 제조업 부채비율과 상위재벌의 부채비율의 기간별 비교

(단위: %)

	1976~1986	1987~1997
전체 기업	259.0	322.1
제조 소기업	83.5	146.8
제조 중기업	266.7	311.7
제조 대기업	383.6	294.7
30대 재벌	463.9	386.1

주: 1) 기업의 규모 분류는 종업원 수 기준에 따라 20인 미만을 소기업, 20인부터 299인까지를 중기업, 300인 이상을 대기업으로 구분하였다.
2) 중소기업 및 대기업은 제조업, 재벌은 전산업(금융보험 분야 제외)을 대상으로 하고 있음.
자료: 소기업 및 중기업자료는 중소기업청, 《중소기업실태조사보고》; 전체 기업 및 대기업자료는 한국은행, 《기업경영분석》; 재벌자료는 한국신용평가정보㈜, KIS-Line, 각 재벌의 합산재무제표 자료로부터 산출. 단, 1976~1986년 10대 재벌의 부채비율 자료는 Kim(1987)의 Table 4.5와 Table 5.13에서 1979, 1980, 1985 3개년 각각의 10대 재벌의 부채비율을 단순 평균하여 구함.

〈표 6-4〉 1987~1997년 기간의 자료집단별 부채비율의 요약 통계

(단위: %)

	평균	최대	최소	표준편차	변동계수
소규모 제조기업	146.8	232.0	93.1	47.751	0.325
중규모 제조기업	311.7	356.9	268.4	31.123	0.100
대규모 제조기업	294.7	390.0	239.9	39.380	0.134
전체 기업	322.1	424.6	263.2	41.24	0.128
30대 재벌	386.1	536.4	280.6	63.045	0.163

주: 1) 기업의 규모 분류는 종업원 수 기준에 따라 20인 미만을 소기업, 20인부터 299인까지를 중기업, 300인 이상을 대기업으로 구분하였다.
2) 중소기업 및 대기업은 제조업, 전체 기업과 30대 재벌은 전산업(금융보험 분야 제외)을 대상으로 하고 있음.
자료: 소기업 및 중기업자료는 중소기업청, 《중소기업실태조사보고》; 대기업자료와 전체 기업자료는 한국은행, 《기업경영분석》; 30대 재벌자료는 한국신용평가정보㈜, KIS-Line, 각 재벌의 합산재무제표 자료로부터 산출.

비율 하락폭은 30대 재벌보다 낮아 재벌과 비재벌 간의 부채비율 차이가 좁아졌다. 그러나 1994년부터 1997년까지 전체 기업과 30대 재벌의 부채비율은 모두 상승하는 추세를 보이다 외환경제위기 이후 급격히 낮아졌는데, 부채비율의 하락은 특히 30대 재벌에서 더 컸다. 그 결과, 〈표 6-5〉와 〈그림 6-2〉에서 보듯이 1999년 이후에는 30대 재벌의 부채비율은 재벌 이외 기업보다도 더 낮아지게 되었다.

〈표 6-4〉에서 볼 때, 재벌 부채비율의 표준편차는 비재벌에 비해 뚜렷이 커 기간중에 더욱 큰 변동을 나타냈다. 이는 이 기간중에 재벌에 대한 정부의 여신관리제도가 도입되었고 또 도입되고 난 후에 정책의 일관성이 유지되지 않은 데서 연유하는 바가 크다. 1988년부터 총액한도 기준율(이른바 바스켓)이 설정되고 기준율은 수년간 강화되어 나갔다. 〈표 6-6〉에서 보는 것처럼, 1990년 11.11%이던 여신한도 규제비율은 1996년에는 9.63%까지 낮아졌다.

김영삼 정권의 후반부로 오면서 여신관리제도는 기업경쟁력 강화라는 정책슬로건 아래서 실질적인 규제내용이 완화되는 쪽으로 움직이기 시작하여, 1996년 5월에는 여신한도 관리대상 계열이 종전의 30대에서 10대로 축소되었다. 게다가 '주력업종제도' 및 '주식분산우량기업체제도'로 인해 1997년 3월 말 현재 10대 계열 대출금 가운데 한도관리대상은 불과 36.5%에 불과했을 뿐 아니라,[2] 은행들은 대출한도를 초과하여 대출하는 것이 관례화되어 있어 바스켓제도는 사실상 유명무실하게 되었다.

여신관리제도의 이와 같은 운영상의 변화에 따라 30대 재벌의 은행대출금 비중은 1986년의 17.4%에서 1995년 13.9%까지 줄곧 낮아졌다가, 여신관리 규제가 사실상 완화되는 일련의 조치의 효과가 나타나면서 1996년에는 17.5%, 1997년에는 20.3%로 빠르게 높아졌다(이윤호, 1999a, 435~436). 5대 재벌의 매출액 1원당 은행대출금의 크기도 1992년 0.137 → 1993년 0.115 → 1994년 0.109 → 1995년 0.090으로 낮아지다가 1996년 0.125 → 1997년 0.149로 급격히 높아졌다.[3] 30대 재벌의 부채비율도 이와 궤를 같이 하여 1986년 474.7%이던 부채비율이 1993년에는 356.1%까지 낮아졌다. 그 이후에는 부채비율이 1996년 412.2%, 외환경제위기가 일어난 1997년 536.4%로 빠른 속도로 높아져 갔다. 이 시기의 부채비율 상승과 관련해서는 다음의 고정비율 항목에서 조금 더 자세히 설명이 이루어진다.

---

2) 보다 자세한 자료에 대해서는 이윤호(1999a) : 440의 〈표 7-36〉 참조.

3) 보다 자세한 자료에 대해서는 이윤호(1999a) : 442의 〈표 7-38〉 참조.

〈표 6-5〉 제조업 기업규모별 및 30대 재벌의 부채비율 추이

(단위: %)

	1987	1988	1989	1990	1991	1992	1993	1994	1995	1996	1997	1998	1999	2000	2001	2002
소규모 제조기업	93.1	93.1	111.2	114.5	156.7	134.9	121.2	155.2	184.8	217.9	232.0	198.7	177.0	168.8	155.1	179.7
중규모 제조기업	274.5	268.4	280.6	284.9	303.1	341.4	313.9	326.1	341.2	337.4	356.9	303.6	219.7	202.6	183.5	170.8
대규모 제조기업	333.1	283.9	239.9	274.5	290.6	303.3	273.5	282.9	268.3	301.6	390.0	295.4	208.9	224.6	201.6	128.9
전체 기업	354.4	297.7	263.2	297.1	318.2	325.8	312.9	308.1	305.6	335.6	424.6	336.4	235.1	221.2	195.6	143.6
30대 재벌	432.9	366.7	280.6	362.5	377.9	397.2	356.1	362.7	362.0	412.2	536.4	375.5	195.6	170.6	147.5	135.9

주: 1) 기업의 규모 분류는 종업원 수 기준에 따라 20인 미만을 소기업, 20인부터 299인까지를 중기업, 300인 이상을 대기업으로 구분하였다.
　　2) 중소기업 및 대기업은 제조업, 전체 기업과 30대 재벌은 전산업(금융보험 분야 제외)을 대상으로 하고 있음.
자료: 소기업 및 중기업자료는 중소기업청,《중소기업실태조사보고》; 대기업자료는 한국은행,《기업경영분석》; 한국은행 30대 재벌자료는 한국신용평가정보㈜, KIS-Line, 각 재벌의 합산재무제표 자료로부터 산출.

〈그림 6-2〉 제조업 기업규모별 및 30대 재벌의 부채비율 추이

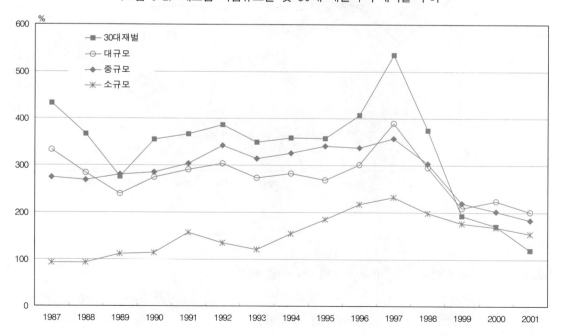

〈표 6-6〉 30대 재벌에 대한 은행여신 규제와 부채비율의 변화

(단위: %)

	1986	1987	1988	1989	1990	1991	1992	1993	1994	1995	1996	1997
여신한도 기준비율	n. a.	n. a.	n. a.	n. a.	11. 11	10. 98	10. 65	10. 93	10. 59	9. 88	9. 63	12. 16
30대 재벌의 은행 대출금 점유율	28. 6	26. 3	24. 2	20. 7	19. 4	19. 5	19. 0	16. 6	14. 9	13. 9	17. 5	20. 3
부채비율	474. 7	432. 9	366. 7	280. 6	362. 5	377. 9	397. 2	356. 1	362. 7	362. 0	412. 2	536. 4

주: 1997년의 여신한도기준비율은 10대 재벌에 대한 규제비율 수치임.

자료: 《국회 국정감사 요구자료》 및 은행감독원, 《감독업무정보》 각 호; 재정경제원 금융정책과(1997.7.11), "여신관리제도 개편". 부채비율은 KIS-Line 재무자료에서 산출.

〈그림 6-3〉 30대 재벌에 대한 은행여신 규제와 부채비율의 변화

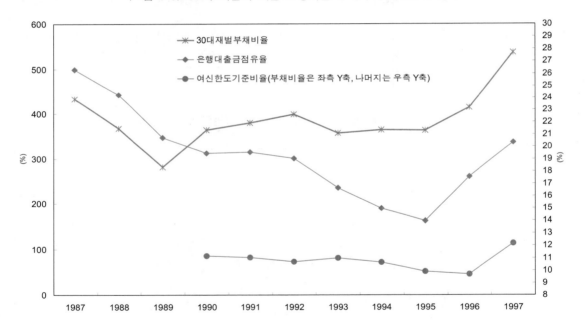

1.2.2. 10대 재벌과 11~30대 재벌의 부채비율 비교

1987~1997년 기간중 30대 재벌 가운데서 하위 11~30대 재벌의 평균 부채비율은 498.38%로 상위 10대 재벌의 부채비율 358.47%와 현저한 차이를 보여, 상위재벌 내에서도 자본구조의 차이가 크게 나고 있다. 또 분석 전기간에 걸쳐 11~30대 재벌의 부채비율이 상위 10대 재벌의 부채비율보다 일관되게 높은 값을 유지하고 있다.

〈표 6-7〉 10대 재벌과 11~30대 재벌의 부채비율의 요약 통계(1987~1997년)

(단위: %)

	평균	최대	최소	표준편차	변동계수
전체 기업	322.11	424.64	263.20	41.24	0.128
30대 재벌	386.10	536.37	280.56	63.05	0.163
10대 재벌	358.47	502.51	256.24	61.17	0.171
11~30대 재벌	497.38	691.30	368.12	87.61	0.176

자료: 한국신용평가정보㈜, KIS-Line의 재벌별 합산재무제표 자료를 이용하여 계산.

〈표 6-8〉 10대 재벌과 11~30대 재벌의 부채비율 추이

(단위: %)

	1987	1988	1989	1990	1991	1992	1993	1994	1995	1996	1997	1998	1999	2000	2001	2002
30대 재벌	432.9	366.7	280.6	362.5	377.9	397.2	356.1	362.7	362.0	412.2	536.4	375.5	195.6	170.6	147.5	135.9
10대 재벌	407.5	351.9	256.2	343.0	358.7	369.7	324.6	330.4	323.7	375.0	502.5	361.0	179.6	153.8	137.9	130.5
11~30대 재벌	518.3	411.0	368.1	431.7	446.1	501.2	491.5	498.4	541.3	572.3	691.3	446.1	289.8	253.1	187.6	158.7

자료: 한국신용평가정보㈜, KIS-Line의 재벌별 합산재무제표 자료를 이용하여 계산.

〈그림 6-4〉 전체 기업과 상위재벌의 부채비율 추이

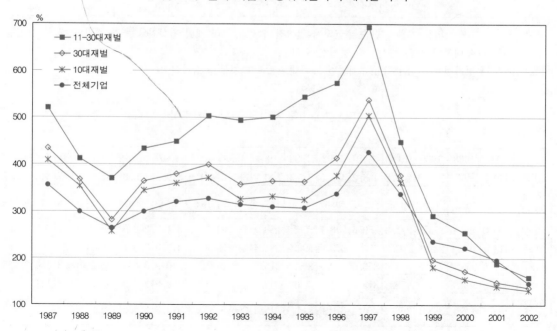

1.2.3. 5대 재벌의 부채비율

1987~1997년 기간중 5대 재벌의 부채비율은 1995년까지 평균적으로 안정추세를 보이거나 또는 삼성의 경우처럼 하향추세를 보인다. 1987년과 1988년간 직접금융 자금조달을 통한 은행차입금 상환조치로 5대 재벌의 부채비율은 모두 빠르게 낮아지나 삼성을 제외한 나머지 재벌의 경우 1989년부터 다시 부채비율이 상승하고 있다. 차입금 상환조치는 종료되었지만 1988년부터 여신관리제도가 본격적으로 시행되면서 대재벌 은행여신 총액에 대한 규제가 시작되자 재벌들은 주로 사채발행에 의존하여 차입금을

〈표 6-9〉 5대 재벌의 부채비율 요약통계

(단위: %)

	평균 (1987~1997년)	변동계수 (1987~1997년)	평균 (1998~2002년)	변동계수 (1998~2002년)
현대	400.93	0.186	382.55	0.489
현대자동차(00~02년)	-	-	141.40	0.147
삼성	352.88	0.265	125.20	0.596
대우	352.34	0.174	n.a.	n.a.
LG	358.19	0.164	187.97	0.381
SK	350.91	0.153	177.79	0.287
한진	999.22	0.329	278.65	0.385
합산 5대 재벌	373.02	0.165	179.54	0.464

주: 각 연도의 구성비를 기간중 단순 평균하여 얻어진 수치임. 5대 재벌 합산자료는 각 재벌의 대차대조표를 합산한 것에 대하여 같은 방식으로 얻어진 수치임.
자료: 한국신용평가정보㈜, KIS-Line 재벌별 대차대조표와 그것들을 합산하여 구함.

〈표 6-10〉 5대 재벌의 부채비율 추이

(단위: %)

	1987	1988	1989	1990	1991	1992	1993	1994	1995	1996	1997	1998	1999	2000	2001	2002
현대	420.7	366.6	277.5	366.8	408.2	431.5	346.0	390.2	381.8	441.9	579.1	476.8	152.0	329.7	646.6	307.6
현대 자동차	n.a.	n.a.	n.a.	n.a.	n.a.	n.a.	n.a.	n.a.	n.a.	n.a.	n.a.	n.a.	n.a.	160.8	143.9	119.5
삼성	555.0	450.6	374.5	371.8	350.6	348.7	306.4	260.7	213.0	279.2	371.2	252.6	125.3	102.7	77.7	67.8
대우	418.4	401.1	282.6	299.3	356.1	373.0	298.3	281.8	345.5	345.7	473.8	355.1	n.a.	n.a.	n.a.	n.a.
LG	411.8	358.2	328.9	324.6	356.3	352.7	299.5	315.8	325.2	356.0	510.9	315.4	148.1	166.3	154.2	155.8
SK	366.5	305.3	320.3	432.3	315.8	304.2	304.5	343.4	326.4	382.8	458.5	250.2	133.5	151.8	141.0	212.5
5대재 벌합산	438.7	426.2	333.1	368.4	364.2	370.8	314.4	315.4	306.9	355.3	473.2	335.9	184.0	162.2	127.9	122.1

자료: 한국신용평가정보㈜, KIS-Line 재벌별 재무비율 자료 및 그것들을 가중합산하여 구함.

<그림 6-5> 5대 재벌의 부채비율 추이

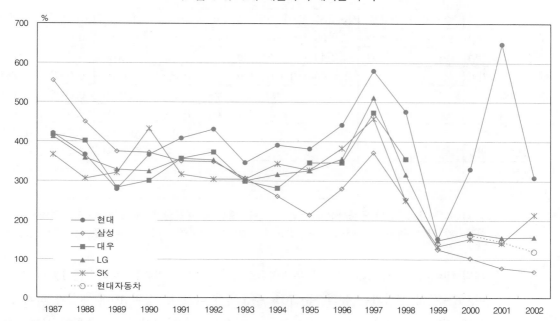

조달하였다. 1989년부터 1991년까지 5대 재벌들의 사채비중이 빠른 속도로 높아졌다.
1995년경부터 여신규제가 완화되면서 재벌들의 부채비율은 1996년과 1997년 양년 동
안에 급격하게 상승하고 있다.

외환경제위기 이후 1998년부터 정부 주도의 재무구조 개선조치로 5대 재벌들의 부
채비율은 급격히 낮아졌다. 재무구조개선약정에 따라 기존의 5대 재벌인 현대, 삼성,
LG, SK의 부채비율 모두가 1999년중에 200% 이하로 떨어졌다. 현대그룹의 경우에
는 2000년 9월에 그룹으로부터 현대자동차가, 2001년 2월에는 현대중공업이 친족분
리되는 등 견실한 계열사들이 떨어져 나가고, 현대아산, 현대건설 등의 부실이 심화
되면서 2000년부터 부채비율이 다시 급격히 높아졌다. 1999년의 재무구조개선약정에
서 규정된 목표 부채비율 200%를 달성하기 위해 5대 재벌은 계열사간 출자 및 자산
재평가에 적지 않게 의존하였다. 이에 대한 보다 자세한 내역에 대해서는 다음 장에서
다루어지게 될 것이다.

1.2.4.   각 자료집단의 부채비율간의 평균차에 대한 t 검정
<표 6-11>에서 보면, 기간중 중소규모 제조기업과 대규모 제조기업의 부채비율은 30
대 재벌의 부채비율과 유의수준 1% 수준에서 다르며, 5대 재벌, 10대 재벌, 11~30
대 재벌 등 재벌의 어떤 부분 집단에 대해서도 유의수준 5% 수준에서 다르다. 30대

<표 6-11> 1987~1997 기간의 자료집단간 부채비율의 평균차에 대한 t검정

	소규모	중규모	대규모	전체 기업	1~5대	1~10대	11~30대	6~30대	1~30대
소규모 제조기업	1.0000	0.0000	0.0000	0.0000	0.0000	0.0000	0.0000	0.0000	0.0000
중규모 제조기업	-	1.0000	0.2749	0.5104	0.0069	0.0350	0.0000	0.0022	0.0022
대규모 제조기업	-	-	1.0000	0.1263	0.0016	0.0087	0.0000	0.0003	0.0006
전체 기업	-	-	-	1.0000	0.0347	0.1178	0.0000	0.0026	0.0106
1~5대 재벌	-	-	-	-	1.0000	0.6705	0.0006	0.0767	0.5113
1~10대 재벌	-	-	-	-	-	1.0000	0.0003	0.0463	0.3093
11~30대 재벌	-	-	-	-	-	-	1.0000	0.1210	0.0027
6~30대 재벌	-	-	-	-	-	-	-	1.0000	0.2004
1~30대 재벌	-	-	-	-	-	-	-	-	1.0000

주: 비교하고자 하는 두 자료집단의 동분산성에 대한 F검정을 행한 후 동분산 또는 이분산의 판단하에서 각각의
t 검정을 실시. 각 칸의 수치는 두 자료집단의 평균치가 같다는 가설을 기각할 때의 1종 오류 확률값임.

재벌 내에서 보면, 5대 재벌의 부채비율은 11~30대 재벌과는 유의수준 1%에서 다르
며, 6~30대 재벌과는 유의수준 10% 수준에서 다르다. 상위 10대 재벌과 하위 11~
30대 재벌의 부채비율의 평균값은 1% 유의수준에서 다르다. 이를 종합해 보면, 적어
도 부채비율에서는 30대 재벌 내에서 10대 재벌과 나머지 11~30대 재벌의 부채비율
의 차이가 가장 뚜렷하게 나타난다고 할 수 있다.

1.3. 고정비율

1.3.1. 재벌과 비재벌기업의 고정비율 비교

'(고정자산 + 투자자산) / 자기자본'으로 정의되는 고정비율은, 고정자산과 투자자산 등
고정성이 높은 자산을 상환의 의무가 없어 안정성이 높은 자기자본이 지지하는 정도
를 나타내는 지표이다. 이 비율이 높을수록 기업은 재무적 위험에 더 크게 노출된다고
할 수 있다. <표 6-12>에서 보듯이, 30대 재벌의 고정비율은 344.6%로 전체 기업의
224.4%에 비해서 크게 높다.

<표 6-13>과 <그림 6-6>에서 보듯이, 고정비율은 1995년부터 1997년까지 3개년 동
안 급격하게 상승하고 있다. 전체 기업의 고정비율은 1994년의 213.9%에서 1997년에
는 265.9%로 기간 동안 52.0% 포인트 상승하고, 30대 재벌의 고정비율은 324.1%에
서 456.7%로 기간중 132.6% 포인트로 더 크게 상승하였다. 전체 기업의 경우 기간
중 자기자본 스톡은 33.11% 증가한 반면 고정자산과 투자자산 스톡은 각각 79.31%
와 72.86% 증가하였다. 이에 비해 30대 재벌은 자기자본 증가율은 41.75%로 전체

⟨표 6-12⟩ 전체 기업과 30대 재벌의 고정비율 요약통계 (1987~1997년)

(단위: %)

	평 균	최 대	최 소	표준편차	변동계수
전체 기업	224.4	265.9	198.0	18.2	0.081
30대 재벌	344.6	456.7	275.2	45.3	0.131
10대 재벌	329.8	434.9	263.2	43.3	0.131
11~30대 재벌	404.6	556.2	318.1	63.6	0.157

자료: 한국신용평가정보㈜, KIS-Line의 재벌별 합산재무제표 자료를 이용하여 계산.

⟨표 6-13⟩ 전체 기업과 재벌의 고정비율 추이

(단위: %)

	1987	1988	1989	1990	1991	1992	1993	1994	1995	1996	1997	1998	1999	2000	2001	2002
전체 기업	241.6	215.8	198.0	213.6	222.4	228.7	219.7	213.9	212.8	235.9	265.9	247.7	208.3	204.1	189.2	147.2
30대 재벌	359.6	329.8	275.2	332.3	345.1	353.0	318.7	324.1	322.1	374.0	456.7	386.6	280.4	251.6	234.5	216.7
10대 재벌	346.7	320.5	263.2	325.3	337.7	339.7	301.2	305.2	301.3	352.1	434.9	378.6	271.9	241.0	231.5	213.6
11~30대 재벌	402.8	357.5	318.1	356.9	371.1	402.9	393.8	403.2	419.3	468.5	556.2	425.9	330.5	303.1	246.9	229.8

자료: 한국신용평가정보㈜, KIS-Line의 재벌별 합산재무제표 자료를 이용하여 계산.

⟨그림 6-6⟩ 전체 기업과 재벌의 고정비율 추이

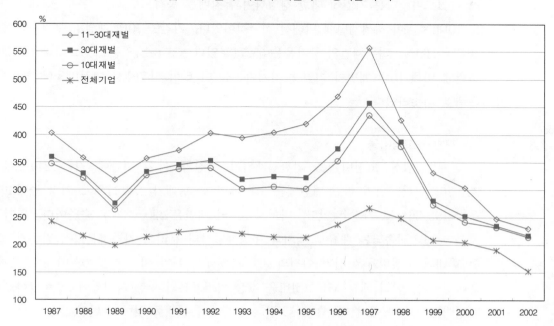

〈표 6-14〉 1995~1997년간 전체 기업과 30대 재벌의 고정비율 관련 증가율

(단위: %)

	고정자산 증가율	투자자산 증가율	자기자본 증가율	부채 증가율
전체 기업	79.31	72.86	33.11	83.44
30대 재벌	104.12	84.09	41.75	109.61
10대 재벌	109.55	89.69	44.00	118.98
11~30대 재벌	87.00	65.71	32.29	83.50

주: 증가율은 1994년말 스톡에 대한 1997년말 스톡의 비율(%)로서, 3년간의 통합 증가율임.
자료: 한국신용평가정보㈜, KIS-Line의 재벌별 합산재무제표 자료를 이용하여 계산.

기업보다 다소 높았으나, 유형자산과 투자자산의 증가율이 104.12%와 84.09%로 전체 기업에 비해 훨씬 더 크게 증가하였다(〈표 6-14〉 참조). 그 결과 30대 재벌의 고정비율이 더 크게 높아졌다. 즉, 30대 재벌이 고정자산과 투자자산을 늘려나가는 데 있어 전체 기업에 비해 타인자본 조달에 더욱 높은 비율로 의존하였고, 앞에서 이미 보았듯이, 이 기간중 부채비율이 빠르게 높아졌다.

10대 재벌의 고정비율은 1994년의 305.2%에서 1997년에는 434.9%로, 하위 11~30대 재벌은 403.2%에서 556.2%로 대체로 비슷한 비율로 높아졌다. 10대 재벌의 고정자산 증가율은 1995~1997년 기간중 109.55%로 11~30대 재벌의 87.00%에 비해 높았으며, 다른 기업에 대한 경영참여와 지배를 목적으로 하는 투자자산에 대해서도 10대 재벌이 하위재벌에 비해서 적극적이었다. 기간중 10대 재벌의 투자자산 증가율은 89.69%, 하위재벌의 증가율은 65.71%였다(〈표 6-14〉 참조). 그러나 11~30대 재벌에 비해 10대 재벌이 기간중 자기자본을 더 많이 확충해서 고정비율의 변화폭은 대체로 비슷하였다.

1.3.2. 5대 재벌의 고정비율

5대 재벌 합산 고정비율은 외환경제위기 이전과 이후 기간에 각각 240.28%와 221.76%이다. 위기 이전 기간에는 5대 재벌 중 현대가 277.11%로 가장 높았고 대우가 195.36%로 가장 낮았다. 나머지 3개의 재벌은 220~230% 수준이다. 위기 이후를 보면, 계속되는 대규모 적자와 우량계열사의 분리로 자기자본이 급격하게 줄어든 현대의 고정비율은 위기 이전의 277.11%에서 위기 이후에는 306.91%로 오히려 높아졌으나, 여타 재벌들의 고정비율 값은 자기자본의 확충에 힘입어 모두 낮아졌다. 삼성이 254.89%에서 151.39%로 약 100% 포인트 대폭 낮아진 반면, SK는 60% 포인트, LG는 25% 포인트 가량 낮아지는 데 그쳤다.

5대 재벌 고정비율의 시계열을 살펴보면 1987년 이후 1995년경까지는 대체로 안정되어 있거나 하향하는 모습을 보이고 있다. 그러다가 1995년경부터 1996년부터 1997년까지 고정비율이 빠른 속도로 높아지고 있다. 이 시기에 5대 재벌의 자기자본은 계속해서 증가하고 있었으므로 이는 전체적으로 고정자산 및 투자자산에 대한 투자가 활발히 이루어졌음을 뜻한다. 1995년부터 1997년의 3개년 사이에 5대 재벌 전체로는 고정자산과 투자자산이 각각 128.14%와 106.47% 증가한 데 비해 자기자본은 55.32%에 증가하는 데 그쳤으며 부채는 133.02%로 훨씬 높게 증가하여 투자에 필요한 자금의 높은 비율이 타인자본에 의존하여 이루어졌음을 알 수 있다. 그 결과 이

〈표 6-15〉 5대 재벌의 고정비율 요약 통계

(단위: %)

	평균(1987~2002)	변동계수	평균(1987~1997)	변동계수	평균(1998~2002)	변동계수
현대	277.11	0.313	263.56	0.137	306.91	0.497
현대자동차(00~02년)	173.06	0.129	n.a.	n.a.	173.06	0.129
삼성	222.55	0.298	254.89	0.177	151.39	0.314
대우	195.36	0.334	210.52	0.147	-	-
LG	224.36	0.135	232.23	0.118	207.03	0.152
SK	237.27	0.160	256.22	0.098	195.59	0.130
한진	632.52	0.494	786.41	0.316	293.97	0.207
5대 재벌 합산	234.11	0.157	240.28	0.114	221.76	0.236

자료: 한국신용평가정보㈜, KIS-Line 재벌별 재무비율 자료 및 그것들을 가중합산하여 구함.

〈표 6-16〉 5대 재벌의 고정비율 추이

(단위: %)

	1987	1988	1989	1990	1991	1992	1993	1994	1995	1996	1997	1998	1999	2000	2001	2002
현대	277.5	251.7	200.5	249.9	267.1	271.2	233.5	254.6	252.1	299.4	341.6	366.9	185.3	303.8	529.9	148.7
현대자동차	n.a.	n.a.	n.a.	n.a.	n.a.	n.a.	n.a.	n.a.	n.a.	n.a.	n.a.	n.a.	n.a.	192.7	177.7	148.7
삼성	340.8	292.2	263.7	275.2	268.3	264.5	235.1	207.7	169.6	225.6	261.1	225.8	169.4	132.3	122.9	106.5
대우	246.3	250.1	195.9	200.5	207.9	206.5	170.5	168.3	193.1	215.0	261.9	224.0	0.0	n.a.	n.a.	n.a.
LG	225.9	214.0	213.2	216.0	239.9	232.3	214.7	213.8	225.3	254.1	305.3	262.2	184.5	203.5	193.4	191.6
SK	229.2	228.6	245.2	289.5	248.3	235.0	234.8	264.6	260.8	286.5	295.5	217.9	169.8	185.2	177.8	227.3
한진	1236.4	1110.6	779.9	878.9	946.2	875.6	685.9	552.9	521.1	486.6	576.4	389.4	231.7	257.1	280.2	311.5
5대 재벌 합산	268.4	283.0	200.3	259.6	248.3	245.3	215.9	217.4	211.5	253.1	291.4	260.8	202.4	187.4	167.0	155.2

자료 : 한국신용평가정보㈜, KIS-Line 재벌별 재무비율 자료 및 그것들을 가중합산하여 구함.

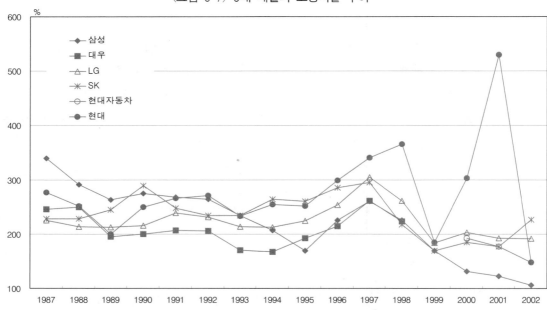

〈그림 6-7〉 5대 재벌의 고정비율 추이

기간중 5대 재벌의 고정비율 및 부채비율이 높아지고 재무적 안정성이 저하되었다. 기간중 삼성의 고정자산과 투자자산 모두에서 증가율이 5대 재벌 가운데 가장 높았으며 현대와 SK가 상대적으로 낮았다.

　1999년에서 2002년 사이에는 주요 5대 재벌의 고정비율이 그 이전 시기에 비해 한 단계 낮아지는 반대현상이 발생하였다. 삼성의 경우는 기간중 고정자산과 투자자산의 증가가 각각 11.33%와 6.95%가 이루어진 데 비해 자기자본은 무려 58.10%나 증가함에 따라 고정비율은 1999년의 169.4%에서 2002년에는 106.5%로 떨어졌다. LG와 현대자동차의 경우도 자기자본의 증가가 고정자산과 투자자산 합의 증가율을 앞질러 고정비율이 낮아졌다. SK와 한진의 경우는 고정자산과 투자자산이 증가한 반면에 자기자본의 감소로 기간중 고정비율이 높아졌다. SK그룹의 경우 자기자본이 2001년 말의 18.9조 원에서 13.9조 원으로 1년 사이에 무려 5조 원 규모나 줄어들었다. 경영권 보호를 위해 계열사인 SK㈜의 자사주취득과 자본잉여금의 감소, 유가증권평가이익의 감소와 유가증권평가손실의 증가 등이 복합적으로 작용한 결과이다. 한진의 경우는 2002년 말의 자기자본이 1999년 말에 비해 0.9조 원 정도 줄어들었는데, 이는 주로 2000년과 2001년중 그룹의 주력기업인 대한항공과 한진해운의 대규모 적자기록에 따른 이익잉여금의 감소에서 비롯되고 있다. 두 그룹은 기간중 고정성자산의 확대를 위한 자금을 부채의 증가를 통해 충당하였다.

〈표 6-17〉 1995~1997년간 5대 재벌의 고정비율 관련 증가율

(단위: %)

	고정자산 증가율	투자자산 증가율	자기자본 증가율	부채 증가율
현 대	115.64	98.02	44.94	114.98
삼 성	138.82	132.34	70.25	142.39
대 우	131.43	102.93	37.17	130.94
LG	136.22	114.23	53.56	148.46
SK	118.11	77.59	83.28	144.75
5대 재벌 합산	128.14	106.47	55.32	133.02

주: 증가율은 1994년말 스톡에 대한 1997년말 스톡의 비율(%)로서, 3년간의 통합 증가율임.
자료: 한국신용평가정보㈜, KIS-Line의 재벌별 합산재무제표 자료를 이용하여 계산.

〈표 6-18〉 2000~2002년간 5대 재벌의 고정비율 관련 증가율

(단위: %)

	고정자산 증가율	투자자산 증가율	고정자산+투자자산 합산 증가율	자기자본 증가율	부채 증가율
삼 성	11.33	6.95	10.07	58.10	-14.38
LG	26.88	-0.69	19.19	22.19	28.58
SK	9.84	-18.90	0.42	-17.90	30.71
현대자동차	10.07	36.46	15.12	42.66	5.94
한 진	17.95	21.56	18.43	-12.24	34.09

주: 증가율은 1999년 말 스톡에 대한 2002년 말 스톡의 비율(%)로서, 3년간의 통합증가율임. 단,
    현대자동차의 경우는 2000년 말에 대한 2002년 말의 비율임.
자료: 한국신용평가정보㈜, KIS-Line의 재벌별 합산재무제표 자료를 이용하여 계산.

1.4.   차입금의존도

1.4.1.   재벌과 비재벌기업의 차입금의존도 비교

차입금의존도는 총자본(부채자본총계)에 대한 이자발생부채의 비율로 정의된다. 이자발생부채가 총부채의 주요한 구성요소이기 때문에 일반적으로 부채비율이 높으면 차입금의존도도 높은 값을 보이게 된다. 앞에서 살펴보았듯이, 재벌기업의 부채비율이 차별적으로 높기 때문에 차입금의존도에서도 재벌기업과 비재벌기업 간에 뚜렷한 차이가 있다. 〈표 6-19〉에서 1987~1997년 기간 동안 30대 재벌기업의 평균차입금 의존도는 47.9%로 소규모 제조기업의 27.1%, 중규모 38.5%에 비해서는 물론 대규모 제조기업의 45.6%보다 높다.

〈표 6-19〉 제조기업과 상위재벌의 차입금의존도의 기간별 비교

(단위 : %)

	1976~1986	1987~1997
소규모 제조기업	21.3	27.1
중규모 제조기업	35.0	38.5
대규모 제조기업	47.8	45.6
10대 재벌	n.a.	47.7
11~30대 재벌	n.a.	56.3
30대 재벌	n.a.	47.9

주: 1) 기업의 규모 분류는 종업원 수 기준에 따라 20인 미만을 소기업, 20인부터 299인까지를 중기업, 300인 이상을 대기업으로 구분하였다.
　　2) 중소기업 및 대기업은 제조업, 재벌은 전산업(금융보험 분야 제외)을 대상으로 하고 있다.
자료: 소기업 및 중기업 자료는 중소기업청, 《중소기업실태조사보고》; 대기업자료는 한국은행, 《기업경영분석》; 재벌자료는 한국신용평가정보㈜, KIS-Line, 각 재벌의 합산재무제표 자료로부터 산출.

〈표 6-20〉 자료집단별 차입금의존도의 요약통계(1987~1997년)

차입금의존도	평 균	최 대	최 소	표준편차
소규모 제조업	27.1	32.7	20.8	4.359
중규모 제조업	38.5	39.6	37.2	0.735
대규모 제조업	45.6	56.5	38.4	4.960
5대 재벌	49.6	59.5	45.6	4.215
10대 재벌	47.4	53.5	41.9	3.295
11~30대 재벌	56.3	59.3	53.2	1.602
30대 재벌	47.9	55.3	41.3	3.708

주: 1) 기업의 규모 분류는 종업원수 기준에 따라 20인 미만을 소기업, 20인부터 299인까지를 중기업, 300인 이상을 대기업으로 구분하였다.
　　2) 중소기업 및 대기업은 제조업, 전체 기업과 30대 재벌은 전산업(금융보험 분야 제외)을 대상으로 하고 있다.
자료: 중소규모 제조기업 자료는 중소기업청, 《중소기업실태조사보고》; 대기업자료는 한국은행, 《기업경영분석》; 30대 재벌자료는 한국신용평가정보㈜, KIS-Line, 각 재벌의 합산재무제표 자료로부터 산출.

〈그림 6-8〉 제조업종 기업규모별 및 상위재벌의 차입금의존도 추이

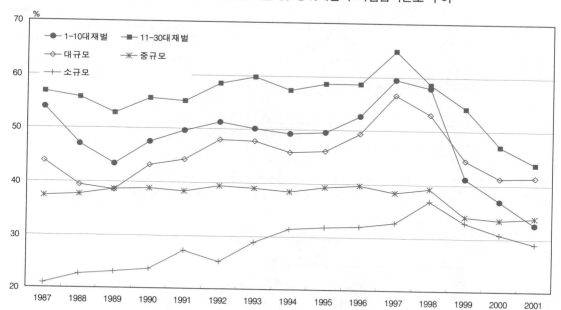

1.4.2.   5대 재벌의 차입금의존도

1987~1997년 기간 동안 5대 재벌의 평균 합산 차입금의존도는 〈표 6-21〉에서 보듯이 49.62%이다. 1987~1997년 기간 동안 현대의 부채비율이 400.93%로 가장 높으나 차입금의존도는 44.17%로 5대 재벌 가운데 가장 낮다. 이는 현대가 여타 재벌에 비해 매입채무 등 비이자성 부채에 의존하는 정도가 한층 높기 때문이다. 반면에 SK의 경우는 부채비율은 5대 재벌중 가장 낮으나 차입금의존도는 56.50%로 가장 높다. 총자본 중 매입채무가 차지하는 비중은 SK의 경우 9.47%로 여타 재벌에 비해 낮다.

〈표 6-21〉 5대 재벌의 차입금의존도 요약 통계

(단위: %)

	평균(1987~1997년)	변동계수	평균(1998~2002년)	변동계수
현 대	44.17	0.210	56.87	0.208
현대자동차	n.a.	n.a.	28.32	0.173
삼 성	49.96	0.088	29.71	0.543
대 우	53.15	0.059	-	-
L G	48.18	0.091	40.18	0.215
S K	56.50	0.063	41.51	0.131
5대 재벌 합산	49.62	0.085	39.65	0.267

자료: 한국신용평가정보㈜, KIS-Line 재벌별 재무비율 자료 및 그것들을 가중 합산하여 구함.

176

<표 6-22> 5대 재벌의 차입금의존도 추이

(단위 : %)

	1987	1988	1989	1990	1991	1992	1993	1994	1995	1996	1997	1998	1999	2000	2001	2002
현대	47.9	42.0	38.6	42.0	44.7	27.9	32.8	47.6	47.3	53.1	61.9	57.6	40.8	51.5	72.7	61.7
삼성	55.7	48.8	48.3	50.3	50.4	51.7	48.6	43.8	42.8	51.3	57.7	53.5	37.9	24.8	19.1	13.2
대우	57.6	54.3	50.0	50.3	51.8	54.0	50.8	51.0	53.1	51.6	60.0	62.2	60.3	n.a.	n.a.	n.a.
LG	47.4	42.6	43.9	47.1	51.6	48.7	48.3	44.8	46.9	49.8	58.8	55.4	36.3	38.5	36.4	34.3
SK	52.9	49.6	54.6	61.2	57.2	58.8	58.9	59.6	58.3	52.5	57.9	50.7	36.2	40.4	40.3	40.0
5대 재벌 합산	54.6	47.8	47.2	47.4	50.1	45.6	45.6	48.1	48.3	51.7	59.5	56.9	41.3	37.0	33.7	29.3

자료: 한국신용평가정보㈜, KIS-Line 재벌별 재무비율 자료 및 그것들을 가중합산하여 구함.

<그림 6-9> 5대 재벌의 차입금의존도 추이

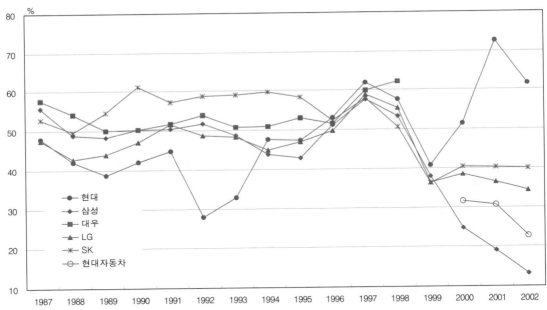

1.4.3.　각 자료집단의 차입금의존도간의 평균차에 대한 t 검정

　　　　〈표 6-23〉에서 보듯이, 중소 제조기업의 차입금의존도는 30대 재벌의 어떤 부분집단
에 대해서도 통계적으로 확실하게 같지 않으며, 제조 대기업의 경우도 유의수준 5%
에서 다르다. 30대 재벌 안에서 비교해 보면, 5대 재벌과 6~30대 재벌의 차입금의존
도가 다르다고 말할 수 없다. 그러나 10대 재벌의 차입금의존도는 11~30대 재벌의
차입금의존도와 확실하게 다르다. 따라서 차입금의존도를 놓고 볼 때 30대 재벌에서

〈표 6-23〉 자료집단간 차입금의존도 평균차에 대한 t 검정 (1987~1997년)

	소규모	중규모	대규모	1~5대	1~10대	11~30대	6~30대	1~30대
소규모 제조기업	1.0000	0.0000	0.0000	0.0000	0.0000	0.0000	0.0000	0.0000
중규모 제조기업	-	1.0000	0.0008	0.0000	0.0000	0.0000	0.0000	0.0000
대규모 제조기업	-	-	1.0000	0.0548	0.0275	0.0000	0.0020	0.0033
1~5대 재벌	-	-	-	1.0000	0.7222	0.0001	0.1449	0.1865
1~10대 재벌	-	-	-	-	1.0000	0.0002	0.2911	0.3294
11~30대 재벌	-	-	-	-	-	1.0000	0.0001	0.0012
6~30대 재벌	-	-	-	-	-	-	1.0000	0.8924
1~30대 재벌	-	-	-	-	-	-	-	1.0000

주: 비교하고자 하는 두 자료집단의 동분산성에 대한 F검정을 행한 후 동분산 또는 이분산의 판단하에서 각각의 t검정을 실시. 각 칸의 수치는 비교 자료집단들의 평균차가 없다는 가설을 기각할 때의 1종 오류 확률값임.

는 5대 재벌과 나머지 재벌을 구분하기보다는 10대 재벌과 11~30대 재벌을 뚜렷하게 구분할 수 있다.

1.5. 금융비용부담률

1.5.1. 재벌과 비재벌기업의 금융비용부담률 비교

금융비용부담률 또는 동일하게 금융비용대매출액 비율은 기업이 부담하는 금융비용의 수준을 나타내는 대표적인 지표이다. 금융비용은 조업도와 상관없이 고정비의 성격을 지니고 있어 금융비용이 크게 되면 안정성이 저하된다. 금융비용의 크기는 이자발생 부채의 크기와 차입이자율에 의해 결정되며, 주어진 금융비용에 대하여 매출이 부진할수록 금융비용의 부담은 늘어나게 되므로 금융비용부담률이 높은 기업은 불황시에 지급불능의 위험에 처할 가능성이 높아진다. 주어진 금융비용에 대해 기업의 판매능력이 뛰어나다면 금융비용부담률은 낮은 값을 보일 것이다. 따라서 금융비용부담률은 재무적 및 영업적 안정성을 포괄하여 경영의 전반적인 안정성을 측정하는 재무지표로서의 복합적인 성격을 지니고 있다.

〈표 6-24〉에서 보듯이, 30대 재벌의 금융비용부담률은 1987~1997년 기간중 평균 4.99%로 전체 기업의 4.60%보다 다소 높으며 변동성도 크다. 30대 재벌 내에서는 10대 재벌의 금융비용부담률이 4.36%로 전체 기업보다 낮은 반면, 하위 11~30대 재벌은 7.76%로 전체 기업의 수준을 크게 능가하는 등 상위재벌과 하위재벌 간의 격차가 현저하다.

178

〈표 6-24〉 전체 기업과 재벌의 금융비용부담률의 요약 통계 (1987~1997년)

(단위: %)

	평 균	최 대	최 소	표준편차	변동계수
전체 기업	4.60	5.01	4.19	0.235	0.051
30대 재벌	4.99	5.92	4.23	0.466	0.093
10대 재벌	4.36	5.13	3.72	0.367	0.084
11~30대 재벌	7.76	9.16	6.16	1.122	0.145

주: 금융비용대매출액비율 = 100 * 금융비용 / 매출액.
자료: 전체 기업은 한국은행의 《기업경영분석》상의 산업대분류 재무자료를 이용하여 계산. 재벌은 한국신용평가
정보㈜, KIS-Line의 재벌별 합산재무제표 자료를 이용하여 계산.

〈표 6-25〉 전체 기업과 재벌의 금융비용부담률의 추이

(단위: %)

	1987	1988	1989	1990	1991	1992	1993	1994	1995	1996	1997	1998	1999	2000	2001	2002
전체 기업	4.45	4.19	4.45	4.33	4.68	5.01	4.60	4.66	4.65	4.68	4.87	6.55	5.41	3.97	3.51	2.09
30대 재벌	4.58	4.23	4.57	4.69	5.29	5.92	5.35	5.15	4.98	4.90	5.21	7.92	6.22	3.87	2.91	2.02
10대 재벌	4.16	3.72	4.13	4.12	4.63	5.13	4.59	4.45	4.25	4.22	4.52	7.35	5.40	3.31	2.51	1.75
11~30대	6.23	6.31	6.16	7.03	8.05	9.16	8.74	8.26	8.38	8.23	8.86	11.83	11.54	6.76	4.82	3.40

자료: 전체 기업은 한국은행의 《기업경영분석》상의 산업대분류 재무자료를 이용하여 계산. 재벌은 한국신용평가
정보㈜, KIS-Line의 재벌별 합산재무제표 자료를 이용하여 계산.

〈그림 6-10〉 전체 기업과 재벌의 금융비용부담률의 추이

(단위: %)

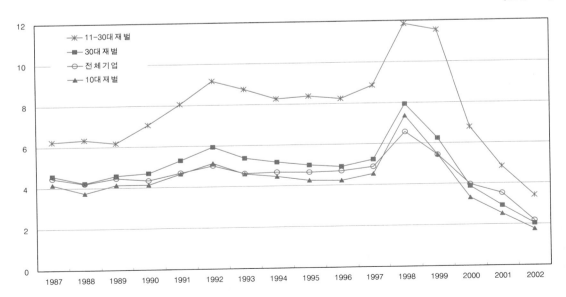

금융비용부담률은 이자율 * (이자발생부채 / 매출액)과 같이 두 요소의 곱으로 분해해 볼 수 있다. 먼저, 이자발생부채 대 매출액 비율의 자료집단간 차이에 대해 살펴보자. 〈표 6-26〉에서 보듯이, 1987~1997년 기간중 30대 재벌의 매출액 대비 이자발생부채의 비율값은 49.01로 전체 기업의 40.55보다 다소 높다. 30대 재벌 내에서는 11~30대 하위재벌의 비율값이 74.01로 10대 재벌의 43.27보다 훨씬 크다. 11~30대 재벌의 비율값이 다른 자료집단들에 비해서 통계적으로 볼 때 확실하게 높고 여타 자료집단간에는 통계적으로 차이가 없다.

〈표 6-28〉에서 차입금 평균이자율을 보게 되면, 1987~1997년 기간 동안에 전체 기업의 평균 차입이자율은 12.49%인 반면 30대 재벌의 모든 하위집단의 수치는 11% 이하이다. 〈표 6-30〉에서 전체 기업과 30대 재벌의 모든 하위집단의 차입이자율 평균차는 5% 수준에서 유의하게 다르다. 30대 재벌 안에서 보면 5대 재벌과 그 여집합인 6~

〈표 6-26〉 전체 기업과 재벌의 이자발생부채 대 매출액 비율의 요약통계 (1987~1997년)

(단위: %)

	평균	최대	최소	표준편차	변동계수	평균차 검정	
전체 기업	40.55	52.01 (1997)	28.58 (2002)	4.944	0.122	0.5332 (전체 vs 10대)	0.0000 (전체 vs 11~30대)
30대 재벌	49.01	60.96 (1997)	23.78 (2002)	5.231	0.107	0.3834 (전체 기업 vs 30대재벌)	
10대 재벌	43.27	55.20 (1997)	21.06 (2002)	5.131	0.119	0.0000 (10대 재벌 vs 11-30대 재벌)	
11~30대 재벌	74.01	91.37 (1997)	37.64 (2002)	8.539	0.115	–	

주: 1) 평균차 검정에서의 수치는 p값.
　　2) 최대, 최소 옆 ( )안의 수치는 해당 연도임.
자료: 전체 기업은 한국은행의 《기업경영분석》상의 산업대분류 재무자료를 이용하여 계산. 재벌은 한국신용평가정보㈜, KIS-Line의 재벌별 합산재무제표 자료를 이용하여 계산.

〈표 6-27〉 전체 기업과 재벌의 이자발생부채 대 매출액 비율의 추이

(단위: %)

	1987	1988	1989	1990	1991	1992	1993	1994	1995	1996	1997	1998	1999	2000	2001	2002
전체 기업	37.92	32.92	35.01	38.80	40.50	43.01	41.49	41.12	40.11	43.15	52.01	50.12	45.35	38.44	36.16	28.58
30대 재벌	44.68	40.53	44.70	48.87	50.61	52.54	50.00	48.73	47.12	50.40	60.96	58.77	45.45	33.21	27.78	23.78
10대 재벌	40.50	34.67	39.06	43.00	45.11	46.64	44.29	42.60	41.02	43.90	55.20	53.80	39.56	28.34	24.34	21.06
11~30대 재벌	60.99	64.35	65.07	72.85	73.60	76.75	75.66	75.90	75.30	82.26	91.37	92.32	83.65	58.47	44.02	37.64

자료: 전체 기업은 한국은행의 《기업경영분석》상의 산업대분류 재무자료를 이용하여 계산. 재벌은 한국신용평가정보㈜, KIS-Line의 재벌별 합산재무제표 자료를 이용하여 계산.

30대 재벌의 차입이자율은 5% 유의수준에서 다르다. 6~30대 재벌의 기간중 평균차입 이자율은 10.48%로서 5대 재벌의 11.40%보다 더 낮다. 따라서 앞에서 보았던 11 ~30대 재벌의 높은 금융비용부담률은 높은 이자발생부채의 사용에서 연유하고 있음을 알 수 있다.

　　1997년까지 전체 기업의 차입이자율이 30대 재벌과 하위 11~30대 재벌의 이자율 수준을 전반적으로 초과하고 있다. 그러나 외환경제위기 이후로는 전체 기업의 이자율

<그림 6-11> 전체 기업과 재벌의 이자발생부채 대 매출액 비율의 추이

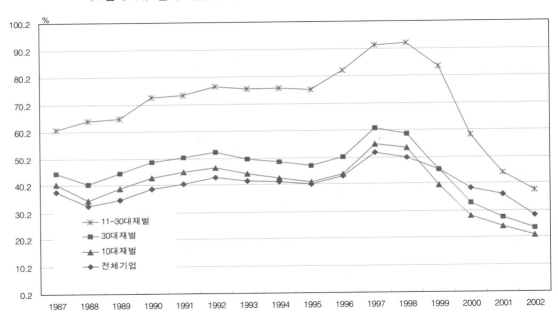

<표 6-28> 차입금평균이자율의 기초 통계(1987~1997년)

(단위: %)

	평 균	최 대	최 소	표준편차	변동계수
전체 기업	12.49	13.58	11.07	0.768	0.061
30대 재벌	11.21	12.31	10.01	0.659	0.059
5대 재벌	11.44	12.57	9.88	0.770	0.068
10대 재벌	11.11	11.97	9.79	0.645	0.058
11~30대 재벌	11.46	13.15	10.42	0.919	0.080
6~30대 재벌	10.48	11.38	9.83	0.527	0.050

자료: 전체 기업은 한국은행의 《기업경영분석》상의 산업대분류 재무자료를 이용하여 계산. 재벌은 한국신용평가정보㈜, KIS-Line의 재벌 합산재무제표 자료를 이용하여 계산.

수준이 30대 재벌의 수준을 대체로 밑도는 모습으로 바뀌었다. 이는 외환위기 이후 중소기업에 대한 대출이 급감하자 정책대출의 비중이 늘어난 데 따른 것으로 보인다. 또한, 위기 이전에는 6~30대 재벌의 차입이자율이 5대 재벌에 비해서 더 낮았으나 위기 이후 1999년부터는 5대 재벌의 차입이자율이 더 낮아지는 금리구조의 역전이 일어났음이 주목된다. 이는 외환경제위기 직후 신용위험에 대한 인식이 강화되어 적용금리가 차입기업의 신용도를 반영하는 경향이 강화되었으며 아울러 구조조정 과정에서의 자금차입상의 애로가 상대적으로 하위재벌에서 더 심하게 발생하였음을 뜻한다.

〈표 6-29〉 전체 기업과 재벌의 차입이자율 추이

(단위: %, % 포인트)

	1988	1989	1990	1991	1992	1993	1994	1995	1996	1997	1998	1999	2000	2001	2002
전체 기업	12.75	13.58	13.41	13.01	12.64	11.76	12.22	12.49	11.98	11.07	13.15	11.48	9.97	9.46	6.98
30대 재벌	10.64	11.41	10.71	11.77	12.31	11.16	11.35	11.73	10.97	10.01	13.47	11.24	10.84	9.13	8.08
5대 재벌	10.75	11.95	11.01	12.19	12.57	11.32	11.34	11.73	11.26	9.88	14.21	10.62	10.09	7.96	6.76
10대 재벌	10.67	11.79	10.84	11.64	11.97	10.90	11.13	11.51	10.90	9.79	13.95	10.85	10.56	9.03	7.99
11~30대 재벌	10.57	10.60	10.42	12.07	13.15	11.84	11.90	12.29	11.15	10.66	11.76	12.61	11.60	9.39	8.33
6~30대 재벌	9.99	10.26	9.83	10.63	11.30	10.22	10.60	11.38	10.52	10.03	11.80	11.80	11.01	9.29	8.19

주: 차입이자율 = 2 * 100 * 금융비용 / (기초 이자발생부채 + 기말 이자발생부채).
자료: 전체 기업은 한국은행의 《기업경영분석》 상의 산업대분류 재무자료를 이용하여 계산. 재벌은 한국신용평가정보㈜, KIS-Line의 재벌별 합산재무제표 자료를 이용하여 계산.

〈표 6-30〉 자료집단간 차입이자율 평균차에 대한 t 검정 (1987~1997년)

	전체	30대	5대	10대	11~30대	6~30대
전 체	1.0000	0.0051	0.0415	0.0073	0.0066	0.0000
30대	-	1.0000	0.5842	0.9267	0.8390	0.0273
5대	-	-	1.0000	0.5479	0.7053	0.0150
1~10대	-	-	-	1.0000	0.7772	0.5479
11~30대	-	-	-	-	1.0000	0.7053
6~30대	-	-	-	-	-	1.0000

주: 비교하고자 하는 두 자료집단의 동분산성에 대한 F검정을 행한 후 동분산 또는 이분산의 판단하에서 각각의 t 검정을 실시. 각 칸의 수치는 p값임.

182

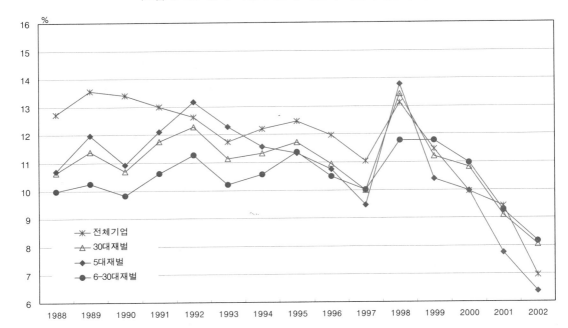

〈그림 6-12〉 전체 기업과 30대 재벌의 차입이자율 추이

1.5.2. **5대 재벌의 금융비용부담률**

〈표 6-31〉에서 보듯이, 1987~2002년 기간중 5대 재벌의 합산 금융비용부담률 평균
은 4.86%이다. 대우가 7.26%로 다른 그룹에 비해서 현저하게 높다. 현대와 SK가
4% 수준이며 삼성과 LG는 3% 수준으로 상대적으로 낮다. 외환경제위기 이전의 1987
~1997년 기간을 보면, 대우가 역시 6.23%로 가장 높으며, 현대와 SK가 4%대, 삼
성과 LG가 3%대이다. 대우의 경우는 변동계수가 다른 그룹에 비해 낮아 기간 동안
금융비용부담률이 지속해서 높은 수준에 머물러 있었음을 알 수 있다. 이 같은 사실은
〈표 6-31〉, 〈그림 6-13〉에 확연히 드러나 있다.

경제위기 이후 부채비율의 저하와 함께 금융비용부담률도 낮아졌는데, 삼성의 경우
에 3.41%에서 2.67%로 0.74% 포인트 낮아져 그 저하 폭이 가장 컸다. 삼성의 경우
는 2000년부터 내부자금에 의한 대규모 차입금상환이 이루어지면서 동 수치가 1999년
4.01%에서 2000년 1.87%, 2001년 1.30%, 2002년 0.81%로 극적으로 낮아졌다.
기간중 LG와 SK의 저하 폭은 각각 0.52% 포인트와 0.23% 포인트이다.

5대 재벌의 금융비용부담률을 차입이자율과 매출액 대비 이자발생부채 비율이라는
두 요소의 곱으로 분해하여 살펴보자. 먼저, 이자발생부채 대 매출액 비율에 대해서

살펴보자. 1987~2002년 기간 동안 5대 재벌의 합산매출액 대비 이자발생부채의 연평균비율은 39.04%이고, 1997년까지의 연평균비율이 41.46%로 1998년 이후의 연평균 33.72%에 비해 다소 높다. 1987~1997년 기간에 삼성의 수치는 30.94%로 5대 재벌 가운데 가장 낮으며 LG 36.07%, 현대 37.14%, SK 43.59%로 그 뒤를 잇고 있다. 대우는 66.62%로 여타 재벌에 비해서 수치가 훨씬 높다.

경제위기 이후 1998~2002년 기간 동안 삼성의 동 수치는 21.72%로 낮아졌다. LG와 현대자동차도 각각 22.99%와 29.60%로 20%대의 낮은 비율을 보이고 있다. SK는 38.91%로 다른 그룹에 비해 다소 높으며, 한진은 운수업 중심의 사업구조에 따르는 높은 부채비율과 차입금의존도를 반영하여 91.46%로 여타 재벌에 비해 현저히 높다.

〈표 6-31〉 5대 재벌의 금융비용부담률의 요약통계

(단위: %)

	평 균 (1987~2002)	변동계수	평 균 (1987~1997)	변동계수	평 균 (1998~2002)	변동계수
현 대	4.42	0.330	4.05	0.090	5.21	0.490
현대자동차(00~02년)	-	-	n.a.	n.a.	2.91	0.340
삼 성	3.18	0.356	3.41	0.141	2.67	0.726
대 우	7.26	0.399	6.23	0.086	-	-
L G	3.79	0.307	3.95	0.206	3.43	0.521
S K	4.24	0.237	4.31	0.185	4.08	0.359
5대 재벌 합산	4.86	0.273	4.99	0.093	4.59	0.530

주: 금융비용부담률 = 100 * 금융비용 / 매출액.
자료: 한국신용평가정보㈜, KIS-Line의 재벌별 합산재무제표 자료를 이용하여 계산.

〈표 6-32〉 5대 재벌의 금융비용부담률 추이

(단위: %)

	1987	1988	1989	1990	1991	1992	1993	1994	1995	1996	1997	1998	1999	2000	2001	2002
현 대	3.68	3.59	3.75	3.47	4.07	4.62	4.10	4.25	4.30	4.27	4.49	7.65	4.87	4.13	1.70	7.70
현대자동차	n.a.	n.a.	n.a.	n.a.	n.a.	n.a.	n.a.	n.a.	n.a.	n.a.	n.a.	n.a.	n.a.	3.9	2.90	1.92
삼 성	3.45	2.97	3.26	3.85	4.01	4.22	3.47	2.99	2.61	3.17	3.51	5.37	4.01	1.87	1.30	0.81
대 우	6.91	6.41	6.79	5.82	6.51	6.61	6.03	6.58	5.71	5.13	6.05	9.61	16.24	n.a.	n.a.	n.a.
L G	3.10	3.14	3.94	4.00	4.57	5.92	4.5	3.71	3.33	3.59	3.66	6.23	4.08	2.77	2.28	1.78
S K	2.91	3.21	3.7	4.03	4.87	5.22	4.76	5.02	5.23	4.16	4.35	6.18	4.78	3.92	3.03	2.48
5대 재벌 합산	4.58	4.23	4.57	4.69	5.29	5.92	5.35	5.15	4.98	4.90	5.21	7.92	6.22	3.87	2.91	2.02

자료: 한국신용평가정보㈜, KIS-Line의 재벌별 합산재무제표 자료를 이용하여 계산

1987~2002년의 전체 분석기간 동안 5대 재벌의 사채 포함 총차입금의 평균차입금리
는 10.86%로 같은 기간 동안의 회사채유통수익률에 비해 1.95% 포인트 낮다. 이를
두 기간으로 나누어 보면, 1987~1997년 기간 동안 5대 재벌의 평균차입금리는
14.37%로 같은 기간의 평균 회사채유통수익률 14.37%보다 2.92% 포인트 낮은 반
면에, 1998~2002년 기간 동안에는 9.38%로 같은 기간의 회사채유통수익률 9.38%

〈그림 6-13〉 5대 재벌의 금융비용부담률 추이

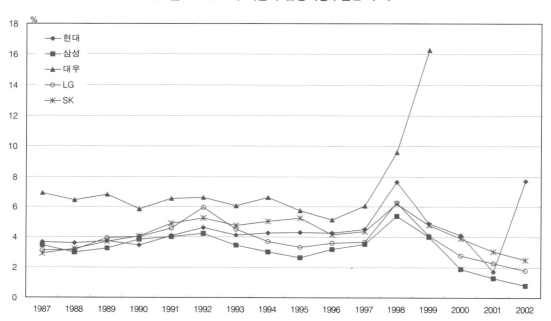

〈표 6-33〉 5대 재벌의 이자발생부채 대 매출액 비율의 요약 통계

(단위: %)

	평균(1987~2002)	변동계수	평균(1987~1997)	변동계수	평균(1998~2002)	변동계수
현 대	37.14	0.351	34.30	0.273	43.39	0.430
현대자동차(00~02년)	-	-	-	-	22.99	0.156
삼 성	30.94	0.377	35.14	0.229	21.72	0.643
대 우	66.62	0.296	60.05	0.093	102.75	0.348
L G	36.07	0.239	39.01	0.193	29.60	0.265
S K	43.59	0.199	45.72	0.209	38.91	0.096
한 진	102.05	0.125	106.86	0.107	91.46	0.096
5내 재벌 합산	39.04	0.220	41.46	0.131	33.72	0.364

자료: 한국신용평가정보㈜, KIS Line의 재벌별 합산재무제표 자료를 이용하여 계산.

에 비해 0.30% 포인트 높다. 〈표 6-35〉와 〈그림 6-15〉에서 보는 것처럼, 외환경제위기 직후인 1998년중 극도의 신용경색이 발생한 기간을 제외하면 전체적으로 금리수준이 하향되는 가운데, 회사채수익률의 하락속도가 은행 대출금리 하락속도보다 빨라, 두 기간 동안 두 금리간에 이 같은 격차구조의 역전이 발생하였다.

　　1997년 외환경제위기 이후 대규모 흑자에 따라 재무구조가 현저하게 개선된 삼성의 평균 차입금리 수준이 한진을 제외한 여타 재벌에 비해 낮은 9.83%를 기록하고 있

〈표 6-34〉 5대 재벌의 이자발생부채 대 매출액 비율의 추이

(단위: %)

	1987	1988	1989	1990	1991	1992	1993	1994	1995	1996	1997	1998	1999	2000	2001	2002
현 대	31.1	27.7	30.8	34.7	34.1	21.2	26.3	37.9	35.3	41.3	57.0	55.0	38.7	35.5	19.7	68.1
현대자동차	n.a.	n.a.	n.a.	n.a.	n.a.	n.a.	n.a.	n.a.	n.a.	n.a.	n.a.	n.a.	n.a.	24.8	25.3	18.8
삼 성	29.9	26.3	28.2	34.6	37.9	37.1	32.4	30.1	32.6	42.7	54.7	43.2	27.9	15.5	13.2	8.8
대 우	65.2	56.6	60.0	61.3	64.2	64.4	60.9	63.6	55.4	46.2	62.6	77.5	128.0	n.a.	n.a.	n.a.
L G	30.2	27.0	34.7	41.0	45.3	49.1	39.6	36.0	35.3	39.5	51.6	43.5	27.7	26.7	25.2	24.8
S K	26.5	29.8	41.2	52.2	51.6	52.3	48.6	51.7	48.3	44.9	55.8	43.6	38.4	41.2	37.7	33.7
5대 재벌 합산	40.5	34.8	39.5	42.9	43.2	39.4	38.1	40.1	38.7	42.5	56.2	53.1	38.5	27.0	27.0	23.1

자료: 한국신용평가정보㈜, KIS-Line의 재벌별 합산재무제표 자료를 이용하여 계산.

〈그림 6-14〉 5대 재벌의 이자발생부채 대 매출액비율의 추이

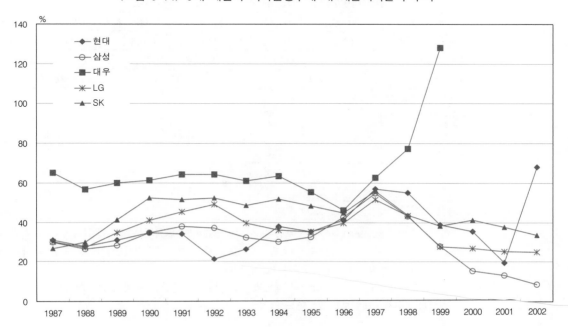

다(〈표 6-35〉 참조). 그런데 현대의 경우 2000년부터 유동성 위기를 겪고 주력사들이 대규모 적자를 기록해 재무구조가 급속히 악화되는 과정이었음에도 불구하고 삼성보다 더 낮은 9.16%의 평균 차입금리를 나타내고 있다. 그 결정적인 이유는 2001년의 2.54%로 비정상적으로 낮기 때문이다. 2000년 9월에 현대그룹으로부터 현대자동차가 분리되었는데, 현대자동차의 재무구조는 삼성에 버금가게 안정적이었다. 그럼에도 불구하고 2000년과 2001년의 평균 차입금리 수준은 12.30%와 10.46%로 다른 어떤 재벌보다도 높았다. 이는 현대자동차가 현대로부터 분리되는 과정에서, 금융비용 부담에 대해 두 그룹간의 어떤 조정이 있었음을 짐작케 한다.

〈표 6-35〉 5대 재벌의 차입금평균이자율과 시장금리 간 격차의 요약 통계

(단위: %, % 포인트)

	평균 (1987~2002)	변동계수	평균 (1987~1997)	변동계수	평균 (1998~2002)	변동계수
현 대	11.65	0.264	12.78	0.106	9.16	0.483
현대자동차 (2000~2002)	-	-	-	-	10.48	0.173
삼 성	10.65	0.166	11.02	0.161	9.83	0.166
대 우	11.34	0.133	11.34	0.051	-	0.434
L G	11.05	0.153	11.39	0.107	10.29	0.237
S K	10.72	0.155	10.96	0.068	10.18	0.286
5대 재벌 합산	10.91	0.165	11.40	0.068	9.93	0.288
회사채유통수익률	12.81	0.268	14.37	0.148	9.38	0.363
	격차(1987~2002)		격차(1987~1997)		격차(1998~2002)	
현 대	-1.16		-1.59		-0.22	
현대자동차 (2000~2002)	-		-		1.10	
삼 성	-2.16		-3.34		0.45	
대 우	-1.47		-3.03		-	
LG	-1.47		-3.03		1.94	
SK	-2.09		-3.41		0.80	
5대 재벌 합산	-1.90		-2.97		0.55	

주: 회사채수익률은 1998년까지는 보증부 사채, 2000년 9월까지는 신용등급 A+ 무보증 사채, 2000년 10월 이후에는 신용등급 AA- 무보증 사채 기준. 금리격차는 기간중 평균 회사채유통수익률에 대한 각 그룹의 평균 차입금리의 차.

자료: 한국신용평가정보㈜, KIS-Line의 재벌별 재무비율 및 합산을 통해 산출. 회사채 수익률은 한국은행, 《경제통계연보》, 각 연도.

〈표 6-36〉 5대 재벌의 차입금리 및 회사채유통수익률 추이

(단위: %)

	1987	1988	1989	1990	1991	1992	1993	1994	1995	1996	1997	1998	1999	2000	2001	2002
현대	11.86	13.27	14.16	12.41	14.07	14.88	12.22	12.50	13.13	12.16	9.90	14.91	10.26	9.34	2.54	8.77
현대 자동차	n.a.	n.a.	n.a.	n.a.	n.a.	n.a.	n.a.	n.a.	n.a.	n.a.	n.a.	n.a.	n.a.	12.30	10.46	8.68
삼성	11.73	11.73	13.10	13.01	12.19	12.29	10.75	10.77	9.05	8.83	7.80	11.74	10.43	10.69	8.55	7.75
대우	10.60	11.08	12.07	10.62	11.55	11.45	11.09	10.66	11.58	11.80	12.25	14.79	7.85	n.a.	n.a.	n.a.
LG	10.61	12.55	13.23	11.62	11.66	12.45	11.95	10.96	11.09	10.40	8.79	13.41	11.39	10.80	8.76	7.09
SK	11.02	11.9	11.37	10.07	10.92	11.30	10.50	11.04	11.82	11.24	9.36	14.10	11.60	10.52	7.78	6.91
5대 재벌 합산	n.a.	10.75	11.95	11.01	12.19	12.57	11.32	11.34	11.73	11.26	9.88	14.21	10.62	10.09	7.96	6.76
회사채 유통 수익률	12.5	14.18	15.17	16.48	18.89	16.21	12.63	12.92	13.79	11.87	13.39	15.10	8.86	9.35	7.05	6.56

주: 회사채수익률은 1998년까지는 보증부 사채, 2000년 9월까지는 신용등급 A+ 무보증 사채, 2000년 10월 이후
   에는 신용등급 AA- 무보증 사채 기준. 금리격차는 기간중 평균 회사채유통수익률에 대한 각 그룹의 평균 차
   입금리의 차.
자료: 재벌 차입금리는 한국신용평가정보㈜, KIS-Line; 회사채수익률은 한국은행,《경제통계연보》, 각 연도.

〈그림 6-15〉 회사채유통수익률 및 5대 재벌의 차입금 평균 이자율 추이

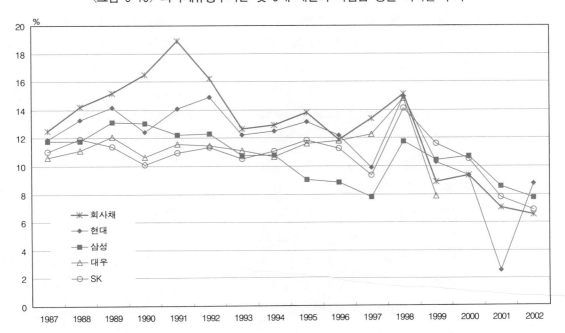

2. 자금조달구조상의 특징

앞절에서는 연말 시점에서의 기업의 스톡 재무자료를 이용하여 재무구조적인 특징에 대해서 살펴보았다. 여기서는 재벌의 합산 현금흐름분석표상의 연간 원천별 자금조달 자료를 이용하여 재벌집단의 자금조달상의 특성에 대해서 살펴본다.

2.1. 30대 재벌의 자금조달

2.1.1. 30대 재벌의 자금조달 구조

〈표 6-37〉에는 1987년부터 1997년간의 30대 재벌 및 전체 기업의 원천별 순증기준 자금조달 비중에 대해 분석기간중 가중평균 수치와 산술평균 수치 양자의 자료가 제시되어 있다. 스톡변수와 관련된 재무구조 변수에 비해 연간 자금조달 관련 수치는 플로량으로서 조달규모나 조달원천의 구성비에 있어서 시계열적 변동이 상대적으로 심하다. 가중평균 수치는 각 자금조달 항목을 기간중 합산한 자료에 대해 구성비를 계산한 것인 데 비해, 산술평균 수치는 각 연도의 구성비를 먼저 구한 후 각 연도의 구성비를 산술평균한 것이다. 최근년도로 올수록 기업의 외형이 확대되고 그에 따라 자금조달의 절대 규모도 확대되고 있기 때문에 가중평균치를 쓰게 되면 최근년도의 자금조달이 평균치를 지배하는 일이 일어나기 쉽다. 이에 비해 산술평균치는 상대적으로 그런 문제가 적은 반면에, 각 연도의 자료에 특이치가 있을 경우 특이치의 영향으로 자금조달의 전체 모습이 왜곡되는 문제가 생길 수 있다.

분석기간중 30대 재벌과 전체 기업에게 있어서 내부자금은 중요한 자금조달원이다. 가중평균 기준으로 볼 때 전체 자금조달액 중 내부자금 조달 비율은 30대 재벌이나 전체 기업이나 거의 같다. 30대 재벌의 주식자금 조달비중은 가중평균 기준으로 보더라도 전체 기업의 2배 정도이며, 그 결과 30대 재벌의 자기자금 조달비중이 전체 기업에 비해서 높은 값을 갖고 있다. 전체 기업이 재벌기업들을 그 안에 포함하고 있기 때문에 재벌기업과 비재벌기업 간의 차이는 훨씬 클 것이다. 주식발행을 통한 자금조달 비율은 시기적으로 큰 변동을 보이고 있다. 30대 재벌은 증시호황기이며 증자를 통한 차입금상환이 강제되었던 1980년대 후반(1987~1989년)에는 조달자금의 20~30% 정도를 증자를 통해 조달하였다. 그러나 주식자금 조달비중은 계속 낮아져 1990년대 중반에 오면 5% 안팎으로 뚝 떨어진다.

이자발생부채의 비중은 30대 재벌이 전체 기업에 비해서 다소 낮은데, 그 이유는 차입금 조달비중은 거의 같으나 30대 재벌의 회사채 조달비중이 5.5%로서 전체 기업의 8.4%에 비해서 낮기 때문이다. 30대 재벌은 1993년까지 사채를 순상환하고 있다. 산술평균 기준으로 볼 때 회사채의 비중은 -10.4%로서 많은 연도에서 30대 재벌은 사채를 순상환하고 있다. 1998년에 사채를 통해 대규모 자금조달이 이루어진 것은 오히려 매우 예외적인 현상으로서, 종합해 보건대 30대 재벌에게 있어서 사채는 주요한 자금조달원이 아니라고 할 수 있다. 차입금의 조달비중은 1989년 이후로 대체로 10~20% 선에서 움직이다가 1994년부터 차입금 규모가 급증하면서 그 비중도 1994년

〈표 6-37〉 30대 재벌기업과 전산업기업의 자금조달 구조 비교 (1987~1997년)

(단위: %)

	30대 재벌		전산업 기업	
	가중평균	산술평균	가중평균	산술평균
자금조달총액 (순증 기준)	100.0	100.0	100.0	100.0
자기자금	41.4	65.3	38.3	43.9
유상증자	7.6	16.0	4.1	5.3
내부자금	33.8	49.3	34.3	38.6
내부유보이익	0.6	2.0	10.6	12.6
유형자산상각비	19.9	31.2	20.4	22.1
기타	13.3	16.2	3.3	3.8
타인자금	58.6	34.7	61.7	56.1
이자발생부채	34.5	1.1	38.2	33.4
차입금	29.0	11.5	29.8	26.1
회사채	5.5	-10.4	8.4	7.3
매입채무	11.3	16.9	9.5	9.8
기타부채	12.8	16.7	11.9	12.9
자금조달총액/매출액 (%)	18.8	15.1	18.9	18.3

주: 1) 가중평균 수치는 각 연도의 항목별 자금조달액을 기간중 합산한 후 합산된 자료에 대해 구성비를 계산한 것임. 산술평균 항목의 수치는 각 연도의 자금조달 항목별 구성비를 먼저 계산한 후 각 연도별 조달항목 구성비를 기간중 산술평균하여 구한 값임.
　　2) 《기업경영분석》의 자금운용표에는 유동성장기차입금과 유동성사채가 구분되어 있지 않고 유동성장기부채로 통합되어 있다. 유동성장기부채는 차입금에 넣어 계산하였다. 따라서 유동성사채만큼 차입금이 과대평가되어 있다.
　　3) 자기자금의 기타 항목은 무형자산상각비, 이연자산상각비, 충당금, 자산처분이익 등 다르게 분류되지 않은 내부자금 조달항목들을 포괄하고 있다. 타인자금의 기타 항목은 이연부채, 기타유동부채, 기타고정부채 등 다르게 분류되지 않은 부채자금 조달항목들을 포괄하고 있다.
자료: 재벌자료는 한국신용평가정보㈜, KIS-Line, 각 재벌의 현금흐름분석표; 전체 기업 및 제조 대기업과 중소기업자료는 한국은행, 《기업경영분석》의 자금운용표로부터 계산.

〈표 6-38〉 30대 재벌의 자금조달(순증 기준) 및 구성 추이

(단위: 조 원, %)

	1987	1988	1989	1990	1991	1992	1993	1994	1995	1996	1997	1998	1999	2000	2001	2002
자금조달총액(%)	100.0	100.0	100.0	100.0	100.0	100.0	100.0	100.0	100.0	100.0	100.0	100.0	100.0	100.0	100.0	100.0
자기자금	114.7	89.6	70.8	88.5	71.6	63.5	84.5	42.1	40.0	30.4	22.6	57.7	143.6	66.3	122.9	103.3
유상증자	35.9	32.2	24.2	21.5	15.8	10.8	15.9	6.8	5.6	5.6	1.8	22.6	82.9	8.9	7.1	3.3
내부자금	78.9	57.5	46.6	67.0	55.8	52.6	68.5	35.3	34.4	24.7	20.8	35.1	60.7	57.4	115.8	100.0
내부유보	-0.7	5.0	3.7	2.9	1.4	1.2	1.5	4.7	7.2	-1.2	-4.2	-54.5	-12.2	0.0	9.8	36.1
유형자산감가상각비	56.7	39.1	34.3	44.9	31.1	31.7	41.4	17.9	17.1	17.3	11.3	45.9	51.6	28.6	61.3	40.6
기타	22.9	13.4	8.6	19.2	23.3	19.7	25.7	12.6	10.1	8.7	13.7	43.7	21.3	28.8	44.8	23.2
타인자금	-14.7	10.4	29.2	11.5	28.4	36.5	15.5	57.9	60.0	69.6	77.4	42.3	-43.6	33.7	-22.9	-3.3
이자발생부채	-65.4	-42.1	2.0	-43.1	-19.0	10.6	-9.7	30.8	38.5	50.4	59.1	47.5	-94.6	7.4	-33.7	-28.4
차입금	-51.3	-30.3	21.8	17.4	18.1	24.0	2.2	19.8	24.6	35.0	45.0	-57.3	-82.1	15.7	-44.7	-13.0
장기차입금	-55.5	-20.9	-1.6	-30.0	-19.1	-15.0	-17.0	7.8	6.2	16.0	20.8	-24.3	-17.8	3.9	-14.4	-4.8
단기차입금	4.3	-9.4	23.4	47.4	37.2	39.0	19.2	11.9	18.3	19.0	24.2	-33.0	-64.3	11.8	-30.3	-8.1
사채	-14.1	-11.8	-19.8	-60.4	-37.1	-13.4	-11.9	11.0	13.9	15.4	14.1	104.8	-12.5	-8.2	11.0	-15.5
매입채무	37.5	25.3	10.5	33.4	25.9	12.2	1.4	11.4	8.1	12.5	8.1	-7.2	11.2	11.0	-2.4	5.5
기타부채	13.1	27.1	16.7	21.1	21.6	13.8	23.8	15.7	13.4	6.7	10.2	2.0	39.8	15.2	13.1	19.6
자금조달총액(조 원)	4.77	8.08	15.14	10.26	16.11	18.99	17.43	45.00	65.17	75.17	129.31	36.02	34.00	65.15	25.83	41.14
자금조달총액/매출액(%)	6.27	9.27	15.16	8.90	11.26	11.44	9.15	19.85	22.34	21.33	31.40	8.45	8.86	14.29	6.16	9.25

자료: 한국신용평가정보, KIS-Line 각 재벌의 현금흐름분석표상의 자료를 이용하여 계산.

〈표 6-39〉 상위계열의 직접금융을 통한 은행대출금 상환실적

(단위: 10억 원, %)

		1987	1988	1989
자기자본 조달	의무액	747.2	·588.4	-
	실 적	1021.0	1771.6	-
차입금 상환	의무액	687.6	588.4	1244.4
	실 적	691.0	620.6	1262.1
주주요구수익률		9.2	8.9	7.2
회사채 수익률		12.6	14.2	15.2

주: 1) 주주요구수익률 = 100 * 수익/주가 (주가수익비율의 역수).
    2) 회사채수익률은 잔존기간 3년물 보증부사채 산술 연평균 수익률임.
자료: 최진배(1995) : 144의 〈표 4-16〉 ; 한국은행, 《경제통계연보》 각 호 ; 통계청, 《한국주요경제
    지표》 각 호.

22.6%, 1995년 27.3%, 1996년 38.3%, 1997년 52.1%로 빠르게 높아졌다(〈표 6-23〉과 〈그림 6-10〉 참조). 같은 기간 동안 사채를 통한 자금조달도 순상환에서 순조달로 바뀌었다.

〈표 6-38〉에 제시된 30대 재벌의 자금조달 시계열자료를 조금 더 자세히 들여다보자. 먼저, 1987년부터 1989년 동안에 재벌에 대한 직접금융을 통한 차입금상환 조치가 취해졌다. 〈표 6-39〉은 여신관리 대상계열의 직접금융을 통한 차입금상환 실적을 보여주고 있다. 이 시기는 이른바 3저호황기에 해당하는 시기로서 재벌기업들은 수출호조에 힘입어 높은 수익성을 실현하고 있었으며, 주식시장에서는 주가가 빠른 속도로 상승하고 있었다. 정부에 의한 차입금 의무상환 조처의 영향으로 이 기간 동안 30대 재벌의 순자금조달은 거의 이루어지지 않는 가운데 내부자금을 재원으로 한 이자발생부채의 대규모 상환이 이루어지고 있다.

1989년 이후로 1993년까지는 장기차입금은 계속 상환되는 가운데 단기차입금을 통해 자금조달이 이루어지고 있다. 여신관리제도가 엄격하게 시행되면서 은행으로부터의 차입금조달이 어려워지자 재벌기업들이 단자시장을 통해서 대체차입을 행하게 되는 데 따라 나타난 현상이다. 그 결과, 이 시기에 단자시장의 외형이 급성장하였다. 1984년부터 창구관리 형식을 통해 비공식적으로 이루어지던 여신한도관리제는 1988년부터 여신관리 시행세칙에 근거하여 여신관리 기준율(이른바 바스켓)이 설정되면서 중심적인 대재벌 금융규제 수단으로서 역할을 하기 시작한다. 그러다가 1994년경에 오게 되면 여신관리가 느슨해지고 재벌기업들의 장기차입금을 통한 자금조달이 다시

〈그림 6-16〉 30대 재벌의 자금조달 구성변화

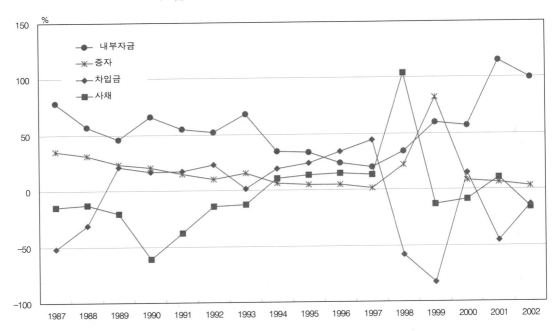

이루어지기 시작한다.[4) 이 시기에 매출액 대비 자금조달 규모가 급격하게 늘어나고, 대규모의 고정자산 및 투자자산에 대한 투자가 이루어졌음은 앞에서 이미 살펴보았다. 그러나 1997년 외환경제위기를 겪고 난 직후에는 금융경색하에 재벌기업들의 타인자금 순상환이 이루어지고, 이후에도 대규모 유상증자와 내부자금에 의한 차입금상환이 이루어지면서 30대 재벌의 재무구조가 급격하게 안정화된다. 이에 대해서는 다음 장에서 자세한 설명이 이루어진다.

---

4) 1991년부터 1997년 기간 사이에 30대 재벌의 은행권대출과 제2금융권 대출이 서로 대체적으로 움직이고 있음을 확인할 수 있다. 은행 대출에 대한 규제가 강화되는 1990년대 초반 시기에는 재벌의 제2금융권 대출점유율이 상승하는 반면, 규제가 본격 완화되는 1996, 1997년 양년 동안에는 제2금융권 대출비중이 줄어들고 있다. 이 양자의 결합으로 인해 30대 재벌의 금융권 전체로부터의 대출점유율은 훨씬 안정적인 모습을 나타내고 있다. 30대 재벌의 은행차입금 점유율과 비은행차입금 점유율의 기간중 상관계수는 -0.813으로 강한 음의 상관관계를 나타내고 있다. 이 기간 동안 30대 재벌의 은행, 비은행, 금융권 전체의 대출 점유율의 표준편차는 각각 2.39, 1.77, 0.98이다. 30대 재벌의 금융권 전체의 대출 점유율의 표준편차가 훨씬 적은 바, 이는 곧 30대 재벌이 은행권대출과 비은행권대출을 대체적으로 활용하였음을 의미한다. 점유율자료에 대해서는 이윤호(1999b) : 435의 표 참조.

2.1.2.   30대 재벌의 원천별 자금조달 비중간의 상관성

〈표 6-40〉은 1987~1997년간 30대 재벌의 자금조달원간의 상관관계를 보여주고 있
다. 먼저, 내부자금 조달과 주식자금 조달 간에 0.8085의 양의 상관관계가, 내부자금
과 장기차입금 간에는 -0.9585, 그리고 주식자금과 장기차입금 간에는 -0.8404라는
음의 상관관계가 관찰되고 있다. 자기자금과 사채 사이에도 비교적 강한 양의 상관관
계가 나타나고 있다. 즉 30대 재벌은 내부자금 사정이 좋을 때 증자를 활발히 하며 조
달된 자기자금으로 사채와 장기차입금을 상환하는 식의 자금조달 행태를 보이고 있
다. 이는 먼저 1980년대 후반에 증자를 통한 차입금의 의무적 상환이라는 정부정책의
영향을 일정 부분 반영하는 것으로 보인다. 나아가서, 기업들의 주식자금 조달비중은
1980년대 후반기에 급격하게 상승하다가 1990년대 초중반에는 그 크기가 급격하게 위
축되었다. 1980년대 중후반기는 3저호황기로서 종합주가지수가 크게 상승하고 주식시
장 규모가 양적으로 팽창하였다가 이어서 1990년대 초반에는 주식시장이 급속한 침체
를 보인 시기였다. 이를 종합해보면, 재벌기업들이 수익이 좋고 주가가 높은 때를 골
라서 주식을 발행함으로써 기존 주주에게 자본이득을 가져다주려는 주식발행 행동을
해온 것으로 해석할 수 있다.

장기차입금과 사채는 0.6715이라는 양의 상관관계를 보여 두 자금조달원이 30대 재
벌기업들에게 대체로 유사한 성격의 자금으로서 이용되고 있는 것으로 보인다. 단기
차입금은 사채와는 -0.5098의 음의 상관성을 가지나 다른 자금원들과는 거의 독립적
인 관계를 보이고 있다. 이는 재벌기업들에게 단기차입금이 부족자금을 최종적으로
메우는 최종적인 자금원의 성격을 갖고 있음을, 그리고 사채는 단기차입금에 대해 어
느 정도 대체적인 성격을 갖고 있음을 시사하는 것으로 보인다.

총자금조달액 중 매입채무의 비중은 장기차입금 비중 및 사채의 비중과 비교적 강
한 음의 상관관계를, 내부자금 및 유상증자와는 비교적 강한 양의 상관관계를 나타내

〈표 6-40〉 30대 재벌의 자금조달 구성비 간의 상관관계 (1987~1997년)

	내부자금	유상증자	장기차입금	사 채	단기차입금	매입채무
내부자금	1.0000	0.8085	-0.9585	-0.7152	-0.0090	0.5950
유상증자	0.8085	1.0000	-0.8404	-0.5548	-0.3672	0.6986
장기차입금	-0.9585	-0.8404	1.0000	0.6715	0.0560	-0.7626
사 채	-0.7152	-0.5548	0.6715	1.0000	-0.5098	-0.6212
단기차입금	-0.0090	-0.3672	0.0560	-0.5098	1.0000	-0.0204
매입채무	0.5950	0.6986	-0.7626	-0.6212	-0.0204	1.0000

자료: 한국신용평가정보㈜, KIS-Line의 각 기업집단의 현금흐름분석 자료를 이용하여 계산.

고 있다. 30대 재벌기업들은 1990년대 초반까지 장기차입금과 사채를 지속적으로 상환하던 것과는 대비되게 분석기간 동안 꾸준하게 매입채무를 통해 자금을 조달하였다. 1993년경까지 30대 재벌은 내부자금과 주식발행자금의 자기자금으로 차입금을 상환하고 있는 상황이었다. 타인자금 조달이 여의치 않은 가운데 30대 재벌들이 비이자 발생부채인 매입채무의 적극적인 활용을 통해 타인자금을 부분적으로나마 조달하고, 그 결과 매입채무와 다른 조달원간의 〈표 6-40〉과 같은 상관관계 구조가 나타나는 것으로 보인다. 매입채무 조달비율 및 매입채무 조달액의 1계 차분과 매출액증가율과의 상관관계는 각각 0.2154와 0.2422이다. 관계가 강한 것은 아니지만 매출이 증가할 때 재벌기업들은 늘어나는 운전자본 부담의 일부를 매입채무로 흡수하는 약한 경향이 있다. 매입채무의 사용에 대한 보다 엄밀한 분석이 요구된다.

2.1.3. **30대 재벌의 주식자금 조달비중에 대한 회귀분석**

1988~1997년의 10개년 연간자료를 이용하여, 30대 재벌의 증자를 통한 자금조달에 대한 통상적 선형 회귀분석을 행한 결과가 〈표 6-41〉에 제시되어 있다. 먼저, 5장에서 전체 기업의 경우 조정 R^2의 값이 0.3에 미달하고 있는 데 비해 30대 재벌의 경우에는 그 값이 0.8 수준으로 크게 높아져 있음을 주목할 수 있다. 이는 주로 고정투자율이 설명변수로서 유의성을 획득하는 데서 비롯되고 있다. 다음으로, 기업의 자금소요를 대표하는 고정투자율 및 내부자금 조달비중을 설명변수로 하는 모형1의 회귀식에서 두 변수의 회귀계수는 모두 양의 유의적인 값을 보이고 있다. 특히, 내부자금 조달비중의 회귀계수값은 0.5736으로 고정투자율의 회귀계수값보다 크며 통계적 유의성이 훨씬 크다. 모형2부터 모형4까지는 모형1에 주가상승률과 금리변수를 추가하여 추정하고 있다. 어떤 금리변수도 통계적 유의성을 갖고 있지 못하나, 주가상승률은 모형3의 경우를 제외하고는 5% 또는 10% 수준에서 유의한 설명력을 갖는다. 세 모형에서 주가상승률의 회귀계수의 크기는 0.10에서 0.15에 걸쳐 있다. 종합하자면, 30대 재벌은 고정투자 자금소요가 클수록, 그리고 내부자금 사정이 좋고 주가상승률이 높을수록 주식자금을 더 많이 조달하는 행태를 보이고 있다.

30대 재벌에 대한 분석결과를 앞의 5장의 전체 기업에 대한 〈표 5-36〉의 회귀결과와 비교해 보자. 먼저, 전체 기업에서는 고정투자율의 회귀계수가 주식발행 자금조달을 통계적으로 유의하게 설명하지 못하고 있으나 30대 재벌에서는 유의하게 설명하고 있다. 즉, 재벌은 자금소요가 클수록 그 가운데 일부를 주식자금으로 조달하는 비중이 높아지는 자금조달상의 특징을 보이고 있다. 두 번째로, 30대 재벌이나 전체 기업

〈표 6-41〉 30대 재벌의 주식발행 자금조달 비중에 대한 회귀분석 결과

설명변수	모형 1	모형 2	모형 3	모형 4	모형 5
고정투자율	0.5436 (2.293*)	0.3821 (1.609)	0.5179 (2.235*)	0.4561 (2.530**)	0.3930 (2.333*)
내부자금비율	0.5736 (4.361***)	0.4246 (2.475*)	0.5254 (4.060***)	0.5216 (4.895***)	0.3900 (3.525**)
주가상승률	-	0.1480 (2.023*)	0.0981 (1.375)	0.11699 (2.254*)	0.1418 (2.936**)
회사채유통 수익률	-	0.5655 (0.500)	-	-	-
실질회사채 유통수익률	-	-	-1.1016 (-0.062)	-	-
차입이자율	-	-	-	-2.9697 (-1.345)	-
실질차입 이자율	-	-	-	-	-1.1585 (-1.741)
모형의 설명력 및 적합도	조정 R^2 = 0.7310; $F_{(2, 7)}$ = 9.51, p = 0.1009; D.W. = 1.3001	조정 R^2 = 0.7552; $F_{(4, 5)}$ = 7.94, p = 0.0215; D.W. = 1.7743	조정 R^2 = 0.7637; $F_{(4, 5)}$ = 8.27, p = 0.01981; D.W. = 1.8807	조정 R^2 = 0.8112; $F_{(4, 5)}$ = 10.67, p = 0.0115; D.W. = 2.2454	조정 R^2 = 0.8394; $F_{(4, 5)}$ = 12.75, p = 0.0078; D.W. = 2.2572

1988년부터 1997년의 10년간의 연간자료를 이용하여, 총자금조달액 가운데 주식자금 조달비중을 고정투자율, 내부자금 조달비중, 주가상승률, 명목 및 실질 회사채유통수익률이나 차입이자율의 금리변수에 대해서 보통최소자승 회귀를 실시. 고정투자율은 기초 고정자산에 대한 기중 고정자산 증가분의 비율로서, KIS-Line 재벌 재무자료를 이용. 주가상승률은 한국증권거래소 연평균 종합주가지수의 전년 대비 상승률로 정의. 종합주가지수와 회사채유통수익률은 한국은행, 《경제통계연보》의 자료를 이용. 차입이자율은 기중 평균 이자발생부채에 대한 지급이자의 비율로서, KIS-Line 재벌 재무자료를 이용. 이자율에서 소비자물가상승률을 차감하여 실질화시킴. 모든 변수들의 단위는 %. 상수항은 회귀분석에 포함되어 있으나 보고되지 않고 있음.

주: ( )안의 수치는 해당 회귀계수가 0이라는 가설에 대한 t값임.
    *, **, ***은 회귀계수값이 각각 10%, 5%, 1% 수준에서 유의함을 의미.

이나 모두 내부자금 조달비중이 높을 때 주식자금 조달비중도 높다. 그러나 그 영향 정도는 30대 재벌의 경우가 전체 기업에 비해서 훨씬 크다. 전체 기업의 내부자금 조달비중의 계수값은 0.11에서 0.18에 걸치고 있으나, 30대 재벌의 그 계수값은 0.39에서 0.57에 걸치고 있다. 셋째로, 30대 재벌과 전체 기업 모두에서 어떤 금리변수도 통계적 유의성을 지니고 있지 못하다. 끝으로, 30대 재벌에서는 주가가 상승할 때 주식자금 조달비중이 늘어나나 전체 기업에서는 그 비중이 줄어드는 것으로 반대로 나타나고 있다. 그렇지만, 전체 기업의 경우 주가상승률은 통계적 유의성은 있으나 계수값은 0에 가까워 영향은 미미하다. 30대 재벌의 경우 그 값은 0.10에서 0.15에 걸치고 있어 부호가 다를 뿐 아니라 영향의 정도가 훨씬 강하다.

2.1.4. 30대 재벌과 중소기업과의 자금조달 행태 비교

위에서는 30대 재벌과 전체 기업을 비교하였는데, 전체 기업자료에는 재벌기업들이 포함되어 있으므로 비교에 한계가 있다. 반면에 30대 재벌기업들과 중소 제조기업들과의 교집합은 거의 없을 것이므로 두 집단의 대비를 통해서 재벌기업과 비재벌기업의 자금조달 행태의 특징이 잘 드러날 것이다.

〈표 6-42〉은 제조 중소기업 부문의 자금조달 구성비간의 상관관계표이다. 〈표 6-43〉에서 보는 것처럼, 중소 제조기업에서는 내부자금 조달비중과 유상증자를 통한 조달비중간의 상관계수가 0에 가까울 뿐 아니라 증자비중과 다른 자금원들과의 상관성도 사채의 경우를 제외한다면 전체적으로 0에 가깝다. 이는 중소 제조기업에게 있어서 증자가 우선적이며 주요한 자금조달원이라기보다는 최종적인 자금조달원으로서의 성격을 지니고 있음을 시사한다. 내부자금과 장단기차입금 및 사채는 통계적 관계가 약하기는 하지만 대체적 관계를 보인다. 종합해 보자면, 내부자금이 줄어들 때 중소기업은 차입금의 조달을 늘리지만, 주식발행은 내부자금 상태와는 무관하게 이루어지며 대체적 자금원이 아니다.

사채는 장기와 단기차입금과의 상관성은 낮은 반면, 주식발행과는 0.5222라는 양의 상관관계를 보이며 움직이고 있다. 이는 중소기업들이 사채를 차입금보다는 주식과 유사한 성격의 보완적 자금조달원으로 받아들이고 있음을 시사한다.[5] 매입채무는 여타의 자금원들과 음의 상관관계를 보이고 있는데 자금조달이 어려울 때 기업간 신용

---

5) 정보 비대칭적인 중소기업에게 공개 자본시장에서의 자금조달은 그것이 주식이든 사채의 발행이든 간에 높은 발행비용이나 레몬 프리미엄 때문에 같은 성격의 자금원으로 받아들여지기 때문이라고 생각해볼 수 있다. 이에 대한 더 자세한 실증적 확인이 필요하다.

〈표 6-42〉 중소 제조기업의 원천별 자금조달 비중간의 상관관계 (1987~1997년)

	내부자금	유상증자	장기차입금	사 채	단기차입금	매입채무
내부자금	1.0000	0.0897	-0.3892	-0.2470	-0.3998	-0.0240
유상증자	0.0897	1.0000	-0.1050	0.5222	-0.1100	-0.2368
장기차입금	-0.3892	-0.1050	1.0000	0.3114	-0.2149	-0.1645
사 채	-0.2470	0.5222	0.3114	1.0000	0.2659	-0.5543
단기차입금	-0.3998	-0.1100	-0.2149	0.2659	1.0000	-0.5972
매입채무	-0.0240	-0.2368	-0.1645	-0.5543	-0.5972	1.0000

자료: 한국은행, 《기업경영분석》, 중소 제조기업의 각 연도의 자금운용표 자료를 이용하여 계산.

의 이용이 확대되는 것으로 볼 수 있다. 매입채무와 단기차입금 및 사채가 특히 비교적 높은 음의 상관관계를 보여주고 있다.

〈표 6-43〉는 1978년부터 1997년까지 20개년의 연간자료를 이용하여, 제조업종 중소기업의 증자를 통한 자금조달 비중에 대한 통상적 선형회귀 분석을 행한 결과를 보여주고 있다. 고정투자율과 내부자금 조달비중을 설명변수로 하는 모형1에서 보면, 중소 제조기업의 증자자금 조달비중은 내부자금 비중이 높아지면 낮아지는 유의한 관계가 나타난다. 그러나 주가상승률과 금리변수가 모형에 추가되면 내부자금 비율도 설명력을 상실한다. 주가상승률에 대해서는 유위수준 10% 근방에서 0에 가까운 음의 계수값이 나타난다. 금리변수들은 모두 통계적 유의성을 갖지 못하고 있다. 모형1의 F값이 다른 모형에 비해서 크고 주가상승률이나 금리변수들이 모두 통계적 유의성을 지니지 못하므로, 모형1이 중소 제조기업의 주식자금 조달비중을 설명하는 가장 적합한 모형으로 판단할 수 있다.

종합하자면, 제조업종 중소기업의 주식발행을 통한 자금조달 비중은 고정투자자금 소요나 주가변화, 금리와 무관하게 이루어지고 있다. 내부자금 조달비중이 원활하지 못할 때 중소 제조기업은 주식의 발행을 늘린다. 이는 앞에서의 상관계수행렬 분석으로부터 내린 가설, 즉 중소기업에게 주식발행은 내부자금, 매입채무 확대, 각종 차입에 의한 자금조달이 불가능할 경우에 찾게 되는 최후의 자금조달 수단이기 때문이라는 가설과 배치되지 않는다. 그리고 중소기업이 주식발행에 마지막으로 의지하게 되는 이유는 주식의 자본비용이 여타 자금의 비용보다 월등히 높기 때문이며, 그것은 중소기업이 자본시장에서 갖는 현저한 정보 비대칭성과 그에 따라 주식발행시 높은 레몬 프리미엄의 부담으로부터 비롯되는 것이다. 반면에 훨씬 정보 대칭적인 재벌로서는 주식자금은 쉽게 접근이 가능한 자금원이다. 특히 주가가 높게 형성될 때 재벌들은

<표 6-43> 제조업종 중소기업의 주식발행 자금조달 비중에 대한 회귀분석 결과

설명변수	모형 1	모형 2	모형 3	모형 4	모형 5
고정투자율	-0.0005 (-0.016)	-0.0120 (-0.379)	-0.0137 (-0.435)	-0.0344 (-1.035)	-0.0156 (-0.476)
내부자금비율	-0.1216 (-2.684**)	-0.0088 (-0.086)	-0.0084 (-0.110)	-0.0066 (-0.094)	-0.4013 (-0.429)
주가상승률	-	-0.0023 (-1.560)	-0.0023 (-1.632)	-0.0016 (-1.135)	-0.0025 (-1.772*)
회사채유통 수익률	-	0.1922 (0.117)	-	-	-
실질회사채 유통수익률	-	-	-0.08351 (-0.545)	-	-
차입이자율	-	-	-	0.2503 (1.485)	-
실질차입 이자율	-	-	-	-	0.0491 (0.416)
모형의 설명력 및 적합도	조정 R^2 = 0.2548; $F_{(2, 17)}$ = 4.25, p = 0.0319; D.W. = 2.1097	조정 R^2 = 0.2955; $F_{(4, 15)}$ = 2.99, p = 0.0532; D.W. = 2.0242	조정 R^2 = 0.3085; $F_{(4, 15)}$ = 3.12, p = 0.0471; D.W. = 1.8773	조정 R^2 = 0.3852; $F_{(4, 15)}$ = 3.98, p = 0.0215; D.W. = 2.1277	조정 R^2 = 0.3029; $F_{(4, 15)}$ = 3.06, p = 0.0496; D.W. = 2.1088

1978년부터 1997년의 20년간의 연간자료를 이용하여, 총자금조달액 가운데 주식자금 조달비중을 고정투자율, 내부자금 조달비중, 주가상승률, 명목 및 실질 회사채유통수익률이나 차입이자율의 금리변수에 대해서 보통 최소자승 회귀를 실시. 고정투자율은 기초 고정자산에 대한 기중 고정자산 증가분의 비율로서, 한국은행, 《기업경영분석》의 자료를 이용. 주가상승률은 한국증권거래소 연평균 종합주가지수의 전년 대비 상승률로 정의. 종합주가지수와 회사채유통수익률은 한국은행, 《경제통계연보》의 자료를 이용. 차입이자율은 기중 평균 이자발생부채에 대한 지급이자의 비율로서, 한국은행, 《기업경영분석》의 중소 제조기업의 재무자료를 이용. 이자율에서 소비자물가상승률을 차감하여 실질화시킴. 모든 변수들의 단위는 %. 상수항은 회귀분석에 포함되어 있으나 보고되지 않고 있음.

주: ( )안의 수치는 해당 회귀계수가 0이라는 가설에 대한 t 값임.
　　*, **, ***은 각각 10%, 5%, 1% 수준에서 유의함을 의미.

높은 가격에 주식을 발행함으로써 주식자금의 자본비용을 낮출 수 있다(이윤호, 2002a). 더구나 부채비율이 높은 재벌들로서는 자금소요 중 적절하게 주식자금을 조달할 필요성이 더 강할 것이다.

지금까지 이루어진 30대 재벌과 제조 중소기업 간의 자금조달상의 특징은 다음과 같이 비교 정리될 수 있을 것이다. 30대 재벌은 내부자금 사정이 좋을 때 주식을 발행하는 데 비해, 제조 중소기업들의 주식발행은 반대로 내부자금 사정이 나쁠 때 이루어지며 금리나 주가 등의 가격변수와는 무관하게 이루어진다. 이와 관련하여, 내부자금 사정이 좋을 때 차입금조달이 줄어드는 경향은 중소기업보다 30대 재벌에서 더 강하다. 30대 재벌에서는 장기차입금과 사채가 보완적인 성격으로 나타나나 중소 제조기업에서는 그런 성격이 훨씬 약하다. 사채와 증자 간의 관계는 30대 재벌의 경우 대체적이지만 중소기업의 경우에는 약한 보완관계를 지닌다.

2.2. 5대 재벌의 자금조달

2.2.1. 5대 재벌의 자금조달 구조

〈표 6-44〉에는 5대 재벌과 30대 재벌, 전체 기업의 1987~1997년 기간의 가중평균 자금조달(순증 기준) 구성내역이 제시되어 있다. 증자를 통한 자금조달 비중은 5대 재벌과 6~30대 재벌이 큰 차이가 나지 않는다. 그러나 내부자금 창출능력 면에서는 5대 재벌이 37.2%로서 6~30대 재벌의 27.8%에 비해서 10% 포인트 정도 높고 전체 기업보다도 다소 높다. 특히 6~30대 재벌은 기간중 평균적으로 적자를 기록하여 내부유보가 음의 값을 기록하고 있다. 그 결과 자기자금 조달비중이 5대 재벌 44.6%, 6~30대 재벌 35.8%로 차이가 난다. 이자발생부채를 통한 자금조달의 비중은 5대 재벌 34.4%, 6~30대 재벌 34.7%로 거의 같으며, 전체 기업의 38.2%에 비해 다소 낮다. 5대 재벌의 회사채 비중은 7.9%로서 6~30대 재벌의 1.3%에 비해서 현저하게 높다. 기간중 5대 재벌의 매출액 대비 자금조달 비중은 18.2%로서 6~30대 재벌이나 전체 기업에 비해서 다소 낮다.

〈표 6-45〉에는 1987년부터 2002년간 5대 재벌의 원천별 자금조달 비중에 대해 분석기간중 가중평균 수치의 자료가 제시되어 있다. 5대 재벌의 자금조달 구조는 1987~1997년 기간과 1998~2002년 기간 동안 전혀 다른 모습을 보이고 있다. 1987~1997년 기간에는 자기자금 대 타인자금의 조달비중(순증 기준, 이하 동일)이 기간중 총합계액 기준(즉, 가중평균)으로 44.6% 대 55.4%이나, 1998~2002년 기간에는 조

달총액 가운데 자기자금의 비중이 90.4%로 대폭 높아져 있다. 그리고 두 기간중의 이자발생부채 조달구조에도 현저한 변화가 있다. 전기에는 이자발생부채 조달비중 34.4% 가운데 차입금이 26.5%이나 후기에는 이자발생부채의 순상환이 이루어졌고 그 가운데 사채를 통해서는 자금의 조달이 있었으나 차입금에서 순상환이 발생하였다. 사채를 통한 자금조달의 비중은 전기의 7.9%에서 후기에는 13.4%로 크게 높아졌다. 또 하나 주목할 만한 점은 전기에 비해 후기의 자금조달 규모가 크게 줄었다는 것이다. 자금조달 총액이 1987~1997년 기간에는 기간중 매출액의 18.2%에 달했으나, 1998~2002년 기간에는 그 절반을 다소 넘는 10.7%에 불과하였다. 그만큼 후기에 5대 재벌의 자금소요가 적었다는 얘기다.

⟨표 6-44⟩ 5대 재벌, 30대 재벌, 전산업 기업의 자금조달 구조 비교 (1987~1997년)

(단위: %)

	5대 재벌	6~30대 재벌	전산업 기업
자금조달총액(순증 기준)	100.0	100.0	100.0
자기자금	44.6	35.8	38.3
유상증자	7.4	8.1	4.1
내부자금	37.2	27.8	34.3
내부유보이익	3.9	-5.2	10.6
유형자산상각비	19.6	20.4	20.4
기타	13.7	12.6	3.3
타인자금	55.4	64.2	61.7
이자발생부채	34.4	34.7	38.2
차입금	26.5	33.4	29.8
회사채	7.9	1.3	8.4
매입채무	10.6	12.4	9.5
기타부채	10.4	17.0	11.9
자금조달총액/매출액(%)	18.2	19.9	18.9

주: 1) 《기업경영분석》의 자금운용표에는 유동성장기차입금과 유동성사채가 구분되어 있지 않고 유동성장기부채로 통합되어 있다. 유동성장기부채는 차입금에 넣어 계산하였다. 따라서 유동성사채만큼 차입금이 과대평가되어 있다.
2) 자기자금의 기타항목은 무형자산상각비, 이연자산상각비, 충당금, 자산처분이익 등 다르게 분류되지 않은 내부자금 조달항목들을 포괄하고 있다. 타인자금의 기타항목은 이연부채, 기타 유동부채, 기타 고정부채 등 다르게 분류되지 않은 부채자금 조달항목들을 포괄하고 있다.
자료: 재벌자료는 한국신용평가정보㈜, KIS-Line, 각 재벌의 현금흐름분석표를 합산하여 작성; 전산업 기업자료는 한국은행, 《기업경영분석》의 자금운용표로부터 계산. 각 연도의 자금조달액을 기간중 합산한 후 합산자료에 대해 구성비를 계산한 것임.

〈표 6-46〉에서 5대 재벌의 자금조달 시계열자료를 좀 더 자세히 들여다보자. 1980
년대 후반부터 1993년경까지 대규모 내부자금 창출과 유상증자를 통해 자기자금 조달
이 활발하게 이루어지고, 장기차입금과 사채의 순상환이 계속해서 이루어지는 재무구
조의 변화가 지속되고 있다. 이는 이 기간 동안 직접금융 자금조달을 통한 차입금 상
환조치와 여신한도 규제강화 등 재벌에 대한 정부의 금융규제의 영향을 지속적으로
받은 결과이다. 그로 인해 1987년 438.7%이던 5대 재벌의 부채비율은 1993년에는
315.4%로 상당폭 낮아진다. 그럼에도 불구하고 이 기간 동안 단기차입금을 통한 자
금조달은 계속되고 있다. 이는 여신관리제도가 엄격하게 시행되면서 은행으로부터의
차입금조달이 어려워지자 재벌기업들이 단기금융시장을 통해서 대체차입을 행하게 되
는 데 따라 나타난 현상이다.

1994년경에 오면 여신관리가 느슨해지고 5대 재벌의 장기차입금을 통한 자금조달이
다시 이루어지기 시작한다. 매출액 대비 자금조달 규모가 급격하게 늘어나고, 이 시
기에 고정자산 및 투자자산에 대한 대규모 투자가 이루어진다. 1997년 외환경제위기
를 겪은 직후 재무구조 개선약정에 따른 부채비율 200% 이하로의 재무구조 개선조처

〈표 6-45〉 5대 재벌의 합산 자금조달 구조 (기간중 가중평균)

(단위: %)

	비 중(1987~2002)	비 중(1987~1997)	비 중(1998~2002)
자금조달 총액(%)	100.0	100.0	100.0
자기자금	62.2	44.6	90.4
유상증자	12.9	7.4	21.6
내부자금	49.4	37.2	68.8
내부유보이익	4.2	3.9	4.6
고정자산감가상각비	26.2	19.6	36.8
기 타	19.0	13.7	27.4
타인자금	37.8	55.4	9.6
이자발생부채	16.4	34.4	-12.3
차입금	6.4	26.5	-25.7
장기차입금	1.0	9.0	-11.8
단기차입금	5.4	17.5	-13.8
사 채	10.0	7.9	13.4
매입채무	8.4	10.6	4.9
기타부채	12.9	10.4	17.0
자금조달총액/매출액	14.3	18.2	10.7

자료: 한국신용평가정보㈜의 KIS-Line 5대 재벌 재무제표 자료를 합산하여 작성.

202

<표 6-46> 5대 재벌의 자금조달 구조 추이

(구성비 %, 조 원)

	1987	1988	1989	1990	1991	1992	1993	1994	1995	1996	1997	1998	1999	2000	2001	2002
자금조달 총액(%)	100.0	100.0	100.0	100.0	100.0	100.0	100.0	100.0	100.0	100.0	100.0	100.0	100.0	100.0	100.0	100.0
자기자금	54.3	81.3	83.8	102.4	75.5	64.0	101.4	46.4	45.8	35.4	26.3	75.3	119.0	71.5	111.7	87.3
유상증자	18.5	29.1	25.7	23.4	12.6	9.6	17.7	6.4	6.3	6.6	2.1	27.1	69.0	8.9	3.6	1.9
내부자금	35.8	52.3	58.1	79.0	62.9	54.3	83.7	39.9	39.5	28.8	24.2	48.2	50.0	62.6	108.0	85.4
내부유보	3.2	-1.3	4.9	5.9	2.5	5.3	8.1	7.9	12.1	1.4	-0.7	-41.8	-12.3	6.5	27.4	37.8
감가상각비	25.6	37.9	43.6	50.1	32.4	29.3	45.0	16.9	16.6	18.9	11.4	43.5	38.2	28.2	53.3	31.6
기타	6.9	15.6	9.7	23.0	28.0	19.7	30.6	15.1	10.8	8.5	13.5	46.5	24.1	27.9	27.3	15.9
타인자금	45.7	18.7	16.2	-2.4	24.5	36.0	-1.4	53.6	54.2	64.6	73.7	24.7	-19.0	28.5	-11.7	12.7
이자발생부채	-4.1	-39.5	-8.5	-62.3	-16.6	12.3	-16.3	27.6	31.5	49.4	60.5	34.2	-69.9	4.6	-17.8	-13.2
차입금	3.0	-28.5	10.8	2.7	22.8	22.2	-4.9	18.1	17.5	31.5	43.0	-88.3	-43.6	15.5	-34.7	-8.9
장기차입금	-5.6	-17.8	-8.6	-36.6	-19.1	-9.2	-14.3	8.2	7.1	17.3	20.7	-44.3	-7.0	2.2	-17.0	-6.3
단기차입금	8.6	-10.7	19.4	39.3	41.9	31.4	9.4	9.9	10.4	14.2	22.3	-44.1	-36.5	13.3	-17.7	-2.6
사채	-7.1	-11.0	-19.3	-65.0	-39.4	-9.9	-11.4	9.5	13.9	17.9	17.5	122.6	-26.3	-10.9	16.9	-4.3
매입채무	28.7	31.1	12.5	39.7	24.8	14.3	2.1	10.9	7.0	11.5	6.8	-9.1	11.3	10.0	-2.4	7.4
기타부채	21.1	27.0	12.1	20.2	16.4	9.5	12.8	15.1	15.8	3.7	6.5	-0.4	39.6	13.9	8.5	18.5
자금조달 총액(조 원)	5.53	4.68	7.93	5.40	8.69	11.89	9.75	28.86	43.99	45.39	86.94	27.00	32.30	44.71	21.09	37.04
자금조달액/매출액	11.47	8.65	12.99	7.68	9.33	11.08	7.69	19.26	22.66	19.24	30.65	8.34	11.17	13.68	7.69	12.15

자료: 한국신용평가정보(주)의 KIS-Line 5대 재벌 재벌 재무제표 자료를 합산하여 작성.

〈그림 6-17〉 5대 재벌의 자금조달 구조 추이

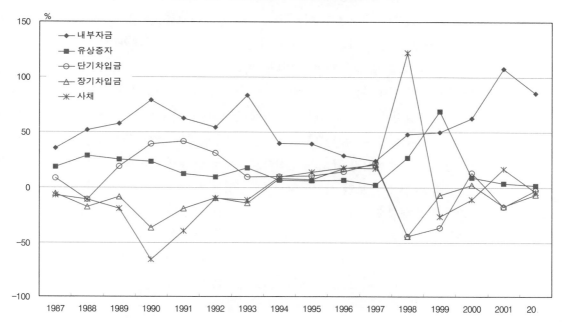

로, 5대 재벌은 대규모 유상증자와 내부자금에 의한 차입금상환을 행하고 그 결과 재무구조가 급격하게 안정화된다. 외환경제위기 이후 5대 재벌의 자금조달 내역에 대해서는 다음 장에서 자세하게 설명할 것이다.

2.2.2. 5대 재벌 및 6~30대 재벌의 원천별 자금조달 비중간의 상관성

〈표 6-47〉은 1987~1997년간 5대 재벌의 자금조달원간의 상관관계를 보여주고 있다. 이미 30대 재벌에 대해서 같은 종류의 분석을 행하였는데, 5대 재벌의 상관계수 행렬표의 값들도 30대 재벌의 그것과 유사한 구조를 지니고 있다. 30대 재벌 내에서 5대 재벌의 비중이 매출, 자산 등에서 대체로 60% 정도로 지배적이고 지금 분석되고 있는 자료가 가중합산하여 얻어진 것이기 때문에 30대 재벌에 대해 5대 재벌의 영향이 지배적이 되는 것은 당연하다. 여기서는 5대 재벌에 대한 별도의 분석에 이어서 6~30대 나머지 재벌을 단위로 한 상관성 분석이 비교를 위해 추가로 이루어진다.

5대 재벌에 관한 〈표 6-47〉을 보면, 내부자금 조달과 주식자금 조달 간에 0.5950의 양의 상관관계가, 내부자금과 장기차입금 및 사채간에는 -0.8622, -0.7922의 높은 음의 상관관계가 나타나고 있다. 그리고 주식자금과 장기차입금 및 사채간에도 각각 -0.7664와 -0.6336의 음의 상관관계가 관찰되고 있다. 장기차입금과 사채 간에는

204

0.9349라는 강한 양의 상관관계가 나타나 5대 재벌에게 있어 양자가 유사한 성격의 자금조달원임을 알 수 있다. 이러한 내용을 종합해 보자면, 5대 재벌은 내부자금 사정이 좋을 때 증자를 활발히 하며 조달된 자기자금으로 사채와 장기차입금을 상환하는 식의 자금조달 행태를 보이고 있다. 이는 먼저 1980년대 후반에 증자를 통한 차입금의 의무적 상환이라는 정부정책의 영향을 받고 있기 때문이다. 나아가서, 기업들의 주식자금 조달비중은 1980년대 후반기에 급격하게 상승하다가 1990년대 초중반에는 그 크기가 급격하게 위축되었다. 1980년대 중후반기는 3저호황기로서 종합주가지수가 크게 상승하고 주식시장 규모가 양적으로 팽창하였다가 이어서 1990년대 초반 주식시장이 급속한 침체를 보인 시기였다. 재벌기업들이 수익상황과 주가가 높은 때를 골라서 주식을 발행함으로써 기존 주주에게 자본이득을 가져다주려는 주식발행 행태의 자금조달 행동을 하는 것으로 해석된다.

단기차입금은 사채와는 -0.5642의 음의 상관성을 가지나 다른 자금원들과는 거의 독립적인 관계를 보이고 있다. 이는 5대 재벌에게 단기차입금이 부족자금을 최종적으

〈표 6-47〉 5대 재벌의 원천별 자금조달 비중간의 상관관계 (1987~1997년)

	내부자금	유상증자	장기차입금	사 채	단기차입금	매입채무
내부자금	1.0000	0.5950	-0.8622	-0.7902	0.3048	0.2677
유상증자	0.5950	1.0000	-0.7664	-0.6336	-0.2061	0.6066
장기차입금	-0.8622	-0.7664	1.0000	0.9349	-0.3019	-0.6980
사 채	-0.7902	-0.6336	0.9349	1.0000	-0.5642	-0.7189
단기차입금	0.3048	-0.2061	-0.3019	-0.5642	1.0000	0.1873
매입채무	0.2677	0.6066	-0.6980	-0.7189	0.1873	1.0000

자료: 한국신용평가정보㈜의 KIS-Line 5대 재벌별 현금흐름분석 자료를 이용하여 계산.

〈표 6-48〉 6~30대 재벌의 원천별 자금조달 비중간의 상관관계 (1987~1997년)

	내부자금	유상증자	장기차입금	사 채	단기차입금	매입채무
내부자금	1.0000	0.9718	-0.9948	-0.5065	-0.7372	0.4907
유상증자	0.9718	1.0000	-0.9489	-0.5406	-0.7909	0.5222
장기차입금	-0.9948	-0.9489	1.0000	0.4571	0.7270	-0.4751
사 채	-0.5065	-0.5406	0.4571	1.0000	-0.0190	-0.6166
단기차입금	-0.7372	-0.7909	0.7270	-0.0190	1.0000	-0.2827
매입채무	0.4907	0.5222	-0.4751	-0.6166	-0.2827	1.0000

자료: 한국신용평가정보㈜의 KIS-Line 6~30대 재벌별 현금흐름분석 자료를 이용하여 계산.

로 메우는 자금원의 성격을 지니고 있음을, 그리고 사채와 단기차입금은 어느 정도 대체적인 성격을 갖고 있음을 시사한다. 매입채무의 경우에는 장기차입금과 사채와 -0.7 정도의 음의 상관성을 보여주고 있다. 이미 30대 재벌에서 살펴보았듯이, 1990년대 초반까지 이자발생부채의 순상환이 이루어지는 가운데 5대 재벌도 매입채무라는 비이자성부채 수단을 통한 부채자금 조달에 어느 정도 적극적이었다는 것으로 해석할 수 있다.

〈표 6-48〉는 6~30대 재벌의 원천별 자금조달 비중간의 상관관계 행렬표이다. 내부자금 조달비중과 다른 조달원 비중 간의 관계를 먼저 살펴보자. 내부자금 조달비중은 주식자금 조달과는 0.9718이라는 강한 양의 상관관계를, 장기차입금과는 -0.9948이라는 매우 강한 음의 상관관계를 보이고 있다. 이는 5대 재벌에서 나타난 상관성보다도 훨씬 강한 것이다. 반면에 6~30대 재벌의 장기차입금과 사채 비중 간에는 5대 재벌의 0.9349에 비해 훨씬 약한 0.4571의 양의 상관성이 나타나고 있어, 6~30대 재벌에게 있어 장기차입금과 사채가 상호간 보완적 성격의 자금으로 받아들여지는 정도가 5대 재벌에 비해서 상당히 약하다. 단기차입금은 사채와는 독립적인 반면에 내부자금과 유상증자와는 각각 -0.7372와 -0.7909의 비교적 높은 음의 상관을 보여주고 있다. 즉, 내부자금과 유상증자의 조달이 원활하지 못할수록 단기차입금의 조달을 늘리는 정도가 사채의 경우보다 강하다. 이를 종합해 볼 때, 5대 재벌과는 달리 6~30대 재벌의 경우 단기차입금은 장기차입금과 같은 성격의 자금으로 받아들여지고 있다는 결론이 가능하다. 결론적으로, 6~30대 재벌은 내부자금 사정이 좋을 때 증자를 활발히 하며 조달된 자기자금으로 장단기차입금을 상환하는 식의 자금조달 행태가 5대 재벌의 경우보다 더욱 강하게 나타났다.

2.2.3. 5대 재벌과 6~30대 재벌의 주식자금 조달비중에 대한 회귀분석

1988~1997년의 10개년 연간자료를 이용하여, 30대 재벌의 자금조달액 가운데 주식자금 조달비중에 대한 통상적 선형 회귀분석을 행한 결과가 〈표 6-49〉에 제시되어 있다. 고정투자율과 내부자금 조달비중만을 설명변수로 하는 모형1에서 내부자금 비중의 회귀계수값은 0.4226으로 5대 재벌의 주식자금 조달비중을 5% 수준에서 유의하게 설명하고 있다. 모형1에 주가상승률과 금리변수를 넣고 회귀분석을 한 결과가 모형2에서부터 모형5까지에 보고되어 있다. 주가상승률의 회귀계수는 0.15 안팎의 값을 가지며 대체로 5% 또는 10% 수준에서 유의하다. 회사채수익률이나 차입금 평균금리는 명목이든 실질이든 모두 유의하지 않다. 실질 차입이자율이 금리변수로 들어가 있는

<표 6-49> 5대 재벌의 주식발행 자금조달 비중에 대한 회귀분석 결과

설명변수	모형 1	모형 2	모형 3	모형 4	모형 5
고정투자율	0.3681 (1.529)	0.3027 (1.594)	0.3400 (1.608)	0.3106 (1.558)	0.3331 (1.977*)
내부자금비율	0.4226 (3.110**)	0.3242 (2.611**)	0.3857 (3.203**)	0.3849 (3.307**)	0.3319 (3.306**)
주가상승률	-	0.1741 (2.545**)	0.1408 (1.826)	0.1496 (2.258*)	0.1562 (2.784**)
회사채유통 수익률	-	0.8342 (0.815)	-	-	-
실질회사채 유통수익률	-	-	-0.5316 (-0.288)	-	-
차입이자율	-	-	-	-1.0039 (-0.383)	-
실질차입 이자율	-	-	-	-	-1.4970 (-1.460)
모형의 설명력 및 적합도	조정 R^2= 0.4603; $F_{(2, 17)}$=4.84, p = 0.0479; D. W. = 1.0342	조정 R^2= 0.6721; $F_{(4, 5)}$=5.21, p = 0.0431; D. W. = 2.2291	조정 R^2= 0.6345; $F_{(4, 5)}$=4.91, p = 0.0556; D. W. = 1.7351	조정 R^2= 0.6391; $F_{(4, 5)}$=4.98, p = 0.0540; D. W. = 1.7417	조정 R^2= 0.7395 $F_{(4, 5)}$=7.39, p = 0.0250; D. W. = 2.4135

1988년부터 1997년까지 10년간의 연간자료를 이용하여, 총자금조달액 가운데 주식자금의 조달비중을 고정투자율, 내부자금 조달비중, 주가상승률, 명목 및 실질 회사채유통수익률이나 차입이자율의 금리변수에 대해서 보통최소자승 회귀를 실시. 고정투자율은 기초 고정자산에 대한 기중 고정자산 증가분의 비율로서, KIS-Line 재벌 재무자료를 이용. 주가상승률은 한국증권거래소 연평균 종합주가지수의 전년 대비 상승률로 정의. 종합주가지수와 회사채유통수익률은 한국은행, 《경제통계연보》의 자료를 이용. 차입이자율은 기중 평균 이자발생부채에 대한 지급이자의 비율로서, KIS-Line 재벌 재무자료를 이용. 이자율에서 소비자물가상승률을 차감하여 실질화시킴. 모든 변수들의 단위는 %. 상수항은 회귀분석에 포함되어 있으나 보고되지 않고 있음.

주 : ( )안의 수치는 해당 회귀계수가 0이라는 가설에 대한 t값임.
    *, **, ***은 각각 10%, 5%, 1% 수준에서 유의함을 의미.

모형5의 종합설명력이 가장 높다. 조정 R^2의 값은 0.7395에 달한다. 내부자금 비중의 회귀계수값은 5% 수준에서 유의하며 0.3319의 계수값을 가진다. 고정투자율은 0.3331로 영향의 정도가 내부자금 비중과 거의 같으나 10% 수준에서 유의하다. 주가 상승률은 5% 수준에서 유의하며 회귀계수값은 내부자금 비중이나 고정투자율의 약 반 정도이다. 이상의 분석결과를 종합하자면, 5대 재벌은 고정투자를 많이 하여 자금 소요가 클수록, 내부자금 조달이 클수록, 주가상승률이 높을수록 자금조달을 주식발행에 의존하는 정도가 커진다. 이는 앞에서 살펴본 중소 제조기업의 회귀분석 결과와는 매우 대조적인 것이다.

재무비율에 대한 앞에서의 평균차 분석이나 상관관계 분석에서 30대 재벌 내에서 상위 5대 또는 10대 재벌과 하위 6~30대 또는 11~20대 재벌간에 유의적인 차이가 발견되는 것을 이미 여러 차례 확인한 바 있다. 주식자금 조달에 대해서도 차이가 날 개연성이 있다. 5대 재벌에 대해 6~30대 하위재벌의 주식자금 조달에 대한 회귀분석 결과의 비교를 통해 이를 확인해보자.

〈표 6-50〉에는 6~30대 재벌의 자금조달액 가운데 주식 자금조달의 비중에 대한 회귀분석 결과가 제시되어 있다. 모형1에서 고정투자율과 내부자금 비중은 모두 통계적 유의성을 갖고 6~30대 재벌의 주식자금 조달비중을 설명하고 있는데, 내부자금 비중의 회귀계수값이 고정투자율의 계수값보다 크며 통계적 유의성도 높다. 그러나 모형1에서 더빈 왓슨 통계량의 값이 0.7593으로 잔차항에 강한 양의 자기상관성이 나타나고 있다. 주가상승률과 금리변수를 모형에 추가하여 분석한 결과가 모형2에서 모형5에 제시되어 있다. 회사채수익률을 금리변수로 추가한 모형2와 모형3에서는 여전히 잔차항의 강한 자기상관성 문제가 해소되지 않는다. 그러나 명목 차입이자율을 금리 변수로 하는 모형4에서는 잔차의 자기상관 문제가 사라지고 이 모형의 설명변수들의 공동설명력이 R^2값 0.9290으로서 가장 높다. 주가상승률은 차입금금리가 포함된 모형에서 0.1 안팎의 계수값과 통계적 유의성을 지니는 것으로 나타나고 있다. 종합하자면, 6~30대 재벌은 고정투자 자금소요가 클수록, 총자금조달 가운데 내부자금 조달 비중이 높을수록, 그리고 주가상승률이 높을수록 주식자금 조달비중을 높인다.

6~30대 재벌의 경우 5대 재벌이나 전체 기업, 제조 중소기업과는 달리 명목 차입 이자율이 주식자금 조달비중에 가장 크고 유의한 영향을 미친다는 점이 두드러진 특징의 하나이다. 다른 자료집단의 경우에는 이자율이 통계적 유의성을 갖지 못하고 있다. 〈표 6-50〉의 모형4에서 보듯이 명목 차입이자율의 회귀계수값은 -5.2301로서 그 절대치 영향력이 고정투자율이나 내부자금 비중의 계수값 0.4의 10배 이상에 이른다.

<표 6-50> 6~30대 재벌의 주식발행 자금조달 비중에 대한 회귀분석 결과

설명변수	모형 1	모형 2	모형 3	모형 4	모형 5
고정투자율	0.4133 (2.299*)	0.2572 (1.094)	0.3683 (1.914)	0.4132 (3.720***)	0.2787 (1.879)
내부자금 비중	0.5807 (5.939***)	0.4225 (2.308*)	0.5120 (4.861***)	0.4890 (7.679***)	0.3774 (3.165**)
주가상승률	-	0.1404 (1.564)	0.0932 (1.325)	0.0817 (2.180*)	0.1312 (2.556**)
회사채유통 수익률	-	0.7166 (0.514)	-	-	-
실질회사채 유통수익률	-	-	-0.4186 (-0.268)	-	-
차입이자율	-	-	-	-5.2301 (-2.700**)	-
실질차입 이자율	-	-	-	-	-1.3809 (-1.464)
모형의 설명력 및 적합도	조정 R^2 = 0.7927; $F_{(2, 7)}$ = 18.20, p = 0.0017; D.W. = 0.7593	조정 R^2 = 0.8342; $F_{(4, 5)}$ = 12.32, p = 0.0084; D.W. = 0.6982	조정 R^2 = 0.8279; $F_{(4, 5)}$ = 11.83, p = 0.0092; D.W. = 0.7933	조정 R^2 = 0.9290; $F_{(4, 5)}$ = 30.43, p = 0.0011; D.W. = 2.0677	조정 R^2 = 0.8778; $F_{(4, 5)}$ = 17.16, p = 0.0040; D.W. = 1.0928

1988년부터 1997년까지 10년간의 연간자료를 이용하여, 총자금조달액 가운데 주식자금의 조달비중을 고정투자율, 내부자금 조달비중, 주가상승률, 명목 및 실질 회사채유통수익률이나 차입이자율의 금리변수에 대해서 보통최소자승 회귀를 실시. 고정투자율은 기초 고정자산에 대한 기중 고정자산 증가분의 비율로서, KIS-Line 재벌 재무자료를 이용. 주가상승률은 한국증권거래소 연평균 종합주가지수의 전년 대비 상승률로 정의. 종합주가지수와 회사채유통수익률은 한국은행, 《경제통계연보》의 자료를 이용. 차입이자율은 기중 평균 이자발생부채에 대한 지급이자의 비율로서, KIS-Line 재벌 재무자료를 이용. 이자율에서 소비자물가상승률을 차감하여 실질화시킴. 모든 변수들의 단위는 %. 상수항은 회귀분석에 포함되어 있으나 보고되지 않고 있음.

주 : ( )안의 수치는 해당 회귀계수가 0이라는 가설에 대한 t값임.
   *, **, ***은 그 가설의 기각이 각각 10%, 5%, 1% 수준에서 유의함을 의미.

　　명목 차입이자율 변수의 음의 회귀계수값에 대해 두 가지 점을 생각해 볼 수 있다. 먼저 금리와 주가상승률 간의 음의 상관성이다. 즉 금리가 낮을 때 주가는 높은 상승률을 보이며, 재벌들이 주가상승률이 높을 때 주식을 더 활발하게 발행하는 영향관계이다. 분석기간중 차입금리 수준과 주가상승률 간에는 -0.2426의 음의 상관성이 관찰되고 있다. 다음으로 가능한 인과작용을 생각해 보자. 6~30대 재벌은 이미 앞에서 살펴보았듯이 부채비율과 차입금의존도가 여타 기업들에 비해 현저히 높다. 금리가 하락할 때 고정투자 자금소요가 일어날 수 있는데, 높은 부채비율로 인해 차입제약에 처해 있기 쉬운 6~30대 재벌로서는 차입금을 확대하는 데 어려움이 있고 결국 주식발행을 통해 소요자금을 조달하게 될 수 있다. 정확한 파악을 위해서는 고정투자 행태에 대한 분석이 필요하다.

2.2.4.　**5대 재벌 각각의 자료를 이용한 주식자금 조달비중에 대한 회귀분석**

　　위에서는 각 연도의 5대 재벌의 자금조달을 합산한 각 연도의 합산자료를 이용한 분석이 이루어졌다. 여기서는 5대 재벌을 구성하는 개개 그룹의 자금조달 자료를 이용하여 주식자금 조달행태를 분석하고자 한다. 1988~1997년의 전체 분석기간 동안 현대, 삼성, 대우, LG는 5대 재벌에 포함되어 있다. SK는 1991년부터 5대 재벌에 포함되기 시작하였다. 여기서는 분석 전체기간 동안 SK를 포함하여 5대 재벌을 정한다. 따라서 분석되는 자료집합은 10개 년 동안 현대, 삼성, 대우, LG, SK의 5대 그룹의 매년의 자금조달 자료를 갖는 관찰치가 50개가 되는 패널자료의 구조를 갖는다.

　　먼저, 50개의 관측치를 재벌그룹을 구분하지 않고 통합한 자료(*pooling data*)에 대해 회귀분석한 결과에 대해서 보자. 〈표 6-51〉는 통합자료에 대한 최소자승 회귀분석 결과이다. 먼저, 관찰 수가 크게 많아지면서 금리변수를 제외한 나머지 설명변수들의 계수값의 통계적 유의성이 전반적으로 높아지고 모형의 설명력이 향상되었다. 또 고정투자율과 주가상승률의 회귀계수의 크기는 커진 반면에 내부자금 조달비중의 계수의 크기는 작아지는 변화가 나타났다. 고정투자율, 내부자금 조달비중, 주가상승률 모두가 통계적으로 유의한 양의 회귀계수값을 갖는 반면에, 금리변수는 회귀계수의 부호도 일정치 않고 통계적 유의성도 없다. 모형2부터 모형5까지에서 고정투자율의 회귀계수의 크기가 내부자금 비중의 회귀계수값의 2배 정도에 달하나, 통계적 유의성은 후자가 더 높다.

　　이제, 각 재벌그룹 자료가 식별되도록 자료를 이용하여 회귀분석을 실시해보자. 각 재벌그룹의 독특한 특성이 각 재벌그룹의 더미변수에 반영되는 고정효과 모형을 이용

〈표 6-51〉 5대 재벌의 통합자료를 이용한 주식발행 자금조달에 대한 회귀분석 결과

설명변수	모형 1	모형 2	모형 3	모형 4	모형 5
고정투자율	0.4211 (2.396**)	0.6457 (4.305***)	0.6678 (4.518***)	0.6390 (4.257***)	0.6405 (4.258***)
내부자금 비중	0.3491 (7.307***)	0.3392 (8.082***)	0.3347 (8.530***)	0.3511 (8.883***)	0.3478 (8.796***)
주가상승률	-	0.3429 (4.981***)	0.3819 (5.244***)	0.3374 (4.998***)	0.3318 (4.943***)
회사채유통 수익률	-	0.5600 (0.584)	-	-	-
실질회사채 유통수익률	-	-	2.5097 (1.496)	-	-
차입이자율	-	-	-	-0.5694 (-0.434)	-
실질차입 이자율	-	-	-	-	-0.0842 (-0.084)
모형의 설명력 및 적합도	조정 R^2 = 0.5311; F$_{(2, 47)}$= 28.75, p = 0.0000	조정 R^2 = 0.6885; F$_{(4, 45)}$= 28.07, p = 0.0000	조정 R^2 = 0.7010; F$_{(4, 45)}$= 29.72, p = 0.0000	조정 R^2 = 0.6874; F$_{(4, 45)}$= 27.94, p = 0.0000	조정 R^2 = 0.6861; F$_{(4, 45)}$ = 27.78, p = 0.0000

1988년부터 1997년까지 10년간 상위 5대 재벌의 연간자료를 통합(*pooling*)하여, 총자금조달액 가운데 주식자금의 조달비중을 고정투자율, 내부자금 조달비중, 주가상승률, 명목 및 실질 회사채유통수익률이나 차입이자율의 금리변수에 대해서 보통최소자승 회귀를 실시. 각 재벌의 고정투자율은 기초 고정자산에 대한 기중 고정자산 증가분의 비율로서, KIS-Line 재벌 재무자료를 이용. 주가상승률은 한국증권거래소 연평균 종합주가지수의 전년 대비 상승률로 정의. 종합주가지수와 회사채유통수익률은 한국은행, 《경제통계연보》의 자료를 이용. 각 재벌의 차입이자율은 기중 평균 이자발생부채에 대한 지급이자의 비율로서, KIS-Line 재벌 재무자료를 이용. 이자율에서 소비자물가상승률을 차감하여 실질화시킴. 모든 변수들의 단위는 %. 상수항은 회귀분석에 포함되어 있으나 보고되지 않고 있음.

주 : ( )안의 수치는 해당 회귀계수가 0이라는 가설에 대한 t값임.
　　*, **, ***은 각각 10%, 5%, 1% 수준에서 유의함을 의미.

〈표 6-52〉 5대 재벌의 자료를 이용한 주식발행 자금조달에 대한 회귀분석 결과

설명변수	모형 1	모형 2	모형 3	모형 4	모형 5
고정투자율	0.3030 (1.753*)	0.5339 (3.749***)	0.5568 (3.989***)	0.5252 (3.660***)	0.5296 (3.694***)
내부자금 비중	0.3192 (6.842***)	0.3089 (7.796***)	0.3075 (8.374***)	0.3160 (8.154***)	0.3236 (8.732***)
주가상승률	-	0.3337 (5.312***)	0.3707 (5.602***)	0.3075 (4.862***)	0.3116 (5.028***)
회사채유통 수익률	-	0.7741 (0.883)	-	-	-
실질회사채 유통수익률	-	-	2.6250 (1.726*)	-	-
차입이자율	-	-	-	0.7658 (0.523)	-
실질차입 이자율	-	-	-	-	0.4178 (0.421)
현대그룹 더미	(**)	(***)	(***)	(*)	(***)
삼성그룹 더미	(*)	(**)	(***)	(*)	(***)
대우그룹 더미	(***)	(***)	(***)	(**)	(***)
LG그룹 더미	( )	(**)	(***)	( )	(**)
SK그룹 더미	( )	( )	(**)	( )	( )
모형의 설명력 및 적합도	조정 R^2 = 0.5803; $F_{(6, 43)}$= 12.29, p = 0.0000	조정 R^2 = 0.7413; $F_{(8, 41)}$= 18.55, p = 0.0000	조정 R^2 = 0.7542; $F_{(8, 41)}$= 19.79, p = 0.0000	조정 R^2 = 0.7381; $F_{(8, 41)}$= 18.26, p = 0.0000	조정 R^2 = 0.7375; $F_{(8, 41)}$= 18.20, p = 0.0000

1988년부터 1997년까지 10년간 상위 5대 재벌 각각의 연간자료를 이용하여, 총자금조달액 가운데 주식자금의 조달비중을 고정투자율, 내부자금 조달비중, 주가상승률, 명목 및 실질 회사채유통수익률이나 차입이자율의 금리변수에 대해서 보통최소자승 회귀를 실시. 각 재벌의 고정투자율은 기초 고정자산에 대한 기중 고정자산 증가분의 비율로서, KIS-Line 재벌 재무자료를 이용. 주가상승률은 한국증권거래소 연평균 종합주가지수의 전년 대비 상승률로 정의. 종합주가지수와 회사채유통수익률은 한국은행, 《경제통계연보》의 자료를 이용. 각 재벌의 차입이자율은 기중 평균 이자발생부채에 대한 지급이자의 비율로서, KIS-Line 재벌 재무자료를 이용. 이자율에서 소비자물가상승률을 차감하여 실질화시킴. 모든 변수들의 단위는 %. 각 재벌그룹의 더미변수에 대해서는 회귀계수값은 제시하지 않고 통계적 유의도만을 표시하고 있음.

주: ( )안의 수치는 해당 회귀계수가 0이라는 가설에 대한 t값임.
　　*, **, ***은 각각 10%, 5%, 1%에서 유의함 을 의미.

한 회귀분석 결과가 〈표 6-52〉에 제시되고 있다. 5대 재벌의 자료를 재벌별로 구분하지 않고 통합하여 분석한 결과와 비교해볼 때 별다른 차이가 없다. 회귀계수의 크기와 유의도는 통합분석의 경우에 비해 다소 낮은데 — 그렇지만 여전히 통계적 유의성이 매우 높다 — 이는 일부 정보가 각 재벌그룹별 더미변수에 반영되고 있는 데 따른 결과이다. 재벌그룹별 더미변수의 통계적 유의도를 보면, LG그룹과 SK그룹의 더미변수들이 상대적으로 통계적 유의성이 낮다. 이는 두 재벌그룹의 경우 회귀계수들에 의해서 설명되지 않는 재벌그룹 고유한 특성이 크지 않다는 것을 뜻한다. 반면에 현대, 삼성, 대우의 재벌그룹 더미변수의 통계적 유의성은 높아 모형의 여타 설명변수들에 의해서 설명되지 않는 재벌 고유의 특성부분들이 있다. 5대 재벌 각각의 자금조달에 대한 자료는 부록을 참조하기 바란다.

실질 회사채유통수익률을 금리변수로 사용한 모형3에서 금리변수를 포함하여 모든 설명변수들의 통계적 유의성이 여타 모형에 비해 가장 높게 나타나고 모형 전체의 설명력도 가장 크다. 금리변수가 통계적 유의성을 갖는 것은 5대 재벌 합산자료나 통합자료를 이용한 모든 회귀분석을 통틀어 지금 이 모형에서 유일하다. 그리고 이전과는 달리 부호도 양으로 나타나고 있다. 회귀결과에 따르면, 5대 재벌은 부채조달의 시장상황을 반영하는 실질 회사채 유통수익률이 높을 때 주식을 통한 자금조달 비중을 늘린다. 이는 5대 재벌 각각에게 있어 주식과 회사채는 대체성을 지니고 있음을 의미한다.

제 7 장　　**재벌의 재무구조와 자금조달 :**

1997년 외환경제위기 이후 시기를 중심으로

외환경제위기가 발생한 1997년 이래 기업의 자금조달 행태는 경제위기의 영향과 정부의 급진적인 정책추진으로 지대한 영향을 받았다. 또한 외환경제위기를 계기로 우리나라 경제 전반, 특히 금융과 기업지배구조와 관련하여 패러다임적 변화가 발생하였다. 기업과 특히 재벌의 재무구조와 자금조달 행태가 너무 큰 변화를 겪었기 때문에 외환경제위기 이전 시기의 추세에 따라 이후 시기를 덧붙여 분석하는 것이 무의미할 정도이다. 외환경제위기 이후 시기를 별도의 장으로 구분하여 재벌의 재무행태를 분석하는 이유가 여기에 있다.

1. 급격한 기업구조조정의 진행

정부는 기업들의 차입자금에 의존한 과다한 외형확장을 1997년 말 외환경제위기의 주된 원인의 하나로 규정하고, 재벌의 사업을 핵심역량으로 집중하며 높은 부채비율을 축소, 재무구조를 개선하고 재벌계열사간 상호지급보증을 해소하기 위한 구체적인 조치를 취하기 시작했다. 이는 IMF와의 자금지원 합의조건이기도 하였으며(재정경제원

〈표 7-1〉 경영악화 기업에 대한 정리계획 (1999년 6월 말 현재)

(단위: 개)

	기업 수	존 속	워크아웃	정리대상
15대 계열	248	12	38	198 (78)
중견 대기업	106	17	38	51 (17)
계	354	29	76	249 (95)

주: ( ) 안의 수치는 1999년 6월 말 현재 정리가 완료된 기업의 수.
자료: 금융감독위원회 (1999. 8), "기업개선작업추진현황", 허재성·유혜미 (2002) : 68에서 재인용.

경제정책국, 1997. 12), 1998년 1월 대통령 당선자와 재계총수간에 합의된 '기업구조조정 5대 기본과제'에서 명시적으로 천명되었다 (금융감독위원회 구조개혁기획단, 1998. 12).

최대채권자인 금융기관의 주도하에 개별 기업에 대한 세부적인 구조조정을 추진한다는 원칙 아래 1998년 초 4대 재벌을 포함하여 64대 계열과 주채권은행 간에 "재무구조개선약정"이 체결되었다. 6대 이하 재벌에 대해서는 주채권은행 주도의 워크아웃 방식으로 구조조정을 행하는 반면, 5대 재벌에 대해서는 자체 구조조정 능력을 보유하고 있다는 판단 아래 자율적 사업구조조정 (사업 맞교환 및 사업부문 매각을 통한 사업구조의 자율적 조정, 이른바 '빅딜'), 사업부문 매각과 자본확충 및 차입금상환을 통한 재무구조 개선 및 계열사간 상호지급보증의 조속한 해소 의무가 부과되었다. 주채권은행의 주도하에 1998년 6월 64대 계열소속 310개 부실징후기업 중 회생이 불가능한 52개 계열사 및 비계열 3개 부실기업을 합병, 매각, 법정관리, 청산 등의 방법으로 정리하기로 계획이 수립되었다 (〈표 7-1〉 참조).

계열기업은 부채비율을 2000년 말까지 200% 이하로 줄이며, 1998년 4월부터 계열사간 신규 채무보증을 금지하고 기존의 채무보증 잔액을 2000년 3월 말까지 해소하도록 약정에 규정되었다. 그리고 1998년 2월 법인세법의 개정을 통해 기업의 자기자본 대비 일정액을 초과하는 차입금에 대한 이자지급분을 비용으로 인정하지 않게 함으로써 기업의 차입금 축소를 유도하였다 (허재성·유혜미, 2002 : 13).

5대 재벌에 대해서는 1998년 12월 재계·정부·금융기관간 합동간담회를 거쳐 분기별 이행계획 수립 등 추진일정을 보다 구체화한 '재무구조개선약정'의 수정체결이 이루어졌다. 그 주요 내용은 1999년 말까지 계열사를 1998년 말의 253개에서 130개로 대폭 줄이며, 계열기준 부채비율을 200% 이하로 개선하고, 이종 업종 계열사간 채무보증 12. 7조 원을 1998년 내에 해소한다는 것이다 (금융감독원, 2000 : 103~107 ; 금융감독위원회 구조개혁기획단, 1998. 12. 8).

　다른 한편, 금융기관에 대한 건전성 규제의 강화가 이루어져 상위재벌 여신에 대해 또한 위축적으로 작용하였다. 종전의 여신한도제가 신용공여한도제로 개편되고 한도가 더욱 축소되었다. 은행의 경우 새로운 제도하에서 2000년 7월부터 동일인 및 동일계열 여신한도가 총자본금의 45%에서 25%로 축소되었는데, 1998년 6월 말 현재 한도 초과분에 대해서는 1999년 6월 말까지 초과분의 50%를 축소하고 나머지 50%를 2000년 6월 말까지 완전 해소해야 했다. 종금사의 경우에는 동 한도가 1999년 4월부터 150%에서 25%로 대폭 줄어들었다.[1] 1998년 10월에는 금융기관 동일계열 회사채 보유한도 제한이 강화되면서 그 직접적인 영향으로 4대 재벌의 회사채 규모가 15.2조원이나 줄어들었다(공정거래위원회 기업집단과, 2000. 4. 17).

　그러는 한편, 자본시장 개방과 외국인의 자유로운 주식취득이 가능해진 상황에 대응하여 정부는 국내기업에 대한 역차별 해소와 경영권보호의 이름 아래, 1987년 4월에 도입되어 운영되어 오던 출자총액제한제도를 폐지하였다. 이로써 재벌들은 계열사간 출자를 자유롭게 행할 수 있게 되었으며, 출자총액제한제도가 2001년 4월 다시 부활되기 전까지 계열사간 출자를 통한 자기자본 증가를 적극 활용하였다.

　정부의 적극적인 기업구조조정 정책의 추진결과 4대 재벌의 사업구조 및 재무구조에도 큰 변화가 발생했다. 1999년 지정 당시 200개이던 4대 재벌계열사는 2000년 지정 시에는 162개로 줄었다. 1999년 8월 대우그룹에 대한 워크아웃이 추진되면서 2000년중에 대우그룹이 해체되었다. 현대그룹의 경우에는 상속과정 및 2000년 초반부터 유동성문제를 겪는 과정에서 2000년 9월에 현대자동차그룹이, 2002년 2월에 현대중공업그룹이 친족분리되어 나갔다.

---

1) 여신한도제에서 여신은 대출 및 지급보증을 의미하며, 여신은 금융기관 자기자본의 일정 비율 이내로 제한되었다. 이에 비해 신용공여란 대출금과 지급보증 이외에 자금지원적 성격의 유가증권 매입, 기타 금융거래상 신용위험을 수반하는 모든 부외항목(off-balance sheet exposure)을 포함하며, 신용공여한도는 총자본금(기본자본+보완자본)의 일정비율로서 정의된다. 여신한도제 개편의 자세한 내역에 대해서는 금융감독원(2000) : 35의 〈표III-2〉참조. 금융감독위원회·금융감독원(1999. 10), "97년 이후 은행, 증권, 투신, 보험, 종금의 자산운용 규제의 변화 내역", 《208회 정기국회 정무위원 국정감사 요구자료(III)》; 금융감독원 비은행감독국 종금여전감독과(1999. 8. 6), "종합금융회사 감독규정 개정" 참조.

2. 외환경제위기 이후 기업부문의 자금조달

외환경제위기 직후 재벌을 위시하여 기업들의 투자규모 및 자금조달 규모 자체가 급
격하게 위축되었다. 자금조달 구조도 경제 실물부문의 대규모 부실 진행과 그것이 금
융시장에 미친 영향, 재벌 재무구조의 강제적 개선조치, 금융기관 구조조정 등에 따
라 급격한 변화를 보였다. 기업들의 부도사태에 따른 부실채권의 누적과 금융 구조조
정 과정에서의 자기자본규제 강화, 금융기관들의 대규모 퇴출로 인해 금융기관들의
여신이 크게 경색되었다. 높은 부도율에 따른 신용거래의 위험 증대로 기업간 신용도
크게 위축되었다. 신용위험의 증대로 회사채발행을 통한 기업의 자금조달은 대부분이
우량기업에 한정되었다. 이 편중을 막기 위한 재벌의 회사채발행에 대한 강력한 규제

〈표 7-2〉 1997년 전후의 기업부문 자금조달 (순증 기준)

(단위: 10억 원)

	1996	1997	1998	1999	2000	2001	2002
자금과부족(저축-투자)	-67916.8	-60029.8	-25614.1	-26230.5	34737.6	-18803.3	-30423.4
투자	102545.3	104009.5	53287.8	78958.2	23162.1	82557.0	117024.3
저축	34628.5	43979.7	27673.7	51650.9	57899.7	63753.7	86600.9
외부자금 조달	118769.3	118022.0	27663.8	51755.1	65759.1	50645.0	83317.9
대출금	33230.8	43375.1	-15861.7	2197.8	19758.6	-313.4	50102.3
은행대출금	16675.8	15183.6	688.7	15464.5	11768.2	3376.3	41496.8
비은행대출금	16555.0	28191.5	-16550.4	-13266.7	7990.4	-3689.7	8605.5
보험대출금	3369.4	2744.2	-5743	257.5	2038.3	-1472.7	651.5
단자·종금대출금	-487.5	2066.2	-6184.8	-1383.2	-3818.5	-993.6	-1108.3
기타대출금	13673.1	23381.1	-4622.6	-12141.0	9770.6	-1223.4	9062.3
유가증권	58749.1	48289.0	50011.0	26786.0	18529.2	42685.5	22266.4
국공채	319.6	577.0	781.3	-15.8	-1447.4	-315.1	-523.0
기업어음	20737.1	4421.1	-11678	-16115.7	-4764.2	4399.0	-3776.6
회사채	21212.9	27460.2	45907.0	-2827.1	-2062.6	11444.4	-7857.1
주식, 출자금	13827.2	11628.3	14711.7	43750.4	25478.4	22206.6	32165.4
대외채권채무	9730.4	2360.3	-10098.4	12136.0	15494.9	-4317.7	188.0
기업신용	8063.2	12478.1	-7524.0	5412.6	4099.3	3115.2	3761.5
기타금융자산부채	9244.0	9906.3	9760.1	4253.4	10940.8	9158.6	5941.9

주: 1) 외부자금 = 대출금 + 정부융자 + 대출금 + 유가증권 + 대외채권채무 + 기업신용 + 기타금융자산부채.
   2) 기타대출금 = 여신전문기관 (할부금융사, 신용카드사 등) , 개발기관, 저축기관, 투자기관, 공적금융 등의
      대출금.
자료: 한국은행, 《경제통계연보》, "저축투자 및 금융거래표", 각 연도.

도입과 대우사태의 영향으로 회사채 발행시장은 급격한 위축을 보였다. 외환경제위기 이후, 유상증자를 통한 재무구조 개선을 유도한 정부정책의 영향과 전반적인 신용경색하에서 기업들은 주식발행을 통한 자금조달에 크게 의존하였다.

1996년중 118조여 원이던 금융기관 대출금 순증 규모는, 외환위기 발생시점인 1997년 4/4분기중 금융기관 여신이 중단되다시피 하면서, 1997년 연간으로 대출금 순증액은 전년도 수준에 머물렀다(〈표 7-2〉 참조). 1998년중에는 외환경제위기의 충격이 본격화되었다. 금융기관들은 기업들의 높은 재무위험과 경기침체에 따른 신용위험의 증가, 금융구조조정 과정에서의 BIS 자기자본비율 유지 부담으로 여신을 기피하였다. 1998년 상반기에 계속된 기업들의 부도로 부실채권이 급증하고 또한 1998년 7월 1일부터 여신건전성 분류기준이 강화되면서, 은행들은 자기자본비율을 맞추기 위해 대출을 2/4분기 이후로 급격히 축소하였다(한국은행, 1999.1 ; 안종길, 2000 : 124~125).[2] 그 결과 금융기관의 대출금이 연중 무려 15조 8,617억 원이 순상환되는 극도의 여신경색이

〈표 7-3〉 1997년 전후의 기업부문 자금조달 구성비

(단위: 10억 원, %)

	1996	1997	1998	1999	2000	2001	2002
조달 합계	153397.8	162001.7	55337.5	103406.0	123658.8	114398.7	169918.8
조달 합계(%)	100.0	100.0	100.0	100.0	100.0	100.0	100.0
내부자금	22.6	27.1	50.0	49.9	46.8	55.7	51.0
외부자금	77.4	72.9	50.0	50.1	53.2	44.3	49.0
대출금	21.7	26.8	-28.7	2.1	16.0	-0.3	29.5
은행대출금	10.9	9.4	1.2	15.0	9.5	3.0	24.4
비은행대출금	10.8	17.4	-29.9	-12.8	6.5	-3.2	5.1
유가증권	38.3	29.8	90.4	25.9	15.0	37.3	13.1
기업어음	13.5	2.7	-21.1	15.6	-3.9	3.8	-2.2
회사채	13.8	17.0	83.0	-2.7	-1.7	10.0	-4.6
주식·출자금	9.0	7.2	26.6	42.3	20.6	19.4	18.9
대외채권채무	6.3	1.5	-18.2	11.7	12.5	-3.8	0.1
기업신용	5.3	7.7	-13.6	5.2	3.3	2.7	2.2
기타금융자산부채	6.0	6.1	17.6	4.1	8.8	8.0	3.5

주: 외부자금 = 대출금 + 정부융자 + 대출금 + 유가증권+ 대외채권채무 +기업신용 +기타금융자산부채.
자료: 한국은행, 《경제통계연보》, "저축투자 및 금융거래표", 각 연도.

2) 일반은행의 무수익여신 비율은 1997년 말의 5.8%에서 1998년 6월 말에는 8.6%로 높아졌다. 또 1998년 7월 1일자로 은행의 여신건전성 분류기준이 '고정 여신'이 종전의 6개월 이상 연체에서 3개월 이상 연체로, '요주의 여신'이 3개월 이상 연체에서 1개월 이상 연체로 강화되었다.

발생하였다. 1998년 30개 종금사 중 16개사의 대규모 퇴출, 증권사 및 은행의 CP업무 본격 취급에 따른 경쟁심화,[3] 예금 대거인출의 복합적 영향으로 종금사의 여신위축이 특히 현저했다. 그 결과 기업어음을 통한 기업의 자금조달은 1998년 11.7조 원, 1999년 16.5조 원 규모로 연이어 대거 순상환이 발생하였다(〈표 7-2〉 참조).

금융산업 구조조정이 강도 높게 이루어지는 과정에서 금융기관간 자금이동이 심화되는 가운데 금융기관들은 대출보다는 우량 대기업의 회사채나 기업어음 매입에 치중 운용함으로써 우량 대기업과 중소기업 간의 자금사정 격차가 심화되었다. 금융경색하에서 기업들의 투자규모는 1997년에 비해 절반 수준으로 급격히 위축되었다.

1998년 하반기로 들어서면서 금리가 급속히 하향 안정화되고 주가의 과다 낙폭 인식 및 경기회복에 대한 기대로 주가가 크게 상승하였다. 이를 기회로 자본을 확충하기 위한 주식자금 조달이 금융기관 중심으로 대규모로 이루어졌다. 주가상승의 영향 및 상반기 고금리기에 편중된 채권의 높은 수익률 영향으로 투자신탁회사의 수신이 급증했으며, 금융기관들의 자금은 높은 신용위험을 의식해 우량 회사채에 대한 수요로 집중되었다. 금융기관 신용이 경색을 보이고 공적자금 조성을 위한 대규모 국채발행이 예정되어 있는 가운데, 우량기업 중심으로 선자금 확보를 위해 회사채발행을 통한 자금조달이 적극적으로 이루어졌다. 1998년 연중 회사채발행액(순증 기준)은 전년보다 배증한 4.6조 원 규모로 늘어났는데(〈표 7-2〉 참조), 그 72%가 5대 재벌계열사 발행분이었다(한국은행, 1999. 1). 회사채발행 편중이 지나치다는 판단에 따라 정부는 1998년 하반기에 재벌의 회사채발행을 제한하는 강력한 규제를 도입하였다.[4]

1999년에는 기업부문의 외부자금조달 규모가 1998년의 28조 원 규모에서 52조 원 규모로 거의 배증하였다. 이는 재벌들이 재무구조 개선약정을 준수하기 위해 자본을 증대시킨 행동과 대부분 관련되어 있다. 금리 및 외환시장이 안정을 보이는 가운데 경기가 빠른 회복세를 나타냈다. 외환경제위기 이후 폭락했던 주가가 이에 따라 급등하고 증자여건이 개선됨에 따라 주식발행을 통한 기업의 자금조달이 1998년의 13조 5,151억 원에서 1999년에는 무려 3배 정도 늘어난 41조 1,367억 원 규모에 이르렀다.

---

3) CP 할인시장의 업종별 점유율은 1997년 말 종금사 : 증권사 : 은행신탁 = 79.8% : 17.3% : 2.9%에서 1999년 말에는 28.1% : 64.5% : 7.1%로 큰 구조변화를 나타냈다. 금융감독위원회 국회제출자료(2000. 9).

4) 5대 재벌의 회사채발행 급증과 편중이 심화되자, 정부는 금융기관의 자산운용 리스크를 축소하고 대기업의 재무구조 개선명목으로, 1998년 10월부터 은행신탁과 투자신탁의 동일계열 회사채보유에 대해 은행 및 보험에 대해서는 전체 회사채 보유액의 10%, 투신사에 대해서는 15% 이내로 한도를 설정하였다. 이 규제는 주요 재벌들의 구조조정 촉진과 부채비율 감축에 크게 기여한 것으로 평가되면서 2000년 5월 폐지되었다. 강병구(2001).

〈표 7-4〉1998~1999년중 금융산업 구조조정과 금융기관 수의 변화

(단위: 개)

	1997년 말 기관 수	1998년			1999년			퇴출 및 합병 소계	1999년 말 기관 수
		퇴출	합병	신설	퇴출	합병	신설		
은 행	33	5	3	-	-	2	-	10	23
종합금융회사	30	16	-	-	1	3	-	20	10
증권회사	36	6	-	1	-	-	1	6	32
투자신탁회사	31	7	-	-	-	1	-	8	23
보험회사	50	4	1	-	-	-	-	5	45
상호신용금고	231	22	2	4	21	10	6	55	186
소 계	436	60	6	5	22	16	7	104	319
신용협동조합	1666	69	14	9	103	45	-	231	1444
총 계	2077	129	20	14	125	61	7	335	1763

주: 기관 수에는 가교금융기관 및 외국회사 지점 제외. 퇴출은 인허가 취소기준, 파산 및 해산 포
   함. 합병은 합병으로 소멸된 금융기관 수.
자료: 한국은행(2000. 2).

은행대출도 전년의 6,887억 원에서 1999년에는 15조 4,645억 원으로 크게 늘어나
1997년 수준을 회복하면서 신용경색에서 벗어나는 모습을 보였다. 그러나 제2금융권
은 계속되는 구조조정의 영향으로 1998년에 이어 대출금의 감소가 지속되었다. 〈표
7-4〉에서 보듯이, 은행, 종금, 증권, 투신, 보험, 금고업 등에서 1998, 1999 양년간
에 퇴출된 금융기관 수는 모두 104개로, 이는 1997년 말 기준 금융기관 수 436개의
무려 23.9%에 이른다.[5]

대우그룹사태의 영향으로 1999년 7월부터 수익증권 환매가 대규모로 발생, 수탁자
산이 인출되어 은행권으로 빠져나가고 1998년중에 도입된 금융기관의 회사채 보유에
대한 규제로 회사채 수요가 크게 위축된 영향이 복합적으로 작용하여 1999년중 회사
채발행을 통한 기업의 자금조달은 급격히 줄어들었다(〈표 7-2〉및 한국은행, 2000. 1
참조). 1998년중 기업 외부자금 조달의 83%, 46조 원 규모에 이르던 회사채를 통한
자금조달은 1999년에는 오히려 2조 8,271억 원이 순상환되었다.

2000년중에도 직접 금융시장에서는 불안이 계속되었다. 대우그룹 부실채권을 편입
하고 있는 투신사 수익증권에 대한 처리문제가 지속되었다. 3월부터는 현대건설을 중
심으로 하여 현대그룹이 유동성 위기의 징후를 보이기 시작하였다. 2000년 하반기중
회사채의 대규모 만기도래가 예정되어 있는 가운데, 정부는 투신사에 대한 신뢰회복

5) 자세한 퇴출내역에 대해서는 한국은행(1999. 1), 한국은행(2000. 1) 참조.

220

과 회사채 발행시장을 안정시키기 위해 채권시가평가제를 도입하는 한편, 프라이머리 CBO발행 등의 조치를 통해 직접 금융시장을 안정시키려는 조치를 취하였다(금융감독위원회·금융감독원, 2000. 10, 한국은행, 2001). 투신사의 수신감소와 은행의 안전자산 선호 등의 영향으로 결국 회사채를 통한 기업의 자금조달은 전년에 이어 순상환이 이루어졌다. 주식시장의 침체로 주식자금 조달액도 1999년에 비해 거의 반감되었다. 경기호조로 기업의 내부자금 조달규모는 전년에 비해 다소 증가한 가운데 기업의 투자가 급격히 위축되어 기업부문 전체로는 23조여 원의 자금잉여가 실현되었다.

2001년중에 경제는 하강국면으로 진입하였다. 경기위축에 대응하여 한국은행은 2001년중 네 차례에 걸쳐 목표 콜금리 수준을 하향 조정하여 연초 5. 25%이던 것이 9월에는 4. 00%로 낮아졌다. 현대그룹의 유동성위기를 해결하기 위한 방책의 하나로 회사채 신속인수제도가 도입되어 하이닉스반도체, 현대건설 등 6개사에 대해 산업은행이 2조 6천억 원어치의 회사채를 인수해 주었다. 그 외에도 투신권의 안정, 신용보증기관의 보증을 바탕으로 한 프라이머리 CBO발행 등에 힘입어 연중 회사채를 통한 기업의 자금조달이 11조여 원으로 크게 늘어났다. 경기둔화로 대기업의 대출수요가 감소하여 은행권의 대출자금 공급규모는 크게 줄었다. 은행들은 풍부한 유동성을 우량회사채 매입에 주로 운용하였다.

2002년중에는 경기가 회복되면서 중소기업을 중심으로 은행대출금에 대한 수요가 증대되었다. 설비투자의 회복이 지연되는 가운데 대기업들은 영업실적 호전 등에 따라 확보된 여유자금으로 만기도래 회사채를 상환하였다.

3. 5대 재벌의 재무구조와 자금조달구조의 변화

외환경제위기 이전까지 상위 5대 재벌을 구성하는 기업집단들은 그 구성, 심지어는 규모순위까지 거의 고정되어 있었다. 그러던 것이 1997년 외환경제위기 이후 상전벽해의 변화를 겪었다. 대마불사의 신화는 사라졌다. 대우그룹이 1999년중 워크아웃에 들어가고 2000년에 해체되었다. 현대그룹은 2000년중 유동성위기를 겪기 시작하면서 이후 현대, 현대자동차, 현대중공업그룹으로 분리되었다. 〈표 7-5〉는 1997년 전후의 5대 재벌 구성을 보여주고 있다. 경제위기 이후 구조조정 과정에서 상위 5대 재벌은 여타 재벌들에 비해 정부에 의해 특별히 취급되었다. 이 절에서는 외환경제위기 이후 2002년까지 상위 5대 재벌의 자금조달과 재무구조에 대해 살펴본다.

〈표 7-5〉 외환경제위기를 전후한 상위 5대 재벌의 순위 변화

순위	1996	1997	1998	1999	2000	2001	2002
1	현 대	현 대	현 대	현 대	삼 성	삼 성	삼 성
2	삼 성	삼 성	대 우	대 우	현 대	L G	L G
3	L G	대 우	삼 성	삼 성	L G	S K	S K
4	대 우	L G	L G	L G	S K	현대자동차	현대자동차
5	선 경	S K	S K	S K	현대자동차	한 진	한 진

3.1. 5대 재벌의 자본구성과 재무비율

높은 속도로 외형확장을 해오던 상위 5대 재벌의 자산기준 외형확장 속도는 위기 이후
급격히 위축되었다. 외환위기 이전의 5대 재벌 중 1999년까지 존속하고 있는 현대,
삼성, 엘지, SK 4대 재벌의 경우 총자산규모는 1996, 1997년의 24.5%, 38.1% 증
가에서 1998년과 1999년에는 각각 2.8%와 4.4% 증가로 거의 정체를 보이다시피 하
였다. 위기 이전의 재벌의 외형확장은 주로 타인자본에 의존하여 이루어졌다. 1996,
1997 양년간에 5대 재벌의 자기자본의 증가는 10% 안팎에 머무른 반면 타인자

〈표 7-6〉 5대 재벌의 자본구성 추이

(단위: 조 원)

	1996	1997	1998	1999	2000	2001	2002
매입채무	23.33	28.43	28.25	22.54	22.01	19.25	23.55
단기차입금	39.23	64.68	53.60	23.38	26.66	15.68	14.73
사 채	31.86	48.24	83.50	58.50	45.77	41.38	39.79
장기차입금	29.09	46.48	34.88	29.38	18.25	17.98	15.89
이자발생부채	100.19	159.41	171.98	111.26	90.68	75.04	70.41
부채총계	151.13	221.13	232.98	172.22	151.45	124.98	135.01
자본금	15.12	16.57	23.29	35.73	30.18	24.60	25.52
자본잉여금	16.42	17.48	35.67	48.69	49.03	43.79	42.00
주식발행초과금	8.89	9.97	14.24	28.06	28.94	23.28	24.51
재평가적립금	6.31	6.31	19.36	15.66	13.99	13.97	13.49
이익잉여금	12.23	11.87	8.63	4.28	19.44	28.96	40.69
자본총계	42.64	46.73	69.36	97.10	93.40	97.73	105.28
부채와자본총계	193.77	267.86	302.34	269.32	244.85	222.71	240.29
매출액	235.92	283.68	323.81	289.20	336.32	278.04	305.18

주: 유동성장기차입금은 단기차입금에, 유동성사채는 사채에 포함되어 있음.
자료: 한국신용평가정보㈜, KIS-Line. 재벌별 대차대조표를 합산.

<표 7-7> 5대 재벌의 자본구성비 추이

(단위: %)

	1996	1997	1998	1999	2000	2001	2002
매입채무	12.04	10.61	9.34	8.37	8.99	8.65	9.80
단기차입금	20.25	24.15	17.73	8.68	10.89	7.04	6.13
장기차입금	15.01	17.35	11.54	10.91	7.45	8.07	6.61
사 채	16.44	18.01	27.62	21.72	18.69	18.58	16.56
이자발생부채	51.71	59.51	56.88	41.31	37.03	33.70	29.30
부채총계	77.99	82.55	77.06	63.95	61.86	56.12	56.19
자본금	7.80	6.19	7.70	13.27	12.33	11.05	10.62
자본잉여금	8.47	6.53	11.80	18.08	20.02	19.66	17.48
주식발행초과금	4.59	3.72	4.71	10.42	11.82	10.45	10.20
재평가적립금	3.26	2.36	6.40	5.81	5.71	6.27	5.61
이익잉여금	6.31	4.43	2.85	1.59	7.94	13.01	16.93
자본총계	22.01	17.45	22.94	36.05	38.14	43.88	43.81
부채자본총계(%)	100.00	100.00	100.00	100.00	100.00	100.00	100.00

주: 유동성장기차입금은 단기차입금에, 유동성사채는 사채에 포함되어 있음.
자료: 한국신용평가정보㈜, KIS-Line. 재벌별 대차대조표를 합산하여 계산.

본의 확대는 각각 28.8%와 46.2%로 훨씬 높았다. 그 결과 5대 재벌의 자기자본비율은 1995년의 24.6%에서 1996년 22.0%, 1997년 17.4%로 급격히 낮아졌다.

외환경제위기 이후 모습은 크게 바뀌었다. 앞에서 살펴보았듯이, 금융시장의 극도의 경색에 따른 자금조달의 곤경과 재무구조 개선약정 등 재벌에 대한 정부의 강력한 구조조정정책이 그런 변화를 이끌었다. 대우그룹을 제외한 상위 4대 재벌 비금융부문의 총자본 규모는 거의 변화를 보이지 않고 있는 가운데, 자기자본은 1997년 말의 37.7조 원에서 1999년 말에는 96.1조 원으로 2년 사이에 1.5배 이상 증가하였다. 부채는 178.3조 원에서 135.7조 원으로 24%, 42.6조 원 감소하였다. 그 결과 <표 7-8>에서 보듯이, 대우그룹을 포함한 5대 재벌의 자기자본비율은 1997년 말의 17.5%에서 1999년 말에는 41.5%로 높아졌고, 같은 기간 동안 부채비율은 472.8%에서 141.1%로 낮아지는 등 재무구조가 대폭 안정화되었다. 고정성이 높은 자산을 안정성이 높은 자기자본이 지지하는 정도를 나타내는 고정비율도 1997년 말의 296.9%에서 1999년 말에는 173.9%로 낮아졌으며, 총자본 중에서 차입금이 차지하는 비중인 차입금의존도도 47.9%에서 34.5%로 낮아졌다. 이런 변화는 구조조정 및 재무구조개선 약정의 이행이 본격화된 1999년중에 더욱 큰 폭으로 진행되었다.

<표 7-6>과 <표 7-7>은 1996년부터 2002년까지 상위 5대 재벌의 자본구성을 보여

주고 있다. 외환경제위기 직전 수년간 급격하게 팽창하던 5대 재벌의 총자산 규모는 위기 이후 1998년부터 2001년까지 빠르게 감소하였다. 1996년 193.8조 원이던 5대 재벌의 총자산은 1998년 302.34조 원을 정점으로 하여 2001년에는 222.72조 원이 되었다. 1999년 대우그룹의 워크아웃과 뒤이은 해체, 2000년부터의 현대그룹 분리의 영향이 그 1차적 원인이다. 현대그룹에서는 정주영 회장의 사망과 자녀들간의 경영권 다툼 및 유동성위기 등을 겪으면서 2000년 9월에 현대그룹으로부터 현대자동차가, 2001년 2월에는 현대중공업이 친족분리되었다. 2000년 말 기준 현대그룹은 순위 2위, 현대자동차그룹은 5위에 랭크되었다. 유동성위기를 겪으면서 2001년 8월 현대건설이 그룹에서 떨어져 나가고 대규모 적자가 지속되면서 현대그룹의 규모는 급격히 위축되어 2001년에는 순위가 7위로 밀려났다. 2001년 이후 상위 5대 재벌은 삼성, 엘지, SK, 현대자동차, 한진의 순서를 유지하고 있다.

1998년 이후로 5대 재벌의 차입금 스톡의 크기는 계속해서 줄어들었다. 1998년중 사채가 대폭 증가하여 이자발생부채의 크기가 1997년에 비해 늘었으나 이후로는 사채의 잔액은 계속해서 감소하였다. 그 결과 이자발생부채의 크기도 1998년 232.99조 원을 정점으로 하여 이후 줄어드는 추세가 계속되어 2002년 말에는 130.08조 원이 되었다. 반면에 자기자본은 1998, 1999년 동안에는 증자와 자산재평가에 따른 자본금과 자본잉여금의 증가에 힘입어 급속히 증대하였다. 1999년에 대우그룹의 급속한 몰락에 따른 자본의 완전잠식에도 불구하고 그랬다. 2000년에 현대자동차그룹이 현대그룹으로부터 분리되어 각각 2위와 5위로 랭크되는 구성변화가 있었다. 그럼에도 불구하고 삼성그룹의 대규모 흑자로 5대 재벌 전체로는 이익잉여금이 크게 늘어나 5대 재벌의 자기자본은 전년의 97조 원에서 93.4조 원으로 줄어드는 데 그쳤다.

2001년에는 현대중공업의 친족분리, 현대건설 등 계열사의 경영권 상실 등으로 외형이 급격하게 줄어든 현대그룹이 순위 7위로 밀려나고, 한진그룹이 5위로 진입하였다. 1999년 87.19조 원이던 현대그룹의 총자산 규모는 2001년에는 9.27조 원에 그쳤다. 2001년 재벌순위 5위인 한진그룹의 총자산 규모는 21.34조 원이었다. 2001년 5대 재벌의 이자발생부채는 전년에 비해 약 15조 원 정도 줄었는데, 이는 현대그룹의 5대 재벌에서의 탈락과 한진그룹의 진입이라는 구성변화에 의해 그 대부분이 설명된다. 한편, 이익잉여금의 증가에 주로 힘입어 2001년 5대 재벌의 자기자본은 전년보다 4.3조 원 가량 늘어났다. 삼성그룹, SK그룹, 현대자동차그룹이 2001년중 2.5조 원에서 1.5조 원 가량의 이익잉여금의 증가를 경험하였다.

2002년중에도 5대 재벌의 대규모 이익금을 이용한 차입금 상환은 계속되었다.

〈그림 7-1〉 상위 5대 재벌의 총자산 규모의 변화

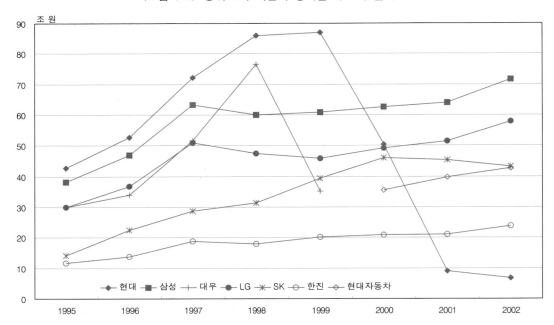

〈그림 7-2〉 상위 5대 재벌의 자기자본 규모의 변화

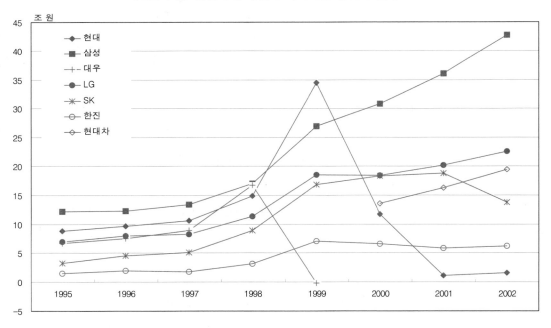

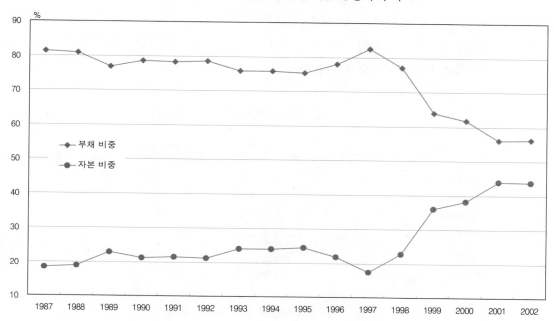

〈그림 7-3〉 5대 재벌의 부채와 자본 구성비 추이

2002년 말 5대 재벌의 이자발생부채는 전년 말에 비해 4.6조 원 정도 줄어든 반면 자기자본은 7.6조 원 정도 늘어났다. 이처럼 외환경제위기 이후 2년 정도는 재무개선약정의 이행을 위해 그 이후에는 5대 재벌의 자발성에 의해 부채는 계속해서 줄어들었다. 1997년 말 221.13조 원이던 5대 재벌의 부채는 2002년 말에는 135.01조 원으로 줄어들었다. 반면, 위기 직후에는 주로 증자와 자산재평가에 의해 그리고 이후에는 이익잉여금의 증대에 의해 5대 재벌의 자기자본 규모는 꾸준히 증대하였다. 1997년 말 46.73조 원이던 5대 재벌의 합산 자기자본은 2002년 말에는 105.28조 원으로 2배 이상 확대되었다. 그 결과 1997년 82.55% 대 17.45%였던 부채-자본 구성비율은 2002년에는 56.19% 대 43.81%로 재무적 안정성이 크게 높아졌다(〈표 7-7〉, 〈그림 7-3〉 참조).

위와 같은 자본구성의 변화는 여러 재무비율에서 확인되고 있다. 〈표 7-8〉과 〈그림 7-4〉에서 보듯이, 자기자본비율, 고정비율, 차입금의존도, 금융비용부담률 등의 수치 모두에서 1997년 이후로는 모두 재무적 안정성이 향상되는 기조를 유지하고 있다. 특히 재무구조개선약정이 본격적으로 이행되던 1999년중에 재무비율의 현저한 변화가 일어났다. 1999년중 부채비율은 335.92%에서 184.05%로, 차입금의존도는 53.93%에서 38.40%로 급락하였다. 재무적 및 영업적 안정성을 종합적으로 나타내는 금융비용부담률은 1998년중 부실한 재무구조와 경기침체의 복합적 영향으로 위험한 수치인 7.07%까지 올랐다가 1999년 5.11%, 2000년 3.08%, 2001년 2.35%, 2002년 1.53% 등으로 급속히 하향 안정화되었다. 5대 재벌 각각의 재무비율 자료에 대해서는 앞의 6장을 참고하기 바란다.

〈표 7-8〉 5대 재벌의 주요 재무비율

(단위: %)

	1995	1996	1997	1998	1999	2000	2001	2002
자기자본비율	24.57	22.01	17.45	22.94	36.05	38.14	43.88	43.81
부채비율	306.94	355.27	473.18	335.92	184.05	162.21	127.88	128.24
고정비율	211.53	253.14	291.35	260.76	202.37	187.37	166.94	155.2
차입금의존도	44.52	47.79	55.34	53.93	38.40	34.05	28.56	24.77
금융비용대매출액비율	3.96	4.00	4.35	7.07	5.11	3.08	2.35	1.53

자료: 한국신용평가정보㈜, KIS-Line. 재벌별 재무자료를 합산하여 계산.

〈그림 7-4〉 5대 재벌의 주요 재무비율 추이

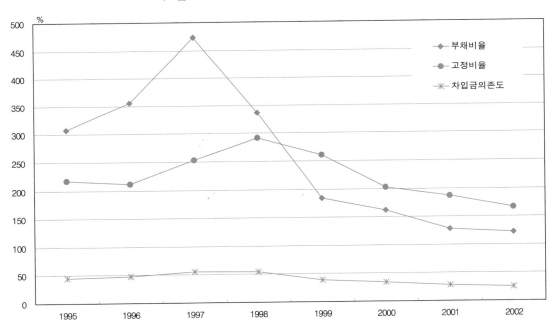

3.2.   5대 재벌의 자금조달

자본구성의 스톡 변화를 자금조달의 플로 변화를 통해서 보완적으로 살펴보자. 〈표
7-9〉에서 보면, 외환경제위기의 영향으로 1998년에 5대 재벌의 자금조달 규모는 급격
하게 위축되다가 1999년부터 다소 회복되고 있다. 그러나 위기 이전에 비하면 자금조
달 절대 규모는 현저하게 줄어든 수준에 머물고 있다. 5대 재벌의 자금조달 규모는
1997년 77.65조 원에서 1998년 6.00조 원으로 급격하게 줄었다가, 1999년 28.04조
원, 2000년 39.19조 원으로 늘어났으나 그 이후로는 다시 절대 규모가 줄어들었다.
1997년 27.37%에 달하던 매출액 대비 자금조달 총액의 비율은 1998년 1.85%로 급
격히 위축되었다가 그 이후로는 10% 안팎의 수준에 머물고 있다. 외환경제위기 이후
그 만큼 5대 재벌의 자금수요가 줄었음을 확인할 수 있다.
　　외환경제위기 이후 5대 재벌의 자금조달은 타인자금의 순상환과 그것을 크게 웃도
는 자기자금의 조달, 즉 자기자금의 조달에 의한 차입금의 상환이라는 구조적 특징을

〈표 7-9〉 5대 재벌의 자금조달 (순증 기준)

(단위: 조 원)

	1996	1997	1998	1999	2000	2001	2002
자금조달 총액	44.25	77.65	6.00	28.04	39.19	19.45	31.10
자기자금	17.41	20.82	19.52	39.44	31.96	23.55	32.66
유상증자	2.81	1.78	7.17	22.28	3.98	0.76	0.61
내부자금	13.06	21.04	13.01	17.21	27.99	22.78	32.05
내부유보	0.12	-1.12	-10.24	-2.77	2.89	5.78	14.06
유형자산감가상각비	8.84	9.64	11.16	12.19	12.62	11.25	12.12
기타	4.10	12.52	12.09	7.80	12.48	5.76	5.88
타인자금	26.84	56.83	-13.52	-11.40	7.22	-4.10	-1.56
이자발생부채	21.54	44.02	-7.74	-22.90	1.83	-3.66	-2.24
차입금	14.54	31.77	-30.42	-14.86	5.89	-6.64	-2.20
장기차입금	6.95	17.64	-12.68	-2.60	0.99	-3.59	-2.77
단기차입금	7.59	14.13	-17.73	-12.26	5.96	-3.73	-1.02
사채	7.00	12.25	22.67	-8.04	-4.89	3.57	-1.47
매입채무	4.23	5.61	-3.32	3.73	4.47	-0.51	2.66
기타부채	1.07	7.20	-2.46	7.76	3.28	-0.09	0.26
매출액	235.92	283.68	323.81	289.20	326.91	274.33	307.04
자금조달액/매출액(%)	18.75	27.37	1.85	9.69	11.99	7.09	10.13

자료: 한국신용평가정보㈜, KIS-Line. 재벌별 현금흐름분석표를 합산.

갖는다. 자기자금 조달과 타인자금 조달의 구성은 1997년 35.2% : 64.8% → 1998년 95.2% : 4.8% → 1999년 138.1% : -38.1%로 급격한 구조변화를 보였다. 그리고 자기자금의 조달은 1998년과 1999년중에는 주로 증자와 자산재평가 적립금에 의해, 2000년 이후로는 주로 내부자금에 의해 이루어졌다(〈표 7-9〉, 〈표 7-10〉 참조).

〈표 7-9〉에서 보듯이, 외환위기의 영향을 직접 받은 1997~1999년 동안 경제위기의 충격에 따른 경기침체와 매출부진으로 인해 5대 재벌의 내부유보는 계속 음의 값을 기록하였고, 그 영향으로 내부자금 조달은 작은 크기에 머물렀다. 2000년에 와서야 내부유보가 양의 값을 갖게 되고 그에 따라 내부자금 조달규모는 1999년의 17.21조 원에서 27.99조 원으로 크게 증가하고 이후로는 계속해서 순조로운 내부자금 조달이 이루어진다. 위기 직후 경제가 침체된 상태에서 5대 재벌은 재무구조 개선약정 일정에 따른 재무구조의 개선을 주로 대규모 유상증자와 자산재평가에 의존하여 이루어나갔다. 1998년과 1999년중에 각각 7.17조 원과 22.28조 원의 유상증자 자금조달이 이루어졌다. 이는 1998, 1999년의 자금조달 총액의 각각 119.6%와 79.5%에 해당하는 비중이다.

외환경제위기 이후 재무구조 개선약정에 의한 재무구조의 강제적 개선조치와 축소된

〈표 7-10〉 5대 재벌의 자금조달 구성비 (순증 기준)

(단위: %)

	1996	1997	1998	1999	2000	2001	2002
자금조달 총액(%)	100.0	100.0	100.0	100.0	100.0	100.0	100.0
자기자금	39.3	26.8	325.5	140.7	81.6	121.1	105.0
유상증자	6.3	2.3	119.6	79.5	10.2	3.9	2.0
내부자금	29.5	27.1	216.9	61.4	71.4	117.1	103.1
내부유보	0.3	-1.4	-170.7	-9.9	7.4	29.7	45.2
감가상각비	20.0	12.4	186.1	43.5	32.2	57.8	39.0
기타	9.3	16.1	201.5	27.8	31.8	29.6	18.9
타인자금	60.7	73.2	-225.5	-40.7	18.4	-21.1	-5.0
이자발생부채	48.7	56.7	-129.1	-81.7	4.7	-18.8	-7.2
차입금	32.9	40.9	-507.2	-53.0	15.0	-34.1	-7.1
장기차입금	15.7	22.7	-211.5	-9.3	2.5	-18.5	-8.9
단기차입금	17.1	18.2	-295.7	-43.7	15.2	-19.2	-3.3
사채	15.8	15.8	378.0	-28.7	-12.5	18.4	-4.7
매입채무	9.6	7.2	-55.4	13.3	11.4	-2.6	8.6
기타부채	2.4	9.3	-41.0	27.7	8.4	-0.5	0.8

자료: 한국신용평가정보㈜, KIS-Line. 재벌별 현금흐름분석표를 합산하여 계산.

〈표 7-11〉 5대 재벌과 5대 재벌 이외 기업부문의 매출액 및 순이익 추이

(단위: 조 원, %)

		1996	1997	1998	1999	2000	2001	2002	평균
5대 재벌	매출액	235.93	283.68	323.81	289.29	326.94	274.35	304.98	-
	당기순이익	1.29	0.02	-10.82	-3.35	4.61	7.96	16.00	-
	매출액순이익률	0.55	0.01	-3.34	-1.16	1.41	2.90	5.25	1.01
6~30대 재벌	매출액	116.46	128.16	102.20	94.26	129.02	145.28	140.00	-
	당기순이익	-1.21	-4.62	-8.28	-0.23	-2.48	-2.89	1.54	-
	매출액순이익률	-1.04	-3.60	-8.10	-0.24	-1.92	-1.99	1.10	-2.23
30대 재벌 이외	매출액	377.37	463.32	492.79	558.47	580.73	626.02	769.38	-
	당기순이익	3.76	-2.65	-7.07	-12.10	-10.14	-0.01	39.48	-
	매출액순이익률	1.00	-0.57	-1.43	-2.17	-1.75	0.00	5.13	-0.04

주: 평균은 외환위기 이후 기간(1998~2002)에 대한 값임. 평균은 기간중 단순 산술평균치임.
자료: 한국신용평가정보㈜, KIS-Line 재무자료; 한국은행, 《기업경영분석》, 각 호.

신용공여한도의 직접적인 영향하에서, 5대 재벌은 1998년 30.42조 원, 1999년 14.86 조 원 등 차입금을 대규모로 순상환하였다(〈표 7-9〉 참조). 1998년중 5대 재벌은 차 입금순상환에 따른 차입자금 조달의 감소를 회사채발행을 통해 대거 보충조달하였다. 1998년 연초의 금융시장 경색과 더불어 형성되었던 고금리가 이후 지속적으로 하락하 는 상황에서 고금리기에 편입했던 채권의 영향으로 공사채형 수익증권이 여타 금융상 품에 비해 상대적으로 높은 경쟁력을 유지하면서 투자신탁회사로 대규모 자금이 유입 되고 동시에 경제위기 직후의 높은 신용위험에 대응한 금융기관들의 우량회사채 수요 가 맞아떨어진 결과였다(한국은행, 1999.1). 그러나 이런 회사채발행의 편중현상을 시정하기 위해 금융기관의 '동일 계열기업 발행 회사채보유 한도제'가 시행(1998.10. 28)됨에 따라 1999년과 2000년중 5대 재벌은 회사채를 각각 8조 원과 5조 원 가량을 순상환하였다. 그러나 경기회복에 따른 내부자금조달의 증가, 대규모 유상증자로 자 기자본이 크게 확충되었다.

2000년중에는 경기회복에 따른 내부자금의 증가에 힘입어 자기자금 조달이 크게 증 가하였다. 이러한 기조는 2001년과 2002년에도 계속되었다. 타인자금의 소폭의 순상 환이 이루어지는 가운데 그것을 훨씬 능가하는 자기자금 조달이 이루어졌다.

5대 재벌 이외의 기업부문도 1998년중에 극도의 자금경색을 겪었다. 영업의 부진으 로 대규모 적자를 기록한 데다 신용위험의 증대로 인해 기업간 신용(매입채무)이 크게 위축되었다(〈표 7-9〉 참조). 금융기관의 자금회수로 신용이 경색된 상황에서 중소기 업의 상업어음할인과 무역금융 지원을 위한 총액대출한도의 정책적인 확대와 만기연

<그림 7-5> 각 기업부문의 매출액순이익률 추이

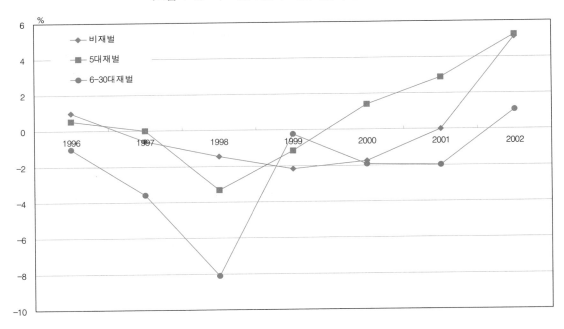

장 조치 등에 힘입어(한국은행, 1999. 1. 28~30) 차입금의 순상환은 이루어지지 않았다. 2000년에는 5대 재벌 모두가 흑자를 기록하였지만, 5대 재벌 이외의 기업부문은 여전히 적자에서 벗어나지 못하다가 2002년에 와서야 위기 이후 처음으로 흑자를 기록하였다. 이런 점에서 볼 때, 하위재벌 및 비재벌기업 부문에서 외환경제위기의 충격이 더 크고 오래 동안 지속되었다고 할 수 있다. <표 7-11>에서 보듯이, 1998년부터 2002년 기간 동안 평균 매출액순이익률은 5대 재벌이 1.01%, 6~30대 재벌이 -2.23%, 30대 재벌 이외 법인부문이 -0.04%이다. 6~30대 재벌은 기간중 평균순이익률이 가장 낮았을 뿐 아니라 외환경제위기 직후 순이익률의 급격한 하락을 경험하였다.

4. 5대 재벌의 자금 내부거래

외환경제위기의 충격과 재무구조개선약정 및 자율적 사업구조조정 이행의무 등의 여건하에서 5대 재벌은 1999년 말까지 부채비율을 200% 이하로 낮추는 한편 자율적으로 사업구조를 조정하고 나아가서 기업지배에 대한 자본시장 규율강화 등 사회적 감시통제의 강화추세에 대응하여 소유지배를 확고히 해야 할 처지에 놓였다. 이에 대응하여 자본을 대폭 증가시키는 과정에서 일부 5대 재벌은 내부자본시장을 적극적으로 활용하였다. 이하에서는 먼저 각 재벌의 단순 합산재무제표의 자료에 근거하여 관계회사간의 자금 내부거래의 실상을 파악하고, 이어서 합산재무제표와 결합재무제표를 비교하여 자금 내부거래와 관련한 추가적인 정보를 분석한다.

4.1. 합산재무자료를 이용한 분석 [6]

합산재무제표상의 자금 내부거래 자료는 비금융보험 계열사간의 자금 내부거래만 포함하고 있을 뿐 아니라 특수관계자로 정의되는 범위가 제한적이라서 계열사간의 자금거래중 연결재무제표에 포착되는 부분만 포함된다는 점을 고려해야 한다. 첫째로, "연결재무제표에 관한 준칙"에 따르면, 연결재무제표는 기업집단의 전 계열사와 작성회사를 대상으로 작성되는 것이 아니라 지분소유 50% 이상 ; 대여, 담보 및 지급보증의 합계가 자본금의 30% 이상 ; 경영정책을 지배하고 있는 것이 명백한 경우 등 제한적인 관계회사들(종속회사)만을 대상으로 작성된다. 그리고 이들 관계회사간의 실물적 및 자금적 내부거래만에 대해서 재무제표에 특수관계자간의 내부거래로서 기장된다. 앞의 조건을 충족시키는 지배회사와 종속회사 간에만 연결이 이루어지고, 동일재벌 내에서 여러 개의 연결재무제표가 작성된다. 그러나 각 연결재무제표간에는 연결이 이루어지지 않기 때문에 동일재벌 내 상이한 연결집단간의 내부거래는 기록에서 누락될 수 있으며, 그 귀결로서 재벌 전체의 내부거래 실상을 온전히 파악하는 것이 어렵다. 5대 재벌 전체로 볼 때 전체계열사 가운데 연결에 포함된 계열회사의 비율은 56.4%에 불과하다(김정국·유인금, 1998 : 〈표 2-5〉참조). 아울러 감사보고서상 내부거래에 대한 기록도 개개 내부거래가 기록되지 않고 내부거래 총액만 기록되는 경우가 많아 이 또한 내부거래의 실태 파악을 어렵게 한다. 둘째로, 합산재무제표 작성 과정에서 금융보험계열사가 제외되어 있다. 그 근본이유는 비금융사와 금융보험사의 회계기준이 현저히 달라 합산이 가능하지 않기 때문이다. 자금거래는 비금융계열사와 금융계열사 간에 본연의 업무관계로서 발생할 터이나 이는 합산재무제표에 내부거래로서 기장되지 않는다. 따라서 재벌 내에서 금융보험 계열사와의 자금거래가 포함될 경우 전 계열사간 자금대차거래 규모는 위의 수치보다 더 높아진다고 보아야 한다.

1987년부터 1997년까지 기간 동안 상위 5대 재벌의 자기자본에 대한 내부자본(계열사 출자액)의 평균비중은 20.70%이다. 내부자본 비중은 외환경제위기가 발생한 1997

---

[6] 내부자본과 관련하여 각 재벌별 분석에 있어 계열사의 신설과 소멸, 합병과 분리, 그에 따른 계열사간 출자변동 내역에 대해서는 김진방(2005), 재벌별 경영구조의 변화에 대해서는 김동운(2005)을 참조하기 바란다.

〈표 7-12〉 5대 재벌의 자금 내부거래 추이 (연말 스톡 기준)

(단위: 조 원, %, 원)

	1987~1997 평균	1996	1997	1998	1999	2000	2001	2002
자기자본(조 원)	-	42.56	46.73	69.36	96.00	93.42	97.74	106.50
자본금(조 원)	-	15.12	16.57	23.29	35.73	30.18	24.60	25.52
자본잉여금(조 원)	-	16.42	17.48	35.67	48.69	49.03	43.79	42.00
주식발행초과금(조 원)	-	8.89	9.97	14.24	28.06	28.94	23.28	24.51
재평가적립금(조 원)	-	6.31	6.31	19.36	15.66	13.99	13.97	13.49
이익잉여금(조 원)	-	12.23	11.87	8.63	4.28	19.44	28.93	41.01
자본조정(조 원)	-	-1.19	0.80	1.77	7.29	-5.23	0.30	-0.28
자기주식(-)(조 원)	-	0.76	0.86	1.08	3.65	4.81	4.35	3.65
유가증권평가손실(-)(조 원)	-	0.00	0.24	0.17	0.45	2.88	0.56	0.39
유가증권평가이익(조 원)	-	0.00	0.32	1.71	11.02	3.75	4.98	3.57
이자발생부채(조 원)	55.53	97.63	155.58	167.89	107.95	85.17	65.31	60.00
내부자본(조 원)	5.32	9.90	14.36	23.63	15.78	11.37	15.99	17.88
내부차입(조 원)	1.62	2.44	3.93	2.81	2.68	1.89	1.19	0.86
내부총자본(조 원)	6.95	12.34	18.29	26.44	18.46	13.26	17.19	18.90
내부자본 비중(%)	20.70	23.25	30.72	34.07	16.43	12.17	16.36	16.70
내부차입 비중(%)	3.00	2.50	2.53	1.68	2.48	2.22	1.83	1.43
내부총자본 비중(%)	8.38	8.84	9.04	11.14	9.05	7.43	10.54	11.35
매출액 대비 내부총자본(원)	0.050	0.053	0.064	0.082	0.064	0.041	0.063	0.062
계열사지분율(%) / 내부지분율(%)	38.3/ 49.7	37.7/ 45.3	40.2/ 47.2	48.9/ 53.5	41.2/ 46.2	43.1/ 46.1	43.0/ 46.9	43.0/ 47.5

주: 1) 내부총자본 비중 = 100 * |max (특수관계자대여금, 특수관계자차입금)+특수관계자유가증권| / (자기자본+총차입금). 내부차입 비중 = 100 * |max(특수관계자대여금, 특수관계자차입금)+특수관계자사채| /총차입금. 내부자본 비중 = 100 * (특수관계자주식+특수관계자출자금| /자기자본. max(a, b)는 a, b 중 큰 값을 취한다는 연산자.

2) 원리상으로 보면, 한 재벌 내 계열사간의 합산 특수관계자대여금과 합산 특수관계자차입금은 동일해야 한다. 그러나 대여하는 쪽에서는 대여금으로 처리하고 차입하는 쪽에서는 차입금 성격이 아닌 다른 항목으로 처리할 수 있고 또는 그 반대의 경우도 발생할 수 있기 때문에 장부상 양자가 일치하지 않는 경우가 발생할 수 있다. 계열사간 자금거래를 어느 한쪽이 내부자금거래로 인식하고 회계처리할 경우 그 거래는 내부자금거래의 성격을 갖는다고 판단하는 데 무리가 없을 것이다.

자료: 한국신용평가정보㈜, KIS-Line의 재벌 합산재무제표 자료로부터 계산. 계열사지분율과 내부지분율은 익년도 4월 1일자 공정거래위원회 발표자료. 1987~1997 평균은 각 연도수치의 산술평균.

년과 직후 연도인 1999년 양년 동안 각각 30.72%와 34.07%로 전무후무한 수준으로 급격히 높아졌다가 그 이후로는 오히려 과거 평균치보다 낮은 16% 정도를 기록하고 있다(〈표 7-12〉 참조).

1997년 말 5대 재벌의 자기자본은 46.73조 원으로 전년 말에 비해 4.17조 원이 증가하였다. 그런데 같은 기간중 내부자본은 4.46조 원이 증가하여 자기자본의 증가가 전적으로 내부자본의 증가에 의해 이루어졌음을 알 수 있다(〈표 7-12〉 참조). 1997년 중 차입금이 56조 원으로 대폭 순증가하였다. 그로 인해 부채비율은 1996년의 355.27%에서 1997년에는 473.18%로 높아지며 재무적 안정성이 급격히 저하되었다. 자기자본의 증가가 내부자본의 증가에 의해서 이루어졌기 때문에 내부자본의 비중 또한 1996년의 23.25%에서 30.72%로 높아졌다. 계열사간 대차 규모도 1996년 말의 2.44조 원에서 3.93조 원으로 50% 정도 늘어나면서 내부차입 비중도 1996년의 2.50%에서 2.53%로 높아졌다.

1998년중 5대 재벌은 자기자본을 1997년의 46.73조 원에서 69.36조 원으로 무려 22.73조 원이나 늘렸다. 자기자본의 이 같은 증대는 경제의 위축으로 내부자금 조달이 이루어지지 않은 가운데 유상증자 7.31조 원, 자산재평가에 따른 재평가적립금의 증가 13.05조 원을 통해 대부분 이루어졌다. 이 기간 동안 내부자본 증가액은 자기자본 증가액의 절반에 가까운 9.27조 원에 달하였으며, 그 결과로 내부자본 비중은 30.72%에서 34.07%로 다시 한 단계 높아졌다.

1999년에는 주식시장이 활황을 보이는 가운데 5대 재벌의 대규모 증자가 이루어졌다. 5대 재벌의 자본금과 자본잉여금은 1998년의 58.96조 원에서 84.42조 원으로 25.46조 원만큼 대폭 증대되었는데, 그 가운데 26.26조 원이 유상증자를 통한 자금조달이었다. 그러나 이 해에 대우그룹이 워크아웃에 들어가면서 계열사간 출자가 대부분 정리되었으며 — 그 규모가 2.6조 원에 달한다 — 부실계열사 정리 및 재벌간 사업교환에서의 계열사 지분정리[7] 등의 영향으로 상위 5대 재벌의 내부자본의 크기는 전년의 23.63조 원에서 15.78조 원으로 크게 줄었고, 그에 따라 내부자본 비중은 34.07%에서 16.43%로 절반 수준으로 급격히 낮아졌다(〈표 7-12〉와 〈그림 7-6〉 참조).

1997년 말 외환경제위기 직후 5대 재벌에 대해서 정부는 사업구조의 조정, 2000년 말까지 부채비율 200% 이하로의 재무구조 개선을 합의 및 약정 형태로 압박하였다. 또한 사외이사제 도입, 소수주주권 행사요건의 완화, 적대적 인수합병 조건 완화 등

---

7) 1998년과 1999년 양년 사이에 4대 재벌의 자산매각 규모는 현대 5.25조 원, 삼성 5.32조 원, LG 9.21조 원, SK 1.42조 원으로 총 21.2조 원 규모에 달하였다. 업종별 사업교환 내용은 다음의 표와 같다.

〈그림 7-6〉 5대 재벌의 내부자본, 내부차입 비중의 추이

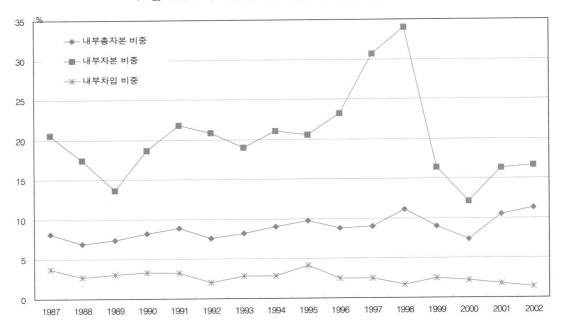

시장규율 강화조치, 결합재무제표의 작성의무화 등의 투명성제고 조치를 통해 기업지배에 대한 사회적 감시통제를 강화시켜 나가는 쪽으로 기업지배구조 관련 정책이 추진되어 나갔다. 5대 재벌은 부실계열사의 처리, 재무구조의 급격한 개선, 소유지배구조의 공고화라는 쉽지 않은 과제들을 동시에 해결해야 하는 어려운 상황에 처하게 되었다.

1998, 1999 양년간에 걸쳐 5대 재벌의 내부자본율이 이미 살펴본 바와 같이 급격하게 증가한 것은 이 시기의 긴박한 상황변화에 대처하는 데 있어 그 만큼 5대 재벌이 내부자본시장을 더 적극 활용하고 거기에 더 많이 의존하였다는 것을 의미한다. 현대

업종	사업 교환 내용	완료 시점
정유	현대정유가 한화에너지 정유부문 인수	1999. 6
반도체	현대전자가 LG반도체 인수	1999. 7
철도차량	현대정공, 대우중공업, 한진중공업의 통합법인 설립	1999. 7
항공기	현대, 대우, 삼성간 통합법인 설립	1999. 10
발전설비	한국중공업이 현대중공업과 삼성중공업의 발전부문 인수	1999. 12
선박용 엔진	한국중공업이 삼성중공업의 선박용엔진부문 인수	1999. 12

자료: 재경부·산업자원부·공정거래위원회·금융감독위원회(2004. 4), "4대그룹의 99년중 구조조정 추진실적", 허재성·유혜미(2002): 66에서 재인용.

〈표 7-13〉 5대 재벌의 1998년~1999년간 자본증가 내역

(단위: 10억 원, %)

	1998			1999			1998 + 1999		
	자기자본의 증가(A)	관계사주식 의 증가(B)	B/A(%)	자기자본의 증가(A)	관계사주식 의 증가(B)	B/A(%)	자기자본의 증가(A)	관계사주식 의 증가(B)	B/A(%)
현 대	4.29	3.98	92.77	19.65	-2.62	-13.33	23.94	1.36	5.68
삼 성	3.61	2.09	57.89	10.01	-4.27	-42.66	13.62	-2.18	-16.01
L G	3.09	1.75	56.63	7.11	2.64	37.13	10.20	4.39	43.04
S K	3.81	1.75	45.93	7.94	-1.00	-12.59	11.75	0.75	6.38
4대 재벌 계	14.80	9.57	64.66	44.71	-5.25	-11.74	59.51	4.32	7.26
대 우	7.83	-0.30	-3.83	-17.00	-2.59	15.24	-9.17	-2.89	31.52
5대 재벌 계	22.63	9.27	40.96	27.71	-7.84	-28.29	50.34	1.43	2.84

주: 금융보험 계열사 제외.
자료: 한국신용평가정보㈜, KIS-Line 재무자료를 이용하여 계산.

그룹의 경우, 현대자동차그룹, 현대중공업그룹이 친족분리되어 나가고, 부실계열사들을 떠안은 채 결국은 경영권에 대한 도전을 받게 되었다. 삼성그룹은 상속을 진행시키면서 삼성에버랜드를 핵으로 하는 소유구조를 확립하였다. LG그룹은 2004년 7월에 매듭이 지어지는 지주회사체제로의 소유지배구조 재편작업을 위해 복잡한 계열사간 출자를 기간중 단계적으로 단순화시켜 나갔다. SK그룹은 기간중 계열사자금에 의존하여 그룹의 외형을 확대하였다. 그 과정에서 소유지배력이 약화되었고 결국은 외국자본인 소버린으로부터의 경영권위협을 받게 되었다. 이하에서는 1998년부터 2002년 기간 동안 5대 재벌의 내부자본시장을 자본 내부거래를 중심으로 살펴본다. 이 기간 중 재벌그룹별 지분구조 및 경영구조의 변화내역에 대해서는 각각 김진방(2005)과 김동운(2005)을 참조하기 바란다.

1998, 1999 양년간 자본 내부거래에 대해서 좀더 자세히 살펴보자. 1998년중 4대 재벌의 자기자본 증가분 가운데 64.66%가 관계사출자로부터 충당되었다(〈표 7-13〉 참조). 삼성, LG, SK그룹의 관계사 출자 의존율이 50% 안팎이었으며 현대그룹은 자기자본 증가 거의 전체를 계열사출자에 의존하였다. 1999년중에는 4대 재벌의 자기자본이 대폭 증대되는 가운데 LG그룹을 제외한 현대, 삼성, SK그룹의 관계사주식 규모가 크게 줄어들었다. 이 같은 감소는 1999년중에 활발하게 이루어진 구조조정에 따른 계열사정리 및 분리에서 일정부분 비롯되고 있다. 1999년중에 4대 재벌계열사 66개가 분리되었는데, 그 가운데 22개가 지분매각, 21개가 합병, 8개사가 청산, 6개사가 친

족분리를 통해 정리되었다(공정거래위원회 기업집단과, 2000.4.17). 1999년중에 4대 재벌의 관계사주식 규모는 5조 7,935억 원이나 감소하였다. 이는 대규모 증자에 따른 자기자본의 대폭 증가와 맞물려, 현대, 삼성, LG, SK 등 4대 재벌의 내부자본 비중을 1998년의 40.0%에서 1999년에는 16.3%로 급격하게 떨어뜨렸다. 1998, 1999 양년을 종합해서 볼 때, 대우를 제외한 4대 재벌의 자기자본 증가 59.51조 원 중에서 관계사자금에 의존한 크기는 4.32조 원, 7.26%에 그치고 있다. 대우그룹까지 포함해서 보자면, 이 기간중 5대 재벌의 자기자본은 50.34조 원이 증가하였는데, 그 가운데 내부자본이 차지하는 비중은 단지 2.84%인 1.43조 원에 불과하다. 그러나 〈표 7-14〉에서 보듯이 재벌별로는 차이가 있으며, 〈표 7-17〉처럼 결합재무제표를 통해서 보면 사정이 사뭇 다르게 나타난다.

〈표 7-14〉 상위 5대 재벌의 합산재무제표상 내부자본 변화

(단위: 10억 원, %)

		1996	1997	1998	1999	2000	2001	2002
내부 자본액	현대	2074.3	3277.5	7259.1	4635.5	1508.9	8.4	4.4
	삼성	1910.5	3594.9	5688.3	1415.6	1778.9	1368.5	9162.8
	대우	2859.9	2931.9	2628.7	37.3	n.a.	n.a.	n.a.
	LG	2375.7	3508.4	5257.7	7895.3	3515.8	4737.7	6732.5
	SK	873.0	1044.0	2793.3	1791.5	3810.8	7163.6	578.8
	현대자동차	n.a.	n.a.	n.a.	n.a.	766.3	1780.0	729.1
	한진	(7위)	(7위)	(6위)	(6위)	(6위)	942.4	842.5
5대 재벌 내부자본액 계		10093.4	14356.7	23627.2	15775.1	11373.5	15992.2	17881.2
내부 자본 비중	현대	21.29	30.74	48.56	13.40	12.74	0.68	0.26
	삼성	15.39	26.67	33.29	5.22	5.74	3.79	21.39
	대우	37.27	32.49	15.60	-33.65	n.a.	n.a.	n.a.
	LG	29.27	41.90	45.85	42.50	18.97	23.31	29.66
	SK	18.58	20.11	31.04	10.58	20.73	37.93	2.98
	현대자동차	n.a.	n.a.	n.a.	n.a.	5.59	10.86	3.73
	한진	(7위)	(7위)	(6위)	12.80	13.77	15.74	13.34
5대 재벌 내부자본 비중 평균		23.25	30.72	34.07	16.43	12.17	16.36	16.70

주: 1) 금융보험 계열사 제외.
   2) 5대 재벌 내부자본 비중 평균치는 가중평균치임.
자료: 한국신용평가정보㈜, KIS-Line 5대 재벌 각각의 합산재무자료를 이용하여 작성.

삼성그룹은 1998, 1999 양년 동안 관계사주식이 2.82조 원만큼 감소한 가운데 대부분 유상증자를 통해 자기자본을 13.65조 원이나 증가시켰다. 그 결과 삼성그룹의 내부자본율은 1997년 말의 26.67%에서 1999년 말에는 5.22%로 현저하게 낮아졌다. 이 기간 동안 삼성은 삼성자동차를 포기하였으며 더 중요하게는 총수일가 ─ 삼성에버랜드 ─ 삼성생명으로 이어지는 삼성의 소유구조의 실체를 정리하여 전면에 드러냈다. 그리고 이 과정에서 상속이 진행되었다. 1998년중 삼성에버랜드가 위장 분산되어 있던 삼성생명 주식 387만 주를 취득하며 지분율을 종전의 2.00%에서 20.00%로 높이고, 출자액을 38억 원에서 348억 원으로 늘렸다. 1999년에 삼성에버랜드의 500억 원 증자가 있었고, 이는 모두 삼성카드와 삼성캐피탈 등의 계열사가 매입하였다. 1998, 1999년중의 삼성전자의 대규모 유상증자시 주주인 계열사들이 부분적으로만 증자에 참여하여 지분율들이 모두 낮아졌다. 그리고 1999년 9월 삼성자동차가 채권단으로 넘어가 회사정리 절차에 들어가면서 삼성전자, 삼성전관, 삼성전기 등 그룹계열사들의 출자액 8,054억 원 전액이 1999년 말 장부상으로 감액되었다. 1998, 1999 양년 동안 삼성중공업의 자회사인 삼성상용차도 2,892억 원의 대규모 적자를 보였고 그 만큼의 계열사출자금 감소를 가져왔다.

현대는 같은 기간 동안 23.69조 원의 자기자본 증가가 있었는데 19.57조 원이 유상증자로, 3.99조 원이 자산재평가로부터 이루어졌다. 자본확충의 주목적은 재무구조의 개선, 현대자동차의 기아자동차 인수(1997년 4월)와 현대전자산업의 LG반도체 합병(1997년 7월) 자금마련을 위한 것이었다. 그러나 그 기간 동안 관계사주식의 증가는 자기자본 증가액의 5.7%인 1.36조 원 규모에 불과하였다. 이에 따라 현대그룹의 내부자본율은 1997년 말의 30.74%에서 1999년 말에는 13.40%로 대폭 낮아졌다(〈표 7-14〉참조). 이 과정에서 총수와 특수관계자 소유지분율은 1998년 4월의 11.15%에서 2000년 4월에는 3.79%로 급격하게 낮아졌다.

LG그룹의 경우에는 기간중 자기자본이 9.84조 원 증가하는 가운데 관계사주식도 그 절반에 가까운 4.39조 원이나 증가하였다. 자기자본의 증가는 증자 4.29조 원, 재평가적립금의 증가 1.98조 원, 이익잉여금의 증가 1.78조 원 등으로 이루어졌다. 결국, LG그룹의 내부자본율은 1997년 말의 41.90%에서 1999년 말에는 42.50%로 다소 높아졌다(〈표 7-14〉참조). LG그룹의 주력업체의 하나인 LG전자의 국내계열사 출자액은 1997년 말의 7,214억 원에서 1998년 1조 285억 원, 1999년 2조 8,944억 원으로 급증하였다. LG반도체를 현대전자에 매각한 반면에 1999년 데이콤지분 인수에 7,873억 원과 LGLCD에 7,163억 원을 출자하였다. 그밖에도 LG정보통신, LG유통,

〈그림 7-7〉 5대 재벌의 내부자본 비중 추이

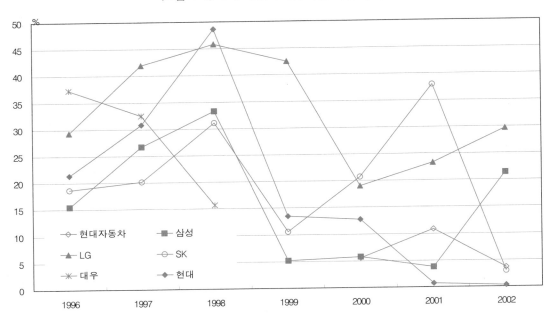

LG투자증권, LG산전 등에 총 5,899억 원을 출자하였다. 기간중 ㈜LG도 계열사출자를 증가시켰다. LG-Caltex 정유에 2년간에 걸쳐 8천여억 원을 추가출자하였고, LG유통과 LG상사의 지분도 신규취득하여, 1997년 말 6,446억이던 계열사 출자액이 1999년 말에는 1조 7,183억 원으로 늘어났다.

SK그룹의 자기자본은 1998, 1999 양년 동안 11.24조 원이 증가하였다. 이는 증자 4.00조 원, 재평가적립금의 증가 2.47조 원, 이익잉여금의 증가 1.55조 원 및 3.65조 원의 투자유가증권평가이익으로 구성되어 있다. 합산재무제표 자료(〈표 7-14〉)에 따르면 SK그룹의 관계사주식은 1998년중에는 1.75조 원 증가하였다가 1999년에는 1.00조 원이 감소하여 양년간 0.31조 원이 순증하는 데 그친 것으로 나타나고 있다. 그 결과, SK그룹의 내부자본율은 1997년 말의 20.11%에서 1999년 말에는 그 절반인 10.58%로 떨어졌다. 그렇지만, 〈표 7-17〉의 결합재무제표에 따르면, 1999년중 SK그룹의 관계사주식은 감소한 것이 아니라 실제로는 4.53조 원이나 증가하였다. 이 같은 차이는 연결재무제표와 결합재무제표 작성기준의 차이에서 오는 것이다. 물론, 결합재무제표 쪽이 더 정확한 정보를 제공한다. 기간중 SK㈜의 관계사출자가 대규모로 행해졌다. SK㈜는 SK텔레콤 주식매수금 1.37조 원을 포함하여 SK에너지판매, SK옥시케미칼, SK해운, SK제약 등에 총 1.99조 원을 기간중 새로 출자했다. SK상사는

1999년 8월 SK텔레콤에 7,867억 원을 출자하였다. 또한 외환경제위기 직후 SK증권, SK생명보험 등 금융계열사가 퇴출위기에 몰리자 계열사들이 십시일반으로 금융계열사들의 유상증자에 참여하여 자기자본을 확충할 수 있도록 해주었다. SK건설 등 6개 계열사가 1998년 3월 SK증권의 유상증자에 참여하여 총 2,966억 원을 신규출자하였다. SK에너지판매와 SK캐피탈 등이 1998년 12월 SK생명보험의 유상증자에 참여하여 600억 원을 신규출자하였다. 이 과정에서 SK그룹의 총수지분율은 1997년 말의 9.68%에서 1999년 말에는 4.34%로 낮아졌다. 그러나 총수지분율과 계열사지분율을 합한 내부지분율은 1997년 말의 58.45%에서 1999년 말 57.16%로 별다른 변화를 보이지 않았다(〈표 7-16〉참조).

2000년부터 투자자산에 대한 지분법 평가제도가 도입·시행되어, 이 요소가 내부자본의 크기에 추가적인 영향을 미치기 시작하였다. 한 재벌그룹이 투자자산에 대한 지분법평가를 채택하게 될 경우 계열사간의 투자지분율 변동이 없더라도 그룹계열사들의 수익성이 좋을수록(나쁠수록) 그 수익이 계열사지분율만큼 그룹의 투자유가증권액의 증가(감소)로 나타난다.[8]

2000년에는 경제회복과 순이익의 실현으로 5대 재벌의 이익잉여금이 크게 늘어난 가운데 5대 재벌의 자본총계는 전년에 비해 별다른 변화를 보이지 않았다. 5대 재벌 전체를 종합해보면, 2000년 내부자본 규모는 전년에 비해 5.3조 원 정도 줄어든 11.4조 원이 되었고, 내부자본 비중은 전년의 16.43%에서 재차 12.17%로 낮아졌다(〈표 7-14〉참조).

삼성그룹은 삼성전자의 2.8조 원의 순이익 등 대규모 흑자에 힘입어 이익잉여금이 2000년중 무려 7.01조 원이나 증가하였다. 삼성전자의 0.54조 원의 자사주매입 등이 있었으며 ─ 자사주매입만큼 자기자본은 감소한다 ─ 기간중 자기자본은 3.90조 원 증가하였다. 투자유가증권의 지분법평가 및 삼성에버랜드가 e-삼성, e-삼성 인터내셔날 등 신설계열사에 출자한 영향으로 내부자본의 크기가 전년 말의 1.42조 원에서 1.78조 원으로 증가하였다. 그로 인해 내부지분율은 전년 말의 5.22%에서 2000년 말에는 5.74%로 소폭 증가하였다.

2000년 9월 1일자로 현대그룹으로부터 현대자동차그룹이 분리되면서 두 그룹계열사들간의 상호출자가 정리되었다. 또한 현대그룹의 주요계열사인 현대석유화학, 현

---

8) 투자회사가 피투자회사의 의결권 있는 주식의 20% 이상을 보유한 경우, 투자회사는 피투자회사의 이익을 보유지분율만큼 자신의 재무제표에 반영시키는 것이 투자자산의 지분법평가이다. 피투자회사의 손익 가운데 투자회사의 투자지분율만큼이 투자회사의 지분법 평가손익으로 손익계산서상에 반영되며 아울러 대차대조표상의 투자유가증권액이 그만큼 증감한다.

대건설, 현대엔지니어링 등이 감자와 출자전환 과정을 거치면서 현대그룹과의 내부지분 관계가 소멸하였다. 그리고 2000년중 현대전자, 현대건설, 현대상선이 대규모 적자를 기록하고 그로 인한 투자유가증권의 지분법평가 손실로 현대그룹의 자기자본은 1999년의 34.6조 원에서 2000년에는 11.8조 원으로 급감하였다. 이러한 과정에서 현대그룹의 내부자본도 1999년의 4.6조 원에서 1.5조 원으로 크게 줄어들었으나, 자본과 내부자본의 동시적 감소로 인해 내부자본율은 1999년의 13.83%에서 2000년 말에는 13.69%로 별다른 변화를 보이지 않았다. 현대자동차그룹의 2000년 내부자본율은 5대 재벌 가운데 가장 낮은 5.59%였다.

LG그룹은 2000년중 재평가적립금과 이익잉여금 항목에서 약 1.1조 원 정도 자본증가가 있었는 데 반해, 내부자본의 크기는 전년의 7.92조 원에서 3.53조 원으로 반이하가 되었다. 그 결과, 내부자본율은 1999년의 42.50%에서 18.97%로 급격히 낮아졌다. 2000년중 LG전자는 LG정보통신을 합병하였고 그에 따라 4,134억 원의 출자지분이 소멸되었으며, 1.2조 원 가량의 대규모 자사주매입이 있었다.

SK그룹의 경우 SK텔레콤이 연중 증자를 통해 1.66조 원의 자본을 조달한 후 이를 재원으로 하여 신세기통신의 주식 2.57조 원을 취득하는 과정에서 내부자본의 크기가 크게 증가하였다. 또 SK글로벌은 2000년중에 SK텔레콤의 지분을 0.80조 원어치나 추가로 취득하였다. 그 결과, SK그룹의 내부자본은 1999년 말의 1.79조 원에서 2000년 말에는 3.81조 원으로 2.02조 원이나 늘어났다. 2000년중 3.28조 원의 유상증자 자금조달, 0.5조 원 정도의 이익잉여금 증가가 있었으나 계열사들의 주가하락에 따라 투자유가증권평가이익이 1.80조 원 감소함에 따라 SK그룹의 자기자본은 1999년 말의 16.94조 원에서 2000년 말에는 18.39조 원으로 1.45조 원 늘어나는 데 그쳤다. 그 결과 SK의 내부자본율은 1999년 말의 10.58%에서 2000년 말에는 20.73%로 크게 높아졌다. 현대자동차그룹이 현대그룹에서 분리되며 이 해에 처음으로 5대 재벌명단에 들게 되었다.

2001년중 상위 5대 재벌의 내부자본은 전년에 비해 4.62조 원이 증가하고 내부자본율은 2000년의 12.17%에서 16.36%로 높아졌다(〈표 7-12〉와 〈표 7-14〉 참조). 2001년중 LG그룹, SK그룹, 현대자동차그룹 각각에서 1.22조 원, 3.35조 원, 1.01조 원의 내부자본액의 증가가 있었다(〈표 7-14〉 참조). 그에 따라 LG그룹의 내부자본율은 2000년의 18.97%에서 2001년에는 23.31%로 높아졌다. SK그룹의 경우는 20.73%에서 37.93%로, 현대자동차그룹은 5.59%에서 10.86%로 높아졌다.

2001년 LG그룹은 소유지배에서 그룹의 핵심계열사인 ㈜LG화학(舊)을 사업자회사

〈표 7-15〉 대규모 기업집단의 연도별 출자총액 및 순자산 변동 추이

(단위: 조 원, %)

	1987	1988	1989	1990	1991	1992	1993	1994	1995
	30대	30대	30대	30대	30대	30대	30대	30대	30대
출자총액(A)	3.26	3.57	4.40	5.89	6.75	7.44	8.16	9.68	11.29
순자산(B)	7.45	9.43	13.46	18.33	21.25	25.82	29.15	36.10	42.88
출자비율(A/B)	43.6	43.6	32.7	32.1	31.8	28.8	28.0	26.8	26.3

	1996	1997	1998	1999	2000	2001		2002	
	30대	30대	30대	30대	30대	30대	11개 기업집단	12대	기존 11개 기업집단
출자총액(A)	13.57	16.9	17.7	29.9	45.9	50.8	39.0	31.4	29.6
순자산(B)	54.83	61.3	59.2	92.0	139.6	142.8	103.0	102.5	99.4
출자비율(A/B)	24.8	27.5	29.8	32.5	32.9	35.6	37.9	30.6	29.7

주: 1) 출자총액과 순자산에는 금융보험계열사가 포함되어 있지 않음.
　　2) 2002년부터 출자총액 제한 기업집단 지정방식이 종전의 상위 30대 기업집단에서 자산규모 5조 원 이상인 기업집단으로 변경됨. 2002년 출자총액 제한대상인 된 민간 기업집단의 수는 12개임.
자료: 공정거래위원회, 《공정거래백서》, 각 연도.

인 ㈜LG화학과 ㈜LG생활건강 및 지주회사인 ㈜LGCI로 분할하며 그룹을 지주회사 체제로 전환하였다. 1998년부터 2000년까지 ㈜LG화학은 1998년 1,829억 원, 1999년 3,809억 원, 2000년 4,230억 원 등 3년간 1조 원에 달하는 계열사출자를 새로 행하였다. ㈜LGCI는 2001년 4월 ㈜LG화학과 ㈜LG생활건강의 주식을 976억 원어치를 배정받고 12월에는 LG화학, LG생활건강 및 LG홈쇼핑에 총 3,964억 원을 출자한다. 이처럼 지주회사체제로 전환하면서 지주회사와 계열사 간 및 계열사 상호간에 자본출자 및 정리가 행해지는 과정을 통해 결과적으로 1.22조 원의 내부자본 증가가 이루어졌다.

2001년중 SK그룹은 유상증자를 통해 1.37조 원을 조달하였다. 이는 대부분이 SK텔레콤의 미국에서의 주식예탁증서 발행을 통해 조달된 것이다. 또한 기간중 흑자로 이익잉여금이 1.39조 원 늘어났고, 1.39조 원의 자기주식 취득에 따른 자본감소가 있었다. 결과적으로, 자기자본 규모는 2000년의 18.39조 원에서 2001년에는 18.89조 원으로 거의 변동이 없었다. 그런데 같은 기간중 내부자본은 무려 3.35조 원이나 증가하였다. SK㈜는 상호출자 해소를 위해 보유하고 있던 SK글로벌의 지분 전액 6,753억 원어치를 매각한다. 반면에, SK텔레콤은 2001년 SKIMT를 설립하면서 9,166억

원을 출자하였으며, 신세기통신에 대한 출자액을 기간중 1,364억 원 증가시켰다. 현대자동차그룹의 경우 2001년중 현대자동차의 기아자동차 출자액이 2,589억 원 증가하였으며 ㈜로템에 2,415억 원이 신규출자되었다.

1998년 2월 24일자로 폐지되었던 출자총액제한제도가 2001년 4월 1일자로 다시 도입·시행되어, 대규모기업집단에 속하는 회사는 2001년 4월 1일부터 순자산의 25%의 출자한도를 초과하는 부분을 해소하도록 하는 규제가 새로 도입되었다. 다만, 2001년 4월 1일자 초과분에 대해서는 2002년 3월 말까지 해소하도록 유예기간이 주어졌다.[9] 그러나 출자총액제한제도의 도입에도 불구하고, 공정거래위원회의 자료에 따르면, 2001년중 30대 기업집단의 출자총액(출자에 의한 내부자본의 증가)은 4.9조 원 늘어

<표 7-16> 5대 재벌의 내부지분율

(단위: %)

연도	현대		삼성		대우		LG		SK		현대자동차	
	자기지분	내부지분	자기지분	내부지분	자기지분	내부지분	자기지분	내부지분	자기지분	내부지분	자기지분	내부지분
1988	27.89	69.00	7.97	50.27	8.88	43.81	9.84	33.85	15.51	46.13	n.a.	n.a.
1989	27.63	66.56	8.00	50.49	10.32	48.31	7.51	33.46	19.19	48.59	n.a.	n.a.
1990	27.46	67.80	8.53	53.20	9.82	50.45	7.66	38.27	21.50	50.59	n.a.	n.a.
1991	26.00	65.68	7.37	58.31	9.86	48.75	7.40	39.69	20.19	46.51	n.a.	n.a.
1992	22.13	57.83	5.11	52.88	7.05	46.86	5.26	38.82	19.62	48.63	n.a.	n.a.
1993	16.80	61.31	3.93	48.95	6.46	42.39	5.44	37.74	16.58	50.87	n.a.	n.a.
1994	15.77	60.40	2.82	49.27	6.67	41.38	5.75	39.66	17.43	51.17	n.a.	n.a.
1995	15.39	61.40	2.97	49.01	6.35	41.69	5.97	39.88	16.10	48.64	n.a.	n.a.
1996	13.82	56.19	3.53	46.66	6.06	38.28	5.43	40.06	14.13	44.68	n.a.	n.a.
1997	11.15	53.67	2.85	44.57	7.15	40.98	5.29	41.94	9.68	58.45	n.a.	n.a.
1998	5.38	56.39	1.96	42.50	5.62	54.09	3.67	52.35	6.31	66.76	n.a.	n.a.
1999	3.79	43.16	1.81	44.49	0.91	9.61	4.60	43.08	4.34	57.16	n.a.	n.a.
2000	2.91	42.49	2.03	42.53	n.a.	n.a.	4.48	46.99	2.83	59.27	2.22	45.04
2001	1.62	33.36	2.00	42.25	n.a.	n.a.	5.50	45.58	3.21	56.75	2.62	47.80
2002	1.61	32.56	2.04	42.81	n.a.	n.a.	7.37	45.37	2.11	58.01	2.78	49.98

주: 1) 자기지분율은 총수 및 특수관계자 소유지분율의 합계이며, 내부지분율은 자기지분율과 계열사지분율 및 자기주식 보유비율의 합계이다.
2) 각 연도의 자료는 익년도 4월 현재 기준이다.
자료: 공정거래위원회.

---

9) 미해소시 해당 대규모기업집단에 대해 초과분에 대한 의결권행사가 제한되고 그 대상 주식이 공시되는 제재가 따를 뿐, 해소의 강제는 없다. 공정거래위원회(2002): 226.

〈그림 7-8〉 5대 재벌의 내부지분율 추이

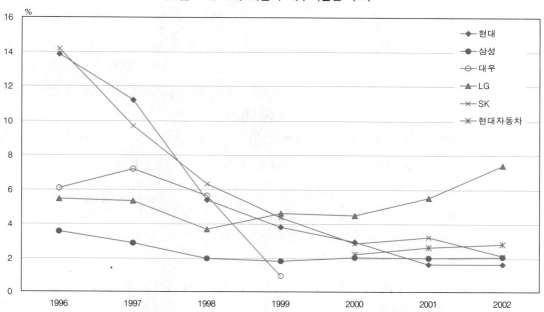

낮다. 기존계열사에 대한 증자참여 2.1조 원, 비계열사에 대한 주식의 취득 1.3조 원 등이다(공정거래위원회, 2002). 한편, 2002년부터 출자총액의 제한을 받는 기업집단 지정방식이 종전의 상위 30대 기업집단에서 자산규모 5조 원 이상인 기업집단으로 변경되었다.

2002년 5대 재벌의 자기자본 규모는 106.50조 원으로 전년보다 8.76조 원이 증가하였다. 그리고 내부자본은 전년 말의 15.99조 원에서 17.88조 원으로 1.89조 원만큼 늘어났다. 내부자본율은 1999년 말의 16.36%에서 16.70%로 거의 변화를 보이지 않았다. 그렇지만, 재벌별로는 차이가 컸다. 삼성그룹의 경우 총수일가와 계열사 출자구조의 변화가 거의 없는 가운데 삼성전자 등 계열사들의 대규모 흑자가 투자유가증권액에 지분법 반영이 되면서 관계사투자 유가증권액이 2001년 말의 1.37조 원에서 2002년 말에는 무려 9.16조 원으로 증가하였다. 예를 들어, 삼성에버랜드의 삼성생명 지분율은 2000년 이후 19.30%로 일정한데, 투자유가증권의 지분법평가에 따라 동일지분의 가치가 2000년 4,147억 원에서 2001년 7,104억 원, 2002년 1조 1,148억 원으로 빠르게 증가하였다. 그에 따라 삼성그룹의 내부자본율은 2001년의 3.79%에서 2002년에는 21.39%로 높아졌다.

2002년중 LG그룹의 내부자본액은 4.74조 원에서 6.73조 원으로 2조 원 가량 늘어났고, 내부자본 비중은 전년 말의 23.31%에서 2002년 말에는 29.66%로 높아졌다. 2002년 4월 LG전자㈜가 투자자산을 관리하는 ㈜LGEI와 사업자회사인 LG전자㈜로 인적 분할되었는데, ㈜LGEI는 현물출자 방식으로 1.38조 원어치의 LG전자㈜ 주식을 취득하였다. 8월에는 ㈜LGCI로부터 사업자회사인 ㈜LG생명과학이 분리되었고, ㈜ LGCI는 ㈜LG화학의 주식 1,738억 원어치를 2002년중 매입하는 등 계열사에 대한 출자를 늘렸다. 2003년 3월에 두 지주회사 ㈜LGCI와 ㈜LGEI가 합쳐 통합지주회사 ㈜ LG가 출범하였고, 이 ㈜LG로부터 2004년 7월에 에너지와 유통 관련 지주회사인 ㈜ GS홀딩스가 분리되어 나갔다. 2003년 11월에는 LG전선 등 4개 계열사가 친족분리되어 LG전선그룹을 형성하였다.

 SK그룹의 경우 자기자본이 2001년 말의 18.89조 원에서 2002년 말에는 13.91조 원으로 줄었다. 애초 2조 2,208억 원으로 평가되었던 SK글로벌의 자기자본이 2002년 중 6,575억 원으로 수정되었으며, 기간중 유가증권평가손실의 확대 및 평가이익의 감소, 자기주식 취득의 확대가 복합적으로 작용하여 2002년중 자기자본의 현저한 감소가 있었다. 내부자본은 2001년 말의 7조 1,636억 원에서 2002년 말에는 5,788억 원으로 대부분이 소멸되었다. 그 결과 SK그룹의 내부자본율은 2001년 말의 37.93%에서 2002년 말에는 2.98%에 불과하게 되었다. 내부자본 소멸내역을 보면, 먼저 2002년 1월 신세기통신이 SK텔레콤에 합병되면서 신세기통신에 대한 SK텔레콤의 출자지분율 70.40%인 2.7조 원이 소멸하였다. 부실이 누적되고 대규모 회계부정이 드러난 SK글로벌에 대해서 완전 감자조치가 취해졌다. 그리고 2002년 3월부터 SK글로벌에 대한 채권단관리가 시작되면서 계열사보유 지분의 상당량이 매각되었다. SK텔레콤 지분 8,186억 원, SK해운 지분 808억 원 등이 2002년중에 처분되었으며 나머지 보유 지분들도 2003년중에 대부분 처분되었다. 이런 변화과정을 거치는 동안 SK그룹의 총 수지분율은 2000.4월의 4.34%에서 2003.4월 현재 2.11%로 낮아진 반면, 내부지분 율은 57.16%에서 58.01%로 오히려 다소 늘었다(〈표 7-16〉 참조).

4.2. 결합재무자료를 이용한 보충적 분석

1998년 4월 개정된 "주식회사의 외부감사에 관한 법률"에 따라, 1999년 1월 1일 이후 시작되는 사업년도부터 기업집단 결합재무제표의 작성이 의무화되었고, 1999년도에 대한 결합재무제표가 최초로 작성·발표되었다. 한 기업집단에 대해 다수의 연결재무 제표가 작성되는 데 반해, 결합재무제표는 계열기업군소속 지배회사와 모든 계열회사 를 대상으로 해서 단 1개가 작성된다. 그 결과 결합재무제표에서는 계열사간 모든 내

부거래가 상계 소멸된다. 따라서 합산재무제표와 결합재무제표 간 내부거래 규모의
차이는, 한 기업집단 내 모든 계열사간에 이루어지는 모든 내부거래 가운데 여러 개의
연결재무제표 '사이'에서 누락되고 있는 내부거래 규모를 정확히 보여준다.

　결합재무제표상의 자기자본 변동정보를 이용하여 1999년중의 자기자본 변동에 대한
상세내역을 〈표 7-17〉에서 살펴볼 수 있다. 1999년중 4대 재벌 전체로는 38조 7,462
억 원의 합산자기자본 증가가 이루어졌다. 그 가운데 10.5%가 관계사주식의 순증가
를 통해서, 유상증자 및 전환사채의 주식전환을 통해서 62.9%, 당기순이익을 통해서

〈표 7-17〉 1999년중 4대 재벌의 결합재무제표상 자기자본 변동의 구성

(단위: 10억 원, %)

	현대	삼성	LG	SK	합계
합산자기자본의 증가(A)	14888.4 (100.0)	9744.7 (100.0)	6676.9 (100.0)	7436.2 (100.0)	38746.2 (100.0)
관계사주식의 증가(B)	1230.5 (8.3)	-2672.9 (-27.4)	982.4 (14.7)	4534.8 (61.0)	4074.8 (10.5)
순자기자본의 증가(A-B)	13657.9	12417.6	5694.5	2901.4	34671.4
유상증자 및 주식 전환	14674.0 (98.6)	4825.7 (49.5)	2263.9 (33.9)	2608.5 (35.1)	24372.1 (62.9)
재평가적립금	-526.0 (-3.5)	1358.4 (13.9)	1718.5 (25.7)	n.a. (n.a.)	2550.9 (6.6)
계열사 변동 관련	2901.8 (19.5)	503.0 (5.2)	1030.8 (15.4)	26.1 (0.4)	4461.7 (11.5)
결합당기순이익	74.5 (0.5)	2916.3 (29.9)	2720.7 (40.7)	266.8 (3.6)	5978.3 (15.4)
기타	-3466.4 (-23.3)	2814.2 (28.9)	-2039.4 (30.5)	0.0 (0.0)	-2691.6 (6.9)

주: 1) ( )안의 수치는 합산 자기자본의 증가액에 대한 구성비 %.
　2) 결합재무제표 자료는 금융업을 포함하고 있으나 합산재무제표 자료는 금융업을 포함하고
　　있지 않다. 그러나 합산재무제표에는 금융계열사간의 내부거래만 포착되지 않고 있으므로
　　양자간의 비교가 큰 괴리를 낳을 가능성은 높지 않다. 자기자본 기준으로 볼 때 금융업의
　　비금융업에 대한 비율은 10% 정도이다. 또한 결합재무제표 작성시 비금융업 부문과 금융
　　업 부문간의 내부거래는 서로 상계되지 않는다.
　3) 관계사주식의 증가는 (1999 합산자기자본-1999 결합자기자본) - (1998 합산자기자본 - 1998
　　결합자기자본)의 산식으로부터 구해진 수치.
　4) 계열사 변동관련 항목에는 계열사 변동, 합병, 계열사지분율 변동 등이 포함. 기타 항목에
　　는 회계변경 효과, 자기주식 취득, 투자유가증권 평가손익, 배당금 등이 포함.
자료: 한국신용평가정보㈜, KIS-Line 재벌 합산재무자료; 금융감독원, 4대 재벌의 결합감사보고서
　　로부터 작성.

15.4%, 계열사처분이나 취득 등 계열사변동을 통해서 11.5%, 재평가적립금을 통해서 6.6%의 증가가 이루어졌다.

결합자기자본을 기준으로 관계사주식을 통한 자본조달을 살펴보면, 합산자기자본의 수치와 크게 다름을 알 수 있다. 현대그룹과 SK그룹은 1999년중 〈표 7-14〉의 합산자료에서처럼 관계사주식이 감소한 것이 아니라 실질적으로는 증가하였다. 이는 한 재벌 내 연결집단들 사이의 관계사출자의 변화가 포착되지 않는 데서 비롯된 현상이다. 1999년중 현대그룹은 1998년 말의 결합자기자본 규모를 초과하는 대규모 유상증자를 했으며, 인수 및 합병 등을 통해서도 자본이 크게 증가했다. 삼성그룹도 결합자기자본 증가(=합산자기자본의 증가 - 관계사주식의 증가)의 40% 정도를 유상증자를 통해 조달하였고, 대규모 순이익을 통해 자본을 확충하였다. LG그룹도 대규모 유상증자와 순이익을 통해 자본을 확충하였다. SK그룹은 합산자기자본 증가 가운데 관계사주식의 증가 부분이 61%로 매우 높아 결합자기자본의 증가는 4대 재벌중 가장 작은 2조 9,014억 원에 그쳤으며, 그 대부분을 유상증자를 통해 조달하였다. SK가 1999년중

〈표 7-18〉 4대 재벌의 합산재무제표와 결합재무제표상 자기자본 비교

(단위: 10억 원, %)

	1998.12.31					1999.12.31					2000.12.31				
	합산		결합			합산		결합			합산		결합		
	자기자본 (A)	내부자본 비중	자기자본 (B)	내부자본 비중	내부자본 규모 (A-B)	자기자본 (A)	내부자본 비중	자기자본 (B)	내부자본 비중	내부자본 규모 (A-B)	자기자본 (A)	내부자본 비중	자기자본 (B)	내부자본 비중	내부자본 규모 (A-B)
현 대	14949	50.57	11585	68.10	7889	34597	13.83	25243	35.87	9119	11783	13.69	8829	33.46	2954
삼 성	17086	33.29	10345	67.75	7009	27098	5.22	22762	19.05	4336	30996	5.74	27808	11.46	3188
L G	11467	45.85	6337	82.31	5216	18578	42.50	12013	51.59	6198	18529	18.97	12891	43.74	5638
S K	8997	31.04	6661	35.07	2336	16939	10.58	9562	71.86	6871	-	-	-	-	-
합계 평균	52499	40.53	34928	70.00	24449	97212	16.34	69580	38.12	26524	61303	11.27	49528	23.78	11780

주: 1) 결합재무제표 자료는 금융업을 포함하고 있으나 합산재무제표 자료는 금융업을 포함하고 있지 않다. 그러나 합산재무제표에는 금융계열사간의 내부거래만 포착되지 않고 있으므로 양자간의 비교가 큰 문제점을 낳을 가능성은 높지 않다. 자기자본 기준으로 볼 때 금융업의 비금융업에 대한 비율은 10% 정도이다. 또한 결합재무제표 작성시 비금융업 부문과 금융업 부문간의 내부거래는 서로 상계되지 않는다.
2) SK그룹은 2000년에는 결합재무제표가 작성되지 않았다. "기업집단결합재무제표준칙"에 따르면, 연결재무제표에 포함된 결합대상 계열회사의 자산총액이 전체 결합대상 계열회사 자산총액의 80%를 넘으면 결합재무제표의 작성이 면제된다.
자료: 한국신용평가정보㈜, KIS-Line 재벌 합산재무자료 ; 금융감독원, 4대 재벌의 결합감사보고서.

자본의 내부거래가 가장 활발하게 일어난 재벌이다.

4대 재벌 합산재무제표상 합산자기자본에 대한 내부자본의 비율은 1999년의 경우 16.34%이지만 계열사간에 이루어진 모든 자본거래를 제거한 결합자기자본에 대한 자본 내부거래의 비율은 38.12%로 크게 높아진다(〈표 7-18〉 참조). 항목을 단순합산한 합산재무제표에서 포착된 4대 재벌의 1999년 자본 내부거래액은 15.88조 원이고, 결합재무제표에서 포착된 자본 내부거래액은 26.52조 원으로, 양자간의 차이 10.64조 원이 연결재무제표를 통해 계열사간 내부거래를 포착할 때 드러나지 않는 부분이다. 즉, 자본 내부거래액 가운데 57.7%만이 연결재무제표를 통해서 드러나고 있다.

5. 6~30대 재벌의 자금조달 및 재무구조의 변화

5.1. 6~30대 재벌의 재무구조와 자금조달

외환경제위기 이후 기업구조조정 과정에서 6대 이하 재벌에 대해서는 은행 주도 워크아웃 형식의 구조조정이 이루어졌다. 이하에서는 합산재무자료를 이용해 6~30대 재벌의 자금조달과 재무구조의 변화에 대해 외환경제위기 전후 시기를 중심으로 살펴본다.

6~30대 재벌은 5대 재벌의 38.2%의 증가에 비해서 낮기는 하지만 1997년중 총자산 외형을 15.3%, 22.3조 원 증가시켰다. 이 같은 외형팽창은, 적자로 인해 이익잉여금이 줄어들고 자기자본이 감소하는 가운데 대부분이 타인자본의 증가에 의해 뒷받침되었다. 1997년중 총 36조 원의 타인자금 조달이 이루어졌고 그 가운데 24조 원이 이자발생부채였다(〈표 7-19〉 참조). 그 결과, 6~30대 재벌의 재무적 안정성은 급격히 저하되었다. 〈표 7-21〉에서 보듯이, 1996년에 이미 전년의 461.11%에서 514.00%로 크게 높아져 있던 부채비율은 1997년에는 671.70%로 치솟았다.

1998년중에 6~30대 재벌의 총부채의 크기는 전년의 146.59조 원에서 124.04조 원으로 크게 줄어들었다. 1998년중의 대규모 적자로 자기자금 조달은 -2.74조 원을 기록하였고 8.55조 원의 소규모의 타인자금 조달이 이루어졌다. 지속되는 적자로 이익잉여금이 줄어든 가운데 6~30대 재벌 전체로는 오로지 자산재평가의 영향으로 자기자본은 4조 원 정도 증가하였고, 그로 인해 평균 부채비율은 전년의 671.70%로부터 482.18%로 크게 떨어졌다.

1999년중 6~30대 재벌의 이자발생부채는 전년의 89.20조 원에서 69.27조 원으로 무려 19.93조 원이나 줄어들었다. 그런데 자금조달표 〈표 7-22〉에서 보면 이 기간중

<표 7-19> 6~30대 재벌의 자본구성

(단위: 조 원)

	1996	1997	1998	1999	2000	2001	2002
매입채무	16. 94	19. 23	13. 88	11. 98	17. 16	15. 25	15. 41
단기차입금	46. 47	58. 63	49. 12	27. 79	29. 22	24. 02	21. 85
장기차입금	15. 89	19. 81	16. 77	14. 76	13. 88	7. 53	8. 14
사 채	21. 83	23. 31	23. 31	26. 72	28. 24	24. 08	19. 83
이자발생부채	84. 19	101. 75	89. 20	69. 27	71. 34	55. 63	49. 83
부채총계	122. 32	146. 59	124. 04	102. 31	112. 39	90. 18	86. 19
자본금	10. 99	11. 78	11. 03	15. 89	21. 03	19. 60	20. 07
자본잉여금	12. 14	11. 60	18. 93	27. 47	32. 94	26. 43	27. 69
재평가적립금	5. 97	5. 23	12. 88	15. 99	21. 10	16. 50	14. 77
이익잉여금	0. 59	-2. 46	-3. 98	-1. 53	5. 63	3. 05	5. 20
자본총계	23. 80	21. 82	25. 72	46. 64	61. 24	48. 16	52. 63
부채자본총계	146. 11	168. 41	149. 76	148. 95	173. 63	138. 34	138. 82

자료: 한국신용평가정보㈜, KIS-Line. 재벌별 대차대조표를 합산.

6~30대 재벌은 이자발생부채를 9. 58조 원만큼 상환하였다. 따라서 양자의 차이 10. 35조 원은 6~30대 재벌의 구성변화에서 비롯되고 있는 것임을 알 수 있다. 즉, 차입금이 많은 재벌들이 퇴출되고 그 자리를 상대적으로 차입금이 적은 재벌들이 메웠다. 한편, 1999년중에 수지가 거의 균형을 맞출 정도로 크게 개선되며 이익잉여금이 전년에 비해 늘어났고 10조 원 규모의 증자가 이루어지면서 자기자본은 25. 72조 원에서 46. 64조 원으로 20. 92조 원이나 늘어났다(<표 7-19> 참조). 그런데 자금조달표 <표 7-22>에서 보면 이 기간중 6~30대 재벌의 자기자금 조달액은 10. 93조 원으로서, 양자간의 차이 9. 99조 원은 6~30대 재벌의 구성변화에서 비롯된 것임을 알 수 있다. 이 같은 재무적 변화로 6~30대 재벌의 부채비율은 전년의 482. 18%에서 219. 33%로 재차 급락하였다. 그렇지만, 영업의 부진과 여전히 높은 부채비율로 인해 금융비용부담률은 1998년 10. 65%, 1999년 9. 65%로 높은 수준을 벗어나지 못하였다.

2000년에는 자기자본이 전년의 46. 64조 원에서 61. 24조 원으로 다시 한번 대폭 증가하였다. 대규모 감가상각으로 내부자금이 늘어났으며 증자로 자본금이 5조 원 가량, 자산재평가로 자본잉여금이 5조 원 가량 늘었다. 기간 동안 부채가 10조 정도 늘어났음에도 불구하고, 결과적으로 부채비율은 전년의 219. 33%에서 183. 51%로 낮아졌다. 부채의 증가는 주로 비이자발생부채인 매입채무의 형태로 발생했기 때문에 금융비용부담률이 전년의 9. 65%에서 5. 87%로 상당 폭 낮아지면서 6~30대 재벌 전체

〈표 7-20〉 6~30대 재벌의 자본구성비

(단위: %)

	1996	1997	1998	1999	2000	2001	2002
매입채무	11.59	11.42	9.27	8.04	9.88	11.02	11.10
단기차입금	31.81	34.82	32.80	18.66	16.83	17.36	15.74
장기차입금	10.88	11.76	11.20	9.91	8.00	5.45	5.87
사 채	14.94	13.84	15.56	17.94	16.26	17.41	14.28
이자발생부채	57.62	60.42	59.56	46.51	41.09	40.22	35.89
부채총계	83.71	87.04	82.82	68.68	64.73	65.19	62.09
자본금	7.52	7.00	7.36	10.67	12.11	14.17	14.46
자본잉여금	8.31	6.89	12.64	18.45	18.97	19.11	19.95
재평가적립금	4.09	3.11	8.60	10.74	12.15	11.93	10.64
이익잉여금	0.41	-1.46	-2.66	-1.03	3.24	2.21	3.74
자본총계	16.29	12.96	17.18	31.32	35.27	34.81	37.91
부채자본총계	100.00	100.00	100.00	100.00	100.00	100.00	100.00

자료: 한국신용평가정보㈜, KIS-Line. 재벌별 대차대조표를 합산하여 계산.

〈그림 7-9〉 6~30대 재벌의 부채-자본 구성비 추이

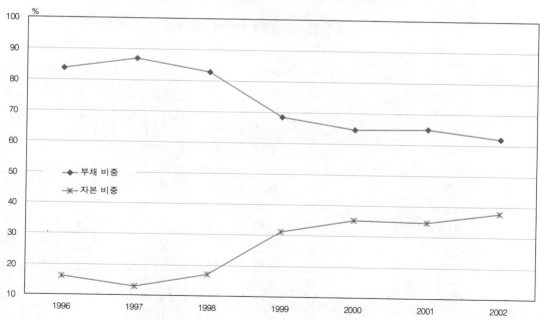

적으로 볼 때 영업 및 재무 양 측면에서 비로소 안정성을 상당히 회복하였다. 2000년 중에도 전년 대비 동아그룹, 아남그룹, 새한그룹, 진로그룹 등이 30대 재벌명단에서 사라지는 등 구조조정이 계속되었다.

2001년중 친족분리와 적자에 따른 자본감소로 현대그룹이 순위 7위로, 또 현대그룹으로부터 친족분리된 현대중공업그룹이 9위로 6대 이하 재벌에 새로 편입된 반면에 6위였던 한진그룹이 5위로 순위 상승하였으며, 동양화학, 대우전자, 고합, 에스-오일그룹이 명단에서 탈락되는 등 구성변화가 있었다. 6~30대 재벌의 총차입금 스톡은

〈표 7-21〉6~30대 재벌의 주요 재무비율 추이

(단위: %)

	1995	1996	1997	1998	1999	2000	2001	2002
자기자본비율	17.82	16.29	12.96	17.18	31.32	35.27	34.81	37.91
부채비율	461.11	514.00	671.70	482.18	219.33	183.51	187.25	163.77
고정비율	298.97	310.77	353.48	410.94	372.30	225.31	200.80	199.92
차입금의존도	52.36	53.42	53.84	51.61	42.04	36.77	36.23	32.58
금융비용부담률	7.03	6.73	7.12	10.65	9.65	5.87	3.98	3.09

자료: 한국신용평가정보㈜, KIS-Line. 재벌별 재무자료를 합산하여 계산.

〈표 7-22〉6~30대 재벌의 자금조달 (순증 기준)

(단위: 조 원)

	1996	1997	1998	1999	2000	2001	2002
자금조달 총액	27.12	36.33	5.80	2.25	14.16	-1.08	0.44
자기자금	4.10	0.37	-2.74	10.93	4.96	2.39	6.50
유상증자	1.23	0.55	0.84	5.91	1.81	1.06	0.66
내부유보	-1.54	-4.81	-8.37	-0.16	-2.88	-3.25	0.85
유형자산감가상각비	4.41	4.63	4.79	5.18	6.04	4.58	5.00
내부자금	2.86	-0.18	-3.58	5.02	3.16	1.32	5.84
타인자금	23.02	35.95	8.55	-8.68	9.20	-3.46	-6.06
이자발생부채	15.48	23.89	7.86	-9.58	2.79	-4.95	-6.79
차입금	12.04	20.80	3.22	-13.85	3.26	-4.22	-2.02
단기차입금	7.87	11.87	0.02	-10.07	1.72	-4.09	-2.37
장기차입금	4.17	8.93	3.20	-3.78	1.54	-0.12	0.35
사 채	3.44	3.09	4.63	4.27	-0.47	-0.73	-4.76
매입채무	4.16	4.53	-0.13	0.16	2.72	-0.11	-0.46
기타부채	3.39	7.52	0.82	0.74	3.69	1.59	1.19

자료: 한국신용평가정보㈜, KIS-Line. 재벌별 현금흐름분석표를 합산하여 계산.

전년의 71. 34조 원에서 55. 63조 원으로 15. 71조 원이나 줄어들었고, 적자확대 등의
이유로 자기자본 또한 전년의 61. 24조 원에서 48. 16조 원으로 13. 08조 원이나 감소
하였다. 그런데, 〈표 7-22〉의 자금조달 내역에서 보면, 2001년중 6~30대 재벌은 이
자발생부채는 4. 95조 원을 순상환하였고 자기자금은 2. 39조 원을 순조달하였다. 따라
서 6~30대 재벌의 구성변화로 인해 자기자본이 15. 47조 원만큼, 총차입금은 10. 76
조 원 줄어드는 영향이 발생하였음을 알 수 있다. 이러한 모든 요인들이 종합적으로
작용한 결과, 자본과 부채의 동시적인 감소로 2001년중 부채비율은 6~30대 재벌 전
체로 볼 때 전년 수준을 유지하였다. 그러나 총차입금의 대폭감소로 금융비용부담률
은 3. 98%로 재차 낮아졌다.

2002년중에는 중위권의 순위변동을 제외하고는 30대 재벌의 구성변화가 전혀 일어
나지 않아 외환위기 이후 급격한 변동을 겪던 대규모 재벌부문이 비로소 안정을 찾았
다. 6~30대 재벌은 1994년 이래 근 10년이 지나 2002년중 처음으로 1.5조 원 규모의
흑자를 실현하였다. 흑자에 따른 이익잉여금의 증가에 힘입어 자기자본은 소폭증가하
였으며 차입금은 4조 원 정도 줄어들어, 부채비율, 차입금의존도 및 금융비용부담률
이 전년에 비해 소폭 낮아졌다(〈표 7-21〉 참조).

〈표 7-23〉 6~30대 재벌의 자금조달 구성비 (순증 기준)

(단위: %)

	1996	1997	1998	1999	2000	2001	2002
자금조달총액	100. 0	100. 0	100. 0	100. 0	100. 0	100. 0	100. 0
자기자금	15. 1	1. 0	-47. 2	485. 5	35. 1	-221. 6	1475. 5
유상증자	4. 5	1. 5	14. 4	262. 3	12. 8	-98. 6	149. 5
당기순이익	-4. 4	-12. 5	-141. 9	-2. 6	-17. 4	266. 1	267. 7
내부유보	-5. 7	-13. 2	-144. 1	-7. 0	-20. 4	302. 3	191. 9
유형자산감가상각비	16. 2	12. 7	82. 5	230. 1	42. 7	-425. 3	1134. 0
내부자금	10. 6	-0. 5	-61. 7	223. 2	22. 3	-123. 0	1326. 0
타인자금	84. 9	99. 0	147. 2	-385. 5	64. 9	321. 6	-1375. 5
이자발생부채	57. 1	65. 8	135. 4	-425. 5	19. 7	459. 6	-1540. 1
차입금	44. 4	57. 3	55. 6	-615. 0	23. 0	391. 8	-458. 7
단기차입금	29. 0	32. 7	0. 3	-447. 3	12. 1	380. 1	-538. 0
장기차입금	15. 4	24. 6	55. 1	-167. 9	10. 9	11. 2	79. 4
사 채	12. 7	8. 5	79. 8	189. 5	-3. 3	67. 8	-1081. 4
매입채무	15. 3	12. 5	-2. 3	7. 3	19. 2	10. 1	-105. 5
기타부채	12. 5	20. 7	14. 1	32. 7	26. 1	-148. 1	270. 1

자료: 한국신용평가정보㈜, KIS-Line. 재벌별 현금흐름분석표를 합산하여 계산.

252

5.2.   6~30대 재벌의 자금 내부거래

6~30대 재벌들 역시 상위재벌들과 마찬가지로 외환경제위기의 충격과 재무적 곤경을 빠져 나오는 데 있어 내부차입과 내부자본의 동원에 크게 의존하였다. 6~30대 재벌의 내부총자본 비중은 외환위기 이전에는 대체로 5~6% 수준이었던 것이 1997년 7.81%, 1998년 7.33%, 1999년 10.44%, 2000년 10.42% 등으로 크게 높아졌다.

1996년 0.50조 원이던 내부차입 금액은 1997년 2.24조 원, 1998년 2.26조 원으로 규모가 한 단계 높아졌다. 그에 따라 1987~1996년 평균 0.98%에 불과하던 내부차입 비중은 1997년 2.35%, 1998년 2.74%, 1999년 2.60%로 높아졌다. 2000년과 2001년에는 내부차입 금액이 크게 줄어들면서 내부차입 비중은 각각 1.17%와 0.55%로 급격히 낮아졌다. 2002년에도 내부차입 비중은 0.56%로 전년 수준을 유지하였는데, 이는 1987~1996년 동안의 평균치 0.98%보다도 낮은 수준이다. 이와 같

〈표 7-24〉 6~30대 재벌의 자금 내부거래 추이 (연말 스톡 기준)

(단위: 조 원, 원, %)

	1987~1996 평균	1996	1997	1998	1999	2000	2001	2002
자기자본(조 원)	-	23.80	21.82	25.72	46.64	61.24	48.16	52.63
자본금	-	10.99	11.78	11.03	15.89	21.03	19.60	20.07
자본잉여금	-	12.14	11.60	18.93	27.47	32.94	26.43	27.69
재평가적립금	-	5.97	5.23	12.88	15.99	21.10	16.50	14.77
주식발행초과금	-	4.95	5.14	3.93	5.65	6.23	6.69	8.74
이익잉여금	-	0.59	-2.46	-3.98	-1.53	5.63	3.05	5.20
이자발생부채	-	79.99	95.47	82.49	66.37	66.25	51.25	45.83
내부자본	-	4.83	6.92	5.67	10.07	12.51	6.01	10.00
내부차입	-	0.50	2.24	2.26	1.73	0.77	0.28	0.26
내부총자본	-	5.46	9.16	7.93	11.80	13.29	6.29	10.45
내부자본 비중(%)	18.28	20.28	31.71	22.06	21.59	20.43	12.47	19.01
내부차입 비중(%)	0.98	0.63	2.35	2.74	2.60	1.17	0.55	0.56
내부총자본 비중(%)	5.77	5.26	7.81	7.33	10.44	10.42	6.33	10.61
매출액 대비 내부총자본(원)	0.050	0.047	0.071	0.078	0.125	0.103	0.043	0.075

주: 내부총자본 비중=100 * |max(특수관계자대여금, 특수관계자차입금)+특수관계자유가증권| /(자기자본+총차입금). 내부차입 비중=100 * |max(특수관계자대여금, 특수관계자차입금)+특수관계자사채| /총차입금. 내부자본 비중=100 * (특수관계자주식+특수관계자출자금| /자기자본.
자료: 한국신용평가정보㈜, KIS-Line의 재벌 합산재무제표 자료로부터 계산.

은 내부차입 비율의 하락이 6~30대 재벌의 구성변화와 내부차입금의 상환으로부터
각각 얼마나 비롯되고 있는지에 대한 분석은 생략한다.

1996년 4.83조 원이던 내부자본 금액은 1997년 6.92조 원, 1998년 5.67조 원,
1999년 10.07조 원, 2000년 12.51조 원 등으로 급격히 늘어났다. 그렇지만 이 기간
동안 6~30대 재벌의 자기자본 또한 급격히 불어나 1997년을 제외하고는 내부자본 비
중은 별로 높아지지 않았다(〈표 7-24〉 참조). 2001년에는 내부자본의 크기가 전년의
12.51조 원에서 6.01조 원으로 절반 이하로 낮아졌다가 2002년에는 다시 10.00조 원
으로 늘어났다. 그에 따라 내부자본 비중도 2001년에는 전년의 20.43%에서 12.47%
로 떨어졌다가 2002년에는 다시 19.01%로 높아졌다. 1998년부터 2001년 사이에는
6~30대 재벌의 구성변화가 크게 발생한 기간으로서, 이 기간중의 내부자본 변화는
6~30대 재벌의 구성변화와 내부출자의 변화 양측에서 모두 발생하고 있다. 반면에,
2002년중에는 6~30대 재벌의 구성변화가 전혀 없었고 따라서 이 기간중의 내부자본
의 확대 4.0조 원은 모두가 기존 그룹들의 내부자본 증가에서 비롯된 것이다.

〈그림 7-10〉 6~30대 재벌의 내부자본과 내부차입 비중의 추이

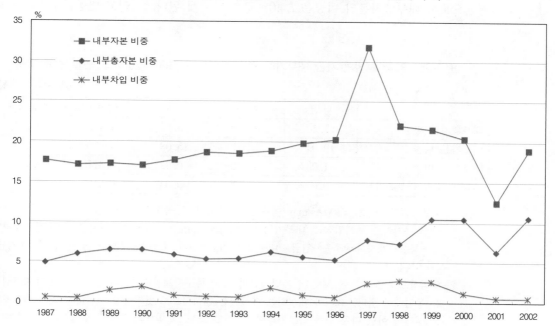

6. 30대 재벌의 자금 내부거래

상위 5대 재벌 및 6~30대 재벌에 대한 재무구조와 자금조달 및 자금 내부거래에 대해서 지금까지 살펴보았다. 상위 5대와 6~30대 재벌의 각 합산자료를 단순히 더하여 묶은 30대 재벌의 재무구조와 자금조달 및 자금 내부거래를 여기서 다시 분석할 필요는 없을 것이다. 그리고 1987년부터 2002년의 전분석 기간에 걸치는 30대 재벌의 자본구성, 재무구조, 자금조달에 대한 시계열자료는 이미 앞 장에서 제시되고 있다. 따라서 이 절에서는 단지 30대 재벌의 자금 내부거래 자료를 제시하는 데 그치고자 한다.

1987년부터 2002년까지의 기간 동안 30대 재벌의 자금 내부거래의 평균비중은, 〈표 7-25〉에서 보듯이 7.40%이다. 즉, 30대 재벌의 자본과 총차입금(연말 스톡 기준) 가운데 계열사간에 출자나 차입을 통해 조달한 비중이 7.40%이다. 총차입금 중 계열사간 차입의 비율인 내부차입 비중은 기간중 평균 1.03%이며, 자기자본 중 계열사간 출자의 비중인 내부자본 비중은 평균 19.94%이다. 기간중 평균 내부차입액은 0.94조 원이며, 내부출자액은 10.94조 원으로 후자의 절대규모가 훨씬 크다. 후자의 비중이 전자에 비해서 훨씬 높지만, 차입금규모가 자기자본 규모의 수 배에 달하기 때문에 가중평균으로서 내부총자본의 비중은 7.40%로 나타나게 된다. 그리고 변동계수 기준으로

〈표 7-25〉 30대 재벌의 자금 내부거래 관련 요약통계 (1987~2002년, 연말 스톡 기준)

(단위: %, 원)

	평균	최대	최소	표준편차	변동계수
내부총자본 비중	7.40	10.78	5.67	1.435	0.194
내부자본 비중	19.94	31.04	15.08	4.736	0.238
내부차입 비중	1.03	2.12	0.32	0.477	0.463
매출액 대비 내부총자본	0.052	0.076	0.033	0.012	0.226

주: 1) 내부총자본 비중 = 100 * |max(특수관계자대여금, 특수관계자차입금)+특수관계자유가증권| / (자기자본+총차입금). 내부차입 비중 = 100 * |max(특수관계자대여금, 특수관계자차입금)+특수관계자사채| /총차입금. 내부자본 비중 = 100 * (특수관계자주식+특수관계자출자금) /자기자본.

　　2) 원리상으로 보면, 한 재벌 내 계열사간의 합산 특수관계자대여금과 합산 특수관계자차입금은 동일해야 한다. 그러나 대여하는 쪽에서는 대여금으로 처리하고 차입하는 쪽에서는 차입금 성격이 아닌 다른 항목으로 처리할 수 있고 또는 그 반대의 경우도 발생할 수 있기 때문에 장부상 양자가 일치하지 않는 경우가 발생하게 된다. 계열사간 자금거래를 어느 한쪽이 내부자금거래로 인식하고 회계처리할 경우 그 거래는 내부자금거래의 성격을 갖는다고 판단하는 데 무리가 없다.

자료: 한국신용평가정보㈜, KIS-Line의 재벌 합산재무제표 자료로부터 계산.

볼 때 내부 차입거래의 시간적 변동성이 내부 자본거래의 변동성보다 2배 이상으로 높다. 30대 재벌의 매출액 1원당 자금내부거래액은 기간중 평균 0.052원이다.

30대 재벌의 자본규모가 팽창하면서 총수 및 그 일가의 지분비율이 유지되지 못하고 줄어듦에 따라 내부지분 가운데 계열사지분이 차지하는 비중은 꾸준히 상승하는 추세를 보이고 있다. 1994년까지 0.7 수준이던 이 비율값은 1995~1998년 기간에는 0.8 수준, 1999년 이후로는 0.9 수준으로 높아져, 재벌총수들이 일정한 내부지분율을 확보하기 위해 계열사자본에 의존하는 정도가 최근으로 올수록 점점 더 심화되고 있다(〈표 7-26〉 참조).

매출액 1원당 내부자본의 크기를 살펴보면, 외환경제위기 이전에는 대체로 0.04원

〈표 7-26〉 30대 재벌의 자금 내부거래 추이 (연말 스톡 기준)

(단위: 조 원, %, 원)

	1987	1988	1989	1990	1991	1992	1993	1994
자기자본(조 원)	11.91	15.65	26.00	24.98	30.53	33.95	41.58	48.36
이익잉여금(조 원)	1.58	1.73	2.89	2.63	3.12	3.08	4.63	6.87
내부자본(조 원)	2.29	2.70	3.93	4.48	6.11	6.77	7.83	9.78
내부차입(조 원)	0.71	0.19	0.54	1.19	0.99	0.87	0.84	1.13
내부총자본 비중(%)	5.81	5.67	6.34	7.02	7.03	6.31	6.35	6.88
내부자본 비중(%)	19.22	17.26	15.10	17.93	20.02	19.93	18.82	20.22
내부차입 비중(%)	1.11	0.54	1.21	2.12	1.37	1.00	0.88	1.03
계열사지분/내부지분	0.741	n.a.	0.723	0.732	0.744	0.744	0.759	0.737
매출액 대비 내부총자본(원)	0.035	0.033	0.045	0.050	0.051	0.046	0.046	0.048
	1995	1996	1997	1998	1999	2000	2001	2002
자기자본(조 원)	59.55	66.36	68.56	95.08	142.64	154.66	145.90	159.13
이익잉여금(조 원)	11.99	12.82	9.42	4.65	2.75	25.07	31.98	46.20
내부자본(조 원)	12.10	14.72	21.28	29.30	25.84	23.89	22.00	27.79
내부차입(조 원)	1.04	0.89	4.15	2.93	2.59	1.29	0.55	0.34
내부총자본 비중(%)	6.68	6.48	7.96	9.33	8.97	8.23	8.59	10.78
내부자본 비중(%)	20.32	22.19	31.04	30.82	18.12	15.45	15.08	17.46
내부차입 비중(%)	0.76	0.50	1.65	1.17	1.48	0.85	0.47	0.32
계열사지분/내부지분	0.819	0.803	0.832	0.852	0.914	0.892	0.935	0.917
매출액 대비 내부총자본(원)	0.045	0.045	0.062	0.076	0.074	0.055	0.054	0.064

주: 내부총자본 비중=100 * |max(특수관계자대여금, 특수관계자차입금)+특수관계자유가증권| /(자기자본+총차입금). 내부차입 비중=100 * |max(특수관계자대여금, 특수관계자차입금)+특수관계자사채 /총차입금. 내부자본 비중=100 * (특수관계자주식+특수관계자출자금 /자기자본.
자료: 한국신용평가정보㈜, KIS-Line의 재벌 합산재무제표 자료로부터 계산.

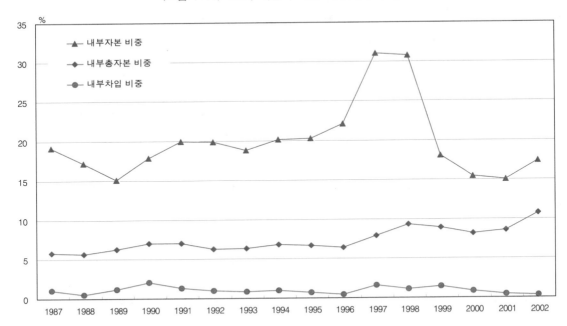

〈그림 7-11〉 30대 재벌의 자금 내부거래 추이

수준이던 것이 외환경제위기 전후하여 0.07원으로 크게 높아졌다가, 2000년부터는
0.05원 수준을 유지하고 있다.

7. 재벌의 재무구조 결정에 대한 회귀분석

지금까지, 3장과 4장, 5장에서 재벌의 재무구조 결정에 관한 이론 및 재무적 의사결정에
작용해온 재무환경에 대해서 살펴보았다. 그리고 6장과 7장에서는 재벌의 재무구조와 관
련된 여러 자료를 제시하고 자료들에 대해서 주로 서술적으로 설명하고 분석하였다. 이
절에서는 회귀분석을 통해 재벌의 재무구조 결정에 대해 변수들간의 관계를 조금 더 정치
하게 살펴보고 지금까지의 분석결과를 종합하고자 한다.

7.1. 분석대상 자료

회귀분석에 사용될 자료에 대해서 먼저 설명하자. 분석대상 기간은 1987년부터 2002년
까지 16년간이다. 재벌의 계열사자료가 아니라 재벌별 합산자료가 분석에 이용된다.

분석대상은 재벌 수준의 합산재무자료와 지분율자료를 구할 수 있는 재벌로서, 어떤 시기에서든 3개년 연속해서 자료의 이용이 한 번 이상 가능한 재벌만을 분석대상으로 하였다. 이런 기준을 만족시키는 재벌은 총 43개이다. 따라서 자료집합은 '43개 재벌 ×16개년도, 총 관찰 수 562개'인 불균형(*unbalanced*) 패널자료 구조를 갖는다. 562개 관찰치 가운데 분석에 필요한 재무자료와 지분율 자료를 동시에 갖춘 관찰 수는 총 441 개이다. 43개 재벌 가운데 15개 재벌은 분석 전기간 동안 자료를 완전히 구비하고 있다.

더미변수 처리를 위해 5대 재벌과 10대 재벌을 정하였다. 분석 전기간 동안 한번이라도 5대 재벌명단에 들었던 재벌은 5대 재벌에 포함시켰다. 이런 기준과 가용자료 기준을 만족시키는 재벌은 현대, 대우, 삼성, LG, SK, 한진 6개이다. 분석 전기간 동안 2회 이상 10대 재벌명단에 든 재벌을 10대 재벌로 정하였다. 여기에는 언급된 5 대 재벌 외에 쌍용, 롯데, 한화, 기아, 금호가 포함된다.

종속변수는 장부가 기준 부채비율로서, 장부가 총자산에 대한 장부가 총부채의 비율로 정의된다.[10] 설명변수에는 재무구조 결정에 대한 회귀분석에 흔히 이용되는 기업규모, 성장률, 수익률, 담보자산 비율을 포함한다. 그밖에도 주가상승률, 금리규제차와 같은 자본비용 관련 변수와 자기지분율, 계열사지분율, 내부지분율 등의 지분율 자료, 5대 재벌더미, 10대 재벌더미, 1998년부터 2002년까지의 기간에 대한 더미(이하 '98년 이후 더미'로 칭함)를 사용하려 한다. 각 설명변수들이 갖는 의미 및 기대 부호에 대한 설명은 3장에서 이미 자세하게 이루어졌으므로, 여기서 다시 반복하지 않겠다. 추정결과를 해석하는 과정에서 필요할 경우 자연히 언급이 이루어질 것이다.

기업규모는 총자산의 자연대수로 정의한다. 성장률은 전년비 고정자산 증가율, 수익률은 매출액경상이익률, 담보자산 비율은 고정자산/총자산 비율, 주가상승률은 연평균 종합주가지수의 전년비 상승률, 금리규제차는 회사채유통수익률과 은행 가중평균 기업대출금리와의 차이로 정의한다. 전자가 시장금리를 대표한다면, 후자는 규제금리를 대표하는 것으로 볼 수 있다. 은행 대출금리는 1991년 11월부터 부분적으로 자유화가 이루어지기 시작하여 이후로 자유화의 폭이 확대되었고 정부규제의 관행도 점차 약해져 왔다. 따라서 시장금리와 은행대출금리의 격차는 금리에 대한 정부규제의 정도를 반영하는 대용지표로 생각할 수 있다. 재벌의 재무자료는 KIS-Line 재벌 재무자료를 이용하였다. 종합주가지수, 회사채유통수익률, 은행 가중평균 기업대출금리는

---

10) 장부가 총자산에 대한 장부가 고정부채의 비율로 정의되는 고정부채비율에 대해서도 부채비율에 대해서와 같은 모든 추정을 행하였다. 지분율자료가 들어가 있는 고정효과 모형의 경우 종속변수가 부채비율일 때 조정결정계수의 값은 0.8 정도이며, 종속변수가 고정부채비율일 때의 조정결정계수의 값은 0.7 정도이다. 종속변수를 고정부채비율로 하는 추정결과에 대해서는 보고하지 않는다.

한국은행, 《경제통계연보》의 자료를 이용하였으며, 재벌단위의 지분율자료는 공정거래위원회 발표자료를 이용하였다. 모든 성장률, 이익률, 금리자료의 단위는 %이다.

7.2. 변수들의 요약 통계량과 상관관계

〈표 7-27〉에는 추정에 사용되는 변수들의 요약통계량이 나타나 있다. 고정자산성장률의 표준편차가 큰 편이다. 매출액경상이익률의 표준편차도 크며 왜도값이 -4.78로서 절대값이 큰 음의 관찰치들이 평균에 영향을 미치고 있다.

〈표 7-28〉에는 추정변수들간의 상관계수가 제시되고 있다. 부채비율은 매출액경상이익률과 -0.5247이라는 비교적 높은 음의 상관성을 보여주고 있다. 즉, 수익성이 높은 재벌의 부채비율이 낮은 상당한 경향이 있다. 총자산은 자기지분율 및 계열사지분율과 각각 -0.4763, 0.3608의 상관관계를 보여준다. 자기지분율과 계열사지분율 및 내부지분율 간의 상관계수는 각각 0.3616과 -0.3806이다. 즉, 자기지분율이 높을 때 계열사지분율은 낮으며, 계열사지분율이 낮을 때 내부지분율은 높은 약한 경향이 있다. 이는 대체로 각 재벌의 총수들이 규모의 팽창으로 자기지분율이 낮아질 때 계열사지분율을 높여 내부지분율을 안정되게 유지해온 역사적 사실을 반영하는 것으로 해석 가능하다. 〈표 7-28〉에서 계열사지분율과 내부지분율 간의 상관도는 0.7246으로 높다. 즉, 재벌에서 내부지분율이 높아질 때 이는 주로 계열사지분율을 높임으로써 이루어져 왔다는 역사적 사실을 반영하고 있다.

〈표 7-27〉 추정변수들의 요약통계량

〔단위: %, ln(백만 원)〕

	평 균	표준편차	왜 도	최소값	최대값
부채비율	77.43	19.33	1.50	18.47	191.83
총자산의 자연대수	14.96	1.19	0.60	11.92	18.28
고정자산성장률	14.70	26.35	0.77	-87.22	164.35
매출액경상이익률	-1.87	13.39	-4.78	-118.42	17.17
고정자산/총자산	58.22	13.51	0.02	19.74	100.00
자기지분율	12.70	9.67	1.41	0.00	55.73
계열사지분율	32.10	13.00	0.10	0.00	78.55
내부지분율	44.80	13.02	0.04	0.00	85.55

〈표 7-28〉 추정변수들간의 상관계수 행렬

	부채비율	총자산	성장률	이익률	고정자산/총자산	자기지분율	계열사지분율	내부지분율
부채비율	1.0000	-	-	-	-	-	-	-
총자산의 자연대수	-0.1021	1.0000	-	-	-	-	-	-
고정자산성장률	-0.0404	-0.0936	1.0000	-	-	-	-	-
매출액경상이익률	-0.5247	-0.0057	0.2271	1.0000	-	-	-	-
고정자산/총자산	-0.1503	0.2780	-0.0029	-0.1461	1.0000	-	-	-
자기지분율	0.0567	-0.4763	0.1484	0.0424	-0.1920	1.0000	-	-
계열사지분율	-0.2122	0.3608	0.1169	0.1101	0.1648	0.3616	1.0000	-
내부지분율	-0.1716	0.0087	0.0063	0.0778	0.3054	-0.3806	0.7246	1.0000

7.3.   보통최소자승 추정결과

자료집합에 대해 재벌별로 구별하지 않고 통합(pooling)하여 보통최소자승 추정을 행한 후, 각 재벌이 구별되는 패널자료에 대해 고정효과 모형(fixed effects model)과 확률효과 모형(random effects model)으로 추정하였다. 자료를 통합하여 사용한다는 의미는 43개의 재벌로부터 얻어진 관측자료들이 어느 재벌의 자료인가를 구분하지 않고 사용한다는 의미이다. 고정효과 모형이란 회귀식의 설정에서 재벌별 자료집합 각각에 대해 상수항더미를 적용하는 보통최소자승 모형이다. 이에 비해, 확률효과 모형은 전체 자료집합에 대한 추정에서 공통의 상수항을 설정하고 재벌별 자료집합에 대해 교란이 상이하다고 가정하여 추정하는 모형이다. 이 때 교란항은 계열상관성을 가질 수 있는데, 보통최소자승 추정을 통해 교란항의 분산을 확인한 후, 이 분산정보를 이용하여 일반화최소자승 추정을 하게 된다(Greene, 1998 : 17장 참조).

곧 이어 살펴볼 추정결과를 비교해보면, 패널선형 추정결과가 보통최소자승 추정결과보다 모든 분석모형에서 언제나 우월하며, 패널선형 추정에서는 Hausman 검정(Greene, 1998 : 171~172) 결과 고정효과 모형이 확률효과 모형에 비해서 1% 또는 5% 유의수준에서 모든 분석모형에서 우월한 결과를 나타냈다. 패널모형 추정시 재벌별 특성더미뿐 아니라 연도를 구분하기 위한 시간더미를 동시에 모형에 투입하는 패널추정(two factor panel estimation)이나 또는 구조전환 모형(예를 들어, switching regression 등)에 대한 추정은 행하지 않는다. 왜냐하면, 1998년 이전과 이후에 재벌의 재무구조의 변화가 너무 뚜렷하기 때문에 1998년을 전후하여 자료를 구분하는 것으로 충분하다고 판단해서이다. 이를 반영하기 위해서 추정모형 내에 앞에서 언급한 1998

년 이후 더미를 설명변수로 집어넣었다.

이하에서는 보통최소자승 추정결과를 제시한 후 고정효과 모형의 추정결과를 살펴보는 순서로 분석하겠다. 보통최소자승 추정결과가 〈표 7-29〉에 제시되어 있다. 이는 고정효과 모형에 대해서 자료집합이 지니고 있는 정보를 충분히 활용하지 않는 열등한 추정방법이다. 따라서 보통최소자승 추정결과는 고정효과 모형과의 비교 목적으로 간단하게 제시하려 한다.

모형1에는 기업규모, 성장률, 수익성, 담보자산비율, 주가지수상승률, 금리규제차 변수들에 대해 총부채비율이 추정되고 있다. 모형2에는 모형1에서의 변수들 외에 5대 재벌더미와 98년 이후 더미가, 모형3에서는 10대 재벌더미와 98년 이후 더미가 추가되어 있다. 먼저, 5대 재벌더미나 10대 재벌더미 회귀계수 모두 통계적 유의성이 없다. 반면에, 98년 이후 더미는 통계적 유의성이 매우 높으며 큰 음의 계수값을 가지고 있다. 이는 1998년부터 재벌들의 부채비율이 현저하게 낮아진 사실을 반영한다.

기업규모와 주가지수상승률은 재벌의 부채비율 결정에 대해서 설명력을 전혀 갖고 있지 않은 것으로 나타나고 있다. 금리규제차는 모형1에서는 높은 통계적 유의성을 가지며 회귀계수값도 1.4386으로 다른 계수값에 비해 월등히 크나, 98년 이후 더미변수가 추가된 모형2와 모형3에서는 통계적 유의성을 완전히 상실한다. 이는 금리규제차가 모형1에서 시간더미 변수의 역할을 대행하고 있기 때문인 것으로 보인다. 〈그림 7-12〉에서 보듯이, 1997년까지는 규제금리가 시장금리보다 낮았으나 1998년부터 금리규제차는 0을 중심으로 움직이고 있다.

담보력이 클수록 차입조건이 좋아지고 차입여력이 확대되므로 기업의 부채비율은 높아질 것으로 기대된다. 분석모형에서 총자산 중 고정자산의 비율로 측정되고 있는 담보자산비율의 회귀계수는 기대와는 달리 음의 값을 가지며 양측 검정시 통계적으로 유의하기까지 하다. 이와 관련해 두 가지 요소를 생각해볼 수 있다. 첫째로, 기업의 담보력은 단순히 고정자산의 크기에 달려있다기보다는 조금 더 정확하게는 고정자산의 규모뿐 아니라 그것의 시장성에 달려 있기도 하다. 즉, 거래되는 시장이 발달되어 있지 않은 고정자산의 시장성은 낮고 그에 따라 담보로서의 가치는 낮아질 것이다. 모형에서의 고정자산/총자산 변수는 고정자산의 시장성부분은 전혀 반영하지 못하고 있다. 둘째로, 〈표 4-5〉에서 확인한 것처럼 재벌소속 기업의 차입은 대부분이 계열사 지급보증에 의해서 이루어져 왔다. 따라서 재벌의 담보력과 차입·부채규모는 상관성을 지니기 어렵다고 생각할 수 있다.

〈표 7-29〉 재벌의 재무구조 결정에 대한 보통최소자승 회귀추정 결과 1

설명변수	모형 1	모형 2	모형 3
재벌규모	0.4155 (0.709)	-0.2430 (-0.295)	0.9203 (1.032)
성장률	-0.0069 (-0.261)	-0.0487 (-1.829*)	-0.0529 (-1.983**)
수익성	-0.9270 (-18.380***)	-0.9385 (-19.176***)	-0.9376 (-19.139***)
담보자산비율	-0.2241 (-4.470***)	-0.1239 (-2.414**)	-0.1220 (-2.364***)
주가지수상승률	0.0120 (0.650)	-0.0005 (-0.025)	0.0060 (0.327)
금리규제차	1.4386 (3.773***)	-0.0321 (-0.072)	0.1534 (0.342)
5대 재벌더미	-	2.8088 (1.122)	-
10대 재벌더미	-	-	-1.6061 (-0.718)
98년 이후 더미	-	-10.9387 (-5.890***)	-11.2658 (-6.015***)
모형의 설명력과 적합도	조정 R^2 = 0.4037; F[6, 549] = 63.62, p = 0.0000	조정 R^2 = 0.4394; F[8, 547] = 55.38, p = 0.0000	조정 R^2 = 0.4387; F[8, 547] = 55.21, p = 0.0000

1987년부터 2002년까지 16년간 30대 재벌 각각의 연간자료를 이용하여, 부채비율을 기업규모, 성장률, 수익률, 담보자산 비율, 주가상승률, 금리규제차에 대해 보통최소자승 회귀를 실시. 부채비율은 총부채/총자산, 기업규모는 총자산의 자연대수, 성장률은 전년비 고정자산 증가율, 수익률은 매출액 경상이익률, 담보자산 비율은 고정자산/총자산 비율, 주가상승률은 연평균 종합주가지수의 전년비 상승률, 금리규제차는 회사채유통수익률과 은행의 가중평균 기업대출금리와의 차이를 사용. 각 재벌의 재무자료는 KIS-Line 재벌 재무자료를 이용. 종합주가지수, 회사채유통수익률, 은행 가중평균 기업대출금리는 한국은행, 《경제통계연보》의 자료를 이용. 모든 성장률, 이익률, 금리자료의 단위는 %. 상수항의 추정계수는 제시되지 않고 있는데, 모두 1% 수준에서 유의.

주: ( )안의 수치는 해당 회귀계수가 0이라는 가설에 대한 t값임.
　　*, **, ***은 각각 10%, 5%, 1%에서 유의함을 의미.

〈그림 7-12〉 금리규제차의 추이

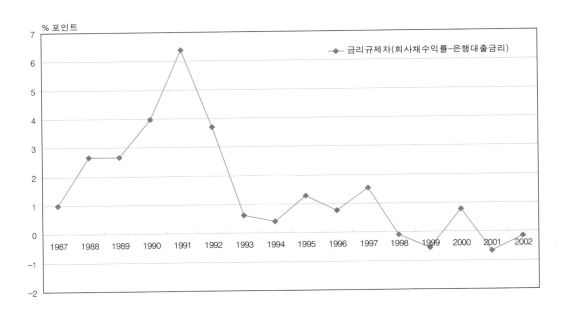

% 포인트

금리규제차(회사채수익률-은행대출금리)

그러나 이런 설명이 회귀계수가 통계적으로 유의한 음의 값을 갖는 것을 설명해 주지는 않는다. 우리나라처럼 감가상각비나 투자세액공제 등 비부채성 세금혜택이 계속해서 기업들에게 주어져온 세무환경 하에서, 고정자산 비율이 높은 기업에게는 비부채성 절세혜택을 이용할 기회가 풍부하게 주어지고, 따라서 그런 기업은 절세방법으로서의 부채사용에 더 소극적인 행동을 보여왔다는 이론적 예측이 가능하고, 위의 실증분석 결과는 그에 부합한다는 전혀 다른 해석이 가능하다.

수익성이 높을수록 재벌의 부채비율은 낮아지는 통계적으로 매우 확실한 경향이 있다. 모형2와 모형3에서 수익성의 회귀계수의 절대값이 다른 회귀계수값들에 비해 훨씬 크다. 높은 수익성은 원활한 내부자금조달을 의미할 뿐 아니라, 다음 절에서 보듯이 재벌들은 내부자금조달이 원활할 때 주식발행도 활발하게 한다. 모형2와 모형3에서 성장률의 회귀계수는 통계적으로 유의하나 회귀계수값은 작으며 음의 부호를 갖고 있다. 성장률은 고정자산의 증가율로 측정되고 있는데, 고정투자를 많이 하는 재벌일수록 주식자금조달에 의존하게 되고 이로 인해 부채비율이 낮아지는 효과가 발생한다는 해석이 가능한 것으로 보인다. 재벌의 경우에는 정보 비대칭성으로 인한 레몬 프리미엄의 부담으로부터 상대적으로 자유로워 주식발행의 부담이 적다는 점이 이런 행태를 가능하게 한다고 할 수 있다. 30대 재벌과 5대 재벌을 대상으로 한 회귀분석에서 고정투자율이 높을수록 주식자금조달이 증대하는, 통계적으로 유의한 관계가 〈표 6-41〉, 〈표 6-51〉, 〈표 6-52〉에서 이미 확인된 바 있다.

〈표 7-30〉은 〈표 7-29〉의 회귀모형에 지분율변수를 추가하여 보통최소자승 방법으로 추정한 결과를 보여주고 있다. 모형1에는 자기지분율, 모형2에는 계열사지분율, 모형3에는 자기지분율과 계열사지분율, 모형4에는 내부지분율이 설명변수로 들어가 있다. 자기지분율이란 총수와 그의 친인척의 지분율이며, 내부지분율이란 자기지분율과 계열사지분율을 합한 값이다. 5대 재벌더미와 10대 재벌더미 각각을 넣고 추정해 본 결과 10대 재벌더미의 통계적 유의성이 5대 재벌더미에 비해서 높았다.

담보자산비율, 주가지수상승률, 금리규제차 변수는 통계적 유의성을 지니지 못하고 있다. 성장률은 계수값이 음으로서 작기는 하지만 여전히 유의하다. 지분율변수가 추가되면서 기업규모 변수가 통계적 유의성을 갖게 되었고 회귀계수값도 다른 변수들에 비해 월등히 큰 변화가 발생하였다. 기업규모가 클수록 재벌의 부채비율은 분명하게 높아진다.

수익성의 회귀계수값은 0.8 안팎으로 크며 통계적 유의성 또한 매우 높다. 즉, 수익성이 높을수록 재벌의 부채비율은 낮다. 절충이론에 따르면 수익성이 높을 때 파산위험은 감소하므로 기업은 부채비율을 더 높이는 것으로 관찰되어야 하는데 실증결과는 그 반대이다. 수익의 확대는 1차적으로 자본을 확충시켜주는데, 기업은 이 때 부채비율을 최적 수준으로 유지하려는 행동을 하는 것이 아니라 자금소요를 내부자금으로 조달하는 양을 늘리면서 부채의 사용이 줄게 되며, 따라서 부채비율이 낮아지는 것으로 해석할 수 있다. 이런 결과와 해석은 순서적 자금조달론에 부합하며 절충이론에 모순된다(이 책의 제3장 참조).

지분율변수와 더불어 지분율변수의 제곱항도 함께 모형에 투입하였다. 이는 지분율의 크기에 따라 지분율이 부채비율에 미치는 영향의 정도가 달라지는지를 확인하기 위해서다. 추정 결과, 자기지분율과 계열사지분율, 그리고 두 지분율의 제곱항도 모두 5% 또는 1% 수준에서 통계적 유의성을 지니고 있다. [11] 그러나 아래의 고정효과 모형의 추정은 지분율에 대해서 매우 다른 결과를 보여주고 있다. 지분율과 부채비율의 관계에 대해서는 자료집합의 특징을 조금 더 제대로 반영하고 있는 고정효과 모형의 추정결과를 중심으로 논의하겠다.

---

11) 지분율의 제곱항을 포함시키지 않고 단지 지분율 항만을 모형에 포함시켜 추정을 할 때는 어떤 지분율의 회귀계수도 통계적 유의성을 갖지 못하는 것으로 나타나고 있다.

〈표 7-30〉 재벌의 재무구조 결정에 대한 보통최소자승 회귀추정 결과 2

설명변수	모형 1	모형 2	모형 3	모형 4
재벌규모	1.8612 (2.581***)	3.0501 (4.063***)	2.6826 (3.877***)	2.0526 (2.790***)
성장률	-0.0416 (-1.946**)	-0.0436 (-2.041**)	-0.0448 (-2.131**)	-0.0371 (-1.722*)
수익성	-0.8737 (-16.716***)	-0.7904 (-14.414***)	-0.7905 (-14.619***)	-0.8586 (-16.040***)
담보자산비율	-0.0074 (-0.182)	-0.0099 (0.239)	-0.0368 (0.896)	-0.0138 (-0.333)
주가지수상승률	-0.0164 (-1.149)	-0.0180 (-1.267)	-0.0180 (-1.290)	-0.0173 (-1.214)
금리규제차	-0.0443 (-0.132)	-0.1269 (-0.385)	-0.0865 (-0.263)	-0.0496 (-0.149)
자기지분율	0.3077 (2.078**)	–	0.4429 (2.987***)	–
(자기지분율)^2	-0.0086 (-2.539**)	–	-0.0136 (-3.915***)	–
계열사지분율	–	-0.4510 (-3.346***)	-0.6734 (-4.713***)	–
(계열사지분율)^2	–	0.0060 (3.135**)	0.0088 (4.428***)	–
내부지분율	–	–	–	0.1929 (1.206)
(내부지분율)^2	–	–	–	-0.0028 (-1.627*)
10대 재벌더미	-3.5489 (-2.144**)	-5.6755 (-3.522***)	-4.8463 (-2.940***)	-4.5528 (-2.751***)
98년이후더미	-15.9631 (-10.647***)	-17.6318 (-11.231***)	-17.7377 (-11.497***)	-15.5109 (-10.050***)
모형의 설명력과 적합도	조정 R^2 = 0.4982; F[10, 427] = 44.39, p = 0.0000	조정 R^2 = 0.5031; F[10, 427] = 45.25, p = 0.0000	조정 R^2 = 0.5210; F[12, 425] = 40.61, p = 0.0000	조정 R^2 = 0.4961; F[10, 427] = 44.03, p = 0.0000

1987년부터 2002년까지 16년간 30대 재벌 각각의 연간자료를 이용하여, 부채비율을 기업규모, 성장률, 수익률, 담보자산 비율, 주가상승률, 금리규제차, 자기지분율, 계열사지분율, 내부지분율에 대해 보통최소자승 회귀를 실시. 부채비율은 총부채/총자산, 기업규모는 총자산의 자연대수, 성장률은 전년비 고정자산 증가율, 수익률은 매출액경상이익률, 담보자산 비율은 고정자산/총자산 비율, 주가상승률은 연평균 종합주가지수의 전년비 상승률, 금리규제차는 회사채유통수익률과 은행의 가중평균 기업대출금리와의 차이를 사용. 각 재벌의 재무자료는 KIS-Line 재벌 재무자료를 이용. 종합주가지수, 회사채유통수익률, 은행 가중평균 기업대출금리는 한국은행, 《경제통계연보》의 자료를 이용. 재벌의 지분율자료는 공정거래위원회 발표자료를 이용. 모든 성장률, 이익률, 금리자료의 단위는 %. 상수항의 추정계수는 제시되지 않고 있는데, 모두 1% 수준에서 유의.

주: ( ) 안의 수치는 해당 회귀계수가 0이라는 가설에 대한 t값임.
　　 *, **, ***은 각각 10%, 5%, 1%에서 유의함을 의미.

7.4. 고정효과 모형의 추정결과

이미 언급하였듯이, 패널선형 추정결과가 보통최소자승 추정결과보다 모든 분석모형에서 언제나 우월하며, 패널선형 추정에서는 Hausman 검정(Greene, 1998 : 171~172) 결과 고정효과 모형이 확률효과 모형에 비해서 1% 또는 5% 유의수준에서 모든 분석모형에서 우월한 결과를 나타냈다. 〈표 7-31〉에는 고정효과 모형에 대한 추정결과가 제시되고 있는데, 지분율변수를 설명변수로 포함하고 있는 모형들의 조정 결정계수의 값이 0.8을 넘어서서, 통합자료에 대한 보통최소자승 추정 때의 0.4보다 변동에 대한 설명력이 훨씬 커져 있다.

기업규모, 성장률, 수익성, 담보자산비율, 주가지수상승률, 금리규제차 및 지분율변수들에 대해 총부채비율이 회귀되고 있다. 고정효과 모형에서는 5대 재벌더미나 10대 재벌더미를 넣게 되면 다중공선성 문제가 발생한다. 왜냐하면, 이미 5대 또는 10대 재벌 각각에 대해서 상수항더미가 고정효과 모형에 투입되기 때문이다. 그러나 시간 더미는 투입하지 않는 고정효과 모형이기 때문에 98년이후 더미는 설명변수로 집어넣는다. 지분율자료가 설명변수로 들어가 있지 않은 모형1의 추정결과를 먼저 제시한다. 이어서 차례로 모형2에는 자기지분율, 모형 3에는 계열사지분율, 모형4에는 자기지분율과 계열사지분율, 모형5에는 내부지분율을 설명변수로 추가한 모형에 대한 보고가 이루어진다.

지분율자료가 변수로 들어가 있지 않은 모형1에 대해서 보자. 추정결과는 〈표 7-29〉의 모형1에 대한 보통최소자승 추정결과와 유사한 구조를 보여준다. 재벌규모, 주가지수상승률, 금리규제차 회귀계수들은 통계적 유의성이 없다. 성장률의 회귀계수는 -0.0325로 보통최소자승 추정에서의 -0.0069보다 계수값은 크나 통계적 유의성을 상실하고 있다. 담보자산비율의 회귀계수의 부호는 음으로서 회귀계수의 절대값이 다소 커졌다. 수익성의 회귀계수값은 -0.7633으로 다른 변수들의 회귀계수값에 비해 월등히 크며 통계적 유의성 또한 매우 높다.

〈표 7-31〉의 모형2, 모형3, 모형4, 모형5는 〈표 7-30〉의 모형1, 모형2, 모형3, 모형4의 설명변수 구조와 정확히 대응된다. 다만, 〈표 7-30〉에서는 자료를 통합하여 공통의 상수항을 설정하고 보통최소자승 추정하고 있는 데 반해, 〈표 7-31〉에서는 재벌별로 상수항더미를 투입한 보통최소자승 추정을 하고 있다는 점에서만 차이가 있다. 물론 고정효과 모형이 개개 재벌(자료)을 구분하고 그 고유 특성을 각각의 상수항에 반영하고 있다는 점에서 더 우수한 추정이 된다.

〈표 7-31〉 재벌의 재무구조 결정에 대한 고정효과 모형 추정결과

설명변수	모형1	모형2	모형3	모형4	모형5
재벌규모	-0.9131 (-0.873)	1.1900 (1.553)	1.3592 (1.760*)	1.4956 (1.877*)	1.2645 (1.701*)
성장률	-0.0325 (-1.502)	-0.0381 (-2.597***)	-0.0380 (-2.628***)	-0.0370 (-2.512**)	-0.0390 (-2.706***)
수익성	-0.7633 (-16.250***)	-0.6396 (-16.275***)	-0.6153 (-14.923***)	-0.6211 (-14.942***)	-0.6039 (-14.431***)
담보자산비율	-0.2363 (-3.588***)	0.0183 (0.388)	0.0274 (0.581)	-0.0257 (0.538)	0.0170 (0.365)
주가지수상승률	-0.0116 (-0.777)	-0.0297 (-3.032)	-0.0297 (-3.028**)	-0.0302 (-3.070***)	-0.0291 (-2.989***)
금리규제차	-0.4284 (-1.150)	-0.2419 (-1.052)	-0.2165 (0.342)	-0.2434 (-1.058)	-0.1933 (-0.854)
자기지분율	—	-0.4510 (-3.346***)	—	-0.0595 (-0.348)	—
(자기지분율)^2	—	0.0060 (3.135**)	—	0.0034 (0.828)	—
계열사지분율	—	—	-0.2008 (-1.585)	-0.1800 (-1.405)	—
(계열사지분율)^2	—	—	0.0023 (1.387)	0.0021 (1.266)	—
내부지분율	—	—	—	—	-0.3350 (-2.396***)
(내부지분율)^2	—	—	—	—	0.0035 (2.372**)
98년이후더미	-8.2796 (-5.193***)	-12.4405 (-10.979***)	-12.6249 (-10.719***)	-12.6730 (-10.732***)	-12.7589 (-11.121***)
모형의 설명력과 적합도	조정 R^2 = 0.6618; F[49, 506] = 23.16, p = 0.0000	조정 R^2 = 0.8042; F[51, 386] = 36.20, p = 0.0000	조정 R^2 = 0.8046; F[51, 386] = 36.27, p = 0.0000	조정 R^2 = 0.8043; F[53, 384] = 34.88, p = 0.0000	조정 R^2 = 0.8061; F[51, 386] = 36.62, p = 0.0000

1987년부터 2002년까지 16년간 30대 재벌 각각의 연간자료를 이용하여, 부채비율을 기업규모, 성장률, 수익률, 담보자산 비율, 주가상승률, 금리규제차, 자기지분율, 계열사지분율, 내부지분율에 대해 고정효과 선형회귀를 실시. 부채비율은 총부채/총자산, 기업규모는 총자산의 자연대수, 성장률은 전년대비 고정자산 증가율, 수익률은 매출액경상이익율, 담보자산 비율은 고정자산/총자산 비율, 주가상승률은 연평균 종합주가지수의 전년비 상승률, 금리규제차는 회사채 유통수익률과 은행의 가중평균 기업대출금리와의 차이를 사용. 각 재벌의 재무자료는 KIS-Line 재벌 재무자료를 이용. 종합주가지수, 회사채유통수익률, 은행 가중평균 기업대출금리는 한국은행, 《경제통계연보》의 자료를 이용. 재벌의 지분율자료는 공정거래위원회 발표자료를 이용. 금리자료의 단위는 %. 재벌별 더미 상수항의 추정계수는 제시되지 않고 있음.

주: ( ) 안의 수치는 해당 회귀계수가 0이라는 가설에 대한 t값임. *, **, ***은 각각 10%, 5%, 1%에서 유의함.

자기지분율 자료가 투입된 모형2를 보자. 재벌규모, 담보자산비율, 주가지수상승률, 금리규제차와 같은 설명변수의 계수값은 통계적 유의성을 갖지 못하고 있다. 성장률의 계수값은 -0.0381로서 높은 통계적 유의성을 갖는다. 고정자산의 증가속도가 클수록 주식발행을 통한 자금조달이 커지며, 이로 인해 부채비율이 낮아지는 영향이 약한 정도로 발생하게 된다는 해석이 가능하다. 수익성의 계수값은 -0.6396으로 다른 어떤 변수의 계수값보다 절대치가 커, 부채비율에 미치는 영향이 강하다.

자기지분율과 자기지분율의 제곱항 모두 통계적 유의성을 갖는 것으로 나타나고 있다. 그런데 자기지분율의 계수값은 -0.4510, 자기지분율의 제곱항의 계수값은 0.0060으로, 계수의 부호가 보통최소자승 추정 때와는 반대이다. 이는 자기지분율과 부채비율 사이에, 자기지분율이 37.58%일 때 부채비율이 가장 낮은 값을 갖는 U자 모양의 관계가 성립함을 뜻한다. 즉, 자기지분율이 37.58%가 될 때까지는 자기지분율이 증가함에 따라 부채비율이 낮아지나 그 이후로는 자기지분율의 증가에 따라 부채비율은 높아진다. 자기지분율 1% 변화에 대해 부채비율의 한계적 변화율은 '-0.4510+0.0120 * (변화지점의 자기지분율) * (변화방향)'이다. 그런데 현실적으로 총수의 자기지분율이 20%를 넘는 재벌의 사례는 드물기 때문에, 대부분 재벌의 경우 자기지분율과 부채비율이 음의 관계를 갖는, 즉 자기지분율이 낮아지면 부채비율은 높아지는 관계가 나타나는 구간에서 움직이고 있다고 할 수 있다.

모형3에서 계열사지분율 및 그 제곱항의 회귀계수값은 -0.2008과 0.0023으로 10% 수준에서도 통계적 유의성은 없다. 모형2에서의 자기지분율의 계수값과 비교해보면 부호구조는 같고 계수의 절대치는 약 반의 크기이다. 모형4에서 자기지분율과 계열사지분율을 설명변수로 동시에 투입할 경우 두 변수의 통계적 유의성이 모두 사라지고 있다.

자기지분율과 계열사지분율의 합인 내부지분율을 설명변수로 투입한 모형5에서 내부지분율과 그 제곱항의 회귀계수값은 각각 -0.3350과 0.0035로 높은 통계적 유의성을 보이고 있다. 이는 모형2의 자기지분율-부채비율 관계와 모형3의 계열사지분율-부채비율 관계가 합쳐져서 나타나는 데 따른 결과로 볼 수 있다.[12] 〈표 7-30〉의 모형4에서 내부지분율과 그 제곱항의 회귀계수 0.1929 및 -0.0028과 비교하면 지금의 고정효과 모형에서는 회귀계수 부호가 반대이며, 통계적 유의성은 크게 높아져 있다. 지분율의 이 같은 계수구조는 내부지분율과 부채비율 사이에, 내부지분율이 47.86%일 때 부채비율이 가장 낮은 값을 갖는 U자 모양의 관계가 성립함을 뜻한다(〈그림 7-13〉

---

12) 〈표 7-31〉의 모형3에서 계열사지분율과 부채비율의 관계는 계열사지분율이 43.65%일 때 부채비율이 최소가 되는 U자 모양이다. 모형3에서 계열사지분율과 그 제곱항의 회귀계수의 유의수준은 10%에 근접해 있다.

〈그림 7-13〉 내부지분율의 한계적 변화에 따른 부채비율의 변화분

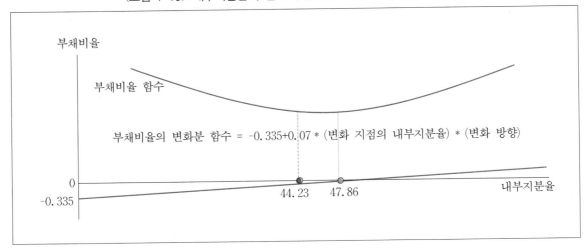

참조). 즉, 내부지분율이 47.86%가 될 때까지는 내부지분율이 증가함에 따라 부채비율이 낮아지나 그 이후로는 내부지분율의 증가에 따라 부채비율이 높아지는 관계를 의미한다. 내부지분율 1% 변화에 대해 부채비율의 한계적 변화율은 '-0.3350+0.0700 * (변화지점의 내부지분율) * (변화방향)'이다.

이용되고 있는 43개 재벌들의 자료집합에서 자기지분율의 평균치는 14.80%, 계열사지분율의 평균치는 29.43%, 내부지분율의 평균치는 44.23%이다. 자기지분율의 경우와는 달리, 재벌들의 내부지분율은 주로 꼭지점 주변에 분포해 있다. 꼭지점 내부지분율 47.86%에서 내부지분율이 1% 포인트 증가하거나 감소하면 부채비율은 3.02% 포인트만큼 두 경우 '모두' 높아진다.

부채비율과 지분율 간의 이같은 회귀결과는 앞의 보통최소자승 추정결과와 매우 다르다. 보통최소자승 추정은 '재벌간' 자료 특성을 무시하고 있는 데 비해 고정효과모형 추정에서는 재벌 내뿐만 아니라 재벌간의 자료 특성을 모두 반영한 데서 이런 차이가 나타난 것이다. 제3장의 논의에서 보듯이, 다수의 논자들(Ross, 1977 ; Leland and Pyle, 1977 ; Kim & Sorenson, 1986 ; Stulz, 1988)이 경영자가 신호전달의 관점이나 또는 부채를 지배권보호에 이용한다는 대리인비용적 관점에서 경영자지분율과 부채비율 간의 정의 관계를 주장하고 있다. 그러나 추정결과는 단순한 선형관계가 아니라 경영자지분율이 높은 구간에서만 경영자지분율과 부채비율 간의 정의 관계가 성립하며, 경영자지분율이 낮은 구간에서는 오히려 양자간에 음의 관계가 성립함을 말하고 있다. 이와 관련하여 조금 더 분석해 보자.

 〈표 7-32〉에는 분석대상이 되고 있는 재벌별 부채비율과 지분율자료가 제시되어 있다. 각 칸의 수치는 1987~2002년 기간 동안 재벌별로 이용 가능한 자료에 대한 평균치이다. 5대 재벌의 자료가 먼저 제시되고, 그 이후로는 가나다순으로 배열되어 있다.

 〈표 7-32〉의 자료들을 각 자료의 중앙값을 기준으로, 중앙값보다 큰 자료집단의 평균 및 중앙값보다 작은 자료집단의 평균으로 나누어 살펴본 것이 〈표 7-33〉이다. 예를 들어, 부채비율-부채비율 칸에서 전체 재벌자료의 중앙값 76.66%보다 큰 부채비율을 갖는 재벌들의 부채비율 평균값이 87.57%, 중앙값 76.66% 미만의 부채비율을

〈표 7-32〉 재벌별 부채비율과 지분율 평균자료

(단위: %)

재벌 명	부채 비율	자기 지분율	계열사 지분율	내부 지분율	재벌 명	부채 비율	자기 지분율	계열사 지분율	내부 지분율
현 대	78.63	14.62	40.56	55.19	신세계	67.39	19.47	39.69	59.16
삼 성	69.37	4.19	43.69	47.88	쌍 용	79.30	4.33	30.80	35.14
대 우	79.33	7.10	35.12	42.22	아 남	75.06	15.61	12.22	27.83
LG	73.53	6.08	35.04	41.12	우 성	98.04	20.94	44.85	65.79
SK	73.04	12.58	40.23	52.81	제일제당	59.11	10.02	43.37	53.39
강원산업	78.20	20.95	27.84	48.79	진 로	104.44	11.13	45.94	57.07
고 합	97.52	6.42	33.56	39.99	코오롱	71.10	8.45	38.39	46.84
극동건설	82.43	5.52	18.97	24.49	태광산업	37.94	34.70	43.20	77.89
극동정유	95.23	29.61	11.38	40.99	태평양	65.28	22.07	20.27	42.34
금 호	77.83	2.94	43.15	46.09	통 일	94.01	51.39	0.64	52.03
기 아	81.10	4.60	24.15	28.75	한 라	84.48	30.38	27.40	57.79
대 림	75.58	8.45	33.71	42.16	한 솔	73.52	4.00	38.09	42.09
대 상	74.66	19.83	32.78	52.61	한 양	96.51	38.21	6.12	44.34
동국제강	67.02	17.05	32.12	49.16	한 일	90.82	14.99	34.96	49.95
동 부	70.88	13.65	33.84	47.49	한 진	84.51	19.79	26.00	45.79
동아건설	79.13	17.59	25.34	42.93	한 화	74.12	6.24	33.58	39.82
동 양	74.03	7.95	38.77	46.73	해 태	110.33	5.91	30.86	36.77
롯 데	55.83	3.89	22.95	26.84	현대산업개발	64.56	18.22	15.32	33.55
두 산	76.66	12.49	40.63	53.12	현대정유	82.40	3.02	1.43	4.45
벽 산	81.68	15.93	20.16	36.08	효 성	71.11	14.98	29.19	44.17
삼 양	66.70	15.99	30.94	46.93	최 대	110.33	51.39	45.94	77.89
삼 환	68.55	20.15	13.59	33.73	최 소	37.94	2.94	0.64	4.45

자료: 한국신용평가정보㈜, KIS-Line 재무자료를 이용하여 계산. 공정거래위원회, 대규모 기업집단 지분율자료.

270

〈표 7-33〉 재벌별 부채비율과 지분율 평균자료

(단위: %)

분류 기준	하위 집단	부채 비율
부채비율	고 부채비율군	87.57
	저 부채비율군	68.41
	(F검정, t검정)	(0.626, 0.000)
자기지분율	고 자기지분율군	77.33
	저 자기지분율군	78.19
	(F검정, t검정)	(0.573, 0.834)
계열사지분율	고 계열사지분율군	75.66
	저 계열사지분율군	79.97
	(F검정, t검정)	(0.665, 0.291)
내부지분율	고 내부지분율군	77.06
	저 내부지분율군	78.50
	(F검정, t검정)	(0.372, 0.726)

주: (F검정, t검정)의 값들은 두 비교집단의 분산 및 평균이 동일하다는 가설을 기각할 때의 1종 오류 확률.
자료: 한국신용평가정보㈜, KIS-Line 재무자료, 공정거래위원회, 대규모 기업집단 지분율자료를 이용.

갖는 재벌들의 부채비율 평균값이 68.41%이다. 그리고 평균 이상 집단과 평균 이하 집단의 분산의 동일성에 대해 F검정, 두 집단의 평균의 동일성에 대해 t검정을 하였을 때의 p값이 0.626과 0.000이다. 두 자료집단의 분산은 다르다고 할 수 없고 평균은 이 경우에는 당연히 다르다. 이런 식으로 자기지분율, 계열사지분율, 내부지분율이 높은 재벌집단과 낮은 재벌집단 간의 부채비율에 차이가 있는지를 확인하여 보았을 때 어떤 경우에도 통계적으로 차이가 나지 않고 있다. 따라서 회귀추정에서 나타난 내부지분율과 부채비율의 관계는 각 재벌 내에서의 부채비율과 내부지분율 간의 관계에서 부분적으로 비롯되고 있음을 알 수 있다.

한 재벌 안에서 내부지분율이 높아져 갈 때 부채비율은 낮아지다가 내부지분율이 일정한 수준을 넘어서서 더 높아지면 부채비율이 다시 높아지는 것의 경제적 의미는 무엇일까?

먼저 내부지분율이 높은 두 변수간의 양의 관계가 성립하고 있는 구간에 대해서 생각해 보자. 재벌이 외형을 확장할 경우에 필요한 자본을 우선적으로 부채로 조달하려 한다. 그리고 재무적 안정성에 대한 고려하에서 소요자금의 일부를 자기자본으로 조달하게 된다. 이때 재벌총수는 자신의 자본력의 한계로 인해 계열사지분에 의존하여

〈표 7-34〉 고부채비율 재벌군과 저부채비율 재벌군에서 지분율간의 상관관계

		계열사지분율	내부지분율
고부채비율 재벌군	자기지분율	-0.4829	0.4617
	계열사지분율	1.0000	0.5538
저부채비율 재벌군	자기지분율	-0.2024	0.5097
	계열사지분율	1.0000	0.7394

주: 고부채비율 재벌군과 저부채비율 재벌군을 구분하는 기준은 부채비율의 중앙값임.

자기자본을 조달하게 된다. 그에 따라 총수의 자기지분율은 저하되고 내부지분율과 부채비율은 증대하게 될 것이다. 다른 상황도 가능하다. 사업의 성과가 누적적으로 좋지 않아 자기자본이 충실하지 않은 재벌은 부채비율이 높아진다. 이런 상황에 처해 있는 재벌은 자본을 보충해야 하는데, 총수의 자본력에는 한계가 있어 주로 계열사 출자에 의존하여 내부지분율을 늘리게 될 것이다.[13] 이와 같은 이유들로 인해 내부지분율이 이미 높은 재벌에서의 내부지분율의 추가적인 증대는 부채비율 증대를 수반한다는 것을 모형의 분석결과가 반영하고 있을 수 있다.

부채비율이 중앙값보다 큰 고부채비율 재벌들에서 자기지분율과 계열사지분율 간의 상관계수는 -0.4829로 저부채비율 재벌군의 -0.2024에 비해 음의 상관성이 훨씬 강하다(〈표 7-34〉 참조). 그리고 고내부지분율 재벌군에서의 내부지분율과 계열사지분율간의 상관계수는 0.6892로서, 저내부지분율 재벌군에서의 0.3449에 비해서 양의 상관성이 훨씬 크다. 즉, 고내부지분율 재벌에서 내부지분율의 증대는 계열사출자에 의존하여 이루어지는 경향이 강하다. 이런 상관관계들은 고부채비율 재벌의 총수들이 자기지분율의 저하를 감내하면서 내부지분율의 증가를 받아들이는 경향이 더 강하다는 것을 의미하고 있는바, 앞의 두 해석들에 대한 간접적인 증거가 될 수 있다.

그러면, 내부지분율이 낮은 구간에서 내부지분율이 낮아질 때 부채비율이 높아지는 현상은 어떻게 해석할 수 있을까? 먼저, 고 부채비율이자 저 내부지분율인 재벌들의 명세를 확인해본 결과, 강원산업, 금호, 두산, 진로, 통일, 한라, 한양, 한일 등 9개 재벌로서, 이 가운데 금호그룹과 두산그룹을 제외한 나머지 재벌들은 분석기간중 해

---

13) 이는 지분율이 부채비율에 영향을 미치는 것이 아니라 부채비율이 지분율에 영향을 미치는 것이 된다. 박경서·백재승(2001)은 연립방정식 모형에 대한 2단계 최소자승 추정을 1993~1998년간 자료에 대해서 연도별로 행하였는데, 부채비율이 종속변수인 추정식에서 내부지분율의 회귀계수는 1993~1996년 자료에서는 통계적 유의성이 없는 것으로, 1997년과 1998년 자료에서는 5% 유의수준에서 회귀계수값이 각각 -0.0083과 -0.0049로 매우 작게 나타나고 있다. 박경서·백재승(2001)의 〈표 9〉 참조. 국찬표·정균화(1996)는 대주주 지분은 내생변수라기보다는 외생변수로서의 성격을 지니고 있음을 실증하고 있다.

272

체되었거나 규모가 크게 위축되어 대규모 기업집단 지정에서 제외된 상태로 남아 있다. 즉, 고부채비율-저내부지분율 재벌의 경우란 대개가 부실한 재벌들이다. 금호와 두산의 경우에는 분석기간중에 내부지분율이 높아지고 부채비율이 하락하는 시간적 변화가 관찰되고 있으며, 한라, 진로, 한일의 경우에는 내부지분율이 낮아지면서 부채비율은 높아지는 변화가 일어나고 있다. 전자의 경우는 내부지분율의 증대와 자본의 확충으로 인해 부채비율이 하락하는 경우이고, 후자의 경우는 부실이 진행되는 과정에서 내부지분을 처분하여 자금을 조달하며 부채비율은 높아지는 경우이다. 두 경우는 전혀 다른 경제적 현상이지만, 통계적으로는 부채비율과 내부지분율 간에 음의 회귀계수가 나타나게 하도록 같이 작용하고 있다.

결론적으로, 이상의 추정결과에 따르면 우리나라 재벌총수들이 부채를 지배권보호에 이용한다는 가설을 기각할 수 없다. 자기지분율뿐 아니라 계열사지분율까지 완벽하게 통제하고 있는 상황에서 재벌총수는 양자의 합인 내부지분율과 부채비율 간의 관계에 대해서 신경을 쓴다. 그러나 내부지분율과 부채비율 간의 관계는 재벌이 정상적인 상태에 놓여 있는가 아니면 부실화상태에 놓여 있는가에 따라 다르게 나타나고 있음이 확인되고 있다.

계열사지분율 정보가 포함되는 모형3, 모형4, 모형5에서 주목할 점은 주가지수상승률이 높은 통계적 유의성을 보이고 있다는 점이다. 그 부호는 음이며 대체로 -0.03의 계수값을 갖고 있다. 즉, 주식시장에서 종합주가가 상승할 때 재벌의 부채비율은 낮아진다. 이는 6장에서 주식발행에 대해 얻은 추정결과와 더불어 분명하게 해석될 수 있다. 즉, 주가가 상승할 때 재벌들은 주식발행에 의존하여 자금을 조달하는 정도가 높아지며 그 결과 주식발행에 따른 자본확충으로 부채비율이 낮아지는 경향이 발생한다는 것이다. 이는 또한 주식발행과 관련한 신호효과와 관련지어 설명할 수도 있다. 일반적으로, 주식의 발행은 자본시장에 기업가치에 대한 부정적인 신호로 받아들여진다(Myers and Majluf, 1984 ; 이윤호, 2002a). 따라서 유상증자시 주가는 하락하고 일정한 자금을 증자조달하기 위해 기존주주들이 감내해야 하는 지분율 희석의 정도가 커진다. 따라서 자신을 포함한 기존주주들의 이익을 보호하려는 재벌총수는 가급적 주가가 오르는 시기를 골라 주식을 발행하게 된다.

또 하나 주목할 만한 점은 세 모형에서 재벌 규모 역시 10% 수준에서 통계적 유의성을 갖고 있다는 것이다. 부채비율에 규모효과가 작용하고 있다. 규모가 클수록 재벌은 높은 부채비율을 갖는다. 그리고 그 영향은 다른 변수들이 미치는 영향에 비해 상대적으로 매우 크다. 재벌의 규모가 커질수록 다각화 정도가 더 커지고 현금흐름의 변동성은 완화될 것이다. 또한 계열사들간의 공동보험 효과가 커지고 계열사 상호간 지급보증의 용이성 증대 등의 효과가 복합적으로 작용하며 부채의 사용이 늘어나기 때문이라고 볼 수 있다(이 책의 4장 1절 참조).

재벌단위의 자료를 이용하여 재벌의 재무구조 결정에 대한 분석을 행한 연구는 아직 이루어지지 않은 것으로 알고 있다. 개별 기업자료를 이용한 재무구조 추정은 많이 이루어졌다. 그 가운데 재벌계열사에 대해서도 분석한 박경서·백재승(2001)의 연구결과를 보자. 박경서·백재승은 1993년부터 1998년 사이에 계속 상장된 자본 잠식 없는 346개의 비금융기업을 표본으로 삼아 추정작업을 행하였다. 그 가운데 재벌계열사의 부채비율 결정에 대한 보통최소자승 추정결과에서 통계적 유의성이 있는 변수들을 중심으로 살펴보겠다. 추정결과, 모형의 조정 결정계수의 값과 F값은 각각 0.3과 24 정도이다. 총자산 로그로 측정한 기업규모 변수의 추정치는 통계적 유의성은 높으나 계수값은 0.03 정도로 작다. 수익성변수는 통계적 유의성이 매우 높으며 -0.65라는 큰 음의 계수값을 보여주고 있다. 고정투자지출 변수는 -0.1 정도의 유의한 계수값을 나타내고 있다. 지분율변수 중에서는 총수지분만이 0.0018이라는 유의한 계수값을 보여준 반면, 내부지분율과 계열사지분율은 통계적 유의성이 전혀 없는 것으로 나타나고 있다. 토빈 Q값이 클수록 그리고 기업의 비체계적 위험이 높을수록 부채비율은 높아지며 매우 유의하다(박경서·백재승, 2001 : 〈표 6〉 참조). 재벌계열사를 상대로 한 박경서·백재승(2001)의 모형과 재벌을 단위로 한 이 책의 모형에서 규모, 성장률, 수익성 등 같이 투입된 변수들의 계수값은 동일한 부호와 통계적 유의성을 보여주고 있음이 주목된다. 즉, 재벌을 단위로 하거나 재벌계열사를 단위로 하거나 규모, 성장률, 수익성이 부채비율에 미치는 효과는 동질적이다. 앞의 고정효과 모형에서 지분율변수들을 그 제곱항을 같이 포함시키지 않고 투입할 경우 어느 경우에도 추정계수값이 통계적 유의성이 없는 것으로 나타나는데, 만약 박경서·백재승(2001)도 지분율과 지분율의 제곱항을 설명변수로 같이 투입했다면 다른 결과를 얻을 수 있었을지 모른다.

8. 재벌의 주식자금조달에 대한 회귀분석

5장과 6장에서 전체 기업, 30대 재벌과 그 하위집단들, 전체 중소기업의 집계성자료를 가지고 주식자금 조달에 대한 상관성분석과 회귀분석이 이루어졌다. 분석은 외환경제위기가 발생한 1997년까지로 시기적으로 한정하여 행하였다. 왜냐하면 분석자료가 집계성을 띠고 있는 자료들이기 때문이다. 자료가 작성되는 구성요소들의 구성에 현저한 변화가 있게 되면 집계자료의 수치는 그 영향을 직접적으로 받는다. 예를 들어, 상위 5대 재벌의 경우 외환경제위기 이후 대우그룹의 해체와 현대그룹의 친족분리 등으로 현저한 구성변화가 있었다. 이런 구성변화를 감안하지 않고 시계열자료를 투입한 분석을 실시한다면 5대 재벌의 재무행태는 왜곡되어 나타나게 될 것이다. 개별 재벌의 자료를 이용하여 분석하게 되면 이 같은 집계와 구성변화의 문제는 원천적으로 발생하지 않게 된다. 이 절에서는 앞절에서 재무구조에 대한 회귀분석에 사용한 43개 재벌의 자료집합을 이용하여 재벌의 주식자금 조달행태에 대한 회귀분석을 실시한다.

8.1. 분석대상 자료

분석기간은 1987년부터 2002년까지 16년간이다. 재벌의 계열사자료가 아니라 재벌별 합산자료가 분석에 이용된다. 자료집합은 '43개 재벌×16개년도, 총 관찰 수 594개'인 불균형 패널자료 구조를 갖는다. 관찰 수가 앞의 재무구조에 대한 회귀분석의 441개에서 594개로 크게 늘었다. 이는 지분율자료가 분석에 사용되지 않으면서, 결과적으로 이용가능한 관찰 수가 늘어났기 때문이다. 지분율자료를 포함하여 예비 회귀분석을 해본 결과, 주식자금조달의 경우 어떤 지분율변수도 유의성을 갖지 않는 것으로 나타났다. 5대 재벌 및 10대 재벌더미 변수들도 예비분석에서 유의성을 갖지 않는 것으로 나타났다.

8.2 변수들의 요약 통계량과 상관관계

〈표 7-35〉에는 추정에 사용되는 변수들의 요약 통계량이 나타나 있다. 내부자금 조달비중이 68.48%로서 주식자금 조달비중 28.13%에 비해 2.43배에 이르는 것을 볼 수 있다. 그 나머지가 부채자금조달인데, 그 비중은 3.39%에 불과하다.
　　〈표 7-36〉에는 추정변수들간의 상관계수가 제시되고 있다. 주식자금 조달비중은 내

〈표 7-35〉 추정변수들의 요약 통계량

(단위: %)

	평균	표준편차	왜도	최소값	최대값
주식자금 조달비중	28.13	67.71	7.78	-65.85	956.59
내부자금 조달비중	68.48	122.24	2.59	-477.24	957.36
고정투자율	14.70	26.35	0.77	-87.22	164.35
주가지수상승률	9.14	36.04	1.01	-37.95	98.67
명목회사채수익률	12.89	3.42	-0.36	6.56	18.89
실질회사채수익률	7.57	1.92	-1.04	2.95	10.00

〈표 7-36〉 추정변수들간의 상관계수 행렬

	주식자금 조달비중	내부자금 조달비중	고정투자율	주가지수 상승률	명목회사채 수익률	실질회사채 수익률
주식자금 조달비중	1.0000	-	-	-	-	-
내부자금 조달비중	0.26732	1.0000	-	-	-	-
고정투자율	-0.09831	-0.07983	1.0000	-	-	-
주가지수상승률	0.28559	0.10612	-0.04030	1.0000	-	-
명목회사채수익률	-0.09465	-0.24025	0.36532	-0.28988	1.0000	-
실질회사채수익률	0.00634	-0.26800	0.28102	-0.04876	0.78530	1.0000

부자금 조달비중 및 주가지수상승률과 각각 0.267, 0.286의 양의 상관도를 보이고 있다. 내부자금조달이 원활하고 주가가 오르는 시기에 재벌들은 주식발행을 늘리는 약한 경향이 있다. 내부자금 조달비중은 금리변수와 -0.25 안팎의 음의 상관성을 보이고 있다. 이는 금리수준이 높을수록 이자비용 지출이 늘어 경상이익이 줄어드는 영향으로 볼 수 있을 것이다. 고정투자와 금리변수는 음이 아닌 양의 상관성을 보이고 있다. 이는 두 가지로 해석 가능하다. 재벌은 금리수준을 별로 고려하지 않으며 투자를 행하고, 재벌들의 고정투자가 활발할 때 오히려 그 영향으로 인해 시중 금리수준이 상승하게 된다는 것이다. 명목금리와 주가상승률은 -0.290의 음의 상관성을 나타내고 있다. 명목금리와 주가는 반대로 움직이는 경향이 있다.

8.3. 회귀분석 모형 및 추정결과

회귀분석에서 종속변수는 순증 기준 총자금조달액에 대한 주식자금조달(유상증자)의 비중이다. 총자금조달액은 내부자금, 유상증자, 이자부부채(차입금), 비이자부부채

(매입채무 및 기타부채)로 구성된다. 유보이익과 감가상각충당금 등으로 구성되는 내부자금은 경영활동의 결과로 주어지는 것으로서 자금의 조달이라는 점에서 볼 때 기업이 결정할 수 있는 대상이 아니다. 따라서 분석의 초점은 기업이 자금의 부족분을 외부자금원에 어떻게 배분하는가에 두게 된다. 차입금은 장기 및 단기 금융기관차입금, 회사채 등으로 복합적으로 구성된다. 따라서 외부자금원 가운데 차입금보다는 주식자금조달을 회귀분석모형의 피설명변수로 택하는 것이 간단하다.

설명변수들로는 고정투자율, 내부자금 조달비중, 주가상승률, 금리변수를 포함한다. 기업의 고정투자 규모는 기업의 자금소요의 크기를 결정하는 주된 요소이다. 기초 고정자산 스톡에 대한 기중 고정자산 변화분의 비율로서 고정투자율을 정의할 수 있다. 고정투자율이 높을수록 기업의 자금소요는 커지고 자금조달 규모는 늘어나게 될 것이다. 자금조달 규모가 주식자금 조달비중에 미치는 영향은 이론적으로 불분명하다. 절충이론에 따르면 기업은 최적 자본구조를 달성·유지하려는 비율로 자금조달을 구성하려 할 것이다. 순서적 자금조달이론에 따르면 가용 내부자금과 가용 차입 규모에 따라 기업의 주식자금 조달비중이 결정된다. 가용 내부자금과 차입선이 자금소요에 비해 충분할 경우 기업은 주식을 발행하려 하지 않을 것이다. 그러나 주가가 시장에서 과대평가되어 있어 차입보다도 유리한 조건이라고 판단되면 기업은 위험 부채의 발행이 아니라 주식을 발행하여 자금을 조달하려 할 것이다.

만약 기업이 절충이론의 설명을 따라 재무적 행위를 한다면, 기업의 수익성이 높아 내부자금 규모가 커질수록 기업의 자기자본은 증대하고 따라서, 다른 조건이 일정하다면, 기업은 최적 자본구조를 유지하기 위해 부채자금 조달을 늘리려 할 것이다. 만약 기업이 순서적 자금조달이론에 따라 행동하고 있다면 가용 내부자금이 클수록 주식자금 조달의 필요성은 줄어들 것이다. 한편, 주가가 상승할수록 기업의 자기자본의 시장가치는 증대한다. 만약 기업들이 절충이론에 따르는 행동을 하고 있다면, 최적 자본구조를 유지하려는 기업들로서는 부채의 조달을 늘리는 행동을 하게 될 것이다. 그 경우 주가상승률의 회귀계수는 음의 부호를 나타내게 될 것이다. 반대로 기업들이 순서적 자금조달론에 따르는 행동을 하고 있다면, 기업들은 주가가 상승할수록 주식의 발행을 늘릴 것이며, 주가상승률의 회귀계수는 양으로 나타나게 될 것이다.

주식자금 조달비중 및 내부자금 조달비중은 순증 기준 총자금조달액에 대한 주식자금조달액과 내부자금조달액 각각의 비중이다. 특정 연도의 총자금조달액이 음이 되는 경우가 발생할 수 있다. 총자금조달액이 음이 되면 주식자금이나 내부자금, 차입금 등 그것을 구성하는 요소들의 값이 양인 경우에는 조달비중은 음이 되고 반대로 음인 경우에는 양이 되는 문제가 발생한다. 그리고 총자금조달액이 0에 가까운 값을 갖는 경우 자금조달 구성요소들의 비중값은 음이나 양의 무한대로 움직여 가는 불안정성의 문제가 발생한다. 이 문제를 해소하기 위해 총자금조달액이 음이거나 0에 가까운 경우에 대해 자금조달 각 구성요소에 일정한 양의 상수를 더해 총자금조달이 0과 어느 정도의 거리를 갖는 양의 상수가 되도록 조작하였다. 고정투자율은 기초 고정자산 스톡에 대한 기중 고정자산 변화분의 비율로서 정의된다. 주가상승률은 연평균 종합주가지수의 전년비 상승률로 정의된다. 금리변수로는 명목 및 실질회사채 유통수익률을 이용한다. 재벌의 재무자료는 KIS-Line 재벌 재무자료를 이용하였다. 종합주가지수, 회사채유통수익률, 소비자물가지수는 한국은행, 《경제통계연보》의 자료를 이용하였다. 모든 자료들의 단위는 %이다.

재무구조에 대한 회귀분석에서와 마찬가지로, 자료집합에 대해 재벌별로 구별하지 않고 통합하여 보통최소자승 추정을 행한 후, 각 재벌이 구별되는 패널자료에 대해 고정효과 모형과 확률효과 모형으로 추정하였다. 추정결과를 비교해보면, 패널선형 추정결과가 보통최소자승 추정결과보다 모든 분석모형에서 언제나 우월하였다. 패널선형 추정에서는 Hausman 검정결과 고정효과 모형이 확률효과 모형에 비해서 5% 안팎의 유의수준에서 모든 분석모형에서 우월한 결과를 나타냈다. 이하에서는 보통최소자승 추정결과를 제시한 후 고정효과 모형의 추정결과를 살펴보도록 하겠다.

보통최소자승 추정결과 및 고정효과 모형에 대한 추정결과가 각각 〈표 7-37〉과 〈표 7-38〉에 제시되어 있다. 고정효과 모형의 추정은 각 재벌의 자료에 대해서 상수항더미 변수와 공통의 설명변수에 대해 추정하는 방법이다. 설명변수들의 공동설명력(조정 R^2의 값)은 고정효과 추정의 경우가 각 대응되는 보통최소자승 모형들과 비교할 때 약 3% 포인트 정도 높다. 추정회귀계수들의 유의성은 보통최소자승 추정과 고정효과 선형추정에서 매우 유사한 구조로 나타나고 있다. 고정투자율은 이론이 예측하는 대로 어떤 모형에서도 유의하지 않은 반면에 내부자금비중, 주가상승률, 금리변수, 98년 이후 더미 등의 나머지 변수들은 모든 모형에서 1% 수준에서 유의하며, 예측하는 바와 부호가 일치한다.

주식자금조달은 기대대로 고정투자율과 통계적으로 유의한 관계를 보이지 않는다. 자금소요에 비해 내부자금 조달이 원활할수록 재벌들은 주식자금조달에 더 의존한다. 그리고 주가가 오를 때 주식을 더 발행한다. 이는 순서적 자금조달이론이 예측하는 바와 일치한다. 6장에서 주식자금조달에 대한 회귀분석에서는 금리변수들의 회귀계수는 대개의 경우 통계적 유의성이 없으며 부호는 음으로 나타났다. 그러나 지금은 통계적으

〈표 7-37〉 재벌의 주식자금조달에 대한 보통최소자승 회귀 추정결과

설명변수	모형 1	모형 2	모형 3	모형 4
고정투자율	-0.1141 (-1.008)	-0.1008 (-0.922)	-0.1690 (-1.551)	-0.1363 (-1.266)
내부자금비중	0.1346 (5.806***)	0.1208 (5.377***)	0.1290 (5.801***)	0.1379 (6.157***)
주가상승률	-	0.4805 (6.463***)	0.5917 (7.584***)	0.4795 (6.564***)
회사채 유통수익률	-	-	4.8907 (4.152***)	-
실질회사채 유통수익률	-	-	-	7.9120 (4.549***)
98년 이후 더미	13.1060 (2.009**)	11.9158 (1.892*)	34.7756 (4.191***)	29.6247 (4.052***)
모형의 설명력 및 적합도	조정 R^2=0.0791; $F_{(3,552)}$=16.90, p=0.0000; D.W.=1.8797	조정 R^2=0.1425; $F_{(4,551)}$=24.05, p=0.0000; D.W.=1.8227	조정 R^2=0.1670; $F_{(5,550)}$=23.26, p=0.0000; D.W.=1.8742	조정 R^2=0.1721; $F_{(5,550)}$=24.07, p=0.0000; D.W.=1.9082

1987년부터 2002년까지 16년간 43개 재벌 각각의 연간자료를 통합(pooling)하여, 주식자금 조달비중을 고정투자율, 내부자금 조달비중, 주가지수상승률, 금리변수에 대해 보통최소자승 회귀를 실시. 주식자금 조달비중과 내부자금 조달비중은 순증 기준 총자금조달액에 대한 순증 기준 주식자금조달액과 순증 기준 내부자금조달액의 비율임. 고정투자율은 기초의 고정자산 스톡에 대한 기중의 고정자산 증가율, 주가상승률은 연평균 종합주가지수의 전년비 상승률, 실질 회사채유통수익률은 명목 회사채유통수익률에서 소비자물가상승률을 차감한 값. 각 재벌의 재무자료는 KIS-Line 재벌 재무자료를 이용. 종합주가지수, 회사채유통수익률은 한국은행, 《경제통계연보》의 자료를 이용. 모든 자료의 단위는 %. 상수항의 추정계수는 1% 수준에서 모두 유의함.

주: ( )안의 수치는 해당 회귀계수가 0이라는 가설에 대한 t값임.
　　*, **, ***은 각각 10%, 5%, 1% 수준에서 유의함을 의미.

〈표 7-38〉 재벌의 주식자금조달에 대한 고정효과 모형 추정결과

설명변수	모형 1	모형 2	모형 3	모형 4
고정투자율	-0.0634 (-0.544)	-0.0516 (-0.460)	-0.1226 (-1.094)	-0.1363 (-1.266)
내부자금비중	0.1605 (6.562***)	0.1438 (6.066***)	0.1498 (6.396***)	0.1379 (6.157***)
주가상승률	-	0.4679 (6.384***)	0.5759 (7.453***)	0.4795 (6.564***)
회사채 유통수익률	-	-	4.6262 (3.948***)	-
실질회사채 유통수익률	-	-	-	7.9120 (4.549***)
98년 이후 더미	17.4490 (2.597***)	15.7486 (2.432***)	36.4755 (4.413***)	29.6247 (4.052***)
모형의 설명력 및 적합도	조정 R^2=0.1075; F[45, 510]=2.49, p=0.0000	조정 R^2=0.1720; F[46, 509]=3.51, p=0.0000	조정 R^2=0.1951; F[47, 508]=3.86, p=0.0000	조정 R^2=0.2037; F[47, 508]=4.02, p=0.0000

1987년부터 2002년까지 16년간 30대 재벌 각각의 연간자료를 이용하여, 주식자금 조달비중을 내부자금 조달비중, 고정투자율, 주가지수상승률, 금리변수에 대해 고정효과 선형회귀를 실시. 주식자금 조달비중과 내부자금 조달비중은 순증 기준 총자금조달액에 대한 순증 기준 주식자금조달액과 순증 기준 내부자금조달액의 비율이다. 고정투자율은 기초의 고정자산 스톡에 대한 기중의 고정자산 증가율, 주가상승률은 연평균 종합주가지수의 전년비 상승률, 실질 회사채유통수익률은 명목 회사채유통수익률에서 소비자물가상승률을 차감한 값. 각 재벌의 재무자료는 KIS-Line 재벌 재무자료를 이용. 종합주가지수, 회사채유통수익률은 한국은행, 《경제통계연보》의 자료를 이용. 모든 자료의 단위는 %.

주: ( )안의 수치는 해당 회귀계수가 0이라는 가설에 대한 t값임.
  *, **, ***은 회귀계수값이 각각 10%, 5%, 1% 수준에서 유의함을 의미.

로 매우 유의하며 큰 양의 계수값을 갖는 것으로 나타난다. 재벌들에게 증자자금조달과
사채자금조달 사이에는 대체관계가 있음이 6장의 〈표 6-47〉과 〈표 6-48〉에서 이미 확
인된 바 있다. 회사채시장에서 금리가 높고 자금조달이 어려울 때 재벌들은 대체적으로
증자를 통해 자금을 조달하는 확실한 경향이 있다는 것을 분석결과는 말해주고 있다.

제 **8** 장　　**부당자금 내부거래**

1. 기업집단 계열사간의 부당자금 내부거래의 성격과 유형

　　지금까지는 재벌의 비금융보험계열사들만을 대상으로 하는 합산재무제표 자료를 중심
으로 분석이 이루어져 왔다. 금융보험사들은 재무제표 항목이 비금융보험사들과는 판
이하기 때문에 합산이 가능하지 않다. 따라서 비금융보험 계열사들만의 합산은 자연
히 재벌 전체의 모습에 대해서 제한된 정보만을 제공하게 된다. 1997년 4월 공정거래
법에서 자금·자산·인력에 대한 부당내부거래 금지조항이 신설되고 같은 해 7월에
심사지침이 제정되면서 대규모 기업집단에 대한 부당내부거래 조사가 1998년부터 체
계적이고 지속적으로 실시되게 되었다. 그 이전에도 대규모 기업집단의 내부거래에
대한 조사와 부당한 거래에 대한 과징금 부과 등이 있었으나 조사는 상품거래에 한정
되어 이루어졌다. [1] 재벌계열사간의 부당자금 내부거래에 대한 조사결과를 통해서 재

---

1) 예를 들어, 1994년중 "대규모 기업집단 부당내부거래 실태조사"에 나타나 있는 부당내부거래는 모두가 계열사
간 매매시의 가격 및 매매조건(담보, 결제조건 등)의 차별에 국한되어 있음을 볼 수 있다. 국회, 《국정감사보
고서》 참조.

벌계열사들간의 금융거래의 실상을 부분적으로나마 파악할 수 있을 것이다.

"정책 있는 곳에 대책 있다"는 말이 있듯이, 여느 경제주체와 마찬가지로 재벌도 각종 규제에 대응하여 필요할 경우 이러한 규제들을 회피하기 위한 노력을 기울여 왔을 것이다. 재벌의 그 같은 규제회피 행위들이 공정거래법, 여신관리규정, 각 금융기관의 자산운용 준칙 등에서 부과하고 있는 규제 또는 한도 등을 어기는 것이 되면 불공정거래행위 또는 부당내부거래행위가 된다. 금융거래의 규제회피의 용이성으로 인해 공식적인 재무자료를 통해서는 잘 드러나지 않는다. 부당내부거래 자료를 통해서 자금 내부거래 실태의 단면을 엿볼 수 있다.

자금이나 자산과 관련한 계열사간의 거래가 현저히 유리한 조건으로 이루어지게 되면 부당내부거래가 된다. 보다 구체적으로, 가지급금 또는 대여금, 기타자금을 거래함에 있어 정상금리보다 높거나 낮은 금리로 제공하거나 결제기일을 늦추어 주는 경우, 회사채나 기업어음 등 유가증권과 건물, 토지 등 부동산을 정상가격에서 벗어나는 가격으로 제공하거나, 시세보다 높거나 낮은 가격조건으로 유상증자에 참여하는

〈표 8-1〉 재벌계열사들간의 자금 내부거래의 유형

	금융기업의 산업기업 지원	산업기업의 금융기업 지원
일반적 유형	• 자금의 직접 지원 　(대출, 사채인수와 매입, 증자참여 등) • 자금조달의 지원(지급보증 등) • 주가 및 지분관리 • 금융정보 및 경쟁업체 정보제공	• 금융업무의 우선 배정 • 자금지원 • 비금융자원의 이용기회 제공
증권회사	• 계열사에게 유가증권 발행 서비스 제공 • 계열사 발행증권에 대한 지급보증 • 계열사의 주가관리 • 동일인 및 계열사의 지분 관리	• 유가증권 발행 및 유통업무(위탁거래) 　등 금융업무의 우선 배정 • 발행사채의 인수 • 고객예탁금 예탁
투자신탁회사	• 계열사발행 유가증권의 펀드편입 • 계열증권사가 인수한 증권의 펀드편입 및 　주가관리 • 계열증권사를 통한 위탁거래 • 콜론 등에 의한 자금지원	• 장단기 운영자금의 우선 배정 • 계열 금융기업의 수익증권 매입 • 옵션 등을 이용한 계열 금융기업이나 　펀드간 이익의 대체
종합금융회사	• 계열사어음의 인수 및 매출 • 계열사어음의 CMA 편입 • 리스자금의 제공	• 단기여유자금의 우선 배정 • 발행사채의 인수
보험회사	• 계열사에 대한 대출 • 계열사발행 유가증권에 대한 투자 • 유상증자 참여 • 동일인 및 계열사의 지분관리	• 기업의 영업망 제공 • 계열사직원의 보험 가입

경우 등이 자금과 자산거래의 전형적인 부당내부거래 유형들이다.

　재벌들의 부당내부거래는 계열사에 대한 교차보조를 통해 계열사 확장의 수단으로써 적극적으로 활용되어 왔다. 부당내부거래는 비계열 독립기업과의 공정경쟁을 저해할 뿐 아니라 지원기업의 경영자원을 소진시키고 수혜기업이 부실기업인 경우 퇴출을 지연시켜 재벌 전체의 부실화와 국민경제적 차원에서 자원배분의 비효율성을 초래한다. 또한 이는 지원기업의 부가 부당하게 다른 기업으로 빠져나가는 데 따라 지원기업의 채권자 및 외부주주들의 이익이 침해당하는 대리인문제를 야기한다.

2. 5대 재벌의 자금 · 자산 부당내부거래

2.1.　5대 재벌의 자금 · 자산 내부거래 1차 및 2차조사 결과

　공정거래위원회는 1997. 4. 1~1998. 3. 31 기간중 5대 대규모기업집단의 계열사간 자금 및 자산 내부거래에서의 부당행위에 대해 1998년 5월과 7월에 두 차례에 걸쳐 최초의 전면적인 조사를 벌였다. 이 조사를 통해 재벌들의 자금 · 자산 관련 부당내부거래 실태가 처음으로 밝혀지게 되었다. 1997. 4. 1~1998. 3. 31 1년 동안 5대 재벌의 계열사간에 이루어진, 1차조사에서 밝혀진 자금 내부거래 총액은 4조 7,325억 원, 자산내부거래 총액은 33조 4,310억 원이며, 이 가운데 13.8%가 부당거래의 성격을 갖는 것으로 나타났다. 1, 2차조사에서의 지원업체 수 및 수혜업체 수는 각각 113개와 56개(중복 계산 제외시는 각각 87개, 46개)였다(〈표 8-2〉 참조).

　부당내부거래 조사결과에서 나타난 주요 특징을 보면, 첫째로 기업집단의 주력기업이 재무구조가 취약한 계열사를 집중 지원하였다. 수혜기업 56개 가운데 75.0%인 25개사가 최근 3년 중 1년 이상 적자인 기업이었으며, 완전 자본잠식에 이른 기업이 23.2%(중복 계산)인 13개사였다. 둘째로는, 1997년 말 외환 위기 이후 경영이 악화된 계열금융기업의 "재무건전성 기준" 충족을 위해 계열사들이 후순위사채 고가매입, 주식예탁금 저리예치, 유상증자 참여 등 다양한 방법으로 지원하였다. 자기계열의 자금지원을 받은 결과 SK증권㈜의 영업용순자본 비율은 1998년 2월 -268.4%에서 1998년 3월 155.7%로 높아졌으며, LG증권㈜의 경우에는 1997년 12월 90.8%에서 1998년 12월 138.7%로, 대우증권㈜의 경우 1997년 12월 126.6%에서 1998년 1월 170.9%로 높아졌다. 셋째로, 계열사에 대한 자금지원이 이루어지는 과정에서 일부

〈표 8-2〉 대규모 기업집단 내부거래 현황 (1997.3.31~1998.4.1)

(단위: 10억 원, 개, %)

	1차조사시 자금내부거래(A)	1차조사시 자산내부거래(B)	1차조사시 지원성 거래규모(C)	2차조사시 지원성 거래규모(D)	지원업체 수		수혜업체 수		C/(A+B)
					1차	2차	1차	2차	
현대	683.4	7,383.0	770.6	348.5	35	13	11	7	9.6
삼성	499.7	3,981.0	720.0	200.0	7	2	9	3	16.1
대우	27.1	12,500.0	422.9	41.5	6	11	7	3	3.4
LG	187.1	2,714.0	1,057.3	6.82	20	3	6	2	36.4
SK	562.6	546.0	1,055.5	834.5	12	4	2	6	95.2
5대 재벌 합계	1,959.9	27,124.0	4,026.3	1,429.7	80	33	35	21	13.8

주: 1) 지원성 거래규모는 예탁금, 대여금, 선급금, 기업어음 등의 자금거래의 기간을 감안하지 않은 단순합계임.
　　2) 부동산임대료는 월간 임차료를 연간보증금으로 환산하여 임차보증금과 합산한 것임.
자료: 공정거래위원회 조사기획과(1998.5.8), "대규모기업집단 계열사간 부당지원행위 조사 실시", "5대 기업집단
　　의 부당내부거래 조사결과"; 공정거래위원회 조사기획과(1998.7.30), "5대 기업집단에 대한 부당내부거래
　　2차 조사결과."

계열금융사(현대의 현대종합금융, 삼성의 삼성생명, LG의 LG종금)가 부당지원행위의 자금을 모집해서 중개하는 창구기능을 수행하였다. 끝으로, 계열에서 분리된 동일인의 친인척회사에 대해서도 지원이 이루어졌다. 5대 재벌별 부당내부거래의 대표적인 사례들은 다음과 같다.

2.1.1　현대그룹

현대의 경우, 현대자동차㈜ 등 19개 계열사가 1997.11.19~1998.3.12 기간중 3년 연속 적자이고 자본이 잠식된 대한알루미늄공업㈜과 현대리바트㈜가 발행한 무보증 사모전환사채 2,100억 원과 500억 원을 11~18%의 금리로 각각 인수하였다. 당시 수혜업체의 당좌대출금리는 18.11~30.00%이었다.

현대중공업㈜ 등 11개 계열사가 현대증권㈜이 1998년 2월 5일자 22.25%의 금리로 발행한 1,700억 원 및 1998년 3월 16일자 23.28%로 발행한 후순위사채 500억 원을 전액 인수하였다. 이 발행금리는 당시 현대증권㈜에 적용되던 당좌차월금리 26.5%와 25.78%보다 낮은 수준이었으며, 이 후순위채는 계열사들만에 의해 인수되었다.

현대자동차㈜ 등 5개사도 친족 독립경영회사인 한라건설㈜, 만도기계㈜ 등 5개사가 부도 직전에 발행한 기업어음 4,323억 원어치를 12.00~23.10%의 금리로 인수하였다. 당시 은행의 평균 당좌대출금리는 37.48%였다. 또 현대자동차㈜는 현대중공업㈜

과 친족 독립경영회사인 현대종합금속㈜에게 선급금 명목으로 350억 원을 무이자 지원하였다.

2.1.2. 삼성그룹

삼성의 경우, 삼성생명보험㈜이 특정금전신탁제도[2]를 이용하여 1997. 4. 1~1998. 3. 31 기간중 조흥은행 등 8개 은행의 특정금전신탁계정에 2,335억 원을 예치하고 조흥은행 등은 대한종금 등 8개 종금사로부터 삼성자동차㈜, 삼성에버랜드㈜, 한솔제지㈜가 발행한 CP를 동일 신용등급 CP의 할인율보다 낮게 할인매입토록 하는 방법으로 부당내부지원을 행하였다. 삼성생명보험㈜은 특정금전신탁제도를 동일한 방식으로 이용하여 삼성상용차㈜가 발행한 CP 600억 원어치를 동일 신용등급 CP보다 낮은 금리로 고가에 할인매입하였다. 삼성생명보험㈜은 친족독립경영회사인 한솔제지 및 한솔전자의 요청에 따라 한일은행 등에 특정금전신탁 460억 원을 예치한 후 이를 통해 한솔제지와 한솔전자가 1997. 7. 1~1998. 9. 15 기간 동안 17회에 걸쳐 발행한 2,720억 원어치의 CP를 비계열회사가 매입한 할인율보다 24.4% 포인트 낮은 할인율로 매입하였다.

삼성물산㈜은 1997년 12월 30일 장기신용은행에 400억 원의 특정금전신탁을 가입

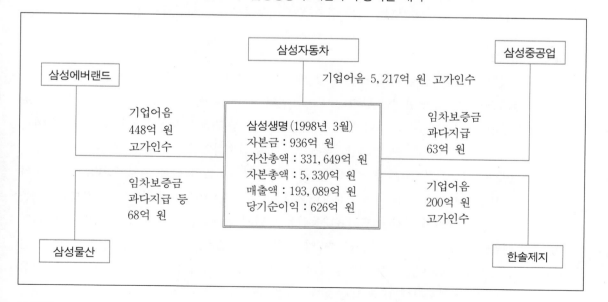

〈그림 8-1〉 삼성생명의 계열사 부당지원 내역

---

2) 특정금전신탁이란 신탁자금을 신탁자가 지정하는 자산으로 운용하는 신탁제도이다.

한 후 특금운용지시서를 통해 장기신용은행으로 하여금 동 자금으로 삼성증권㈜이 같은 날 17.26%의 수익률로 발행한 400억 원의 후순위채를 인수하게 하였다. 그런데 당시 일반회사채의 유통수익률은 28~33%로 삼성증권㈜ 발행 후순위채 유통수익률을 훨씬 능가하고 있었다.

삼성전자㈜ 등 5개사는 삼성물산㈜ 소유 국제경영연수원과 삼성중공업㈜ 소유 연수원을 임차하면서 고가의 임대차 보증금과 임대료를 지불하는 방식으로 각각 334억 원과 438억 원을 지원하였다.

2.1.3. 대우그룹

대우그룹의 경우, 대우증권㈜이 영업용순자본 비율을 높이기 위해 1998.1.23~30 기간중 발행한 후순위사채 2,000억 원어치를 ㈜대우 등 4개 계열사가 4회에 걸쳐 전액 인수하였다. 후순위사채의 위험성으로 후순위사채의 이자율은 시장금리보다 높아야 함에도 불구하고 동 사채는 동일시점 CD 수익률보다 오히려 1% 포인트 낮게 발행되었다. 대우전자㈜ 등 9개 계열사는 대우증권㈜의 회사채인수 실적을 높여주기 위해, 비계열증권사를 간사회사로 선정한 후 편법적인 하인수방식을 통해 자신들이 발행한 무보증회사채를 대우증권㈜이 다시 인수, 중개토록 하였다. 이 과정에서 대우증권은 55.3억 원의 중개수수료를 취득하였다. 대우전자㈜ 등 8개 계열사는 대우자동차를 구입하는 소속임직원에게 구입대금 160억 원을 무이자로 융자해주고 그 이자는 임직원이 소속한 각사가 부담하도록 함으로써 대우자판㈜을 지원하였다.

2.1.4. LG그룹

LG그룹의 경우, LG반도체㈜ 등 14개 계열사는 1997.12.15~17 기간중 3회에 걸쳐 LG증권㈜이 발행한 3년 만기 2,000억 원의 후순위채권을 이자율 9.94%~11.00%로 인수하였다. 또 ㈜LG화학 등 9개 계열사도 LG종금㈜이 발행한 5년 6개월 만기 이자율 13%로 발행한 896억 원의 후순위사채를 인수하였다. LG반도체㈜는 1997.4.1~1998.3.31 기간중 LG종금㈜에 총 55회에 걸쳐 4,642억 원을 예치하였다. 이때 예치금리는 LG종금㈜의 기준수신금리보다 2~22% 포인트 낮았다. LG정보통신㈜은 1997.4~1998.6 기간중 개인휴대통신용 단말기 판매대금 수령에 있어 계열사인 LG텔레콤㈜으로부터는 외상매출금 447억 원을 평균 126일 후에 수령한 반면 비계열사인 선경유통㈜ 등 이동통신 사업자 4개사로부터 7,271억 원을 평균 87~90일 후 수령함으로써, 계열회사에 대해 대금결제기간을 유리하게 하는 방식으로 차별적 지원을 행하였다.

2.1.5.   SK그룹

SK그룹의 경우, 계열사들이 1997년 말과 1998년 초에 걸쳐 재무상태가 극도로 악화된 SK증권㈜에 대해 집중적인 자금지원을 행하였다. SK상사㈜ 등 6개 계열사는 SK증권㈜이 1998. 2. 28 및 3. 30일자로 발행한 후순위사채 3,500억 원을 12.75%와 14.66%의 수익률로 인수하였는데, 이는 당시 은행보증 회사채 유통수익률 18.5~20.5%보다 현저히 낮다. 당시 SK증권㈜은 자본잠식 상태에다 영업용순자본 비율이 -268.4%로 이미 폐쇄된 동서증권㈜이나 고려증권㈜보다 재무상태가 더욱 부실하였다. SK㈜ 등 8개 계열사는 1997. 12~1998. 3 기간중에 SK증권㈜에 고객예탁금 명목으로 3,875억 원을 예치(예치금리 5%) 했는데, 그 예탁금으로 주식투자는 전혀 행하지 않았다. 또 SK건설㈜ 등 6개 계열사는 1998. 3. 20일 SK증권㈜의 유상증자시 액면가 5,000원 9,400만 주를 주당 3,200원에 매입하고 총 2,996억 원을 지급하였다. 그

〈그림 8-2〉 SK계열사들의 SK증권에 대한 자금지원

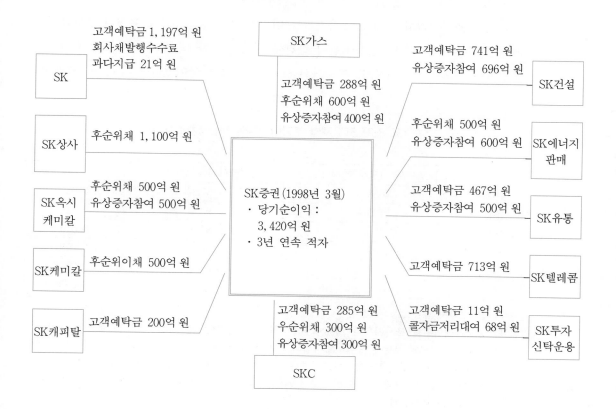

런데 그 당시 자본잠식 상태에 있던 SK증권㈜의 유상증자에는 계열사들만이 참여하였으며 또 기존 주주가 아니며 거래관계가 없는 계열사들이 이 유상증자에 참여한 점에서 볼 때 계열사들의 유상증자 참여는 부당지원행위의 성격을 갖는다. SK텔레콤㈜은 특정금전신탁을 이용해 SK유통㈜과 SK건설㈜이 각각 발행한 CP 500억 원 및 250억 원어치를 동일 신용등급 CP 할인율보다 보다 크게 낮은 할인율에서 고가매입하였다.

2.2. 5대 재벌의 자금 · 자산 내부거래 3차 및 4차 조사결과

1998년 두 차례에 걸쳐 5대 그룹의 부당내부거래에 대해 최초로 전면적인 조사가 이루어진 이후, 1999년 5월과 7월에 걸쳐 5대 그룹에 대한 3차조사, 2000년 8월과 10월에 걸쳐 4대 그룹에 대한 4차조사가 실시되었다. 3차 및 4차조사의 조사대상 시기는 1997년 말에서 2000년 중반까지 걸친다. 여기서는 5대 그룹에 대한 3차와 4차 부당내부거래 조사결과에 대해서 살펴본다. 〈표 8-3〉에서 보듯이, 3, 4차조사에서 드러난 지원성 거래규모는 14조 7,965억 원, 지원금액은 3,762억 원으로, 지원성 거래액 100원당 평균적으로 2.5원의 지원이 이루어졌다.

1, 2차 조사결과와 3, 4차 조사결과를 비교할 때 부당내부거래 유형과 관련해 두드러진 특징은 우선 비계열금융기관이 중간에 개입한 교차 및 우회지원 등과 같이 지원 유형이나 수법이 고도화하고 지능화되는 사례가 크게 늘어났다는 점이다. 종래에는

〈표 8-3〉 5대 재벌 부당내부거래 3차, 4차조사 결과

(단위: 10억 원)

	3, 4차 조사시 지원성 거래규모(A)	3, 4차조사시 지원금액(B)	100 * (B/A)
현대	4658.8	137.6	0.030
삼성	730.8	92.2	0.126
대우	5430.1	85.8	0.016
LG	1602.2	30.6	0.019
SK	2374.6	30.0	0.013
계	14796.5	376.2	0.025

주: 4차조사시 대우그룹은 제외.
자료: 공정거래위원회 조사기획과(1998.5.8), "대규모기업집단 계열사간 부당지원행위 조사 실시", "5대 기업집단의 부당내부거래 조사결과"; 공정거래위원회 조사기획과(1998.7.30), "5대 기업집단에 대한 부당내부거래 2차조사결과"; 공정거래위원회 조사1과(1999.10), "5대그룹에 대한 3차 부당내부거래 조사결과"; 공정거래위원회 조사2과(2000.12), "4대그룹에 대한 부당내부거래 등 조사결과."

우량계열사가 계열금융기관을 통해 직접 지원했으나 최근에는 계열사가 비계열금융기관에 예금가입후 이를 담보로 부실계열사의 기업어음을 저리매입하는 방법, 역외펀드를 이용한 거래, 자금거래에 대한 이면계약을 통한 지원 등 보다 교묘한 방법들이 이용되고 있다. 또한 조사기간중 투자신탁시장이 크게 확대되는 가운데 계열 투자신탁사 및 투자신탁운용사간의 상호지원 행위, 이들 회사를 통한 계열사지원 등의 사례와 규모가 눈에 띄게 늘어났다. 한편, 비상장주식 저가매매를 통한 특수관계인 지원행위가 급속히 증가하였다. 이하에서는 적발된 부당내부거래 중 금융계열사가 연루된 사례 및 5대 재벌별로 부당내부거래 사례를 살펴본다.

2.2.1. 금융계열사가 연루된 지원성 자금내부거래

내부자본시장이 매우 활성화되어 있는 재벌에서 금융계열사는 본연의 금융기능을 소속재벌 전체의 내부자본시장 기능에 결부시켜 수행할 것으로 기대된다. 그것은 재벌이 필요로 하는 자금을 재벌의 외부로부터 조달하여 재벌 내부로 자금을 공급하고 나아가서 다른 계열사가 유리한 조건으로 수월하게 자금을 조달할 수 있도록 지원하는 자금조달 기능, 그리고 금융계열사가 다른 계열사들에게 직접 자금을 제공하거나 또는 계열사간에 자금을 중개하는 형태로 기업집단 내부에서 금융자원의 재배치 또는 이동을 집행하는 자금배분의 집행기능 등이다. 즉 재벌의 금융계열사가 내부자본시장의 형성 및 그 안에서의 자금이동에 중심적인 역할을 수행하는 것이다.[3]

〈표 8-4〉 4대 재벌의 부당지원행위 지원주체·객체별 내역

(단위: 10억 원, 구성비 %)

지원주체 → 지원객체	지원성 거래규모	구성비
금융 → 금융	3369.1	37.9
금융 → 비금융	1490.8	16.8
소 계	4860.7	54.7
비금융 → 금융	1600.5	18.0
비금융 → 비금융	2419.5	27.2
총 계	8880.8	100.0

자료: 공정거래위원회 조사1과(1999.10), "5대그룹에 대한 3차 부당내부거래 조사 결과"; 공정거래위원회 조사2과(2000.12), "4대그룹에 대한 부당내부거래 등 조사 결과."

---

3) 1994년부터 1999년까지의 5대 재벌 합산재무자료를 이용한 통계적 분석결과는 이 주장을 지지하고 있으며, 금융계열사들이 내부자본시장에서 규모에 관계없이 금융중개기능을 수행하고 있음을 보여주고 있다(이윤호, 2002b). 비금융계열사와 금융계열사간의 내부거래의 유형에 대해서는 이 책의 〈표 8-1〉 참조.

계열사간 지원행위는 금융사와 비금융사 간뿐만 아니라 비금융사간, 금융사간 등 다양하게 나타난다. 〈표 8-4〉에서 보면, 3차 및 4차조사에서 4대 재벌계열사간 부당지원 행위에서 금융계열사간의 지원행위가 차지하는 비중은 37.9%, 금융계열사의 금융 및 비금융계열사 지원행위가 차지하는 비중은 54.7%로 반을 넘는다. 계열사간 내부거래에서 자금 관련 내부거래의 비중이 높으며 또한 금융계열사가 관련된 대부분의 내부거래가 자금 관련 내부거래로서, 자금 관련 내부거래 및 부당지원행위가 금융계열사를 중심으로 이루어지고 있다. 비금융계열사들 사이의 부당지원행위의 비중은 27.2%이다.

2.2.2. 현대그룹

3차 및 4차 조사에서 밝혀진 현대그룹의 부당지원행위 내역이 〈표 8-5〉에 나타나 있다. 금융사가 연루된 부당지원행위는 전체 지원행위의 86.2%에 달해 4대 재벌 평균 64.2%에 비해 한결 높다. 아래의 개별 사례에서 보듯이, 이 가운데 현대투자신탁증권과 현대투자신탁운용 및 현대증권간의 부당거래가 대부분을 차지한다.

현대투자신탁운용㈜은 1998.3~1999.2 기간중 현대투자신탁증권에 대해 어음할인 또는 콜론 제공을 통해 2.5조 원(평잔 기준)을 시장 실세금리보다 낮은 이자율로 연계 대출하였다. 현대투자신탁운용㈜은 1999.3.2~4.30 기간중 현대투자신탁증권㈜에 대해 판매회사에 대한 거래한도(증권투자신탁업법상 각 신탁재산의 10%)를 7,393억 원(평잔 기준) 초과하여 '바이코리아신탁재산'의 41.5%에 달하는 9,738억 원을 어음할인 또는 콜론을 통해 대출하였다.

현대중공업㈜ 등 4개사는 현대강관㈜에 대한 지분율이 전혀 없었고 또한 유상증자 주식의 발행가격(5,000원)이 정상적인 발행가격(3,000~4,000원)보다 훨씬 높은 데도 불구하고 1998년 12월 31일자 현대강관㈜의 제3자 배정방식에 의한 유상증자에 참여하여 총 1,500억 원 상당의 주식을 인수하였다. 마찬가지 유형으로 현대정유㈜ 등 9개사가 고려산업개발㈜의 증자에 참여하여 1,134억 원 상당의 주식을 인수하였다.

1997년 6월 현대전자산업㈜이 현대증권㈜의 주선으로 캐나다의 CIBC(Canadian Imperial Bank of Commerce)에게 현대투자신탁증권㈜ 주식 1,300만 주를 주당 미화 13.46달러, 총 1억 7,500만 달러에 매도하였다. 이때 현대중공업㈜은 이 매매와 관련해 3년 후에 동 주식을 '매입금액 1억 7,500만 + 연 7.85%의 이자상당금액' 조건으로 환매한다는 주식환매약정(Share Option Agreement)에 서명하고, 아울러 이 주식환매약정상의 현대중공업의 의무가 현대중공업에 부담을 주지 않도록 현대전자와 현대증

〈표 8-5〉 현대그룹의 부당지원행위 지원주체·객체별 내역

(단위: 10억 원, 구성비 %)

지원 주체 → 지원 객체	지원성 거래규모	구성비
금융 → 금융	2993.7	64.3
금융 → 비금융	1021.2	21.9
소 계	4014.9	86.2
비금융 → 금융	48.5	1.0
비금융 → 비금융	595.5	12.8
총 계	4658.8	100.0

자료: 공정거래위원회 조사1과(1999. 10), "5대그룹에 대한 3차 부당내부거래 조사결과"; 공정거래위원회 조사2과(2000. 12), "4대그룹에 대한 부당내부거래 등 조사결과."

〈표 8-6〉 3차 부당내부거래 조사시 현대그룹의 부당지원행위의 유형별 분류

(단위: 백만 원)

지원행위	지원주체	지원객체	지원성 거래규모	지원금액
저리 연계대출	현대투신운용	현대투신증권	2,477,000	19,537
과다 대출	현대투신운용	현대투신증권	119,500	11,950
해외채권 고가 매입	현대중공업	현대증권 등 5개사	23,500	2,350
전환사채 전환	현대자동차	대한알루미늄공업 등 10개사	143,490	14,349
유상증자 참여	현대건설 등 11개사	현대강관 등 2개사	263,400	26,340
수익증권 판매 보수 과다 지급	현대투신운용	현대투신증권	161,800	9,000
광고비 대지급	현대증권	현대투신증권	3,424	1,612
무이자 자금 대여	현대자동차	현대종합금속	25,000	4,422
기업어음 고가 인수	현대증권 등 5개사	대한알루미늄공업 등 2개사	615,250	3,275
회사채 중개수수료 저가 수령	현대증권	현대전자	250,000	300
주식 고가 매입	현대건설	대한알루미늄공업	250	25
대금 지연 수령	현대상선	현대물류	10,817	389
계			4,093,431	93,548

자료: 공정거래위원회 조사1과(1999. 10. 2), "5대 그룹에 대한 3차 부당내부거래 조사결과."

권이 책임진다는 연대각서를 받았다. 3년 후 CIBC는 현대중공업에 대해 풋옵션을 행사하고 현대중공업은 1주당 가치가 0에 가까운 현대투신증권㈜의 주식을 동 계약내용에 따라 주당 18,892원에 매입하였다. [4]

현대중공업㈜은 1998년 6월 현대증권㈜ 등 5개 계열사가 설립한 역외펀드인 COGI의 순자산가치와 연계된 주식연계형 채권을 1주당 미화 10달러의 가격으로 235억 원어치를 매입하여 계열사에 대한 자금지원을 행했다. 그러나 COGI의 당시 순자산가치는 미화 -3.3달러였다.

현대투자신탁운용㈜은 1999년 3월 두 차례에 걸쳐 현대투자신탁증권㈜이 보유하고 있던 이미 부도처리된 회사채 및 기업어음을 액면가격에 상당하는 1,519억 원에 매입하였다. 현대투자신탁운용㈜, 현대투자신탁증권㈜, 현대증권㈜, 현대강관㈜ 등은 1998년 10월 이후 총 41회에 걸쳐 계열사로서 연속 적자 부실기업인 대한알루미늄공업㈜이 발행한 기업어음 총 4,210억 원을 정상할인율보다 2.5~16% 포인트 낮은 할인율로 고가매입하였다. 현대택배㈜는 1999년 12월 대주주(현대상선, 현대전자산업) 및 임직원을 상대로 한 구주주 배정방식의 유상증자에서 대주주 실권분을 특수관계인 정몽헌에게 배정하여 정몽헌이 주식을 정상가격(8,602원)보다 낮은 5,000원에 매입할 수 있도록 하였다.

2.2.3. 삼성그룹

삼성그룹의 부당지원행위는 〈표 8-7〉에서 보듯이, 금융계열사의 비금융계열사에 대한 지원건수 및 규모가 52.2%로 높다. 이는 이 기간중 삼성자동차 및 삼성상용차, 삼성물산 등 부실화 비금융계열사에 대한 그룹의 지원이 금융계열사를 통해 집중되었기 때문이다. 또한 시장가치가 분명하게 형성되어 있지 않은 비상장주식을 이용해 총수 이건희의 장남인 이재용에게 상당한 규모의 경제적 이익을 이전시켰다. 삼성그룹의 지원성 거래규모는 7,308억 원으로 다른 그룹에 비해 과소하나 지원금액은 높은데, 이는 이재용에게 경제적 이득이 효율적으로 전가되었음을 뜻한다.

삼성생명보험㈜은 1997년 11월~12월 기간중에 한미은행, 한빛은행에 후순위대출을 해주고 동 은행들은 삼성자동차㈜가 발행한 사모사채 각각 550억 원, 500억 원을 정상금리보다 10~11% 정도 낮은 금리로 인수하였다. 또 삼성생명보험㈜은 1997년

---

[4] 이후 현대중공업은 현대증권 및 현대전자에 대해 책임질 것을 요구하여 현대 계열사간 분쟁으로 비화하였다. 이 건은 "주식회사의외부회계감사에관한법률" 및 "증권거래법"상의 보고 의무이행을 위반한 것이 된다. 금융감독원 조사감리실(2000. 9).

〈표 8-7〉 삼성그룹의 부당지원행위 지원주체·객체별 내역

(단위: 10억 원, 구성비 %)

지원 주체 → 지원 객체	지원성 거래규모	구성비
금융 → 금융	251.9	34.5
금융 → 비금융	381.7	52.2
소 계	633.7	86.7
비금융 → 금융	0	0.0
비금융 → 비금융	97.1	13.3
총 계	730.8	100.0

자료: 공정거래위원회 조사1과(1999. 10), "5대그룹에 대한 3차 부당내부거래 조사결과"; 공정거래위원회 조사2과(2000. 12), "4대그룹에 대한 부당내부거래 등 조사 결과."

12월 하나은행에 500억 원의 후순위대출을 해주고, 하나은행은 1998년 1월에 삼성전자㈜ 발행 사모사채 200억 원, 1998년 2월 삼성에버랜드㈜ 발행 사모사채 300억 원을 정상금리보다 각각 9.55% 포인트 및 5.85% 포인트 낮은 금리로 인수하였다. 또한 삼성생명보험㈜은 비슷한 수법으로 외환은행 및 한미은행과 결탁하여 삼성전자㈜ 및 삼성캐피탈㈜이 발행한 사모사채를 인수하였다. 이런 우회대출은 외형상 비계열사간 금융거래이지만, 실질적으로는 삼성생명보험㈜이 계열사에 대해 직접 대출해준 것과 동일한 의미를 갖는다.

삼성증권㈜, 삼성카드㈜, 삼성캐피탈㈜, 삼성생명보험㈜, 삼성화재해상보험㈜ 등 5개사는 1998년중 삼성물산이 실시한 1,500억 원 규모의 유상증자와 관련해 실권주의 대량발생이 예상되는 가운데 총액인수계약, 타금융사를 통한 실권주의 고가매입 등의 방법으로 857억 원의 주식취득을 행했다. 1999년 9월에는 삼성카드㈜와 삼성캐피탈㈜이 삼성상용차 유상증자 실권주 1,250억 원어치를 역시 고가취득했다.

삼성SDS㈜는 1999년 2월 신주인수권부사채 230억 원을 발행하여 SK증권과 삼성증권을 통해 이건희의 장남 이재용 등에게 주당 7,150원에 매각하였다. 당시 삼성SDS 주식의 장외거래가격은 54,750원이었다. 삼성생명보험㈜은 1999년 2월 자신이 보유한 한일투신운용㈜ 및 한빛투신운용㈜ 주식 각 30만 주와 한빛은행이 보유한 삼성투자신탁운용㈜ 주식 60만 주를 액면가에 맞교환하기로 한 후, 자신이 매입할 삼성투자신탁운용㈜ 주식 60만 주를 이건희의 아들 이재용이 액면가로 매입하도록 하였다.

2.2.4. LG그룹

LG그룹의 경우 금융계열사와 관련된 부당지원행위의 비중이 다른 재벌에 비해 낮은데, 이는 LG그룹의 부당지원행위 가운데 LG그룹의 비금융계열사들이 비계열사인 삼보지질에 대해 자금지원을 해준 규모가 매우 큰 데에 따른 결과이다.

LG투자신탁운용㈜은 1998년 1월~2월 동안 11차례에 걸쳐 총 1,243억 원의 콜자금을 계열회사인 LG증권㈜에 정상금리보다 2.0~6.4% 포인트 낮은 금리로 대여하였다. LG화재해상보험㈜은 1997년 12월에 하나은행에 480억 원을 후순위 대출해주고 하나은행은 LG전자㈜의 사모사채 480억 원어치를 정상금리보다 11.44% 포인트 낮은 금리로 발행할 수 있도록 하였다. LG전자㈜ 등 7개 계열사들이 1998년 7월~11월 기간중에 대한투자신탁 등 5개 금융기관의 수익증권 등에 자금을 예치하고 동 금융기관들은 ㈜LG금속의 기업어음 총 5,976억 원을 정상할인율보다 3.5%~8.5% 포인트 낮은 저리로 매입하였다.

LG전자㈜는 LG캐피탈㈜과 할부금융 제휴협약을 체결하고 대리점을 통해 할부 금융 방식으로 전자제품을 판매하면서 LG캐피탈㈜로부터 할부원금을 지연회수하였으나 이에 대한 지연이자를 과소수령하였다. LG화학㈜은 1999년 6월 보유중인 LG석유화학㈜ 주식 2,744만 주를 구본준 등 23명에게 평가가격보다 현저히 낮은 가격에 매각하였다. ㈜LG텔레콤은 1999년 1월 회사자금으로 매입한 자사주 가운데 일부를 1999년 10월 특수관계인 구본진 등 10명에게 평가가격보다 현저히 낮게 저가매각하였다. 이를 통해 구본준 등은 각각 33억 원 및 113억 원의 대규모 경제적 이득을 보았다.

〈표 8-8〉 LG그룹의 부당지원행위 지원주체·객체별 내역

(단위: 10억 원, 구성비 %)

지원 주체 → 지원 객체	지원성 거래규모	구성비
금융 → 금융	124.3	11.1
금융 → 비금융	87.9	7.9
소 계	212.2	19.0
비금융 → 금융	242.8	21.8
비금융 → 비금융	661.4	59.2
총 계	1116.4	100.0

자료: 공정거래위원회 조사1과(1999. 10), "5대그룹에 대한 3차 부당내부거래 조사결과"; 공정거래위원회 조사2과(2000. 12), "4대그룹에 대한 부당내부거래 등 조사결과."

2.2.5.   SK그룹

SK그룹의 경우에는, 비금융계열사들이 1998년중 자기신용에 의한 자금조달이 불가능한 SK증권㈜에 대규모 자금을 지원한 것이 주목된다. SK그룹에는 자본이 충실하고 영업활동이 활발하게 이루어지고 있는 금융계열사가 없어 계열사간 자금거래는 비계열 금융기관을 통해 이루어지게 되는 면이 있다.

SK텔레콤㈜ 등 9개 계열사는 1998년중 SK증권㈜이 발행한 기업어음 1.3조 원어치를 총 125 차례에 걸쳐 정상할인율보다 1.0~8.9% 포인트 낮은 할인율로 매입, 자금을 제공하였다. 이 거래를 통해 SK증권㈜은 총 189억 원의 경제적 이득을 얻었다.

〈표 8-9〉 SK그룹의 부당지원행위 지원주체·객체별 내역

(단위: 10억 원, 구성비 %)

지원주체 → 지원객체	지원성 거래규모	구성비
금융 → 금융	0	0.0
금융 → 비금융	0	0.0
소 계	0	0.0
비금융 → 금융	1309.1	55.1
비금융 → 비금융	1065.5	44.9
총 계	2374.6	100.0

자료: 공정거래위원회 조사1과(1999.10), "5대그룹에 대한 3차 부당내부거래 조사결과"; 공정거래위원회 조사2과(2000.12), "4대그룹에 대한 부당내부거래 등 조사결과."

2.3.   5대 재벌의 자금·자산 내부거래 5차조사 결과

삼성, LG, SK, 현대자동차, 현대, 현대중공업 등 6개 기업집단 소속 20개 계열사에 대해 2000.1.1~2002.12.31일의 3개년 기간을 대상으로 한 제5차 자금·자산 내부거래가 2003년 6, 7월중에 실시되었다. 조사결과 22개 지원업체가 20개 수혜업체에 대해 총 6,844억 원 규모의 지원성거래를 하였고 이 과정에서 총 900억 원 규모의 지원이 이루어진 것으로 조사되었다. 기업집단별 부당내부거래 규모는 〈표 8-10〉과 같다.

6대 대규모 기업집단의 자금·자산 관련 내부거래 가운데 규모가 중요한 사례에 대해서 살펴보자. SK그룹의 경우, SK네트웍스㈜〔행위 당시 SK에너지판매㈜〕, SKC㈜〔행위 당시 SK옥시케미칼㈜〕, SK텔레콤〔행위 당시 ㈜신세기통신〕은 1999년, 2000년중에 계열사인 SK생명보험㈜에게 총 1,400억 원의 자금을 저리로 후순위 대출해주었다. 현대자동차그룹에서는, 현대자동차㈜가 2000년 2월 23일 관계사인 씨앤씨캐피탈

㈜ 등 5개사로부터 INI스틸㈜ 주식 830만 주를 전일 종가 4,800원보다 6.25% 높은 주당 5,100원에 매입한 후, 11일 후에 자신이 이미 보유하고 있던 INI스틸㈜의 주식 1,400만 주를 시간외 종가매매를 통하여 주당 4,830원으로 기아자동차에 매각하였다. 기아자동차㈜와 INI스틸㈜은 2003년 6월 13일에 현대캐피탈㈜이 보유하고 있던 현대카드㈜의 주식을 상속세 및 증여세법상의 평가에 따라 주당 3,456원에 매입하였다. 그런데 그로부터 2주 후인 2003년 6월 27일 현대카드㈜가 실시한 액면가 5,000원, 총 3,742억 원 규모의 유상증자에 참여하여 각각 711억 원과 337억 원어치를 고가에 인수하였다.

<표 8-10> 5차조사의 기업집단별 부당내부거래 규모

(단위: 개 사, 백만 원)

기업집단	지원주체	수혜업체	지원성 거래 규모	지원 금액
삼 성	5	5	71,746	790
LG	2	2	30,564	95
SK	7	7	380,663	73,720
현대자동차	7	5	185,521	14,957
현대중공업	1	1	15,912	488
총 계	22	20	684,406	90,050

자료: 공정거래위원회 조사기획과(2003. 10), "6개 기업집단에 대한 부당내부거래 조사 결과."

3. 6대 이하 재벌에서의 자금·자산 부당내부거래

1998년중 상위 5대 재벌뿐 아니라 6~30대 기업집단 중 내부거래 규모가 큰 5개 기업집단(한진, 한화, 한솔, 동부, 동양)에 대한 부당지원행위에 대한 조사가 같은 해에 실시되었다. 조사 결과 35개 회사가 45개 회사에 대해 총 2.5조 원 규모의 지원성거래를 하였으며, 이러한 거래를 통해 지원된 규모는 총 693억 원인 것으로 나타났다. 각 기업집단별 부당지원 규모는 <표 8-11>과 같다.

조사결과에서 나타난 주요한 특징은 1997년 외환경제위기 이후 경영이 악화되어 퇴출 위기에 몰린 부실 계열증권사의 재무건정성 충족을 위해 다수의 계열사들이 집중지원을 해준 사례가 다수 있었으며, 일반적으로 자금여력이 있는 주력기업이 부실 계열회사 또는 협력회사를 지원하였다는 점이다.

〈표 8-11〉 6~30대 조사대상 기업집단의 기업집단별 부당지원 규모

(단위: 개, 억 원, %)

	재계순위	지원업체 수	수혜업체 수	거래규모(A)	지원금액(B)	지원비율(B/A)
한진	6	10	12	5,613	163	2.90
한화	8	6	6	3,670	229	6.23
한솔	15	7	8	3,004	45	1.49
동부	20	2	4	2,345	27	1.15
동양	23	10	15	10,204	228	2.23
계	-	-	-	24,837	693	2.79

주: 재계순위는 1998. 4. 1 대규모기업집단 지정순위임.
자료: 공정거래위원회 조사기획과(1999. 2. 6), "6대 이하 기업집단의 부당지원행위에 대해 181억 원의 과징금 부과."

한화그룹의 경우, ㈜한화, 한화기계㈜ 등 4개 계열사가 1998. 3. 27~6. 30 기간중 한화증권㈜이 발행한 후순위사채 2,000억 원어치를 일반회사채 시장유통수익률보다 최고 4.8% 포인트 낮은 금리로 고가에 인수하였다. 또, 한화기계㈜는 한화증권㈜으로부터 자금예탁 요청을 받고 1998. 2. 22~6. 25 기간 동안 130억 원을 한화증권의 차입금리보다 19.5~26.29% 포인트 낮은 금리로 예탁해주었다. 이런 식으로 한화증권㈜은 계열사로부터 총 2,130억 원의 자금을 지원받아 1997년 말 88.1%였던 영업용순자본비율을 1998년 6월말에는 193.0%로 높일 수 있었다.

한진그룹의 경우, ㈜대한항공 등 8개 계열회사가 1998년 2월 9일 한진투자증권㈜이 주주배정 방식으로 실시한 유상증자에 참여하면서 증자기준일 현재 종가가 3,100원임에도 불구하고 주당 5,000원에 230여만 주를 116억 원어치 매입하였다. ㈜대한항공 등 3개 계열회사는 1998년 초 한진투자증권㈜이 3회에 걸쳐 발행한 250억 원 규모의 후순위사모채를 당시 일반회사채 수익률보다 최고 5.5% 포인트 낮은 금리로 전액인수하였다. 또, ㈜한국항공은 1998. 1. 6~6. 5 기간중 한진투자증권㈜으로부터 3회에 걸쳐 환매조건부채권 55억 8천 8백만 원어치를 당시 RP 평균수익률보다 최고 9.4% 포인트 낮은 금리로 매입해주는 등, 한진투자증권㈜은 9개 계열사로부터 1998년 1월과 3월에 걸쳐 422억 원을 지원받아 영업용순자본 비율을 1997년 말의 -36.6%에서 1998년 3월에는 203.7%로 높일 수 있었다.

동양그룹의 경우, 그룹의 주력기업인 동양시멘트㈜를 비롯하여 금융계열사들이 다른 계열사들이 발행한 CP를 고가 매입해주는 사례가 많았다. 예를 들어, 동양시멘트㈜는 관계회사인 대원산업㈜, ㈜동일산업, ㈜제원이 1997. 12. 9~1998. 5. 29 기간중

총 93회에 걸쳐 발행한 기업어음 3,599억 원어치를, 또 계열사인 동양파이낸스㈜가 총 38회에 걸쳐 발행한 기업어음 중 총 1,265억 원어치를 정상적인 거래의 할인율보다 5.25%에서 26% 포인트 낮은 할인율로 고가에 매입하였다. 또 동양제과㈜ 등 2개사는 동양증권㈜이 발행한 500억 원 규모의 후순위사모채를 같은 날 신용등급이 동일한 비계열회사가 발행한 일반회사채 유통수익률보다 8% 포인트 이상 낮은 금리로 고가에 인수하였다.

〈그림 8-3〉 한진그룹 계열사들의 한진투자증권 지원사례

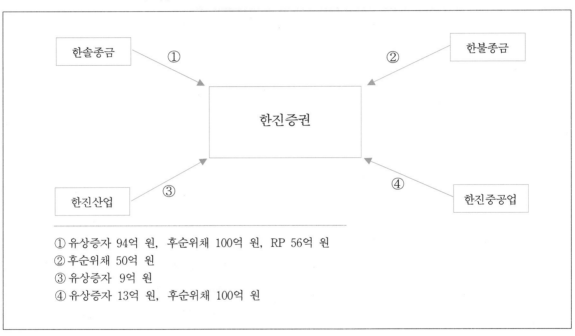

① 유상증자 94억 원, 후순위채 100억 원, RP 56억 원
② 후순위채 50억 원
③ 유상증자 9억 원
④ 유상증자 13억 원, 후순위채 100억 원

제 **9** 장　**재벌의 성과**

지금까지는 재벌의 재무적 환경과 그에 대한 적응행동으로서 재벌의 재무적 행태에 대해서 살펴보았다. 재벌의 이와 같은 재무적 행태가 어떠한 경제적 성과로 나타났는가를 살펴보는 것이 이 장의 내용이다. 먼저, 국민경제 내에서 재벌의 성과를 성장성 측면에서 살펴본다. 이어서, 수익성과 수익의 변동성, 30대 재벌명단 순위의 안정성, 생산성, 국민경제에서의 재벌의 비중의 순서로 한국은행《기업경영분석》상의 전체 기업의 성과나 GDP 자료와의 비교를 통해 분석한다. 끝으로, 수익성과 수익의 변동성 및 성장성의 세 요소를 기준으로 재벌의 성과를 국민경제 비재벌기업 부문의 성과와 비교하고 평가한다.

1. 재벌의 성장성

1.1. 부가가치와 매출액 성장성

1.1.1. 30대 재벌

1987~1997년의 분석기간 동안 경상 GDP의 전년 대비 평균증가율은 15.16%이다. 같은 기간중 30대 재벌의 부가가치 증가율은 16.67%로 비 30대 재벌부문의 증가율 15.03%보다 1.64% 포인트 높다. 그러나 30대 재벌성장률 시계열의 표준편차는 12.39%로 비 30대 재벌부문의 4.28%에 비해서 3배 가량 높아, 30대 재벌부문이 부가가치 증가율의 변동성이 훨씬 크다(〈표 9-1〉 참조). 〈표 9-2〉와 〈그림 9-1〉에서 보듯이, 30대 재벌부문의 부가가치 성장률은 30대 재벌 이외 부문에 비해 급격한 상승과 하락을 반복하고 있다.

외환경제위기 이후 1998년부터 2002년까지 5년간 경상 GDP는 연평균 12.01%, 30대 재벌의 부가가치는 13.48%, 30대 재벌 이외 기업부문의 부가가치는 11.88% 증가하였다. 분석 전기간에 걸쳐서 경상 GDP, 30대 재벌의 부가가치, 30대 재벌 이외 기업부문의 부가가치의 연평균 증가율은 각각 12.01%, 13.48%, 11.88%로서, 30대 재벌이 30대 재벌 이외 부문에 비해 1.60% 포인트 더 높은 성장률을 기록하였다.

1987~1997년 기간 동안 산업총산출(국내 최종생산물 + 국내 중간생산물)의 전년비

〈표 9-1〉 30대 재벌과 30대 재벌 이외 기업의 부가가치와 매출액 성장률 요약통계

(단위: %)

		1987~1997 산술평균	1998~2002 산술평균	1987~2002 산술평균	1987~2002 기하평균	최대	최소
부가가치	경상 GDP	15.16(0.282)	5.72(0.778)	12.01(0.517)	11.92	21.09(1991)	-1.97(1998)
	30대 재벌	16.67(0.743)	7.11(1.899)	13.48(0.974)	13.12	34.98(1989)	-6.92(1998)
	30대 재벌이외	15.03(0.301)	5.58(0.698)	11.88(0.524)	11.72	22.87(1990)	-1.24(1998)
매출액	산업총산출	15.34(0.472)	7.79(0.465)	12.82(0.557)	12.62	29.57(1990)	3.07(1998)
	30대 재벌	18.49(0.258)	2.09(5.601)	13.02(0.833)	12.50	28.68(1995)	-9.97(1999)
	30대 재벌이외	13.75(0.889)	11.83(0.613)	13.11(0.807)	14.96	37.01(1990)	2.79(1998)

주: 1) '30대 재벌 이외'의 부가가치는 경상 GDP에서 30대 재벌의 부가가치를 빼서 얻은 자료로부터 계산. '30대 재벌 이외'의 매출액 자료는 '산업총산출'에서 30대 재벌의 매출액을 빼서 얻은 자료로부터 계산.

2) 평균의 ( )안의 숫자는 변동계수임. 최대, 최소의 ( )안의 숫자는 해당 연도임.

자료: 경상 GDP는 한국은행, 《경제통계연보》; 전체 기업자료는 한국은행, 《기업경영분석》의 대분류 산업 재무자료를 합산하여 얻음; 30대 재벌 기업자료는 한국신용평가정보㈜, KIS-Line의 재벌별 합산재무제표 자료를 합산하여 얻음.

<표 9-2> 부가가치와 매출액 성장률 추이

(단위: %)

		1988	1989	1990	1991	1992	1993	1994	1995	1996	1997	1998	1999	2000	2001	2002
부가가치	경상 GDP	18.81	12.18	20.65	21.09	13.48	12.94	16.54	16.68	10.90	8.32	-1.97	8.64	8.12	5.67	8.13
	30대 재벌	29.20	34.98	8.34	19.67	18.23	10.11	17.59	29.51	1.95	-2.91	-6.92	12.33	11.83	-6.24	24.57
	30대 재벌 이외	17.43	8.85	22.87	21.32	12.73	13.41	16.38	14.61	12.53	10.17	-1.24	8.13	7.59	7.44	6.00
매출액	산업총산출	15.37	8.59	29.57	17.02	10.04	8.81	12.51	14.74	10.52	26.25	3.07	6.74	10.39	6.42	12.32
	30대 재벌	14.75	14.56	15.30	24.17	16.07	14.70	19.02	28.68	20.81	16.87	3.44	-9.97	18.88	-7.97	6.04
	30대 재벌 이외	15.68	5.71	37.01	13.88	7.16	5.75	8.86	6.17	2.86	34.46	2.79	19.52	5.50	15.77	15.55

주: '30대 재벌 이외'의 GDP는 경상 GDP에서 30대 재벌의 부가가치를 빼서 얻은 자료로부터 계산. '30대 재벌 이외'의 매출액자료는 《기업경영분석》의 '전체 기업' 매출액에서 30대 재벌의 매출액을 빼서 얻은 자료로부터 계산.

자료: 경상 GDP는 한국은행, 《경제통계연보》; 전체 기업자료는 한국은행, 《기업경영분석》의 대분류 산업 재무자료를 합산하여 얻음; 30대 재벌 기업자료는 한국신용평가정보㈜, KIS-Line의 재벌별 합산재무제표 자료를 합산하여 얻음.

<그림 9-1> 30대 재벌기업과 비재벌기업의 부가가치 성장률 추이

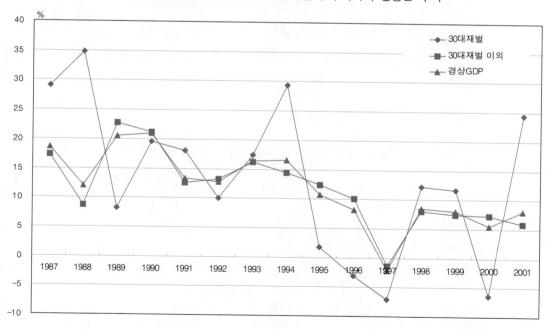

평균증가율은 15.34%이다. 30대 재벌의 매출액의 평균증가율은 18.49%로 비재벌부문의 13.75%에 비해서 4.74% 포인트 높다. 기간중 30대 재벌의 매출액 증가율의 변동계수는 0.258로서 30대 재벌 이외 부문의 0.889에 비해서 한결 낮다. 그러나 외환경제위기 이후 1998년부터 2002년 동안 30대 재벌의 매출액은 연평균 2.09% 증가에 머물고 변동계수도 5.601로 높았던 데 비해 30대 재벌 이외 기업부문은 11.83%로 증가율이 훨씬 높았고 변동계수도 0.613으로 낮았다.

1.1.2.   상위재벌과 하위재벌

1987~2002년의 분석 전기간에 걸쳐 상위 5대 재벌의 부가가치 기하평균 증가율은 15.00%이며, 11~30대 재벌의 증가율은 8.94%이다. 5대 재벌의 평균증가율은 같은 기간 동안 경상 GDP의 기하평균증가율 11.92%에 비해 약 3% 포인트 높은 반면에 11~30대 재벌의 증가율은 약 3% 포인트 정도 낮다(〈표 9-3〉 참조).

1987~2002년의 분석 전기간에 걸쳐 상위 5대 재벌의 매출액 기하평균증가율은 13.09%, 하위 11~30대 재벌의 증가율은 10.90%이다. 같은 기간 동안 경제 전체 민간부문의 산업총산출 기하평균증가율 12.62%와 비교해 볼 때 10대 재벌은 이를 다소 웃도는 반면 11~30대 재벌은 이를 다소 밑돈다(〈표 9-3〉과 〈표 9-4〉 참조).

부가가치 성장률과 매출액 성장률 모두에서 10대 재벌이나 11~30대 재벌이나 경제 전체에 비해서 그 변동성이 훨씬 크다. 특히 1998~2002년 기간 동안에 변동성이 대폭 확대되는데, 이는 재벌부문이 경제위기의 충격을 더 심하게 받고 또한 충격의 영향으로 10대 재벌이나 11~30대 재벌의 구성에 적지 않은 변화가 발생한 데서 그 이유를 찾을 수 있을 것이다(〈표 9-4〉와 〈그림 9-3〉 참조).

〈표 9-3〉 30대 재벌 내 상위재벌과 하위재벌의 부가가치와 매출액 성장률 요약 통계

(단위: %)

		1987~1997 평균	1998~2002 평균	1987~2002 평균	1987~2002 기하평균	최대	최소
부가가치	5대 재벌	18.95(0.704)	9.28(1.361)	15.73(0.859)	15.00	42.07	-2.78
	10대 재벌	18.41(0.680)	8.37(1.794)	15.06(0.913)	14.28	38.88	-9.28
	11~30대 재벌	13.27(0.716)	3.86(6.172)	10.13(1.534)	8.94	26.45	-27.10
매출액	5대 재벌	19.55(0.347)	2.32(6.256)	13.81(0.917)	13.09	32.48	-16.09
	10대 재벌	19.15(0.267)	1.94(5.803)	13.42(0.829)	12.87	29.66	-10.41
	11~30대 재벌	15.75(0.475)	4.02(5.774)	11.84(1.261)	10.90	43.91	-16.12

주: 평균은 전년 대비 성장률의 기간중 산술평균. 평균 옆의 ( )안의 수치는 변동계수.
자료: 한국신용평가정보㈜, KIS-Line의 재벌별 합산재무제표 자료를 이용하여 계산.

<표 9-4> 경상 GDP, 30대 재벌, 비30대 재벌 부문의 부가가치와 매출액 성장률

(단위: %)

		1988	1989	1990	1991	1992	1993	1994	1995
부가가치	5대 재벌	22.92	42.07	5.23	18.71	20.12	15.41	21.31	36.60
	10대 재벌	26.50	38.88	7.07	19.20	18.90	14.92	22.48	32.73
	11~30대 재벌	20.64	21.20	16.92	18.42	15.22	12.94	11.59	18.66
매출액	5대 재벌	12.25	12.79	15.06	32.48	15.17	18.19	18.21	29.55
	10대 재벌	15.70	11.79	18.27	24.71	15.68	16.65	18.74	29.66
	11~30대 재벌	11.06	25.84	4.59	21.95	17.73	6.69	20.27	24.34
		1996	1997	1998	1999	2000	2001	2002	
부가가치	5대 재벌	-1.97	9.13	0.18	-2.78	22.01	3.22	23.77	
	10대 재벌	0.10	3.28	-4.69	10.39	21.23	-9.28	24.23	
	11~30대 재벌	8.17	-11.10	-15.88	21.17	-27.10	14.68	26.45	
매출액	5대 재벌	21.55	20.24	14.15	-10.66	13.02	-16.09	11.17	
	10대 재벌	22.03	18.32	7.15	-10.41	15.02	-9.40	7.35	
	11~30대 재벌	15.20	9.78	-16.12	-6.98	43.91	-0.55	-0.16	

자료: 한국신용평가정보㈜, KIS-Line의 재벌별 합산재무제표 자료로부터 계산.

<그림 9-2> 10대 재벌과 11~30대 재벌의 부가가치 성장률 추이

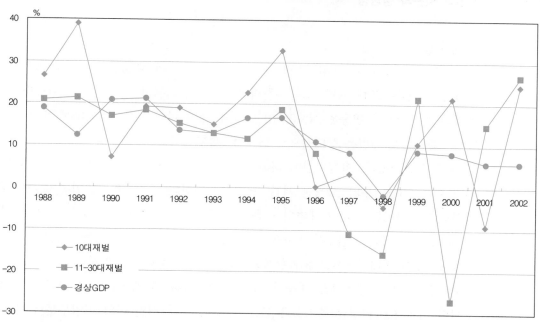

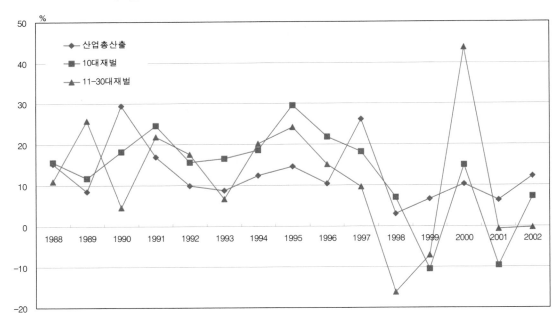

〈그림 9-3〉 10대 재벌과 11~30대 재벌의 매출액 성장률 추이

1.2. 자산과 자본의 성장성

1.2.1. 30대 재벌

〈표 9-5〉에서 보듯이, 1987~1997년의 기간 동안 30대 재벌부문의 총자산의 증가율은 19.20%로서 30대 재벌 이외 부문의 17.46%에 비해서 1.74% 포인트 높다. 30대 재벌의 자산증가의 변동계수는 0.301로 30대 재벌 이외 부문의 0.766에 비해서 크게 낮다. 즉, 30대 재벌은 상대적으로 더 빠른 속도로 상대적으로 일관되게 자산의 규모를 꾸준히 늘려왔다. 유형자산에 대해서도 비슷한 구조의 분석이 가능하다. 외환경제위기 이후 1998년부터 2002년 기간 동안에는 자산의 증가율은 그 이전 시기에 비해 급격히 낮아져 있다. 30대 재벌의 같은 기간 동안 평균 총자산증가율은 -3.00%인 반면 30대 재벌 이외 기업부문의 수치는 5.02%로 후자가 높다. 이는 무엇보다도 현대그룹으로부터 현대자동차그룹과 현대중공업그룹이 친족분리된 영향을 1차적으로 받고 있다. 유형자산의 경우에도 비슷한 설명이 가능하다. 1987~1997년 기간 동안 30대 재벌의 자기자본 연평균 증가율은 17.35%로서 30대 재벌 이외 기업부문의 16.46%에 비해 약간 높다. 외환경제위기 이후 시기에는 30대 재벌의 경우 자기자본은 총자산의 감소에도 불구하고 15.48%라는 높은 비율로 늘어났다.

〈표 9-5〉 전체 기업과 30대 재벌의 자산과 자본의 성장률 요약통계

(단위: %)

		1987~1997 평균	1998~2002 평균	1987~2002 평균	최 대	최 소
총자산	전체 기업	18.30(0.395)	1.58(3.122)	12.72(0.813)	34.86(1990)	-4.39(2000)
	30대 재벌	19.20(0.301)	-3.00(-2.635)	11.80(1.060)	30.13(1989)	-14.76(2001)
	30대 재벌이외	17.46(0.766)	5.02(2.132)	13.31(1.020)	51.16(1990)	-6.99(2000)
유형자산	전체 기업	16.93(0.377)	9.95(2.620)	9.77(0.779)	33.55(1990)	-9.51(2002)
	30대 재벌	19.61(0.485)	12.20(13.257)	13.56(1.014)	39.15(1989)	-15.28(2001)
	30대 재벌이외	14.82(1.084)	15.77(2.579)	15.97(1.340)	56.75(1990)	-16.12(2002)
자기자본	전체 기업	16.87(0.457)	13.44(0.799)	9.47(0.562)	34.58(1999)	-0.13(2000)
	30대 재벌	17.35(0.841)	18.95(1.137)	15.48(0.904)	49.70(1989)	-5.83(2001)
	30대 재벌이외	16.46(0.768)	14.94(0.885)	12.90(0.777)	47.51(1990)	-7.78(2000)

주: 1) '30대 재벌 이외'는 《기업경영분석》의 '전체 기업' 재무자료에서 30대 재벌 재무자료를 빼서 얻은 자료로
    부터 계산.
   2) 평균은 전년 대비 성장률의 기간중 산술평균. 평균 옆의 ( )안의 수치는 변동계수. 최대, 최소의 ( )안
    의 숫자는 해당연도임.
자료: 전체 기업자료는 한국은행, 《기업경영분석》의 대분류 산업 재무자료를 합산하여 얻음; 30대 재벌 기업자료
    는 한국신용평가정보㈜, KIS-Line의 재벌별 합산재무제표 자료를 이용하여 계산.

〈표 9-6〉 30대 재벌부문과 30대 재벌 이외 부문의 자산과 자본의 성장률 추이

(단위: %)

		1988	1989	1990	1991	1992	1993	1994	1995	1996	1997	1998	1999	2000	2001	2002
총자산	전체 기업	10.95	18.12	34.86	20.31	11.20	13.68	20.29	14.54	14.73	24.27	4.22	8.52	-4.39	-0.48	0.02
	30대 재벌	14.00	30.13	15.46	23.24	14.58	11.61	16.52	20.57	21.07	24.83	3.57	-6.98	-0.72	-14.76	3.90
	30대 재벌 이외	8.51	6.88	51.16	18.14	8.56	15.31	23.12	9.91	9.26	23.75	4.83	20.72	-6.99	8.85	-2.29
유형자산	전체 기업	10.43	17.37	33.55	17.63	11.67	13.27	16.44	14.55	17.05	17.33	14.60	12.75	1.53	-0.38	-9.51
	30대 재벌	22.82	39.15	3.90	22.50	14.74	13.74	15.34	20.38	28.15	15.38	18.26	-3.51	4.50	-15.28	0.63
	30대 재벌 이외	2.48	-1.95	56.75	14.46	9.55	12.94	17.22	10.22	7.36	19.15	11.09	26.50	-0.70	9.81	-16.12
자기자본	전체 기업	24.17	27.07	26.14	15.19	9.41	16.73	21.45	15.16	7.62	5.79	22.54	34.58	-0.13	7.82	19.32
	30대 재벌	27.12	49.70	-4.01	20.01	10.62	20.20	15.08	20.72	10.83	3.25	32.42	40.01	8.09	-5.83	8.68
	30대 재벌 이외	22.37	9.09	47.51	12.37	8.66	14.51	25.39	11.71	5.48	7.48	15.43	30.10	-7.78	19.87	26.82

주: 총자산, 유형자산, 자기자본의 t기의 성장률은 t기초 스톡과 t기말 스톡의 평균에 대한 t기중의 증가분의 비
   율로 계산.
자료: 전체 기업자료는 한국은행, 《기업경영분석》의 대분류 산업 재무자료를 합산하여 얻음; 30대 재벌 기업자료
   는 한국신용평가정보㈜, KIS-Line의 재벌별 합산재무제표 자료를 이용하여 계산.

〈그림 9-4〉 30대 재벌과 30대 재벌 이외 기업부문의 총자산 증가율 추이

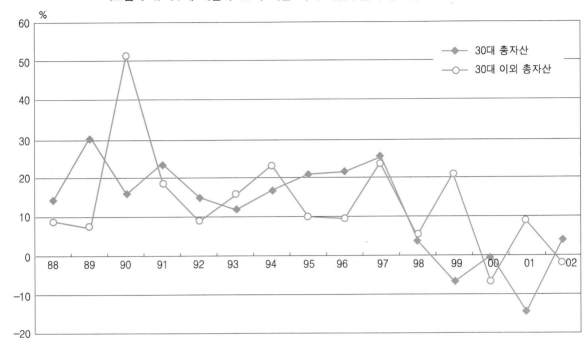

1.2.2 상위재벌과 하위재벌

〈표 9-7〉에서 보는 것처럼, 1987~2002년 분석 전기간에 걸쳐서 5대 재벌의 총자산의 기하평균 증가율은 13.71%로서 6대 이하 재벌보다 높다. 하위 11~30대 재벌의 기하평균 증가율은 10.85%로 5대 재벌보다 약 5% 포인트 가량 낮으며, 외환경제위기 이후 총자산의 감소율이 상위재벌보다 더 컸다.

같은 기간 동안 유형자산의 증가율도 상위재벌이 하위재벌에 비해서 다소 높다. 외환경제위기 이후 유형고정자산의 증가는 평균적으로 거의 정체되다시피 하였는데, 하위재벌에서의 정체가 더 두드러졌다. 전체 분석기간 동안 자기자본의 증가율도 5대 재벌이 하위재벌보다 다소 높았다. 외환경제위기 이후에는 상위재벌과 하위재벌의 자기자본이 거의 같은 증가율로 확대되었다.

〈표 9-7〉 30대 재벌 내 상위재벌과 하위재벌의 자산과 자본의 성장률 요약통계

(단위: %)

		1987~1997 산술평균	1998~2002 산술평균	1987~2002 산술평균	1987~2002 기하평균	최대	최소
총자산	5대 재벌	23.05(0.383)	-1.99(-5.424)	14.70(1.037)	13.71	38.23(1997)	-10.17(2000)
	10대 재벌	22.18(0.357)	-2.33(-3.836)	14.01(0.025)	13.13	36.74(1989)	-14.11(2001)
	11~30대 재벌	19.33(0.369)	-3.59(-3.031)	11.69(0.184)	10.85	32.13(1989)	-12.44(2001)
유형자산	5대 재벌	23.62(0.616)	2.31(6.180)	16.52(1.053)	15.33	55.96(1989)	-9.40(2001)
	10대 재벌	22.82(0.606)	1.99(6.965)	15.88(1.056)	14.75	55.51(1989)	-16.00(2001)
	11~30대 재벌	21.06(0.463)	0.67(20.907)	14.26(1.030)	13.32	36.92(1996)	-16.80(1999)
자기자본	5대 재벌	24.86(1.258)	19.55(1.149)	23.09(1.210)	20.62	106.91(1989)	-12.41(1990)
	10대 재벌	21.33(0.986)	20.19(1.295)	20.95(1.046)	19.24	73.45(1989)	-8.36(2001)
	11~30대 재벌	17.22(0.949)	20.45(0.564)	18.30(0.796)	17.48	44.24(1989)	-2.76(1990)

주: 평균 옆의 ( )안의 수치는 변동계수. 최대, 최소의 ( )안의 숫자는 해당연도임.
자료: 한국신용평가정보㈜, KIS-Line의 재벌별 합산재무제표 자료를 이용하여 계산.

〈표 9-8〉 30대 재벌 내 상위재벌과 하위재벌의 자산과 자본의 성장률 추이

(단위: %)

		1988	1989	1990	1991	1992	1993	1994	1995
총자산	5대 재벌	14.58	36.99	17.77	26.27	15.37	14.38	17.87	24.67
	10대 재벌	13.78	36.74	19.06	26.60	15.36	13.67	17.38	23.67
	11~30대 재벌	18.56	32.13	10.45	25.39	16.80	8.38	19.92	20.67
유형자산	5대 재벌	27.20	55.96	2.83	20.04	12.08	16.84	17.40	21.71
	10대 재벌	24.72	55.51	3.20	25.82	14.08	16.25	16.35	22.22
	11~30대 재벌	28.68	30.02	6.50	23.88	21.79	10.25	17.46	24.19
자기자본	5대 재벌	17.21	106.91	-12.41	27.41	13.77	29.93	17.59	27.26
	10대 재벌	27.79	73.45	-4.25	22.28	12.66	25.74	15.79	25.63
	11~30대 재벌	43.45	44.24	-2.76	22.09	6.09	10.16	18.54	12.59
		1996	1997	1998	1999	2000	2001	2002	
총자산	5대 재벌	24.37	38.23	12.87	-9.81	-10.17	-9.08	6.22	
	10대 재벌	22.98	32.53	7.33	-6.30	-4.39	-14.11	5.84	
	11~30대 재벌	25.35	15.66	-9.24	-8.56	14.77	-12.44	-2.47	
유형자산	5대 재벌	36.84	25.30	26.74	-5.61	-2.22	-9.40	2.05	
	10대 재벌	31.42	18.62	23.01	0.34	1.43	-16.00	1.17	
	11~30대 재벌	36.92	10.86	10.80	-16.80	18.08	-7.59	-1.15	
자기자본	5대 재벌	11.17	9.79	48.42	38.41	-2.68	4.62	8.97	
	10대 재벌	9.71	4.48	40.26	54.51	5.32	-8.36	9.22	
	11~30대 재벌	19.57	-1.74	31.52	28.09	26.71	7.49	8.45	

자료: 한국신용평가정보㈜, KIS-Line의 재벌별 합산재무제표 자료로부터 계산.

2. 재벌의 수익성과 수익의 변동성

이 절에서는 국민경제 전체 또는 비농림분야의 비금융보험 기업들과 재벌집단 소속기업들의 수익-위험 성과를 합산재무자료를 이용해 비교분석한다. 수익성은 합산재무자료로부터 얻을 수 있는 회계적 수익률의 기간중 평균치, 수익률과 관련된 위험은 수익률의 변동성(표준편차) 또는 평균에 대한 표준편차의 비율인 변동계수로 측정할 수 있다. 합산자료를 사용하고 있으므로 이로부터 얻어지는 통계값들은 합산에 포함되는 각 기업들의 가중치가 반영되고 있는 가중평균의 의미를 지닌다. 또한 30대 재벌의 총체적 사업안정성을 개별 재벌들의 순위변동을 통해 살펴보고자 한다. 즉, 특정 연도에 5대 재벌, 10대 재벌, 11~30대 재벌, 30대 재벌 등에 속한 특정 재벌그룹들이 다음 연도에도 같은 순위집단 내에 포함되어 있는 정도로서 재벌의 사업안정성을 측정하려는 것이다.

2.1.   매출액 대비 이익률

2.1.1.   30대 재벌
〈표 9-9〉에서 매출액 대비 각종 이익률지표를 보면, 1987년부터 1997년 기간 동안 30대 재벌의 평균수익성이 전체 기업의 수익성보다 모두 다소 낮다. 매출액 영업이익률은 전체 기업이 5.90%, 30대 재벌이 5.57%; 경상이익률은 각각 2.15%, 1.47%; 순이익률은 각각 1.29%, 0.58%이다. 각 이익률의 변동계수도 30대 재벌의 경우가 높다. 그러나 외환경제위기 이후 시기 동안에는 모든 이익률지표에서 30대 재벌의 성과가 전체 기업의 성과를 웃돌고 있다.

전체 기업과 30대 재벌기업의 수익성의 우위구조는 〈표 9-10〉과 〈그림 9-5〉에서 보듯이, 1993년, 1994년을 기준으로 하여 역전되고 있다. 즉, 1993년까지는 전체 기업의 수익성이 30대 재벌에 비해 더 높으나, 1994년 이후로는 30대 재벌의 성과가 전체 기업의 성과보다 우월하다. 30대 재벌의 영업이익률이 1987년 이래 1995년까지 줄곧 높아지고 있으며, 1995년 이후로는 변동성이 커지고 있음을 확인할 수 있다. 이에 비해 전체 기업의 매출액영업이익률은 전반적으로 완만하지만 하락하는 추세이다.

영업이익에서 금융비용을 차감한 경상이익의 매출액 대비 이익률은 전체 기업이나 30대 재벌이나 모두 외환경제위기 이전 급격히 낮아졌다가 위기 이후 다시 빠른 속도로 회복되고 있다. 위기 이전 영업이익률의 저하뿐 아니라 부채비율의 상승으로 인해 경상이익률의 급격한 저하가 발생하였다. 경제위기의 충격에서 벗어나 영업이익률이

회복되는 가운데 재무구조의 급격한 개선으로 부채비율이 획기적으로 낮아져 경상이
익률이 위기 이후 빠르게 높아졌다.

〈표 9-9〉 30대 재벌의 매출액 대비 이익률의 요약통계

(단위: %)

		1987~1997 평균	1998~2002 평균	1987~2002 평균	최 대	최 소
매출액영업이익률	전체 기업	5.90 (0.078)	4.81 (0.153)	5.56 (0.134)	6.68 (1987)	3.87 (1999)
	30대 재벌	5.57 (0.144)	5.37 (0.202)	5.51 (0.158)	6.92 (1995)	4.06 (1998)
매출액경상이익률	전체 기업	2.15 (0.480)	0.86 (2.218)	1.75 (0.822)	3.88 (2002)	-1.17 (1998)
	30대 재벌	1.47 (0.714)	1.62 (1.652)	1.51 (1.073)	5.26 (2002)	-2.22 (1998)
매출액순이익률	전체 기업	1.29 (0.643)	-0.05 (-58.647)	0.87 (1.997)	4.56 (2002)	-2.85 (1998)
	30대 재벌	0.58 (1.293)	0.04 (76.303)	0.41 (4.183)	3.94 (2002)	-4.48 (1998)

주: 평균은 전년 대비 성장률의 기간중 산술평균치. 평균 옆의 ( )안의 수치는 변동계수. 최대, 최소의 ( )안의
   숫자는 해당연도임.
자료: 전체 기업자료는 한국은행, 《기업경영분석》의 대분류 산업 재무자료를 합산하여 얻음; 30대 재벌 기업자료
   는 한국신용평가정보㈜, KIS-Line의 재벌별 합산재무제표 자료를 이용하여 계산.

〈표 9-10〉 매출액 대비 이익률 지표 추이

(단위: %)

		1987	1988	1989	1990	1991	1992	1993	1994
매출액 영업이익률	전체 기업	6.68	6.14	5.54	5.79	5.88	5.70	5.88	6.34
	30대 재벌	4.91	4.46	4.76	5.12	5.53	5.74	5.82	6.54
매출액 경상이익률	전체 기업	2.95	3.61	2.64	2.40	2.16	1.84	1.97	2.61
	30대 재벌	1.82	2.56	2.26	1.62	1.35	1.13	1.08	2.09
매출액 순이익률	전체 기업	1.59	2.06	1.75	1.43	1.47	1.18	1.17	1.85
	30대 재벌	0.36	0.89	1.08	0.70	0.51	0.46	0.43	1.20
		1995	1996	1997	1998	1999	2000	2001	2002
매출액 영업이익률	전체 기업	6.36	5.03	5.60	4.22	3.87	5.59	5.13	5.26
	30대 재벌	6.92	5.01	6.45	4.06	4.84	6.76	5.02	6.20
매출액 경상이익률	전체 기업	2.73	0.99	-0.21	-1.17	-0.28	0.88	0.99	3.88
	30대 재벌	2.70	0.50	-0.96	-2.22	1.10	2.09	1.84	5.26
매출액 순이익률	전체 기업	2.01	0.53	-0.83	-2.85	-1.66	-0.77	0.48	4.56
	30대 재벌	1.87	0.02	-1.12	-4.48	-0.93	0.47	1.21	3.94

자료: 전체 기업 자료는 한국은행, 《기업경영분석》의 대분류 산업 재무자료를 합산하여 얻음; 30대 재벌 기업자료
   는 한국신용평가정보㈜, KIS-Line의 재벌별 합산재무제표 자료를 이용하여 계산.

〈그림 9-5〉 전체 기업과 30대 재벌의 매출액 대비 이익률의 추이

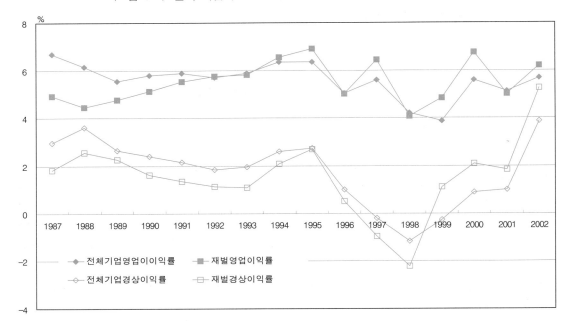

2.1.2. 상위재벌과 하위재벌

〈표 9-11〉에서 보듯이, 1987~1997년 기간 동안 매출액 대비 영업이익률에서는 하위 11~30대 재벌의 평균 수익률이 6.08%로 상위 10대 재벌의 5.44%보다 다소 높다. 그러나 영업이익률에서 금융비용을 차감한 경상이익률, 그리고 순이익률에서는 하위 재벌의 성과가 상위재벌의 성과에 현저히 못 미치고 있다. 상위재벌의 경상이익률이 1.74%인 데 비해 하위재벌의 실적은 0.24%에 불과하다. 경상이익에서 특별손익과 법인세를 차감하여 얻어지는 순이익의 매출액 대비 이익률은 하위재벌의 경우 기간중 음의 값인 -0.68%를 기록하고 있다. 〈표 9-12〉에서 보듯이, 하위재벌은 1987~1997년의 11개년 기간 동안 무려 8개년에서 순손실을 기록하고 있다.

〈표 9-11〉에서 보듯이, 하위재벌의 경상이익률과 순이익률의 변동계수값이 상위재벌에 비해서 현저하게 높아 안정성도 훨씬 취약한 것으로 나타나고 있다. 그런데 하위 재벌의 매출액영업이익률의 변동성은 상위재벌에 비해서 작다. 결과적으로, 하위재벌 의 경영의 불안정성은 그 대부분이 높은 레버리지에 따른 재무적 위험으로부터 연유하 는 것임을 알 수 있다. 분석기간 동안 상위 10대 재벌의 평균 부채비율은 358.5%, 차 입금의존도는 47.4%인 데 비해 하위 11~30대 재벌의 부채비율은 497.4%, 차입금의 존도는 56.3%로 상당한 차이를 보이고 있다.

외환경제위기 이후 1998~2002년 기간 동안 10대 재벌의 매출액 대비 이익률은 그 이전 시기에 비해 높아진 반면, 11~30대 재벌의 이익률은 과거보다 더 낮아졌다. 11~30대 재벌의 기간중 평균 경상이익률은 -2.94%로 경상손익이 적자를 보이고 있다.

〈표 9-11〉 상위재벌과 하위재벌의 매출액 대비 수익률의 요약 통계

(단위: %)

		1987~1997 평균	1998~2002 평균	1987~2002 평균	최대	최소
매출액 영업이익률	10대 재벌	5.44 (0.186)	5.57 (0.227)	5.48 (0.192)	7.29 (2000)	3.87 (1988)
	11~30대 재벌	6.08 (0.087)	4.37 (0.175)	5.55 (0.181)	6.86 (1988)	3.45 (1998)
매출액 경상이익률	10대 재벌	1.74 (0.573)	2.45 (1.116)	1.96 (0.849)	5.97 (2002)	-1.51 (1998)
	11~30대 재벌	0.24 (7.499)	-2.94 (-1.086)	-0.75 (-3.591)	2.68 (1988)	-6.96 (1998)
매출액 순이익률	10대 재벌	0.86 (0.904)	0.65 (5.009)	0.79 (2.256)	4.47 (2002)	-4.16 (1998)
	11~30대 재벌	-0.68 (-2.028)	-3.21 (-0.975)	-1.47 (-1.573)	1.41 (1988)	-6.64 (1998)

주: 평균은 전년 대비 성장률의 기간중 산술평균치. 평균의 ( )안의 수치는 변동계수. 최대, 최소의 ( )안의 숫자는 해당연도임.
자료: 한국신용평가정보㈜, KIS-Line의 재벌별 합산재무제표 자료를 이용하여 계산.

〈표 9-12〉 상위재벌과 하위재벌의 매출액 대비 수익률의 추이

(단위: %)

		1987	1988	1989	1990	1991	1992	1993	1994
매출액영업이익률	10대 재벌	4.46	3.87	4.71	4.99	5.30	5.62	5.81	6.60
	11~30대 재벌	6.66	6.86	4.93	5.63	6.50	6.24	5.89	6.26
매출액경상이익률	10대 재벌	1.85	2.53	2.47	1.82	1.36	1.46	1.46	2.46
	11~30대 재벌	1.67	2.68	1.51	0.82	1.32	-0.24	-0.63	0.43
매출액순이익률	10대 재벌	0.49	0.76	1.28	0.93	0.61	0.84	0.77	1.60
	11~30대 재벌	-0.12	1.41	0.36	-0.25	0.10	-1.08	-1.08	-0.59
		1995	1996	1997	1998	1999	2000	2001	2002
매출액영업이익률	10대 재벌	7.13	4.80	6.55	4.16	4.79	7.29	5.21	6.40
	11~30대 재벌	5.94	6.06	5.89	3.45	5.12	3.99	4.09	5.20
매출액경상이익률	10대 재벌	3.32	0.68	-0.33	-1.51	1.61	3.40	2.75	5.97
	11~30대 재벌	-0.16	-0.39	-4.33	-6.96	-2.23	-4.71	-2.44	1.62
매출액순이익률	10대 재벌	2.51	0.23	-0.55	-4.16	-0.63	1.65	1.90	4.47
	11~30대 재벌	-1.10	-1.00	-4.11	-6.64	-2.92	-5.67	-2.06	1.25

자료: 한국신용평가정보㈜, KIS-Line의 재벌별 합산재무제표 자료를 이용하여 계산.

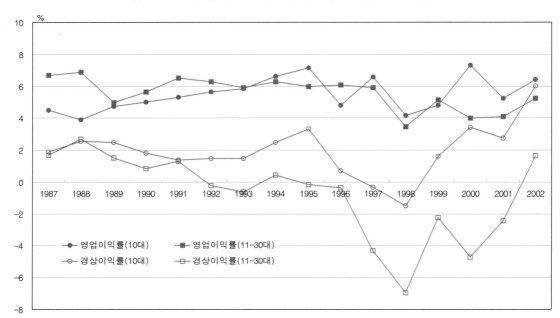

〈그림 9-6〉 상위재벌과 하위재벌의 매출액 대비 수익률의 추이

2.2. 자본 대비 이익률

2.2.1 30대 재벌

〈표 9-13〉에서 보듯이, 1987∼1997년 기간 동안에 모든 자본 대비 이익률지표에 있어서 전체 기업의 수익성이 30대 재벌의 수익성보다 다소 높으며 이익률의 변동성은 다소 낮다. 타인자본과 자기자본을 합한 총자본 대비 경상이익률의 경우, 전체 기업이 2.38%, 30대 재벌기업이 1.65%이며, 변동계수는 각각 0.535과 0.786이다. 전체 기업과 30대 재벌의 기업경상이익률, 총자본순이익률, 자기자본순이익률 모두가 수익성과 변동성에서 같은 구조를 지니고 있다. 즉, 30대 재벌의 수익성이 전체 기업에 비해 다소 낮으며 변동계수는 더 커서 위험이 더 크다. 그러나 1998년이나 1999년을 전환점으로 해 그 이후로는 30대 재벌의 수익성이 전체 기업의 수익성을 다소 상회하고 있다.

총자본 경상이익률은 기업이 소유하고 있는 총자본 운용의 효율성을 측정하는 수익성 분석비율이다. 총자본 경상이익률은 '총자본 경상이익률 = (경상이익/매출액) × (매출액 / 총자본)'과 같이 매출액 경상이익률과 총자본회전율의 곱으로 분해할 수 있다. 높은 매출액 경상이익률은 판매마진이 높음을, 높은 총자본회전율은 판매활동이 활발함을 의미한다.

〈표 9-13〉 전체 기업과 30대 재벌의 자본 대비 이익률 지표의 요약통계

(단위: %)

		1987~1997 평균	1998~2002 평균	1987~2002 평균	최 대	최 소
총자본경상이익률	전체 기업	2.38 (0.535)	1.03 (2.137)	1.93 (0.876)	4.60 (2002)	-1.16 (1998)
	30대 재벌	1.65 (0.786)	3.62 (1.109)	2.76 (0.904)	9.22 (2002)	-1.56 (1998)
총자본순이익률	전체 기업	1.45 (0.689)	0.152 (1.879)	1.01 (1.955)	5.40 (2002)	-2.82 (1998)
	30대 재벌	1.30 (0.901)	1.44 (2.881)	1.35 (1.785)	6.97 (2002)	-3.79 (1998)
기업경상이익률	전체 기업	7.58 (0.166)	5.40 (0.177)	6.86 (0.227)	9.72 (1988)	4.77 (2001)
	30대 재벌	7.26 (0.178)	6.46 (0.222)	6.99 (0.193)	8.99 (1995)	4.51 (1997)
자기자본경상이익률	전체 기업	9.66 (0.728)	2.69 (2.653)	7.34 (0.903)	19.01 (1988)	-5.51 (1998)
	30대 재벌	7.46 (0.855)	3.78 (2.567)	6.24 (1.195)	16.19 (1988)	-11.54 (1998)
자기자본순이익률	전체 기업	5.82 (2.101)	-1.19 (-8.672)	3.48 (2.101)	14.43 (2002)	-13.39 (1998)
	30대 재벌	5.56 (2.011)	1.24 (0.666)	4.12 (2.011)	17.01 (1995)	-18.64 (1998)

주: 평균은 전년 대비 성장률의 기간중 산술평균치. 평균의 ( )안의 수치는 변동계수. 최대, 최소의 ( )안의 숫자는 해당연도임.
자료: 한국신용평가정보㈜, KIS-Line의 재벌별 합산재무제표 자료를 이용하여 계산.

1987~1997년 기간 동안 총자본 대비 경상이익률 평균치는 〈표 9-13〉에서 전체 기업이 2.38%, 30대 재벌기업이 1.65%이다. 같은 기간 동안 전체 기업의 연평균 총자본회전율은 1.13, 30대 재벌의 회전율은 1.12로 두 집단간에 차이가 없다. 따라서 두 집단간의 총자본 경상이익률의 차이는 대부분이 매출수익성의 차이에서 비롯됨을 알 수 있다. 위에서 이미 살펴보았듯이, 1987~1997년 기간 동안 전체 기업과 30대 재벌의 매출액 경상이익률은 각각 2.15%와 1.75%이다.

분석기간을 연장하여 1987~2002년 전체기간에 대해 살펴보아도 총자본회전율은 전체 기업이 1.10, 30대 재벌이 1.09로 차이가 없다. 그러나 1998~2002년 동안의 매출액 경상이익률은 30대 재벌이 2.86%로 전체 기업의 0.86%를 크게 앞지르고 있으며, 그 결과 전체 분석기간 동안의 30대 재벌의 평균이익률이 2.11%로 전체 기업의 1.75%를 다소 능가하며, 결과적으로 30대 재벌의 총자본경상이익률은 2.76%로 전체 기업의 1.93%보다 높다.

1987~2002년 기간 동안에 전체 기업과 30대 재벌의 매출액 경상이익률과 총자본회전율 간의 상관계수는 각각 0.854와 0.620으로, 두 집단 모두에서 이익률과 회전율 간에 양의 상관성이 관찰되고 있다. 즉, 매출이 활발할 때 수익성도 높게 나타나는 경향을 보인다. 같은 기간 동안 30대 재벌회전율의 표준편차는 0.096으로 전체 기업의 0.078에 비해 회전율의 변동성이 다소 크다(〈그림 9-7〉 참조).

자기자본에 대한 수익으로서의 경상이익과 타인자본 사용에 대한 보상으로서의 지급이자의 합계액에 대한 총자본의 비율로 정의되는 기업경상이익률은 총자본의 효율적 운용정도를 측정하는 지표이다. 이것이 자금운용의 기회비용보다 높아야만 기업은 정상적인 기업활동을 하는 것으로 평가할 수 있다.

1987~2002년 기간중 전체 기업의 기업경상이익률은 6.86%, 30대 재벌은 6.96%로 양자가 거의 같다. 이는 같은 기간중 만기 6개월 이상 1년 정기예금의 기간중 평균금리 7.725%에 약 1% 포인트 정도 못 미치는 수치이다. 자료에서 보듯이, 외환경제위기 이전까지는 30대 재벌 이외 부문의 기업경상이익률이 30대 재벌보다 약간 높았으나, 외환경제위기 이후로는 30대 재벌의 수익률이 더 높게 바뀌었다(〈표 9-13〉, 〈그림 9-8〉 참조).

영업이익으로부터 타인자본 사용에 대한 보수로서의 이자지급을 차감하고 금융자산 운용으로부터의 이자수입을 더해 얻어지는 경상이익은 주주들이 투하한 자본에 귀속

〈표 9-14〉 전체 기업과 30대 재벌의 자본 대비 이익률 지표 추이

(단위: %)

		1988	1989	1990	1991	1992	1993	1994	1995	1996	1997	1998	1999	2000	2001	2002
총자본 경상이익률	전체 기업	4.50	3.06	2.87	2.43	1.99	2.18	2.87	3.04	1.08	-0.23	-1.16	-0.27	0.91	1.05	4.60
	30대 재벌	3.07	2.77	1.95	1.53	1.75	1.91	3.37	5.29	1.32	0.31	-1.56	1.45	4.44	4.58	9.22
총자본 순이익률	전체 기업	2.57	2.03	1.71	1.65	1.27	1.30	2.04	2.23	0.58	-0.89	-2.82	-1.58	-0.79	0.51	5.40
	30대 재벌	0.42	1.46	0.93	0.71	1.15	1.15	2.32	4.14	0.74	0.01	-3.79	-1.17	1.78	3.41	6.97
기업 경상이익률	전체 기업	9.72	8.22	8.04	7.71	7.38	7.29	8.01	8.20	6.23	5.02	5.32	4.87	4.97	4.77	7.07
	30대 재벌	8.67	7.94	6.79	7.27	7.43	6.83	7.93	8.99	6.19	4.51	5.47	6.43	6.47	5.12	8.79
자기자본 경상이익률	전체 기업	19.01	11.58	10.96	9.94	8.38	9.14	11.79	12.35	4.56	-1.10	-5.51	-1.01	2.97	3.23	13.78
	30대 재벌	16.19	10.84	7.34	6.98	5.80	5.44	10.52	14.60	2.81	-5.89	-11.54	3.55	6.42	5.15	15.33
자기자본 순이익율	전체 기업	10.86	7.69	6.55	6.75	5.35	5.43	8.37	9.08	2.43	-4.30	-13.39	-5.96	-2.60	1.58	14.43
	30대 재벌	2.26	5.93	3.77	3.33	5.36	5.05	9.63	17.01	3.20	0.05	-18.64	-4.05	4.87	8.33	15.67

자료: 30대 재벌은 한국신용평가정보㈜, KIS-Line의 재벌별 합산재무제표 자료를 이용하여 계산. 전체 기업은 한국은행 《기업경영분석》의 대분류 산업 합산재무자료로부터 구함.

<그림 9-7> 전체 기업과 30대 재벌의 총자본회전율 추이

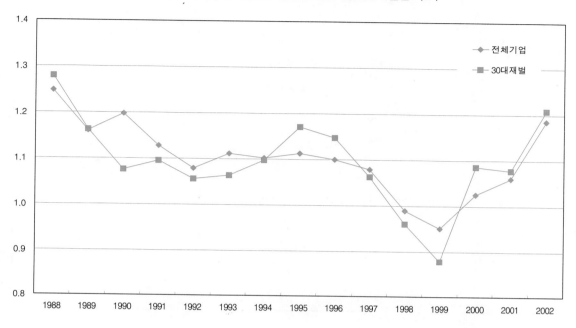

<그림 9-8> 전체 기업과 30대 재벌의 기업경상이익률 추이

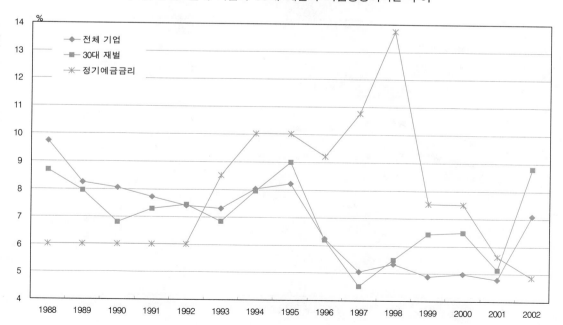

〈그림 9-9〉 전체 기업과 30대 재벌의 자기자본경상이익률 추이

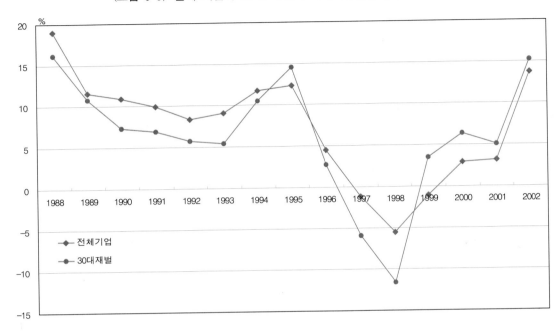

〈그림 9-10〉 전체 기업과 30대 재벌의 자기자본회전율 추이

되는 수익이다. 자기자본에 대한 경상이익의 비율로 정의되는 자기자본 경상이익률은
자기자본의 수익성을 측정하는 대표적인 재무비율이다. 1987~2002년 기간중의 평균
자기자본경상이익률은 전체 기업이 7.34%로 30대 재벌의 6.24%보다 약 1% 포인트
높다. 그렇지만 1999년부터 30대 재벌의 수익성이 전체 기업의 수익성을 능가하고 있
다. 전체 기업의 변동계수는 0.903, 30대 재벌의 변동계수는 1.195로 30대 재벌의 자
기자본 수익의 변동성이 전체 기업보다 크다.

　　자기자본경상이익률은 '자기자본경상이익률 = (경상이익/매출액) × (매출액/자기자
본)'과 같이 매출액경상이익률과 자기자본회전율의 곱으로 분해할 수 있다. 높은 매출
액경상이익률은 판매마진이 높음을, 높은 자기자본회전율은 자기자본의 영업활동성이
높음을 의미한다. 1987년부터 1997년 기간 동안 전체 기업과 30대 재벌의 평균 자기
자본경상이익률은 각각 9.66%와 7.46%로 전체 기업이 2% 포인트 이상 높다. 같은
기간 동안 전체 기업의 평균 자기자본회전율은 4.49, 30대 재벌의 회전율은 5.31로
30대 재벌이 다소 높다. 기업의 부채비율이 높을수록 적은 자기자본으로 일정한 매출
액을 감당하게 되기 때문에 자기자본회전율은 높아지게 되는데, 분석기간 동안 30대
재벌의 평균 부채비율이 386.10%로서 전체 기업의 318.89%보다 높았다. 한편, 전
체 기업과 30대 재벌의 평균 매출액경상이익률은 각각 2.15%와 1.75%이다. 30대
재벌은 전체 기업에 비해 낮은 매출마진을 전체 기업보다 높은 자기자본의 활동성을
통해 부분적으로 보충하고 있다. 한편, 같은 기간 동안의 30대 재벌의 자기자본회전
율의 표준편차는 0.562로 전체 기업의 0.295보다 훨씬 크다(〈그림 9-10〉 참조).
1987~1997년의 분석기간중 30대 재벌의 부채비율의 변동계수는 0.163으로 전체 기
업의 0.132보다 더 커, 회전율의 변동성이 부채비율의 변동성에서 상당 부분 비롯되
고 있음을 확인할 수 있다. 외환경제위기 이후 1998~2002년 동안에 30대 재벌의 부
채비율이 전체 기업보다 더 크게 낮아지면서 30대 재벌의 자기자본 회전율이 기간중
평균 3.44로 전체 기업의 3.61보다도 오히려 낮아졌다.

2.1.2　상위재벌과 하위재벌

30대 재벌을 상위 10대 재벌과 하위 11~30대 재벌로 나누어, 두 집단의 수익-위험 성
과를 비교한 자료가 〈표 9-15〉에 제시되어 있다. 전체적으로 상위재벌의 수익률이 하
위재벌의 수익률을 크게 능가하고 있다. 1987~2002년의 분석 전기간 동안 기업경상
이익률은 상위재벌이 7.39%, 하위재벌이 5.59%, 총자본경상이익률은 각각 2.40%
와 -0.55%로 약 2% 포인트에서 3% 포인트 정도의 차이를 보인다. 레버리지 효과가
반영된 자기자본 대비 경상이익률은 각각 8.37%와 -3.08%로 더욱 크게 벌어진다.

〈표 9-15〉 상위재벌과 하위재벌의 자산·자본 수익률 요약통계

(단위: %)

		1987~1997 평 균	1998~2002 평 균	1987~2002 평 균	최 대	최 소
총자본경상 이익률	10대 재벌	2.13 (0.636)	2.94 (1.159)	2.40 (0.897)	7.71 (2002)	-1.60 (1998)
	11~30대 재벌	0.18 (8.377)	-2.01 (-1.142)	-0.55 (-3.653)	2.50 (1988)	-4.13 (1998)
총자본순 이익률	10대 재벌	1.11 (0.913)	0.97 (3.876)	1.06 (2.043)	5.77 (2002)	-4.39 (1998)
	11~30대 재벌	-0.54 (-2.062)	-2.22 (-1.041)	-1.10 (-1.575)	1.31 (1988)	-4.82 (2000)
기업경상 이익률	10대 재벌	7.44 (0.182)	7.29 (0.224)	7.39 (0.189)	9.96 (2002)	4.88 (1997)
	11~30대 재벌	6.69 (0.206)	3.37 (0.499)	5.59 (0.386)	8.38 (1988)	1.75 (2000)
자기자본 경상이익률	10대 재벌	9.23 (0.648)	6.64 (1.448)	8.37 (0.854)	18.06 (1995)	-8.30 (1998)
	11~30대 재벌	-0.13 (-70.056)	-8.97 (-1.140)	-3.08 (-3.297)	11.77 (1988)	-23.69 (1998)
자기자본 순이익률	10대 재벌	4.70 (0.940)	-0.21 (-67.043)	3.06 (2.785)	13.65 (1995)	-22.85 (1998)
	11~30대 재벌	-3.73 (-2.016)	-10.80 (-1.034)	-6.09 (-1.504)	7.29 (1988)	-25.66 (1998)

주: 평균의 ( )안의 수치는 변동계수. 최대, 최소의 ( )안의 숫자는 해당연도임.
자료: 한국신용평가정보㈜, KIS-Line의 재벌별 합산재무제표 자료를 이용하여 계산.

〈그림 9-11〉 상위재벌과 하위재벌의 자산·자본 수익률 추이

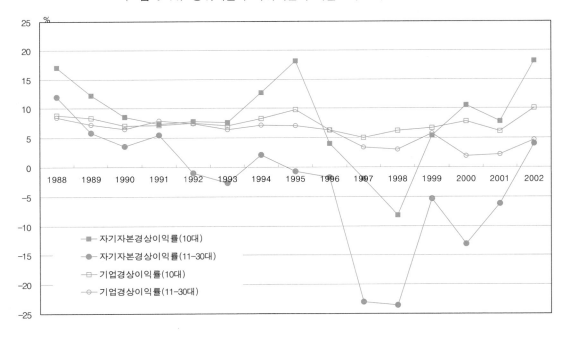

하위재벌은 영업활동을 통해 벌어들인 영업이익의 대부분을 타인자본 사용에 대한 대가로서 금융비용으로 부담하며 또 세금을 공제하고 나면 분석 전기간 평균 총자본 1원당 0.0110원, 자기자본 1원당 0.0308원의 손실을 보고 있다.

〈표 9-16〉과 〈그림 9-11〉에서 보듯이, 거의 전 기간에 걸쳐서 상위재벌의 자산자본 대비 이익률이 하위재벌의 그것을 능가하고 있으며, 최근으로 오면서 상위재벌과 하위재벌의 수익률 차이가 확대되는 모습이다. 1992년 이후 2001년까지 무려 10년간에 걸쳐 하위재벌의 자기자본경상이익률과 순이익률은 모든 해에서 음의 값을 나타내고 있다. 또한 하위재벌이 외환경제위기로부터의 충격을 더 심하게 받고 있다. 외환경제위기 전후 기간을 비교해보면, 위기 이후 특히 하위재벌의 수익성성과가 그 이전 기간에 비해 현저하게 저락하였음을 확인할 수 있다.

〈표 9-16〉 상위재벌과 하위재벌의 자산·자본 수익률 추이

(단위: %)

		1988	1989	1990	1991	1992	1993	1994	1995
총자본 경상이익률	10대 재벌	3.55	3.08	2.12	1.61	1.66	1.69	2.92	4.23
	11~30대 재벌	2.50	1.40	0.67	1.10	-0.19	-0.49	0.35	-0.14
총자본 순이익률	10대 재벌	1.07	1.60	1.09	0.72	0.95	0.89	1.91	3.20
	11~30대 재벌	1.31	0.33	-0.20	0.09	-0.89	-0.84	-0.48	-0.93
기업 경상이익률	10대 재벌	8.78	8.23	6.93	7.08	7.47	7.00	8.21	9.65
	11~30대 재벌	8.38	7.14	6.39	7.85	7.30	6.31	7.11	6.94
자기자본 경상이익률	10대 재벌	16.92	12.04	8.46	7.26	7.69	7.50	12.50	18.06
	11~30대 재벌	11.77	5.78	3.39	5.42	-1.08	-2.77	1.92	-0.80
자기자본 순이익률	10대 재벌	5.08	6.25	4.33	3.26	4.42	3.94	8.15	13.65
	11~30대 재벌	7.29	1.62	-1.02	0.46	-5.10	-5.00	-2.86	-5.78
		1996	1997	1998	1999	2000	2001	2002	
총자본 경상이익률	10대 재벌	0.86	-0.38	-1.60	1.52	3.90	3.14	7.71	
	11~30대 재벌	-0.31	-3.13	-4.13	-1.35	-4.00	-2.06	1.48	
총자본 순이익률	10대 재벌	0.30	-0.64	-4.39	-0.59	1.89	2.17	5.77	
	11~30대 재벌	-0.79	-2.97	-3.94	-1.77	-4.82	-1.74	1.14	
기업 경상이익률	10대 재벌	6.19	4.88	6.16	6.62	7.70	6.02	9.96	
	11~30대 재벌	6.20	3.28	2.89	5.64	1.75	2.01	4.59	
자기자본 경상이익률	10대 재벌	3.89	-2.05	-8.30	5.34	10.40	7.74	18.03	
	11~30대 재벌	-1.85	-23.10	-23.69	-5.51	-13.21	-6.34	3.88	
자기자본 순이익률	10대 재벌	1.33	-3.45	-22.85	-2.07	5.04	5.35	13.50	
	11~30대 재벌	-5.22	-21.74	-25.66	-8.12	-17.80	-5.54	3.11	

자료: 한국신용평가정보㈜, KIS-Line의 재벌별 합산재무제표 자료를 이용하여 계산.

3. 재벌의 순위안정성

30대 재벌의 총체적인 사업안정성을 재벌그룹들의 순위변동률을 통해 보완적으로 살펴볼 수 있을 것이다. 30대 재벌을 5대 재벌, 10대 재벌, 11~30대 재벌, 30대 재벌 등으로 하위분류한 후 특정재벌이 다음 연도에도 같은 순위집단 내에 포함되어 있는 정도를 살피는 것이다. 이를 '집단순위 유지율'이라고 부르자. 예를 들어, 1987년의 10대 재벌에 속한 그룹들과 다음 연도인 1988년에 10대 재벌에 속한 그룹들의 명단을 비교하면, 10대 재벌 내에서 일부 순위변동이 있었음에도 불구하고 10개 재벌에 속하는 그룹들의 명단에는 아무 변화가 없다. 30대 재벌의 경우에는 1987년의 28위인 강원산업그룹과 30위인 신동아그룹이 1988년 30대 재벌명단에는 빠져 있다. 따라서 집단순위유지율 정의에 따르면 1988년 10대 재벌의 집단순위유지율은 100.0%(=100 * (10-0)/10), 30대 재벌의 집단순위유지율은 93.3%(=100 * (30-2)/30), 11~30대 재벌의 집단순위유지율은 90%(=100 * (20-2)/20)가 된다. 집단순위유지율이 높을수록 특정 순위집단 내에 속하는 재벌들은 더 안정적으로 경영을 하고 있다고 판단할 수 있을 것이다.

1987년부터 2002년까지 공정위 발표 각 연도의 30대 재벌소속 그룹의 명단표에 따라 집단순위유지율을 계산하면 〈표 9-17〉, 〈표 9-18〉과 〈그림 9-12〉와 같은 결과를 얻는다. 1987~2002년의 분석 전기간에 걸쳐 30대 재벌의 집단순위유지율은 평균 91.1%이다. 즉, 30대 재벌 가운데 평균적으로 매년 8.9%인 2.7개 기업이 30대 재벌 명단에서 사라지고 나머지 27.3개의 기업이 명단에 그대로 남아 있다. 분석 전기간 동안 집단순위유지율이 가장 높은 집단은 상위 5대 또는 10대 재벌로서 평균유지율은 94.7%, 가장 낮은 집단은 11~30대 재벌로서 평균유지율 86.7%이다. 이는 기간중 평균 탈락업체 수가 각각 상위 10개 재벌 중 0.5개, 하위 20개 재벌중 2.7개임을 의미한다. 5대 재벌의 경우, 평균 순위유지율은 10대 재벌과 마찬가지로 94.7%이다. 이는 일단 5대 재벌에 든 특정 재벌그룹이 다음 연도에도 5대 재벌 안에 들어 있을 확률을 의미하며, 따라서 탈락할 확률은 5.3%임을 뜻한다.

1997년의 외환경제위기를 경계로 하여 그 이전 시기와 이후 시기로 나누어 볼 때 집단순위유지율은 큰 차이를 보인다. 위기 이전에 비해서 위기 이후의 유지율이 모든 자료집단에서 크게 낮아져 있다. 30대 재벌의 유지율은 위기 이전 시기의 93.6%에서 이후 시기에는 84.2%로 낮아진다. 이는 30대 재벌 가운데 위기 이전에는 확률적으로 매년 1.9개 그룹이 30대 재벌명단에서 사라지다가 위기 이후에는 그 두 배가 넘는 4.7개 그룹이 매년 사라졌음을 뜻한다. 위기 이전 기간에 상위 5대 및 10대 재벌의

〈표 9-17〉 30대 재벌의 집단순위유지율의 요약통계

(단위: %)

	1987~1997 평균	1998~2002 평균	1987~2002 평균	최소치
5대 재벌	96.4	90.0	94.7	80.0(1988, 1991, 2000, 2001년)
10대 재벌	96.4	90.0	94.7	80.0(1997, 1998, 2000년)
11~30대 재벌	90.5	76.3	86.7	45.0(2000년)
30대 재벌	93.6	84.2	91.1	63.3(2000년)

주: t년도 상위 M대 재벌 집단순위유지율=100 * (M-dt)/M. 예를 들어, 10대 재벌의 경우이면 M은 10, dt는 t-1년도의 10대 재벌명단에는 들어 있었으나 t년도 10대 재벌명단에서는 빠져 있는 특정 재벌그룹의 개수.
자료: 공정위 발표 30대 재벌명단을 이용하여 계산.

〈표 9-18〉 30대 재벌의 집단순위유지율의 추이

(단위: %)

	1988	1989	1990	1991	1992	1993	1994	1995	1996	1997	1998	1999	2000	2001	2002
5대 재벌	80.0	100.0	100.0	80.0	100.0	100.0	100.0	100.0	100.0	100.0	100.0	100.0	80.0	80.0	100.0
10대 재벌	100.0	100.0	100.0	100.0	100.0	100.0	100.0	100.0	100.0	80.0	80.0	90.0	80.0	90.0	100.0
11~30대 재벌	90.0	95.0	90.0	80.0	95.0	95.0	100.0	90.0	80.0	100.0	80.0	80.0	45.0	80.0	100.0
30대 재벌	93.3	96.7	93.3	86.7	96.7	96.7	100.0	93.3	86.7	93.3	93.3	86.7	63.3	86.7	100.0

자료: 한국신용평가정보㈜, KIS-Line의 재벌별 합산재무제표 자료를 이용하여 계산.

〈그림 9-12〉 30대 재벌의 집단순위유지율의 추이

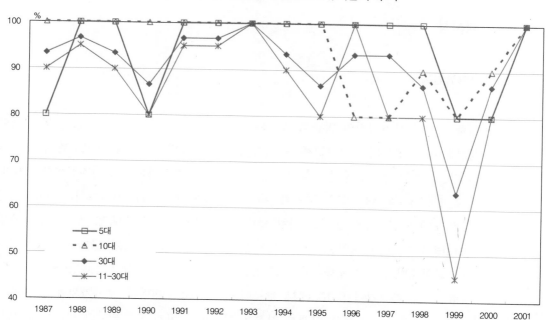

유지율은 위기 이후에는 각각 90.0%로 낮아졌다. 11~30대 재벌의 경우는 유지율이 90.5%에서 76.3%로 상위재벌 집단에 비해서 더 크게 낮아졌다.

1987년부터 1999년까지 13년 기간 동안에 5대 재벌의 구성명단은 1988년 쌍용그룹과 한진그룹의 순위가 5, 6위 자리바꿈한 것과, 1991년 한진그룹과 선경그룹이 5, 6위 자리바꿈한 것밖에 없다. 자산순위 1위 재벌은 줄곧 현대그룹으로, 1991년부터 5위재벌은 SK로 고정되어 있었고, 그 사이에서 삼성, 대우, LG간에 순위가 엎치락뒤치락 하였을 뿐이다. 1992년에서 1994년 사이가 30대 재벌이 가장 안정된 시기였다. 1995년부터 하위재벌에서 유지율이 낮아지기 시작하였으며 2000년, 2001년중에 대규모 기업집단에서 급격한 구조조정이 발생하였다. 상위재벌이나 하위재벌 할 것 없이 집단순위유지율이 급격히 낮아져 이 시기에 기존의 재벌질서에 현저한 지각변동이 발생하였다. 2000년중에는 30대 재벌의 집단순위유지율이 63.3%에 불과하였으며, 하위 11~30대 재벌에서는 겨우 45.0%에 그쳤다. 1999년중의 상위 5대 재벌 1개, 11~20대 재벌 2개, 21~30대 재벌 8개의 그룹이 2000년의 30대 재벌명단에서 사라졌다. 2002년에 와서 모든 재벌집단의 유지율은 100%를 기록함으로써, 외환경제위기 이후의 지각변동이 마무리되고 상위재벌들은 다시 안정기에 접어들었다.

4. 재벌의 생산성

4.1. 부가가치율

매출액 대비 부가가치의 비율로 정의되는 부가가치율은 매출액 중 생산활동에 참여한 생산요소에 귀속되는 소득(세전순이익+인건비+금융비용+임차료+조세공과+감가상각비)의 비율, 또는 생산활동에서의 부가가치 창출률을 측정하는 생산성지표이다. 30대 재벌의 1987~2002년 기간 동안의 평균 부가가치율은 17.19%로서, 전체 기업의 22.36%에 비해서 5% 포인트 가량 낮다. 30대 재벌 안에서 보면, 상위 10대 재벌의 부가가치율이 16.40%이고, 하위 11~30대 재벌은 20.95%로, 상위재벌의 부가가치율이 하위재벌의 부가가치율에 비해 4.55% 포인트 낮다(〈표 9-19〉 참조).

〈표 9-20〉과 〈그림 9-13〉에서 보듯이, 11~30대 재벌의 부가가치율은 1993년에 26.05%로 정점을 기록한 이래로 기복은 있지만 낮아지는 추세이다. 10대 재벌의 부

가가치율은 1995년까지 대체로 일정한 수준을 유지하다가 이후 1998년 11.87%까지 떨어졌으며 그 이후로는 회복되는 모습을 보여주고 있다.

　11~30대 재벌에 비해 10대 재벌의 부가가치율이 낮은 이유의 일부는 매출원가율의 차이로 설명될 수 있다. 1987~2002년 기간 동안 10대 재벌의 연평균 매출원가율은 86.31%로 11~30대 재벌의 84.70%에 비해 1.61% 포인트 높다. 이는 10대 재벌의

〈표 9-19〉 전체 기업과 30대 재벌의 부가가치율 요약통계

(단위: %)

	1987~1997 평균	1998~2002 평균	1987~2002 평균	최 대	최 소
전체 기업	23.71(0.073)	19.39(0.079)	22.36(0.118)	25.48(1990)	17.28(2001)
30대 재벌	18.28(0.108)	14.80(0.142)	17.19(0.149)	20.80(1989)	12.61(1998)
10대 재벌	17.08(0.115)	14.89(0.144)	16.40(0.135)	20.14(1989)	11.87(1998)
11~30대 재벌	23.41(0.103)	15.54(0.372)	20.95(0.248)	26.05(1993)	8.07(2001)

　주: 평균의 ( )안의 수치는 변동계수. 최대, 최소의 ( )안의 숫자는 해당연도임.
　자료: 전체 기업 부가가치율 자료는 한국은행, 《기업경영분석》상의 대분류 산업의 부가가치율을 매출액으로 가중 평균하여 얻음; 상위재벌 부가가치율 자료는 한국신용평가정보㈜, KIS-Line의 재벌별 합산재무제표 자료를 이용하여 계산.

〈표 9-20〉 전체 기업과 상위재벌의 부가가치율 추이

(단위: %, 배)

	1987	1988	1989	1990	1991	1992	1993	1994
전체 기업	21.58	23.28	25.18	25.48	25.30	24.34	24.63	24.45
30대 재벌	16.32	17.76	20.80	19.74	18.92	19.22	19.18	19.30
10대 재벌	14.83	16.21	20.14	18.23	17.43	17.91	17.65	18.20
11~30대 재벌	22.14	24.05	23.17	25.90	25.15	24.61	26.05	24.17
10대 재벌 부가가치/ 11~30대 재벌 부가가치	2.61	2.74	3.14	2.88	2.90	2.99	3.04	3.34
	1995	1996	1997	1998	1999	2000	2001	2002
전체 기업	24.26	22.23	20.05	19.14	19.63	19.29	17.28	21.60
30대 재벌	19.42	16.37	14.01	12.61	15.73	14.80	13.05	17.80
10대 재벌	18.63	15.28	13.34	11.87	14.62	15.41	14.71	17.86
11~30대 재벌	23.07	21.66	17.54	17.59	22.92	11.61	8.07	17.52
10대 재벌 부가가치/ 11~30대 재벌 부가가치	3.73	3.45	4.01	4.55	4.14	6.89	5.45	5.35

　자료: 전체 기업 부가가치율 자료는 한국은행, 《기업경영분석》상의 대분류 산업의 부가가치율을 매출액으로 가중 평균하여 얻음; 상위재벌 부가가치율 자료는 한국신용평가정보㈜, KIS-Line의 재벌별 합산재무제표 자료를 이용하여 계산.

사업구성이 더 많은 원자재를 투입하여 생산이 이루어지는 산업 쪽으로 상대적으로 더 집중되어 있기 때문으로 보인다. 〈표 9-21〉과 〈그림 9-14〉에서 보듯이, 10대 재벌이나 11~30대 재벌의 매출원가율 모두가 최근에 들어 낮아지는 추세를 보여주고 있다.

10대 재벌의 부가가치율이 11~30대 재벌에 비해서 낮기는 하지만 양자간의 부가가치 규모의 차이는 최근으로 올수록 더 확대되고 있다(〈표 9-21〉 참조). 1987년에 8.97조 원이던 10대 재벌의 부가가치액은 2002년에는 66.40조 원으로 늘어나 기간 동안 기하 평균증가율이 14.28%에 이른다. 이에 비해 11~30대 재벌의 부가가치액은 1987년의 3.43조 원에서 12.40조 원으로 늘어나 기간 동안 기하 평균증가율이 8.94%에 불과하다. 1987년부터 1992년까지 10대 재벌의 부가가치 규모는 11~30대 재벌의 2배 정도의 수준이었으나 1993년부터 1996년까지는 3배 수준, 1997년부터 1999년까지는 4배 수준, 2000년 이후로는 대략 5배 수준으로 그 비율이 계속 높아져 오고 있다.

〈그림 9-13〉 전체 기업과 상위재벌의 부가가치율 추이

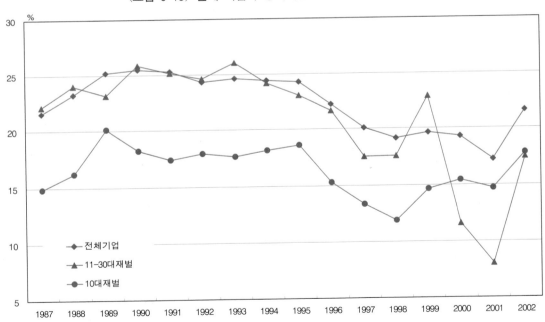

〈표 9-21〉10대 재벌과 11~30대 재벌의 부가가치액 및 매출원가율 추이

(단위: 조 원, 배, %)

	1987	1988	1989	1990	1991	1992	1993	1994
10대 재벌 부가가치	8.97	11.35	15.76	16.88	20.12	23.92	27.48	33.66
11~30대 재벌 부가가치	3.43	4.14	5.02	5.87	6.95	8.00	9.04	10.09
10대 재벌 부가가치/ 11~30대 재벌 부가가치	2.61	2.74	3.14	2.88	2.90	2.99	3.04	3.34
10대 재벌 매출원가율	89.29	89.27	87.94	87.51	87.32	86.75	86.21	85.24
11~30대 재벌 매출원가율	85.54	85.19	86.91	85.91	85.12	85.03	84.64	84.06
	1995	1996	1997	1998	1999	2000	2001	2002
10대 재벌 부가가치	44.68	44.72	46.19	44.03	48.60	58.92	53.45	66.40
11~30대 재벌 부가가치	11.97	12.95	11.51	9.68	11.73	8.55	9.81	12.40
10대 재벌 부가가치/ 11~30대 재벌 부가가치	3.73	3.45	4.01	4.55	4.14	6.89	5.45	5.35
10대 재벌 매출원가율	85.01	87.42	85.24	87.84	85.36	83.78	84.41	82.38
11~30대 재벌 매출원가율	84.51	84.59	84.73	84.93	83.40	85.16	84.14	81.40

주: 매출원가율=100 * 매출원가/매출액.
자료: 한국신용평가정보㈜, KIS-Line의 재벌별 합산재무제표 자료를 이용하여 계산.

〈그림 9-14〉10대 재벌과 11~30대 재벌의 매출원가율 추이

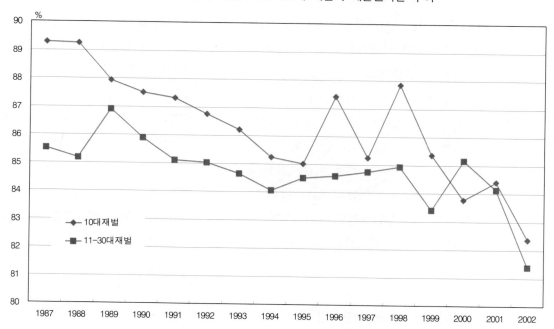

〈그림 9-15〉 10대 재벌과 11~30대 재벌의 부가가치액 추이

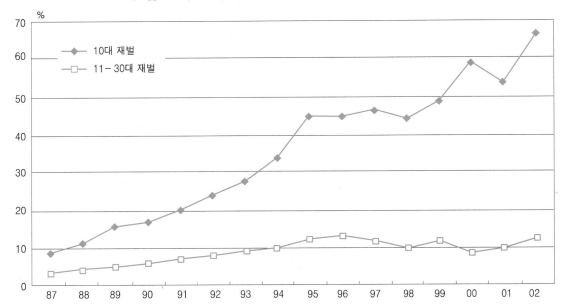

4.2. 종업원 1인당 부가가치

종업원 1인당 부가가치는 노동력 단위당 성과를 측정하는 대표적인 지표의 하나이다. 〈표 9-22〉에서, 1987년 30대 재벌종사자 1인당 부가가치는 1,713만 원으로 이는 당시 비농림어업분야 국민경제 전체취업자 1인당 경상가격 부가가치액 782만 원의 2.19배이다. 2002년 30대 재벌종사자 1인의 부가가치액은 1987년의 10.42배인 1억 3,920만 원이 되었고, 비농림어업 분야 국민경제 전체취업자 1인의 2002년 부가가치액은 1987년의 3.68배인 2,878만 원이 되었다. 국민경제 1인당 부가가치에 대한 30대 재벌 1인당 부가가치의 비율은 추세적으로 커져 1987년 2.19배, 1995년 3.19배, 2000년 4.20배, 2002년에는 4.84배가 되었다. 30대 재벌 내에서 보면, 상위재벌일수록 전체 분석기간 동안 1인당 부가가치액이 더 빠르게 증대하였다. 1987~2002년 사이에 5대 재벌이 10.42배, 10대 재벌이 8.82배, 11~30대 재벌이 5.84배 늘어났다. 이를 기하평균 증가율로 파악하면, 5대 재벌의 증가율은 16.91%, 10대 재벌은 15.62%, 11~30대 재벌은 12.48%이다.

1987~2002년 분석 전기간 동안 비농림어업분야 종사자 1인당 경상 GDP는 9.08%의 기하평균 증가율을 기록한 데 비해, 30대 재벌의 1인당 경상 부가가치는 14.99%로 훨씬 높은 증가율을 기록하였다(〈표 9-23〉 참조). 1988~1997년의 10개년 동안에

〈표 9-22〉 종업원 1인당 부가가치 추이 (명목 기준)

(단위: 백만 원, 배)

	1987	1988	1989	1990	1991	1992	1993	1994	1995
5대 재벌	15.63	18.59	26.23	28.35	32.56	40.15	44.74	51.10	65.07
10대 재벌	16.74	20.16	27.46	29.35	33.47	40.00	44.40	51.08	63.20
11~30대 재벌	18.25	21.56	25.86	31.54	36.75	42.80	51.36	54.53	61.07
30대 재벌	17.13	20.51	27.05	29.88	34.26	40.66	45.94	51.84	62.74
비농림어업 GDP	7.82	8.86	9.47	10.99	12.56	13.95	15.54	17.39	19.67
30대 재벌 / 비농림어업GDP	2.19	2.32	2.86	2.72	2.73	2.92	2.96	2.98	3.19
	1996	1997	1998	1999	2000	2001	2002	2002년/1987년	
5대 재벌	60.48	66.96	75.72	90.21	112.04	143.90	162.92	10.42	
10대 재벌	60.11	69.67	74.24	101.14	117.47	120.77	147.67	8.82	
11~30대 재벌	61.95	58.73	71.20	98.60	78.47	88.12	106.51	5.84	
30대 재벌	60.52	67.17	73.67	100.64	110.51	114.21	139.20	8.13	
비농림어업 GDP	21.26	22.66	24.08	25.47	26.30	27.16	28.78	3.68	
30대 재벌 / 비농림어업GDP	2.85	2.96	3.06	3.95	4.20	4.20	4.84	–	

자료: 국민경제 관련 자료는 한국은행, 《경제통계연보》와 통계청, 《한국통계연감》; 재벌자료는 한국신용평가정보㈜, KIS-Line의 재벌별 합산재무제표.

〈표 9-23〉 30대 재벌과 국민경제의 종업원 1인당 실질 부가가치 증가율 요약통계

(단위: %)

	1988~97 평균	1998~2002 평균	1987~2002 평균	1987~2002 기하평균	최대	최소
5대 재벌	8.56 (1.407)	18.30 (0.453)	11.81 (0.986)	11.24	33.55 (1989)	-10.54 (1996)
10대 재벌	8.11 (1.287)	15.70 (1.012)	10.64 (1.173)	10.01	39.08 (1999)	-8.45 (1996)
11~30대 재벌	5.15 (1.370)	13.14 (1.666)	7.81 (1.736)	7.02	41.37 (1999)	-19.54 (2000)
30대 재벌	7.32 (1.162)	15.12 (1.019)	9.92 (1.144)	9.41	39.45 (1999)	-7.16 (1996)
비농림어업 GDP	3.85 (0.334)	3.70 (0.790)	3.80 (0.493)	3.78	8.00 (1999)	0.78 (2001)

주: 1) 종업원 1인당 실질 부가가치는 '실질 부가가치/종사자수'의 식으로부터 구함. 표에서 '평균'은 산술평균을 의미함.
   2) 평균은 전년 대비 증가율의 기간중 산술평균치임. 평균치 옆 ( )안의 수치는 변동계수, 최대와 최소 옆의 ( )안의 수치는 해당연도임.
자료: 국민경제 관련자료는 한국은행, 《경제통계연보》와 통계청, 《한국통계연감》; 재벌자료는 한국신용평가정보㈜, KIS-Line의 재벌별 합산재무제표 자료를 이용하여 계산.

〈표 9-24〉 30대 재벌과 국민경제 전체의 종업원 1인당 실질 부가가치 증가율 추이

(단위: %)

	1988	1989	1990	1991	1992	1993	1994	1995	1996	1997	1998	1999	2000	2001	2002
5대 재벌	10.48	33.55	-2.45	3.70	14.49	4.12	6.13	18.80	-10.54	7.30	7.66	21.63	25.56	25.34	11.32
10대 재벌	11.92	28.88	-3.51	2.97	10.94	3.72	6.91	15.43	-8.45	12.33	1.45	39.08	17.42	0.33	20.22
11~30대 재벌	9.78	13.50	10.10	5.23	8.12	12.11	-1.35	4.49	-2.36	-8.12	15.42	41.37	-19.54	9.59	18.85
30대 재벌	11.29	24.78	-0.28	3.50	10.21	5.55	4.85	12.92	-7.16	7.59	4.42	39.45	11.02	0.85	19.84
비농림어업 GDP	5.36	1.12	4.78	3.15	3.10	4.13	3.99	5.53	4.00	3.33	1.15	8.00	4.38	0.78	4.18

주: GDP 디플레이터를 이용하여 부가가치액을 실질화시킴. 증가율은 전년 대비임.
자료: 국민경제 관련 자료는 한국은행, 《경제통계연보》와 통계청, 《한국통계연감》, 재벌자료는 한국신용평가정보㈜, KIS-Line의 재벌별 합산재무제표 자료를 이용하여 계산.

〈그림 9-16〉 30대 재벌의 종업원 1인당 부가가치 실질 증가율 추이

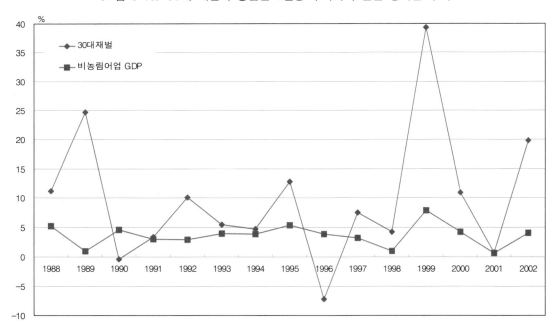

는 30대 재벌의 평균증가율이 14.97%로 비농림어업분야 국민경제의 증가율 11.27%에 비해 3.70% 포인트 높았다. 외환경제위기 이후 1998년부터 2002년 사이에 30대 재벌은 연평균 16.26%의 증가율을 기록한 데 비해 비농림어업분야 국민경제는 4.90%의 낮은 증가율을 기록하였다.

1인당 부가가치의 변화를 보다 정확하게 살피려면 물가변화 요인을 제거하는 것이 필요하다. 최근으로 올수록 물가상승률이 낮아지는 추세이기 때문에 더욱 그렇다. 1988~1997년 기간 동안 GDP 디플레이터로 실질화한 30대 재벌의 1인당 실질 부가가치증가율은 7.32%로서 비농림어업분야 국민경제의 3.85%에 비해 3.5% 포인트 가량 높다(〈표 9-23〉 참조). 외환경제위기 이후 1988~2002년 기간에는 그 격차가 더욱 확대되어, 30대 재벌이 15.12%인 데 비해 비농림어업분야 국민경제는 3.70%에 불과하다(〈표 9-24〉 참조). 30대 재벌 내부에서 보면, 1987~2002년 기간 동안 5대 재벌, 10대 재벌, 11~30대 재벌 각각의 종사자 1인당 실질 부가가치 기하평균 증가율이 11.24%, 10.01%, 7.02%로 상위재벌일수록 1인당 실질 부가가치의 증가속도가 높다. 1987~2002년의 분석 전기간 동안 30대 재벌의 종사자 1인당 실질 부가가치 증가율의 변동계수는 국민경제의 경우에 비해 2배를 넘어 30대 재벌의 1인당 부가가치 증가가 훨씬 변동성이 큼을 알 수 있다.

4.3. 종업원 1인당 매출액과 고용유발 효과

4.3.1. 종업원 1인당 매출액

GDP 디플레이터로 실질화시킨 30대 재벌의 종업원 1인당 실질매출액은, 〈표 9-25〉에서 보는 바와 같이, 1987년에 1억 9천 5백만 원이던 것이 2002년에는 3.55배인 6억 9천 1백만 원이 되었다. 1인당 실질 국내총산출은 1987년의 2천 9백만 원에서 5천 8백만 원으로 2.02배가 되었다. 30대 재벌의 기간중 기하평균 증가율은 8.81%이며, 국민경제는 4.79%로 30대 재벌의 증가율이 국민경제 전체의 근 2배에 달한다(〈표 9-24〉 참조).

30대 재벌 안에서 보면, 상위재벌일수록 1인당 실질매출액이 더 크며 기간중 증가율도 더 높아, 최근으로 올수록 상위재벌과 하위재벌 간의 1인당 실질매출액 격차가 더 확대되고 있다.

<표 9-25> 30대 재벌과 국민경제 전체의 종업원 1인당 실질 매출액 요약통계

(단위: 백만 원, 배, %)

	1987~1997 평균	1998~2002 평균	1987~2002 평균	2002년/1987년	기하평균 증가율
5대 재벌	300.64	713.56	429.68	3.84	9.38
10대 재벌	291.84	661.73	407.43	3.47	8.65
11~30대 재벌	218.13	502.11	306.87	3.61	8.94
30대 재벌	274.67	630.52	385.87	3.55	8.81
국민경제	34.59	53.47	40.49	2.02	4.79
30대 재벌/국민경제	7.94	11.79	9.53	-	-

주: GDP 디플레이터를 이용하여 매출액을 실질화시킴.
자료: 국민경제 관련자료는 한국은행, 《경제통계연보》와 통계청, 《한국통계연감》, 재벌자료는 한국신용평가정보㈜, KIS-Line의 재벌별 합산재무제표 자료를 이용하여 계산.

<표 9-26> 30대 재벌과 국민경제 전체의 종업원 1인당 실질매출액 추이

(단위: 백만 원)

	1987	1988	1989	1990	1991	1992	1993	1994	1995	1996	1997	1998	1999	2000	2001	2002
5대 재벌	203	205	217	232	268	294	314	324	366	405	479	588	657	764	779	779
10대 재벌	209	214	222	237	255	276	290	301	339	379	487	556	627	699	700	727
11~30대 재벌	153	155	182	179	194	215	227	242	265	275	312	359	390	620	589	553
30대 재벌	195	199	212	223	241	261	276	288	323	356	447	519	580	685	678	691
국민경제	29	30	29	33	34	35	35	35	37	38	45	47	51	55	56	58
30대 재벌/국민경제	6.81	6.70	7.21	6.66	7.02	7.57	7.97	8.18	8.81	9.28	9.84	10.95	11.29	12.44	12.14	11.98

주: GDP 디플레이터를 이용하여 매출액 실질화시킴. 국민경제는 실질 국내총산출을 전산업 취업자 수로 나누어 구함.
자료: 국민경제 관련 자료는 한국은행, 《경제통계연보》와 통계청, 《한국통계연감》, 재벌자료는 한국신용평가정보㈜, KIS-Line의 재벌별 합산재무제표 자료를 이용하여 계산.

4.3.2. 매출의 고용유발 효과

종사자 1인당 매출액이 생산성을 나타낸다면, 그 역수인 매출액 1원당 종사자수는 매출액 1원이 고용을 유발하는 정도로 해석할 수 있다. <표 9-27>처럼, 1987~2002년 기간 동안 30대 재벌의 고용유발계수는 $0.032 * 10^{-7}$으로서, 국민경제 전체의 0.12배에 불과하다. 즉, 같은 매출액 1원이 국민경제 전체로는 $0.261 * 10^{-7}$인의 고용유발 효과를 낳는 데 비해, 30대 재벌의 경우에는 그 10% 정도인 $0.032 * 10^{-7}$인의 고용유발 효과를 낳는다. 30대 재벌 내에서는 5대 재벌과 10대 재벌의 고용유발 계수가 $0.029 * 10^{-7}$과 $0.030 * 10^{-7}$으로 거의 같으며, 11~30대 재벌은 $0.040 * 10^{-7}$으로 상위재벌에 비해 약간 높다.

<표 9-27> 30대 재벌의 매출액 고용유발계수 요약통계

(단위: 10^{-7}인/원)

	1988~1997 평균	1998~2002 평균	1987~2002 평균	최 대	최 소
5대 재벌	0.036(0.2756)	0.014(0.1311)	0.029(0.4528)	0.049(1987)	0.013(2000~02)
10대 재벌	0.036(0.2393)	0.015(0.1140)	0.030(0.4167)	0.048(1987)	0.014(2000~02)
11~30대 재벌	0.048(0.2328)	0.021(0.2575)	0.040(0.4080)	0.065(1987)	0.016(2000)
30대 재벌	0.039(0.2411)	0.016(0.1322)	0.032(0.4202)	0.051(1987)	0.014(2002)
국민경제	0.294(0.1282)	0.188(0.0800)	0.261(0.2292)	0.349(1987)	0.173(2002)
30대 재벌/국민경제	0.13 (0.1320)	0.09 (0.054)	0.12 (0.222)	0.15 (1987)	0.08 (2000~02)

주: 고용유발계수 = 종사자 수/실질 매출액 또는 실질 국내총산출, 즉 실질 매출액 1원당 종사자 수. 매출액과
   국내총산출은 GDP 디플레이터로 실질화시킴.
자료: 국내총산출 자료는 한국은행, 《경제통계연보》; 전산업종사자수는 통계청, 《한국통계연감》; 재벌자료는 한
   국신용평가정보㈜, KIS-Line의 재벌별 매출액 및 종사자수 자료를 이용하여 계산. ( )안 수치는 변동계수.

<표 9-28> 재벌과 국민경제의 매출액 고용유발계수 추이

(단위: 10^{-7}인/원, 배)

	1987	1988	1989	1990	1991	1992	1993	1994
5대 재벌	0.049	0.049	0.046	0.043	0.037	0.034	0.032	0.031
10대 재벌	0.048	0.047	0.045	0.042	0.039	0.036	0.034	0.033
11~30대 재벌	0.065	0.065	0.055	0.056	0.051	0.047	0.044	0.041
30대 재벌	0.051	0.050	0.047	0.045	0.042	0.038	0.036	0.035
국민경제	0.349	0.336	0.340	0.299	0.291	0.290	0.288	0.284
30대 재벌 / 국민경제	0.15	0.15	0.14	0.15	0.14	0.13	0.13	0.12
	1995	1996	1997	1998	1999	2000	2001	2002
5대 재벌	0.027	0.025	0.021	0.017	0.015	0.013	0.013	0.013
10대 재벌	0.029	0.026	0.021	0.018	0.016	0.014	0.014	0.014
11~30대 재벌	0.038	0.036	0.032	0.028	0.026	0.016	0.017	0.018
30대 재벌	0.031	0.028	0.022	0.019	0.017	0.015	0.015	0.014
국민경제	0.273	0.261	0.220	0.211	0.195	0.182	0.179	0.173
30대 재벌 / 국민경제	0.11	0.11	0.10	0.09	0.09	0.08	0.08	0.08

주: 고용유발계수 = 종사자 수/실질매출액 또는 실질 국내총산출, 즉 실질매출액 1원당 종사자수. 재벌매출액과
   국내총산출은 GDP 디플레이터로 실질화시킴.
자료: 국내총산출 자료는 한국은행, 《경제통계연보》; 전산업 종사자수는 통계청, 《한국통계연감》; 재벌자료는
   한국신용평가정보㈜, KIS-Line의 재벌별 매출액 및 종사자수 자료를 이용하여 계산.

〈그림 9-17〉 30대 재벌의 고용유발계수 추이

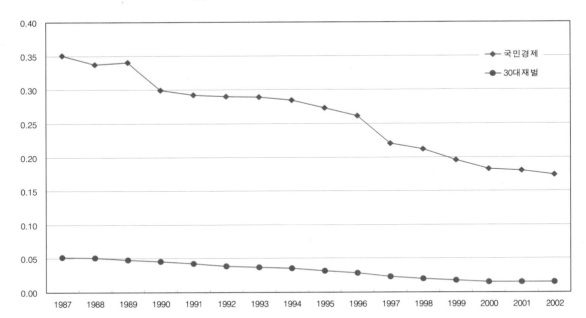

〈표 9-28〉과 〈그림 9-17〉에서 보듯이, 매출액 1원의 고용유발 효과는 최근으로 올수록 낮아지고 있다. 이는 생산성 향상으로 종업원 1인당 실질매출액이 꾸준히 증가해오고 있기 때문이다. 30대 재벌의 경우 1987년 $0.051 * 10^{-7}$이던 고용유발계수는 2002년에는 1987년의 30%를 밑도는 $0.014 * 10^{-7}$로 낮아졌다. 국민경제 전체로는 $0.349 * 10^{-7}$에서 $0.173 * 10^{-7}$으로 반 정도로 낮아졌다. 그 결과 국민경제의 고용유발계수에 대한 30대 재벌의 고용유발계수의 비율은 1987년 0.15에서 2002년에는 0.08로 약 절반 가량으로 떨어졌다.

5. 국민경제 내에서 재벌의 비중

5.1.   부가가치, 매출액의 비중

30대 재벌이 국민경제에서 차지하는 비중은 재벌문제와 관련하여 언제나 우리 사회의 1차적인 관심을 끌어왔다. 재벌에 대한 1차적인 관심과 규제가 경제력집중, 특히 일반집중으로 인한 재벌의 정치경제적 지배력에 초점을 두고 이루어져 왔다.

재벌에 대한 공식적인 통계가 작성·발표되기 시작한 1987년 이래 2002년까지 재벌이 국민경제에서 차지하는 비중이 항목별로 이하에서 제시되는 표와 그림들에 제시되고 있다. 매출액 면에서 30대 재벌의 국민경제적 점유율은 한국은행이 국민계정에서 발표하는 국민경제의 부가가치의 총합계액인 GDP, 그리고 중간재와 최종재의 합계액인 총산출에 대해서 구한다. 그리고 보조적으로, 한국은행의 《기업경영분석》상의 매출액에 대해서도 그 비중을 계산하려 한다.

한국은행의 《기업경영분석》에서 조사대상 기업은 매출액이 일정 이상 규모(1996년의 경우, 10억 원 미만의 영세업체 제외)인 영리법인 기업에 국한되며, 농업, 수렵, 임업, 수도업, 금융보험업과 일부 서비스업은 조사대상에서 제외되고 있다. 1996년의 경우 《기업경영분석》상의 모집단이 전체 법인기업에서 차지하는 비중은 매출액 기준 91.1%이다(한국은행, 《기업경영분석》, 1997). 《기업경영분석》은 일부 산업 및 소규모 법인기업과 비법인사업체를 조사대상에서 제외하고 있기 때문에, 《기업경영분석》 자료를 재벌에 대한 비교기준으로 삼게 되면 재벌이 국민경제에서 차지하는 비중이 체계적으로 과대평가될 것이다. 그렇지만, 재벌계열사들은 모두가 법인의 형태이며, 재벌계열사에도 농업, 수렵, 임업, 수도업을 영위하는 기업들은 매우 소수를 제외하고는 거의 포함되어 있지 않으며 재벌 내에서의 비중도 매우 사소하다. 또한 《기업경영분석》은 주요 기업들에 대해서는 전수조사를 행하나, 전수조사 대상을 제외한 나머지 부(副) 모집단에 대해서는 층화표본조사를 통해 입수된 자료에 배율을 적용하여 부모집단을 추정하고 있고, 표본이 바뀌고 있다. 이러한 제한점들에도 불구하고, 필자가 아는 한, 재벌의 각종 경영성과나 재무지표들을 종합적으로 비교평가할 수 있는 비교기준의 자료로서 《기업경영분석》상의 전체 기업자료 이상의 것을 확보하기는 어려운 것으로 보인다.

5.1.1.   30대 재벌의 비중

30대 재벌은 1987~2002년의 전체 분석기간 동안 부가가치 기준으로 국민경제에서 평균 12.84%를 차지하고 있다(〈표 9-29〉 참조). 1987년에 11.15%이던 30대 재벌의 비중은 급격히 상승하여 1989년에는 14.02%로 치솟았다. 1995년에 15.01%로 사상 최대치를 기록하고 있으며, 1989년과 1995년 사이에 30대 재벌의 부가가치 비중은 13% 안팎으로 다른 시기에 비해 상대적으로 높은 고원을 형성하고 있다(〈표 9-30〉과 〈그림 9-18〉 참조). 그러나 외환경제위기가 있던 1997년 이후로는 그 비중이 12% 수준으로 낮아졌다가 2002년에 와서야 13% 수준이 되었다. 외환경제위기 이전 기간

〈표 9-29〉 30대 재벌의 부가가치와 매출액 비중의 기초 통계

(단위: %)

	1987~1997 평균	1998~2002 평균	1987~2002 평균	최 대	최 소
부가가치/GDP	13.03 (0.082)	12.41 (0.053)	12.84 (0.077)	15.01 (1995)	11.15 (1987)
매출액/국내총산출	33.59 (0.142)	34.21 (0.113)	33.78 (0.130)	42.41	28.01
매출액/산업총산출	36.63 (0.145)	37.09 (0.119)	36.77 (0.134)	46.65	30.49
매출액/전체 기업	44.68 (0.061)	41.52 (0.092)	43.69 (0.076)	48.45	36.39

주: 1) 평균치는 각 연도의 수치를 산술평균하여 얻어진 것임. ( )안의 수치는 변동계수임.
　　2) 최대, 최소값 옆의 ( )는 해당 연도임.
자료: 총산출 자료는 한국은행, 《경제통계연보》; 전체 기업자료는 한국은행, 《기업경영분석》의 대
　　분류 산업 재무자료를 합산하여 얻음; 30대 재벌 기업자료는 한국신용평가정보㈜, KIS-Line
　　의 재벌별 합산재무제표 자료를 이용하여 계산.

〈표 9-30〉 30대 재벌의 부가가치와 매출액 비중의 추이

(단위: %)

	1987	1988	1989	1990	1991	1992	1993	1994
부가가치/GDP	11.15	11.72	14.02	12.72	12.50	12.99	13.16	13.53
매출액/국내총산출	30.13	29.98	31.52	28.01	29.73	31.24	32.94	34.78
매출액/산업총산출	32.65	32.47	34.26	30.49	32.35	34.13	35.97	38.05
매출액/전체 기업	46.01	45.65	48.45	41.00	41.36	43.02	42.24	42.63
	1995	1996	1997	1998	1999	2000	2001	2002
부가가치/GDP	15.01	13.78	12.73	12.09	12.50	12.93	11.47	13.09
매출액/국내총산출	38.95	42.41	39.83	40.03	33.36	35.90	36.03	30.42
매출액/산업총산출	42.68	46.65	43.18	43.34	36.55	39.37	39.34	31.97
매출액/전체 기업	45.77	48.29	47.06	46.37	40.72	43.98	46.37	37.92

자료: 총산출 자료는 한국은행, 《경제통계연보》; 전체 기업자료는 한국은행, 《기업경영분석》의 대
　　분류 산업 재무자료를 합산하여 얻음; 30대 재벌 기업자료는 한국신용평가정보㈜, KIS-Line
　　의 재벌별 합산재무제표 자료를 이용하여 계산.

〈그림 9-18〉 30대 재벌의 매출과 부가가치의 국민경제상 비중의 추이

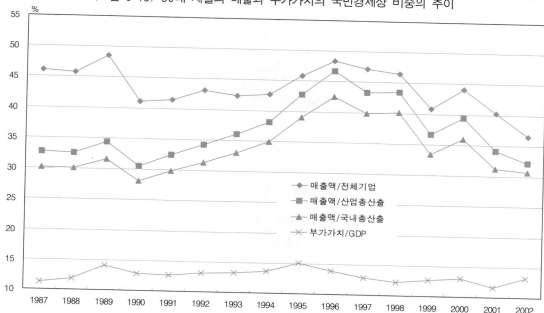

의 평균치가 13.03%로 위기 이후 기간의 평균치 12.41%보다 다소 높다.

30대 재벌의 매출액 비중은 1987~2002년의 분석기간중 국민계정상 국내총산출(=최종재+중간재) 대비 평균 33.78%의 비중을 차지하고 있다. 국내 총산출에서 정부서비스와 민간 비영리서비스를 제외한 영리 민간생산자들의 산업총산출에 대해서는 기간중 평균 36.77%의 비중을 차지한다. 한국은행 《기업경영분석》상의 전체 기업의 매출액에 대해서는 분석기간중 평균 43.69%의 비중을 차지한다.

산업총산출에 대해 1987년에 32.65%의 비중을 보인 30대 재벌의 매출액은 1990년에 일시적으로 30.49%로 낮아졌다가 그 이후 외환경제위기 이전까지 줄곧 증가하여 1996년에는 46.65%에 달하였다. 민간 영리부문의 매출액 가운데 근 절반 정도가 30대 재벌에 의해 생산된 것이다. 외환위기가 있던 1997년과 다음 해에 30대 재벌의 동 비중은 43% 수준으로 낮아져 외환경제위기가 거대재벌에 상대적으로 더 큰 충격을 주었음을 알 수 있다. 1999년에는 그 비중이 36.55%로 다시 한번 급격히 낮아졌다. 비중의 이 같은 하향은 1997년에 공정자산 순위 8위이던 기아그룹을 비롯하여 14위인 한보그룹 등의 도산, 1999년 2위이던 대우그룹의 해체, 1999년부터 현대그룹의 분리 등이 그 1차적인 요인이다. 1)

<표 9-31> 삼성그룹의 매출액과 30대 재벌 내의 비중 추이

(단위: 조 원, %)

	1997	1998	1999	2000	2001	2002
삼성그룹 매출액	66.9	74.5	83.0	101.0	92.8	108.0
삼성그룹/30대 재벌	16.25	17.49	21.63	22.16	19.14	24.41

자료: 한국신용평가정보㈜, KIS-Line의 재벌별 합산재무제표 자료를 이용하여 계산.

2000년을 전후하여 상위재벌 계열사들의 수축적인 구성변화에도 불구하고 30대 재벌의 비중이 별 달리 줄어들지 않은 것은 삼성그룹의 성장에 힘입은 바가 크다. 30대 재벌의 매출액은 1997년 411.8조 원에서 2002년에는 442.6조 원으로 30.8조 원 증가하였다. 그런데 같은 기간중 삼성그룹의 매출액은 66.9조 원에서 108.0조 원으로 41.1조 원이 늘어나, 30대 재벌의 매출액증가에 대한 삼성그룹의 기여율은 무려 133.6%에 이르고 있다. 그 결과, 삼성그룹의 30대 재벌 내의 비중은 1997년 16.25%이던 것이 2002년에는 무려 24.41%로 크게 높아졌다(<표 9-31> 참조). 그럼에도 불구하고, 2002년에는 경제의 산업총산출이 12.32%의 높은 성장을 달성한 반면, 현대그룹의 급격한 위축 등의 영향으로 30대 재벌 매출액의 산업총산출에 대한 비중은 2001년의 39.34%에서 31.97%로 크게 낮아졌다.

위의 자료에서 30대 재벌의 '전체 기업'에 대한 매출비중은 한국은행 《기업경영분석》 상의 '전체 기업' 매출액에 대해서 얻어진 것이다. 한국은행의 '전체 기업'에는 농림어업, 수도업 및 금융보험업 등 일부 산업이 제외되어 있고 또한 비법인 형태의 경제활동과 매출액이 일정 규모 이하인 법인기업이 대상에서 원천적으로 빠져 있다. 그 결과로, 30대 재벌의 '전체 기업' 대비 매출비중이 줄곧 40% 수준으로 총산출에 대비한 경우에 비해 더 높게 나타나고 있다.

5.1.2. 상위재벌과 하위재벌의 GDP 대비 부가가치 비중

1987~2002년 기간 동안 30대 재벌이 창출한 부가가치의 대 GDP 연평균 비율은 12.84%, 상위 5대 재벌은 7.79%, 상위 6~10대 재벌은 2.71%, 상위 10대 재벌은

---

1) 1999년중에 특히 상위재벌들의 급격한 계열사변동이 있었다. 1999년 지정 당시 200개이던 4대 재벌 계열사는 2000년에는 162개로 줄었다. 현대그룹의 기아자동차 인수 등으로 28개사가 신규편입되었으나, 66개 계열사가 정리 또는 분리되었다. 현대그룹의 경우 1999년중에 현대정유그룹(3개사, 13위)과 현대산업개발그룹(7개사, 25위)이 분리되면서 별도의 기업집단을 형성하였다. 그리고 2000년중에 현대그룹 전체가 유동성 위기를 겪는 과정에서 2000.9.1일자로 현대그룹으로부터 현대자동차그룹이 친족분리되었고, 2002년 2월에는 현대중공업그룹이 친족분리되었다. 그 결과 1999년까지 자산규모 재계 1위였던 현대그룹은 2000년, 2001년에는 7위로 순위가 낮아졌다. 현대자동차그룹은 2000년 5위, 2001년과 2002년 4위에 랭크되었다.

10.05%, 하위 11~30대 재벌은 2.79%이다(〈표 9-32〉 참조).

  상위 5대 및 10대 재벌이 창출해낸 부가가치의 대 GDP 비중은 1987~1997년 기간
과 1998~2002년 기간을 비교해 볼 때 각각 7.53%와 9.89%에서 8.35%와 10.40%
로 높아졌다. 반면에 하위 11~30대 재벌의 비중은 완만하기는 하지만 거의 일관되게
하락하는 추세이다. 11~30대 재벌의 비중은 1989년에 3.39%로 최고치를 형성한 후
2000년에는 1.64%로 최저치를 기록하고 2002년이 되어 2%대가 되었다. 부가가치의
대 GDP 비중을 기준으로 할 때 하위 11~30대 재벌의 성과가 장기적으로 부진하다고
할 수 있다(〈표 9-33〉 참조).

  1987년부터 1996년까지 상위 5대 재벌과 상위 10대 재벌의 비중은 매우 유사하게
움직이고 있다. 이 기간중 상위 5대 재벌과 상위 6~10대 재벌의 부가가치 비중의 상
관계수값은 0.909에 이른다. 반면에 상위 10대 재벌과 하위 11~30대 재벌간의 상관

〈표 9-32〉 GDP 대비 재벌 자료집단별 부가가치 비중의 요약통계

(단위 : %)

	1987~1997 평균	1998~2002 평균	1987~2002 평균	최 대	최 소
5대 재벌	7.53(0.114)	8.35(0.079)	7.79(0.112)	9.32(2002)	6.20(1987)
10대 재벌	9.89(0.106)	10.40(0.069)	10.05(0.096)	11.84(1995)	8.07(1987)
11~30대 재벌	3.14(0.070)	2.02(0.157)	2.79(0.211)	3.39(1989)	1.64(2000)
30대 재벌	13.03(0.082)	12.41(0.053)	12.84(0.077)	15.01(1995)	11.15(1987)

주: 1) 평균치는 각 연도의 수치를 산술평균하여 얻어진 것임. ( )안의 수치는 변동계수.
    2) 최대, 최소값 옆의 ( )는 해당연도임.
자료: 총산출자료는 한국은행, 《경제통계연보》; 전체 기업자료는 한국은행, 《기업경영분석》의 대분류 산업 재무
    자료를 합산하여 얻음; 30대 재벌 기업자료는 한국신용평가정보㈜, KIS-Line의 재벌별 합산재무제표 자료
    를 이용하여 계산.

〈표 9-33〉 GDP에 대한 30대 재벌 내 집단별 부가가치 비중의 추이

(단위: %)

	1987	1988	1989	1990	1991	1992	1993	1994	1995	1996	1997	1998	1999	2000	2001	2002
5대 재벌	6.20	6.42	8.12	7.09	6.95	7.35	7.51	7.82	9.16	8.09	8.15	8.33	7.46	8.41	8.22	9.32
10대 재벌	8.07	8.59	10.64	9.44	9.29	9.73	9.90	10.41	11.84	10.69	10.19	9.91	10.07	11.29	9.69	11.03
11~30대 재벌	3.09	3.13	3.39	3.28	3.21	3.26	3.26	3.12	3.17	3.09	2.54	2.18	2.43	1.64	1.78	2.06
30대 재벌	11.15	11.72	14.02	12.72	12.50	12.99	13.16	13.53	15.01	13.78	12.73	12.09	12.50	12.93	11.47	13.09

자료: GDP 자료는 한국은행, 《경제통계연보》로부터, 재벌자료는 한국신용평가정보㈜, KIS-Line의 재벌별 합산
    재무제표 자료로부터 얻음. 두 자료를 이용하여 계산.

계수값은 -0.0557로 양자의 움직임은 거의 무관하다.

부가가치 면에서 볼 때, 30대 재벌 내에서 5대 재벌과 6~10대 재벌 및 10대 재벌이 차지하는 비중은 1987~2002년 분석 전기간중 평균이 각각 60.71%, 17.55%, 78.26%이다. 전기간에 걸쳐 상위 10대 재벌의 부가가치 비중은 높아지는 추세이다. 1987년 72.34%이던 10대 재벌의 비중은 2002년에는 84.26%로 15년에 걸쳐 약 12% 포인트 높아졌다. 그에 따라 상위재벌과 하위재벌 간의 규모격차가 더 확대되어 왔다. 1987년에 44.67% 포인트이던 상위 10대 재벌과 하위 11~30대 재벌간의 격차는 2002년에는 68.52% 포인트로 커졌다(〈표 9-34〉, 〈표 9-35〉 참조).

〈그림 9-19〉 GDP에 대한 재벌 집단별 부가가치 비중의 추이

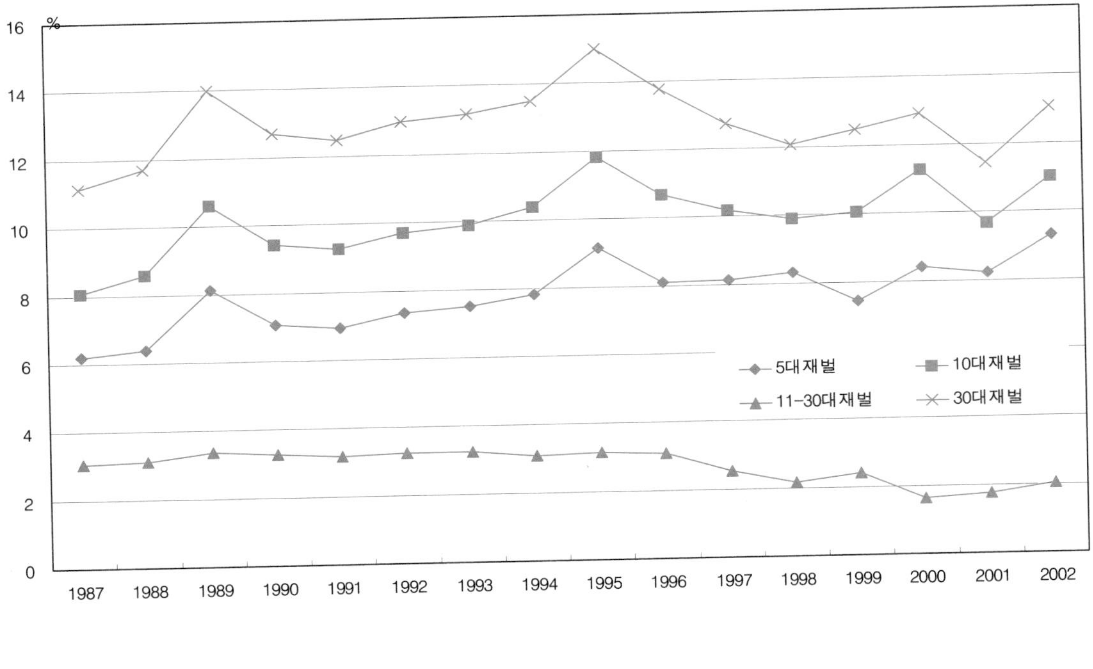

〈표 9-34〉 30대 재벌에 대한 자료집단별 부가가치 비중 (1987~2002년)

(단위: %)

	1987~1997 평균	1998~2002 평균	1987~2002 평균	최대	최소
5대 재벌/30대 재벌	57.71	67.31	60.71	71.66 (2001)	54.72 (1988)
10대 재벌/30대 재벌	75.78	83.72	78.26	87.32 (2000)	72.34 (1987)
11~30대 재벌/30대 재벌	24.22	16.28	21.74	27.66 (1987)	12.68 (2000)

주: 최대, 최소 옆의 ( )는 해당연도임.
자료: 한국신용평가정보㈜, KIS-Line의 재벌별 합산재무제표 자료를 이용하여 계산.

〈표 9-35〉30대 재벌에 대한 자료집단별 부가가치 비중 추이

(단위: %, % 포인트)

	1987	1988	1989	1990	1991	1992	1993	1994
5대 재벌/30대 재벌	55. 59	54. 72	57. 95	55. 72	55. 58	56. 60	57. 09	57. 81
10대 재벌/30대 재벌 (A)	72. 34	73. 27	75. 85	74. 21	74. 33	74. 93	75. 25	76. 94
11~30대/30대 재벌 (B)	27. 66	26. 73	24. 15	25. 79	25. 67	25. 07	24. 75	23. 06
A-B	44. 67	46. 55	51. 71	48. 41	48. 66	49. 85	50. 50	53. 89
	1995	1996	1997	1998	1999	2000	2001	2002
5대 재벌/30대 재벌	60. 99	58. 73	64. 05	68. 94	59. 66	65. 09	71. 66	71. 20
10대 재벌/30대 재벌 (A)	78. 87	77. 55	80. 05	81. 97	80. 55	87. 32	84. 49	84. 26
11~30대/30대 재벌 (B)	21. 13	22. 45	19. 95	18. 03	19. 45	12. 68	15. 51	15. 74
A-B	57. 74	55. 10	60. 10	63. 94	61. 10	74. 65	68. 99	68. 52

자료: 한국신용평가정보㈜, KIS-Line의 재벌별 합산재무제표 자료를 이용하여 계산.

〈그림 9-20〉30대 재벌 내에서 10대 재벌과 11~30대 재벌의 부가가치 비중 추이

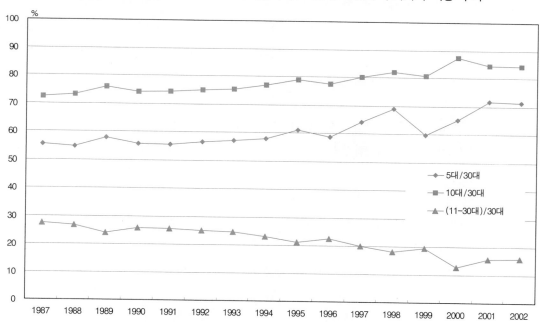

5.1.3. 상위재벌과 하위재벌의 산업총산출 대비 매출액 비중

1987~2002년 기간 동안 국민계정상의 산업총산출에 대한 상위 5대 재벌의 연평균 비중은 〈표 9-36〉에서 보듯이, 24.69%, 상위 10대 재벌의 비중은 30.31%, 하위 11~30대 재벌의 비중은 6.46%이다.

　1990년 일시적인 하락을 보였던 상위 5대 재벌과 10대 재벌의 산업총산출 대비 매출액비율은 그 이후 1996년까지 계속해서 상승하고 있다. 1990년 18.60%이던 5대 재벌의 비중은 1996년에는 31.23%까지, 10대 재벌의 비중은 24.49%에서 38.74%까지 높아졌다. 하위 11~30대 재벌의 매출액 비중도 1990년 5.99%에서 1996년에는 7.91%까지 높아졌으나 그 속도는 상위재벌에 비해서 한결 작다. 〈표 9-9〉에서 보듯이, 1996년을 정점으로 하여 1997년부터 상위 5대, 10대 재벌의 비중은 하락 기조이다. 1999년 대우그룹의 해체 영향으로 5대 재벌의 비중은 전년의 32.94%에서 27.57%로 급락하였다. 또 2001년에는 현대중공업그룹이 현대그룹으로부터 분리되고 현대그룹의 외형이 급격히 축소되면서 현대그룹이 7위로 밀려난 영향으로 5대 재벌의 비중은 2000년의 28.23%에서 22.26%로 다시 한번 크게 떨어졌다.

　하위 11~30대 재벌의 산업총산출에 대한 비중은 1996년의 7.91%에서 1999년에는 4.88%로 3% 포인트 넘게 떨어졌다. 같은 기간 동안 상위 10대 재벌의 비중은 38.74%에서 31.67%로 7.07% 포인트 낮아져, 외환경제위기 충격의 상대적 비중이 하위재벌에서 더 컸음을 알 수 있다.

　1987~1997년 기간 동안 상위 5대 재벌과 6~10대 재벌의 매출액 비중간의 상관계수는 0.8032로 두 집단의 매출액 비중이 유사하게 움직이고 있다. 또, 상위 10대 재벌과 하위 11~30대 재벌 간의 상관계수는 0.7586으로 두 집단의 매출액 비중도 상당히 유사하게 움직이는 모습이다. 그러나 외환경제위기 이후 5대 재벌과 6대 이하 재벌에 대한 정부의 구조조정정책이 차별적으로 진행되면서 1998년부터 2002년까지 두 자료집단간에 상관성은 거의 나타나지 않고 있다.

　30대 재벌 안에서 5대 재벌의 매출액 비중은 1987~2002년 기간 중 연평균 66.84%를 차지하고 있다. 상위 10대 재벌과 하위 11~30대 재벌의 값은 각각 82.25%와 17.75%로서, 두 집단간의 평균격차는 64.50% 포인트에 이른다. 〈표 9-38〉에서 보듯이, 1987년 59.22% 포인트이던 격차는 추세적으로 높아져 1998년에는 74.16% 포인트로 최대가 된다. 1999년부터는 상위 5대 재벌 구성 그룹의 수축적 변화에 따라 5대 재벌의 비중이 저하되고 그 반사로서 11~30대 재벌의 구성비중이 다소 높아졌다.

　삼성그룹의 매출변화가 최근 시기의 30대 재벌내 구성의 변화에 큰 영향을 미쳤다.

〈표 9-36〉 산업총산출 대비 30대 재벌 내 자료집단별 매출액 비중 요약통계

(단위: %)

	1987~1997 평균	1998~2002 평균	1987~2002 평균	최 대	최 소
5대 재벌	23. 82	26. 60	24. 69	32. 94 (1998)	18. 60 (1990)
10대 재벌	29. 78	31. 47	30. 31	38. 74 (1996)	24. 49 (1990)
11~30대 재벌	6. 85	5. 61	6. 46	7. 91 (1996)	4. 88 (1999)
30대 재벌	36. 63	37. 09	36. 77	46. 65 (1996)	30. 49 (1990)

주: 최대, 최소 옆의 ( )는 해당연도임.
자료: 산업총산출 자료는 한국은행, 《경제통계연보》로부터, 재벌자료는 한국신용평가정보㈜, KIS-
Line의 재벌별 합산재무제표 자료로부터 얻음. 두 자료를 이용하여 계산.

〈표 9-37〉 산업총산출에 대한 30대 재벌 내 자료집단별 매출액 비중의 추이

(단위: %)

	1987	1988	1989	1990	1991	1992	1993	1994
5대 재벌	20. 72	20. 16	20. 94	18. 60	21. 06	22. 04	23. 94	25. 15
10대 재벌	25. 99	26. 07	26. 84	24. 49	26. 11	27. 44	29. 42	31. 05
11~30대 재벌	6. 66	6. 41	7. 43	5. 99	6. 25	6. 68	6. 55	7. 01
30대 재벌	32. 65	32. 47	34. 26	30. 49	32. 35	34. 13	35. 97	38. 05
	1995	1996	1997	1998	1999	2000	2001	2002
5대 재벌	28. 40	31. 23	29. 75	32. 94	27. 57	28. 23	22. 26	22. 03
10대 재벌	35. 08	38. 74	36. 30	37. 74	31. 67	33. 00	28. 10	26. 86
11~30대 재벌	7. 59	7. 91	6. 88	5. 60	4. 88	6. 36	5. 94	5. 28
30대 재벌	42. 68	46. 65	43. 18	43. 34	36. 55	39. 37	34. 04	32. 14

자료: 한국은행, 《경제통계연보》의 산업총산출 자료와 한국신용평가정보㈜, KIS-Line의 재벌별 합
산재무제표 자료를 이용하여 계산.

〈표 9-38〉 30대 재벌에 대한 자료집단별 매출액 비중 요약 통계

(단위: %)

	1987~1997 평균	1998~2002 평균	1987~2002 평균	최 대	최 소
5대 재벌/30대 재벌	64. 76	71. 41	66. 84	76. 01 (1998)	61. 00 (1990)
10대 재벌/30대 재벌	81. 12	84. 73	82. 25	87. 08 (1998)	78. 32 (1989)
11~30대 재벌/30대 재벌	18. 88	15. 27	17. 75	21. 68 (1989)	12. 92 (1998)

주: 최대와 최소값 옆의 ( )안의 수치는 해당연도임.
자료: 한국신용평가정보㈜, KIS-Line의 재벌별 합산재무제표 자료를 이용하여 계산.

<표 9-39> 30대 재벌에 대한 재벌 집단별 매출액 비중의 추이

(단위: %, % 포인트)

	1987	1988	1989	1990	1991	1992	1993	1994
5대 재벌/30대 재벌	63.47	62.09	61.13	61.00	65.08	64.58	66.55	66.10
10대 재벌/30대 재벌(A)	79.61	80.27	78.32	80.34	80.69	80.41	81.78	81.59
11~30대 재벌/30대 재벌(B)	20.39	19.73	21.68	19.66	19.31	19.59	18.22	18.41
A-B	59.22	60.53	56.65	60.68	61.38	60.83	63.56	63.18
	1995	1996	1997	1998	1999	2000	2001	2002
5대 재벌/30대 재벌	66.55	66.95	68.88	76.01	75.42	71.70	65.38	68.54
10대 재벌/30대 재벌(A)	82.21	83.04	84.07	87.08	86.65	83.84	82.54	83.56
11~30대 재벌/30대 재벌(B)	17.79	16.96	15.93	12.92	13.35	16.16	17.46	16.44
A-B	64.42	66.08	68.13	74.16	73.30	67.68	65.07	67.12

자료: 한국신용평가정보㈜, KIS-Line의 재벌별 합산재무제표 자료를 이용하여 계산.

삼성그룹(특히, 계열사 삼성전자)의 매출이 부진을 보인 2001년의 경우 10대 재벌의 비중은 급격히 떨어졌다가, 2002년에 삼성그룹의 매출이 급증하면서 5대 재벌의 비중이 다시 회복되는 것을 확인할 수 있다. 2000년을 전후하여 상위 5대 재벌계열사들의 수축적인 구성변화에도 불구하고 30대 재벌 내에서 5대 재벌이 과거와 비슷한 비중을 유지하는 것은 삼성그룹의 성장에 힘입은 바가 크다.

5.2. 고용의 비중

<표 9-40>에서 보듯이, 국민경제 전산업 취업자 가운데 30대 재벌 취업자가 차지하는 비중은 1987~2002년 기간 평균 3.87%이다. 그 가운데 2.99% 포인트를 상위 10대 재벌이 차지하고 있으며, 나머지 0.87%를 하위 30대 재벌이 차지하고 있다.

<표 9-41>과 <그림 9-21>에서, 재벌의 고용비중은 상위재벌과 하위재벌 모두에서 외환경제위기 이전까지는 대체로 안정된 비율을 유지하다가 1997년부터 빠른 속도로 떨어지고 있다. 30대 재벌의 경우 1996년 4.57%로 최고로 하여 그 이후로는 1997년 4.05%, 1998년 3.66%, 1999년 2.95% 등으로 급격히 낮아지다가 2002년에 와서 안정을 취하고 있는 모습이다.

〈표 9-40〉30대 재벌 종사자 비중 요약통계

(단위: %)

	1987~1997 평균	1998~2002 평균	1987~2002 평균	최 대	최 소
5대 재벌/전산업	2.56 (0.046)	1.86 (0.211)	2.34 (0.172)	2.70 (1987)	1.46 (2001)
10대 재벌/전산업	3.28 (0.041)	2.36 (0.162)	2.99 (0.166)	3.57 (1996)	2.03 (2002)
11~30대 재벌/전산업	1.01 (0.083)	0.57 (0.127)	0.87 (0.262)	1.15 (1987)	0.52 (2001)
30대 재벌/전산업	4.30 (0.039)	2.92 (0.153)	3.87 (0.184)	4.57 (1996)	2.55 (2002)

주: 최대와 최소값 옆의 ( )안의 수치는 해당연도임.
자료: 전산업 취업자 자료는 통계청,《한국통계연감》; 재벌자료는 한국신용평가정보㈜, KIS-Line의 재벌별 종사
자 수를 합산하여 얻음.

〈표 9-41〉30대 재벌 종사자 비중 추이

(단위: %)

	1987	1988	1989	1990	1991	1992	1993	1994	1995	1996	1997	1998	1999	2000	2001	2002
5대/전산업	2.70	2.70	2.61	2.47	2.48	2.37	2.42	2.49	2.60	2.69	2.60	2.45	1.97	1.85	1.46	1.55
10대/전산업	3.28	3.34	3.27	3.18	3.22	3.15	3.22	3.32	3.46	3.57	3.13	2.97	2.37	2.37	2.05	2.03
11~30대/전산업	1.15	1.14	1.10	1.03	1.01	0.98	0.92	0.93	0.96	1.00	0.92	0.68	0.59	0.52	0.52	0.53
30대/전산업	4.43	4.48	4.37	4.21	4.24	4.13	4.13	4.25	4.42	4.57	4.05	3.66	2.95	2.89	2.57	2.55

자료: 전산업 취업자자료는 통계청,《한국통계연감》; 재벌자료는 한국신용평가정보㈜, KIS-Line의 재벌별 종사
자 수를 합산하여 얻음.

〈그림 9-21〉30대 재벌 종사자 비중 추이

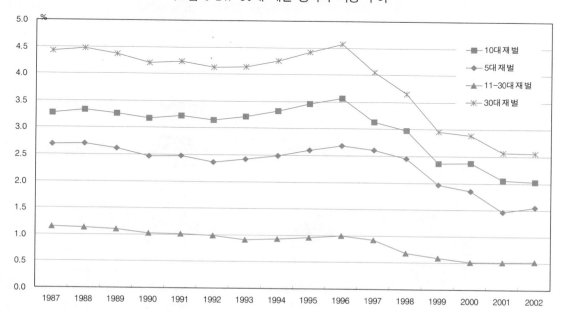

5.3.   자산, 자본의 비중

30대 재벌의 총자산 및 유형자산의 1987~2002년의 분석기간중 전체 기업에 대한 평균비중은 각각 45.07%, 43.04%로서 매출액의 43.07%와 거의 비슷한 수준이다 (〈표 9-42〉 참조). 30대 재벌의 자산 및 자기자본이 국민경제에서 차지하는 비중의 시계열도 부가가치나 매출액과 비슷한 추이를 보여주고 있다. 즉, 1980년대 후반 그 비중이 빠르게 커지면서 1989년중 분석기간중 최고치를 기록하고, 재벌에 대한 여신관리 등 금융적 규제가 강화되는 1990년대 초반에는 비중이 저하되고 있다. 그러다가 1990년대 중반에 규제완화와 더불어 자산 및 자본의 비중은 다시 서서히 늘어갔으나, 외환위기의 충격과 위기 이후 정부의 강도 높은 구조조정 압박 및 상위 거대재벌의 몰

〈표 9-42〉 30대 재벌의 자산, 자본이 국민경제에서 차지하는 비중의 요약 통계

(단위: %)

	1987~1997 평균	1998~2002 평균	1987~2002 평균	최 대	최 소
총자산	45.07	41.04	43.81	51.01 (1989)	36.67 (2001)
유형자산	43.04	42.98	43.02	51.72 (1989)	36.55 (1987)
자기자본	39.31	44.14	40.82	50.20 (2000)	35.96 (1990)

주: 1) 총자산, 유형자산, 자기자본의 수치는 《기업경영분석》상의 전체 기업의 합산자료에 대한 30대 재벌의 합산자료의 비율값.
　　2) 평균치는 각 연도의 수치를 산술평균해 얻어진 것임. ( )안의 수치는 변동계수. 최대, 최소 값 옆의 ( )는 해당연도임.
자료: 전체 기업자료는 한국은행, 《기업경영분석》의 대분류 산업 재무자료를 합산하여 얻음 ; 30대 재벌 기업자료는 한국신용평가정보㈜, KIS-Line의 재벌별 합산재무제표 자료를 이용하여 계산.

〈표 9-43〉 30대 재벌의 자산, 자본이 국민경제에서 차지하는 비중

(단위: %)

	1987	1988	1989	1990	1991	1992	1993	1994
총자산/전체 기업	43.80	45.16	51.01	41.88	43.14	44.63	43.71	42.08
유형자산/전체 기업	36.55	41.40	51.72	38.33	40.26	41.52	41.71	41.26
자기자본/전체 기업	37.34	38.48	48.69	35.96	37.75	38.21	39.58	37.11
	1995	1996	1997	1998	1999	2000	2001	2002
총자산/전체 기업	44.71	47.66	47.94	47.62	40.79	42.31	36.67	37.80
유형자산/전체 기업	43.75	48.97	48.02	49.82	42.34	43.61	37.56	41.57
자기자본/전체 기업	39.26	40.54	39.52	43.71	46.24	50.20	43.79	36.74

자료: 전체 기업자료는 한국은행, 《기업경영분석》의 대분류 산업 재무자료를 합산하여 얻음; 30대 재벌 기업자료는 한국신용평가정보㈜, KIS-Line의 재벌별 합산재무제표 자료를 이용하여 계산.

〈그림 9-22〉 30대 재벌의 자산과 자본이 국민경제에서 차지하는 비중의 추이

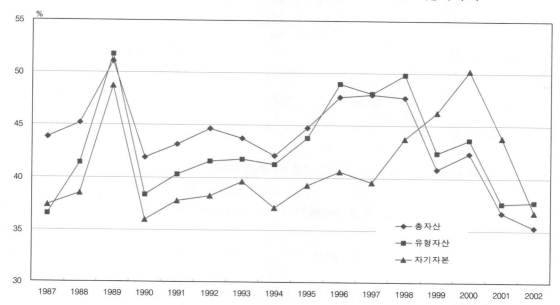

락과 계열분리로 30대 재벌의 자산의 비중은 줄어들었다(〈표 9-43〉 참조).

전체 기업의 자기자본에 대한 30대 재벌의 자기자본의 비율의 분석기간중 평균치는 40.82%이다. 30대 재벌은 다른 경제부문에 비해 더 적은 자기자본의 지지하에 더 큰 자산과 매출을 실현시키는 고부채비율 전략을 채택해 왔다. 그러나 외환경제위기 이후 1998~2002년 기간 동안 자기자본의 평균비중은 44.14%로 이전 기간의 평균치 39.31%에 비해서 크게 높아졌다(〈표 9-42〉 참조). 이는 주로 정부의 강제적 재무구조 개선조치의 영향으로 재벌들의 대규모 주식발행과 자산재평가 및 차입금상환 등에 의한 것이다. 이에 대해서는 앞의 6장에서 상술되었다.

〈표 9-44〉에서 보면, 30대 재벌 안에서 5대 재벌의 자산비중은 1987~2002년 기간 중 연평균 58.10%를 차지하고 있다. 상위 10대 재벌과 하위 11~30대 재벌의 값은 각각 76.14%와 23.86%이다. 두 집단간의 평균격차는 52.29% 포인트로서 매출액의 64.50% 포인트에 비해서는 그 격차가 적다. 1987~1997년 기간중 49.58%이던 평균격차는 1988~2002년 기간에는 58.24%로 10% 포인트 가량 격차가 확대되었다.

〈표 9-45〉에서 보듯이, 1987년 46.78% 포인트이던 격차는 추세적으로 높아져 1998년에는 61.69% 포인트로 최대가 된다. 1999년부터는 상위 5대 재벌구성 그룹의 수축적 변화에 따라 5대 재벌의 비중이 저하되고 그 반사로서 11~30대 재벌의 구성 비중이 다소 높아졌다.

<표 9-44> 30대 재벌에 대한 자료집단별 자산비중 요약통계

(단위: %)

	1987~1997 평균	1998~2002 평균	1987~2002 평균	최 대	최 소
5대 재벌/30대 재벌	55. 89	62. 95	58. 10	66. 87 (1998)	54. 01 (1988)
10대 재벌/30대 재벌(A)	74. 79	79. 12	76. 14	80. 85 (1999)	72. 58 (1988)
11~30대 재벌/ 30대 재벌(B)	25. 21	20. 88	23. 86	27. 42 (1988)	19. 15 (1999)
A-B	49. 58	58. 24	52. 29	61. 69	45. 16

주: 최대와 최소값 옆의 ( )안의 수치는 해당연도임.
자료: 한국신용평가정보㈜, KIS-Line의 재벌별 합산재무제표 자료를 이용하여 계산.

<표 9-45> 30대 재벌에 대한 재벌 집단별 총자산 비중의 추이

(단위: %, % 포인트)

	1987	1988	1989	1990	1991	1992	1993	1994	1995	1996	1997	1998	1999	2000	2001	2002
5대/30대	54. 24	54. 01	54. 62	55. 09	55. 08	54. 91	55. 91	55. 85	56. 64	57. 01	61. 40	66. 87	64. 67	58. 52	61. 69	63. 02
10대/30대 (A)	73. 39	72. 58	73. 25	74. 70	74. 88	74. 65	75. 54	75. 14	75. 60	75. 25	77. 70	80. 47	80. 85	77. 86	77. 52	78. 92
11~30대/ 30대 (B)	26. 61	27. 42	26. 75	25. 30	25. 12	25. 35	24. 46	24. 86	24. 40	24. 75	22. 30	19. 53	19. 15	22. 14	22. 48	21. 08
A-B	46. 78	45. 16	46. 51	49. 40	49. 76	49. 30	51. 08	50. 29	51. 20	50. 49	55. 39	60. 93	61. 69	55. 72	55. 05	57. 83

자료: 한국신용평가정보㈜, KIS-Line의 재벌별 합산재무제표 자료를 이용하여 계산.

5.4. 30대 재벌의 비중지표들간의 상관성

1987~1997년 기간 동안 30대 재벌이 국민경제에서 차지하는 비중들간의 상관관계표가 <표 9-46>에 제시되어 있다. 매출액 비중의 시계열은 총자산과는 0.8591이라는 높은 상관관계를 보여주며, 유형자산과도 0.7274의 비교적 높은 상관관계를 나타내고 있다. 즉, 총자산 및 유형자산의 증대는 곧 매출의 증대로 연결되는 경향이 있다. 30대 재벌의 GDP 대비 부가가치 비중의 시계열은 매출액, 총자산 및 유형자산, 자기자본 등 기업의 규모를 대표할 수 있는 변수들과 각각 0.1976, 0.3000, 0.5857, 0.6281이라는 양의 상관관계를 보이는 바, 부가가치 비중은 매출액이나 총자산비중과는 상관성이 약하나 유형자산 비중과는 어느 정도의 상관성을 보여주고 있다. 고용은 매출과 0.5458이라는 양의 상관성을 보이며 여타 다른 항목들과는 상관성이 약하다. 　그러나 표본을 1987~2002년으로 확장하면 비중들간의 위와 같은 상관성은 상당히 다른 모습으로 바뀐다. 특히, 자기자본의 비중과 다른 비중치들간의 상관성이 0에 가까

워지는 것을 볼 수 있다. 이는 30대 재벌에 대한 재무구조 개선이 강행되면서 재무적 조정이 종래의 행태와는 크게 다르게 전개된 데서 비롯되었을 것이다(〈표 9-47〉 참조).

〈표 9-46〉 30대 재벌 비중 항목들간의 상관계수표 (1987~1997년 기간)

	30대 재벌 부가가치 /GDP	30대 재벌 매출 /산업총산출	30대 재벌 총자산 /전체 기업	30대 재벌 유형자산 /전체 기업	30대 재벌 자기자본 /전체 기업	30대 재벌 종사자/전 산업 종사자
30대 재벌 부가가치 /GDP	1.0000	0.1976	0.3000	0.5857	0.6281	0.2645
30대 재벌 매출 /산업총산출	0.1976	1.0000	0.8591	0.7274	0.3476	0.5458
30대 재벌 총자산 /전체 기업 총자산	0.3000	0.8591	1.0000	0.9064	0.5903	0.2369
30대 재벌 유형자산 /전체 기업 유형자산	0.5857	0.7274	0.9064	1.0000	0.6494	0.1477
30대 재벌 자기자본 /전체 기업 자기자본	0.6281	0.3476	0.5903	0.6494	1.0000	0.2471
30대 재벌 종사자 /전산업 종사자	0.2645	0.5458	0.2369	0.1477	0.2471	1.0000

자료: 1987~1997년 기간의 각 항목별 시계열자료를 이용하여 계산.

〈표 9-47〉 30대 재벌 비중 항목들간의 상관계수표 (1987~2002년 기간)

	30대 재벌 부가가치 /GDP	30대 재벌 매출 /산업총산출	30대 재벌 총자산 /전체 기업	30대 재벌 유형자산 /전체 기업	30대 재벌 자기자본 /전체 기업	30대 재벌 종사자/전 산업 종사자
30대 재벌 부가가치 /GDP	1.0000	0.3230	0.3260	0.4819	0.1211	0.8938
30대 재벌 매출 /산업총산출	0.3230	1.0000	0.3258	0.5819	-0.0660	0.6533
30대 재벌 총자산 /전체 기업 총자산	0.3260	0.3258	1.0000	0.7759	-0.4503	0.7210
30대 재벌 유형자산 /전체 기업 유형자산	0.4819	0.5819	0.7759	1.0000	0.0854	0.2828
30대 재벌 자기자본 /전체 기업 자기자본	0.1211	-0.0660	-0.4503	0.0854	1.0000	-0.8041
30대 재벌 종사자 /전산업 종사자	0.8938	0.6533	0.7210	0.2828	-0.8041	1.0000

자료: 1987~2002년 기간의 각 항목별 시계열자료를 이용하여 계산.

6. 재벌과 비재벌의 경제적 성과에 대한 종합 평가

이상에서 살펴본 30대 재벌 및 그 하위 자료집단들의 경제적 성과를 〈표 9-48〉에서 한 표로 볼 수 있게 종합적으로 제시하고 있다.

외환경제위기 이전인 1987~1997년 기간을 살펴보면, 성장성 면에서 매출액 증가율의 기간중 기하평균 성장률을 기준으로 할 때 전체 기업의 평균성장률은 18.14%로서 30대 재벌의 18.41%와 거의 같다. 그러나 30대 재벌 내에서는 상위 5대, 10대, 11~30대 재벌의 성장률이 각각 19.38%, 19.06%, 15.53%로서 상위재벌일수록 성

〈표 9-48〉 재벌집단별 성과의 기간별 종합비교표

(단위: %)

평가 항목		성장성	재무적 안정성	수익성			수익의 변동성	
평가 지표		매출액 증가율	부채비율(%)	매출액 영업이익률	매출액 경상이익률	자기자본 경상이익률	매출액영업 이익률의 표준편차	자기자본경 상이익률의 표준편차
1987~2002	전체 기업	14.28	292.33	5.52	1.77	7.34	0.74	6.62
	30대 재벌	12.50	329.51	5.51	1.51	6.24	0.87	7.45
	5대 재벌	13.08	307.11	5.59	2.11	9.58	1.21	7.36
	10대 재벌	12.88	306.62	5.48	1.96	8.37	1.05	7.14
	11~30대 재벌	10.91	425.40	5.55	-0.75	-3.08	1.00	10.15
	6~30대 재벌	12.29	374.87	5.30	0.17	0.15	0.70	10.06
1987~1997	전체 기업	18.14	322.11	5.90	2.15	9.66	0.46	5.25
	30대 재벌	18.41	386.10	5.57	1.47	7.46	0.80	6.28
	5대 재벌	19.38	361.96	5.55	1.75	10.22	1.22	5.80
	10대 재벌	19.06	358.47	5.44	1.74	9.23	1.01	5.98
	11~30대 재벌	15.53	497.38	6.08	0.24	-0.13	0.53	9.21
	6~30대 재벌	16.65	432.89	5.55	0.86	2.76	0.40	9.66
1998~2002	전체 기업	7.41	226.80	4.89	0.92	2.69	0.82	7.14
	30대 재벌	1.09	205.02	5.37	1.62	3.78	1.09	9.71
	5대 재벌	-1.48	186.04	5.68	2.88	8.28	1.31	10.53
	10대 재벌	0.06	192.55	5.57	2.45	6.64	1.26	9.62
	11~30대 재벌	7.37	267.05	4.37	-2.94	-8.97	0.76	10.23
	6~30대 재벌	3.56	247.21	4.74	-1.36	-5.08	0.92	9.64

주: 매출액 증가율은 기간중 경상가격 매출액의 기하평균 증가율임. 매출액 영업이익률, 부채비율은 기간중 산술평균치임.

자료: 전체 기업자료는 한국은행, 《기업경영분석》상의 전체 산업자료를 이용하여 계산. 재벌자료는 한국신용평가 정보㈜, KIS-Line의 재벌 합산 재무제표 자료를 이용하여 계산.

장률 수치가 더 높다. 이 기간중 5대 재벌과 10대 재벌의 구성변동이 거의 없던 점을 감안하면, 상위재벌의 성장률 실적이 더 우월하였다는 평가를 할 수 있다. 외환경제위기 이후 1998~2002년 기간 동안에는 전체 기업의 기간중 평균성장률이 7.41%인 데 비해 30대 재벌은 1.09%에 불과하다. 30대 재벌 내에서는 5대 또는 10대 상위재벌의 성장률이 음이거나 0에 가까운 값을 보여 더 낮은 수치를 보이고 있다. 이는 무엇보다도 먼저 상위 2, 3위 재벌이었던 대우그룹이 해체된 점, 그리고 경제위기 이전에 줄곧 1위 자리를 지키던 현대그룹이 외환경제위기 이후 현대자동차, 현대중공업 등으로 친족분리된 점 등 5대 또는 10대 재벌의 구성변화에서 1차적으로 기인한다.

재무적 안정성을 부채비율을 통해서 평가해보자. 1987~1997년 기간 동안 전체 기업의 부채비율 322.11%에 비해 30대 재벌은 386.10%이다. 30대 재벌 내에서는 11~30대 재벌의 부채비율이 497.38%로 10대 재벌의 358.47%에 비해서 월등히 높다. 1998~2002년 기간에는 모든 기업들의 부채비율이 전기에 비해 대폭 낮아져 있다. 30대 재벌의 부채비율이 205.02%로 전체 기업의 226.80%보다 더 낮은 수준이 되었으며, 5대 재벌의 부채비율은 186.04%, 6~30대 재벌은 247.21%이다.

영업이익은 매출액에서 매출원가와 판매관리비를 차감한 금액이다. 영업이익에서 이자발생부채 사용의 비용인 순금융비용 등을 차감하면 경상이익이 된다. 매출액영업이익률로 평가한 수익성을 비교하면, 1987~1997년 기간 동안 전체 기업의 이익률은 5.90%로 30대 재벌의 5.57%보다 다소 높다. 30대 재벌 내에서는 상위 5대 재벌, 10대 재벌, 11~30대 재벌이 각각 5.55%, 5.44%, 6.08%의 이익률을 기록하였다. 1998~2002년 전체기간 동안에는 전체 기업의 이익률이 4.89%이며 30대 재벌이 5.37%로 후자가 더 높다. 외환경제위기 이후 기간 동안에는 30대 재벌 내에서는 상위재벌로 갈수록 이익률이 더 높아진다. 이 기간중 5대 재벌, 10대 재벌, 11~30대 재벌의 각각의 영업이익률 실적은 5.68%, 5.57%, 4.37%이다.

매출액경상이익률로 평가한 수익성을 비교해보자. 1987~1997년 기간 동안 전체 기업의 수익성은 2.15%로 30대 재벌의 1.47%에 비해서 크게 높다. 30대 재벌 내에서 보면, 10대 재벌의 수익률은 1.74%인 데 반해, 11~30대 재벌의 수익률은 0.24%로 큰 격차가 있다. 같은 기간 동안 11~30대 재벌의 영업이익률은 6.08%로 10대 재벌의 5.44%보다도 높았다. 두 자료집단간 이러한 수익률 구조의 변화는 11~30대 재벌이 10대 재벌에 비해서 이자발생부채를 더 많이 이용한 데서 비롯되는 것이다. 외환경제위기 이후 1998~2002년 기간 동안 10대 재벌과 11~30대 재벌의 영업이익률은 각각 5.57%와 4.37%로 약 1% 포인트의 차이밖에 안 나는데, 경상이익률은 각각 2.45%와 -2.94%로 양자간의 차이가 5% 포인트 이상으로 확대된다. 이 또한 11~30대 재벌의 높은 차입금의존도로 인한 현상이다. 자기자본경상이익률의 자료집단간 상대적 순서구조는 어떤 기간에 있어서도 매출액경상이익률의 경우와 동일하다. 다만, 11~30대 재벌의 자기자본경상이익률은 어떤 기간 동안에서도 음의 값을 갖고 있음이 눈에 띈다.

사업위험을 매출액영업이익률의 표준편차와 자기자본경상이익률의 표준편차로 측정해볼 수 있다. 영업이익률의 변동성은 재무적 위험을 반영하지 않는 반면, 영업이익에서 금융비용을 차감한 경상이익 기준 수익률의 변동성은 재무적 위험을 반영한다.

1987~1997년 기간 동안 매출액영업이익률의 표준편차는 전체 기업이 0.74%로 30대 재벌의 0.87%보다 다소 낮다. 그 만큼 전체 기업의 영업이익률이 안정적이며 사업위험이 낮다는 의미이다. 30대 재벌 내에서는 상위재벌로 갈수록 표준편차의 값이 크다. 5대 재벌의 경우 그 값은 1.22에 달하는 반면, 10대 재벌은 1.01%, 11~30대 재벌은 0.53%으로 상위재벌보다 크게 낮다. 1998~2002년 기간을 놓고 보면, 1987~1997년 기간처럼 30대 재벌의 표준편차가 1.09로 전체 기업의 0.82%에 비해 높다. 30대 재벌 내에서 보면, 5대 재벌이 1.31, 10대 재벌이 1.26%, 11~30대 재벌이 0.76%로 하위재벌일수록 위험이 적다.

재무적 위험을 반영하는 자기자본경상이익률의 표준편차는 1987~1997년 기간 동안 30대 재벌의 표준편차가 6.28%로 전체 기업의 5.25%보다 높다. 30대 재벌 안에서는 하위재벌로 갈수록 수익의 변동성이 크다. 5대 재벌이 5.80%, 10대 재벌이 5.98%, 11~30대 재벌이 9.21%이다. 그런데, 이 기간 동안 자기자본경상이익률은 5대 재벌이 10.22%, 10대 재벌이 9.23%, 11~30대 재벌이 -0.13%로 역의 순서이다.

1987~1997년 기간 동안, 비재벌기업 부문의 매출액 성장률, 자기자본 경상이익률과 그것의 표준편차의 순서쌍은 (17.91, 11.09, 4.88)이며,[2] 30대 재벌의 경우에는 (18.41, 6.24, 7.45)이다. 비재벌기업 부문이 30대 재벌에 비해 상당한 차이로 수익성은 높고 위험은 낮다. 반면에 성장성은 30대 재벌이 비재벌보다 다소 높다. 이를 좌표평면에 표현한 것이 〈그림 9-23〉이다. 30대 재벌은 적어도 1987~1997년 기간 동안 비재벌부문에 비해 더 높은 성장을 위해 더 낮은 수익과 더 높은 위험을 선택해

---

2) 비재벌기업 부문의 자료는 한국은행 《기업경영분석》상의 전체 기업자료에서 30대 재벌자료값을 차감하여 얻은 자료로부터 구한 것이다. 전체 기업자료는 매출액이 일정 규모 이상의 법인기업만을 대상으로 하여 작성되는 자료이다. 따라서 이하에서 비재벌기업 부문이라는 표현의 정확한 의미는 매출액 일정 규모 이상의 영리법인들 가운데 30대 재벌계열사가 아닌 영리법인들의 집합이다.

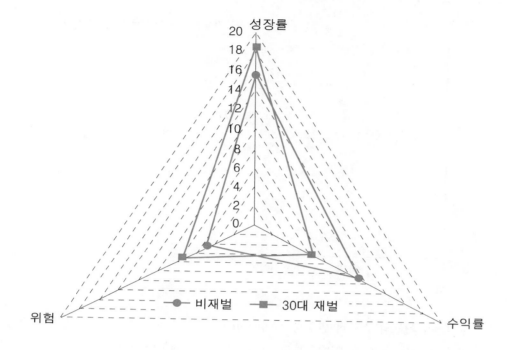

〈그림 9-23〉 30대 재벌과 비재벌부문의 성과 비교

왔다고 평가할 수 있다.

　30대 재벌을 나누어서 살펴보자. 5대 재벌, 6~10대 재벌, 11~30대 재벌의 순서쌍은 각각 (19.38, 10.22, 5.80), (17.69, 5.35, 9.81), (15.53, -0.13, 9.21)이다. 상위재벌일수록 성장률이 높으며, 수익성 또한 높다. 자기자본경상이익률의 표준편차로 측정한 위험은 5대 재벌이 5.80%로 6~10대 재벌의 9.81%, 11~30대 재벌의 9.21%에 비해서 상당한 정도 낮다.

　위의 순서쌍에서 수익률과 수익률의 표준편차로 측정되고 있는 위험만을 떼어내어 (위험, 수익률) 평면에 표현한 것이 〈그림 9-24〉이다. (위험, 수익)에서 5대 재벌, 6~10대 재벌, 11~30대 재벌 등 모든 재벌하위군의 성과는 비재벌기업 부문의 성과에 지배당하고 있다. 국민경제적 관점에서 볼 때, 재벌과 비재벌부문 각각을 하나의 사업 포트폴리오로 생각할 수 있는데, 재벌부문의 성과점은 비재벌부문의 성과점과 효율적 변경선(*efficient frontier curve*)을 구성할 수 없다. 쉽게 말해, 수익은 더 낮고 위험은 더 높다. 5대 재벌의 성장률은 비재벌기업 부문보다 높기 때문에 성장과 (위험, 수익) 간의 교환을 인정할 여지가 있다. 그러나 나머지 6대 이하 재벌은 성장률에서조차도 비재벌기업 부문에 뒤지고 있다. 5대 재벌은 비재벌기업 부문과 함께 (위험,

〈그림 9-24〉 1987~1997년 기간의 비재벌과 재벌의 성과

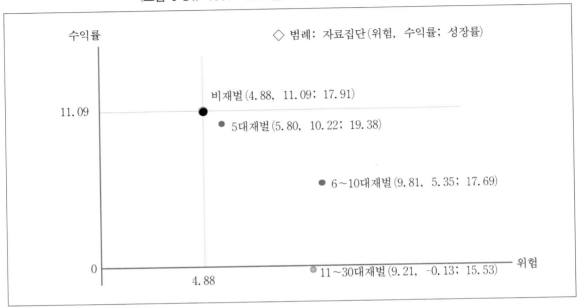

수익, 성장률) 의 효율적 변경평면(*efficient frontier plane*) 을 구성할 여지가 있으나 나머지 재벌들은 그럴 수 없다. 특히, 11~30대 하위재벌의 기간중 평균 자기자본경상이익률은 -0.13％로서 투하 자기자본 1원당 0.0013원의 경상손실을 기록하고 있다.

　앞에서 이미 확인한 바처럼, 상위 10대 재벌의 집단순위유지율은 1987~1997년 기간 동안 무려 96.4％로서 구성 재벌의 변화가 거의 없었다. 하위 11~30대 재벌에서도 1987~1997년 기간 동안 집단순위유지율은 90.5％로 상당히 높다. 1987~1997년 기간 동안에는 30대 재벌의 순위구성이 안정되어 있는 반면, 1998년 이후로는 구성의 변화가 매우 심하다. 따라서 그 기간에 대해서는 위와 같은 방식으로 분석이 이루어질 때 구성재벌의 변화라는 요소가 개입되고 그것이 적지 않게 자료집단의 집계적 성과에 영향을 미치게 될 것이다. 그럼에도 불구하고 장기적인 시각에서 볼 때 재벌에 대한 1차적인 사회적 및 정책적 관심사는 상위재벌군 명단의 세부내역과 그 변동이기보다는 상위 5대 재벌, 10대 재벌, 30대 재벌 등 덩어리로서의 재벌군에 두어져 왔다. 이런 시각에서 보자면, 구성변화에 개의치 않고 상위재벌군의 성과를 분석하고 평가하는 것이 충분한 의미를 갖는다. 어떻게 본다면, 구성을 감안하지 않고 행해지는 상위재벌군에 대한 장기적 성과분석이야말로 앞으로 상위재벌군이 거둘 성과에 대한 기대치이자 준거의 의미를 지닌다고 하겠다. 이제, 1987~2002년 전체 분석기간에 대해서 앞에서와 같은 분석을 행해보자.

〈그림 9-25〉 1987~2002년 기간 비재벌과 재벌의 성과

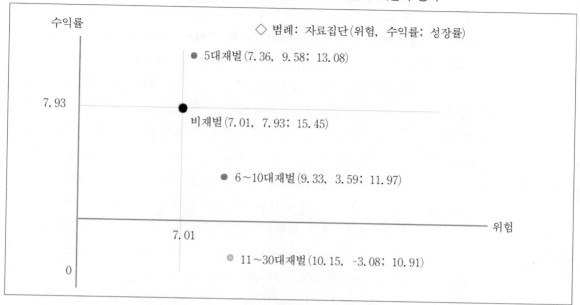

1987~2002년 15개년의 기간 동안 비재벌기업 부문의 매출액 성장률, 자기자본경상이익률과 그것의 표준편차의 순서쌍은 (15.45, 7.93, 7.01)이며, 30대 재벌은 (12.50, 6.24, 7.45)이다. 30대 재벌이 성장률, 이익률, 위험 모든 항목에서 비재벌기업 부문에 뒤처지고 있다. 그것이 기존 재벌들의 성과누적에서 비롯되든 또는 기존 재벌의 친족분리에서 비롯되든, 장기적으로 볼 때 국민경제에서 상위 거대재벌의 위상은 축소되어 나갈 것임을 자료는 예측하고 있다.[3]

30대 재벌 안에서 나누어 보면, 5대 재벌이 (13.08, 9.58, 7.36), 6~10대 재벌이 (11.97, 3.59, 9.33), 11~30대 재벌이 (10.91, -3.08, 10.15)이다. 상위 5대 재벌은 성장성에서는 비재벌부문에 다소 뒤지나 수익성 면에서는 우월하며 위험에서는 별 차이가 없다. 나머지 6~30대 재벌은 비재벌기업 부문에 비해서 모든 면에서 성과가 뒤떨어진다. 특히, 11~30대 재벌의 성과는 매우 뒤떨어진다. 〈그림 9-25〉는 1987~2002년 기간 동안의 자료군별 성과를 (위험, 수익률) 평면에 표현하고 있다. 오직, 상위 5대 재벌만이 비재벌기업 부문과 효율적 변경선 또는 변경면을 형성할 수 있다.

11~30대 재벌의 특히 저조한 수익성은 높은 타인자금 사용에서 주되게 비롯되고 있음을 자료는 말해주고 있다. 높은 타인자금 의존도는 재무적 위험만을 증대시켰다.

---

3) 국민계정상의 산업총산출 자료로 보더라도 비재벌부문의 성장률이 30대 재벌 어떤 하위 자료집단의 성장률보다 높다. 이 장의 1절 재벌의 성장성자료 참조.

11~30대 재벌은 타인자본에 의존하여 규모의 유지·확장을 시도했다고 볼 수 있는데, 성장성 면에서조차도 다른 기업부문에 비해서 뒤쳐지는 성과를 기록하였다. 왜 11~30대 재벌에서 유독 이런 일이 일어났을까? 첫째로 고려해야 할 점은 단순히 재벌의 순위 자체가 이미 각 재벌의 성과를 반영하고 있다는 것이다. 상위 10대 재벌 명단에는 성공의 성과가 가장 우수하게 누적되어온 재벌들이 자리하고 있고, 하위 11~30대 순위에는 상대적으로 성과가 그 뒤에 처지는 재벌들이 위치하고 있을 것이다. 보다 의미 있는 질문은 상위 5대 또는 10대 명단에 든 재벌들의 성과가 하위재벌들의 성과보다 우월하도록 만든 요인들이 무엇일까 하는 점일 것이다. 독과점적 시장구조 하에서 상위 거대재벌이 수익성 있는 시장을 지배하고 있고 유리한 성장기회를 먼저 포착·획득하고, 결국 이것이 하위재벌의 기회를 빼앗았기 때문일까? 이런 구조하에서, 하위재벌들이 상위재벌군으로 발돋움하려는 왕성한 욕구를 갖고 더욱 성장 추구적인 행동을 하였음에도 불구하고, 결국은 덜 유리한 사업분야들로 진출하고 의욕이 앞선 투자는 저수익의 성과로 귀착되었을까? 기업통제가 불완전한 가운데, 창업소유자가 행사하던 경영권이 경영능력이 검증되지 않은 특수관계자에게 상속·이양되고, 후계 총수는 자신의 경영능력을 보여주어야 한다는 심리적 압박감 아래서 무리한 팽창을 서두른 것은 아닐까? 이와 관련한 추가적인 연구가 필요하다.

지금까지의 비교분석에서 유의해야 할 점의 하나는, 분석기간 동안 존속·활동하고 있는 기업들만이 분석대상에 포함되고 있다는 점이다. 이미 도산한 기업들은 자료에 포함되지 않는다. 그렇지만, 이 문제점은 어떤 자료군에 대해서도 동일하다. 각 자료군의 도산율에 유의한 차이가 있다면 앞에서 행한 분석결과들은 수정될 수도 있을 것이다. 재벌 및 비재벌부문 각각의 도산 관련자료가 보완될 때, 성장-수익-위험의 성과 분석은 더욱 정확하게 이루어질 수 있을 것이다.

■ 참고문헌

강병구 (2003), "재벌정책의 변화와 평가", 《한국의 재벌: 기초자료 수집, 분석 및 평가》, 심포지엄 자료집.

강병구 (2005), 《재벌의 노사관계와 사회적 쟁점》, 나남출판.

강준구・백재승 (2002), "기업집단(재벌)의 효율성과 주주 부의 극대화 : 신주 발행을 중심으로", 《재무연구》, 제 15권 제 1호.

강철규 (1999), 《재벌개혁의 경제학》, 다산출판사.

강철규・최정표・장지상 (1991), 《재벌》, 비봉출판사.

공정거래위원회, "대규모기업집단 주식소유 현황", 각 연도.

공정거래위원회, "대규모기업집단 지정", 각 연도.

공정거래위원회, "대규모기업집단 채무보증 현황", 각 연도.

공정거래위원회 조사1과 (1999. 10. 2), "5대 그룹에 대한 3차 부당내부거래 조사 결과."

공정거래위원회 조사기획과 (1998. 5. 8), "대규모기업집단 계열사간 부당지원행위 조사 실시."

공정거래위원회 조사기획과 (1998. 7. 30), "5대 기업집단의 부당내부거래 조사결과."

공정거래위원회 조사기획과 (1998. 11. 13), "5대 기업집단에 대한 부당내부거래 2차 조사결과."

공정거래위원회 조사기획과 (1999. 2. 6), "6대 이하 기업집단의 부당지원행위에 대해 181억원의 과징금 부과."

공정거래위원회 조사기획과 (2003. 10), "6개 기업집단에 대한 부당내부거래 조사 결과."

국찬표・정균화 (1996), "우리나라 기업의 소유구조 결정요인에 대한 실증적 연구", 《재무연구》 제 12호.

권오승 (1995), "대규모기업집단에 대한 법적 규제", 기업구조연구회 편, 《한국의 대기업 누가 소유하며 누가 지배하는가》, 포스코경영연구소.

금융감독원 (1999), 《연차보고서》, 각 연도.

금융감독원, 《금융통계월보》, 각 호.

금융감독원 조사감리실 조사감리 3팀 (2000. 9. 9), "현대증권㈜ 등 3사에 대한 조사 결과."

금융감독위원회 (1998. 10), "기업・금융 구조조정의 추진 방향."

금융감독위원회 (2000. 10), "기업구조조정 추진 현황 및 향후 계획," 국회, 《제215회 정무위원회 국정감사 요구자료》.

금융감독위원회 구조개혁기획단 (1998. 12), "5대그룹 구조조정 방안 확정을 위한 재계・정부・금융기관 합동간담회 개최."

금융감독위원회・금융감독원, "기업자금사정 원활화 대책 (6. 19) 추진 현황", 국회, 《국정감사 자료집》, 2000. 10.

김동운(2005), 《재벌의 경영지배구조와 인맥 혼맥》, 나남출판.

김병주(1995), "금융제도와 금융정책", 차동세·김광석 편, 《한국경제 반세기 : 역사적 평가와 21세기 비전》, 한국개발연구원.

김상조(1993), "설비자금의 동원 및 배분체계에 관한 연구", 서울대학교 박사학위 논문.

김선구 외(2003), 《출자총액제한제도의 바람직한 개선 방향》, 서울대학교 경제연구소 기업경쟁력연구센터.

김시환(1993), "금융중개의 행태 분석과 시사점", 한국은행, 《조사월보》, 1월호.

김정국·유인금(1998), 《결합 및 연결회계제도 연구》, 한국증권연구원.

김주현(1992), "기업의 소유구조와 기업가치의 관련성에 관한 연구", 《재무연구》, 제 5호.

김중웅(1986), "산업발전과 정책금융", 《한국개발연구》, 봄호.

김진방(2000), "재벌의 소유구조 : 통계, 개념, 분석", 《경제학연구》, 제 48집 2호, pp. 57 ～93.

김진방(2005), 《재벌의 소유구조》, 나남출판.

김해진·이해영(1995), "패널자료를 이용한 자본구조 결정요인의 추정", 《재무관리연구》, 제 12권 제 1호.

김흥식(1988), "대리문제가 기업의사결정에 미치는 영향에 관한 연구", 서울대학교 대학원 경영학 박사학위 논문.

김희영(2001), "조세가 기업의 자본구조에 미치는 영향에 관한 연구", 서울대학교 대학원 석사학위 논문.

남상우(1984), "이중금융구조하의 기업재무구조", 《한국개발연구》, 가을호.

대한민국 국회, 《국회 국정감사 자료집》, 각 연도.

박경서·백재승(2001), "재벌기업의 대주주경영자는 비재벌기업의 대주주경영자와 얼마나 다른가? : 한국 상장기업의 소유구조, 자본구조 및 기업가치에 관한 실증연구", 《재무연구》, 제 14권 제 2호.

박세일(1994), 《법경제학》, 박영사.

박순식(1998), "우리나라 상장기업의 산업별, 기업규모별, 부채비율의 차이 분석", 《경영연구》, 제 13권 제 4호.

박찬일(1995), 《금융제도의 국제비교》, 한국경제연구원.

배기홍·임찬우(2003), "기업집단의 상호지원과 기업집단 소속 기업의 주가수익률 특성 : 조건부 왜도에 관한 실증적 연구", 《재무연구》, 제 16권 제 1호.

상공부·중소기업협동조합중앙회, 《중소기업실태조사보고서》, 각 호.

서익진(2002), "발전양식으로서의 한국의 개발독재 : 작동방식과 논리의 규명을 중심으로", 《경제학연구》, 제 50집 제 1호.

소병희(1995), "한국기업의 소유 집중과 경제 효율성", 기업구조연구회 편, 《한국의 대기업 누가 소유하며 누가 지배하는가》, 포스코경영연구소.

손 열(1998), "일본 금융위기의 길", 백광일·윤영관 편, 《동아시아 위기의 정치경제》, 서울대학교출판부.

송원근(2003), "외환금융 위기 이후 4대 재벌의 사업구조와 내부거래", 《한국의 재벌 : 기초자료 수집, 분석 및 평가》, 참여사회연구소・인하대 산업경제연구소 공동 심포지엄 자료집.

신동영(1993), "재벌기업과 비재벌기업의 재무구조 결정요인", 《금융연구》, 제 7권.

아오키 마사히코・오쿠노-후지와라 마사히로 편저, 기업구조연구회・서울사회경제연구소 공역(1998), 《기업시스템의 비교경제학》, 연암사.

원승연(1996), "금융규제와 은행의 수익성 및 안정성", 서울대학교 박사학위 논문.

위정범(1998), 《한국의 기업환경과 재무구조》, 한국경제연구원.

은행감독원, 《감독업무정보》, 각 호.

은행감독원(1996), "편중여신관리제도 현황", 《감독업무정보》, 제 148호.

이건범(2000), "Three Essays on Economic Growth in Developing Countries", 서울대학교 박사학위 논문.

이경태(1991), 《산업정책의 이론과 현실》, 산업연구원.

이규억・박병형(1993), 《기업결합-경제적 효과와 규제》, 한국개발연구원.

이기수(1991), "한국상법 30년", 구병삭 외(1991), 《한국법학의 회고와 전망》, 법문사.

이기영(1994), 《정책금융제도의 현황, 효과분석 및 개선방향》, 한국조세연구원.

이병기(1998), 《한국기업집단의 채무보증》, 한국경제연구원.

이영세・이종호・김동환(1987), 《산업금융정책의 효율화 방안》, 산업연구원.

이윤호(1994), "순서적 자금조달 가설에 따른 기업규모별 고정투자 행태 및 재무적 특성 분석", 서울대학교 박사학위 논문.

이윤호(1999a), "금융업 부문의 소유와 경영", 참여연대 참여사회연구소 경제분과, 《한국5대재벌백서, 1995~1997》, 나남출판.

이윤호(1999b), "자본구성과 자금조달", 참여연대 참여사회연구소 경제분과, 《한국5대재벌백서, 1995~1997》, 나남출판.

이윤호(2001), "금융의 재벌 통제와 재벌의 금융 지배", 이병천・조원희 편, 《한국경제, 재생의 길은 있는가》, 당대.

이윤호(2002a), "레몬 프리미엄과 차입제약 하에서 기업의 자금조달과 고정투자 모델", 《한국금융학회 춘계 심포지엄 논문집》.

이윤호(2002b), "5대 재벌의 내부자본시장에서 금융계열사의 역할과 기능", 《경제발전연구》, 제 8권 제 2호.

이윤호・차은영(2002), "비대칭 정보 자본시장에서 기업의 평판과 배당신호정책", 《경제학연구》, 제 50집 제 4호.

이종화・이영수・유제국(2001), "한국 기업집단의 투자의 비효율성 분석", 《금융학회지》, 제 6권 제 2호.

이철희(2003), "미국 기업구조의 장기적 변모 : 기업 및 산업경쟁력에 대한 시사점", 《경제논집》, 제 42권 제 2호, 서울대학교 경제연구소.

이해영・이재춘(1999), "기업소유구조와 기업가치와의 관계-패널자료로부터 근거", 《재무관리연구》, 제 16권 제 2호.

임웅기 (1988), 《기업 소유구조와 자본시장 발전》, 한국신용평가주식회사.

임웅기·윤봉한 (1989), 《한국의 증권시장》, 제 2판, 세경사.

장지상 (1995), "경제력집중", 변형윤 편저, 《한국경제론》, 제 3판, 유풍출판사.

재정경제부, "5대그룹 구조조정 추진 상황 점검 및 재벌 개혁 후속조치 방안, 재계-정부-금융기관 간담회 자료."

재정경제원 (1997), "여신관리규정 개정 내용", 국회 국정감사 제출 자료.

재정경제원 경제정책국 (1997. 12), "IMF 자금지원 합의내용."

재정경제원 금융정책과 (1997. 7. 4), "선별금융제도 개선."

재정경제원 금융정책과 (1997. 7. 11), "여신관리제도 개편."

증권감독원, 《증권통계연보》, 각 호.

정균화 (1998), "우리나라 재벌기업의 소유구조 결정요인", 《재무관리연구》, 제 15권 제 2호.

정긍식 (2001), 《한국근대법사고》, 박영사.

정동윤 (1991), "상법 45년, 그 회고와 전망", 구병삭 외 (1991), 《한국법학의 회고와 전망》, 법문사.

정병휴·양영식 (1992), 《한국 재벌부문의 경제분석》, 한국개발연구원.

정운찬 (1991), 《금융개혁론》, 법문사.

정운찬 (1995), 《중앙은행론》, 학현사.

정윤모·손영락 (1998), 《의결권행사제도의 개선방안연구》, 한국증권연구원.

정중호 (1998), "경제력 집중과 다각화", 참여연대 참여사회연구소 경제분과, 《한국5대재벌백서, 1995~1997》, 나남출판.

조성욱 (2001), 《경제위기 이후 재벌정책의 성과에 대한 실증분석》, 한국개발연구원.

조성욱 (2002), 《외환위기 이후 재벌구조 변화에 대한 실증분석 : 리스크 이전 및 주가동조화를 중심으로》, 한국개발연구원.

조영철 (2001), "기업지배구조와 재벌개혁", 이병천·조원희 편, 《한국경제 재생의 길은 있는가》, 당대.

조영철 (2002), "미국과 독일은 왜 달라졌나", 《경제학연구》, 제 50집 제 2호.

조윤제 (1995), "광복 이후 우리나라의 금융정책에 대한 평가 및 앞으로의 정책과제", 《광복 후 50년간의 조세 및 금융정책의 발전과 정책 방향》, 한국조세연구원.

진태홍·송홍선 (2003), "기업 출자의 효율성에 관한 실증연구", 《재무연구》, 제 16권 제 2호.

콜, D. C.·박영철 (1984), 《한국의 금융발전 : 1945~1980》, 한국개발연구원.

통계청, 《경기종합지수》, 각 호.

통계청, 《한국통계연감》, 각 연호.

최연혜 (1997), 《세계화시대의 한국형 기업지배제도의 모색》, 산업연구원.

최진배 (1996), 《해방 이후 한국의 금융정책》, 경성대학교 출판부.

한국경제연구원 (1995), 《한국의 기업집단》, 한국경제연구원.

한국신용평가정보주식회사, KIS-Line 기업정보.
한국은행(1998. 1), "1997년중 금융외환시장 동향과 향후 정책과제", 《조사통계월보》.
한국은행(1998. 5), "1997년중 자금순환동향(잠정)", 《조사통계월보》.
한국은행(1999. 1), "1998년중 금융외환시장 동향과 향후 정책과제", 《조사통계월보》.
한국은행(1999. 5), "1998년 자금순환동향과 시사점", 《조사통계월보》.
한국은행(2000. 5), "1999년 자금순환동향(잠정)과 시사점", 《조사통계월보》.
한국은행(2000. 1), "1999년중 금융외환시장 동향과 향후 정책과제", 《조사통계월보》.
한국은행(2000. 2), "1999년중 금융구조조정의 주요 내용", 《조사통계월보》.
한국은행(2000. 10), "2000년 상반기 자금순환동향과 시사점", 《조사통계월보》.
한국은행(2001. 1), "2000년중 금융외환시장 동향과 향후 정책과제", 《조사통계월보》.
한국은행(2002. 1), "2001년중 금융외환시장 동향과 향후 정책과제", 《조사통계월보》.
한국은행(2002. 1), "2002년중 금융외환시장 동향과 향후 정책과제", 《조사통계월보》.
한국은행, 《경제통계연보》, 각 연호.
한국은행, 《기업경영분석》, 각 연호.
한국은행 경제통계국(2000. 12), "우리나라 기업의 자금조달 패턴 변화추이와 시사점."
한국은행, 《우리나라의 금융제도》.
한국은행, 《우리나라의 자금순환》, 각 호.
한국은행 조사부 통화금융실(1999), "기업 부채비율의 국제비교와 그 시사점."
한국은행 조사 제2부(1995), 《통화금융통계 해설》.
한상진(1988), 《한국사회와 관료적 권위주의》, 문학과지성사.
허재성·유혜미(2002), 《외환위기 이후 금융 및 기업 구조조정에 대한 평가와 향후 과제》, 한국은행 조사국.
홍영기(1998a), 《일본 금융시스템의 위기와 메인 뱅크 시스템》, 국회도서관.

Aghion, Philippe and Patrick Bolton(1992), "An Incomplete Contracts Approach to Financial Contracting," *Review of Economic Studies*, Vol. 59.
Akerlof, G. A. (1970), "The Market for "Lemons": Quality and Market Mechanism," *Quarterly Journal of Economics*, Vol. 84.
Amihud, Yakov and Baruch Lev(1981), "Risk Reduction as a Managerial Motive for Conglomerate Mergers," *Bell Journal of Economics*, Vol. 12, pp. 605~617.
Alchian, A. A. and H. Demsetz(1972), "Production, Information Costs, and Economic Organization," *American Economic Review*, Vol. 62.
Arestis, P. and P. Demetriades(1997), "Financial Development and Economic Growth," *Economic Journal*, Vol. 107, May.
Auerbach, Alan, J. (1985), "Real Determinants of Corporate Leverage," in Friedman, B. M. ed., *Corporate Capital Structures in the United States*, University of

Chicago Press.

Auerbach, Alan, J. (1984), "Taxes, Firm Financial Policy, and the Cost of Capital: An Empirical Analysis," *Journal of Public Economics*, 23, pp. 27~57.

Baskin, J. (1989), "An Empirical Investigation of the Pecking Order Hypothesis," *Financial Management*, Spring, pp. 26~35.

Baumol, Willaim J., Peggy Heim, Burton G. Malkiel, and Richard E. Quandt (1970), "Earnings Retention, New Capital and the Growth of the Firm," *Review of Economics and Statistics*, Vol. 52, pp. 345~355.

Bebchuck, Lucian Aye, Reinier Kraakman, and George Triantis(1999), "Stock Pyramids, Cross-Ownership and Dual Class Equity: The Mechanism and Agency Costs of Separating Control From Cash-Flow Rights," Harvard Law School Olin Discussion Paper No. 249.

Berglöf, Erik(1990), "Capital Structure as a Mechanism of Control: A Comparison of Financial Systems," in Masahiko Aoki et al., eds., *The Firms as a Nexus of Treaties*, Sage Publishing Co., London.

Berglöf, Erik and Ernst-Ludwig von Thadden(1990), "Short-term versus Long-term Interests: Capital Structure with Multiple Investors," *Quarterly Journal of Economics*, Vol. 109, pp. 1055~1084.

Bond, Stephan and Costas Meghir(1994), "Dynamic Investment Models and the Firm's Financial Policy," *Review of Economic Studies*, Vol. 61, No. 2, pp. 197~222.

Bradley, M., G. A. Jarrell, E. H. Kim(1984), "On the Existence of an Optimal Capital Structure : Theory and Evidence," *Journal of Finance*, Vol. 39, pp. 857~878.

Brealey, R. A., S. D. Hodges, and D. Capron(1976), "The Return of Alternative Sources of Finance," *Review of Economics and Statistics*, Vol. 48, pp. 469~477.

Brealey, R. A. and S. C. Myers(1991), *Principles of Corporate Finance*, 4th ed., McGraw-Hill, Inc.

Calomiris, Charles W., Charles P. Himmelberg, and Paul Wachtel(1995), "Commercial Paper and Corporate Finance, and the Business Cycle : A Microeconomic Perspective," *Carnegie-Rochester Conference Series on Public Policy* 42, pp. 203~250.

Calomiris C. W. and R. G. Hubbard(1990), "Firm Heterogeneity, Internal Finance, and 'Credit Rationing'," *Economic Journal*, Vol. 100, March.

Canals, Jordi(1997), *Universal Banking, International Comparisons and Theoretical Perspectives*, Oxford University Press.

Castanias, Richard(1983), "Bankruptcy Risk and Optimal Capital Structure," *Journal of*

Finance, Vol. 38, pp. 1617~1635.

Cooter and Ulen/이종인 옮김 (2000), 《법경제학》, 비봉출판사.

DeAngelo, H. and R. W. Masulis (1980), "Optimal Capital Structure under Corporate and Personal Taxation," *Journal of Financial Economics*, Vol. 8, pp. 3~29.

Demsetz, Harold (1983), "The Structure of Ownership and the Theory of the Firm," *Journal of Law and Economics*, Vol. 26, No. 2, pp. 375~390.

Denis, David J., Diane K. Denis, and Atulya Sarin (1997), "Agency Problems, Equity Ownership, and Corporate Diversification," *Journal of Finance*, Vol. 52, No. 1, pp. 135~160.

Fama, E. F. (1985), "What's Different about Banks?," *Journal of Monetary Economics*, Vol. 15.

Fama, E. F. (1980), "Agency Problems and the Theory of the Firms," *Journal of Political Economy*, Vol. 88, No. 2, pp. 288~307.

Fama, E. F. and M. C. Jensen (1983a), "Agency Problems and Residual Claims," *Journal of Law & Economics*, Vol. 26, pp. 327~349.

Fama, E. F. and M. C. Jensen (1983b), "Separation of Ownership and Control," *Journal of Financial Economics*, Vol. 25, pp. 123~139.

Fazzari, S. M., R. G. Hubbard, and B. C. Petersen (1988), "Financing Constraints and Corporate Investment," *Brookings Papers on Economic Activity*.

Ferri, Michael G. and Wesley H. Jones (1979), "Determinants of Financial Structure: A New Methodological Approach," *Journal of Finance*, Vol. 34, No. 3, pp. 631~644.

Fry, Maxwell, J. (1978), "Money and Capital or Financial Deepening in Economic Development," *Journal of Money, Credit, and Banking*, Vol. 10, No. 4, pp. 464~475.

Fry, Maxwell, J. (1982), "Models of Financially Repressed Developing Economies," *World Development*, Vol. 10, No. 9, pp. 731~750.

Fry, Maxwell, J. (1997), "In Favour of Financial Liberalization," *Economic Journal*, Vol. 107, May.

Galbis, Vincente (1977), "Financial Intermediation and Economic Growth in Less-Developed Countries: A Theoretical Approach," *Journal of Development Studies*, Vol. 13, No. 2, pp. 58~72.

Graham, John R. (1996), "Debt and the Marginal Tax Rate," *Journal of Financial Economics*, Vol. 41, pp. 41~73.

Graham, John R. (2000), "How Big Are the Tax Benefits of Debt?," *Journal of Finance*, Vol. 55, No. 5, pp. 1901~1941.

Green, William H. (1998), *Limdep, Version 7.0 User's Manual*, Econometrics Software, Inc.

Grossman, Sanford. J. and Oliver. D. Hart(1982), "Corporate Financial Structure and Managerial Incentives," in J. McCall ed., *The Economics of Information and Uncertainty*, Chicago : University of Chicago Press.

Grossman, Sanford. J. and Oliver. D. Hart(1986), "The Costs and Benefits of Ownership : A Theory of Vertical and Lateral Integration," *Journal of Political Economy*, Vol. 94, Issue 4, pp. 691~719.

Harris, Milton and Artur Raviv(1990), "Capital Structure and the Informational Role of Debt," *Journal of Finance*, Vol. 45, No. 2, pp. 321~349.

Harris, Milton and Artur Raviv(1991), "The Theory of Capital Structure," *Journal of Finance*, Vol. 46, No. 1, pp. 297~355.

Hart, Oliver(1995), *Firms, Contracts, and Financial Structure*, Oxford : Clarendon Press.

Hart, Oliver(1999), "Different Approaches to Bankruptcy," Hart의 인터넷 홈페이지.

Haubrich, Joseph G. (1989), "Financial Intermediation : Delegated Monitoring and Long-Term Relationships," *Journal of Money and Banking*, Vol. 13, pp. 9~20.

Hermalin, Benjamin E. and Michael S. Weisbach(1987), "The Effect of Board Composition on Corporate Performance," Working Paper, Massachusetts Institute of Technology.

Hirshleifer David and Anjan V. Thakor(1989), "Managerial Reputation, Project Choice and Debt," Working Paper No. 14-89, Anderson Management School at UCLA.

Holderness, Clifford G. and Dennis P. Sheehan(1988), "The Role of Majority Shareholders in Publicly Held Corporations," *Journal of Financial Economics*, Vol. 20, pp. 317~346.

Hoshi, Takeo and Anil Kashyap(2001), *Corporate Financing and Governance in Japan : The Road to the Future*, Massachusetts Institute of Technology.

Hubbard R. G., A. K. Kashyap, and T. M. Whited(1995), "Internal Finance and Firm Investment," *Journal of Money, Credit, and Banking*, Vol. 27 No. 3.

Jaffee, D. M. and Thomas Russell(1976), "Imperfect Information, Uncertainty, and Credit Rationing," *Quarterly Journal of Economics*, Vol. 90, November.

Jalivand, Abolhassan and Robert S. Harris(1984), "Corporate Behavior in Adjusting to Capital Structure and Dividend Targets : An Econometric Study," *Journal of Finance*, Vol. 39, No. 1.

Jensen, M. C. (1988), "Takeovers : Their Causes and Consequences," *Journal of Economic Perspectives*, Vol. 2, No. 1, pp. 21~48.

Jensen, M. C. (1986), "Agency Costs of Free Cash Flow, Corporate Finance and Takeovers," *American Economic Review*, Vol. 76, pp. 323~329.

Jensen, M. C. and W. H. Meckling(1976), "Theory of the Firm : Managerial Behavior, Agency Costs and Ownership Structure," *Journal of Financial Economics*, Vol. 3.

Jensen, M. C. and R. S. Ruback(1983), "The Market for Corporate Control, The Scientific Evidence," *Journal of Financial Economics*, Vol. 11, pp. 5~50.

Joh, Sung Wook(2003), "Corporate Governance and Firm Profitability : Evidence from Korea before the Economic Crisis," *Journal of Financial Economics*, Vol. 68, pp. 287~322.

Johnson, Simon, Rafael La Porta, Lopez-de Silanes, and Andrei Shleifer(2000), "Tunneling," *American Economic Review*, Vol. 90, No. 2, pp. 22~27.

Johnson, Charmers(1987), "Political Institutions and Economic Performance : The Government-Business Relationship in Japan, South Korea, and Taiwan," in F. C. Deyo, ed., *The Political Economy of East Asian Industrialization*, Cornell University Press.

Keeton, William R. (1979), *Equilibrium Credit Rationing*, New York : Garland Publishing, Inc.

Khanna T. and K. Palepu(1997), "Why Focused Strategies May Be Wrong for Emerging Markets," *Harvard Business Review*, July-August.

Kim, W. and E. Sorenson(1986), "Evidence of the Impact of the Agency Costs of Debt on Corporate Debt Policy," *Journal of Financial and Quantitative Analysis*, Vol. 21, pp. 131~144.

Kornai, Janos(1986), "The Soft Budget Constraint," *Kyklos*, Vol. 39, No. 1.

La Porta, R., F. Lopez-de-Silanes, A. Shleifer, and R. W. Vishny(1997), "Legal Determinants of External Finance," *Journal of Finance*, Vol. 52, No. 3, pp. 1131~1150.

La Porta, R., F. Lopez-de-Silanes, A. Shleifer(1999), "Corporate Ownership around the World," *Journal of Finance*, Vol. 54, No. 2, pp. 471~517.

Lee, Geun, K. Ryu, and J. Yoon(2003), "Long-Term Performance of the Business Groups : The Case of Chaebols in Korea," an unpublished paper of Center for Corporate Competitiveness, Seoul National University.

Lee, Yun-Ho(2002), "A Model of Lemon Premium, Borrowing Constraints, and Corporate Fixed Investment under Information Asymmetry," IR/PS Working Paper, No. 23-01, University of California, San Diego.

Leland, Hayne E. and David H. Pyle(1977), "Informational Asymmetries, Financial Intermediation," *Journal of Finance*, Vol. 32, pp. 371~387.

Mackie-Mason, Jeffrey K. (1990), "Do Firms Care Who Provides Their Financing," in R. G. Hubbard ed., *Asymmetric Information, Corporate Finance, and Invest-*

ment, The University of Chicago Press.

Mayer, Colin (1990), "Financial Systems, Corporate Finance, and Economic Development," in R. G. Hubbard ed., *Asymmetric Information, Corporate Finance, and Investment*, The University of Chicago Press.

McDonald, Robert and Naomi Soderstrom (1986), "Dividend and Share Changes : Is There a Financial Hierarchy," NBER Working Paper No. 2029.

McKinnon, R. I. and D. J. Mathieson (1981), "How to Manage a Repressed Economy," Essays in International Finance, No. 145, Princeton University Press.

Miller, M. H. and F. Modigliani (1966), "Some Estimates of the Cost of Capital to the Electric Utility Industry," *American Economic Review*, Vol. 57, pp. 333~391.

Miller M. H. and M. S. Scholes (1978), "Dividends and Taxes," *Journal of Financial Economics*, Vol. 6, pp. 333~364.

Modigliani, Franco and Merton H. Miller (1958), "The Cost of Capital, Corporate Finance, and the Theory of Investment," *American Economic Review*, Vol. 48, No. 4, pp. 261~297.

Morck, Randall and Andrei Shleifer, and Robert Vishny (1988), "Manangement Owernership and Market Valuation, An Empirical Analysis," *Journal of Financial Economics*, Vol. 20, pp. 293~315.

Morck, Randall and Masao Nakamura (1999), "Banks and Corporate in Japan," *Journal of Finance*, Vol. 54, No. 1.

Montgomery, C. A. (1994), "Corporate Diversification," *Journal of Economic Perspectives*, Vol. 8, No. 3.

Myers, S. C. (1978), "Determinants of Corporate Borrowing," *Journal of Financial Economics*, Vol. 5, pp. 147~176.

Myers, Stewart C. (1984), "The Capital Structure Puzzle," *Journal of Finance*, Vol. 39, No. 3.

Myers, Stewart C. (2001), "Capital Structure," *Journal of Economic Perspectives*, Vol. 15, No. 2, pp. 81~102.

Myers, S. C. and N. S. Majluf (1984), "Corporate Financing and Investment Decisions When Firms Have Information the Investors Do Not Have," *Journal of Financial Economics*, Vol. 13.

OECD/한국개발연구원·재정경제부 역 (1998), 《OECD 한국경제보고서 1998》, 한국개발연구원.

Park, Kyung Suh (2004), "Why Do Managerial Misconducts Persist? The Role of Controlling Shareholders in Corporate Governance of Group Companies," 2004년도 OECD 기업지배구조 아시아 토론회 발표논문.

Rajan, Raghuram and Henri Servaes, and Luigi Zingales (2000), "The Cost of Diversity : The Diversification Discount and Inefficient Investment," *Journal of Finance*, Vol. 55, No. 1, pp. 35~80.

Rajan, Raghuram and Luigi Zingales (1995), "What Do We Know about Capital Structure? : Some Evidence from International Data," *Journal of Finance*, Vol. 50, No. 5, pp. 1421~1460.

Ross, S. A (1977), "The Determination of Financial Structure : The Incentive-Signalling Approach," Bell Journal of Economics, Vol. 8, pp. 23~40.

Sharfstein, David (1988), "The Disciplinary Role of Takeovers," *Review of Economic Studies*, Vol. 55, pp. 185~200.

Sharpe, Steven A. (1990), "Asymmetric Information, Bank Lending, and Implicit Contracts : A Stylized Model of Consumer Relationships," *Journal of Finance*, Vol. 45, No. 4, pp. 1069~1087.

Shaw, E. S. (1973), *Financial Deepening in Economic Development*, Oxford University Press.

Shin, H. and R. M. Stulz (1998), "Are Internal Capital Markets Efficient," *Quarterly Journal of Economics*, Vol. 112.

Shleifer, Andrei and Robert W. Vishney (1988), "Value Maximization and the Acquisition Process," *Journal of Economic Perspectives*, Vol. 2, No. 1.

Shleifer, Andrei and Robert W. Vishney (1989), "Management Entrenchment : The Case of Manager-Specific Investment," *Journal of Financial Economics*, Vol. 25, pp. 123~139.

Shleifer, A. and R. W. Vishney (1997), "A Survey of Corporate Governance," *Journal of Finance*, Vol. 52, No. 2.

Shyam-Sunder, Lakshmi and Stewart C. Myers (1992), "Testing Static Tradeoff against Pecking Order Models of Capital Structure," *Journal of Financial Economics*, 51, pp. 219~244.

Smith, Jr. Clifford W. and Jerold B. Warner (1979), "On Financial Contracting : An Analysis of Bond Covenants," *Journal of Financial Economics*, 7, pp. 117~161.

Stigler, George J. and Claire Friedland (1983), "The Literature of Economics : The Case of Berle and Means," *Journal of Law and Economics*, Vol. 26, pp. 237~268.

Stiglitz, J. E. (1994), "The Role of the State in Financial Markets," in M. Bruno and B. Pleskovic eds., *Proceedings of the World Bank Annual Bank Conference on Development Economics 1993*, World Bank.

Stiglitz, Joseph E. (1985), "Credit Markets and the Control of Capital," *Journal of Money, Credit, and Banking*, Vol. 17, No. 2.

Stiglitz, J. E. and A. Weiss (1981), "Credit Rationing in Markets with Imperfect

Information," *American Economic Review*, Vol. 71, No. 3.

Stulz, Rene M. (1990), "Managerial Discretion and Optimal Financing Policies," *Journal of Financial Economics*, Vol. 26, pp. 3~27.

Stulz, Rene M. (1988), "Managerial Control of Voting Rights : Financing Policies and the Market for Corporate Control," *Journal of Financial Economics*, Vol. 20, pp. 25~59.

Taggart, R. (1977), "A Model of Corporate Financing Decisions," *Journal of Finance*, Vol. 32, pp. 1467~1484.

Townsend, Robert M., 1979, "Optimal Contracts and Competitive Markets with Costly State Verification," *Journal of Economic Theory*, 21, pp. 265~293.

Wald, John K. (1999), "How Firm Characteristics Affect Capital Structure : An International Comparison," *Journal of Financial Research*, Vol. 22, Summer.

Warner, J. (1977), "Bankruptcy Costs : Some Evidence," *Journal of Finance*, Vol. 32, May, pp. 337~347.

Weinstein, David E. and Yishay Yafeh (1998), "On the Costs of a Bank-Centered Financial System : Evidence from the Changing Main Bank Relations in Japan," *Journal of Finance*, Vol. 53, No. 2.

Willaimson, O. E. (1986), "Costly Monitoring, Financial Intermediation, and Equilibrium in Credit Markets," *Journal of Monetary Economics*, Vol. 18, pp. 159 ~ 179.

Williamson, O. E. (1985), *The Economic Institutions of Capitalism : Firms, Markets, Relational Contracting*, The Free Press.

Williamson, O. E. (1979), "Transaction-Cost Economics : The Governance of Contractual Relations," *Journal of Law and Economics*, Vol. 22.

Wruck, Karen (1989), "Equity Ownership and Firm Value," *Journal of Financial Economics*, Vol. 23, pp. 3~28.

부 표

〈부표 1〉 기업규모별 평균기업의 차입금의 조달원천별 구성 등

1. 기업의 규모 분류는 종업원수 기준에 따라 다음과 같이 이루어졌다. 소1규모(5~9인), 소2규모(10~19인), 중1규모(20~49인), 중2규모(50~99인), 중3규모(10~199인), 중4규모(200~299인), 대규모(300인 이상). 단, 대규모 기업의 경우는 업종에 따라 상시종업원 100인 또는 200인 이상의 표본업체들로부터 얻어진 경우도 있다. 소규모와 중규모의 수치는 각 규모에 속하는 하위 분류 규모 기업들의 수치를 합산하여 계산한 수치이다.

2. 중소기업에서 차관은 은행차입금에 포함되어 있다. 기타 항목은 관계회사차입금이나 장기성지급어음 등이다. 대규모 기업의 기타 항목은 관계사차입금 및 주주종업원차입금의 합이다.

3. 중소기업의 경우 1996년까지 은행차입금과 비은행차입금이 분리되어 계정되다가 1997년부터는 금융기관차입금으로 통합 계정되고 있다. 대기업의 경우에는 1989년까지 은행차입금 계정이 기록되다가 1990년부터 금융기관차입금으로 통합 계정되고 있다.

4. 소기업 및 중기업 자료는 중소기업청, 《중소기업실태조사보고》; 대기업 자료는 한국은행, 《기업경영분석》의 자료들을 이용하여 계산.

<부표1-1> 소기규모 소속 평균기업의 차입금의 차입원천별 구성 등
(단위: %)

연도	부채비율	은행차입금/매출액	금융기관차입금/매출액	차입금구성비	차입금 의존도	금융기관차입금			회사채	사채	기타
							은행	비은행			
1976	27.8	0.083	0.088	100.0	13.7	78.1	73.0	5.2	0.0	20.4	1.5
1977	30.6	0.103	0.112	100.0	16.0	79.1	73.2	6.0	0.0	20.7	0.2
1978	34.9	0.093	0.108	100.0	13.1	81.7	70.4	11.4	0.0	17.5	0.7
1979	42.3	0.069	0.088	100.0	13.9	65.4	51.0	14.4	0.0	33.5	1.1
1980	55.5	0.134	0.146	100.0	18.7	89.0	81.7	7.3	0.0	9.6	1.4
1981	46.7	0.106	0.119	100.0	16.8	80.6	71.8	8.8	0.0	17.2	2.1
1982	108.5	0.164	0.175	100.0	20.8	81.4	76.4	5.0	0.5	13.6	4.5
1983	72.8	0.091	0.102	100.0	17.8	69.3	62.1	7.3	7.8	22.0	0.8
1984	76.0	0.093	0.112	100.0	17.5	79.8	66.3	13.5	4.2	15.6	0.4
1985	82.0	0.108	0.112	100.0	18.0	82.1	79.1	3.0	2.0	14.5	1.4
1986	71.1	0.135	0.147	100.0	20.2	88.7	82.0	6.7	1.7	9.0	0.6
1987	66.3	0.073	0.081	100.0	16.5	86.1	77.3	8.8	3.8	9.5	0.5
1988	65.7	0.078	0.089	100.0	16.0	82.9	72.3	10.6	6.1	10.1	1.0
1989	96.2	0.105	0.131	100.0	20.3	81.6	65.0	16.6	12.5	5.8	0.1
1990	91.3	0.109	0.119	100.0	19.6	79.0	72.2	6.8	11.8	6.6	2.6
1991	114.0	0.167	0.184	100.0	24.7	83.9	75.9	8.0	2.2	9.9	3.9
1992	91.5	0.128	0.138	100.0	21.4	94.5	87.2	7.3	0.9	2.5	2.1
1993	79.5	0.175	0.180	100.0	22.8	96.5	93.5	3.0	0.5	2.8	0.2
1994	128.4	0.182	0.195	100.0	24.3	97.5	91.2	6.3	0.3	1.7	0.4
1995	131.2	0.186	0.198	100.0	25.2	93.7	88.0	5.7	0.1	4.8	1.3
1996	220.2	0.237	0.263	100.0	28.6	94.7	85.3	9.4	1.2	3.4	0.7
1997	221.3	n.a.	0.343	100.0	37.0	94.9	n.a.	n.a.	3.7	n.a.	1.3
1998	167.7	n.a.	0.331	100.0	35.2	96.0	n.a.	n.a.	0.3	n.a.	3.7
1999	159.1	n.a.	0.313	100.0	31.7	99.4	n.a.	n.a.	n.a.	n.a.	0.6
2000	131.4	n.a.	0.217	100.0	26.0	97.9	n.a.	n.a.	n.a.	n.a.	2.1
2001	131.6	n.a.	0.199	100.0	24.2	99.7	n.a.	n.a.	n.a.	n.a.	0.3
2002	157.6	n.a.	0.326	100.0	35.0	100.0	n.a.	n.a.	n.a.	n.a.	n.a

주: 차입금구성비=금융기관차입금+회사채+사채+기타.
자료: 중소기업청, 《중소기업실태조사보고》, 각 연호.

<부표1-2> 소2규모 소속 평균기업의 차입금의 조달원천별 구성
(단위: %)

연도	차입금 규모	부채비율	은행차입금/매출액	금융기관차입금/매출액	차입금의존도	차입금구성비	금융기관차입금	은행	비은행	회사채	사채	기타
1976	9.4	59.2	0.104	0.108	19.1	100.0	86.9	82.8	4.1	0.0	12.8	0.3
1977	19.8	65.7	0.151	0.189	26.2	100.0	92.6	73.6	19.0	0.0	6.5	0.9
1978	18.7	85.8	0.136	0.147	19.7	100.0	83.6	77.3	6.3	0.0	10.3	6.1
1979	30.1	112.4	0.138	0.154	24.4	100.0	84.0	75.5	8.5	0.0	15.0	1.1
1980	27.5	100.8	0.170	0.188	26.4	100.0	89.6	81.2	8.4	0.0	9.7	0.7
1981	41.7	148.1	0.216	0.236	28.9	100.0	95.4	86.6	8.8	0.0	4.6	0.0
1982	34.6	113.8	0.132	0.141	23.1	100.0	86.3	80.6	5.7	0.1	11.7	1.9
1983	46.1	139.7	0.147	0.165	29.4	100.0	88.1	78.5	9.6	1.7	9.9	0.3
1984	49.8	113.8	0.153	0.165	24.9	100.0	92.6	85.7	6.8	1.3	5.2	0.8
1985	46.4	92.4	0.138	0.154	22.4	100.0	92.6	83.2	9.5	1.1	5.3	1.0
1986	57.3	143.8	0.132	0.157	26.1	100.0	92.4	77.4	15.0	0.8	6.4	0.4
1987	52.8	112.8	0.119	0.134	22.9	100.0	91.2	81.2	10.1	2.6	5.6	0.5
1988	58.9	111.9	0.135	0.150	25.7	100.0	87.3	78.9	8.5	2.3	8.7	1.7
1989	60.1	121.1	0.118	0.136	23.2	100.0	88.2	76.5	11.7	3.2	5.6	2.9
1990	74.9	128.5	0.147	0.165	25.6	100.0	93.3	82.9	10.4	1.1	3.6	2.0
1991	n.a.	183.6	0.150	0.178	28.3	100.0	83.5	70.5	13.0	1.0	10.6	4.9
1992	n.a.	164.9	0.165	0.176	26.9	100.0	87.3	81.7	5.6	0.5	9.4	2.8
1993	n.a.	156.2	0.256	0.275	32.4	100.0	95.9	89.0	6.9	0.1	2.7	1.3
1994	n.a.	173.5	0.281	0.307	35.3	100.0	97.1	88.9	8.2	0.3	1.3	1.3
1995	n.a.	229.1	0.253	0.280	35.5	100.0	92.7	83.7	9.0	0.6	5.5	1.2
1996	n.a.	216.5	0.267	0.292	34.0	100.0	94.8	86.6	8.2	1.0	2.9	1.3
1997	n.a.	240.7	n.a.	0.320	33.5	100.0	97.4	n.a.	n.a.	0.6	n.a.	2.0
1998	n.a.	227.6	n.a.	0.337	38.0	100.0	96.8	n.a.	n.a.	0.5	n.a.	2.7
1999	n.a.	194.2	n.a.	0.286	33.1	100.0	98.2	n.a.	n.a.	0.6	n.a.	1.2
2000	n.a.	206.9	n.a.	0.270	33.5	100.0	98.0	n.a.	n.a.	1.1	n.a.	1.0
2001	n.a.	175.4	n.a.	0.257	31.8	100.0	98.6	n.a.	n.a.	0.2	n.a.	1.2
2002	n.a.	201.0	n.a.	0.316	39.6	100.0	99.7	n.a.	n.a.	0.3	n.a.	0.0

주: 차입금구성비=금융기관차입금+회사채+사채+기타.
자료: 중소기업청, 《중소기업실태조사보고》, 각 연호.

<부표1-3> 소규모 소속 평균기업의 차입금의 조달원천별 구성

(단위: %)

연도	부채비율	은행차입금/매출액	금융기관차입금/매출액	차입금 의존도	차입금구성비	금융기관차입금	은행	비은행	회사채	사채	기타
1976	42.1	0.083	0.088	13.6	100.0	83.1	79.6	3.5	0.0	16.1	0.8
1977	48.9	0.132	0.159	21.9	100.0	88.5	73.5	15.0	0.0	10.8	0.7
1978	63.6	0.122	0.134	17.3	100.0	83.1	75.4	7.7	0.0	12.3	4.6
1979	79.2	0.116	0.133	20.5	100.0	79.3	69.3	10.0	0.0	19.7	1.0
1980	77.0	0.154	0.170	23.6	100.0	86.4	78.6	7.8	0.0	9.3	4.3
1981	88.2	0.166	0.183	23.2	100.0	90.5	81.9	8.5	0.0	8.8	0.7
1982	111.7	0.142	0.152	22.2	100.0	84.5	79.0	5.4	0.0	12.4	2.9
1983	109.5	0.129	0.145	24.7	100.0	84.4	75.3	9.1	0.0	13.3	2.3
1984	98.6	0.133	0.148	22.0	100.0	90.1	81.3	8.8	0.0	8.2	1.7
1985	88.6	0.128	0.140	20.9	100.0	89.3	81.8	7.5	0.0	8.1	2.6
1986	111.4	0.133	0.154	24.2	100.0	90.6	78.2	12.4	0.0	7.1	2.3
1987	93.1	0.101	0.113	20.8	100.0	88.7	79.1	9.6	2.9	6.7	1.7
1988	93.1	0.115	0.129	22.5	100.0	85.6	76.7	8.9	3.2	8.9	2.2
1989	111.2	0.114	0.135	23.0	100.0	82.9	70.0	12.9	6.1	5.5	5.5
1990	114.5	0.135	0.151	23.6	100.0	89.1	79.7	9.4	4.1	4.4	2.4
1991	156.7	0.155	0.180	27.2	100.0	83.6	72.1	11.5	1.4	10.4	4.6
1992	134.9	0.152	0.163	25.1	100.0	89.3	83.3	6.0	0.6	7.7	2.6
1993	121.2	0.224	0.238	28.8	100.0	96.1	90.3	5.7	0.2	2.7	1.0
1994	155.2	0.243	0.264	31.3	100.0	97.3	89.6	7.7	0.3	1.4	1.0
1995	184.8	0.228	0.250	31.7	100.0	93.0	85.0	8.0	0.4	5.3	1.2
1996	217.9	0.256	0.281	31.9	100.0	94.8	86.2	8.6	1.1	3.1	1.1
1997	232.0	n.a.	0.329	32.7	100.0	96.4	n.a.	n.a.	1.9	n.a.	1.7
1998	198.7	n.a.	0.335	36.8	100.0	96.5	n.a.	n.a.	0.4	n.a.	3.1
1999	177.0	n.a.	0.298	32.8	100.0	98.7	n.a.	n.a.	0.3	n.a.	0.9
2000	168.8	n.a.	0.248	30.7	100.0	97.9	n.a.	n.a.	0.7	n.a.	1.4
2001	155.1	n.a.	0.233	28.9	100.0	99.0	n.a.	n.a.	0.1	n.a.	0.9
2002	179.7	n.a.	0.320	33.7	100.0	99.8	n.a.	n.a.	0.3	n.a.	0.0

주: 차입금구성비=금융기관차입금+회사채+사채+기타.
자료: 중소기업청, 《중소기업실태조사보고》, 각 연호.

<부표1-4> 종1규모 소속 평균기업의 차입금의 조달원천별 구성
(단위: %)

연도	부채비율	은행차입금/매출액	금융기관차입금/매출액	차입금 의존도	차입금구성비	금융기관차입금	은행	비은행	회사채	사채	기타
1976	111.9	0.156	0.159	29.3	100.0	90.8	85.2	5.6	0.0	6.6	2.6
1977	101.3	0.136	0.149	26.5	100.0	88.5	80.7	7.8	0.0	10.8	0.7
1978	90.3	0.109	0.128	24.3	100.0	89.1	75.5	13.6	0.0	8.0	2.9
1979	135.3	0.165	0.177	27.7	100.0	95.3	88.8	6.4	0.0	4.5	0.2
1980	201.1	0.235	0.260	33.3	100.0	96.7	87.3	9.4	0.0	3.2	0.1
1981	168.9	0.176	0.189	29.6	100.0	94.3	85.7	8.6	0.1	5.6	0.1
1982	182.5	0.154	0.171	29.0	100.0	92.7	83.5	9.1	0.4	6.2	0.7
1983	186.5	0.181	0.213	32.0	100.0	87.6	74.5	13.1	6.8	4.9	0.8
1984	221.8	0.210	0.210	32.6	100.0	93.0	81.8	11.1	1.1	5.2	0.7
1985	165.4	0.177	0.197	30.4	100.0	94.0	84.3	9.7	2.4	2.0	1.6
1986	176.0	0.186	0.208	30.9	100.0	95.6	85.8	9.9	0.6	1.6	2.1
1987	196.1	0.171	0.196	33.4	100.0	90.8	79.3	11.5	2.0	5.5	1.7
1988	217.6	0.196	0.216	35.5	100.0	94.1	85.3	8.7	1.9	2.9	1.1
1989	232.2	0.213	0.234	35.3	100.0	91.5	83.0	8.5	2.0	4.1	2.4
1990	256.2	0.233	0.265	40.1	100.0	92.2	80.9	11.3	1.5	3.8	2.5
1991	280.3	0.185	0.217	34.6	100.0	81.8	69.9	11.9	3.6	8.7	6.0
1992	297.6	0.245	0.268	36.9	100.0	90.3	82.5	7.8	2.1	4.3	3.4
1993	287.6	0.328	0.353	39.9	100.0	94.3	87.6	6.7	3.7	0.9	0.9
1994	312.3	0.326	0.347	39.1	100.0	97.0	91.1	5.9	0.6	1.6	0.7
1995	297.8	0.294	0.314	39.0	100.0	94.0	87.9	6.1	1.3	3.9	0.8
1996	264.8	0.291	0.310	36.9	100.0	93.3	87.8	5.5	2.8	3.6	0.3
1997	298.7	n.a.	0.336	39.6	100.0	97.1	n.a.	n.a.	1.4	n.a.	1.5
1998	303.0	n.a.	0.390	41.9	100.0	96.8	n.a.	n.a.	1.1	n.a.	2.1
1999	263.3	n.a.	0.326	37.2	100.0	97.4	n.a.	n.a.	0.8	n.a.	1.8
2000	252.4	n.a.	0.286	35.0	100.0	98.1	n.a.	n.a.	0.8	n.a.	1.1
2001	211.0	n.a.	0.282	35.6	100.0	98.1	n.a.	n.a.	1.2	n.a.	0.6
2002	202.8	n.a.	0.300	37.1	100.0	98.6	n.a.	n.a.	1.4	n.a.	0.0

주: 차입금구성비=금융기관차입금+회사채+사채+기타.
자료: 중소기업청, 《중소기업실태조사보고》, 각 연호.

<부표1-5> 중2규모 소속 평균기업의 차입금의 조달원천별 구성

(단위: %)

연도	부채비율	은행차입금/매출액	금융기관차입금/매출액	차입금 의존도	차입금구성비	금융기관차입금	은행	비은행	회사채	사채	기타
1976	173.1	0.167	0.174	35.1	100.0	97.0	77.1	19.9	0.0	2.2	0.8
1977	181.3	0.138	0.149	27.8	100.0	91.7	85.0	6.7	0.0	6.6	1.7
1978	197.3	0.180	0.198	33.9	100.0	95.7	87.1	8.7	0.0	4.0	0.3
1979	228.6	0.174	0.202	33.8	100.0	88.5	76.2	12.3	0.0	8.4	3.1
1980	270.9	0.202	0.216	35.4	100.0	92.3	86.0	6.3	1.8	1.8	4.1
1981	249.9	0.204	0.231	34.9	100.0	96.5	87.6	8.8	1.0	1.9	0.7
1982	203.6	0.197	0.219	32.2	100.0	91.5	82.5	9.0	1.4	6.5	0.6
1983	275.9	0.164	0.189	32.2	100.0	92.4	80.3	12.1	3.4	3.1	1.1
1984	273.4	0.181	0.198	35.1	100.0	88.0	80.5	7.5	4.9	5.6	1.5
1985	265.9	0.189	0.216	35.4	100.0	88.0	77.0	11.0	7.2	2.6	2.2
1986	262.8	0.167	0.205	36.0	100.0	89.2	72.9	16.3	6.4	3.8	0.5
1987	260.9	0.184	0.204	37.3	100.0	90.8	81.7	9.1	5.3	2.3	1.5
1988	255.7	0.179	0.211	36.9	100.0	88.3	74.8	13.5	4.6	5.8	1.2
1989	312.3	0.216	0.249	39.5	100.0	91.4	79.4	12.1	3.5	3.5	1.5
1990	337.8	0.219	0.243	39.2	100.0	84.4	76.3	8.2	3.6	3.3	8.6
1991	324.6	0.206	0.243	39.6	100.0	85.3	72.3	13.0	3.7	7.7	3.3
1992	383.9	0.270	0.310	40.5	100.0	91.8	79.8	12.0	3.8	2.3	2.1
1993	355.9	0.330	0.362	40.9	100.0	95.2	86.8	8.4	3.2	0.8	0.8
1994	348.4	0.307	0.328	38.9	100.0	94.6	88.5	6.1	1.3	3.7	0.4
1995	355.0	0.265	0.290	37.5	100.0	86.4	78.8	7.6	1.9	1.1	10.6
1996	445.0	0.339	0.366	42.6	100.0	96.1	89.1	7.0	1.6	1.1	1.1
1997	382.2	n.a.	0.334	40.0	100.0	96.3	n.a.	n.a.	1.2	1.1	2.5
1998	376.2	n.a.	0.341	39.7	100.0	93.7	n.a.	n.a.	3.0	n.a.	3.3
1999	233.4	n.a.	0.307	34.8	100.0	96.8	n.a.	n.a.	1.3	n.a.	1.9
2000	199.3	n.a.	0.249	32.6	100.0	97.2	n.a.	n.a.	1.7	n.a.	1.1
2001	181.5	n.a.	0.264	33.3	100.0	95.1	n.a.	n.a.	2.7	n.a.	2.2
2002	173.3	n.a.	0.277	35.0	100.0	97.3	n.a.	n.a.	2.7	n.a.	0.0

주: 차입금구성비=금융기관차입금+회사채+사채+기타.
자료: 중소기업청, 《중소기업실태조사보고》, 각 연호.

<부표1-6> 중3규모 소속 평균기업의 차입금의 차입원천별 구성

(단위: %)

연도	부채비율	은행차입금/매출액	금융기관차입금/매출액	차입금의존도	차입금구성비	금융기관차입금	은행	비은행	회사채	사채	기타
1976	232.6	0.189	0.201	32.1	100.0	89.5	75.4	14.1	0.0	9.7	0.8
1977	300.1	0.206	0.236	28.6	100.0	88.5	73.4	15.1	0.0	11.0	0.5
1978	243.1	0.173	0.211	35.0	100.0	91.9	74.1	17.8	0.0	5.2	2.9
1979	326.8	0.192	0.216	36.2	100.0	84.6	75.5	9.1	0.0	10.4	5.0
1980	392.2	0.221	0.249	35.0	100.0	86.3	75.9	10.4	7.4	3.8	2.5
1981	356.1	0.213	0.250	34.7	100.0	94.9	84.7	10.2	1.3	3.5	0.3
1982	421.8	0.206	0.235	31.3	100.0	90.4	76.6	13.9	4.2	3.5	1.8
1983	424.6	0.219	0.266	40.9	100.0	91.1	75.4	15.8	7.0	1.5	0.4
1984	338.0	0.204	0.248	36.6	100.0	85.8	69.7	16.1	7.4	2.3	4.5
1985	345.9	0.225	0.270	37.6	100.0	85.0	69.4	15.7	10.9	2.3	1.8
1986	334.3	0.196	0.231	33.9	100.0	84.3	68.7	15.6	9.1	5.8	0.8
1987	343.8	0.190	0.231	32.8	100.0	77.6	60.2	17.4	12.3	6.5	3.6
1988	296.1	0.190	0.231	31.6	100.0	81.4	63.4	18.0	13.2	4.2	1.2
1989	289.1	0.236	0.271	32.1	100.0	84.1	70.3	13.8	8.2	5.5	2.2
1990	273.8	0.193	0.229	32.3	100.0	82.4	67.5	14.9	8.2	6.8	2.6
1991	343.1	0.230	0.273	41.9	100.0	79.9	67.5	12.4	9.1	6.9	4.1
1992	362.2	0.259	0.304	39.3	100.0	89.3	76.0	13.3	5.9	3.2	1.7
1993	360.0	0.286	0.339	38.6	100.0	89.7	75.8	13.9	8.6	0.7	1.1
1994	344.8	0.281	0.318	37.9	100.0	92.8	81.8	11.0	4.9	2.0	0.4
1995	397.6	0.271	0.310	40.6	100.0	77.5	67.8	9.7	4.5	1.1	16.9
1996	407.2	0.270	0.314	40.6	100.0	90.4	77.7	12.7	4.6	2.3	2.6
1997	415.0	n.a.	0.308	40.5	100.0	92.4	n.a.	n.a.	3.4	n.a.	4.2
1998	212.8	n.a.	0.262	29.8	100.0	94.0	n.a.	n.a.	2.2	n.a.	3.9
1999	195.0	n.a.	0.266	32.0	100.0	87.4	n.a.	n.a.	2.9	n.a.	9.7
2000	165.5	n.a.	0.269	32.0	100.0	91.3	n.a.	n.a.	3.2	n.a.	5.6
2001	148.4	n.a.	0.254	31.3	100.0	93.7	n.a.	n.a.	5.2	n.a.	1.1
2002		n.a.			100.0	93.6	n.a.	n.a.	6.4	n.a.	0.0

주: 차입금구성비=금융기관차입금+회사채+사채+기타.
자료: 중소기업청, 《중소기업실태조사보고》, 각 연호.

<부표1-7> 중소규모 소속 평균기업의 차입금의 조달원천별 구성

(단위: %)

연도	부채비율	은행차입금/매출액	금융기관차입금/매출액	차입금의존도	차입금구성비	금융기관차입금	은행	비은행	회사채	사채	기타
1976	253.2	0.092	0.119	40.5	100.0	94.8	84.5	10.3	0.0	4.1	1.1
1977	299.6	0.189	0.222	35.2	100.0	93.8	79.8	14.0	0.0	4.4	1.8
1978	280.1	0.199	0.237	36.1	100.0	86.7	72.9	13.9	0.0	8.9	4.4
1979	315.7	0.215	0.261	41.5	100.0	90.9	74.8	16.1	0.0	7.9	1.2
1980	433.9	0.248	0.320	47.2	100.0	92.4	71.6	20.8	2.7	4.1	0.9
1981	400.2	0.220	0.285	38.3	100.0	90.8	78.0	12.8	2.9	4.3	2.0
1982	392.5	0.202	0.256	43.2	100.0	74.2	58.6	15.6	5.9	14.3	5.6
1983	361.8	0.242	0.281	41.5	100.0	84.9	73.1	11.8	11.9	1.8	1.4
1984	405.2	0.215	0.256	41.3	100.0	81.8	68.7	13.2	12.0	2.4	3.7
1985	342.2	0.233	0.289	43.5	100.0	81.8	66.0	15.8	12.0	5.1	1.2
1986	321.6	0.211	0.262	40.8	100.0	84.6	68.0	16.6	8.7	4.2	2.5
1987	322.9	0.175	0.210	36.1	100.0	84.5	70.6	13.9	8.1	2.8	4.5
1988	329.7	0.172	0.233	38.6	100.0	84.1	62.0	22.0	9.8	4.4	1.8
1989	322.1	0.205	0.249	39.0	100.0	84.3	69.3	15.0	10.6	3.7	1.3
1990	291.3	0.205	0.240	43.4	100.0	79.7	70.1	9.5	13.7	3.8	2.8
1991	265.0	0.199	0.236	37.8	100.0	79.3	66.8	12.5	10.1	7.5	3.2
1992	333.7	0.257	0.312	42.2	100.0	84.2	69.3	14.9	10.6	3.4	1.8
1993	257.2	0.228	0.263	37.0	100.0	84.7	73.3	11.4	13.4	0.4	1.5
1994	290.4	0.233	0.271	34.0	100.0	87.8	75.5	12.3	7.2	3.9	1.1
1995	392.8	0.272	0.313	41.7	100.0	75.2	65.3	9.9	7.0	2.3	15.5
1996	327.8	0.283	0.322	39.9	100.0	89.6	78.7	10.9	6.5	2.2	1.7
1997	410.2	n.a.	0.317	41.6	100.0	91.3	n.a.	n.a.	6.2	n.a.	2.5
1998	240.3	n.a.	0.256	32.6	100.0	87.5	n.a.	n.a.	9.3	n.a.	3.2
1999	154.0	n.a.	0.202	24.6	100.0	84.6	n.a.	n.a.	11.6	n.a.	3.8
2000	151.5	n.a.	0.220	29.0	100.0	86.7	n.a.	n.a.	10.8	n.a.	2.6
2001	137.5	n.a.	0.200	26.8	100.0	89.9	n.a.	n.a.	7.3	n.a.	2.8
2002	128.5	n.a.	0.190	25.0	100.0	93.3	n.a.	n.a.	6.7	n.a.	0.0

주: 차입금구성비=금융기관차입금+회사채+사채+기타.
자료: 중소기업청, 《중소기업실태조사보고》, 각 연호.

<부표1-8> 중규모 소속 평균기업의 차입금의 조달원천별 구성

(단위: %)

연도	부채비율	은행차입금/매출액	금융기관차입금/매출액	차입금의존도	차입금구성비	금융기관차입금	은행	비은행	회사채	사채	기타
1976	184.1	0.155	0.167	28.3	100.0	91.6	85.2	6.3	0.0	7.0	1.5
1977	207.0	0.169	0.191	31.6	100.0	91.5	81.0	10.5	0.0	7.4	1.1
1978	200.1	0.189	0.199	34.0	100.0	91.1	77.6	13.5	0.0	6.3	2.7
1979	248.9	0.225	0.217	35.5	100.0	88.8	77.4	11.4	0.0	8.4	2.8
1980	317.2	0.205	0.260	39.1	100.0	89.3	77.3	12.0	3.5	3.5	3.8
1981	282.8	0.192	0.241	37.3	100.0	94.4	80.2	14.2	1.4	3.5	0.8
1982	286.2	0.202	0.223	36.0	100.0	86.4	74.5	11.9	3.3	7.8	2.5
1983	303.1	0.196	0.239	34.4	100.0	95.9	81.3	14.6	0.0	2.7	1.4
1984	303.9	0.206	0.228	36.1	100.0	89.2	76.7	12.5	0.0	4.9	5.9
1985	271.8	0.201	0.243	35.0	100.0	94.5	80.3	14.2	0.0	3.2	2.3
1986	329.0	0.181	0.211	37.5	100.0	91.9	76.2	15.7	6.8	4.1	3.1
1987	274.5	0.185	0.222	37.2	100.0	86.0	73.8	12.2	6.8	4.1	3.1
1988	268.4	0.219	0.251	37.5	100.0	86.8	72.0	14.4	6.9	4.2	2.2
1989	280.6	0.215	0.246	38.5	100.0	88.3	77.0	11.3	5.3	4.0	2.5
1990	284.9	0.204	0.241	38.7	100.0	85.1	74.3	10.8	6.0	4.3	4.6
1991	303.1	0.257	0.296	38.2	100.0	81.9	69.5	12.4	6.3	7.5	4.3
1992	341.4	0.302	0.337	39.3	100.0	89.4	77.7	11.6	5.0	3.3	2.3
1993	313.9	0.302	0.328	38.9	100.0	92.1	82.5	9.6	6.1	0.8	1.0
1994	326.1	0.278	0.306	38.3	100.0	94.6	87.1	7.5	2.3	2.5	0.6
1995	341.2	0.297	0.326	39.2	100.0	93.1	84.6	8.5	3.2	2.5	1.1
1996	337.4	n.a.	0.326	39.6	100.0	92.8	84.5	8.3	3.4	2.4	1.3
1997	356.9	n.a.	0.345	38.3	100.0	94.9	n.a.	n.a.	2.6	n.a.	2.5
1998	303.6	n.a.	0.285	39.1	100.0	94.5	n.a.	n.a.	2.6	n.a.	2.9
1999	219.7	n.a.	0.260	34.0	100.0	93.2	n.a.	n.a.	2.8	n.a.	4.0
2000	202.6	n.a.	0.266	33.4	100.0	94.3	n.a.	n.a.	3.3	n.a.	2.5
2001	183.5	n.a.	0.270	33.8	100.0	95.7	n.a.	n.a.	3.0	n.a.	1.3
2002	170.8	n.a.	0.270	33.7	100.0	96.7	n.a.	n.a.	3.3	n.a.	0.0

주: 차입금구성비=금융기관차입금+회사채+사채+기타.

자료: 중소기업청, 《중소기업실태조사보고》, 각 연호.

<부표1-9> 대규모 소속 평균기업의 차입금의 조달원천별 구성
(단위: %)

연도	부채비율	은행차입금/매출액	금융기관차입금/매출액	차입금의존도	차입금구성비	금융기관+차관	금융기관	차관	회사채	기타
1976	372.2	0.394	0.394	49.2	100.0	84.0	57.1	26.9	4.0	12.0
1977	369.3	0.402	0.402	49.0	100.0	84.4	55.9	28.5	5.6	9.9
1978	363.3	0.379	0.379	48.6	100.0	81.6	58.0	23.6	7.0	11.3
1979	377.5	0.361	0.361	49.2	100.0	75.8	55.3	20.5	8.2	16
1980	504.7	0.373	0.373	50.6	100.0	77.5	55.2	22.3	9.5	12.9
1981	452.4	0.358	0.358	51.1	100.0	76.0	53.5	22.5	7.2	16.8
1982	378.2	0.308	0.308	46.6	100.0	69.2	50.0	19.2	12.5	18.3
1983	361.1	0.282	0.282	44.3	100.0	69.4	53.4	16.0	12.9	17.7
1984	340.0	0.25	0.25	42.2	100.0	66.1	52.9	13.2	13.0	21
1985	344.9	0.313	0.313	48.1	100.0	69.7	56.6	13.1	15.9	14.4
1986	355.9	0.307	0.307	47.4	100.0	70.3	58.0	12.3	14.8	14.8
1987	333.1	0.275	0.275	43.7	100.0	64.8	52.5	12.3	15.1	20.1
1988	283.9	0.255	0.255	39.3	100.0	67.2	56.7	10.5	18.1	14.7
1989	239.9	0.270	0.270	38.4	100.0	64.6	58.2	6.4	20.1	15.3
1990	274.5	n.a.	0.347	43.1	100.0	65.3	60.6	4.7	21.4	13.3
1991	290.6	n.a.	0.347	44.1	100.0	65.5	60.4	5.1	29.2	5.3
1992	303.3	n.a.	0.395	47.9	100.0	68.1	65.8	2.3	27.8	4.1
1993	273.5	n.a.	0.388	47.7	100.0	65.2	63.3	1.9	29.3	5.6
1994	282.9	n.a.	0.350	45.7	100.0	62.2	60.4	1.8	30.4	7.4
1995	268.3	n.a.	0.345	46.0	100.0	62.7	60.7	2.0	32.2	5.1
1996	301.6	n.a.	0.383	49.3	100.0	62.2	57.5	4.7	33.8	4.0
1997	390.0	n.a.	0.495	56.5	100.0	64.1	64.1	n.a.	30.7	5.3
1998	295.4	n.a.	0.436	52.9	100.0	58.7	58.7	n.a.	38.7	2.6
1999	208.9	n.a.	0.323	44.5	100.0	51.5	51.5	n.a.	40.0	8.5
2000	224.6	n.a.	0.271	41.1	100.0	54.9	54.9	n.a.	36.0	9.1
2001	201.6	n.a.	0.243	41.3	100.0	54.0	54.0	n.a.	37.4	8.6
2002	128.9	n.a.	0.147	27.9	100.0	48.5	48.5	n.a.	40.3	11.2

주: 차입금구성비=금융기관차입금+회사채+사채+기타.
자료: 한국은행, 《기업경영분석》.

〈부표 2〉 제조업종 중소기업 및 대기업의 설비투자자금 조달

1. 계정 항목 등
자기자금=내부자금+신주발행. 내부자금=당기순이익+감가상각.

이자부부채=금융기관차입금+회사채+사채.

금융기관차입금은, 중소기업의 경우에는 금융기관차입금(원화)+금융기관차입금(외화)+기타+외자; 대기업의 경우에는 은행(원화)+은행(외화)+기타금융기관차입금+외자.

빈 칸은 자료가 없음을 의미.

단위: 백만원

2. 중소기업청, 《중소기업실태조사보고》
1966년부터 조사 시작, 1969년부터 자료 이용 가능함. 5인 이상 제조업체가 조사 대상.

1975년까지는 199인까지가 중소기업, 총 5단계 규모 분류. 1976년부터 200~299인이 추가되면서 기업규모가 6단계 규모 분류로 조정됨.

1976년부터 재무제표 자료 조사 시작.

1982~1992년 간에만 내부자금과 신주 발행이 구분되어 제시되고 있음.

1997년에는 구성비만 제시되고 있음.

금융기관차입금에는 금융기관자금과 재정자금이 모두 포함.

3. 한국산업은행, 《설비투자계획조사》
1973년부터 자료 가용.

종업원 100인 이상 전산업 대상(제조업 표본의 대표성−85% 이상, 종업원 100인 이상 비제조업은 20% 정도).

1975년까지는 종업원 100인 이상 업체로 표본 선정, 1976년부터는 200인 이상으로 표본 선정, 1988년부터는 300인 이상으로 표본 제한.

조사대상업체수=1979년 총 1,322개 업체(제조 1,035), 1981년 총 1,499(제조 1,215), 1985년 총 2,259(제조 1,862), 1990년 총 2,369(제조 1,983).

여기에 제시되는 자료는 제조업종만을 대상으로 하고 있음.

금융기관(원화)=은행차입금.

금융기관(외화)=Bank Loan+정부 보유 외화의 은행외화표시차입금.

외자=상업차관(기업이 직접 도입한 차관)+기타(공공차관 전대자금+외은 국내지점 및 종금사로부터의 외화차입금).

기타=보험사, 상호신용금고, 단자사, 리스 및 사채 차입금.

<부표2-1> 제조업종 소1규모 기업의 설비투자자금 조달

연도	조사업체수	총액	자기자금	내부자금	신주발행	회사채	이자부 부채	금융기관차입금소계	금융기관(원화)	금융기관(외화)	기타	의자	사채
1969	13927	5705.0	4352.9				1352.1	880.2	880.2	0.0	0.0	0.0	471.9
1970	14939	7082.5	5392.4				1690.1	1389.6	1389.6	0.0	0.0	0.0	300.5
1971	12893	5169.1	3967.3				1201.8	809.7	809.7	0.0	0.0	0.0	392.1
1972	12893	9473.9	6319.1				3154.8	2614.8	2614.8	0.0	0.0	0.0	540.0
1973	12197	9757.1	7073.9				2683.1	1867.4	1867.4	0.0	0.0	0.0	815.8
1974	12197	7243.8	5408.8				1835.0	1656.8	1656.8	0.0	0.0	0.0	178.2
1975	12197	9141.9	7703.5				1438.4	1224.7	1224.7	0.0	0.0	0.0	213.7
1976	12197	11790.5	8796.0				2994.6	2720.9	2720.9	0.0	0.0	0.0	273.7
1977	9641	16963.0	10853.3				6109.7	5862.1	5862.1	0.0	0.0	0.0	247.6
1978	9731	6846.3	5706.0				1140.3	781.3	781.3	0.0	0.0	0.0	359.0
1979	10774	12180.7	6364.5				5816.3	5246.9	5014.7	0.0	232.2	0.0	569.4
1980	11915	14284.4	9870.6				4413.8	3640.1	2314.3	0.0	1325.8	0.0	773.7
1981	11915	37060.0	28151.9				8908.2	7202.4	6925.8	0.0	276.6	0.0	1705.7
1982	12055	33846.2	23854.0	23854.0	0.0	0.0	9992.2	9145.7	8311.3	0.0	834.4	0.0	846.5
1983	12735	48258.3	35129.7	35129.7	0.0	0.0	13128.5	9988.6	9779.6	0.0	209.0	0.0	3139.9
1984	13453	39286.7	28535.6	28527.5	8.1	0.0	10751.1	8949.3	8600.6	0.0	348.7	0.0	1801.8
1985	14007	53064.3	36201.6	36201.6	0.0	291.5	16862.8	10290.3	9794.6	0.0	217.7	278.0	6281.0
1986	14125	48122.4	27827.6	27827.6	0.0	710.4	20294.8	16938.8	16938.8	0.0	0.0	0.0	2645.5
1987	15164	45952.4	36145.6	36141.2	4.4	0.0	9806.8	8617.1	7573.1	0.0	1044.0	0.0	1189.7
1988	16037	72596.3	50106.8	49725.3	381.5	26.0	22489.5	20440.9	15823.4	240.0	4377.5	0.0	2022.6
1989	17609	130789.6	64704.0	64689.2	14.8	1.5	66085.6	59903.8	48688.2	880.0	10335.6	0.0	6180.4
1990	19537	126692.0	80673.8	80384.8	289.0	1231.0	46018.3	38327.7	38277.8	12.1	36.3	1.6	6459.5
1991	21661	156165.2	89652.9	88596.2	1056.7	40.0	66512.3	56815.4	50911.8	0.0	5903.5	0.0	9656.9
1992	24508	144637.1	78027.5	75797.5	2230.0	632.5	66609.6	64316.2	54856.3	138.8	9321.1	0.0	1660.9
1993	26994	180934.0	90951.9			0.0	89982.1	81119.7	72397.4	763.4	7958.9	0.0	8862.4
1994	30453	174870.2	93168.0			465.2	81702.2	75761.7	74443.9	904.4	0.0	413.3	5475.4
1995	29492	275843.0	106132.2			1120.0	169710.8	161715.7	158725.7	2989.9	0.0	0.0	6875.1
1996	33807	322733.1	189513.4			171.0	132919.7	122513.4	111225.1	11192.4	0.0	95.9	10235.3
1997	37870	100.0	53.5			0.0	46.5	46.5	37.8	1.1	7.6	0.0	
1998	37839	124217.3	89063.8			0.0	35153.5	35153.5	33538.7	0.0	1614.8	0.0	
1999	36066	281346.5	198067.9			0.0	83278.6	83278.6	71462.0	0.0	11816.6	0.0	
2000	41780	274102.2	223941.5			0.0	50160.7	50160.7	35907.4	0.0	14253.3	0.0	
2001	44787	423010.9	331640.6			0.0	91370.4	91370.4	65566.7	0.0	25803.7	0.0	
2002	14090	394885.2	304851.4			0.0	90033.8						

<부표2-2> 제조업중 소2규모 기업의 설비투자자금 조달

연도	조사업체수	총액	자기자금	내부자금	신주발행	회사채	이자부부채	금융기관차입금소계	금융기관(원화)	금융기관(외화)	기타	외자	사채
1969	6758	6069.1	4236.2				1832.9	1378.3	1378.3	0.0	0.0	0.0	454.6
1970	4133	4242.9	2650.1				1592.8	1220.7	1220.7	0.0	0.0	0.0	372.1
1971	5464	4417.8	2774.7				1643.1	1419.4	1419.4	0.0	0.0	0.0	223.7
1972	5464	7323.3	5719.5				1603.8	1398.7	1398.7	0.0	0.0	0.0	205.1
1973	5557	12792.6	9507.6				3285.1	2816.6	2816.6	0.0	0.0	0.0	468.4
1974	5557	10574.7	6811.1				3763.6	3291.6	3291.6	0.0	0.0	0.0	472.0
1975	5557	13457.4	7985.1				5472.3	5250.4	5250.4	0.0	0.0	0.0	221.9
1976	5557	39388.7	35925.0				3463.6	3225.7	3225.7	0.0	0.0	0.0	237.9
1977	5146	14944.7	10481.5				4463.2	4045.6	4045.6	0.0	0.0	0.0	417.6
1978	5903	24001.7	16663.1				7338.6	6117.7	5971.9	145.7	0.0	0.0	1220.9
1979	6470	16001.9	12011.3				3990.6	3379.6	3180.0	199.6	0.0	0.0	611.0
1980	6851	19813.1	13221.8				6591.4	5827.1	5777.6	49.5	0.0	0.0	764.2
1981	6851	48771.9	28926.1				19845.7	15969.9	14807.2	1162.7	0.0	0.0	3875.8
1982	8675	83463.5	46771.7	45996.6	775.1	1539.4	36691.8	32832.3	32832.3	0.0	0.0	0.0	2320.1
1983	10322	99787.5	56930.6	56720.6	210.0	0.0	42857.0	37490.7	31312.9	5964.6	213.2	0.0	5366.2
1984	9714	112652.7	71699.0	71699.0	0.0	111.6	40953.7	39317.3	37016.9	1791.5	509.0	0.0	1524.7
1985	10521	84181.1	51219.9	49949.4	1270.6	26.9	32961.1	30379.4	26398.6	0.0	1253.2	0.0	2554.8
1986	11408	173184.7	95644.6	95644.6	0.0	80.1	77540.1	75733.3	63868.3	11025.0	464.6	2727.7	1726.7
1987	11408	233559.7	164127.9	162814.8	1313.1	1964.7	69431.8	64326.2	54059.2	594.3	9319.7	375.4	3140.9
1988	14417	242416.1	98675.3	93761.0	4914.3	278.1	143740.8	126495.3	107105.3	16518.5	2871.6	353.0	16967.3
1989	16434	230587.3	131481.7	131481.7	0.0	68.0	99105.6	91690.4	60371.5	19989.2	11329.7	0.0	7347.3
1990	18909	274842.1	159999.9	159844.4	155.5	0.0	114842.2	109133.6	96127.8	5809.3	6371.4	0.0	5708.6
1991	20107	512363.3	235402.6	235330.4	72.2	192.0	276960.7	274697.9	252345.8	1691.6	20660.5	825.1	2070.8
1992	20767	280688.3	165693.0	161394.8	4298.2	73.4	114995.3	107257.6	99370.4	2329.5	5557.6	0.0	7664.3
1993	21236	355550.3	149629.3			85.0	205921.0	203630.5	197228.2	4148.7	2253.7	0.0	2205.5
1994	22774	589745.1	207766.3			0.0	381978.9	374363.8	241085.6	133278.2	0.0	0.0	7615.1
1995	24312	626673.3	200908.8			35.0	425764.5	421137.4	310327.1	110027.3	0.0	0.0	4592.0
1996	25064	567124.8	210788.5			271.9	356336.3	345709.8	319438.3	26271.5	0.0	783.0	10354.6
1997	24657	100.0	68.3			0.1	31.7	31.6	26.8	2.3	0.0	0.0	0.0
1998	22123	259194.2	179880.7			259.2	79313.4	79054.2	71796.8	518.4	2.5	0.0	0.0
1999	20906	390384.8	284200.1			0.0	106184.7	106184.7	92911.6	1951.9	6739.0	0.0	0.0
2000	23857	437664.3	337876.9			0.0	99787.5	99787.5	92784.8	0.0	11321.2	0.0	0.0
2001	25525	611201.0	446176.7			0.0	165024.3	165024.3	138131.4	0.0	6127.3	875.3	0.0
2002	11638	778796.6	586433.9				192362.7	138131.4		26892.8		0.0	0.0

<부표2-3> 제조업종 소규모 기업의 설비투자자금 조달

연도	조사업체수	총액	자기자금	내부자금	신주발행	회사채	이자부 부채	금융기관차입금소계	금융기관(원화)	금융기관(외화)	기타	외자	사채
1969	20685	11774.1	8589.2				3185.0	2258.5	2258.5	0.0	0.0	0.0	926.4
1970	19072	11325.4	8042.5				3282.9	2610.3	2610.3	0.0	0.0	0.0	672.6
1971	18357	9586.9	6742.0				2844.9	2229.1	2229.1	0.0	0.0	0.0	615.8
1972	18357	16797.1	12038.5				4758.6	4013.5	4013.5	0.0	0.0	0.0	745.1
1973	17754	22549.7	16581.5				5968.2	4684.0	4684.0	0.0	0.0	0.0	1284.2
1974	17754	17818.5	12220.0				5598.6	4948.4	4948.4	0.0	0.0	0.0	650.1
1975	17754	22599.3	15688.6				6910.7	6475.1	6475.1	0.0	0.0	0.0	435.6
1976	17754	51179.2	44721.0				6458.2	5946.6	5946.6	0.0	0.0	0.0	511.6
1977	14787	31907.2	21334.8				10572.9	9907.7	9907.7	0.0	0.0	0.0	665.2
1978	15634	30847.9	22369.1				8478.8	6898.9	6753.2	0.0	145.7	0.0	1579.9
1979	17244	28182.7	18375.8				9806.9	8626.5	8194.7	0.0	431.8	0.0	1180.4
1980	18766	34097.6	23092.4				11005.2	9467.3	8091.9	0.0	1375.3	0.0	1537.9
1981	18766	85831.9	57078.0				28753.9	23172.4	21733.0	0.0	1439.3	0.0	5581.5
1982	20730	117309.7	70625.7	69850.6	775.1	1539.4	46684.0	41978.0	41143.6	0.0	834.4	0.0	3166.6
1983	23057	148045.8	92060.3	91850.3	210.0	0.0	55985.5	47479.3	41092.4	5964.6	422.2	0.0	8506.1
1984	23167	151939.4	100234.6	100226.5	8.1	111.6	51704.8	48266.6	45617.5	1791.5	857.7	0.0	3326.6
1985	24528	137245.4	87421.5	86150.9	1270.6	318.4	49823.9	40669.7	36193.1	0.0	1470.9	3005.7	8835.8
1986	25533	221307.1	123472.2	123472.2	0.0	790.5	97834.9	92672.2	80807.1	11025.0	464.6	375.4	4372.2
1987	26572	279512.1	200273.5	198956.0	1317.5	1964.7	79238.6	72943.3	61632.3	594.3	10363.7	353.0	4330.6
1988	30454	315012.4	148782.1	143486.3	5295.8	304.1	166230.3	146936.2	122928.6	16758.5	7249.1	0.0	18989.9
1989	34043	361376.9	196185.6	196170.8	14.8	69.5	165191.3	151594.2	109059.8	20869.2	21665.2	0.0	13527.6
1990	38446	401534.1	240673.6	240229.2	444.4	1231.0	160860.5	147461.3	134405.6	5821.3	6407.7	826.7	12168.1
1991	41768	668528.5	325055.5	323926.7	1128.9	232.0	343473.0	331513.3	303257.6	1691.6	26564.0	0.0	11727.7
1992	45275	425325.4	243720.5	237192.2	6528.2	705.9	181604.9	171573.8	154226.7	2468.4	14878.8	0.0	9325.2
1993	48230	536484.3	240581.2			85.0	295903.1	284750.2	269625.5	4912.0	10212.6	0.0	11067.9
1994	53227	764615.3	300934.3			465.2	463681.1	450125.4	315529.5	134182.6	0.0	413.3	13090.5
1995	53804	902516.3	307041.0			1155.0	595475.3	582853.1	469052.8	113017.3	0.0	783.0	11467.2
1996	58871	889857.9	400601.9			442.9	489256.0	468223.2	430663.4	37463.9	0.0	95.9	20589.9
1997	62527	100.0	60.9			0.1	39.1	39.1	32.3	1.7	5.1	0.0	0.0
1998	59962	383411.5	268944.6			259.2	114466.9	114207.7	105335.5	518.4	8353.9	0.0	0.0
1999	56972	671731.2	482268.0			0.0	189463.2	189463.2	164373.6	1951.9	23137.7	0.0	0.0
2000	65637	711766.6	561818.4			0.0	149948.2	149948.2	128692.2	0.0	20380.6	875.3	0.0
2001	70312	1034211.9	777817.3			0.0	256394.6	256394.6	203698.1	0.0	52696.5	0.0	0.0
	35622	2331845.4	1765207.0			0.0	566638.4						0.0

<부표2-4> 제조업종 중1규모 기업의 설비투자자금 조달

연도	조사업체수	총액	자기자금	내부자금	신주발행	회사채	이자부 부채	금융기관차입금소계	금융기관(원화)	금융기관(외화)	기타	외자	사채
1969	1261	6761.1	1737.6				5023.5	4782.4	4782.4	0.0	0.0	0.0	241.1
1970	3158	8950.6	4626.9				4323.7	3699.5	3699.5	0.0	0.0	0.0	624.2
1971	3385	6610.5	3788.5				2822.0	2330.6	2330.6	0.0	0.0	0.0	491.3
1972	3385	10093.7	7832.7				2261.0	2059.1	2059.1	0.0	0.0	0.0	201.9
1973	3176	16013.3	10096.3				5917.1	5658.4	5658.4	0.0	0.0	0.0	258.6
1974	3176	17331.3	9247.3				8084.0	7601.8	7601.8	0.0	0.0	0.0	482.2
1975	3176	15024.5	8896.5				6127.9	5614.4	5614.4	0.0	0.0	0.0	513.6
1976	3176	20691.6	12428.4				8263.2	7694.3	7694.3	0.0	0.0	0.0	569.0
1977	3737	34269.5	18227.6				15991.9	15299.6	15299.6	0.0	0.0	0.0	692.3
1978	5208	51237.6	30848.0				20389.6	20010.6	20010.6	0.0	0.0	0.0	379.0
1979	6009	59897.3	34046.7				25850.6	25205.5	24504.2	0.0	701.3	0.0	645.2
1980	6482	57178.9	33125.7				24053.2	23566.0	23350.7	0.0	215.3	0.0	487.2
1981	6482	116289.0	58797.6			1126.2	57491.3	55404.9	52300.5	0.0	3104.5	0.0	960.2
1982	6065	168175.6	80353.9	76342.2	4011.8	0.0	87821.7	83720.5	73075.9	1958.4	8637.9	0.0	4101.2
1983	6795	175665.8	95701.0	94916.8	784.3	154.3	79964.7	77189.8	71311.2	2938.9	2185.5	48.2	2620.7
1984	8458	217262.9	111942.3	107433.1	4509.2	183.3	105320.6	102519.8	85070.4	10040.5	6985.2	754.2	2617.6
1985	9128	238299.1	100964.3	100195.5	768.8	139.5	137334.8	134610.1	113280.3	7218.1	6990.7	423.7	2585.1
1986	10143	269079.1	113300.7	111262.5	2038.2	1254.5	155778.4	152033.1	137389.2	11246.0	3397.9	7121.0	2490.8
1987	10143	399409.1	191516.5	187466.2	4050.3	219.3	207892.6	201898.7	169011.2	23421.3	8816.2	0.0	5774.6
1988	13548	626244.6	295515.0	293217.8	2297.2	291.1	330729.6	322793.4	293047.2	15856.4	13889.8	650.0	7645.1
1989	15338	685627.0	312192.4	291565.7	20626.7	7116.8	373434.6	363359.2	292265.8	41284.9	29808.5	0.0	2958.5
1990	16801	989344.2	429042.8	424485.4	4557.5	2668.6	560301.3	548934.0	475913.5	53299.1	19721.5	0.0	8698.7
1991	17100	917495.1	420418.1	410469.7	9948.4	1942.6	497077.0	490763.0	419399.1	12844.2	58519.7	0.0	4371.4
1992	17258	1109728.5	458984.8	445367.9	13617.0	1376.9	650743.6	644677.6	574351.4	41174.0	28255.3	0.0	4689.2
1993	16958	915826.8	248805.3			418.0	667021.5	664741.0	565415.4	73288.7	10248.2	896.8	1862.6
1994	16585	1238876.4	410548.1			1577.3	828328.3	825937.4	670989.5	154724.0		15788.6	813.6
1995	17537	1286267.6	343141.5			5350.7	943126.1	933349.0	742968.1	183659.8		224.0	4426.5
1996	17451	1302712.4	425425.7			1719.7	877286.7	863611.3	634403.3	229208.0		6721.2	11955.8
1997	16194	100.0	58.8			0.6	41.2	40.6	35.7	3.5	1.4	0.0	0.0
1998	14876	457855.9	312257.7			1831.4	145598.2	143766.8	128657.5	2747.1		0.0	0.0
1999	14514	725452.3	512169.3			0.0	213283.0	213283.0	197323.0	2176.4	12362.1	0.0	0.0
2000	16459	820274.3	630791.0				189483.4	189483.4	176796.8	0.0	13783.6	0.0	0.0
2001	17072	998322.3	710805.5			0.0	287516.8	286518.5	253573.9	0.0	17225.8	2460.8	0.0
2002	9694	1158163.6	857041.1			998.3	301122.5				32944.6		

<부표2-5> 제조업중 종2규모 기업의 설비투자자금 조달

연도	조사업체수	총액	자기자금	내부자금	신주발행	회사채	이자부부채	금융기관차입금소계	금융기관(원화)	금융기관(외화)	기타	외자	사채
1969	924	4770.2	2447.1				2323.1	1930.5	1930.5	0.0	0.0	0.0	392.6
1970	1053	6358.5	4050.0				2308.6	2082.6	2082.6	0.0	0.0	0.0	225.9
1971	1071	7493.6	4665.4				2828.2	2643.0	2643.0	0.0	0.0	0.0	185.2
1972	1071	8746.9	4793.3				3953.6	3918.6	3918.6	0.0	0.0	0.0	35.0
1973	1209	10910.8	7026.0				3884.8	3783.3	3783.3	0.0	0.0	0.0	101.5
1974	1209	14843.6	9687.4				5156.2	4949.6	4949.6	0.0	0.0	0.0	206.5
1975	1209	13728.5	7460.7				6237.8	5952.6	5952.6	0.0	0.0	0.0	285.2
1976	1209	24979.9	12748.6				12231.3	10947.8	10947.8	0.0	0.0	0.0	1283.5
1977	1764	39631.5	23461.4				16170.1	15839.2	15839.2	0.0	0.0	0.0	330.8
1978	2414	54049.4	26728.3				27321.1	26101.1	25920.0	0.0	181.1	0.0	1220.0
1979	2806	55808.3	29521.9				26286.4	25148.7	22821.0	0.0	2327.7	0.0	1137.7
1980	2895	53584.8	21809.8			479.1	31775.0	30948.9	30633.0	0.0	315.8	0.0	347.0
1981	2895	119471.0	53754.9			2178.1	65716.1	63212.3	61043.6	4745.2	2168.8	234.4	325.7
1982	3031	118541.1	48984.0	47235.0	1749.1	119.7	69557.0	67612.3	62591.6	8354.8	40.9	1057.5	1825.2
1983	3348	200972.9	109079.8	101342.3	7737.5	686.9	91893.1	90164.2	78354.5	9750.2	2397.4	2901.0	1042.0
1984	3695	212189.8	105882.0	102731.6	3150.4	291.3	106307.8	99739.7	82872.9	7418.2	4215.6	1606.5	6276.8
1985	3941	318431.4	164926.3	160028.1	4898.2	9222.7	153505.0	142674.7	127891.2	2340.0	5758.9	1306.5	1607.6
1986	4273	481820.0	226888.9	204251.9	22637.0	6520.2	254931.0	246990.0	230068.7	19021.6	14581.3	20.1	1420.9
1987	4273	448942.8	222828.5	215090.6	7737.8	2225.9	226114.3	222598.5	195543.5	40537.6	6726.9	5059.4	1289.9
1988	5475	654979.3	282726.4	262029.0	20697.4	8925.3	372252.9	361274.9	300007.6	43754.7	20709.6	983.9	2052.7
1989	5538	711872.3	256480.2	238439.8	18040.4	3219.9	455392.2	448904.6	363631.4	57497.1	26459.0	650.9	3267.6
1990	5651	779074.2	316146.1	307890.3	8255.8	10890.4	462928.1	450447.5	367234.9	63361.1	24731.5	4545.4	1590.2
1991	5538	855829.0	351581.9	345322.0	6260.0	1911.6	504247.1	496079.1	416503.2	142710.1	15563.9	790.0	6256.4
1992	5305	963437.5	396073.3	379559.4	16513.8	975.4	567364.2	564487.2	347838.6	38301.2	73938.5	3387.8	1901.6
1993	5243	663130.8	231500.4			19943.4	431630.4	411182.2	363615.8	72933.4	4719.8	3100.3	504.8
1994	4869	698411.2	237321.4			5496.7	461089.8	438712.0	364988.6	174844.4	0.0	0.0	16881.1
1995	5088	815286.6	247933.1			224.8	567353.5	566114.5	387882.2	68116.6	0.0	1.9	1014.1
1996	5201	669127.8	244039.5			229.5	425088.2	423578.6	352361.7	5161.4	9462.6	0.0	1280.2
1997	4427	100.0	56.1			1.0	43.9	42.9	38.1	2.9	1.9	0.0	0.0
1998	4001	430116.4	276995.0			860.2	153121.4	152261.2	137637.3	6269.7	15674.2	0.0	0.0
1999	4290	783709.1	550163.8			783.7	233545.3	232761.6	210817.7	0.0	10727.3	2681.8	0.0
2000	4930	893939.8	637379.1			0.0	256560.7	256560.7	243151.6	0.0	16530.9	0.0	0.0
2001	4692	870046.7	637744.2			1740.1	232302.5	232302.5	214031.5	0.0		0.0	0.0
2002	3326	985454.2	718396.1				267058.1	230562.4	214031.5	0.0			0.0

<부표2-6> 제조업종 종중3규모 기업의 설비투자자금 조달

연도	조사업체수	총액	자기자금	내부자금	신주발행	회사채	이자부 부채	금융기관차입금소계	금융기관(원화)	금융기관(외화)	기타	외자	사채
1969	471	6108.1	3438.9				2669.3	2367.6	2367.6	0.0	0.0	0.0	301.6
1970	605	7126.4	3339.9				3786.5	3581.6	3581.6	0.0	0.0	0.0	204.9
1971	593	9288.2	4646.5				4641.8	4137.0	4137.0	0.0	0.0	0.0	504.8
1972	593	9201.1	5603.5				3597.6	3496.4	3496.4	0.0	0.0	0.0	101.2
1973	742	18004.9	10964.5				7040.4	6834.9	6834.9	0.0	0.0	0.0	205.6
1974	742	27917.9	16109.7				11808.2	11454.9	11454.9	0.0	0.0	0.0	353.3
1975	742	30663.7	19371.4				11292.3	11144.9	11144.9	0.0	0.0	0.0	147.4
1976	742	32975.1	15638.1				17337.0	15749.6	15749.6	0.0	0.0	0.0	1587.4
1977	1148	36544.2	22637.1				13907.2	13452.2	13452.2	0.0	0.0	0.0	454.9
1978	1716	77048.3	40152.3				36896.1	33800.6	32270.0	0.0	1530.6	0.0	3095.5
1979	1825	77432.3	36542.3				40890.0	37986.3	35749.2	0.0	2237.1	0.0	2903.7
1980	1825	74914.3	30158.0			1816.3	44756.3	41609.7	37111.1	0.0	4498.6	0.0	1330.3
1981	1830	180106.5	77709.7			321.0	102396.8	101960.9	100165.8	0.0	1795.1	0.0	114.9
1982	1838	165293.1	75858.2	71351.4	4506.9	213.9	89432.9	89029.4	79108.8	2878.0	1354.6	5688.0	189.7
1983	1990	261082.3	121207.5	113108.9	8098.6	6913.3	139874.8	129144.7	111700.2	8228.3	6305.0	2911.2	3816.9
1984	2105	275985.4	122554.6	115888.0	6666.6	8798.9	153430.8	142535.4	121536.0	10544.4	3718.6	6736.5	2096.6
1985	2230	388860.4	156387.6	148187.6	8200.0	13798.3	232472.8	216089.6	173162.5	31189.6	8863.0	2874.4	2584.9
1986	2230	371851.4	164363.6	151520.8	12842.8	3787.5	207487.8	200040.2	171137.5	8661.2	18466.1	1775.3	3660.1
1987	2230	534444.8	217381.6	213038.8	4342.8	22884.5	317063.2	291594.9	239516.3	43621.8	8188.8	268.0	2583.8
1988	2680	698057.0	290930.0	256590.9	34339.1	3977.2	407127.0	395720.3	286147.6	45655.4	60910.2	3007.1	7429.5
1989	2746	728660.1	272627.1	241512.6	31114.5	2817.7	456032.9	443267.2	338927.2	80192.5	24147.5	0.0	9948.1
1990	2621	747400.7	314079.1	308606.3	5472.7	6816.4	433321.6	421524.7	375793.6	35428.2	10239.3	63.7	4980.5
1991	2474	1028605.6	375173.5	353896.6	21277.0	23993.8	653432.0	627592.9	466744.3	124178.5	36670.1	0.0	1845.3
1992	2324	1050625.7	495240.5	481700.3	13540.3	12122.9	555385.1	532477.3	408076.0	86506.9	37294.4	600.0	10785.0
1993	2234	525623.8	179661.6			3855.3	345962.2	340589.9	293834.1	31493.9	10459.1	4802.7	1517.0
1994	1814	593655.6	180267.1			8706.4	413388.5	392221.8	263621.7	121145.6	0.0	7454.5	12460.3
1995	1867	615264.3	196721.4			5383.3	418542.9	412869.4	254270.5	156970.6	0.0	1628.3	290.2
1996	2195	646548.2	236467.8			1898.2	410080.4	407017.6	282950.8	115775.6	0.0	8291.1	1164.6
1997	2130	100.0	56.3			0.6	43.7	43.1	37.3	0.0	4.6	1.2	0.0
1998	1434	332559.7	215166.1			1330.2	117393.6	116063.3	105754.0	0.0	4988.4	5321.0	0.0
1999	1816	573733.8	403334.8			0.0	170398.9	170398.9	158350.5	0.0	5737.3	6311.1	0.0
2000	2057	976401.3	695197.7			0.0	281203.6	281203.6	267534.0	0.0	7811.2	5858.4	0.0
2001	1623	854033.8	613196.2			2562.1	240837.5	238275.4	222048.8	0.0	16226.6	0.0	0.0
2002	1354	963897.7	687259.1				276638.6						0.0

<부표2-7> 제조업종 중4규모 기업의 설비투자자금 조달

연도	조사업체수	총액	자기자금	내부자금	신주발행	회사채	이자부 부채	금융기관차입금소계	금융기관(원화)	금융기관(외화)	기타	외자	사채
1969													
1970													
1971													
1972													
1973													
1974													
1975													
1976	285	19663.6	9760.4				9903.2	9582.7	9582.7	0.0	0.0	0.0	320.5
1977	469	34578.5	16499.8				18078.8	17950.4	17950.4	0.0	0.0	0.0	128.4
1978	659	69295.6	33602.8				33692.9	31663.8	24869.2	0.0	6794.6	0.0	4029.0
1979	765	88650.9	39720.3				48930.6	44643.5	43541.9	0.0	1101.6	0.0	4287.1
1980	720	52094.4	25528.2			569.5	26566.2	24829.9	24763.9	0.0	66.1	0.0	1166.8
1981	720	119275.9	45431.0			882.6	73844.9	71260.2	62032.0	0.0	9228.2	0.0	1702.0
1982	723	114127.6	45672.0	44677.7	994.3	11335.4	68455.6	56495.7	45117.8	7089.6	1838.3	2450.0	624.5
1983	760	199900.3	109194.1	108191.1	1002.9	5699.1	90706.3	84340.6	75101.4	5345.9	3250.1	643.1	666.6
1984	774	246529.7	97749.4	90821.2	6928.2	15451.6	148780.2	131075.1	100738.5	26916.0	2689.9	730.7	2253.6
1985	778	230469.2	87318.5	83961.0	3357.5	20459.8	143150.7	120103.6	92520.9	15386.6	11017.3	1178.8	2587.3
1986	762	344940.3	140278.2	136750.8	3527.4	13576.9	204662.1	188678.7	171091.9	8585.0	8910.8	90.9	2406.6
1987	762	406478.4	225718.0	214588.2	11129.8	468.4	180760.4	176613.3	135411.4	17958.6	22994.3	249.0	3678.7
1988	932	417173.5	196020.1	160470.1	35550.0	3375.8	221153.4	210338.2	158873.2	21454.3	20630.9	9379.8	7439.4
1989	831	463247.4	169927.6	155777.8	14149.8	16707.8	293319.7	273317.6	223130.1	29549.8	20637.7	0.0	3294.3
1990	846	679267.9	236404.7	229470.5	6934.2	34543.2	442863.2	407779.0	349895.7	47392.8	10046.9	443.7	541.0
1991	769	630606.3	266155.9	249197.5	16958.4	52441.9	364450.4	304275.7	237778.6	62112.9	3665.7	718.5	7732.8
1992	737	717313.8	274493.4	264412.4	10081.1	15864.3	442820.4	426247.5	332257.6	61759.3	31104.4	1126.1	708.5
1993	699	391075.7	147357.6			12202.8	243718.1	230710.9	197997.0	22381.2	7917.6	2415.1	804.4
1994	427	232282.1	73712.7			5057.0	158569.3	153512.3	116578.6	35673.7	0.0	1260.0	0.0
1995	501	249869.6	88810.5			2216.9	161059.1	156207.0	117186.5	35523.0	0.0	3497.5	2635.2
1996	656	381604.0	146267.7			4882.0	235336.4	230433.0	167749.6	62683.4	0.0	0.0	21.4
1997	669	100.0	51.6			1.1	48.4	47.3	38.3	6.5	2.5	0.0	0.0
1998	363	235734.5	156999.2			471.5	78735.3	78263.8	70248.9	1885.8	6129.1	0.0	0.0
1999	489	472178.4	320136.9			944.4	152041.4	151097.1	124655.1	0.0	12276.6	14165.4	0.0
2000	553	967521.8	682102.9			9675.2	285418.9	275743.7	246718.1	0.0	23220.5	5805.1	0.0
2001	312	533752.5	391240.6			533.8	142511.9	141978.2	137174.4	0.0	4803.8	0.0	0.0
2002	312	617700.5	452774.5				617700.5						

<부표2-8> 제조업중 중규모 기업의 설비투자자금 조달

연도	조사업체수	총액	자기자금	내부자금	신주발행	회사채	이자부 부채	금융기관차입금소계	금융기관(원화)	금융기관(외화)	기타	외자	사채
1969	2656	17639.4	7623.6					10015.8	9080.5	9080.5	0.0	0.0	0.0	935.4
1970	4816	22435.5	12016.7					10418.8	9363.8	9363.8	0.0	0.0	0.0	1055.0
1971	5049	23392.3	13100.4					10291.9	9110.6	9110.6	0.0	0.0	0.0	1181.3
1972	5049	28041.7	18229.5					9812.2	9474.1	9474.1	0.0	0.0	0.0	338.1
1973	5127	44929.0	28086.8					16842.3	16276.6	16276.6	0.0	0.0	0.0	565.7
1974	5127	60092.8	35044.5					25048.3	24006.3	24006.3	0.0	0.0	0.0	1042.0
1975	5412	59416.6	35728.7					23658.0	22711.9	22711.9	0.0	0.0	0.0	946.1
1976	7118	98310.2	50575.5					47734.7	43974.4	43974.4	0.0	0.0	0.0	3760.3
1977	9997	145023.8	80825.8					64148.0	62541.4	62541.4	0.0	0.0	0.0	1606.5
1978	11393	251630.9	131331.3					120299.6	111576.1	103069.8	0.0	8506.3	0.0	8723.5
1979	11922	281788.8	139831.2					141957.6	132984.0	126616.3	0.0	6367.7	0.0	8973.6
1980	11922	237772.4	110621.7				2864.8	127150.7	120954.5	115858.8	0.0	5095.8	0.0	3331.3
1981	11649	535142.4	235693.2				4508.0	299449.1	291838.4	275541.8	0.0	16296.5	0.0	3102.8
1982	12741	566137.5	250868.3	239606.3	11262.0	11668.9	315267.2	296857.7	259894.1	1671.3	11871.8	0.0	6740.5
1983	14917	837621.3	435182.5	417559.1	17623.4	13453.4	402438.8	380839.2	336467.4	24867.9	14138.0	0.0	8146.2
1984	15952	951967.7	438128.3	416873.9	21254.3	24724.9	513839.5	475870.0	390217.8	5251.1	57251.1	0.0	13244.5
1985	17408	1176060.0	509596.7	492372.3	17224.5	43620.4	666463.3	613478.0	506854.9	61212.5	17609.2	0.0	9364.9
1986	17408	1467690.8	644831.4	603786.1	41045.4	25139.1	822859.4	787741.9	709687.3	30832.3	32629.9	0.0	9978.3
1987	22635	1789275.1	857444.6	830183.9	27260.7	25798.1	931830.5	892705.4	739482.3	104023.4	45356.1	0.0	13327.0
1988	24453	2396454.3	1065191.6	972307.9	92883.7	16569.3	1331262.8	1290126.8	1038075.7	123503.7	46726.1	0.0	24566.6
1989	25919	2589406.8	1011227.3	927295.9	83931.5	29862.2	1578179.4	1528848.6	1217954.5	194782.0	116140.5	0.0	19468.6
1990	25881	3195086.9	1295672.8	1270452.5	25220.3	54918.6	1899414.1	1828685.2	1568837.6	193617.1	111052.7	0.0	15810.4
1991	25624	3432536.1	1413329.5	1358885.8	54443.8	80289.9	2019206.5	1918710.7	1540425.2	262496.7	64739.2	0.0	20205.9
1992	25134	3841105.4	1624792.0	1571039.9	53752.1	30339.5	2216313.4	2167889.5	1662523.6	332150.4	114419.3	0.0	18084.3
1993	23695	2495657.2	807324.9			36419.6	1688332.2	1647223.9	1420862.4	165465.1	170592.5	0.0	4688.7
1994	24993	2763225.2	901849.3			20837.4	1861375.9	1810383.5	1416178.3	384476.6	33344.6	0.0	30155.1
1995	25503	2966688.0	876606.5			13175.7	2090081.6	2068539.9	1502307.4	550997.8	0.0	0.0	8366.0
1996	23420	2999992.4	1052200.8			8729.3	1947791.7	1924640.4	1437465.4	475783.6	0.0	0.0	14421.9
1997	20674	100.0	55.7			0.8	44.3	43.5	37.4	4.4	0.0	0.0	0.0
1998	21109	1456266.5	961418.0			4493.4	494848.5	490355.1	442297.6	15115.4	1.8	0.0	0.0
1999	23999	2555073.5	1785804.9			1728.1	769268.6	767540.6	691146.4	14757.1	32942.2	0.0	0.0
2000	23699	3658137.3	2645470.7			9675.2	1012666.6	1002991.4	927200.4	14165.4	47471.8	0.0	0.0
2001	14886	3256155.2	2352986.5			5834.3	903168.7	897334.4	826828.5	16806.2	58984.8	0.0	0.0
2002		2567052.4	1861113.0				705939.4	705939.4		0.0	70505.9	0.0	0.0

<부표2-9> 제조업총 대규모 기업의 설비투자자금 조달

연도	조사업체수	총액	자기자금	내부자금	신주발행	회사채	이자부 부채	금융기관차입금소계	금융기관(원화)	금융기관(외화)	기타	외자	사채
1973	n.a.	309300	105900	7920	19600	1700	203100	200800	94600	0	4300	101900	600
1974	n.a.	431000	161300	117100	18400	6600	269200	261500	97200	0	5200	159100	1100
1975	n.a.	617500	197300	167100	25900	11600	420200	408100	121800	0	14000	272300	500
1976	n.a.	837300	265600	214000	40600	25300	571700	545900	192300	0	8900	344700	500
1977	688	1379200	472100	353500	98700	43800	906400	862600	273500	0	18300	570800	0
1978	466	2148000	707600	466000	220300	78900	1439800	1360900	398400	251900	54100	656500	0
1979	1035	2469000	795300	579500	208000	163100	1673700	1510600	544200	405900	141800	418700	0
1980	1035	1867300	610400	473000	117200	104500	1256300	1151800	357300	263700	41700	489100	0
1981	1215	1403900	598900	512500	70700	74900	805000	730100	412500	188800	38600	90200	0
1982	1215	1620300	661000	554500	90400	101300	958200	856900	470100	187600	47700	151500	0
1983	1215	2077400	892000	780500	103800	133300	1184900	1051600	519800	227400	153800	150600	0
1984	1215	3291700	1501700	1308100	184600	188100	1789400	1601300	641800	428900	181200	349400	0
1985	1862	4896400	2061200	1783800	200400	348400	2834700	2486300	1116500	525200	237400	607200	0
1986	1862	7221700	3577500	2352200	381400	341000	3643500	3302500	2082200	667800	332300	220200	0
1987	1862	8805700	3337200	2854000	473700	660800	5467900	4807100	2140900	1399500	398000	868700	0
1988	1862	11073700	4789000	3868200	908000	1031300	6284700	5253400	2283000	1299400	915500	755500	0
1989	1862	12904900	5517200	4269900	1240900	1754900	7405700	5650800	2219000	1666100	1275200	490500	0
1990	1983	15172400	6262600	5504300	737500	2725700	8909800	6184100	2987900	1949900	768900	477400	0
1991	1983	18115000	5888700	4892300	986300	3304200	12226300	8922100	3321700	2102000	2819000	679400	0
1992	1983	15630400	5821700	5052600	751700	2152800	9808700	7655900	3397000	1342800	2444300	471800	0
1993	1983	15008000	5237000	4430300	794500	2462600	9771000	7308400	3287900	1786600	2128800	105100	0
1994	1983	23435300	8815100	7569700	1133400	3710200	14620200	10910000	3752200	2711300	4005300	441200	0
1995	1928	48523900	19072500	17009300	1839200	8549800	29406400	20856600	6963200	4195600	7828000	1869800	0
1996	n.a.	38930800	10661300	9505600	1090900	9222000	28269500	19047500	6963000	5966000	5982200	136300	0
1997	n.a.	32182200	8965100	7715200	1104400	6482800	23217100	16734300	7353900	3807900	4195500	1377000	0
1998	n.a.	16459700	6988200	5528300	1429800	4498000	9471200	4973200	2384100	980100	1010700	598300	0
1999	n.a.	17741300	13297300	11120400	2141600	1569000	4444000	2875000	1437100	633500	543100	261300	0
2000	n.a.	24423900	18777400	18212900	564500	1669200	5646500	3977300	2314700	616500	715800	330300	0
2001	n.a.	21329900	17239400	16652000	582400	1820000	4090500	2270500	1314800	385300	322100	248300	0
2002	n.a.	21176200	17021600	16952800	68800	857400	4154600	3297200	1828200	858500	302100	308400	0

<부표3> 30대 재벌과 그 하위 자료집단들의 재무비율

<부표3-1> 재무비율의 정의식

항목명	산식 풀이
총자산증가율	(당기총자산/전기총자산)*100-100
자기자본증가율	(당기자기자본/전기자기자본)*100-100
매출액증가율	(당기매출액/전기매출액)*100-100
총자본경상이익율	{당기경상이익/((당기총자본+전기총자본)/2)}*100
총자본순이익율	{당기순이익/((당기총자본+전기총자본)/2)}*100
경영자본영업이익율	[당기영업이익/{(당기총자본-당기건설중인자산-당기투자자산-당기이연자산)+(전기총자본-전기건설중인자산-전기투자자산-전기이연자산)}/2]*100
자기자본순이익율	{당기순이익/((당기자기자본+전기자기자본)/2)}*100
매출액경상이익율	(당기경상이익/당기매출액)*100
매출액순이익율	(당기순이익/당기매출액)*100
매출액총이익율	(당기매출총이익/당기매출액)*100
매출액영업이익율	(당기영업이익/당기매출액)*100
금융비용대매출액비율	(금융비용/매출액)*100
부채상환계수	{(당기순이익+금융비용+현금흐름표상의 유형자산감가상각비+무형자산상각비+판매비 의 무형자산감가상각비+영업외비용의 무형자산상각+이연자산상각+투자자산평가기손실+외환환산손실)/(당기[단기차입금+유동성장기부채-기타유동성장기부채-유동성미지급금,선수금미지급금,선수금+금융비용)}*100
자기자본비율	(자기자본/총자본)*100
유동비율	(유동자산/유동부채)*100
당좌비율	(당좌자산/유동부채)*100
고정비율	{(고정자산-이연자산)/자기자본총계}*100
고정장기적합율	{(고정자산-이연자산)/(자기자본총계+고정부채)}*100
부채비율	(부채총계/자기자본)*100
유동부채비율	(유동부채/자기자본)*100
차입금의존도	{(단기차입금+유동성장기부채-기타유동성장기부채-유동성금융)/총자본}*100
총C/F대부채비율	(현금흐름표상의 총현금흐름/부채총계)*100
총자본회전율	매출액/{((당기총자본+전기총자본)/2}
경영자본회전율	매출액/{((당기총자본-당기투자자산-당기이연자산-당기건설중인자산+전기총자본-전기투자자산-전기이연자산-전기건설중인자산)/2}
재고자산회전율1	매출액/{((당기재고자산+전기재고자산)/2}
매출채권회전율	매출액/[{(당기매출채권+공사미수금+분양미수금+영업외미수금+임대미수금)+(전기매출채권+전기공사미수금+전기분양미수금+전기영업외미수금+전기임대미수금)}/2]
매입채무회전율	매출액/[{(당기매입채무+당기공사미지급금+당기영업외미지급금+전기영업외미지급금+전기공사미지급금+전기영업외미지급금)}/2]
EBITDA매출액	{(경상이익+금융비용)/매출액}*100
EBITDA대매출액	{(경상이익+금융비용+판매비의감가상각비+판관비 의 무형자산감가상각비+판관비 의 무형자산상각)/매출액}*100
EBITDA대금융비용	{(경상이익+금융비용+판매비의감가상각비+판관비 의 무형자산감가상각비+판관비 의 무형자산상각)/금융비용}*100
이자보상배율	(법인세차감전순이익+금융비용)/금융비용

<부표3-2> 5대 재벌의 재무비율

	1987	1988	1989	1990	1991	1992	1993	1994	1995	1996	1997	1998	1999	2000	2001	2002
경영자본영업이익률		6.39	7.24	7.37	8.27	8.56	8.70	10.55	12.68	8.24	10.88	5.96	5.66	10.47	7.77	10.76
경영자본회전율		1.85	1.68	1.58	1.73	1.64	1.65	1.67	1.81	1.82	1.72	1.58	1.40	1.76	1.62	1.83
고정비율	268.41	282.96	200.25	259.63	248.31	245.30	215.85	217.44	211.53	253.14	291.35	260.76	202.37	187.37	166.94	155.16
고정장기적합률	102.49	107.38	102.81	106.15	107.03	110.61	102.24	100.58	97.17	101.86	96.39	100.93	111.70	125.28	106.30	104.27
금융비용/매출액비율	4.09	3.75	4.13	4.16	4.58	5.08	4.39	4.19	3.96	4.00	4.35	7.07	5.11	3.08	2.35	1.53
당좌비율	67.55	62.99	65.54	66.32	65.59	66.37	72.36	74.06	76.93	73.04	73.04	75.11	62.90	50.62	68.48	74.30
매출액경상이익률		10.34	9.67	9.04	9.30	8.77	9.48	10.29	11.55	11.40	10.96	11.75	11.75	14.68	13.29	14.25
매출액총이익률	1.67	2.10	2.12	1.63	1.18	1.41	1.50	2.60	3.83	0.98	0.25	-1.38	1.44	3.51	3.90	6.94
매출액순이익률	0.75	0.29	1.12	0.78	0.55	0.92	0.90	1.79	3.00	0.55	0.01	-3.34	-1.16	1.41	2.90	5.25
매출액영업이익률	4.21	3.75	4.66	5.05	5.25	5.77	5.81	6.91	7.68	4.98	6.95	4.17	4.64	7.10	5.59	6.88
매출액증가율		12.25	12.79	15.06	32.48	15.17	18.19	18.21	29.55	21.55	20.24	14.15	-10.66	13.02	-16.09	11.17
매출액총이익률	9.56	10.35	11.03	12.12	11.86	12.68	13.09	14.38	14.91	12.24	14.90	12.16	14.20	15.68	16.72	18.58
매출채권회전율		7.39	7.40	6.46	6.58	5.90	5.70	5.70	6.36	6.49	6.01	6.02	6.58	10.23	10.61	12.51
법인세차감전순이익이이자보상비율	1.31	1.26	1.44	1.34	1.21	1.26	1.31	1.56	1.94	1.21	1.04	0.58	0.96	1.89	2.65	5.51
부채비율	438.28	426.22	248.41	368.44	364.24	370.76	314.43	315.40	306.94	355.27	473.18	335.92	184.05	162.21	127.88	122.13
부채상환계수	35.32	39.62	53.71	41.11	35.92	34.59	38.43	44.20	52.58	41.73	40.53	34.40	46.57	51.65	88.28	117.00
영업이익증가율		0.06	40.17	24.49	37.72	26.81	18.99	40.52	44.04	-21.17	67.69	-31.57	-0.52	73.05	-34.00	36.98
유동비율	275.19	256.73	151.12	221.88	231.78	248.94	203.31	199.21	189.24	206.75	269.48	177.05	102.88	112.65	70.82	73.34
유동부채비율	95.31	91.96	95.59	90.38	89.07	86.77	94.31	97.16	100.98	94.97	91.78	92.55	79.39	66.44	86.03	91.33
자기자본비율	18.58	19.00	28.70	21.35	21.54	21.24	24.13	24.07	24.57	21.97	17.45	22.94	35.21	38.14	43.88	45.02
자기자본순이익률		2.26	5.93	3.77	3.33	5.36	5.05	9.63	17.01	3.20	0.05	-18.64	-4.05	4.87	8.33	15.67
자기자본증가율		17.21	106.91	-12.41	27.41	13.77	29.93	17.59	27.26	11.17	9.79	48.42	38.41	-2.68	4.62	8.97
재고자산회전율		10.35	9.68	9.83	11.17	11.04	11.83	11.86	12.41	12.85	13.23	14.38	15.34	19.86	19.06	23.97
차입금/자기자본	2.80	2.53	1.44	2.17	2.28	2.36	2.00	1.94	1.92	2.29	3.33	2.42	1.12	0.91	0.67	0.56
차입금의존도	51.95	47.94	41.27	46.14	48.30	49.67	47.52	45.98	44.52	47.79	55.34	53.93	38.40	34.05	28.56	24.77
총자본경상이익률		3.07	2.77	1.95	1.53	1.75	1.91	3.37	5.29	1.32	0.31	-1.56	1.45	4.44	4.58	9.22
총자본순이익률		0.42	1.46	0.93	0.71	1.15	1.15	2.32	4.14	0.74	0.01	-3.79	-1.17	1.78	3.41	6.97
총자본회전율		1.47	1.31	1.19	1.29	1.24	1.28	1.30	1.38	1.35	1.23	1.14	1.01	1.26	1.17	1.33
총자산증가율	7.72	14.58	36.99	17.77	26.27	15.37	14.38	17.87	24.67	24.37	38.23	12.87	-9.81	-10.17	-9.08	6.22
총C/F대부채비율		8.35	12.75	8.99	9.14	9.34	10.58	12.57	15.21	9.08	9.80	5.78	9.50	19.61	19.83	25.57
EBITDA대차입금비율	5.76	5.85	6.25	5.79	5.76	6.49	5.89	6.79	7.78	4.98	4.60	5.69	6.54	6.60	6.25	8.47
EBITDA대금융비용	157.49	177.59	173.53	168.18	154.10	154.52	167.02	204.23	234.14	159.88	169.11	113.78	145.54	235.60	300.06	615.21
EBITDA대매출액	6.45	6.66	7.17	6.99	7.06	7.85	7.34	8.56	9.27	6.40	7.35	8.04	7.43	7.27	7.06	9.40

<부표3-3> 10대 재벌의 재무비율

재무비율	1987	1988	1989	1990	1991	1992	1993	1994	1995	1996	1997	1998	1999	2000	2001	2002
경영자본영업이익률		6.39	7.01	7.11	7.65	7.65	7.89	9.24	10.84	7.36	9.58	5.45	5.44	9.76	6.98	9.66
경영자본순이익률		1.80	1.61	1.54	1.59	1.50	1.49	1.53	1.66	1.68	1.60	1.44	1.28	1.57	1.56	1.75
고정비율	260.23	246.45	209.50	245.17	252.69	254.70	229.78	233.25	229.14	269.69	308.43	279.67	202.05	184.10	173.77	161.34
고정장기적합률	100.96	104.18	102.20	104.70	105.91	109.14	103.67	102.57	101.85	106.79	97.54	103.83	112.20	120.80	109.93	107.07
금융비용/매출액	4.16	3.72	4.13	4.12	4.63	5.13	4.59	4.45	4.25	4.22	4.52	7.35	5.40	3.31	2.51	1.75
당좌비율	69.56	66.26	67.15	67.83	66.64	66.53	70.94	72.46	72.82	68.88	72.00	71.96	61.68	52.04	63.57	69.22
매출액총이익률		10.58	9.78	9.23	8.74	8.41	9.02	9.74	10.76	10.64	9.97	10.60	11.23	13.65	12.91	13.50
매출액영업이익률	1.85	2.53	2.47	1.82	1.36	1.46	1.46	2.46	3.32	0.68	-0.33	-1.51	-1.61	3.40	2.75	5.97
매출액순이익률	0.49	0.76	1.28	0.93	0.61	0.84	0.77	1.60	2.51	0.23	-0.55	-4.16	-0.63	1.65	1.90	4.47
매출액영업외수지율	4.46	3.87	4.71	4.99	5.30	5.62	5.81	6.60	7.13	4.80	6.55	4.16	4.79	7.29	5.21	6.40
매출액증가율	10.71	15.70	11.79	18.27	24.71	15.68	16.65	18.74	29.66	22.03	18.32	7.15	-10.41	15.02	-9.40	7.35
매출채권회전율		10.73	12.06	12.49	12.68	13.25	13.79	14.76	14.99	12.58	14.76	12.16	14.64	16.22	15.59	17.62
매출채권회전기간		7.53	7.35	6.55	6.27	5.77	5.51	5.53	6.14	6.23	5.70	5.68	6.53	10.04	10.66	11.74
법인세차감전순이익의이자보상비율	1.26	1.42	1.51	1.40	1.23	1.25	1.27	1.50	1.76	1.13	0.92	0.48	1.08	1.90	2.09	4.39
부채비율	407.49	351.87	256.24	343.00	358.67	369.67	324.60	330.44	323.74	374.97	502.51	361.02	179.58	153.79	137.85	130.49
부채상환계수	34.56	42.49	52.75	39.57	36.88	34.58	36.99	41.75	46.42	36.86	38.44	30.03	46.48	53.57	66.87	93.31
영업이익증가율		0.26	36.09	25.44	32.31	22.63	20.60	35.00	40.00	-17.89	61.60	-32.04	3.30	75.01	-35.21	31.75
유동부채비율	248.42	210.65	148.17	207.17	219.30	236.10	202.96	203.03	198.76	222.43	285.07	191.20	99.49	101.39	79.78	79.80
유동비율	96.05	94.78	96.60	92.32	89.92	87.27	92.70	94.81	95.54	89.60	89.89	88.42	77.92	68.74	80.32	86.65
자기자본비율	19.70	22.13	28.07	22.57	21.80	21.29	23.55	23.23	23.60	21.05	16.60	21.69	35.77	39.40	42.04	43.39
자기자본순이익률		5.08	6.25	4.33	3.26	4.42	3.94	8.15	13.65	1.33	-3.45	-22.85	-2.07	5.04	5.35	13.50
자기자본증가율		27.79	73.45	-4.25	22.28	12.66	25.74	15.79	25.63	9.71	4.48	40.26	54.51	5.32	-8.36	9.22
재고자산회전율		10.70	9.83	9.87	10.47	10.55	11.11	11.34	12.02	12.46	12.94	13.86	14.92	18.45	18.49	22.13
차입금/자기자본	2.67	2.07	1.50	2.04	2.19	2.32	2.04	2.02	2.00	2.39	3.40	2.53	1.08	0.84	0.72	0.61
차입금의존도	52.57	45.75	41.93	45.92	46.89	48.70	47.09	45.91	44.98	47.84	53.45	52.90	37.13	32.32	29.30	25.92
총자본경상이익률		3.55	3.08	2.12	1.61	1.66	1.69	2.92	4.23	0.86	-0.38	-1.60	1.52	3.90	3.14	7.71
총자본순이익률		1.07	1.60	1.09	0.72	0.95	0.89	1.91	3.20	0.30	-0.64	-4.39	-0.59	1.89	2.17	5.77
총자본회전율		1.41	1.25	1.17	1.18	1.14	1.16	1.19	1.28	1.26	1.16	1.06	0.94	1.15	1.14	1.29
총자산증가율		13.78	36.74	19.06	26.60	15.36	13.67	17.38	23.67	22.98	32.53	7.33	-6.30	-4.39	-14.11	5.84
총C/F대부채비율	8.17	9.07	12.06	9.00	9.04	8.89	9.89	11.27	13.29	8.32	8.91	4.53	8.93	18.22	17.51	22.25
EBITDA총액	6.01	6.25	6.60	5.94	6.00	6.58	6.05	6.91	7.57	4.91	4.19	5.83	7.02	6.72	5.26	7.72
EBITDA금융비율	162.79	189.44	183.67	172.72	159.01	155.24	162.89	192.57	211.33	148.08	150.82	109.93	146.64	223.53	240.08	492.35
EBITDA대매출	6.76	7.04	7.58	7.12	7.37	7.96	7.48	8.56	8.98	6.25	6.81	8.07	7.92	7.41	6.03	8.60

<부표3-4> 6-30대 재벌의 재무비율

	1987	1988	1989	1990	1991	1992	1993	1994	1995	1996	1997	1998	1999	2000	2001	2002
경영자본영업이익률		7.25	5.91	5.86	6.32	5.65	5.45	5.77	5.66	5.31	5.26	2.83	3.97	5.46	4.14	5.43
경영자본순이익률		1.40	1.30	1.22	1.13	1.09	1.01	1.07	1.14	1.13	1.07	0.82	0.79	1.03	1.20	1.29
고정비율	265.12	220.32	237.70	237.03	269.32	292.98	287.86	298.97	310.77	353.48	410.94	372.30	225.31	200.80	199.92	184.71
고정장기적합률	88.60	88.73	91.61	92.75	98.27	103.25	102.55	107.02	114.28	122.09	112.78	124.29	111.44	112.70	121.54	116.89
금융비용대매출액비율	5.42	5.01	5.26	5.53	6.62	7.45	7.25	7.02	7.03	6.73	7.12	10.65	9.65	5.87	3.98	3.09
당좌비율	78.59	81.02	79.99	77.79	71.49	67.87	68.25	67.71	63.16	59.39	62.57	55.16	61.01	58.01	52.17	54.23
매입채무회전율		10.31	9.84	9.19	7.84	7.71	7.94	8.38	8.45	7.78	7.04	6.16	7.27	8.83	8.94	9.11
매출액경상이익률	2.07	3.31	2.47	1.61	1.67	0.61	0.24	1.09	0.46	-0.47	-3.65	-4.88	0.07	-1.50	-2.05	1.58
매출액순이익률	-0.31	1.87	1.03	0.57	0.44	-0.38	-0.51	0.06	-0.38	-1.04	-3.60	-8.10	-0.24	-1.92	-1.99	1.10
매출액영업이익률	6.13	5.62	4.90	5.23	6.06	5.67	5.84	5.81	5.39	5.07	5.33	3.74	5.44	5.87	3.94	4.71
매출액증가율		19.10	17.47	15.68	11.17	17.75	8.33	20.61	26.99	19.35	10.04	-20.25	-7.76	36.87	12.61	-3.64
매출액총이익률	14.79	13.49	14.26	13.88	15.42	15.24	16.04	16.14	15.42	14.72	14.72	13.72	17.05	16.80	13.60	16.05
매출채권회전율	6.54	6.54	6.32	5.67	5.03	4.92	4.48	4.47	4.65	4.59	4.17	3.87	5.31	7.31	8.26	8.58
법인세차감전순이익대자본금비율	1.12	1.58	1.39	1.27	1.18	1.03	1.02	1.12	1.03	0.91	0.53	0.29	1.15	0.82	0.62	1.64
부채비율	426.67	311.94	328.12	355.45	395.75	433.81	422.67	440.61	461.11	514.00	671.70	482.18	219.33	183.51	187.25	163.77
부채상환계수	36.29	48.50	40.80	33.59	34.54	28.91	27.92	27.70	24.66	22.20	22.61	16.31	37.78	35.24	23.87	40.15
영업이익증가율		9.11	2.59	23.40	28.81	10.23	11.44	20.12	17.75	12.14	15.77	-44.02	34.06	47.89	-24.49	15.28
유동부채비율	219.35	156.99	162.45	196.34	218.79	248.30	241.46	260.86	288.86	324.23	407.08	282.56	117.15	105.34	122.75	105.75
유동비율	106.36	111.65	109.13	105.20	97.57	91.92	93.08	90.43	84.61	78.42	79.64	70.61	80.16	78.38	70.99	74.62
자기자본비율	18.99	24.28	23.36	21.96	20.17	18.73	19.13	18.50	17.82	16.29	12.96	17.18	31.32	35.27	34.81	37.91
자기자본순이익률		9.02	4.27	2.34	1.78	-1.63	-2.14	0.25	-1.88	-5.37	-20.25	-34.82	-0.62	-4.60	-5.28	3.05
자기자본증가율		47.82	28.64	8.61	16.07	7.88	12.17	14.25	16.30	11.95	-8.29	17.87	81.32	31.30	-21.36	9.28
재고자산회전율		9.09	8.74	8.10	7.31	7.32	7.04	7.52	8.13	8.36	8.59	7.74	8.69	10.93	11.97	12.46
차입금/자기자본	2.91	2.01	2.13	2.35	2.50	2.86	2.75	2.84	3.02	3.36	4.37	3.21	1.42	1.08	1.06	0.87
차입금의존도	55.27	48.84	49.35	51.54	49.75	52.51	51.31	51.41	52.36	53.42	53.84	51.61	42.04	36.77	36.23	32.58
총자본경상이익률		3.50	2.45	1.49	1.42	0.51	0.19	0.92	0.41	-0.41	-2.98	-3.13	0.04	-1.20	-1.91	1.60
총자본순이익률		1.97	1.02	0.53	0.37	-0.32	-0.40	0.05	-0.34	-0.91	-2.94	-5.20	-0.15	-1.54	-1.85	1.11
총자본증가율		1.06	0.99	0.93	0.85	0.83	0.80	0.84	0.89	0.88	0.81	0.64	0.63	0.80	0.93	1.01
총자산증가율		15.62	33.69	15.55	26.34	16.16	9.83	18.18	20.71	22.50	15.26	-11.07	-0.54	16.57	-20.33	0.35
총C/F대부채비율	8.05	9.25	7.80	7.12	7.21	6.00	5.91	5.69	5.39	4.80	4.20	-0.19	4.46	8.77	8.35	11.41
EBITDA대부채	7.50	8.32	7.73	7.14	8.29	8.06	7.49	8.11	7.49	6.26	3.47	5.77	9.71	4.36	1.93	4.67
EBITDA대금융비용	156.77	183.01	168.19	148.23	146.53	124.23	118.94	128.96	119.63	106.75	73.47	69.57	111.70	89.71	70.04	184.78
EBITDA대매출액	8.50	9.17	8.85	8.20	9.70	9.25	8.62	9.05	8.40	7.18	5.23	7.41	10.77	5.26	2.79	5.71

<부표3-5> 11-30대 재벌의 재무비율

	1987	1988	1989	1990	1991	1992	1993	1994	1995	1996	1997	1998	1999	2000	2001	2002
경영자본영업이익률		7.87	5.61	5.49	6.63	6.09	5.35	6.00	5.85	5.73	5.20	2.41	3.58	3.91	3.89	5.40
경영자본순이익률		1.22	1.22	1.05	1.10	1.06	0.98	1.03	1.06	1.01	0.95	0.76	0.76	1.09	1.08	1.16
고정비율	289.28	261.92	236.43	264.02	274.16	305.39	302.82	311.32	330.53	372.77	425.44	345.87	255.89	234.68	194.75	180.01
고정장기적합률	82.37	83.79	85.04	86.76	94.05	101.05	98.38	106.17	112.53	120.58	122.02	128.00	108.95	115.95	117.67	114.86
금융비용/매출액비율	6.23	6.31	6.16	7.03	8.05	9.16	8.74	8.26	8.38	8.23	8.86	11.83	11.54	6.76	4.82	3.40
당좌비율	80.28	83.43	84.68	82.43	72.49	68.41	69.56	67.84	64.68	60.82	59.02	53.25	64.31	58.00	53.88	55.20
매출액경상이익률		9.42	9.56	8.58	8.67	8.17	8.38	8.79	8.54	7.32	7.00	6.02	6.42	8.30	7.28	7.93
매출액순이익률	1.67	2.68	1.51	0.82	1.32	-0.24	-0.63	0.43	-0.16	-0.39	-4.33	-6.96	-2.23	-4.71	-2.44	1.62
매출액영업이익률	-0.12	1.41	0.36	-0.25	0.10	-1.08	-1.08	-0.59	-1.10	-1.00	-4.11	-6.64	-2.92	-5.67	-2.06	1.25
매출액증가율	6.66	6.86	4.93	5.63	6.50	6.24	5.89	6.26	5.94	6.06	5.89	3.45	5.12	3.99	4.09	5.20
매출액총이익률		11.06	25.84	4.59	21.95	17.73	6.69	20.27	24.34	15.20	9.78	-16.12	-6.98	43.91	-0.55	-0.16
법인세차감전순이익의자본상대비율	14.46	14.81	13.09	14.09	14.88	14.97	15.36	15.94	15.49	15.41	15.27	15.07	16.60	14.84	15.86	18.60
부채비율		5.56	5.78	4.85	4.86	4.65	4.23	4.16	4.17	4.06	3.81	3.71	4.72	6.38	6.69	8.10
부채상환계수	1.14	1.39	1.19	1.09	1.11	0.95	0.96	1.01	0.95	0.94	0.57	0.48	0.89	0.24	0.71	1.69
영업이익증가율	518.28	411.02	368.12	431.69	446.09	501.19	491.48	498.37	541.30	572.30	691.30	446.07	289.82	253.08	187.61	158.65
유동비율	39.48	45.78	35.72	32.34	31.27	25.85	25.03	23.80	21.25	20.64	18.94	19.84	32.54	20.20	25.59	41.79
유형자산증가율		14.46	-9.55	19.28	40.89	13.10	0.65	27.85	17.96	17.49	6.72	-50.83	38.06	12.02	1.97	27.04
자기자본비율	252.38	187.17	182.74	111.21	250.46	296.04	282.63	304.35	346.94	362.67	442.33	275.82	154.94	150.68	122.11	101.94
자기자본순이익률	112.24	116.82	114.98	111.21	101.06	93.90	97.14	92.40	87.92	81.01	70.54	70.78	86.27	78.36	75.79	76.89
자기자본증가율	16.17	19.57	21.36	18.81	18.31	16.63	16.91	16.71	15.59	14.87	12.64	18.31	25.65	28.32	34.77	38.66
재고자산회전율		7.29	1.62	-1.02	0.46	-5.10	-5.00	-2.86	-5.78	-5.22	-21.74	-25.66	-8.12	-17.80	-5.54	3.11
차입금/자기자본		43.45	44.24	-2.76	22.09	6.09	10.16	18.54	12.59	19.57	-1.74	31.52	28.09	26.71	7.49	8.45
차입금의존도		7.40	7.76	6.84	6.66	6.39	6.04	6.39	6.74	6.79	6.82	6.15	6.88	9.76	9.39	10.22
총자본경상이익률	3.46	2.83	2.49	3.00	3.03	3.51	3.35	3.41	3.73	3.93	4.88	3.14	2.07	1.64	1.14	0.90
총자본순이익률	55.94	55.26	53.16	56.37	55.10	57.58	55.71	55.84	57.03	57.41	59.34	54.26	50.50	45.24	39.10	34.14
총자본회전율		2.50	1.40	0.67	1.10	-0.19	-0.49	0.35	-0.14	-0.31	-3.13	-4.13	-1.35	-4.00	-2.06	1.48
총자산증가율		1.31	0.33	-0.20	0.09	-0.89	-0.84	-0.48	-0.93	-0.79	-2.97	-3.94	-1.77	-4.82	-1.74	1.14
총C/F대부채비율		0.93	0.93	0.81	0.84	0.82	0.78	0.82	0.85	0.79	0.72	0.59	0.61	0.85	0.84	0.91
EBITDA대총자산		18.56	32.13	10.45	25.39	16.80	8.38	19.92	20.67	25.35	15.66	-9.24	-8.56	14.77	-12.44	-2.47
EBITDA금융비용비율	7.09	7.92	6.31	5.77	6.06	4.79	4.35	4.23	3.61	3.92	3.12	0.43	2.97	5.41	7.38	11.89
EBITDA대총액	7.90	8.99	7.67	7.86	9.36	8.92	8.11	8.69	8.21	7.84	4.54	4.87	9.31	2.06	2.38	5.03
EBITDA대매출액	142.56	157.45	140.80	126.20	131.03	108.34	103.49	114.28	107.01	104.87	68.16	56.02	90.09	44.72	71.59	187.84
	8.88	9.93	8.67	8.88	10.54	9.92	9.04	9.44	8.96	8.63	6.04	6.63	10.39	3.03	3.45	6.40

<부표3-6> 1-30대 재벌의 재무비율

	1987	1988	1989	1990	1991	1992	1993	1994	1995	1996	1997	1998	1999	2000	2001	2002
경영자본영업이익률		-0.04	7.24	7.37	8.27	8.56	8.70	10.55	12.68	8.24	10.88	5.96	5.66	10.47	7.77	10.76
경영자본회전율		1.85	1.68	1.58	1.73	1.64	1.65	1.67	1.81	1.82	1.72	1.58	1.40	1.76	1.62	1.83
고정비율	266.89	250.32	215.36	249.32	257.41	265.33	243.55	248.25	246.96	289.13	329.42	290.93	209.87	192.68	177.83	164.93
고정장기적합률	102.49	107.38	102.81	106.15	107.03	110.61	102.24	100.58	97.17	101.86	96.39	100.93	111.70	125.28	106.30	104.27
금융비용/매출액비율	4.58	4.23	4.57	4.69	5.29	5.92	5.35	5.15	4.98	4.90	5.21	7.92	6.22	3.87	2.91	2.02
당좌비율	67.55	62.99	65.54	66.32	65.59	66.37	72.36	74.06	76.93	73.04	73.04	75.11	62.90	50.62	68.48	74.30
매출채무회전율		10.34	9.67	9.04	9.30	8.77	9.48	10.29	11.55	11.40	10.96	11.75	11.75	14.68	13.29	14.25
매출액경상이익률	1.82	2.56	2.26	1.62	1.35	1.13	1.08	2.09	2.70	0.50	-0.96	-2.22	1.10	2.09	1.84	5.26
매출액순이익률	0.36	0.89	1.08	0.70	0.51	0.46	0.43	1.20	1.87	0.02	-1.12	-4.48	-0.93	0.47	1.21	3.94
매출액영업이익률	4.91	4.46	4.76	5.12	5.53	5.74	5.82	6.54	6.92	5.01	6.45	4.06	4.84	6.76	5.02	6.20
매출액증가율		14.75	14.56	15.30	24.17	16.07	14.70	19.02	28.68	20.81	16.87	3.44	-9.97	18.88	-7.97	6.04
매출액총이익률	11.47	11.54	12.29	12.80	13.11	13.59	14.08	14.98	15.08	13.06	14.84	12.53	14.90	16.00	15.64	17.78
매출채권회전율		7.39	7.40	6.46	6.58	5.90	5.70	5.70	6.36	6.49	6.01	6.02	6.58	10.23	10.61	12.51
법인세차감전순이익/이자보상비율	1.23	1.41	1.42	1.31	1.20	1.16	1.18	1.36	1.52	1.07	0.83	0.48	1.03	1.43	1.69	3.65
부채비율	432.90	366.68	280.56	362.52	377.88	397.24	356.07	362.72	361.98	412.19	536.37	375.49	195.59	170.64	147.48	135.91
부채상환계수	35.32	39.62	53.71	41.11	35.92	34.59	38.43	44.20	52.58	41.73	40.53	34.40	46.57	51.65	88.28	117.00
영업이익증가율		0.06	40.17	24.49	37.72	26.81	18.99	40.52	44.04	-21.17	67.69	-31.57	-0.52	73.05	-34.00	36.98
유동부채비율	275.19	256.73	151.12	221.88	231.78	248.94	203.31	199.21	189.24	206.75	269.48	177.05	102.88	112.65	70.82	73.34
유동비율	99.81	99.83	101.29	96.69	92.63	88.93	93.79	94.18	93.47	87.24	86.76	84.39	79.66	70.98	79.10	84.38
자기자본비율	18.77	21.43	26.28	21.62	20.93	20.11	21.93	21.61	21.65	19.52	15.71	21.03	33.83	36.95	40.41	42.39
자기자본순이익률		5.61	5.19	3.16	2.64	2.38	2.17	6.06	10.09	0.13	-6.82	-23.34	-3.01	-1.43	3.38	11.50
자기자본증가율		31.38	66.13	-3.93	22.24	11.22	22.47	16.31	23.12	11.44	3.30	38.69	50.02	8.43	-5.67	9.07
재고자산회전율		10.35	9.68	9.83	11.17	11.04	11.83	11.86	12.41	12.85	13.23	14.38	15.34	19.86	19.06	23.97
차입금/자기자본	2.80	2.53	1.44	2.17	2.28	2.36	2.00	1.94	1.92	2.29	3.33	2.42	1.12	0.91	0.67	0.56
차입금의존도	53.47	48.35	44.93	48.56	48.95	50.95	49.20	48.38	47.92	50.21	54.76	53.16	39.69	35.18	31.50	27.66
총자본경상이익률		3.27	2.63	1.74	1.48	1.19	1.15	2.29	3.16	0.58	-1.02	-2.13	0.97	2.27	1.98	6.35
총자본순이익률		1.13	1.26	0.75	0.56	0.49	0.46	1.32	2.18	0.03	-1.18	-4.30	-0.82	0.51	1.30	4.76
총자본회전율		1.28	1.16	1.07	1.09	1.06	1.06	1.10	1.17	1.15	1.06	0.96	0.88	1.09	1.08	1.21
총자산증가율		15.05	35.47	16.76	26.30	15.72	12.33	18.00	22.92	23.56	28.35	3.63	-6.74	-0.72	-13.74	3.97
총C/F대부채비율	7.72	8.35	12.75	8.99	9.14	9.34	10.58	12.57	15.21	9.08	9.80	5.78	9.50	19.61	19.83	25.57
총C/F대차입금비율	5.76	5.85	6.25	5.79	5.76	6.49	5.89	6.79	7.78	4.98	4.60	5.69	6.54	6.60	6.25	8.47
EBITDA금융비용	157.49	177.59	173.53	168.18	154.10	154.52	167.02	204.23	234.14	159.88	169.11	113.78	145.54	235.60	300.06	615.21
EBITDA매출액	6.45	6.66	7.17	6.99	7.06	7.85	7.34	8.56	9.27	6.40	7.35	8.04	7.43	7.27	7.06	9.40

$\boxed{\text{〈한국의 재벌〉 부록CD 차례}}$

제1권   재벌의 사업구조와 경제력 집중

▶ 사업구조.pdf

▶ 30대 계열사 명단.pdf

▶ 그룹별 내부거래 매트릭스.pdf.

제 2 권   재벌의 재무구조와 자금조달

제 3 권   재벌의 소유구조

제 4 권   재벌의 경영지배구조와 인맥 혼맥

▶ 경영구조_삼성.pdf

〈표 I.1.1〉	삼성물산㈜	1998.12
〈표 I.1.2〉	삼성물산㈜	2000.12
〈표 I.1.3〉	삼성물산㈜	2003.12
〈표 I.2.1〉	삼성전자㈜	1998.12
〈표 I.2.2〉	삼성전자㈜	2000.12
〈표 I.2.3〉	삼성전자㈜	2003.12
〈표 I.3.1〉	삼성중공업㈜	1998.12
〈표 I.3.2〉	삼성중공업㈜	2000.12
〈표 I.3.3〉	삼성중공업㈜	2003.12
〈표 I.4.1〉	삼성SDI㈜	1998.12
〈표 I.4.2〉	삼성SDI㈜	2000.12
〈표 I.4.3〉	삼성SDI㈜	2003.12
〈표 I.5.1〉	㈜제일기획	1998.12
〈표 I.5.2〉	㈜제일기획	2000.12
〈표 I.5.3〉	㈜제일기획	2003.12
〈표 I.6.1〉	삼성생명보험㈜	2001.3
〈표 I.6.2〉	삼성생명보험㈜	2004.3
〈표 I.7.1〉	삼성에버랜드㈜	2000.12
〈표 I.7.2〉	삼성에버랜드㈜	2003.12
〈표 I.8.1〉	삼성카드㈜	2000.12
〈표 I.8.2〉	삼성카드㈜	2003.12

▶ 경영구조_LG.pdf

〈표 II.1.1〉	LG전자㈜	1998.12
〈표 II.1.2〉	LG전자㈜	2000.12
〈표 II.2〉	㈜LGEI	2002.12
〈표 II.3.1〉	LG전자㈜	2002.12
〈표 II.3.2〉	LG전자㈜	2003.12
〈표 II.4.1〉	㈜LG화학	1998.12
〈표 II.4.2〉	㈜LG화학	2000.12
〈표 II.5. 〉	㈜LGCI	2001.12
〈표 II.6.1〉	㈜LG화학	2001.12
〈표 II.6.2〉	㈜LG화학	2003.12
〈표 II.7. 〉	㈜LG	2003.12
〈표 II.8.1〉	LG건설㈜	1998.12

▶ 경영구조_SK.pdf

▶ 경영구조_현대자동차.pdf

▶ 경영진 부표(전체)그룹색인 가능.pdf

▶ 혼인관계인원자료.pdf

▶ 30대 기업집단 가계도.pdf

제 5 권 재벌의 노사관계와 사회적 쟁점

▶ 노사관계.pdf

〈표 1〉	종업원 수
〈표 2〉	종업원 수 (사무직)
〈표 3〉	종업원 수 (생산직)
〈표 4〉	인건비 (종업원 1인당)
〈표 5〉	노무비
〈표 6〉	당기제조총액
〈표 7〉	노동소득분배율
〈표 8〉	매출액 (종업원 1인당)
〈표 9〉	경상이익 (종업원 1인당)
〈표 10〉	부가가치 (종업원 1인당)
〈표 11〉	부가가치율

▶ 한국의 재벌관련 문헌 목록별 정리.pdf

〈부표 1〉	단행본 연구
〈부표 2〉	박사학위 논문
〈부표 3〉	석사학위 논문
〈부표 4〉	일반학술 논문
〈부표 5〉	단행본 연구 (외국)
〈부표 6〉	박사학위 논문 (외국)
〈부표 7〉	석사학위 논문 (외국)
〈부표 8〉	일반학술 논문 (외국)
〈부표 9〉	단행본 자료
〈부표 10〉	잡지기사 자료
〈부표 11〉	기업사 자료
〈부표 12〉	기업통계 자료
〈부표 13〉	단행본 자료 (외국)
〈부표 14〉	기업통계 자료 (외국)
〈부표 15〉	1945년 이전 자료

▶ 한국의 재벌정책 일지.pdf

〈부표 16〉	한국의 재벌정책 일지 : 1986.12~2005.3

〈한국의 재벌〉

차 례

제 1 권 재벌의 사업구조와 경제력 집중

제 3 권   재벌의 소유구조

제4권   재벌의 경영지배구조와 인맥 혼맥

17. 영풍
18. 대상
19. 태광
20. 대우
21. 동양제철화학
22. 강원산업
23. 삼양
24. 진로
25. 벽산
26. 동아
27. 대한방직·대한전선
28. 한일
29. 해태
30. 태평양
31. 갑을
32. 경방
33. 고합
34. 극동건설

35. 대농
36. 대성
37. 대신
38. 동국무역
39. 삼도
40. 삼미
41. 삼부토건
42. 삼환
43. 신동방
44. 신동아
45. 쌍방울
46. 아남
47. 우성
48. 조양상선
49. 충방
50. 한국유리(한글라스)
51. 한보
52. 한일시멘트

제5권 재벌의 노사관계와 사회적 쟁점

저자약력

■ 이윤호

서울대 사회교육과 졸업. 동대학원 경제학 석·박사. 한국신용평가주식회사 평가실장, 사업전략팀장. 한국신용평가노동조합 위원장. 전국사무금융노동조합연맹 조사분석실장. 미국 캘리포니아주립대학(샌디에이고) IR/PS 대학원 방문연구원. 현재 순천대 사회교육과 교수, 동대학 지역개발연구소장, 《경제교육연구》편집위원장. 주요 논저로 "비대칭 정보 자본시장에서 기업의 평판과 배당신호정책", "5대 재벌의 내부자본시장에서 금융계열사의 역할과 기능", "논쟁적 경제문제의 기본적 쟁점구조", 《한국 5대재벌백서》(공저), 《한국경제, 재생의 길은 있는가》(공저) 등.